GŁĘBOKIE POŁUDNIE

SERIA AMERYKAŃSKA

Patti Smith *Poniedziałkowe dzieci*

Jack Kerouac Allen Ginsberg *Listy*

Magdalena Rittenhouse *Nowy Jork. Od Mannahatty do Ground Zero*

Geert Mak *Śladami Steinbecka. W poszukiwaniu Ameryki*

Johnny Cash *Cash. Autobiografia*

Allen Ginsberg *Listy*

Bob Dylan *Kroniki. Tom pierwszy*

William S. Burroughs Jack Kerouac *A hipopotamy żywcem się ugotowały*

Lawrence Wright *Droga do wyzwolenia. Scjentologia, Hollywood i pułapki wiary*

Charlie LeDuff *Detroit. Sekcja zwłok Ameryki*

S. C. Gwynne *Imperium księżyca w pełni. Wzlot i upadek Komanczów*

David Ritz *Respect. Życie Arethy Franklin*

Alysia Abbott *Tęczowe San Francisco. Wspomnienia o moim ojcu*

Jon Krakauer *Pod sztandarem nieba. Wiara, która zabija*

Kim Gordon *Dziewczyna z zespołu*

Dennis Covington *Zbawienie na Sand Mountain. Nabożeństwa z wężami w południowych Appalachach*

Rick Bragg *Jerry'ego Lee Lewisa opowieść o własnym życiu*

Scott Carney *Śmierć na Diamentowej Górze. Amerykańska droga do oświecenia*

Hampton Sides *Krew i burza. Historia z Dzikiego Zachodu*

James Grissom *Szaleństwa Boga. Tennessee Williams i kobiety z mgły*

Patti Smith *Pociąg linii M*

Billie Holiday William Dufty *Lady Day śpiewa bluesa*

Dan Baum *Dziewięć twarzy Nowego Orleanu*

Jill Leovy *Wszyscy wiedzą. O zabójstwach czarnych w Ameryce*

Tom Clavin Bob Drury *Serce wszystkiego, co istnieje. Nieznana historia Czerwonej Chmury, wodza Siuksów*

Brendan I. Koerner *Niebo jest nasze. Miłość i terror w złotym wieku piractwa powietrznego*

Hampton Sides *Ogar piekielny ściga mnie. Zamach na Martina Luthera Kinga i wielka obława na jego zabójcę*

PAUL THEROUX

GŁĘBOKIE POŁUDNIE

Cztery pory roku na głuchej prowincji

Przełożył Michał Szczubiałka

wydawnictwo czarne

Wołowiec 2017

Tytuł oryginału angielskiego *Deep South: Four Seasons on Back Roads*

Projekt okładki Agnieszka Pasierska / Pracownia Papierówka
Projekt typograficzny Robert Oleś / d2d.pl
Fotografia na okładce © by Eli Reed / Magnum Photos

Redakcja Anastazja Oleśkiewicz
Korekta Magdalena Torczyńska / d2d.pl,
Iwona Łaskawiec / d2d.pl
Redakcja techniczna Robert Oleś / d2d.pl
Skład pismem Albertina MT Pro Ewa Czernatowicz / d2d.pl

Książkę wydrukowano na papierze Ecco-Book Cream 60 g/m², vol. 2,0,
dystrybuowanym przez firmę Antalis Sp. z o.o.

ISBN 978-83-8049-587-6

Pamięci George'a Davisa (1941–2013) z Medford w Massachusetts – sportowca, podróżnika, nauczyciela, niezłomnego obrońcy praw obywatelskich, cichego bohatera Krwawej Niedzieli w Selmie – z wdzięcznością za pół wieku przyjaźni.

„Czuliśmy się osamotnieni i bez szans, żeby cokolwiek zmienić. Ale czy nasz ruch spełzł na niczym? Nie, bo staliśmy się jednością. To było piękne".

Na czerwonych drogach w afrykańskim buszu, pośród biednych i lekceważonych ludzi, często myślałem o biednych w Ameryce, którzy żyją tak samo, z dnia na dzień, na czerwonych drogach Głębokiego Południa, po dworkach, chatach, po młynach i hurtach – o ludziach, których znam tylko z książek, jak poznałem też Afrykanów – i czułem, że wzywa mnie dom.

Paul Theroux, *Ostatni pociąg do* zona verde

W tym groteskowym, nienormalnym tomie moich *Podróży* wątek opowieści i refleksji nie tyle się rozsnuwa, ile plącze, i to w taki sposób, że – bezsprzecznie – potrzeba wiele cierpliwości, żeby go odnajdywać i śledzić w tak skłębionym motku.

Almeida Garrett (João Baptista da Silva Leitão),
Viagens na minha terra (1846)

CZĘŚĆ PIERWSZA

Jesień: „Jak nie byłeś, to nie trafisz”

Obcy wypełnia oko.

Porzekadło arabskie, Richard F. Burton,
First Footsteps in East Africa (1856)

Z Bogiem: „Tu nie ma obcych”

W upalny niedzielny poranek na początku października siedziałem w samochodzie na motelowym parkingu w Tuscaloosie w Alabamie i studiowałem mapę, próbując umiejscowić pewien kościół. Nie pragnąłem religii ani podniety związanej z podglądactwem, jakiemu nieraz się oddajemy w podróży. Chciałem tylko muzyki i otuchy, hymnów z towarzyszeniem gitary hawajskiej, celebry, może przyjaźni.

Trzepnąłem w mapę wierzchem dłoni. Musiałem wydawać się rozzłoszczony i zdezorientowany.

– Zabłądził pan, złotko?

Trzy dni wcześniej wyruszyłem z domu w Nowej Anglii w od dawna wymarzoną podróż do gorących i zielonych stanów Głębokiego Południa, gdzie „przeszłość nigdy nie umiera”, jak rzekł piewca tych stron, a „nie jest nawet przeszłością” *. Później w tamtym miesiącu czarny fryzjer, u którego się strzygłem w Greensboro, opowiadając o napięciach rasowych, roześmiał się i bezwiednie parafrazując pisarza, którego nigdy nie czytał i o którym nawet nie słyszał, powiedział: „U nas historia żyje i ma się dobrze”.

Na Południu kościół jest bijącym sercem wspólnoty, ośrodkiem społecznym, ostoją wiary, światłem przewodnim, sceną muzyczną, miejscem spotkań, szafarzem nadziei, rady, pomyślności, ciepła,

* W. Faulkner, *Requiem dla zakonnicy*, przeł. W. Niepokólczycki, Warszawa 1980, s. 60 [jeśli nie podano inaczej, przypis pochodzi od tłumacza].

braterstwa, melodii, harmonii, a i przekąsek. W niektórych kościołach oddają się poskramianiu węży, umywaniu nóg i glosolalii, czyli mówieniu przedziwnymi językami niczym ktoś prychający i gulgoczący w strumieniach wody w kabinie prysznicowej.

W kościele nawet biedak zjawia się dobrze ubrany i wszyscy są równi. Na Południu nabożeństwo jest tak samo głębokim i symbolicznym wydarzeniem kulturalnym jak uczelniany mecz futbolowy lub jarmark broni, a tych jest wiele.

„Mamy kościół na każdym rogu" – mówią ludzie.

Dlatego cios zadany kościołowi – a niedawno minęła pięćdziesiąta rocznica zamachu bombowego na kościół baptystów przy Szesnastej Ulicy w Birmingham w Alabamie, w którym zginęły cztery dziewczynki – jest ciosem w serce wspólnoty, która pogrąża się w cierpieniu i długo wraca do zdrowia.

– Zabłądził pan?

Mówiła tak cicho i spokojnie, że nie od razu pojąłem, iż zwraca się do mnie. Kobieta w sąsiednim samochodzie, wypłowiałym od słońca sedanie o powgniatanym i podrapanym tylnym zderzaku. Popijała kawę z papierowego kubka, drzwi otwarła szeroko, żeby chwytać wiaterek. Bodaj pod pięćdziesiątkę, o szaroniebieskich oczach i pomimo lichego samochodu pięknie ubrana, w czarnej jedwabnej sukience z koronkowymi rękawami, z wielkim kwiatem przypiętym nad piersią i w białym kapeluszu z woalką, którą odchylała wierzchem dłoni, kiedy unosiła kubek do pociągniętych purpurową szminką ślicznych ust i stemplowała jego brzeg pieczątkami nieśmiałych pocałunków.

Powiedziałem, że jestem obcy.

– Tu nie ma obcych, złotko – rzekła i obdarzyła mnie promiennym uśmiechem. Tak, Południe okazało się w końcu jednym z nielicznych znanych mi miejsc w świecie, gdzie czuje się niekłamaną pogodę ducha. – Jestem Lucille.

Przedstawiłem się z imienia i powiedziałem, że szukam Cornerstone Full Gospel Baptist Church przy Brooksdale Drive.

Od razu zastrzegła, że to nie jej wspólnota, ale dodała, iż zna ten kościół. Wspomniała, że starszym pastorem jest biskup Earnest Palmer, zaczęła tłumaczyć, jak tam trafić, ale przerwała.

– Wie pan co? – zapytała. Podtrzymywała uniesioną woalkę i przez dłuższą chwilę wpatrywała się w brzeg kubka. W końcu dopiła kawę. – Do licha, już lepiej, jak pana zaprowadzę – powiedziała i koniuszkiem języka zlizała z górnej wargi resztkę pianki. – Z córką spotykam się dopiero za godzinę. Niech pan jedzie za mną, mister Paul.

Siadłem na ogonie Lucille i przez jakieś pięć kilometrów trzymałem się tuż za poharatanym zderzakiem jej małego samochodu, który skręcając zgoła nieoczekiwanie, kluczył w labiryncie kwartałów parterowych domków, tak zmasakrowanych rok temu przez katastrofalne tornado, że zostały dosłownie wybebeszone i oskalpowane. Na podmiejskiej uliczce w środku tego udręczonego pejzażu ukazała się wieża kościoła. Lucille zwolniła, pokazała kościół i machnięciem ręki skierowała mnie na podjazd.

Mijając ją przy wjeździe na parking, podziękowałem, a ona znowu uśmiechnęła się promiennie.

– Z Bogiem – rzekła, nim odjechała.

Uprzejmość, wielkoduszność, gościnność zdały mi się naturą Głębokiego Południa. Oczywiście często się spotykałem z taką postawą w trakcie podróży po szerokim świecie, ale tutaj była ona tak powszechna, że wprost lgnąłem do tej krainy, bo dobra wola przyciąga niczym uścisk bliskiej osoby. Wprawdzie życie Południa podszyte jest warstwą upiornej ciemności, która pulsuje w wielu sytuacjach, ale w sposób tak utajony, że przybysz potrzebuje niemało czasu, żeby ją dostrzec, a jeszcze więcej, żeby zrozumieć.

Czas niekiedy mi się dłużył, ale spotkania z ludźmi pokroju Lucille ustawicznie podnosiły mnie na duchu i pchały głębiej w Południe, do ustronnych kościółków takich jak Cornerstone Full Gospel i do zapadłych miejsc, których nieraz nie ma na mapie i o których miejscowi mówią: „Jak nie byłeś, to nie trafisz".

Kiedy pokręciłem się trochę po Głębokim Południu, nabrałem upodobania do bezpośredniości ludzi, „dzień dobry" albo „cześć" rzucanych przez przechodniów i wtrącanych mimochodem poufałości albo uprzejmości takich jak „skarbie", „kochany", „złotko", „bracie", „mój drogi", „szefie", a często „sir". Lubiłem „Co słychać, stary?" i „Jak leci?". Lubiłem uśmiechy i powitania na poczcie i w sklepie. Kiedy się przedstawiałem z imienia i nazwiska, niektórzy czarni odruchowo tytułowali mnie „mister Paul", co któryś z rozmówców uznał za „nawyk z czasów niewolnictwa". Czułem się całkiem inaczej niż na Północy lub gdziekolwiek indziej w szerokim świecie. Tę serdeczność niektórzy uważają za nadskakiwanie, przesadną grzeczność, ale nawet jeżeli to prawda, wolę to niż chłód, wbite w ziemię spojrzenie lub wyrachowaną obojętność, do których nawykłem w Nowej Anglii.

„Najgłębsza więź – zauważył Henry James w tomie zapisków z podróży po Ameryce – łączy człowieka z ojczyzną". W swoim życiu zwiedziłem właściwie całą resztę świata, więc pomny tych słów postanowiłem, że jesienią przed wyborami prezydenckimi 2012 roku odbędę długą podróż po stanach południowych i o niej napiszę. Ale wkrótce po zakończeniu tej podróży ciągnęło mnie z powrotem i zimą udałem się tam ponownie, snując się bez pośpiechu i odnawiając znajomości. Nadal się nie nasyciłem. Wiosną znowu pojechałem, a potem jeszcze latem, i wtedy już wiedziałem, że Południe mnie urzekło, tuląc niekiedy kojąco do serca, a czasem chwytając w stalowe kleszcze szaleństwa.

Wendell Turley

Po dziesiątej ciemną nocą tydzień lub może jeszcze wcześniej przed spotkaniem z Lucille zajechałem na stację benzynową ze sklepikiem opodal Gadsden w północno-wschodniej Alabamie.

– Oooge nuuu ooomóc? – zapytał jakiś facet z okna półciężarówki. Połykając niektóre głoski i przeciągając inne, mówił w ów znamienny dla Głębokiego Południa, rozkołysany sposób, tak powolny i bełkotliwy, że usłyszawszy to pytanie, mimowolnie pomyślałem, że jest w trupa zalany. A on po prostu okazał mi życzliwość. Wysiadłszy z ciemnego, dziwnie pomalowanego samochodu, stał pewnie na nogach, coś przełknął, dolna warga zwisała mu ośliniona. – W yyymooolwiiiek? – dokończył.

Powiedziałem, że szukam noclegu.

Trzymał puszkę piwa, ale nieotwartą. Miał wyblakłe załzawione oczy, obwisłe policzki, a chociaż trzeźwy, leciutko się zataczał. Nie zwrócił uwagi na moje słowa. Pomyślałem, że bogowie podróży od czasu do czasu stawiają nas wobec aż nazbyt oczywistego stereotypu i naprawdę trzeba się postarać, żeby nie ulec złudzeniu. Najwyraźniej stał przede mną komiczny wręcz, przeciągający głoski południowiec uwielbiający gadać dla samego gadania.

– Coś panu powiem – rzekł.

– Tak?

– Powiem panu, czym jest Południe.

Trochę jeździłem po świecie, ale z czymś takim spotkałem się pierwszy raz. Patrząc z wielkiego, zamazującego detale dystansu, ludzie skłonni są do uogólniania, mówią: „Tak działa Afryka", albo: „Chiny dynamicznie się rozwijają", ale gdy patrzą z bliska, widzą szczegóły i nawet im do głowy nie przyjdzie stwierdzić butnie: „Wiem, czym jest cała ta kraina".

– O, tylko się rozglądam – powiedziałem. – Jeszcze u was nie byłem. Jestem Jankesem, ha, ha, ha!

– No, poznałem po akcencie i po tablicach na samochodzie.

Przedstawiłem się, a on wyciągnął wolną rękę.

– Wendell Turley. Mam firmę w Gadsden. Ten wóz to mój naganiacz. Sam to zrobiłem.

Miał na myśli karoserię starej oliwkowej półciężarówki, pomalowaną w brązowe i zielone liście klonu.

– Kamuflaż – powiedział. – Używam wozu do polowania na jelenie.

– Dużo ich tutaj?

Dużo.

Zauważyłem, że na kieszonce koszuli ma wyhaftowane „*Roll Tide Roll*" [Do boju, Falo, do boju], zawołanie drużyny futbolowej Uniwersytetu Alabamy, której gorąco kibicują wszyscy rodzimi mieszkańcy stanu. Widywałem nieraz szkarłatne A, które tatuują sobie na karku najbardziej zagorzali kibice. Fani co się zowie, rzec można, bo przecież „fan" to skrót od „fanatyka".

– No i co chce mi pan powiedzieć o Południu, Wendell?

– Już mówię.

Z punktu widzenia przybysza, obcego w tych stronach, a zwłaszcza pisarza, który chce opowiedzieć o swojej podróży, spotkanie osoby pokroju Wendella – cierpliwej, życzliwej, wylewnej, gościnnej i na swój sposób dowcipnej – było nadzwyczaj fortunnym zrządzeniem losu. Prosty, zasiedziały południowiec jawił mi się jako dar, zwłaszcza późną nocą na bocznej drodze.

– Co u diabła... – Przerwał, bo obok nas zaparkował nisko zawieszony skorodowany chevrolet, z którego otwartych okien buchał rap. – Niech te czarnuchy tylko czekają na zmiłowanie – wyłowiłem z potoku słów.

Mężczyzna w obróconej daszkiem w bok wytłuszczonej czapce energicznie wystawił nogi i wysiadł, zostawiając włączony silnik i otwarte drzwi, przez które tym głośniej wylewał się rap. Skłębione kłaki wyściółki wyłaziły z dziurawej tapicerki fotela kierowcy.

Wendell otwarł szerzej wodniste oczy.

– Znam tego faceta – powiedział cicho, jak gdyby chciał mnie uspokoić.

– Jak leci? – rzucił mężczyzna, przechodząc.

– A co u was? – zapytał Wendell.

– Wszystko dobrze, bracie.

– Miło słyszeć.

Czekaliśmy, zatopieni w jazgocie wydobywającym się z chevroleta i rezonującym w czarnych od nocy drzewach wokół parkingu. Czekaliśmy w milczeniu, aż ten facet w przekręconej czapce wyszedł ze sklepiku z sześciopakiem piwa w ręku, załadował się do wozu i odjechał z powrotem w ciemność, zabierając ze sobą jazgot.

– O czym to pan mówił, Wendell?

– Że powiem panu, czym jest Południe – odparł. Pochylił się ku mnie i patrząc mi w oczy, przemówił z namaszczeniem. – My dobrzy ludzie. My niewykształceni, nie to co wy z Północy. Ale my dobrzy ludzie. Bogobojni. – Przymrużył oczy, jak gdyby z natężeniem szukał odpowiedniego słowa czy przykładu. – Trzeba być wykształconym, żeby pytać, czy Bóg naprawdę istnieje.

– Chyba tak – przyznałem. Zauważyłem, że nie szydził z wykształcenia, nie mówił: „Uuu, wy toście uczeni!".

– Nieważne! Na Południu nie zadajemy takich pytań. Ale my dobrzy ludzie. – Jak gdyby zbierając siły, zaczerpnął tchu, aż zrobił się odrobinę wyższy, i podjął z namysłem: – Na Południu nikt, czarny czy biały, nie wypuści pana z domu bez poczęstunku: obiadu, kanapki, orzeszków, czegokolwiek. – Po chwili powoli i stanowczo dodał: – Każdy tu pana nakarmi, sir.

– Czemu? – zapytałem.

– Bo tylko tak się godzi.

– Jesteście gościnni – powiedziałem.

– Jesteśmy gościnni! Kiedy pan znowu przyjedzie do Gadsden, spotkamy się, pozna pan Sandy i coś zjemy. – Wolną rękę położył mi na ramieniu. – Dopiero co pana spotkałem, ale wiem, że jest pan wykształcony. Dobrzy z was ludzie. Zaraz jadę do domu i wszystko opowiem Sandy.

Następnie przestrzegł mnie przed nocowaniem w Gadsden i radził, żebym pojechał do Fort Payne, gdzie znajdę lepszy motel, po czym dodał, że kiedy znowu przyjadę, wraz z Sandy przyjmie mnie z otwartymi ramionami.

– Którędy się jedzie do Fort Payne?

Wendell zwrócił się w stronę tonącego w ciemności wjazdu na drogę szybkiego ruchu i gestem podbródka wskazał kierunek.

„Opowiedz mi o Południu. Jak tam jest? Co oni tam robią? Dlaczego oni tam żyją? Dlaczego oni w ogóle żyją?" *

Słowa Wendella, a nawet sposób, w jaki położył mi na ramieniu rękę, wywarły na mnie głębokie wrażenie i wywołały z pamięci owe często cytowane pytania, które w *Absalomie, Absalomie…* wypowiada Kanadyjczyk Shreve, a na które Faulkner, prawdziwy mistrz aluzyjności w długim szeregu największych pisarzy, na rozmaite sposoby próbuje odpowiedzieć. Otóż wydało mi się, że Wendell zna odpowiedź, i ruszyłem w ciemność szczęśliwszy.

Kiedy bogaci dawno już zatracili tradycyjną kulturę, biedni ją pielęgnują, bo prócz niej właściwie nic nie mają i bez niej zeszliby na psy. Było to jedno z wielu spotkań, które uzmysłowiły

* W. Faulkner, *Absalomie, Absalomie…*, przeł. Z. Kierszys, Warszawa 1959, s. 238.

mi, jak łatwo obcy może odczuć rytm życia Południa i poddać się mu, zatopić w cudownym żywiole zwykłej życzliwości, która rzuca czar.

Cukierek na drogę: podróż w Ameryce

Książki podróżnicze na ogół – jeżeli nie zawsze – opowiadają o męce i chwale przemierzania dalekich stron. Treścią jest dążenie, przybywanie, są nią przeszkody pokonane po drodze, liczy się podróż, a nie przyjazd, i przez lwią część czasu prawdziwym tematem opowieści jest podróżnik, a zwłaszcza jego nastrój. Właśnie ten mozół pokonywania przestrzeni i portretowania siebie stał się moją profesją, podobnie jak wielu innych pisarzy, którzy przyjęli za swój ów starodawny i żmudny styl prezentowania siebie, jaki konstytuuje literaturę podróżniczą. Jak przenikliwie zauważa V. S. Naipaul w *A Turn in the South* [Zwrot na Południe], podróżnik „to człowiek ustalający swą tożsamość na obcym tle".

Podróżowanie po Ameryce to jednak zupełnie co innego niż podróżowanie gdziekolwiek indziej w świecie. Na wczesnym etapie podróży przez Głębokie Południe przystanąłem przy sklepiku w pewnym miasteczku w Alabamie, żeby kupić coś do picia. Ale w gruncie rzeczy zwabił mnie wygląd owego sklepiku, który przycupnął na podmurówce przy bocznej drodze. Wypłowiałe deski, skorodowany szyld Coca-Coli przybity do ściany. Na frontowym ganku stała ławeczka, na której mogłem usiąść, żeby się napić i porobić notatki. Słowem, sklepik o swojskim bezczasowym wyglądzie, prowadzony na pewno przez osobę skorą do rozmowy.

Kiedy wszedłem, zza lady przywitał mnie mężczyzna wyglądający na jakieś sześćdziesiąt lat. Z szafy chłodniczej wziąłem butelkę wody sodowej, a gdy płaciłem, zauważyłem, że ladę zastawiono szklanymi kulami – zupełnie jak akwaria dla złotej rybki – wypełnionymi cukierkami w papierkach. Przebłysk dzieciństwa, sklepu U Sama na rogu Webstera i Fountain w Medford (około 1949), gdzie na ladzie stały wazy pełne po brzegi „cukierków za centa".

– Kiedy byłem chłopcem... – zacząłem wspominać, a mężczyzna za ladą słuchał uprzejmie. – Nazywaliśmy je cukierkami za centa – zakończyłem.

– To cukierki na drogę – powiedział sklepikarz. – Proszę się częstować, possie pan, prowadząc.

Cukierek na drogę wydał mi się idealnym symbolem przyjemności jazdy przez Głębokie Południe. Widoków i przeżyć, poczucia wolności, jakim napełnia pokonywanie przestrzeni, symbolem ludzi, których spotykałem, i wszystkiego, czego się nauczyłem. Tamte dni były pełne cukierków na drogę.

Mknięcie z miejsca do miejsca po cudownych drogach wydaje się takie miłe, takie proste. Tego rodzaju podróż jest jednak wielorako myląca, a zwłaszcza pod tym względem, że doskonałe drogi świadczą o dobrobycie i sprawiają, że łatwo poznawać Amerykę. Paradoks polega na tym, że wiele amerykańskich dróg prowadzi w ślepy zaułek. Przyjazd jest celem i wyzwaniem, i to nieraz pod wieloma nieoczekiwanymi względami, bo w kraju o kulturze opartej na improwizacji pogarda wobec regulacji uchodzi za cnotę. Przekonałem się, że Ameryka jest łatwo dostępna, natomiast Amerykanie – z reguły wprost przeciwnie. Trudniej ich poznać niż jakichkolwiek innych ludzi, wśród których podróżowałem.

Po Ameryce podróżuje się tak łatwo, że sama jazda, pokonywanie przestrzeni, przenoszenie się z miejsca do miejsca, które nieraz stanowi sedno relacji o podróży, nie nadaje się na temat konwencjonalnej opowieści. Amerykańska droga jest tak dobra i wolna od przeszkód, że w ogóle się nie pojawia w narracji podróżnika, chyba że jako przedmiot podziękowań, takiej samej wdzięczności, jaką w stosunku do magicznego dywanu odczuwał książę Husajn. Był to bowiem kobierzec „niepokaźny wprawdzie, ale posiadający tę cudowną moc, że ktoś, kto na nim usiądzie, a następnie wypowie życzenie, by odwiedzić jakiś kraj lub jakieś miasto, natychmiast zostaje tam przeniesiony bez wysiłku i zmęczenia, choćby podróż w owe strony trwała w zwyczajnych okolicznościach całe miesiące lub nawet lata"*.

* *Księga tysiąca i jednej nocy*, przeł. J. Bogdanowicz i in., Warszawa 1974, t. 8, s. 416.

Niebezpieczna lub trudna droga może być głównym aspektem podróży, latający dywan – w żadnym razie. Klasyczna historia podróżnicza opowiada o ryzyku, nieraz o poszukiwaniu, które zwykle wiąże się z błądzeniem. To powtórzenie w tej lub innej scenerii *Odysei* w końcu opowiada też o szczęśliwym powrocie do domu. Opowieść podróżnicza strukturalnie przypomina legendy, a zwłaszcza bajki o wędrowcu, który napotyka rozmaite przeszkody, zmaga się z demonami, czarownicami, bandytami, stawia czoło straszliwym wirom, opiera się kuszeniu syren, a opowieść o tych przygodach jest kroniką wydarzeń, które opóźniają osiągnięcie celu. „Przechadzamy się wewnątrz siebie, spotykając zbójców, duchy, olbrzymów, starców, młodzieńców, żony, wdowy, szwagrobraci, ale zawsze spotykając siebie"*, powiada Stephen Dedalus w *Ulissesie* i te słowa obnażają ostateczny wynik naszych podróży. Treścią większości książek podróżniczych są udręki drogi, tematem – pokonywanie przestrzeni, dążenie. Tak jest, poczynając od siedemnastowiecznych *Ścieżek północy* Bashō, przez *The Oregon Trail* [Szlak oregoński] (1846) Parkmana po wielkie współczesne książki podróżnicze. Na myśl przychodzą wymiotujące wielbłądy z *Arabian Sands* [Piaski Arabii] Thesigera, grząskie kongijskie ścieżki z *No Mercy. Journey into the Heart of the Congo* [Bez litości. Podróż do serca Kongo] Redmonda O'Hanlona czy piesza wędrówka Bruce'a Chatwina przez Patagonię. Mogę dodać, że w mniejszym stopniu dotyczy to również niemal wszystkiego, co sam napisałem o podróżach. Książka podróżnicza opowiada na ogół o mozolnym dążeniu do celu.

W Ameryce podróż przypomina jednak piknik. Jazda dokądkolwiek, zwłaszcza w królestwie głównych dróg, jest tak łatwa, że nie ma sensu o niej pisać. Ze względu na wspaniały system komunikacyjny trudność w rzeczy samej polega na tym, że o podróży po Stanach Zjednoczonych nie da się pisać tak samo jak o wyprawie do któregokolwiek innego kraju. Taka podróż z pewnością nie jest wyzwaniem logistycznym.

„Ten kraj był wielki i zróżnicowany, miejscami dziki, ale został niemal na wskroś ujednolicony i stał się niezwykle łatwy do prze-

* J. Joyce, *Ulisses*, przeł. M. Słomczyński, Kraków 1998, s. 172.

mierzenia – zauważa V. S. Naipaul w opowieści o podróży przez stany południowe. – W rezultacie książka podróżnicza o Stanach nie może dotyczyć tylko dróg i hoteli, chyba że autor w gruncie rzeczy pisze o sobie". Naipaul dochodzi do wniosku, że Ameryka nie jest wystarczająco obca, z czym można by polemizować. W trakcie podróży przez Południe skupiał uwagę na wielkich miastach, a wątkiem przewodnim uczynił echa niewolnictwa. (Pierwotny tytuł książki brzmiał *Slave States* [Stany niewolnicze]). Naipaul najzupełniej słusznie stwierdza, że Ameryka „nie jest i nie może być obca w ów prosty sposób, w jaki obcy jest kraj afrykański. Została aż nazbyt dobrze poznana, obfotografowana i opisana, a że jest przy tym znacznie bardziej zorganizowana i mniej nieformalna, patrząc powierzchownie, nie dostrzeżemy nic nowego".

Chyba że sami stworzymy przeszkody albo pofolgujemy wyobraźni, snując opowieść niby heroiczną, według przepisu pisarzy wiktoriańskich, którzy w podróży mieli cierpieć, bać się, przezwyciężać trudności, znosić niedostatki, odprawiać przedziwne rytuały, odkrywać Jądro Ciemności, spotykać Dżambli, rozmawiać z Nabożnisiami i Błotnymi Ludźmi, obserwować samojedów i ludzi, co mają głowy niżej ramion*, dokonywać czynów bohaterskich, aby przetrwać i opowiedzieć o przygodach. Wielu tak postępuje nawet w tej szczęśliwej krainie. Ich książki nazwę kronikami wydumanych trudów.

Trudy wydumane

Niektóre opowieści o podróży w Ameryce są na swój sposób powabne dzięki stylizacji nadającej podróży charakter przedsięwzięcia ryzykownego, niebezpiecznego, na granicy życia i śmierci. To jak gdyby krajowe wersje opowieści o trudach i walce

* Nawiązanie do przygód Otella, który wspominając młode lata, mówił: „Prawiłem mu […] o ludożercach i o samojedach, co się żrą wzajem, albo też o ludziach, co mają głowy niżej ramion". W. Szekspir, *Otello*, przeł. J. Paszkowski [w:] W. Szekspir, *Dzieła dramatyczne*, t. 6, Warszawa 1973, s. 361.

z przeciwnościami, będącymi na porządku dziennym w przypadku wypraw egzotycznych. Taką grę wyobraźni na modłę Waltera Mitty'ego * zaczął bodaj Henry David Thoreau, który chociaż obdarzony wybitnym talentem literackim, nie mógł się przebić i niczym dzisiejsze wieczne dzieci mieszkał przy rodzicach. Po ukończeniu Harvardu rzadko wyjeżdżał daleko od domu. Przez większą część krótkiego życia chorował, umarł, mając zaledwie czterdzieści cztery lata. Wcale nie przesadzał, gdy notował w dzienniku: „Jestem schorowanym kłębkiem nerwów, niczym wyschnięty liść zawieszonym między czasem a wiecznością".

Miał wtedy dwadzieścia sześć lat, cierpiał na chroniczny bronchit, huśtawkę nastrojów, napady narkolepsji. Sławił życie na świeżym powietrzu, piesze wędrówki, ale bynajmniej nie był krzepki. Jako dwudziestoośmiolatek spróbował samodzielności, zamieszkawszy w chacie, którą wybudował nad stawem Walden, i wyobrażamy sobie, że prowadził tam samotnicze życie niczym pustelnik. W rzeczywistości jednak owa chata znajdowała się raptem dwa i pół kilometra od rodzinnego domu i matki, która piekła Henry'emu placki i prała bieliznę. W lecie nad Waldenem czas wypełniał nie tylko lekturą i pisaniem, lecz również towarzyskimi wycieczkami na jagody.

Nad Waldenem Thoreau przeczytał między innymi świeżo wydaną powieść Melville'a *Taipi*, opatrzoną podtytułem *Okruchy życia Polinezji*. W tej niezwykle barwnej książce Melville opisał wyprawę wielorybniczą na Hawaje i Pacyfik, ucieczkę ze statku wraz z innym członkiem załogi na dalekich Markizach, a następnie przygody, które przeżył na tych wyspach, i idylliczny romans z piękną, podobną do sylfidy wyspiarką o imieniu Faiewei. „Faiewei i ja leżeliśmy na rufie pirogi w jak najlepszej komitywie; nadobna nimfa od czasu do czasu przytykała fajkę do ust i wydmuchiwała łagodny dym tytoniowy, któremu jej różany oddech przydawał jeszcze wonności" †.

Henry, dwa lata starszy od Hermana, nie mógł wiedzieć, że Melville na kartach powieści konfabulował i koloryzował, a miesiąc,

* Marzyciel, bohater opowiadania J. Thurbera *Sekretne życie Waltera Mitty'ego*.

† H. Melville, *Taipi*, przeł. B. Zieliński, Warszawa 1963, s. 167.

który rzeczywiście spędził na Markizach, rozciągnął do czterech. *Taipi* przyniosła mu sławę. Opisane w tej książce niezwykłe przygody na dalekich, nieskażonych i nieznanych wyspach, w krainie kanibali, nimf wodnych i nagości, urzekły żyjącego w celibacie, nękanego bronchitem mieszkańca chaty nad Waldenem, którego kilka lat wcześniej odrzuciła jedyna kobieta, jaką kochał w życiu, i który po roku bytowania w lesie zauważał u siebie niepokojące objawy apatii wywołanej osamotnieniem.

Tyleż z inspiracji *Taipi*, ile z tęsknoty za prawdziwą dziczą i z potrzeby znalezienia nowego przedmiotu, o którym mógłby pisać i nauczać, Thoreau przedsięwziął dość konwencjonalną wyprawę do Maine. Pojechał pociągiem do Bostonu, stamtąd do Portlandu, a następnie parowcem w górę rzeki Penobscot do Bangoru, gdzie spotkał się z kuzynem i dwoma handlarzami drewnem. Z Bangoru we czterech udali się trzęsącym dyliżansem do dalekiego Mattawamkeagu, a stamtąd popłynęli łodzią czterdzieści kilometrów, żeby dotrzeć nad North Twin Lake. Niezmierzone lasy zachwyciły Thoreau, który uznał, że są tak samo „dzikie i nieprzebyte" jak w czasach, gdy ukazały się oczom „pierwszych zdobywców". Ta kraina „ma w sobie dzikość, jakiej jeszcze nigdy nie kosztowałem", notował.

Oszołomiony prawdziwą dziczą Thoreau uznał, że oto odkrył świat równie pierwotny i niebezpieczny jak Markizy Melville'a. Wraz z towarzyszami powędrował przez lasy na niższe partie Mount Katahdin. Górę tę zdobył samotnie, czując się przy tym jak Prometeusz. Wspinaczka na Katahdin natchnęła go do błyskotliwego opisu: „Przyroda jawi się tu jako dzika i straszna, ale piękna. Z trwogą stąpałem po ziemi, która objawiała dzieło pierwotnych mocy, tworzywo, sposób i kształt ich pracy. Oto świat, o którym tylko słyszeliśmy, uczyniony z chaosu i odwiecznej nocy. Jeszcze nie ogród człowieczy, lecz nieoddany glob. To nie trawnik ani pastwisko, nie las gospodarski ani polana, nie ziemie orne ani ziemie jałowe. Świeża i pierwotna powierzchnia planety, uczyniona na początku i na wieki wieków".

Była to miła dwutygodniowa wycieczka, czterech mężczyzn na spacerze przez las. Thoreau opisał to jako podróż epicką, odkrywczą wyprawę. Później twierdził, że dzikie lasy Maine są bardziej pierwotne i trudniejsze do przebycia niż wszystko, co Melville znalazł na dalekich Markizach, i uparcie łudził się, że dokonał nie lada wyczynu.

Tego rodzaju stylizacja opowieści o podróży przez Amerykę utrzymuje się do dzisiaj. Wypada z uznaniem podkreślić, że Henry James, który opisywał długie jazdy koleją z Bostonu do San Diego, nie narzekał na mordęgę, lecz tylko wybrzydzał na „podobną do poduszeczki ze szpilkami" panoramę Nowego Jorku, „przebrzydły wygląd" niektórych miast i „więzienną ciasnotę" pulmanowskiego wagonu. Rad wrócił do Londynu.

„Zaiste niemożliwe, całkowicie niemożliwe, ażeby jakikolwiek Anglik zamieszkał tutaj i był szczęśliwy", pisał Karol Dickens do znajomego po odbyciu podróży po Stanach Zjednoczonych, o której opowiedział w *Zarysach Ameryki* (1842). Odczucie Dickensa potwierdzają wrażenia czworga innych Anglików, którzy przemierzali Stany autobusami.

„Przepastny nowojorski dworzec Port Authority napawa przerażeniem, kiedy człowiek nagle tam trafia zdany na siebie", pisała w *An American Journey* [Podróż amerykańska] niezwykle płodna literacko i zazwyczaj niewzruszona Ethel Mannin, wspominając początek wyprawy autobusowej. „Trzeba walczyć z pokusą, żeby siąść i płakać", dodawała.

Mary Day Winn w *The Macadam Trail: Ten Thousand Miles by Motor Coach* [Szlakiem makadamu: dziesięć tysięcy mil automobilem] (1931) przywołuje mrożącą krew w żyłach przygodę w Arizonie, kiedy uzbrojony mężczyzna zatrzymał luksusowy autobus, którym podróżowała. „Na widok pistoletu dziewczyna siedząca za kierowcą – ta przesadnie umalowana – przeraźliwie krzyknęła". Napastnik okazuje się jednak trefnisiem, bo wcale nie ma zamiaru okradać podróżnych, lecz żąda jedynie całusa od sześciu kobiet na pokładzie, po czym na pożegnanie z dwudziestoma siedmioma pasażerami wyjaśnia: „Nie przetrwałbym już ani dnia, gdybym nie pocałował ładnej kobitki".

Ernest Young narzekał w *North American Excursion* [Wycieczka północnoamerykańska] (1947) na konieczność wstania bladym świtem, kiedy się znalazł w San Antonio w Teksasie: „Podróż, która czekała mnie pierwszego dnia, prawie siedemset kilometrów, a więc coś jak wyprawa z Berwick do Land's End, wymagała, żebym wstał bardzo wcześnie, czego doprawdy nie znoszę. Pośpieszne śniadanie w przydrożnej chacie, za której oknami wstawał ponury, dżdżysty i mglisty ranek, nie było wymarzonym przygotowaniem do długiej jazdy autobusem".

„Ludzie wszelkiego rodzaju ras, którzy przybyli do Ameryki, żeby zdobyć bogactwo, nie mają nic i żyją jak bezpańskie zwierzęta", pisał James Morris w *Coast to Coast* [Od morza do morza] (1956). „W takim klimacie egzystencjalnym – ciągnie Morris – krzewią się uprzedzenia rasowe i nieraz zauważamy przejawy wzajemnej wrogości – czy to w autobusie, czy na ulicy. Oto czarny rozparty na fotelu głośno przeklina białych, oto biały mężczyzna arogancko wpycha się przed grono czarnych kobiet".

Chociaż Morris opisywał Amerykę wyrozumiale i życzliwie, często napawała go lękiem. „Amerykańskie życie jest podszyte przemocą", zauważał. Wspominając burze, powodzie, wezbraną Rio Grande, wreszcie wichurę (którą nazwał „tajfunem") w Vicksburgu w Missisipi, dochodził do wniosku, że w Ameryce „okrucieństwo zawsze czai się za rogiem".

„W towarzystwie szanowanych ludzi interesu, nawet członków starych klubów, jak choćby Elks lub Kiwanis, wyczuwa się podskórną dzikość, powściąganą rzecz jasna, ale obecną", pisał Morris. Sama podróż przebiegała gładko, bezpośrednio Morrisa nie spotkało nic złego, a obawy wynikały z przewrażliwienia. „Kiedy indziej dobrze ubrani mężczyźni zaczepiali mnie w holu i zadawali dziwne pytania", zauważał. Kilkanaście lat później Morris przeszedł operację zmiany płci i z Jamesa przedzierzgnął się w Jan. Już jako kobieta kupił mieszkanie w Nowym Jorku i głosił chwałę tego miasta. „Brytyjscy dziennikarze o imionach Clive, Colin lub Fiona bazgrzą w zeszycikach – pisał o tego rodzaju przybyszach Charles Portis – notując niewydarzone spostrzeżenia do książek podróżniczych o prawdziwej Ameryce, która od dawna kusi i wciąż się wymyka".

Trzeba zaznaczyć, że żaden z tych przybyszy nie wspina się na wysokie góry, nie przedziera się przez leśne ostępy ani nie usycha z pragnienia na pustyni. W wygodniutkich autobusach lub samochodach osobowych pomykają po świetnych drogach. Ale gruba przesada wcale nie jest ich specjalnością. Wielu pisarzy amerykańskich tak samo koloryzuje, mamiąc czytelników wydumaną męką jazdy przez Amerykę. „Mohave jest pustynią wielką i budzącą lęk", stwierdza John Steinbeck w *Podróżach z Charleyem* (1962). Po chwili dokumentuje jej grozę: „Około pięćdziesięciu jardów ode mnie stały, obserwując mnie, dwa kojoty [...]. Uchwyciłem obydwa w lunetę [...]. Moje wychowanie mówiło mi: »Strzelaj«" *. Dziennikarz śledczy Bill Steigerwald pojechał śladami Steinbecka i w *Dogging Steinbeck* [Na tropie Steinbecka] (2012) dowodzi, że pisarz, który niedługo potem otrzymał Nagrodę Nobla, wcale nie odwiedził co najmniej połowy opisanych miejsc, przez większość czasu zadawał z żoną szyku w najdroższych hotelach, a lwia część opowieści z podróży to wyssane z palca bajania. No i najprawdopodobniej Steinbeck nie widział żadnego kojota.

W *Klimatyzowanym koszmarze* (1944) Henry Miller opisuje samochodową podróż na przełomie 1940 i 1941 roku z Nowego Jorku do Los Angeles. „Odczułem potrzebę pojednania się z mą ojczyzną", oznajmia na początku, ale później ową wyprawę nazywa „smętną podróżą przez Amerykę" †. Powstała książka pełna utyskiwań na mozół jazdy samochodem, okropne jedzenie i przeraźliwie brzydkie miasta. Gniewne narzekania na podłą jakość amerykańskiego chleba wypełniły cały rozdział.

Za wyjątkowe okropieństwo Miller uznaje Saint Louis: „Wydaje się, że domy ozdobiono rdzą, krwią, potem, łzami, żółcią, śluzem i łajnem słoni [...]. Nic mnie tak nie trwoży jak myśl, że mógłbym być skazany na przebywanie w takim miejscu do końca swych dni". Kalifornia jest niemal tak samo podła: „Prawdziwa Kalifornia dawała mi się powoli we znaki. Chciało mi się rzygać. Ale żeby zwymiotować w miejscu publicznym, trzeba mieć pozwolenie" ‡.

* J. Steinbeck, *Podróże z Charleyem. W poszukiwaniu Ameryki*, przeł. B. Zieliński, Warszawa 2014, s. 249, 250.

† H. Miller, *Klimatyzowany koszmar*, przeł. R. Sudół, Warszawa 2000, s. 14, 72.

‡ Tamże, s. 73, 235.

W rok po tym strasznym doświadczeniu Miller zamieszkał w Kalifornii, najpierw w Big Sur. Żywota dokonał w Los Angeles, szczęśliwy, jak mówił, „zawsze wesoły i radosny"*.

Sroga Ameryka i samotność wśród żywiołów są tematem *Desert Solitaire. A Season in the Wilderness* [Pustynny samotnik. Sezon w dziczy] Edwarda Abbeya. „Człowiek podróżujący pieszo, na koniu albo na rowerze odczuje i przeżyje więcej na przestrzeni mili niż turysta zmotoryzowany na dystansie sto razy dłuższym", oświadcza autor, ale nie wyjawia, że używał samochodu. „Dzicz. Samo to słowo jest muzyką", stwierdza. Oddając hołd samotności i komunii z przyrodą w południowym Utah, Abbey nie wspomina, że przez pięć miesięcy mieszkał z trzecią żoną Ritą i niedużym synem w przyczepie, całkiem niedaleko od miasta i kumpli, z którymi popijał w tamtejszym barze.

W *Old Glory. An American Voyage* [Dawna chwała. Podróż amerykańska] (1981) mój dobry znajomy Jonathan Raban opisał podróż małą motorówką w dół Missisipi. Jonathan, jeden z największych mistrzów reportażu i przenikliwy obserwator obyczajów, napisał książkę pouczającą i dowcipną, w której jako obcy dostrzega wiele zjawisk uchodzących uwagi Amerykanów. W tej uroczej opowieści właściwie nie ma wydumanych przygód, ale w pewnym miejscu Jonathan wspomina o strachu, jakiego napędziło mu stado ptaków: „Po stronie Illinois zauważyłem stare uschnięte drzewo, które służyło za grzędę bandzie dużych i wynędzniałych ptaków". Nie wiedzieć czemu Jonathan przeraził się tych stworzeń: „Owładnięty myślą, że wygłodniałe straszydła za chwilę spróbują wydziobać mi oczy, czym prędzej wyszperałem w torbie ciemne okulary".

Chociaż wyglądały tak groźnie, ptaszyska bynajmniej nie wydziobały angielskiemu podróżnikowi oczu. Jonathan zmagał się ze złą pogodą, przeżył niespełnioną miłość, raz prawie że utonął, ale cały i zdrowy dopłynął do Nowego Orleanu. Całkiem niedawno bardziej nieśpieszną i mniej ambitną podróż w dół Missisipi odbyła również Mary Morris, ale relacja z tego rejsu, zatytułowana *The River Queen* [Królowa rzeki], jest już na wskroś kroniką udręk

* Zob. H. Miller, *Czarna wiosna*, przeł. M. Cegieła, Warszawa 1999, s. 71.

urojonych. Łódź jej się nie podoba, załoga, Tom i Jerry, ją drażni, jedzenie obrzydza. Wrażenia z podróży sprowadzają się do utyskiwań. „Nie cierpię pizzy. Mam dość mącznych potraw. Chcę zjeść coś porządnego, chcę wziąć prysznic, chcę wygód".

Wędrówka Szlakiem Appalachów wydawałaby się wspaniałym przeżyciem dla każdego zdrowego piechura. Wielu ją odbywa. Bill Bryson wyruszył na tę wycieczkę w towarzystwie przyjaciela, a zatytułowaną *Piknik z niedźwiedziami* (1998) opowieść o swojej wędrówce ubarwił, stylizując niektóre przygody. Tak oto na biwaku w Wirginii Bryson zetknął się z niedźwiedziem, który szedł się napić z pobliskiego źródła. W ciemności widział tylko oczy i mogły to być nawet dwa niedźwiedzie. „Wyprostowałem się jak struna. Każdy neuron w moim mózgu był rozbudzony i panicznie biegał w koło jak mrówki, na których kopiec ktoś nadepnął. Odruchowo sięgnąłem po nóż" *. Bryson jednak nie miał noża, a tylko maleńki scyzoryk. Estetycznie przyjemny aspekt tego epizodu polega na autoironii. „Czarne niedźwiedzie rzadko atakują – powiada Bryson. – Problem w tym, że czasem się to zdarza [...]. Jeśli przyjdzie im ochota cię zabić i pożreć, potrafią to zrobić i raczej nie będziesz w stanie im w tym przeszkodzić" †.

„Wreszcie, ponieważ mówimy o Ameryce – wtrąca Bryson w innym miejscu – nie można nie wspomnieć o groźbie morderstwa" ‡.

Niedźwiedzie zostawiają go w spokoju, mordercy oszczędzają i prócz obtarcia nogi Brysonowi nie przydarza się nic złego w trakcie wędrówki, na której kanwie napisał naprawdę dobrą książkę, nawet jeżeli stylizowaną czasem na opowieść o trudnej i niebezpiecznej wyprawie.

„Tak, jestem stuknięty", oznajmia Elijah Wald na wstępie *Riding with Strangers* [Jazda z obcymi] (2006). „Stoję w deszczu na parkingu przy autostradzie opodal Bostonu i próbuję złapać pierwszą okazję, żeby zacząć kolejną jazdę przez cały kraj". Ale tę książkę o autostopie zarówno pod względem autoironii, jak i komizmu usuwa w cień opowieść Johna Watersa, bogatego homoseksualnego reży-

* B. Bryson, *Piknik z niedźwiedziami*, przeł. T. Bieroń, Poznań [b.d.w.], s. 193.
† Tamże, s. 27. ‡ Tamże, s. 14.

sera filmowego, który dla kaprysu ruszył autostopem z Baltimore do San Francisco, po czym opisał tę wyprawę w *Carsick* [Choroba lokomocyjna] (2014), książce pełnej barwnych przygód, których większość jest wytworem bojaźliwej i rozgorączkowanej fantazji autora, który oczywiście mógłby polecieć pierwszą klasą, lecz wybiera niepewność, trudności i niebezpieczeństwa długiej jazdy autostopem, bo pragnie odrobiny prawdziwego życia.

Napisano mnóstwo tego rodzaju książek, setki, może tysiące opowieści, których autorzy w swój szczególny, czasem nawet odkrywczy sposób stylizują podróż po Ameryce na egzotyczną wyprawę, nadając Stanom Zjednoczonym wydumany charakter krainy obcej i niebezpiecznej, gdzie podróżowanie jest przedsięwzięciem ryzykownym, wymagającym wielkiej odwagi i wytrwałości.

Pomimo fantazjowania niektóre z tych książek są wartościowe, chociaż z konieczności pomijają to, że Stany Zjednoczone stawiają niezwykle mało przeszkód na drodze podróżnika. Wyruszając pieszo, łodzią, autostopem lub biwakując, autorzy tych opowieści sami utrudniają wyprawę, żeby skupić uwagę na sobie, ale nic nie zmieni faktu, iż przemierzenie Stanów Zjednoczonych samochodem to rzecz najprostsza w świecie. Hołd podróży samochodowej przez Amerykę oddał Larry McMurtry w *Roads. Driving America's Great Highways* [Drogi. Za kierownicą na wspaniałych trasach amerykańskich] (2000), książce będącej medytacją na temat jazdy samochodem: „Nasze wspaniałe drogi jawią mi się niczym rzeki i pragnę płynąć z nurtem tej, a potem brnąć w górę tamtej". W tej uroczej rozprawie na temat jazdy z jednego krańca Ameryki na drugi McMurtry wspomina głupawą radość rozmowy za kółkiem z samym sobą, melancholię i zadumę bezkresnej drogi, która wywołuje z pamięci dawno temu przeczytane książki, stare filmy i nieoczekiwane wspomnienia. „Pustka jazdy, w której szemrze strumyczek myślenia".

„Oto stara znajoma, dziewięćdziesiątka", wita McMurtry jedną z dróg. „Od godziny jestem w Alabamie", powiada innego dnia i wydaje mu się, że sunie w powietrzu. Opowiadając o przeszło tysiącdwustukilometrowej jeździe z Duluth do Wichity, zauważa, iż „żeby coś zjeść, zatankować lub skorzystać z toalety, nigdy nie trzeba zbaczać z drogi dalej niż sto metrów". Mógłby dodać, że tak samo jest z noclegiem. Książka McMurtry'ego doskonale oddaje charakter podróżowania po Ameryce, które zazwyczaj jest samotną jazdą szosą, doświadczeniem zasadniczo podobnym do medytacji zen, w której od czasu do czasu niczym cukierki na drogę pojawiają się przyjemności, jakich nie doświadczy kierowca w żadnym innym kraju świata.

Mimo wszystko podróżnik napotka przeszkody w Stanach Zjednoczonych, chociaż nie na drodze, lecz gdy pragnie naprawdę poznać kraj. Jesteśmy narodem z natury gościnnym, ale gdy przybysz przejawia zbytnią dociekliwość, gościnność słabnie i zamienia się w rezerwę, a nawet niechęć. Mamy swoje zdanie w każdej sprawie, ale nie przepadamy za polemiką ani dociekliwymi pytaniami, a prawdziwy podróżnik jest w gruncie rzeczy jednym wielkim pytaniem. Amerykanin gada od świtu do nocy, lecz jest okropnym słuchaczem i wprost nie znosi wypytywania przez obcych.

Podobnie jak nachmurzeni wieśniacy w bardziej tradycyjnych krajach świata, Amerykanie bardzo nie lubią pytań osobistych. Nominalnie jesteśmy tolerancyjni, ale gdy obcy stanowczo obstaje przy opinii przeciwstawnej do naszej, wzbudza niechęć, jeżeli nie wrogość. Inne zdanie traktujemy jak zaczepkę. Trudno to odgadnąć, zważywszy na to, jak jesteśmy dumni z siebie i z naszej tolerancji oraz wolności. Często się zdarza, że najbardziej dogmatyczni i zamknięci są nowi Amerykanie, uchodźcy, którzy przybyli do krainy wolności, umknąwszy przed okrucieństwami i tyrańskimi porządkami swoich krajów. Tak, tolerujemy inność tylko na dystans, gdy się z nią nie stykamy bezpośrednio i gdy nie wpływa na nasze życie.

Wielką zaletą naszego kraju jest ogrom i względna pustka, swoboda manewru. Właśnie przestrzeń umożliwia współistnienie różnic, co nieraz mylimy z tolerancją. Prawdziwy podróżnik to człowiek, który narusza granice przestrzeni.

Znowu w skórze podróżnika

Jadąc na Południe, odzyskałem dawno zapomnianą kondycję podróżnika. Wyruszywszy bez przeszkód z domu na szosę, jak gdybym wyszedł z więzienia, na nowo odkryłem rozkosz podróżowania z czasów sprzed posterunków, kontroli, afrontów na lotniskach, owych naruszeń prywatności, jakie trapią dziś pasażerów samolotów. Zniechęcający i upokarzający charakter dociekliwości służb zatruwa całe doświadczenie podróży, i to zanim naprawdę ruszymy z miejsca. Dzisiaj każda podróż lotnicza wiąże się ze śledztwem, któremu nieraz poddaje nas ktoś umundurowany, ale stojący niżej.

Kiedyś człowiek przemykał niepostrzeżenie, pokazywał bilet, wsiadał do samolotu i nikt nie rujnował mu bagażu ani spokoju ducha. Człowiek wyjeżdżał nieniepokojony. Miałem szczęście podróżować w czasach, kiedy tak się wyjeżdżało.

Podróż sama w sobie jest pasmem niepokojów, ale nie ma sensu, żeby to się zaczynało tak wcześnie, jeszcze przed wyjazdem. Dzisiaj procedury, którym poddają nas na lotniskach, są nie tylko ohydnym przedsmakiem wszelkich zniewag, jakich doznamy w podróży, lecz również oburzającym napomnieniem potencjalnego podróżnika, że nawet w swoim kraju jest obcy, a może nawet stanowi zagrożenie, jest wichrzycielem, jeżeli nie terrorystą. Bo skąd te srogie spojrzenia, zdejmowanie butów, wyciąganie paska, obnażanie, prześwietlanie, podczas gdy przestępujemy z nogi na nogę, pragnąc czym prędzej iść. I całe to badanie i sprawdzanie odbywa się przed wyjazdem, zanim zdążymy pomyśleć o czekającej nas podróży.

Port lotniczy zamienił się w tor przeszkód i potrafi zniechęcić do samej idei podróży. Z roku na rok stopniowo procedury wyjazdowe stały się ucieleśnieniem porządku totalitarnego, w którym jednostka czuje się maleńka, podejrzana i żałośnie bezsilna. Podejrzliwość jest tak bezczelna, że najzupełniej odruchowo reagujemy na nią ową skrywaną wściekłością, jaką w epoce sowieckiej w Europie Wschodniej podróżni odczuwali na widok chamskich milicjantów. Podróż była niegdyś wyzwoleniem, dzisiaj zamieniła się w jego przeciwieństwo, a w każdym razie podróż lotnicza. Młodsi podróżnicy nie mają pojęcia, co straciliśmy.

Zgoda na tę ingerencję, wola współpracy, bo przecież „wszystko to dla naszego dobra", jest jeszcze gorsza od upokorzenia. Zbiegają się w niej rozmaite racjonalizacje i wykręty, które pomagały utrzymywać wszelkie totalitaryzmy i tyranie przeszłości. Odzieranie podróżnych z godności, jakie się odbywa we wszystkich portach lotniczych, zmuszanie ich do podporządkowania się, jest przeciwieństwem tego, czego człowiek od podróży oczekuje. Tak, żyjemy w niebezpiecznych czasach, jeżeli jednak oznacza to wyrzeczenie się wszelkich praw do prywatności, to podróż przestaje być warta bólu opuszczenia domu.

Jest na to rada, ale dostępna tylko nielicznym szczęśliwcom, którzy mieszkają w kraju tak ogromnym jak Stany i mogą omijać porty lotnicze, bo wystarczą im szosy. Najgorszy gruchot jest lepszy od fotela pierwszej klasy w samolocie, bo żeby zasiąść w tym fotelu, musimy ścierpieć upokarzające urzędowe badanie i rewizję osobistą. Natomiast nikt jeszcze nie ma prawa wypytywać o powód, dla którego wsiadamy do samochodu i z piskiem opon odjeżdżamy w dal. Tu nie ma idiotycznych wstępów, jest tylko czysta rozkosz odjazdu.

Nad wyraz wątpliwym osiągnięciem współczesności w dziedzinie podróży jest uwłaczająca godności pielgrzymka przez kolejne porty lotnicze w jakieś dalekie miejsce, gdzie nieszczęsny pielgrzym zaznaje odrobiny egzotyki, która go utwierdza w złudnym przekonaniu, że oto doświadczył podróży. Niewiele by się zmieniło, gdyby wycelowano go i wystrzelono niczym kulę armatnią. I czyż nie tak właśnie się czujemy, uczestnicząc w tego rodzaju przygodzie, bezmyślni i bezwolni niczym kule armatnie lecące w nieznane w chmarze innych kul?

Na szczęście nadal istnieje lepszy i prawdziwszy sposób podróżowania, sposób tradycyjny, dumna szosa, ścieląca się w dal droga.

Na Południe

Nie wyznaczywszy z góry miejsca przeznaczenia, wczesnym rankiem w pochmurny jesienny dzień wyruszyłem z domu na Cape Cod na południe, przemknąłem przez Nowy Jork, ominąłem

Waszyngton i – prowadząc jeszcze długo po zachodzie słońca – już w ciemności dotarłem do Front Royal w Wirginii. Był październik. Zmierzałem na Głębokie Południe, więc nadal miałem przed sobą szmat drogi. Niemniej już odczułem ów przyjemny trans, w jaki wprawia długa jazda, szosową hipnozę, gorączkę białej linii na długich pustych odcinkach, satori otwartej przestrzeni, prozaiczne doświadczenie jazdy samochodem podniesione na poziom szlachetnej ścieżki rozwoju duchowego.

Przed wyruszeniem w długą podróż zwykle odczuwam niepokój. Tym razem czułem tylko radość i zapał, bo nie potrzebowałem paszportu, nikt nie będzie sprawdzał mnie pod kątem bezpieczeństwa, nie spóźnię się na samolot ani nie utknę w tłumie. Przeszedł mnie miły dreszcz, gdy wrzucałem do torby wielki składany nóż. Spakowałem mnóstwo książek. Na wszelki wypadek zabrałem namiot i śpiwór. Opróżniłem lodówkę, więc miałem wielką torbę z prowiantem, soki, jajka na twardo, pudełko z domowym chili, ser, owoce i parę butelek wina.

Wyruszałem na Głębokie Południe, bo właściwie go nie znałem, ale też dlatego że kusiła mnie czysta rozkosz jazdy własnym samochodem, wolność płynąca z braku sprecyzowanych planów, a tylko w Ameryce można ufnie podróżować bez celu, gdyż w najpodlejszym miasteczku znajdzie się kwaterę, zwykle na obrzeżach, zwykle w zapuszczonym motelu, i znajdzie się stołówkę, może nie zaraz restaurację, gdzie nas podejmą tradycyjną kuchnią czarnych, ale na pewno jakieś sieciowe bistro – Hardee's, Arby's, Zaxby's, Lizard's Thicket – albo niegodną franczyzy smażalnię kurczaków, cuchnącą starym olejem, lecz gościnną. Zazwyczaj to mała jadłodajnia z bufetem, w którym prezentują przegląd smażeniny: rybę, kurczaka, hamburgery, ząbkowane frytki, nawet owocowe rożki – swojskie jadło miejscowych. Głęboka tacka okry tak lepkiej jak żabi skrzek, rondel z duszonymi liśćmi kapusty, które wyglądają jak gotowane dolary. Zawsze poczęstują nas świeżą bułeczką, pożegnają błogosławieństwem. Omijałem duże miasta i aglomeracje nadmorskie. Trzymałem się prowincji – Lowcountry, Black Belt (Czarny Pas), Delty – mokradeł, lasów, upstrzonych przez muchy miasteczek.

W debatach prezydenckich przed wyborami w 2012 roku kandydaci bez przerwy mówili o amerykańskiej klasie średniej, jak jest uciśniona, tłamszona podatkami, ratami kredytów, zżerana niepewnością, i o tym, jak kandydat zamierza zbawić tych ludzi, którzy wobec tego powinni na niego głosować. Po drodze na Południe – w New Jersey – usłyszałem przez radio, że pięćdziesiąt milionów Amerykanów żyje w ubóstwie, wprawdzie niewielu tam, skąd wyruszyłem, ale bardzo wielu tam, dokąd zmierzałem. Szesnaście procent Amerykanów żyje poniżej progu ubóstwa, a na Południu – gdzie rozwarstwienie dochodów jest już największe w historii – grupa ta stanowi jedną piątą ludności. Żaden z kandydatów nawet się nie zająknął, że zamierza zbawić biedotę.

– Unikają słowa „biedota" – usłyszałem na wczesnym etapie podróży od pracownika opieki społecznej w Alabamie. – „Biedota" to eufemizm „czarnych".

Ciekawili mnie ubodzy południowcy. Nie sposób podróżować bocznymi drogami Południa i nie stykać się nieustannie z amerykańską biedotą. Podróżowałem z tych samych powodów co zawsze, gnany niemożnością usiedzenia na miejscu i ciekawością, chęcią oglądania nowych miejsc. Podróżujemy dla przyjemności, dla miłego poczucia, jakie daje trzaśnięcie drzwiami – „Mam dość, znikam!" – dla zmiany powietrza, dla podbudowania morale, dla durnych przechwałek, jaki to kawał świata człowiek zjeździł, dla nadziei, że podróż nas odmieni, a może dla dwuznacznej przyjemności podglądania egzotyki.

„Byłeś wszędzie" – mówią znajomi, ale to śmieszne. Lista miejsc, które chciałbym odwiedzić, jest nie tylko długa, lecz również pełna punktów zdumiewająco oczywistych. Tak, przemierzyłem Patagonię, Kongo i Sikkim, ale nie znałem – ja, Amerykanin – najpiękniejszych stanów, nigdy nie byłem na Alasce, w Montanie, Idaho ani w Dakotach, ledwie liznąłem Kansas i Iowa. Nie znałem Głębokiego Południa. Pragnąłem zwiedzić tę krainę, ale nie latając samolotami, lecz podróżując wolno po ziemi, trzymając się bocznych dróg i drwiąc sobie z obiegowej mądrości, która głosi: „Nigdy nie jedz w miejscu zwanym U Mamy i nigdy nie siadaj do kart z facetem zwanym Doc".

Nie znam bardziej ekscytującego stanu, niż wstać wcześnie rano w swoim domu, wsiąść do samochodu i wyruszyć w długą i improwizowaną podróż po Ameryce. Rzadko co jeszcze daje takie poczucie wolności. Żadnego obmacywania, sprawdzania paszportu, lotniskowego młyna, człowiek po prostu odpala silnik, daje gazu i – „Bywajcie zdrowi!". Odkąd w początkach ubiegłego wieku pojawiły się w miarę solidne auta, przedsięwzięta na łut szczęścia włóczęga samochodowa jest kwintesencją amerykańskiego sposobu życia.

Pierwsza droga transkontynentalna, tak zwana Lincoln Highway, powstała w 1913 roku. Ten symboliczny szlak komunikacyjny, łączący Nowy Jork z San Francisco, zmajstrowano z najróżniejszych mniej więcej równoleżnikowych dróg i nie był on dziełem władz federalnych, lecz ideą urzeczywistnioną przez przedsiębiorców prywatnych. Na czele tej grupy wizjonerów, jak jeden mąż związanych z przemysłem samochodowym, stał Carl G. Fisher, producent reflektorów działający w Indianapolis. To również Fisher zbudował tor wyścigowy Indianapolis Speedway. Znośna trasa przecinająca kraj z północy na południe powstała w tym samym mniej więcej czasie. W 1920 roku słynną podróż tą trasą z Connecticut do Alabamy kabrioletem marmon – model 1918 – odbyli Zelda i Scott Fitzgeraldowie, podówczas trzy miesiące po ślubie. Scott napisał zawadiacką relację z tej wyprawy zatytułowaną *The Cruise of the Rolling Junk* [Wyprawa złomem na kółkach], jedną z pierwszych amerykańskich opowieści o podróży samochodem czy powieści drogi.

Potem powstało wiele powieści drogi, z których najwybitniejsze są dzieła Henry'ego Millera, Kerouaca, Steinbecka i *Blue Highways* [Błękitne autostrady] Williama Least Heat-Moona. Samochodowe wycieczki, które Nabokov odbywał z żoną w poszukiwaniu motyli, zaowocowały *Lolitą*, która w pewnej mierze również jest powieścią drogi. *The Dog of the South* [Pies Południa] Charlesa Portisa to jedna z najwspanialszych opowieści o podróży – w tym wypadku o jeździe, która zaczyna się w Arkansas, a kończy w Hondurasie. Jazda szalona, książka prześmieszna, ale też mądra. „Samochód szedł dobrze, chłonąłem rozkosz samotnego lotu. Chyba tak to jest, jak Bóg przychyli nieba".

*

Odkąd pojawiły się samochody, wielu ludzi zarówno w Ameryce, jak i w Europie ujmuje podróżowanie po drogach w kategoriach opowieści. Rudyard Kipling, jeden z pierwszych miłośników motoryzacji, w 1910 roku kupił rolls-royce'a, którym szofer woził go po Anglii, podczas gdy Kipling notował wrażenia. Entuzjastką automobili była również Edith Wharton, która pierwszą przejażdżkę odbyła w 1902 roku, po czym w 1904 nabyła panhard-levassora, a następnie czarnego pope-hartforda. Wharton napisała *A Motor-Flight Through France* [Automobilem przez Francję] (1908), otwierając tę opowieść następującym zdaniem: „Automobil wskrzesił romantyzm podróży". Podobnie jak Kipling jeździła z szoferem, a w wycieczkach często towarzyszył jej Henry James, przyjaciel i zaprzysięgły kawaler. James przepadał za autami Edith i jeden z nowych nabytków nazwał Wehikułem Namiętności.

„James coraz bardziej podziwiał Edith i zdumiewał się jej energią – pisał Colm Tóibín o Mistrzu na łamach »Vogue'a«. – W czasie fali upałów w trakcie jednej z wizyt w The Mount – posiadłości Wharton w Massachusetts – James jedyne wytchnienie znajdował w »nieustannych przejażdżkach«". Jeździli automobilem, pisała Wharton, „codziennie, nieustannie, mile za milami w lśniącym pejzażu zastygłym w bezruchu pod stężałą glazurą upału. Póki jechaliśmy, póty czuł się odświeżony, szczęśliwy i podniesiony na duchu".

Podczas gdy wszystkie drogi amerykańskie są właściwie takie same i nieodmiennie gładkie, to amerykańskie miejscowości i ich mieszkańcy są bardzo różni i nastręczają podróżnym właściwych sobie problemów. Drogi, nawet zatłoczone, są w zasadzie symbolem łatwej i typowej przyjemności, w której nie ma nic ciekawego. Ale właśnie z tego powodu nagłe przyjazdy i spotkania mają w sobie coś surrealistycznego, jak wtedy gdy w ciągu jednego dnia wyruszyłem rano sprzed domu na Cape Cod, z oazy swojskości, po czym jedną i tą samą drogą dotarłem w nocy w całkowicie inny pejzaż i pośród ludzi, którzy choć grzeczni, wcale nie chcieli, żeby ich poznawać.

W Afryce, Chinach, Indiach, Patagonii miejscowi wydają się wdzięczni za to, że odwiedza ich obcy. Jest w tym dramaturgia, temperatura, barwa, historia godna książki podróżniczej. Natomiast w Stanach Zjednoczonych przyjazd rodaka z innych stron nie skłania do odnowienia tradycyjnej gościnności ani do wypowiedzenia powitania, które brzmiałoby tak pięknie jak arabskie *Salam alejkum ja dajf ar-Rahman!*, „Pokój z tobą, gościu Miłosiernego!", albo hinduskie: Witaj!, *Atithi Dewo Bhawa!*, „Gość równy jest Bogu!".

Na ogół witają nas nieufnie, wrogo, w najlepszym razie obojętnie. Dlatego Amerykanie to z mojego punktu widzenia twardy orzech do zgryzienia, ludzie, których trudno poznać bliżej, bardziej skryci, podejrzliwi i pod wieloma względami bardziej obcy niż którzykolwiek inni, jakich w świecie spotykałem.

Utajone dwadzieścia procent

Podróżując po to, żeby poznawać, udałem się na Południe dlatego, że przedtem właściwie tam nie byłem i bardzo mało wiedziałem o tej krainie. Każdy wie, że w szczęsnych zakątkach Południa kwitnie bogactwo, wyrafinowanie, beztroska, są piękne stadniny, wystawne obiady, przyjemne miasta, ekskluzywne przedmieścia, najpiękniejsze posiadłości w Ameryce.

To jednak skansen, Południe Starej Magnolii, rzec by można, a obok niego całkiem blisko kryją się głód, brud i wielka bieda. Na słonecznym Południu znajdziemy nie tylko najelegantsze, lecz również najbiedniejsze zakątki Ameryki, i to w najpiękniejszych wiejskich regionach: w Lowcountry w Karolinie Południowej, w Czarnym Pasie w Alabamie, w delcie Missisipi i na wyżynie Ozark w Arkansas. Jak się przekonałem, tamtejsi biedacy są w istocie ubożsi i bardziej bezradni niż wielu nędzarzy, pośród których podróżowałem w najbiedniejszych regionach Afryki i Azji. Zagrzebani na głębokiej prowincji, na obrzeżach, w wymierających miasteczkach, w rozbitych społecznościach żyją niewidocznie.

Amerykańscy biedacy nie mają prawie nic, ale zachowali prywatność, bodaj ostatnie dobro, którego nie chcą stracić. Dlatego przed niełatwym zadaniem staje podróżnik, który jest ich ciekaw i chciałby odpowiedzieć na pytanie: „Co robią ludzie, którzy wydają się nie robić nic?".

Podróżnik w pewnej mierze sam stwarza kraj, który przemierza, wybierając tę, a nie inną trasę, ale jeżeli jest uczciwy, nie może stwarzać przeżyć, niemniej to przeżycia są treścią opowieści. Napisano wiele książek o zachwycających obliczach Południa, lecz ja powziąłem postanowienie, żeby omijać pogodne miasta i umykać od oklepanych rozkoszy na rzecz ustroni i zapadłych miasteczek, gdzie kryje się owo utajone dwadzieścia procent.

Indianie z kropką

Wyruszyłem drogą z Front Royal („Masz pan tylko jedną") i skręciłem w Skyline Drive („Nie możesz pan przegapić"), szlak krajobrazowy wiodący przez Park Narodowy Shenandoah, który w tamten słoneczny jesienny dzień wyglądał urzekająco pięknie. Kruche pozwijane liście płonące od żółci i rdzawych czerwieni wirowały niczym strzępy barwnej szaty miecione wiatrem to wzdłuż, to w poprzek wąskiej i krętej drogi, która wiedzie po grzbietach wzgórz wśród głębokich dolin. Te wzgórza i doliny przypominały mi Wielkie Rowy Afrykańskie.

Bywały w świecie Amerykanin odruchowo snuje porównania. Cały dzień, kiedy jechałem nieśpiesznie szlakiem prowadzącym przez New Market, Harrisonburg i Wytheville, wyobraźnia podsuwała mi pejzaże afrykańskie, ciernistе drzewa, wyżyny, wioski i sklepiki prowadzone przez Hindusów, którzy zagnieździli się w całej Afryce Wschodniej jako handlowcy zwani *dukawallah*. Tereny wokół Wielkiego Rowu Wschodniego, udręczone rzeziami plemiennymi i zabudowane prowizorycznymi wioskami uchodźców, wypadały żałośnie w porównaniu z majestatycznym pejzażem Wirginii.

Przez cały dzień czułem się szczęśliwy, sunąc wśród złotych wzgórz, opadających liści i swojskich zapachów obornika i próchnicy wpadających przez okno samochodu.

O zmierzchu w Bristolu, w południowo-wschodnim zakątku Wirginii, na skraju Appalachii wszedłem do holu niedrogiego motelu i ze zdumieniem poczułem ostrą woń kadzidła i stłumiony nią zapach curry, melanż zapachowy każdego wnętrza w Indiach i każdego hinduskiego *duka* w Afryce.

– Tak?

Niski, nachmurzony mężczyzna wyłonił się z szelestem zza zasłony z koralików zawieszonej na modłę hinduską w przejściu na zaplecze, wnosząc ze sobą bukiet jeszcze innych woni, zapachów ujawniających parafernalia całej opowieści, wonne kadzidełka tlące się za zasłoną przed figurkami bóstw tyleż ku ich czci, ile po to, by ich ciężki aromat, od którego pieką oczy, maskował wyziewy kuchenne.

W krainie białych i czarnych ten mężczyzna oczywiście rzucał się w oczy, pierwszy Hindus, jakiego ujrzałem na Południu, w jednej osobie właściciel, recepcjonista i dyrektor motelu, *dot Indian*, czyli Indianin z kropką, jak mówimy o Hindusie w Ameryce, żeby go odróżnić od *feather Indian*, Indianina w pióropuszu, jakiego prędzej bym się spodziewał. Motele, stacje benzynowe, sklepy całodobowe zdawały się zastrzeżone i pierwszy z tych przybytków, jaki zobaczyłem, reprezentował wszystkie. Na Południu fama głosi, że biali sprzedają te interesy Hindusom po to, żeby nie trafiły w ręce czarnych. Później spotkałem jeszcze setki Hindusów. Prawie wszyscy pochodzili z Gudźaratu w zachodnich Indiach, a wielu przybyło do Stanów niedawno.

Właściciel motelu nazywał się Hardeep Patel, pochodził z Suratu w Gudźaracie. Gudźaratczycy, na których Pendżabczycy patrzą z góry, to ludzie prości i rzeczowi, prowadzą sklepy w całej wschodniej i środkowej Afryce, otwierają punkty handlowe i pocztowe w centrach handlowych w Wielkiej Brytanii, przejmują motele na południu Stanów. Pan Patel wyemigrował do Kanady, gdzie spędził kilka lat, po czym przekroczył granicę i osiadł w Stanach. W pierwszej chwili pożałowałem pana Patela, który najwyraźniej sam prowadził cały motel. Wkrótce jednak powiedział, że jest spowinowacony ze wszystkimi innymi Gudźaratczykami w mieście i w całym okręgu, nie tylko z Patelami, lecz również z Desaiami i Shahami.

– Znałem parę osób, Hindusów, którzy prowadzili motele. Pomogli mi.

– Są jeszcze inni Hindusi w Bristolu?

– Piętnaście rodzin.

Ciekawe, że od razu pomyślał o rodzinach. Tak, z punktu widzenia Hindusa społeczeństwo to wspólnota rodzin, a nie indywidualnych osób.

Rankiem, kiedy w motelu Budget Inn zwolniło się siedem czy osiem pokoi, nikt inny tylko pan Patel wędrował wzdłuż korytarza z wózkiem pralniczym, na który ładował pościel i ręczniki. Chociaż spędził u nas już wiele lat, najwyraźniej sam sprzątał pokoje i – przynajmniej tamtego ranka – nie miał nikogo do pomocy. Czy to znaczyło, że interes kiepsko się kręcił i pan Patel klepał biedę? Nie, nie o tym świadczyła krzątanina pana Patela, natomiast tłumaczyła zapewne fakt, że na podjeździe lśnił nowiuteńki lexus.

Na Południe dociera również inna kategoria hinduskich imigrantów. Od wielu lat hinduscy lekarze mogą łatwo otrzymać wizę amerykańską, jeżeli zobowiążą się pracować w tego rodzaju biedniejszych rejonach, które urzędowo sklasyfikowano jako „obszary o niewystarczającej opiece medycznej". Obecnie program ten nosi nazwę National Interest Waiver [Zniesienie Wymogów ze Względu na Interes Narodowy].

Poczynając od lat dziewięćdziesiątych, w ramach tego programu przyznano tysiące wiz. Kłopot polega na tym, że władze nie sprawdzają, co później się dzieje z beneficjentami. Wiele tych wiz przyznano w konsulacie amerykańskim w Madrasie lekarzom z Tamilnadu, a także z Hajdarabadu w sąsiednim Andhra Pradesh, zakładając, że beneficjent przepracuje chociaż kilka lat w upośledzonym regionie, takim jak chociażby Appalachia.

Niedługo po zainaugurowaniu tego programu rozwinęła się pomysłowa forma oszustwa wizowego. Otóż przyjęci lekarze występowali do Immigration and Naturalization Service [Urząd Imigracji i Naturalizacji] z wnioskiem o przyznanie tymczasowego pozwolenia na pracę w Stanach „asystentowi medycznemu", którego potrzebują w swoim gabinecie. Owi „asystenci" sami byli lekarzami, którzy pragnęli uzyskać obywatelstwo amerykańskie.

Władze imigracyjne zauważyły systematyczne przekłamania zawarte w tych wnioskach i w rezultacie wykryły siatkę oszustów.

Ani obciążenie pracą, ani dochody lekarzy zatrudnionych w Appalachii nie uzasadniały zapotrzebowania na „asystentów". Oczywiście chodziło o to, aby rzekomi asystenci przedostali się do Stanów, gdzie potem próbowali zdobyć kartę stałego pobytu. Wielu lekarzy hinduskich, głównie z Hajdarabadu, rzeczywiście zatrudniło się na placówkach w Appalachii, ale nie uważali oni tego za uwieńczenie kariery. Niektórzy wdali się w proceder oszustw wizowych, a niemal wszyscy po kilku latach bądź legalnie, bądź omijając przepisy, otwierali bardziej lukratywną praktykę w bogatszych regionach zurbanizowanych.

Pan Patel był człowiekiem dobrze wykształconym, lecz nie należał do owych lekarzy. Zawsze marzył o tym, żeby się wyrwać z Indii i osiedlić w Ameryce. Podczas gdy rozmawialiśmy, za zasłoną z koralików starsza kobieta chichotała do telefonu. Zapewne pani Patel. Państwo Patelowie mieszkali w owym motelu na takiej samej zasadzie jak ich pobratymcy w Afryce Wschodniej, gnieżdżący się na zapleczu sklepików. Mieli trzy córki, wszystkie już zamężne.

– Pan skojarzył te małżeństwa?

– Nie ja, miłość – odparł. – Zgodnie z amerykańskim zwyczajem.

Na ścianie z fotografiami rodzinnymi nie było zdjęć córek, gdyż wyglądałoby to cokolwiek nieprzyzwoicie. Wisiały zdjęcia wnuków, a największe ukazywało szesnastoletniego syna Patelów, którego pan Hardeep Patel scharakteryzował z dumą za pomocą trzech słów:

– Gra w golfa.

Big Stone Gap

Nazwę Big Stone Gap pierwszy raz usłyszałem czterdzieści kilka lat temu w Charlottesville.

Pierwszy raz odwiedziłem Południe, mając jedenaście lat. Spędzałem lato u wuja, lekarza wojskowego w Fort Lee na obrzeżach Hopewell nad rzeką Appomattox. Pobliski Petersburg rozsławiła przegrana przez unionistów bitwa o krater, po której doszło do trwającego osiem miesięcy oblężenia miasta, zakończonego jego kapitulacją. Z owego lata 1952 roku pamiętam wizyty na polu bitwy, małe tabliczki z napisem „BIALI" na ościeżach restauracji, podawane szeptem przez wuja objaśnienie znaczenia tych tabliczek, rude gliniaste drogi, przejażdżkę drezyną po wiejskich torach i widok, który zaiste wrył się w pamięć, a mianowicie wielkie huczące organy parowe na wozie, złocistą niby-karetę zdobioną karminowymi ślimacznicami, wysoki dymiący komin i buchające parą kołyszące się podczas jazdy piszczałki, na których grał usadowiony dumnie przy manuale biały mężczyzna we fraku i cylindrze. A kiedy strojny pojazd odjechał kawałek dalej i ukazał się jego tył, zobaczyłem czarnego mężczyznę w złachanym drelichu, który zaparty na rozstawionych nogach, szuflował węgiel do gorejącego paleniska pod kotłem. Chociaż byłem tylko małym chłopcem, scenka ta poruszyła mnie głęboko jako przejmująca metafora społeczna.

Dwadzieścia lat później, podczas drugiego pobytu na Południu, przez semestr uczyłem w Charlottesville pisarstwa. Zastępowałem Petera Taylora, który zajmował stanowisko pisarza rezydenta na tamtejszym uniwersytecie i wziął wtedy urlop. Taylor pisał świetne opowiadania, był życzliwym człowiekiem i wrażliwym nauczycielem. Pochodził z Tennessee, gdzie jego dziad pełnił funkcję gubernatora, a potem senatora. Peter cieszył się wielkim szacunkiem i jako przedstawiciel arystokracji Południa, co zawsze z dumą podkreślał, przesiąkł nostalgiczną i wyniosłą zaściankowością, która mnie śmieszyła. W rozmowie ten skądinąd miły i subtelny mężczyzna przejawiał wszystkie sztampowe wady południowca. Potępiał wojnę secesyjną, żywił nieskrywaną pogardę wobec Jankesów, bronił wszelkiego rodzaju dziwactw Południa, odnosił się z niechęcią do rzeczników praw obywatelskich, których uważał za wywrotowców, i hołdował osobliwej – ale o dziwo powszechnej na Południu – wierze, iż biali południowcy rozumieją czarnych w tak subtelny sposób, jaki nigdy nie będzie dostępny Jankesom. Uważałem, że w gruncie rzeczy jest skrępowanym południowcem, który boi się obcych.

Swoje robiła rzecz jasna różnica wieku. Z jednej strony ja, zbuntowany młodzieniec, którego książki się sprzedawały, z drugiej on, dwadzieścia lat starszy ode mnie podopieczny akademii, którego już nie drukowano i który zadowalał się pensją profesora. Odnosił się do mnie z owym cierpkim rozbawieniem, jakie w tamtych czasach południowcy odczuwali wobec Jankesów, jak gdybym był parweniuszem z obcego kraju – zimnej i szarej Północy.

Z bezgranicznym zdumieniem zauważyłem, że wielu wykładowców ukradkiem szydzi z Williama Faulknera, obcego, który dziesięć lat wcześniej – zaledwie na kilka lat przed śmiercią – piastował w Charlottesville godność pisarza rezydenta i który w trakcie pobytu w Wirginii stał się namiętnym koniarzem, jeździł konno i polował na lisy. Z tamtego okresu pochodzi portret ukazujący go w stroju jeździeckim Farmington Hunt Club, na którym wygląda niczym nadęty Anglik. Owe szyderstwa wypływały jednak z zawiści, szczególnie zjadliwej w kręgach akademickich. Zauważył to jeden z moich kolegów Joe Blotner, który potem w biografii Faulknera pisał: „Niektórzy wykładowcy w Charlottesville, esteci i intelektualiści, śmiali się z pasji Faulknera, uważając ją za upodobanie niegodne wielkiego pisarza".

Na korytarzu szpitala w Charlottesville przypadkiem spotkałem niepocieszoną parę bardzo biednych ludzi, którzy szukali ratunku dla ciężko chorego dziecka. Powiedzieli, że przyjechali aż z Big Stone Gap. Zapomniałem ich nazwiska, natomiast nazwa miasteczka wryła mi się w pamięć jako jedna z tych nazw miejsc czy miejscowości, które – niczym Zanzibar lub Patagonia – budzą tak bogate skojarzenia, iż człowiek ślubuje sobie, że kiedyś tam pojedzie, i które potem ciągle go wzywają.

Big Stone Gap leży w Wirginii, w samym rogu, na górzystym zbiegu z Kentucky i Tennessee, zaledwie czterdzieści kilometrów od Karoliny Północnej. Pojechałem tam z Bristolu drogą wijącą się wokół stromych wzgórz i przecinającą dolinę rzeki. Porośnięte lasami wzgórza wyglądały przepięknie, natomiast miasteczka były nędzne. Ot, skupiska przyczep mieszkalnych, nieliczne zapuszczone parterowe domy przy drodze i najlichsze sklepy: Artykuły Używane, Dyskont, Family Dollar, Tanie Zakupy, Nagrobki na Każdą Kieszeń. Tu i tam pośród przyczep i starych drewnianych wiejskich domów stały samotne i pretensjonalne rezydencje z czerwonego piaskowca i granitu, należące na ogół do baronów węglowych. Górnictwo karmi tę krainę i na słupach energetycznych wisiały tabliczki z wykaligrafowanym napisem: „POPIERAJ WĘGIEL".

Big Stone Gap ukazało się nagle na końcu wypłaszczającej się drogi, kilkanaście przecinających się ulic w dolinie w widłach rzeki Powell. Większość sklepów była zabita deskami albo ziała pustką w słoneczne południe.

Na frontonie pewnego sklepu pisano, że sprzedają rękodzieło, ceramikę, chałupniczą biżuterię i obrazy. Wstąpiłem tam, bo w pobliżu nie dostrzegłem nic czynnego. Za ladą stała pani Moore, która wyrabiała biżuterię. Zapytałem ją o kopalnie.

– Nie wiem, jak do nich trafić – powiedziała pani Moore, chociaż od dwudziestu czterech lat mieszkała w Big Stone Gap. – Wszystkie są prywatne.

W tonącym w blasku słońca, jak gdyby bezludnym miasteczku sklepowe witryny ceglanych domów miały opuszczone żaluzje, chociaż pani Moore powiedziała, że w najbliższy weekend odbędzie się organizowany przez Mountain Empire Community College festyn pod nazwą Dzień Rękodzieła.

– Będą występy gawędziarzy i koncerty muzyki bluegrass.

Głównym ośrodkiem życia społecznego w Big Stone Gap okazała się Mutual Drugstore przy East Wood Street, przybytek będący nie tylko drogerią i sklepem, lecz również barem szybkiej obsługi z menu wypisanym kredą na tablicy. „Obiad dnia – paluszki z kurczaka – tłuczone ziemniaki – fasolka szparagowa – szarlotka lub ciastko z kremem". Było to również miejsce spotkań. Panował ruch, ludzie w ubraniach roboczych zmieniali się przy stolikach.

– Jak leci?

– Gdybym wiedziała, że przyjdziesz, pozwoliłabym się zaprosić. Centuś!

Chociaż miasteczko wydawało się senne, wyczuwałem atmosferę samozadowolenia, tyle że podszytego dozą rezygnacji. Miejscowi chodzili nieśpiesznie, otyli odrobinę przygarbieni, dźwigając wielki brzuch, chudzi zaś lekko, wysoko podnosząc nogi.

Zapytałem o hinduskich lekarzy.

– Jest tu paru – usłyszałem.

W samym Big Stone Gap pracowało dwóch, a mianowicie doktor Karakattu, który zapewne pochodził z Kerali, i doktor Gupta. Ponadto w pobliskim miasteczku Appalachia działał doktor Tarandeep Kaur. Spośród tysięcy hinduskich lekarzy, którzy dostali preferencyjne wizy, większość najwyraźniej straciła powołanie.

W Big Stone Gap nie widziałem ani jednego czarnego, ani w mieście, ani w drodze, ani w Weber City, przez które przejeżdżałem, już na granicy z Tennessee. Wtedy jeszcze nie znałem topografii rasowej Południa, która polega między innymi na tym, że miasta i wioski w górach oraz na wzgórzach zamieszkują głównie biali, natomiast w Lowcountry – na rozległych równinach, gdzie uprawiano bawełnę i tytoń – zdecydowanie przeważa ludność czarna. Oto bezwład czy uporczywość historii.

Sklep z bronią

Po drodze do pobliskiej Karoliny Południowej przystanąłem w sklepie z bronią. Podobnie jak większość innych takich sklepów, które widziałem, był to zarazem lombard, ponieważ najdroższym i najłatwiejszym do zastawienia sprzętem w wiejskim domu jest broń palna. Lombardy mówią wiele o kondycji materialnej prowincjuszy. Przekonywałem się, że ludzie zastawiają lub odsprzedają głównie broń, a poza tym telewizory, kamery, komputery, tajemnicze części samochodowe, zegarki i z rzadka biżuterię. W wielu lombardach osobno eksponowano pamiątki z wojny secesyjnej, jakieś wykopane przez miejscowych groty strzał, noże itp. Obszerną, skorodowaną i wysmarowaną kategorię stanowił sprzęt budowlany – wiertła, wielokrążki, kielnie, klucze francuskie, młotki, złączki do rur, pistolety do gwoździ, piły taśmowe, wszystko mocno zużyte, najwyraźniej przyniesione przez fachowców, którzy już odeszli z pracy.

Jako sprzedawcy i kupujący w jednej osobie właściciele tych przybytków są zwykle gadatliwi, co bardzo mi odpowiadało. Zaszedłszy do takiego sklepu, mówiłem, że chcę kupić pistolet, dodając, że jestem Jankesem z dala od domu i nikogo tu nie znam.

Sprzedawca nieodmiennie krzywił się ze współczuciem na myśl, że osobnik taki jak ja podróżuje po stanach południowych bez broni.

– Nie sprzedam panu pistoletu – oświadczył sprzedawca w owym sklepie za Big Stone Gap. – Ale sprzedam panu karabin, porządny karabin, no i amunicję. Na przykład kałasza, jeżeli jakiegoś jeszcze mam.

Wydawało mi się to niedorzeczne, ale kilka miesięcy później w sklepie z bronią w Missisipi rzeczywiście mieli na sprzedaż dwa kałasznikowy produkcji rumuńskiej.

– Wolałbym pistolet – powiedziałem, żeby go podpuścić. – Może glocka?

– Nie da rady, bracie. Zresztą tylko asfalty noszą pistolety.

Niepoprawny rasista, powinienem go ofuknąć. Ale lepiej nie, niech mówi, co mu w duszy gra.

– O dziwo nie widuję w tych stronach wielu czarnych – rzekłem.

– Fakt. No i fajno jest, nie?

Usłyszawszy to, młoda, biała i otyła sprzedawczyni przy drugiej ladzie, a także stojący tam tak samo grubaśny policjant ryknęli śmiechem, chociaż zaraz zasłonili usta rękami, jak gdyby zawstydzeni.

– Byłem w Columbus w Ohio – jął opowiadać właściciel sklepu podbechtany reakcją tamtych dwojga. – Od cholery tam asfaltów. Ale w Ohio wielu mi przycinało: „Cześć, *hillbilly*. Coś masz jedną nogę krótszą, jakbyś latał wokół góry!".

Zademonstrował to, podkulając jedną nogę i kusztykając, jak gdyby szedł trawersem po stromym zboczu.

– Póki mogłem, puszczałem to mimo uszu – ciągnął, mając na myśli słówko *hillbilly*, które niewinnym żarcikiem jest tylko w telewizyjnych programach rozrywkowych, natomiast w górzystej Appalachii uważają je za obelgę, konotującą biedę i głupotę. – W końcu nie wytrzymałem i mówię tym chłopkom z Ohio: „Wy też, kurna, macie nierówne kulasy, bo co rusz musicie dyrdać jednym po krawężniku, a drugim w rynsztoku – tu znowu zademonstrował odpowiednie kusztykanie – żeby przepuścić czarnucha!".

Asheville: „To jest Kwartał”

Kiedy przystanąłem przy owym sklepie z bronią, wyruszywszy z Big Stone Gap, jechałem do Karoliny Północnej. Starając się nie pobłądzić na rozjazdach, zmierzałem do Asheville, gdzie chciałem znaleźć odpowiedź na pewne od dawna dręczące mnie pytanie. Mój przyjaciel, nieżyjący już słynny malarz Kenneth Noland, urodził się w Asheville w 1924 roku i mieszkał tam do 1942 roku, kiedy zaciągnął się do wojska. Po wojsku wrócił i podjął studia w eksperymentalnym i luzackim Black Mountain College, dwadzieścia pięć kilometrów od jego rodzinnego domu.

W latach sześćdziesiątych Noland przystał do awangardowego ruchu zwanego Color Field (malarstwem barwnych płaszczyzn), którego przedstawiciele wypełniali obrazy jednolitymi, płaskimi, nieregularnymi lub uporządkowanymi geometrycznie plamami barwnymi. Wiele obrazów Nolanda, płócien wielkości drzwi garażowych, przypomina tarcze łucznicze albo szewrony z epoletów olbrzymów. Malarze barwnych płaszczyzn uważali sztukę figuratywną za przeżytek. – Picasso to gówno – mawiał z uśmiechem Ken Noland, który święcie wierzył, że posłannictwem sztuki nowoczesnej jest eksploracja czystych kolorów, eliminowanie znaczenia i uczucia przez operowanie wyłącznie płaską i niemą plamą barwną. Lwią część swoich dzieł Noland namalował za pomocą trzydziestocentymetrowego wałka z długą rączką, który prowadził po płótnie leżącym na podłodze, pracując niczym szkutnik impregnujący pokład. Nigdy nie widziałem go z pędzlem w ręku. Twierdził, że nie jest w stanie narysować królika. Nie dziwota, że stał się ulubieńcem dekoratorów wnętrz, którzy ozdabiali domy bogatych klientów jego obrazami, dostosowując do ich kolorystyki barwy i wzory obić mebli. W sobie właściwy wymyślny sposób mawiali, że te proste i jaskrawe malowidła „nadają wnętrzu spójność”.

Wiele dzieł i większość teorii Nolanda uważałem za poronione, ale on sam był uroczym zrzędą i nieraz łowiłem z nim ryby w Maine, gdzie mieszkał. W sielankowych momentach wspominał Południe. Pewnego dnia, gdyśmy coś popijali, opowiadał o dzieciństwie spędzonym w Asheville i rzekł:

– Wyobraź sobie, że roznosiłem gazety. Miałem długą marszrutę, nosiłem prasę nawet do Niggertown.

– Kto tam mieszkał, Ken? – zapytałem, żeby się z nim podroczyć.

– No jak to? Czarnuchy.

– A jak *oni* nazywali swoją dzielnicę?

Skonsternowany zmarszczył brwi i coś bełkotał. Nie wiedział, ale rzecz jasna od razu pojął, że czarni nie mogli nazywać swojej dzielnicy Niggertown. Od czasu do czasu używał tego słowa, ale nie był rasistą. Po prostu dorastał w Asheville w czasach segregacji rasowej. Uważał się za zwykłego prowincjusza, ale ział oburzeniem, kiedy opowiadał, że czarni w kinach w śródmieściu mogli siadać tylko na galerii.

– Nigdy nie zobaczyłbyś ich w restauracji ani nawet na chodniku głównej ulicy. Nie mieli śmiałości.

Mówił o latach trzydziestych i czterdziestych, bo jeszcze przed nastaniem lat pięćdziesiątych (kiedy, nawiasem mówiąc, stosunki rasowe były tak samo złe i z mocy prawa oparte na segregacji) na dobre wyniósł się z Asheville i resztę życia spędził na Północy. Ale kiedy wspominał młodość spędzoną w tym mieście, niekiedy odruchowo używał języka z tamtych lat i we wspomnieniach nie widział czarnych, lecz czarnuchów mieszkających w Niggertown.

Położone w Paśmie Błękitnym Appalachów Asheville cieszy się wspaniałym górskim powietrzem, w swoim czasie świetnie prosperowało jako uzdrowisko, a dzisiaj ma dziesięć szkół wyższych, jeszcze więcej szpitali i barów sushi. Jest głównym ośrodkiem kulturalnym w obszarze o promieniu kilkuset kilometrów. Asheville to oczywiście obsesyjny temat Thomasa Wolfe'a, który urodził się i został pochowany w tym mieście. W świetle obserwacji zebranych w trakcie wszystkich podróży w te rejony Stanów Asheville uważam za jedno z najszczęśliwszych, najmilszych i najzamożniejszych miast na całym Południu.

Zmierzałem na Głębokie Południe, ale gdy zawitałem do Asheville, postanowiłem rozwikłać zagadkę Niggertown. Zaszedłszy do muzeum miejskiego, nawiązałem rozmowę z pewnym mężczyzną i w końcu zapytałem go, gdzie, historycznie rzecz biorąc, mieszkała czarna ludność – gdzie w latach trzydziestych nastoletni Ken Noland roznosił gazety.

– Pójdzie pan w prawo – odparł ów mężczyzna, wskazując w stronę wejścia do muzeum – potem znów pierwsza w prawo, a dalej już prosto.

Poszedłem zgodnie z tymi wskazówkami, najpierw przez główny plac, a potem w dół wzgórza i po mniej więcej dziesięciu minutach spaceru nie miałem wątpliwości, że jestem w dzielnicy czarnych. „Szedł powoli, minął budynek straży ogniowej i ratusza. Na rogu, gdzie stał warsztat Ganta, Plac opadał stromo ku dzielnicy murzyńskiej [Niggertown], jak gdyby był zagięty na brzegu", pisał Wolfe w *Spójrz ku domowi, aniele*. Niggertown, zakazany i rozpalający wyobraźnię aspekt podświata Asheville, pojawia się często w tej opowieści. Fabuła rozgrywa się między innymi na ulicach Niggertown, gdzie bohater, Eugene Gant, roznosi gazety, czym w rzeczywistości zajmował się młody Thomas Wolfe. Cóż za koincydencja! Zaświtało mi, że Ken Noland – nałogowy opowiadacz niestworzonych historii i beztroski przywłaszczyciel przeżyć innych artystów – śmiało mógł pożyczyć sobie ten szczegół z biografii Wolfe'a.

Spacerując w dół wzgórza, zanurkowałem z zalanego słońcem placu z granitowymi budowlami w wąskie, zielone i cieniste ulice ze skromnymi drewnianymi domami. Widząc, że się zbliżam, mężczyzna pozdrowił mnie gestem, odstąpiwszy o krok od malowidła, które sporządzał na murze, wielkiego portretu koszykarza w podobnym do flagi amerykańskiej stroju Harlem Globetrotters. Ów malarz nazywał się Ernie Mapp.

– Ładny malunek – powiedziałem.

– Bennie Lake – rzekł Ernie Mapp i wskazując strój koszykarza, dodał: – Urodził się w Asheville. Grał w Globetrotters. No i był świetnym gościem.

Widząc, że rozmawiamy, podszedł do nas jakiś facet. Nazywał się Tim Burdine. Wielki, niedźwiedziowaty, w grubym płaszczu i w wełnianej czapce, ręka na temblaku.

– Pogruchotana – wyjaśnił. Wyglądał na jakieś sześćdziesiąt lat, Ernie był dużo młodszy.

– Nie znam miasta i trochę się zgubiłem – powiedziałem, kiedy porozmawialiśmy chwilę. – Jak się nazywa ta dzielnica?

– To jest Kwartał – odparł Tim.

– Albo East End – dodał Ernie. – Wszystko od Eagle Street aż do Valley Street.

Malowidło Erniego na murze skarpy Market Street powstało w ramach programu Triangle Park Mural Project poświęconego upamiętnianiu na wielkich muralach wydarzeń i osób związanych z historią lokalną. Na stronie internetowej programu pisano, że to „wspólnotowe przedsięwzięcie służące dokumentowaniu dziejów Kwartału, historycznej dzielnicy czarnej ludności Asheville". Organizatorzy tej akcji i malarze murali, nie tylko czarni, lecz również biali, mieszkali w tej dzielnicy i szczycili się tym.

– Na tamtym obrazie jest Nina Simone – powiedział Tim, prowadząc mnie do innego malowidła na murze skarpy. Otoczoną muzykami śpiewaczkę ukazano z włosami zaczesanymi do tyłu, prezentowała swój piękny profil Nefretete.

– Ta kapela to Bite, Chew and Spit – tłumaczył Tim. – Pewnie pan o nich słyszał. Na stałe grają w Orange Peel. Kit-Kat Club mieścił się właśnie nad tą skarpą, przy Market Street.

W tamto chłodne późne popołudnie inni malarze pracowali nad malowidłami przy wielu fragmentach muru.

– A kim według pana jest ten facio? – zapytał Tim Burdine, wskazując na jednym z murali naturalnej wielkości wizerunek młodego szczupłego mężczyzny w modnych okularach i w zawadiackim kaszkiecie, stojącego w swobodnej pozie. Tim podszedł i oparł się plecami o namalowaną postać.

– Ja! – zawołał. – W wielkich okularach, chudy, wyluzowany! Miałem osiemnaście lat. Szkoła średnia.

Ostro zahamował samochód, z wnętrza buchała muzyka – *Get Up Offa That Thing* [Rusz cztery litery] Jamesa Browna – i wysiadła z niego tęga kobieta, zostawiwszy włączony odtwarzacz.

– To jest Bubbles – powiedział Tim i zdrowym ramieniem przytulił kobietę. – Bubbles też maluje.

– Próbuję – rzekła Bubbles, gibając się w rytm piosenki. Mniej więcej w wieku Tima, uśmiechnięta, matronowata czy matczyna, spowita w zimowy płaszcz, idąc przez Triangle Park, ta postawna kobieta sprawiała wrażenie pani tej przestrzeni.

– Bubbles jest szefową naszego klubu, prawda, dziewczyno? – oznajmił Tim, ruszając za nią.

– Cóż to za klub?

– Nazywamy go Just Folks Club.

Tim, Bubbles i ja usiedliśmy przy stoliku piknikowym, podczas gdy Ernie wrócił do cyzelowania detali na swoim muralu za pomocą pędzla na długiej rączce.

– Tak, faktycznie, w kinie oglądaliśmy filmy, siedząc na galerii – rzekł Tim, odpowiadając na jedno z moich pytań – i długo tak się działo. Segregacja nie znikła po uchwaleniu ustawy o prawach obywatelskich w 1964 roku. Utrzymywała się do lat siedemdziesiątych.

– I później – dodała Bubbles.

– Ale to już za nami – stwierdził Tim. – Nikt nie chowa urazy. Nie ma nienawiści. Wszystko się układa.

Kiedy wstałem, żeby się pożegnać, Tim powiedział:

– Niech pan przyjedzie za parę miesięcy, kiedy nasz program się skończy. Planujemy uroczystość. Jest pan zaproszony.

„Kto ja jestem?"

Nazajutrz, po wyjeździe z Asheville, jadąc bocznymi drogami wśród gajów kamforowców, gdzie we frontowych ogródkach niektórych domów z krzewów winorośli zwanej *scuppernong* zwieszały się kiście jagód, przez Flat Rock (gdzie przez ostatnie dwadzieścia dwa lata życia na koziej farmie Connemara mieszkał Carl Sandburg), przez osadę Zirconia, potem przez granicę z Karoliną Południową, wreszcie przez Greenville, słuchałem radia. Grali *Ramblin' Man* [Włóczęga] Allman Brothers.

Pomyślałem o wędrówkach wszędzie indziej w świecie, ileż tam przeszkód, niebezpieczeństw, ślepych zaułków. W Ameryce człowiek może wędrować bez celu, po prostu krążyć. Dzięki temu mogłem uwolnić się od niepokoju związanego z siedzeniem w jednym miejscu, zaspokoić namiętność do podróży i jednocześnie odpocząć od niepewności i poczucia zawieszenia, jakie zawsze trapiło mnie podczas wędrówek po innych stronach świata, jak choćby w trakcie ostatniej podróży po Afryce. Nawet w najnędzniejszych rejonach Ameryki, gdzie straszą tylko posępne budy i skorodowane przyczepy kempingowe, drogi są wspaniałe.

Noc spędziłem w Greenville, gdzie sobotni wieczór w śródmieściu pełnym barów i restauracji kipiał od młodości i zabawy. Zaledwie pół wieku temu w śródmieściu roiło się od policjantów, czarni nie mieli prawa się pojawić na głównych ulicach, nie mogli korzystać z biblioteki, jadać w restauracjach ani mieszkać w hotelach. W ciągu mojego życia, a i życia wielu mieszkańców Greenville, wszystkie te zakazy zniesiono i zlikwidowano segregację. Podróżowałem w pięćdziesiątą rocznicę zwycięstwa ruchu na rzecz praw obywatelskich, którego działalność zazwyczaj nazywa się „walką", chociaż moim zdaniem – a także kilku czarnych, z którymi o tym rozmawiałem – była to prawdziwa wojna, w której stoczono wiele bitew, zdetonowano wiele bomb i w której wielu ludzi straciło życie. Ale nikt by się tego nie domyślił, patrząc na sobotnie ulice Greenville.

Rankiem pojechałem do Columbii i krążyłem po mieście, szukając miejsca, gdzie zjem obiad. Wybrałem rodzimą atrakcję, Lizard's Thicket. Dewiza tej sieci restauracji brzmi: „Autentyczna kuchnia domowa", a w karcie mają kurczaka z kluskami, smażone wątróbki drobiowe, wątróbkę z cebulą, szarpaną wieprzowinę z rusztu, klops, grzanki z sosem.

Kiedy wysiadałem z samochodu, do sąsiedniego auta od strony restauracji podszedł tęgi mężczyzna. Miał ów senny, zadowolony, cokolwiek zasapany wygląd osoby, która właśnie zjadła obfity posiłek.

– Cześć. Jak się pan ma?

– W porządku – odparłem. – Ale trochę głodny.

– Weź pan wątróbkę z cebulą – rzekł. – Przepyszna. Danie dnia.

– Dziękuję za radę. Jestem przejazdem. Z Massachusetts.

– Jakiego jest pan wyznania?

Nigdy przedtem nikt obcy mnie o to nie pytał, ani w Stanach, ani gdziekolwiek indziej w świecie. Na Południu pytano mnie o to tak często, że aż dziwiłem się religijności tych ludzi. Nieraz pytanie to formułowali bardziej konkretnie. „Do którego Kościoła pan należy?". Pytali o to ni z tego, ni z owego, a skoro nie miałem prostej odpowiedzi i zbyt długo milczałem, sami mówili: „Ja należę do Hope Chapel", albo: „My należymy do AME", czyli Afrykańskiego Kościoła Episkopalno-Metodystycznego, założonego dwieście lat temu przez wolnych czarnych w Pensylwanii. Albo do Shubach Deliverance World Ministries. Albo zanim się przedstawią, powiedzą: „Należymy do Kościoła Heaven on Earth".

To pytanie sprawiło, że przyjrzałem się uważnie owemu mężczyźnie. Blady, otyły, zasapany, łysiejący, nieco pryszczaty, w koszuli z krótkim rękawem i w krawacie w paski. Syty, pocił się w słońcu, patrząc na mnie spod zmrużonych powiek. Wydawał się trochę niezdrowy, z trzema piórami w kieszeni na piersi sprawiał wrażenie urzędniczyny, ale zachowywał się mile. Sądzę, że zdziwiło go, że się zawahałem, kiedy zapytał mnie o wyznanie.

– Jestem nieformalnym baptystą – powiedział, jak gdyby chciał mnie ośmielić. – Wygląda pan na nauczyciela, osobę związaną z książkami lub nauczaniem. Nazywam się Al McCandless. Miło mi pana poznać. Pracowałem w ubezpieczeniach, nadal trochę się tym zajmuję, ale zawsze pisałem wiersze. Kiedy coś mnie gnębi, zamieniam to w wiersz. W wieku czterdziestu lat dowiedziałem się, że mnie adoptowano. Wypsnęło się babce. Pewnego razu rozmawialiśmy o czymś, chyba o moim bracie, który źle postępował, i staruszka powiedziała: „No, wiesz, że i ty byłeś adoptowany, tak samo jak on". Wiedziałem, że rodzice adoptowali jego, ale sam uważałem się za syna naturalnego. Zapytałem o to rodziców, ale oni powiedzieli tylko: „Kto, u licha, tak ci nagadał?". To żadna odpowiedź, więc drążyłem dalej, ale rzekli: „Jesteś nasz, cały nasz, zawsze byłeś nasz". Nie miałem wątpliwości, co to znaczy, i po śmierci rodziców odnalazłem naturalną matkę. Miała już osiemdziesiąt lat, mieszkała parę kilometrów od miejsca, gdzie dorastałem. Ukończyła ledwie dwie klasy. Urodziła więcej dzieci, więc miałem siostrę i dwie siostry przyrodnie. Umarła w trzy lata po tym, jak się poznaliśmy. Ale cały czas rozmyślałem również o mojej drugiej matce i adoptowanym bracie, i o domu, w którym dorastaliśmy.

Nie miałem pojęcia, co z tym wszystkim począć, więc napisałem wiersz.

Cały czas sapał i obcierał z czoła perełki potu, spozierając na mnie załzawionymi oczyma o jasnych rzęsach. Miał wielkie usta, mówił wolno i wydawał się udręczony, chociaż mógł to być tylko wpływ słońca, blasku i upału.

– Zatytułowałem ten wiersz *Kto ja jestem?*.

– Wielkie pytanie – rzekłem.

– Kto ja jestem? – powtórzył, otwierając szeroko wielkie usta. Po chwili rzucił: – Wątróbka z cebulą, na pewno panu posmakuje.

Wchodząc do Lizard's Thicket, minąłem się ze szpakowatym czarnym mężczyzną w baseballówce, który powiedział:

– Spłukałem się do czysta. – Stuknął palcem w daszek czapki i dodał: – Przyszedłem, żeby was zobaczyć, żeby się przywitać i teraz jest mi lepiej.

„Nu man, yanna weep-dee we dan-ya"

W trakcie podróży przez Południe co rusz spotykałem ludzi, w których najzwyklejsze „cześć" wywoływało falę wspomnień czy rozpamiętywań, jak choćby ów lament Ala McCandlessa. Ale do niektórych wcale niełatwo dotrzeć, a i nieskorzy są do zwierzeń na temat tego, czym się zajmują, zwłaszcza gdy w istocie zajmują się walką o przetrwanie i żyją cicho i skrycie poniżej granicy ubóstwa.

Na Głębokie Południe gnała mnie myśl, że im dłużej podróżowałem po Afryce, Indiach i innych odległych krainach, tym bardziej swojscy wydawali mi się ich mieszkańcy. Nie mówię o zwykłym człowieczeństwie, lecz o warunkach życia. Wielu Amerykanów żyje tak samo biednie jak Afrykanie lub też są oni tak wrośnięci w społeczności wiejskie jak Hindusi. Tak samo nikt o nich nie dba, tak samo gnieżdżą się w ruderach, tak samo nie mają dostępu do opieki medycznej. Niektóre rejony Ameryki, zwłaszcza na wiejskim Południu, są właściwie tym, co kiedyś uważałem za Trzeci Świat.

Dowiedziałem się, że w te sprawy wprowadzić mnie może Bernie Mazyck, założyciel i prezes South Carolina Association of

Community Development Corporations [Stanowe Stowarzyszenie Inicjatyw na rzecz Rozwoju Społeczności Lokalnych w Karolinie Południowej, SCACDC], którego działalność mnie interesowała. Jednocześnie bardzo mnie intrygowało nazwisko pana prezesa. Bernie Mazyck był znajomym znajomego. Pojechałem do Columbii, żeby poprosić go o pomoc.

Według deklaracji programowej South Carolina Association of Community Development Corporations to „stanowe stowarzyszenie inicjatyw społecznych na rzecz rozwoju obszarów zaniedbanych gospodarczo". „SCACDC kładzie szczególny nacisk na wspieranie rozwoju społeczności lokalnych funkcjonujących poza głównym nurtem obrotu gospodarczego, a zwłaszcza społeczności mniejszościowych".

Za swoje posłannictwo SCACDC uważa „podnoszenie jakości życia rodzin gorzej sytuowanych", których nie brak w Karolinie Południowej. W jednym z najbiedniejszych regionów Stanów urzędnicy nigdy nie używają słowa „biedni", które można uważać za epitet poniżający lub piętnujący. Właśnie dlatego również ludzie starający się pomagać biednym nie nazywają rzeczy po imieniu. Stowarzyszenie wspiera „gorzej sytuowane rodziny", udzielając kredytów, doradzając i pomagając wypełniać urzędowe formularze. Zachęca biernych biedaków do samokształcenia, działania i pociągania za sobą innych. W jednym z wywiadów Bernie Mazyck mówił, że „w Karolinie Południowej utrzymuje się błędny pogląd, że przywództwo jest sprawą grupy wybrańców", i wyrażał nadzieję, iż uda mu się to zmienić. Przez „wybrańców" na Południu rzecz jasna rozumie się białych.

Bernie, ubrany elegancko, w białej koszuli i jedwabnym krawacie, czekał na mnie, siedząc u szczytu lśniącego, sześciometrowego stołu konferencyjnego. Spojrzał znad pliku papierów, ale nawet jeżeli zdziwił się moim niedbałym strojem – dżinsami i koszulką polo z długim rękawem – w żaden sposób tego nie okazał. W sali posiedzeń wydawał się na swoim miejscu, ja wyglądałem jak dozorca. Po pięćdziesiątce, skupiony, poważny, konkretny facet, który kursuje z jednego posiedzenia rady na drugie. Oszczędny w gestach, kiedy przekładał papiery, odznaczał się ową niemal księżowską powściągliwością osoby nawykłej do objaśniania swojej pracy ludziom niemającym pojęcia, na czym polega działanie na rzecz rozwoju społecznego. Wcale się nie zdziwiłem, kiedy później powiedział mi, że robi dyplom w seminarium duchownym („z naciskiem na rozwój obszarów zurbanizowanych").

– Przyjmujemy podejście wspólnotowe, które pozwala stworzyć fundament trwałego rozwoju gospodarczego – tłumaczył mi Bernie Mazyck. – Zgodnie z tym nowym modelem rozwoju istnieje kapitał utajony, który należy uruchomić…

Ciągnął takie abstrakcyjne rozważania, opisując mechanizmy awansu ekonomicznego, podkreślając wagę godziwych warunków mieszkaniowych, które pozwalają ludziom uwierzyć, że są równi innym i mają do odegrania rolę we wspólnocie. Stare domy należy „przebudować i doposażyć", dbając o ich oszczędność energetyczną. Mówił o „sprawiedliwości ekonomicznej", o „partnerstwie" i „rozwoju kapitału społecznego".

Taką samą urzędniczą gadaniną o polityce i rozwoju częstowano mnie w Afryce, nieraz w równie porządnie urządzonych salach posiedzeń, z tak samo dobrym dywanem, stołem, krzesłami, podczas gdy na zewnątrz – bliżej lub dalej – „ludzie gorzej sytuowani" potrzebowali pomocy, nie mieli dachu nad głową, żywili się odpadkami.

Podziwiałem zapał i solenność Berniego Mazycka, fascynował mnie nawet mętny język jego posłannictwa, ponieważ tak mało z niego rozumiałem. Ale najbardziej intrygowała mnie inna sprawa, co po dłuższej rozmowie mu zdradziłem.

– Mogę zapytać o pana nazwisko?

Uśmiechnął się, rozluźnił, zdjął okulary, przygładził wąs grzbietem palca, po czym odsunął się z krzesłem od stołu, żeby siąść swobodniej. Przez następne trzy kwadranse opowiadał o swoim nazwisku, rodzinie, krewnych, matce i Kościele.

Tak to się przedstawiają południowcy, opowiadając o korzeniach i historii lokalnej. Przedtem się nie znaliśmy, ale mieliśmy wspólnego znajomego. Mówił przekonująco o planach rozwojowych, tryskał optymizmem, rzucił wiele wzniosłych idei, lecz pieczęcią wiarygodności w moich oczach było dopiero to, co opowiadał o rodzinie, o życiu w Karolinie Południowej – pochodził z Charleston – i o swoim niezwykłym nazwisku.

Wymawiane jako „Mahzik", jest to nazwisko hugenockie. Jednym z pierwszych osadników w Charleston był Isaac Mazyck, który przybywszy pod koniec XVII wieku do tego portowego miasta, założył pierwszy kościół hugenocki. Później ustaliłem, że ród Mazycków wywodzi się z Belgii, z miasta Maeseyck, Maaseyek czy Maaseik, wobec czego jest to *nom de terre* będące najprawdopodobniej – chociaż Bernie tego nie powiedział – nazwiskiem właściciela niewolników, ponieważ niewolnicy przyjmowali zazwyczaj nazwisko pana.

Rozmawialiśmy o rozległej rodzinie Berniego, o jego korzeniach, tożsamości afrykańskiej, silnym poczuciu pochodzenia z ludu Akan, który na terytorium dzisiejszej Ghany stworzył Królestwo Aszanti, jedno z największych imperiów w dziejach Afryki Zachodniej. Bernie dostrzegał ślady akańskie w obyczajowości swojej rodziny, w matriarchalnym sposobie wychowania, a nawet w niektórych obrzędach religijnych odprawianych w kościołach chrześcijańskich na Południu.

– Człowiek potrzebuje pomocy Boga. Kościół jest sercem mojego życia – stwierdził żarliwie.

Dzięki tej rozmowie zacząłem rozumieć, że przeszłość ma na Południu znaczenie większe niż gdzie indziej nie tylko dlatego, że rzuca wyjątkowo długi cień, lecz również dlatego, że teraźniejszość tak rozczarowuje. Przeszłość łatwiej zrozumieć, jest spójna i pomaga wyjaśnić dzień dzisiejszy.

Weźmy na przykład *gullah*. Wiele osób w Karolinie Południowej wspominało o tej kulturze czarnych z wybrzeża, która zachowała stare tradycje i kreolski język. Znane z piosenki słowo *kumbaya* jest wyrażeniem z języka *gullah*, które znaczy tyle co *come by here*, „przyjdź tutaj". Bernie wspominał, jak jego matka nieraz pouczała go w języku *gullah*. *Gullah* – jako język prywatny i prastara kultura – przenika wszelkie aspekty życia.

– Matka mawiała: *Nu man, yanna weep-dee we dan-ya!*.

Zdanie to znaczy: *No, man, you're up there and I'm down here*, czyli: „Nie, człowieku, ty jesteś na górze, a ja na dole", i służy podkreśleniu różnicy klasowej.

Nazwisko matki Berniego brzmiało Seypio, i jeszcze w przypadku jej dziada pisano je jako Scipio, czyli tak samo jak nazwisko Scypiona Afrykańskiego, wielkiego wodza rzymskiego, pogromcy Hannibala w bitwie pod Zamą, dzięki której właśnie zyskał przydomek „Afrykański".

Wspomnienia o czasach niewolnictwa i poświęceń przywiodły Berniego do rozważań na temat niezgodnych interpretacji historii. Opowiedział o perypetiach związanych z budową African-American History Monument na terenie kapitolu stanowego w Columbii, jak przez lata korygowania planów i debatowania o doświadczeniu historycznym czarnych w Karolinie Południowej nie udawało się dojść do porozumienia w sprawie należytego przedstawienia tej historii na odlanych w brązie płaskorzeźbach. Projekt rzeźby ukazującej linczowanie czarnych przez Ku Klux Klan schowano głęboko do szuflady. Toczono zażarte spory w sprawie ukazania sztandaru Konfederacji. Debatowano, czy w poczet bohaterów historii należy włączyć budzącego skrajne namiętności Denmarka Veseya, niewolnika, który dzięki wygranej na loterii wykupił się z niewoli, a po latach przygotował wielkie powstanie niewolników. Konspiracja objęła tysiące spiskowców i byłoby to największe powstanie niewolników w historii Stanów Zjednoczonych, o wiele większe od rebelii Nata Turnera w Wirginii. Spiskowcy zostali jednak zdradzeni, wielu aresztowano, po czym Veseya i innych przywódców powieszono w Charleston. Zarówno czarni mieszkańcy Karoliny Południowej, jak i historycy uważają Veseya za człowieka, który wyprzedził swoje czasy, podobnie jak haitański rewolucjonista Toussaint L'Ouverture, którego Vesey podziwiał. Ich obu można uważać za archetypowych buntowników w słusznej sprawie, za bohaterów i przykład dla wszystkich.

– Minęło prawie dwieście lat – rzekł Bernie. – Ale nie ukazali oblicza Veseya na pomniku – uśmiechnął się. – Sam pan widzi, że jeszcze długa droga przed nami.

Porozmawialiśmy o nadchodzących wyborach prezydenckich, a właściwie o drażliwej kwestii uzależnienia prawa udziału w głosowaniu od okazania dowodu tożsamości. Gorącą zwolenniczką tego przepisu, który praktycznie uniemożliwia głosowanie wielu osobom, jest gubernator Karoliny Południowej Nikki Haley. Pani gubernator pochodzi z rodziny imigrantów sikhijskich. Jej rodzice, państwo Randhawa, wyemigrowali z Indii do Kanady, a potem opodal Vancouver przeniknęli przez granicę do Stanów Zjednoczonych, dotarli do Karoliny Południowej, gdzie podjęli pracę jako nauczyciele w trzyipółtysięcznym miasteczku Bamberg, mieścinie mniej więcej tej samej wielkości co ich rodzinne Pandori Ran Singh pod Amritsarem w Pendżabie. W Bambergu założyli sklep odzieżowy Exotica International, który z sukcesem działał do 2008 roku. Niespełna dwa lata później Nikki – podówczas już nawrócona na metodyzm żona białego południowca – została gubernatorem, a jej rodzice zamieszkali w luksusach na wyspie Hilton Head.

– Ciekawe – powiedziałem – córka hinduskich imigrantów zostaje gubernatorem stanu.

– Bardzo wielu ludzi nie wiedziało, że ona jest kolorowa – rzekł Bernie. – Na plakatach wyborczych wyglądała jak biała. Nosi niehinduskie nazwisko. Jest chrześcijanką. Republikanka z prawicowej Tea Party. Nie cierpi związków zawodowych. Rodziców trzymała w dalekim tle. W tych stronach turban ojca mógłby dać do myślenia białym wyborcom.

– To śmieszne.

– Raczej smutne – podsumował Bernie. – Co mogę dla pana zrobić?

– Chciałbym obejrzeć miejsca, które próbuje pan podźwignąć.

– Jakieś szczególne?

– Najbiedniejsze.

Skinął głową i wystukał numer na klawiaturze telefonu.

Droga numer 301: „Nikt nigdy tam nie jeździ"

– Niech pan jedzie do Allendale przez Orangeburg – rzekł Bernie. Wyruszyłem jednak późno, bo przedtem odwiedziłem kapitol stanowy, żeby obejrzeć wzniesiony przy nim African-American History Monument, o którym opowiadał Bernie. Na terenie kapitolu nadal powiewała flaga Konfederacji, chociaż nie na kopule, z której po dziesiątkach lat protestów w końcu ją usunięto. Drogami wijącymi się pośród krzaczastych pól okrytych białym puchem otwartych torebek nasiennych bawełny dotarłem do miasteczka Walterboro, gdzie ujrzałem budkę opatrzoną tabliczką: INFORMACJA. Chociaż miałem już mapę, dzięki której sam trafiłbym do Allendale, zapytałem o drogę, żeby po prostu porozmawiać ze starszą kobietą, która siedziała w budce i rozdawała ulotki reklamujące okoliczne atrakcje i usługi. Verdler House, Bonnie Doone Plantation, muzea, galerie, Frankie's Fun Park. Ale także Wally's Tow Service:

WE DNIE CZY W NOCY,
CZYŚ CZARNY, CZY BIAŁY,
GDY WZYWASZ POMOCY,
MY PRZYBYWAMY.

– Pracuję tutaj od dwunastu lat i jeszcze nikt nie pytał o drogę do Allendale – powiedziała kobieta.

– Zdumiewające.

– Wcale nie – rzekła. – Nikt nigdy tam nie jeździ.

Skoro tylko wjechałem na właściwą trasę, drogę numer 301, odniosłem wrażenie, że kobieta mówiła prawdę. Zaskakująco zaniedbana szosa widmo, wyglądająca wręcz upiornie, budząca smutne refleksje.

Podróżuję całe życie, ale niewiele widziałem miejsc równie osobliwych jak Allendale i już sam dojazd do miasteczka był niesamowity. Wiodła mnie droga w lwiej części dwujezdniowa, podobna do staromodnej autostrady, złożona z równoległych szerokich szos rozdzielonych pasem zieleni o wiele rozleglejszym niż zwykle – szerszym w istocie niż wiele odcinków głównej arterii międzystanowej z północy na południe, czyli drogi numer 95, na której sznury pojazdów pędzących z wielką prędkością w przeciwne strony dzieli odstęp tak wąski jak w tunelu.

Na tej z rozmachem wybudowanej trasie, autostradzie przebitej przez niskie puste wzgórza, w ogóle nie było ruchu. Królewski trakt wśród zieleni i odludnych gospodarstw tak już zrujnowanych, że wyglądały jak ledwie szkice dawnych siedlisk. Wspaniała, ścieląca się pod kołami szosa, która wydawała mi się drogą donikąd. Prócz mnie nikogo, żadnego innego samochodu, żadnego miasta, żadnej stacji benzynowej, żadnego motelu, żadnego sklepu, jak gdyby ta droga wiodła na kraj świata.

W swoim czasie, od lat trzydziestych po późne lata sześćdziesiąte, droga numer 301 była główną arterią stanów południowych, łączącą Delaware z Florydą, uczęszczaną trasą, którą pierwsi kierowcy z Północy jeździli na Południe po słońce i wypoczynek, a południowcy wyruszali na Północ w poszukiwaniu pracy, a może i lepszego życia.

Podróżując po krajach rozwijających się, często natykałem się na drogi w budowie. Wszelkiego rodzaju drogi, szerokie, wąskie, dwujezdniowe, płatne – rozkopane, pełne jazgoczącej maszynerii, ryjących w ziemi i szpecących pejzaż koparek gąsienicowych i buldożerów. Jednocześnie w takich krajach – a myślę zwłaszcza o Afryce i Indiach – właściwie nie zdarzyło mi się widzieć drogi gotowej i będącej w doskonałym stanie, która byłaby nieużywana i jakby zapomniana. Natomiast w wiejskich pejzażach amerykańskiego Południa nie brak takich dróg, gładkich lśniących szos, które wydają się prowadzić donikąd, a droga numer 301 wiodąca przez ubogie serce Karoliny Południowej jest jedną z nich – drogą doskonałą, lecz tak pustą, że aż przejmuje grozą.

Zbliżając się do Allendale, miałem wizję końca świata. Oglądałem pejzaże, które sprawiają, że warto podróżować i które przekonały mnie, że postanowienie o wyprawie na Południe było decyzją natchnioną. W ogóle się nie spodziewałem widoków, które darował mi tamten błękitny i słoneczny dzień z lekkim wiatrem poruszającym sosnami.

Ujrzałem upadek, rozpad i spustoszenie, apokalipsę, o której opowiadały najprostsze i łatwo rozpoznawalne budowle, motele, stacje benzynowe, restauracje, sklepy, nawet kina, wszystkie opuszczone i niszczejące, opatrzone skorodowanymi przekrzywionymi szyldami, czasem strawione rozpadem aż po betonową podbudowę, uwalaną farbą, olejem, zaśmieconą resztkami zawalonego budynku. Niektóre budowle miały ceglane fasady, inne wzniesiono z pustaków, ale żadna nie była zrobiona solidnie, więc rozpadały się i rozsypywały, roztaczając aurę katastrofy, jak gdyby przez tę krainę niedawno przeszła wojna, która obróciła wszystko w ruinę i unicestwiła mieszkańców.

Oto zwłoki motelu, nadal czytelny szyld Elite i rozpadające się zabudowania w gąszczu chwastów. Kawałek dalej Sands, potem Presidential Inn, zawalony, pusty. Tak samo ziejące pustką restauracje, w tym jedna z charakterystycznym spadzistym dachem i wieżyczką restauracji Howarda Johnsona, inna całkowicie zrujnowana, ale opatrzona ogromnym szyldem, na którym łuszcząca się farba nadal obiecywała HOMARY. Następny rozsypujący się przybytek z popękanym basenem, wybitymi szybami i skorodowanym szyldem MOTEL PUŁKSIĘŻYC, tym żałośniejszym, że zawierającym błąd ortograficzny.

Większość sklepów zamknięta, te czynne prowadzone przez Hindusów. Zbudowane w stylu *art déco* kino, niegdysiejsze Carolina Theater, zabite deskami. Szeroka główna droga zaśmiecona. Boczne uliczki, wzdłuż których ciągną się rudery i opuszczone domy, sprawiały upiorne wrażenie. Nigdy przedtem nie widziałem czegoś podobnego, miasta widma przy widmowej autostradzie. Warto było przyjechać.

Hinduscy sklepikarze, gorąco, wysokie zakurzone drzewa, zaorane pola, zrujnowane motele i opuszczone restauracje, bezruch i senność wiszące nad miasteczkiem niczym zaraza, nawet oślepiający blask słońca, który wydawał się jeszcze jednym złowrogim aspektem apokalipsy – wszystko to upodabniało Allendale do miasteczka w Zimbabwe. Wydawało mi się, że jestem w miejscu postkolonialnym, skąd po nagłym odejściu kolonizatorów wyjechała większość miejscowych i nastały złe dni. Przystanąwszy przed sklepem pana Patela, widziałem kilku czarnych klientów, którzy kupowali piwo w puszce, żeby je wypić, siadłszy w cieniu drzewa przed sklepem.

Wszystko to tylko pierwsze wrażenia, ale przemożne. Później kawałek za właściwym Allendale odwiedziłem kampus Uniwersytetu Karoliny Południowej w Salkehatchie, gdzie studiuje ośmiuset studentów. Jest tam stara główna ulica, ładny budynek sądu i małe osiedle złożone z porządnych parterowych domów. Ale samo Allendale, gdy się wjeżdża do niego drogą numer 301, wydaje się ruiną, smętnym symbolem biedy, zaniedbania, beznadziei – wielkim fiaskiem.

Allendale County Alive

W bocznej uliczce tonącego w blasku słonecznym, wyblakłego Allendale, poszedłszy za drogowskazem z napisem ALLENDALE COUNTY ALIVE, w biurze schowanym w przenośnym domu, który przypominał uziemioną przyczepę mieszkalną, znalazłem Wilbura Cave'a. Bernie Mazyck skierował mnie do niego jako osoby zajmującej się rewitalizacją hrabstwa Allendale, modernizacją infrastruktury mieszkaniowej i doradztwem w tym zakresie.

Wymieniwszy z nim uścisk ręki, wspomniałem, jak upiorne wrażenie sprawia zapomniana droga numer 301.

– Kiedyś to była znana trasa w połowie drogi z północy na Florydę lub w drugą stronę – powiedział Wilbur. – Wszyscy się tutaj zatrzymywali. W mieście panował ogromny ruch. W czasach mojego dzieciństwa trudno było przejść na drugą stronę szosy. Pamiętam, że nie pozwalano nam przechodzić samym, tylko pod opieką dorosłego. Na wszystkich motelach wisiały tabliczki „Brak wolnych pokoi". Mieliśmy mnóstwo sklepów, bo podróżni kupowali jedzenie i ubrania. Działało mnóstwo stacji obsługi i warsztatów samochodowych. Miasteczko kwitło!

Tamtego dnia widziałem ledwie parę samochodów.

– I co się stało?

– Stała się droga numer 95 – rzekł Wilbur i opowiedział, jak po otwarciu nowej arterii międzystanowej, oddalonej sześćdziesiąt kilometrów na wschód, Allendale i inne miasteczka przy drodze numer 301 zaczęły podupadać. Tak, symbolem amerykańskiego dynamizmu są nie tylko wyrastające w dziczy wielkie nowe miasta, lecz również miasta widma takie jak Allendale. Kto wie, czy swoiście amerykańska ewolucja urbanistyczna nie polega właśnie na tym, że miasta boomu stosunkowo szybko zamieniają się w miasta widma.

– Dzisiaj to tak głęboka prowincja, że bardziej się nie da – stwierdził Wilbur.

„Prowincja", można i w ten sposób opisać to miejsce. Ale ja bym raczej rzekł: „Właśnie tak wygląda koniec świata".

Kolejny surrealistyczny aspekt sytuacji biednego Allendale to względna bliskość siedlisk bogactwa, co również jest rysem swoiście amerykańskim. Allendale, siedziba władz najmniejszego, liczącego raptem dwanaście tysięcy mieszkańców hrabstwa Karoliny Południowej, które rozciąga się nad rzeką Savannah na granicy z Georgią, dzielą niespełna dwie godziny jazdy od rezydencji i wykwintnych restauracji w Charleston, mniej więcej tyle samo od zacnej Augusty w Georgii i nie więcej niż półtorej godziny od Hilton Head, gdzie od przeszło trzydziestu lat elity nauki, biznesu i polityki zjeżdżają się rokrocznie na tak zwany Renaissance Weekend, żeby wygłaszać krzepiące przemówienia i radzić o przyszłości świata. Wszyscy ci luminarze i mędrcy powinni spędzić kilka dni nie w Hilton Head, lecz w Allendale, bo wtedy może by zrozumieli, że teorie wysnuwane w tym kurorcie mają się nijak do rzeczywistości Allendale, gdzie wszystkie problemy rozwojowe, z jakimi stykałem się w świecie w ciągu pół wieku podróży, przybrały wyjątkowo zjadliwą i uporczywą postać.

Jak jednak rzekła owa kobieta w punkcie informacyjnym, nikt nie jeździ do Allendale. Właśnie dlatego Wilbur Cave, widząc, jak rodzinne miasteczko upada, niszczeje, jak same jego fundamenty rozpadają się w proch, postanowił je ratować. W szkole średniej bił rekordy jako *running back* w drużynie futbolowej, po ukończeniu Uniwersytetu Karoliny Południowej w Columbii pracował na terenie hrabstwa, a potem kandydował z miejscowego okręgu do Izby Reprezentantów. Wygrał i przez sześć lat zasiadał w Kongresie. Wyspecjalizował się w planowaniu strategicznym i jako osoba mająca spore doświadczenie w tej dziedzinie dołączył do niekomercyjnej korporacji Allendale County Alive, która dąży do zapewnienia ludności hrabstwa godziwych warunków mieszkaniowych, i tchnął w tę organizację nową energię. W samym mieście mieszka cztery i pół tysiąca osób, z czego trzy czwarte – tak samo jak w całym hrabstwie – to czarni.

– Sprawa polega na tym, że nie tylko miasto potrzebuje ratunku – mówił Wilbur. – Całe hrabstwo tonie. Według badań z 2010 roku byliśmy dziesiątym najbiedniejszym hrabstwem w kraju. A trzeba panu wiedzieć, że większość tych jeszcze biedniejszych to rezerwaty Indian.

Allendale County Alive ma skromne fundusze, zaczynała od dwustu pięćdziesięciu tysięcy dolarów rocznie, ale z powodu cięć i oszczędności budżetowych tudzież braku nowych ofiarodawców wpływy spadają. W porównaniu z finansowanymi przez Stany Zjednoczone programami budownictwa mieszkaniowego w Afryce i Ameryce Południowej są to środki śmieszne. To w rzeczy samej przedsięwzięcie na małą skalę, którego powodzenie zależy nie tyle od pieniędzy, ile od pomysłowości i zaangażowania.

– W 2003 roku zostałem szeryfem – opowiadał Wilbur. – Myślałem, że spokojnie dochrapię się emerytury. Jakże się myliłem! – zawołał. Po chwili uśmiechnął się i rzekł: – Ale się nie poddajemy.

Wilbur Cave miał sześćdziesiąt jeden lat, ale wyglądał o wiele młodziej, krępy, muskularny, zachowujący sylwetkę futbolisty, energiczny, pełen pomysłów. Ubierał się swobodnie, w dżinsy i rozpiętą pod szyją koszulę. Na ścianie maleńkiego biura w niedużym budynku będącym siedzibą Allendale County Alive zawiesił fotografie rodzinne, optymistyczne hasła i wykresy ukazujące stały wzrost liczby właścicieli domów w hrabstwie.

Rodzina Wilbura od wielu pokoleń mieszkała w tej okolicy. Jego matka pracowała jako nauczycielka w Allendale County Training School.

– W szkole dla czarnych – rzekł wyjaśniająco Wilbur. – Biali chodzili do Allendale Elementary.

W 1972 roku szkoły w końcu połączono. Ilekroć południowcy wymieniali datę, starałem się sobie przypomnieć, gdzie wtedy byłem. Nieodmiennie okazywało się, że buszowałem w dalekich krajach, urzeczony egzotyką. W 1972, kiedy Allendale z mozołem odrzucało dziewiętnastowieczne koncepcje segregacji rasowej i osobnego rozwoju, bawiłem w Anglii i – kuszony przez świat bardziej bezpośredni i podniecająco inny – planowałem podróż, którą opisałem w *Wielkim bazarze kolejowym*.

Zwróciłem uwagę na to, jak późno zaczęły się na Południu zmiany społeczne.

– Trzeba pamiętać, od czego zaczynaliśmy – powiedział Wilbur. – Żeby zrozumieć Południe, trzeba znać historię, a tu historia oznacza niewolnictwo. Ma większe znaczenie niż gdzie indziej.

Nie zdając sobie z tego sprawy, uśmiechając się i stukając długopisem w podkładkę do pisania, mówił niczym Faulknerowski mądry południowiec, napominający przybysza z Północy o komplikacjach historii.

– Weźmy rodzinę mojej matki. Od pokoleń uprawiali bawełnę, tutaj, w hrabstwie Allendale. Mieli jakieś czterdzieści hektarów. Cała rodzina zbierała bawełnę. Dzieci i wnuki. Po lekcjach zawsze szło się w pole. Ja też zbierałem bawełnę, a jakże, wszyscy zbierali.

Małe gospodarstwa, takie jak to należące do rodziny Wilbura, z czasem wykupili wielcy plantatorzy, którzy zbierali plony za pomocą maszyn. Mechanizacja pociągnęła za sobą wzrost bezrobocia i spadek liczby ludności. Rolnictwo pozostało bowiem filarem gospodarki hrabstwa, gdzie czterdzieści procent mieszkańców żyje poniżej progu ubóstwa.

– Jakie są główne problemy? – zaczął Wilbur, odpowiadając na moje oczywiste pytanie. – Narkotyki, a zwłaszcza crack, zdrowie, przestępczość, broń, no i to, że prawie połowa młodych nie kończy szkoły.

Mało pracy, żadnych gości, tak samo jak dawniej. W swoim czasie w Allendale działały dwie fabryki włókiennicze, wytwarzające ubrania i dywany. Produkcję przeniesiono do Chin i zostały zamknięte, z tym że – jak opowiadał Wilbur – mniej więcej za rok planowano otwarcie nowej tkalni. Głównym przemysłem była przeróbka drewna, dwa tartaki robiące deski i słupy instalacyjne, ale zatrudniające dosłownie garstkę osób.

Takie historie słyszałem wszędzie na wiejskim Południu, w zrujnowanych miasteczkach, które niegdyś żyły z drobnego przemysłu, produkcji mebli, sprzętu gospodarstwa domowego, dachówek, rzeczy z tworzyw sztucznych, wszystkiego, co wytwarzano w fabryczkach zatrudniających sporo ludzi. Tani grunt, dostatek siły roboczej, niskie płace i brak związków zawodowych zwabiały przedsiębiorców. Przez pewien czas Południe się rozwijało w sposób napawający nadzieją na lepszą przyszłość, może nawet dobrobyt. Wszystko dzięki najniższym kosztom produkcji w całych Stanach. Ale działo się tak tylko dopóty, dopóki przedsiębiorcy nie odkryli, że jakkolwiek niskie są koszty produkcji w wolnych od syndykalizmu* stanach południowych, nie mogą one być niższe niż w opartych na zwykłym wyzysku fabrykach w Chinach. Wyludnianie się i ubożenie Południa w wielkiej mierze wynika z przenoszenia produkcji do Indii i Chin. Nawet gospodarstwa hodowli ryb, głównie sumów, będące jednym z filarów gospodarki wiejskiego Południa, upadają, bo nie są w stanie konkurować z tanią rybą z hodowli wietnamskich.

W tamtym czasie w stanowym zgromadzeniu ogólnym najgoręcej debatowano nie o pracy ani o przenoszeniu produkcji za granicę, lecz o restrykcyjnym przepisie ordynacji wyborczej, zgodnie z którym nawet osoba umieszczona na liście wyborców może oddać głos dopiero po okazaniu dowodu tożsamości z fotografią. Wobec tego wyborca niemający prawa jazdy musi uzyskać świadectwo urodzenia lub jakiś inny dowód tożsamości, co w przypadku osób urodzonych w innym stanie lub kraju wcale nie jest proste.

– Człowiek ma wrażenie, że wróciły lata sześćdziesiąte – rzekł Wilbur. – Chodzi o to, że przez wymaganie dowodu tożsamości próbuje się uniemożliwić niektórym udział w wyborach. Powiadają, że troszczą się „o uczciwość systemu”. Akurat! Moja ciotka ma dziewięćdziesiąt sześć lat, nie może zdobyć świadectwa urodzenia, a urodziła się w Allendale!

Według Wilbura, a słyszałem to już od Berniego Mazycka, kluczem do rozwoju jest zwiększanie liczby właścicieli domów. Własny dom zakorzenia ludzi, mobilizuje, nakłada dobre obowiązki

* *Right-to-work states*, czyli stany, w których pracownik nie musi płacić składki związkowej. W wielu stanach istnieje taki obowiązek.

i pomaga się rozwijać. Prywatne domy od razu powodują zmianę na lepsze i nieraz przyciągają fundusze oraz inwestorów.

– Szkolnictwo publiczne jest niedofinansowane – stwierdził Wilbur. – Ale zwiększanie nakładów na oświatę lub zdrowie nie podnosi poziomu zamożności, bo to dziedziny niedochodowe. Chodźmy, rozejrzymy się.

Obwiózł mnie po bocznych uliczkach Allendale. – Dom to podstawa – powtarzał Wilbur, gdyśmy jechali wąskimi uliczkami, alejkami, szutrowymi dróżkami, przy których stały dwupokojowe domy, niektóre zadbane i ładnie odmalowane, ale też drewniane budy, jakie widzi się w każdym kraju Trzeciego Świata, a prócz tego tak zwane *shotgun shacks*, będące swoistym emblematem biednego Południa „domy na przestrzał", bo złożone z jednej amfilady pomieszczeń z wejściami na obu końcach.

– Oto jeden z naszych – oznajmił Wilbur, pokazując drewniany parterowy dom na rogu. – To była opuszczona ruina. Odremontowaliśmy ją i teraz wynajmujemy, a dochód wzbogaca fundusz, z którego remontujemy następne posesje.

Z programu remontowego mogą korzystać ludzie o dochodach co najmniej o osiemdziesiąt procent niższych od średniej stanowej. Za biedne uznaje się jednoosobowe gospodarstwo domowe o rocznym dochodzie poniżej dwudziestu siedmiu tysięcy dolarów. W przypadku gospodarstwa trzyosobowego próg wynosi trzydzieści cztery tysiące dolarów, a w przypadku gospodarstwa czteroosobowego – trzydzieści osiem tysięcy. Może nawet wystarcza to na skromne życie, ale problem polega na tym, że przynajmniej połowa takich osób ma o wiele niższe dochody. Niemniej poprawa warunków mieszkaniowych od razu podnosi jakość życia i otwiera lepsze widoki na przyszłość.

– Organizujemy również zajęcia edukacyjne dla właścicieli domów – mówił Wilbur. – Tłumaczymy zawiłości związane z nabywaniem i posiadaniem domu. Potem pomagamy zapłacić zadatek na poczet kupna domu w cenie od dwudziestu pięciu do siedemdziesięciu pięciu tysięcy dolarów.

Allendale County Alive kładzie nacisk na odnawianie starych domów również dlatego, że wygląd miasta ma istotne znaczenie, jeżeli chodzi o przyciąganie przedsiębiorców i stwarzanie klimatu do inwestycji.

– Jestem przekonany, że jeżeli Karolina Południowa ma się zmienić, to najpierw musimy zmienić to, co najgorsze – oświadczył Wilbur, gdyśmy mijali podniszczony domek o poczerniałym od słońca szalunku i pozwijanych gontach na dachu, staroć nienadającą się już do remontu. Ale jeszcze pół roku wcześniej w tym pozbawionym elektryczności i bieżącej wody domku mieszkał pewien mężczyzna.

Zapytałem, czy mógłbym zajrzeć do tego domku albo do sąsiedniego, w którym nadal – pomimo dziury w dachu – mieszkała ośmioosobowa czteropokoleniowa rodzina.

– Trzeba uzyskać pozwolenie – odparł Wilbur. – Na to trzeba czasu. Będzie pan musiał przyjechać jeszcze raz.

Powiedziałem, że chętnie przyjadę.

– Jest pan głodny? – zapytał Wilbur.

Odparłem, że tak, więc powiózł mnie na skraj miasta, gdzie przy drodze do Barnwell jest jadłodajnia pod nazwą O Taste and See [Skosztujcie i Zobaczcie], która cieszy się pewną renomą ze względu na miłą obsługę i tradycyjne potrawy, smażonego kurczaka i suma, bułeczki, ryż z sosem, rożki owocowe. Właścicielka, pani Cathy Nixon, bawiąc dziecko, które trzymała na podołku, wyjaśniła mi nazwę jadłodajni.

– To z Biblii – rzekła. – „Skosztujcie i zobaczcie, jak dobry jest Pan, szczęśliwy człowiek, który się do niego ucieka"*.

Zdziwiłem się, że w tak ubogim miasteczku jest porządna jadłodajnia z pysznym jedzeniem, ale potem przekonałem się, że to normalne na Południu. Nawet w najgorszej dziurze zawsze jest jadłodajnia z *soul food*, jak się nazywa tradycyjne potrawy, zazwyczaj lokal rodzinny, bywa, że ciasny, przy nędznej drodze, gdzie jednak doskonale gotują proste domowe dania i serdecznie witają gości. Pani Nixon miała siedemdziesiąt trzy lata i siedmioro prawnucząt.

* Ps 34, 9. Cytaty z Pisma Świętego wg: *Pismo Święte Starego i Nowego Testamentu* (Biblia Tysiąclecia), Poznań 1991.

– Jest pan podróżnikiem – rzekł Wilbur przy stole. Przedtem odmówił modlitwę dziękczynną, czego zwłaszcza w tradycyjnych restauracjach nikt nie zaniedbuje.

– No tak – przyznałem.

Nie czytał niczego, co napisałem. Jeżeli moje nazwisko wydawało się znajome, mylono mnie z Henrym Davidem Thoreau. W końcu też był Jankesem, no nie? Większość południowców, których spotykałem, niewiele wiedziała o książkach, właściwie tylko tyle, że istnieją i bywają mądre, i z tego powodu wobec pisarzy odczuwali bądź to nabożny szacunek, bądź też całkowitą obojętność. Kiedy stykałem się z kimś będącym wyjątkiem od tej reguły, a zdarzyło się to kilka razy, na ogół w najbardziej nieprawdopodobnych miejscach, człowiek ten okazywał się namiętnym czytelnikiem, żył samotnie w domu pełnym książek, niczym zdziwaczały mól książkowy z opowiadania Czechowa.

Chwaliłem sobie, że nie rozpoznawano mnie jako pisarza. Postrzegano mnie po prostu jako starszego faceta z Północy, pewnie emeryta, który przyjechał bodaj pierwszy raz na Południe, skoro zadaje tyle pytań. Dzięki temu byłem człowiekiem bez historii, bez reputacji, bez aury, bez persony, bez etykietki i zapewne niemającym nic do powiedzenia. Odpowiadała mi kondycja cudzoziemca, pana Paula o trudnym do wymówienia nazwisku – kondycja obcego – ponieważ w taki sam sposób postrzegałem ludzi spotykanych w niektórych regionach Południa, nie mniej dziwnych i niesamowitych niż najbardziej niezwykłe krainy, jakie widziałem w dalekim świecie.

Skoro Wilbur wspomniał o moich podróżach, powiedziałem, że niedawno przemierzałem Afrykę i w Namibii dowiedziałem się, iż nasz rząd wyasygnował trzysta sześćdziesiąt milionów dolarów na rozwój namibijskiej oświaty, energetyki i sektora turystycznego. Na rozwój turystyki przeznaczono sześćdziesiąt siedem milionów, chociaż Namibię odwiedzają głównie turyści europejscy, a nie amerykańscy. Wspomniałem o tym, ponieważ słabo rozwinięte wiejskie obszary hrabstwa Allendale przypominały zacofane regiony Afryki. Samo zaś senne, sypiące się, trapione bezrobociem Allendale, gdzie straszyły opuszczone motele, a sklepy prowadzili

Hindusi, wyglądało jak rolnicze miasteczko kenijskie, które zeszło na psy. A Kenia również otrzymała od USA setki milionów dolarów pomocy.

– Pieniądze to nie wszystko, ale są jak słomka do mieszania koktajlu – rzekł Wilbur. – Nie potrzebuję setek milionów. Lecz gdybym miał tysięczną część tego, zasadniczo zmieniłbym oświatę publiczną w hrabstwie Allendale.

Jego budżet operacyjny wynosił sto tysięcy, a firma była samowystarczalna dzięki dochodom z wynajmowania domów, które wyremontowała.

Wilbur stwierdził, że nie zazdrości pomocy Afryce, ale dodał:

– Gdyby moja organizacja miała dostęp do takiej forsy, moglibyśmy naprawdę wiele zmienić.

– Co byście robili?

– Moglibyśmy skupić się na działaniu, zamiast martwić się o fundusze. Bylibyśmy bardziej twórczy i skuteczni – uśmiechnął się. – Nie musielibyśmy się martwić o rachunek za światło.

Orangeburg i masakra

Nie znalazłszy kwatery w słonecznym i wyludnionym Allendale, gdzie motele od dawna nie były potrzebne i opuszczone niszczały, pojechałem niegdyś ruchliwą, a dzisiaj pustą drogą numer 301 do odległego o jakieś siedemdziesiąt kilometrów Orangeburga. Nieduże miasto, przy głównej ulicy wiele sklepów nieczynnych, zabite deskami domy handlowe, smętne kościoły, ale na obrzeżach blisko drogi międzystanowej wiodącej do Charleston mają motele i restauracje. W samym mieście też są hoteliki i restauracje, ale liche i zapuszczone, jak gdyby goniły resztką sił.

Orangeburg utrzymują przy życiu szkoły i uczelnie, niektóre znane, jak założony w 1869 roku Uniwersytet Claflin i Uniwersytet Karoliny Południowej, obydwa historycznie rzecz biorąc czarne i do dzisiaj kształcące głównie czarnych studentów. Prócz tego w mieście działa uczelnia metodystyczna, szkoła techniczna, są uczelnie prywatne i szkoły publiczne.

Nazajutrz po przyjeździe, spacerując główną ulicą Orangeburga, zrównałem się z pewnym mężczyzną i powiedziałem dzień dobry. Odwzajemnił powitanie, serdecznie, jak przystało na południowca. Ubrany w ciemny garnitur, w ręku aktówka. Powiedział, że jest prawnikiem, i wręczył mi wizytówkę, na której przeczytałem: „Virgin Johnson Jr., adwokat". Zapytałem o miasto, jakoś ogólnie, jak to obcy, a dostałem zdumiewającą odpowiedź.

– Cóż, mieliśmy tu masakrę – rzekł ów adwokat.

„Masakra" to straszne słowo. Nie wiedziałem nic o żadnych krwawych wydarzeniach w Orangeburgu, więc poprosiłem o wyjaśnienie. Virgin Johnson zaczął opowiadać, że w 1968 roku, a więc cztery lata po wejściu w życie przełomowej ustawy o prawach obywatelskich, w Orangeburgu nadal trwała segregacja rasowa. Właściciele kręgielni All-Star Bowling Lanes przy głównej ulicy odmawiali wstępu czarnym studentom, a była to jedyna kręgielnia w mieście.

Pewnego dnia w lutym 1968 roku kilkuset studentów zorganizowało na terenie Uniwersytetu Karoliny Południowej w sercu miasta demonstrację przeciwko dyskryminacji w kręgielni i innych miejscach. Studenci zachowywali się głośno, ale nie mieli broni. Ściągnięto policjantów ze stanowej jednostki drogowej, uzbrojonych w karabiny, pistolety i śrutówki. Jeden z funkcjonariuszy, wystraszony gwałtownym zachowaniem studentów, zaczął strzelać. Jak potem tłumaczył, oddał strzały ostrzegawcze w powietrze. Usłyszawszy wystrzały, pozostali policjanci otwarli ogień do demonstrantów, którzy rzucili się do ucieczki. Uciekający studenci dostawali postrzały w plecy. Zginęło trzech młodych mężczyzn: Samuel Hammond, Delano Middleton i Henry Smith, dwadzieścia osiem osób odniosło rany, czasem poważne. Wszystko studenci, podziurawieni śrutem na grubego zwierza.

– Co pan o tym myślał? – zapytałem Virgina Johnsona.

– Miałem dwanaście lat – odparł, wymawiając słowo *twelve* na gwarową modłę, *twel*. – Niewiele wtedy myślałem. Potem ludzie jeszcze długo to wspominali.

– A co mówią dzisiaj?

– Nie jest to już gorący temat – rzekł. – Co roku odprawia się nabożeństwo żałobne, ale wątpię, żeby o tym wydarzeniu rozmawiało się jeszcze poza uniwersytetem.

Większość Amerykanów słyszała o masakrze na Uniwersytecie Stanowym w Kent w Ohio, gdzie w 1970 roku podczas demonstracji antywojennej zginęło czworo studentów. „Kent State" to wyrażenie od razu kojarzące się z tą tragedią, śmiercią niewinnych demonstrantów zastrzelonych przez spanikowanych żołnierzy Gwardii Narodowej. Wszyscy słyszeli o masakrze bostońskiej z 1770 roku, kiedy żołnierze brytyjscy zabili na King Street pięciu kolonistów. Ojciec nieraz prowadził nas pod pomnik ofiar w parku Boston Common. W pamięć zapadło nam niezwykłe nazwisko jednego z zabitych, Crispusa Attucksa, półkrwi Murzyna i półkrwi Wampanoaga, który mieszkał w Bostonie i zapewne był marynarzem. Masakra bostońska podsyciła nastroje antybrytyjskie, przez co przyczyniła się do wybuchu rewolucji amerykańskiej. Prawie dwa i pół wieku później na grobie ofiar na Granary Burying Ground składa się wieńce, wielu ludzi oddaje cześć zamordowanym, których uważa się za męczenników i bohaterów.

Nie licząc mieszkańców Orangeburga i okolic, praktycznie nikt nie kojarzy tego miasta z represjami i śmiercią niewinnych młodych ludzi. Ośmiu policjantów, którzy strzelali do tłumu, sądzono za zabójstwo, ale zostali uniewinnieni, a jedynym uczestnikiem zajścia, który trafił do więzienia, był jeden z demonstrantów, Cleveland L. Sellers, skazany za podżeganie do zamieszek. Miał odsiedzieć rok, ale ze względu na dobre zachowanie zwolniono go warunkowo po siedmiu miesiącach. Niektóre z tych wiadomości zaczerpnąłem nie od Virgina Johnsona, lecz z wydanej w 2003 roku monografii *The Orangeburg Massacre* [Masakra orangeburska], którą napisali Jack Bass i Jack Nelson. Johnson, chociaż miejscowy i czarny, nie znał szczegółów tamtych wydarzeń, bo jak tłumaczył, niewiele wtedy rozumiał, no i „to takie dawne dzieje". Dodatkowy czynnik, który zaciera pamięć o masakrze orangeburskiej, polega na tym, że tragedię tę przyćmiły inne dramatyczne i krwawe wydarzenia 1968 roku – roku śmierci i zamętu – takie jak zabójstwa doktora Martina Luthera Kinga i Roberta F. Kennedy'ego, ofensywa Tet w Wietnamie, rozruchy w Waszyngtonie, Baltimore, Chicago i wielu innych miastach.

Zwróciłem uwagę Johnsona na to, że prawie każdy wie, co się stało w Kent State.

Uśmiechnął się i powiedział:

– No tak, ale sam pan rozumie, tam zginęli biali.

Dziwiłem się, że Johnson, w końcu adwokat, nie wie więcej o masakrze orangeburskiej. Wydawałoby się, że prawnik i rodzimy mieszkaniec miasta w jednej osobie powinien znać tę historię od podszewki. Chociaż sam wiedział niewiele o tej zapomnianej tragedii, gotów był mi pomóc, gdybym chciał dowiedzieć się więcej.

– Mogę poznać pana z paroma ludźmi, którzy w tym uczestniczyli – rzekł. I to on polecił mi książkę Bassa i Nelsona, którą później przeczytałem.

Podziękowałem mu za uprzejmość i zanim się rozstaliśmy, podzieliłem się z nim uczuciem zadziwienia, że odbyłem tego rodzaju rozmowę z obcym, którego po prostu zaczepiłem na ulicy. Dodałem, że w moich stronach takie przypadkowe spotkanie byłoby pozbawione serdeczności i na pewno nie zaowocowałoby głębszą wymianą zdań. Czułem wdzięczność za to, że poświęcił czas obcemu, który zadaje tyle pytań.

– Tutejsi wiedzą, jak to jest, kiedy człowiek potrzebuje pomocy – powiedział. Miał na myśli czarnych, miał na myśli siebie. – Jak to jest być ignorowanym – dodał. – To ich naturalne środowisko, niełatwo się od niego oderwać. Cały czas są tego świadomi. Dlatego umieją współczuć i podać rękę.

– Pan też tak odczuwa?

– Jakżeby nie – odparł i postukał w wizytówkę, którą nadal trzymałem w ręku. – Niech mi pan da znać, jeżeli zechce poznać ludzi, którzy wiedzą więcej niż ja. A może zajdzie pan w niedzielę do mojego kościoła? Będę głosił kazanie.

– Na wizytówce napisał pan, że jest adwokatem.

– Jestem również kaznodzieją. W kościele Revelation Ministries [Sług Objawienia] w Fairfax. No, właściwie to już Sycamore.

Na Południu mamy kościół na każdym rogu. Zapraszam na spotkanie naszej wspólnoty.

– A gdzie jest Sycamore?

– Pod Allendale. Zna pan Allendale, panie Paul?

Charleston: jarmark broni

Żeby wypełnić czymś kilka dni, pojechałem do Charleston. Ściśnięte na zwężających się skrawkach lądu, okalające spokojny port, rozparte nawet na maleńkich wysepkach Charleston to miasto pięknych tradycji kulturalnych i cudów architektury, starych strojnych rezydencji, kościołów i fortów. Wzdłuż śródmiejskich uliczek ciągną się wykwintne kafejki i restauracje, ale żadne tego rodzaju wielkomiejskie uciechy w najmniejszym stopniu mnie nie interesowały.

Turyści przyjeżdżają do Charleston, żeby zwiedzać miejscowe zabytki, Fort Sumter, plantacje, żeby jadać w dobrych restauracjach, żeby słuchać opowieści o wojnie secesyjnej i podań z kręgu kultury *gullah* czy *geechee*. Charleston, podobnie jak większość ośrodków turystycznych, wydało mi się naprawdę ładne i przyjemne, ale wymuskane i nieprzystępne, hierarchiczne i pedantyczne, może nawet zasadnie dumne. Ale przyjechałem po to, żeby pójść na jarmark broni.

W trakcie podróży po stanach południowych raptem kilka razy jadłem w renomowanych restauracjach. Jeden z takich obiadów spożyłem właśnie w Charleston, ale wcale nie był dużo lepszy od posiłków w zwykłych barach z rusztem i tradycyjnych jadłodajniach, jakie znajdowałem niemal w każdej mieścinie. Zarówno pod względem życzliwości obsługi, jak i smaku potraw o wiele wyżej stawiam wizyty w maleńkiej O Taste and See w Allendale, w Dukes w Orangeburgu, w Lottie's w Marion w Alabamie, Doe's Eat Place w Greenville w Missisipi lub przy bufecie ze smażonym kurczakiem i sumem w Granny's Family Restaurant w West Monroe w Luizjanie, gdzie wywieszono tabliczkę z napomnieniem: „Bierz, ile chcesz, ale zjedz wszystko, co weźmiesz". Jeżeli chodzi o muzea, kościoły, rezydencje i sklepy z pamiątkami, Charleston w ogóle mnie nie interesowało.

Wydarzeniem kulturalnym, które zwabiło mnie do Charleston, gdy tydzień wcześniej ujrzałem jego reklamę, był Gun and Knife Expo, odbywający się w Charleston Area Convention Center w północnej dzielnicy miasta jarmark broni. Tego rodzaju jarmark to zwykle impreza dwudniowa. W deszczowy weekend przyjechałem z Orangeburga i bardzo się zdziwiłem na widok hali wystawienniczej wielkości połowy boiska futbolowego, długaśnej kolejki oczekujących na wejście i wypełnionego samochodami ogromnego parkingu. Już w pierwszej chwili po przyjeździe uderzyła mnie szczególna atmosfera tego miejsca, wzorowy porządek panujący na tym wielkim zgromadzeniu, grzeczność wszystkich uczestników – obsługi, handlowców, zwiedzających, sprzedawców hot dogów i popcornu – a także wibrujący w powietrzu nastrój oczekiwania, gorliwości i przyjemności.

Wejście wymagało odstania swojego w kolejce, uiszczenia opłaty w wysokości ośmiu dolarów, a jeżeli miało się broń – okazania jej. Wielu wchodzących było uzbrojonych – w pistolet w kaburze u pasa lub w strzelbę zawieszoną na ramieniu – ale broń osobistą należało rozładować i oznakować w punkcie kontrolnym przy wejściu. Na końcu tej procedury admisyjnej wchodzący dostawał tego rodzaju plastikową opaskę, jaką w szpitalu zapinają nam na nadgarstku przed wejściem na oddział nagłych przypadków, po czym kroczek za kroczkiem sunął w następnej kolejce najpierw przed obliczem kontrolerów, potem wzdłuż obwoźnych stoisk z przekąskami. Nadal panował idealny porządek, nikt nie narzekał na powolność tej operacji.

Odprawiwszy te wstępne rytuały, wszedłem do wielkiej hali zastawionej stołami, budkami i straganami, na ogół z bronią palną, czasem z nożami, a czasem ze stosami amunicji. Na widok wszystkich tych dóbr wchodzący uśmiechali się, przełykali ślinę, wyraźnie uradowani i podekscytowani, jak gdyby szeregi obnażonych pistoletów i karabinów były militarną pornografią. Jeszcze nigdy nie widziałem takiej masy wszelkiego rodzaju krótkiej i długiej broni palnej i przypuszczam, że owo podniecenie wzbudzała myśl, iż wszystko to jest na sprzedaż, że każdą sztukę można wziąć do ręki, obejrzeć, popieścić, wycelować.

– Najmocniej pana przepraszam, sir.

– Ależ proszę, tędy.

– Dzięki stokrotne.

Na całym świecie nie ma grzeczniejszych ludzi niż goście jarmarku broni, ludzi bardziej skorych do uśmiechu, bardziej uprzejmych i uważających, żeby nie nadepnąć bliźniemu na odcisk. Wszędzie wokół tyle broni, a nie słyszy się grubszych słów, wszyscy cierpliwi, wyrozumiali, mili, co najwyżej żartują. W miejscu, gdzie każdy jest uzbrojony, dobre maniery mają duże, jeżeli nie kluczowe znaczenie. Ale takie zachowanie wcale nie było wymuszone, lecz wynikało z zadowolenia. Tak, na jarmarku broni panuje nastrój radości graniczącej z uniesieniem. Pogoda ducha i nienaganne maniery.

Słyszałem stłumione okrzyki podziwu i bardzo fachowe pytania. Również to wydało mi się niezwykłe, że ci prości i niedbale ubrani ludzie są takimi znawcami. Wydawali się żywą ilustracją słów Chrystusa z Ewangelii według Świętego Łukasza, które wielu z nich zapewne mogłoby zacytować: „Kto ma trzos, niech go weźmie; tak samo torbę; a kto nie ma, niech sprzeda swój płaszcz i kupi miecz!"*. Zarośnięty, wyglądający jak włóczęga mężczyzna w wytłuszczonym kapeluszu kamuflażowym, w znoszonej kurtce i zdartych butach przystanął przed stoiskiem ze starymi karabinami szturmowymi.

– Ten AK-47 ze składaną kolbą to model zastava?

– Nie, to WASR, sprzed zakazu †. Tłumik płomienia. Poza tym standardowa charakterystyka.

– Jaki magazynek?

– Różne, cały zestaw, mogę pokazać. Jest do niego bagnet. Widzi pan nasadę?

Pytający potarł wierzchem ręki kosmatą brodę.

* Łk 22, 36.

† Chodzi o zakaz z 1994 roku dotyczący wprowadzania na rynek broni szturmowej, czyli głównie karabinów automatycznych.

– Słyszałem, że zbyt luźne gniazdo magazynka przysparza problemów.

– Nie w tym egzemplarzu. Dużo z niego strzelałem.

– Ile kosztuje ten AK? – wtrąciłem się.

– Tysiąc pięćset.

– Mogę go kupić?

– Jeżeli ma pan pieniądze. Gotówkę. Transakcja prywatna.

Pomimo iście koneserskiej wiedzy na temat uzbrojenia goście tego jarmarku broni najczęściej tylko się przyglądali, przechadzali z rękoma w kieszeniach, poszturchując nawzajem na widok wyjątkowo pięknego okazu, olśnieni już to jego wielkością, już to rzadkością, jak gdyby przyszli tylko po to, żeby się pogapić, porozmawiać, spotkać ze starymi znajomymi, napić kawy i pospacerować między stoiskami na modłę bywalców pchlich targów. W rzeczy samej wszystko to bardzo przypominało pchli targ, tyle że pachnący oliwą, politurą, osmaloną stalą i prochem. Starsi i młodsi przyszli tam jak na swego rodzaju festyn, nie tyle po to, żeby coś kupić, ile po to, żeby się nasycić i pokrzepić widokiem wielkiego arsenału.

Ale w atmosferze panującej na jarmarku wyczuwałem coś jeszcze, pewien nastrój, którego nie udawało mi się nazwać, kiedy spacerowałem pomiędzy stoiskami z bronią, jakąś szczególną postawę, emocję czy wibrację. Chodząc, słuchając, przyglądając się, rejestrowałem postawy gości, nastroje wibrujące w powietrzu i ta emocja stawała się coraz bardziej wyraźna. Początkowo nie rozumiałem jej natury.

– Stokrotne dzięki.

– Proszę bardzo.

– Śmiało, niechże pan weźmie do ręki, prawdziwa armata!

Długie stoły z nożami wzbudzały najmniejsze zainteresowanie, chociaż wabiły niezwykłą różnorodnością broni białej, od wyszukanych scyzoryków po maczety i żelazne noże do łupania drewna, niektóre grawerowane, z rękojeścią z kości słoniowej, do tego kordziki i bagnety. Na jednym ze stoisk wojskowe pamiątki, noże hitlerowskie.

– To sztylet Ernsta Röhma – rzekł sprzedawca. Na jednej stronie szerokiego ostrza wygrawerowano „*Alles für Deutschland*"

[Wszystko dla Niemiec], dewizę Sturmabteilung (SA), które Röhm sformował wspólnie z Hitlerem, jak wyjaśnił mi sprzedawca. W 1934 roku podczas tak zwanej nocy długich noży Röhma z rozkazu Hitlera aresztowano i stracono. Sztylety, które Röhm wręczył swoim „brunatnym koszulom", opatrzono również inskrypcją *„In Herzlicher Kameradschaft Ernst Röhm"* [Braciom broni – serdecznie – Ernst Röhm], którą po nocy długich noży usuwano.

– Widzi pan? Zeszlifowano dedykację Röhma. Gdyby właściciel ją zostawił, napytałby sobie biedy. Ten sztylet ma wielką wartość kolekcjonerską.

Maski przeciwgazowe, hełmy, pasy, odznaki, flagi, wszystko ze swastyką, a także wiele dziewięciomilimetrowych lugerów.

– To sprawny pistolet. Można z niego strzelać. Ale tutaj niech pan nie próbuje nawet na sucho.

Na kilku stołach leżały wysłużone parafernalia z czasów wojny secesyjnej, prochownice, strzelby Harpers Ferry, kepi, insygnia, dolary stanów skonfederowanych, pistolety. Niemal wszystkie służyły niegdyś konfederatom. Oferowano również naklejki na zderzak. Jedna głosiła: „Wojna secesyjna – amerykański holokaust". Inna: „Hej, liberale, właśnie przez ciebie mamy drugą poprawkę"*. Wiele wyszydzało prezydenta Obamę: „NO-bama", „Obaba", „Obaminacja" czy „Przeciwnicy wolności posiadania broni: Hitler, Stalin, Castro, Idi Amin, Pol Pot, Obama".

– Mój wuj ma taką prochownicę.

– Jeżeli ze sprawnym dzióbkiem dozującym, to jest szczęściarzem.

Wiele starych strzelb i pistoletów to były modele ładowane od przodu, kapiszonowce. Nie brakowało również wielkich, lichych rewolwerów na amunicję czarnoprochową. Takie antyki, teoretycznie bezużyteczne, można sprzedać każdemu. Ale naboje z czarnym prochem są nadal dostępne i za pomocą każdego z tych zabytków da się zabić człowieka lub duże zwierzę.

* Druga poprawka do konstytucji Stanów Zjednoczonych brzmi: „Nie wolno ograniczać praw ludu do posiadania i noszenia broni, gdyż bezpieczeństwo wolnego stanu wymaga dobrze wyszkolonej milicji".

– To egzemplarz prawdziwie muzealny – stwierdził jeden ze sprzedawców w odniesieniu do muszkietu o grawerowanej lufie i pięknie rzeźbionej kolbie. Miałem wrażenie, iż wielu miłośników broni przyniosło najlepsze okazy z kolekcji, żeby się nimi pochwalić, i za nic by się z nimi nie rozstali.

Większość wystawców wydawała się jednak zdeterminowana, żeby sprzedać wysłużone fuzje, spatynowane magazynki i części, które prezentowali na stoiskach. Na jednym ze stołów obok „plastikowego" glocka i karabinka kaliber 5,6 do strzelania do puszek zobaczyłem pistolet Mauser kaliber 7,65 z czasów II wojny światowej. Wziąłem go i zważyłem w ręku.

– Trzysta pięćdziesiąt dolarów, i należy do pana. Wraz z zapasowymi magazynkami.

– Jestem spoza stanu.

– Nic nie szkodzi. Transakcja prywatna. No, dobrze, oddam go panu za trzysta.

Nie wszystkie transakcje na jarmarku miały charakter prywatny. W specjalnie wydzielonej strefie swoje stoiska otwarli komercyjni sprzedawcy broni. Przy małych stolikach nachmurzeni mężczyźni wypełniali formularze służące sprawdzeniu przeszłości chętnego do kupienia broni, a transakcji dokonywano za pomocą kart płatniczych. Można tam kupić broń rejestrowaną, lepszej jakości, w większym wyborze. Powiedziano mi, że na sprawdzenie przeszłości kupującego potrzeba co najwyżej pół godziny.

Na jarmarku zjawili się też rekonstruktorzy. Widziałem mężczyznę w mundurze konfederatów, inny występował w stroju kowboja z epoki Dzikiego Zachodu. Wyglądał jak mściwy szeryf, w czarnym kapeluszu, w butach z cholewami i z rewolwerami o perłowych rękojeściach. Zauważył, że się na niego gapię.

– Cześć, kolego – rzucił.

Jedno ze stoisk wyglądało jak muzealna ekspozycja poświęcona I wojnie światowej. Prezentowano tam broń i mundury, mapy, książki, pocztówki, a także oprawione czarno-białe fotografie błotnistych pól bitwy. Ekspozycję tę przygotował Dane Coffman, który przyjechał z odległego o prawie dwieście kilometrów Leesburga. Wynajął sześć stołów, a jego ekspozycja służyła upamiętnieniu dziadka, Ralpha Coffmana, który walczył w I wojnie światowej. Dane, mniej więcej sześćdziesięciolatek, przywdział na tę okazję mundur żołnierza piechoty z tamtych czasów, charakterystyczny kapelusz o szerokim rondzie, skórzane owijacze, cały rynsztunek piechociarza. Był kolekcjonerem, historykiem wojskowości i rekonstruktorem. Pokazywał zbiór pasów i kabur, menażek i niezbędników, manierek, nożyc do drutu, narzędzi do kopania okopów, a także coś, co nazywał swoją dumą, czyli karabin maszynowy stawiany na trójnogu.

– Jestem tutaj dla dziadka – mówił. – Jestem, żeby dać lekcję historii.

Na terenie jarmarku pośród stoisk handlowców prywatnych i instytucjonalnych kłębił się tłum złożony głównie z biednych lub najwyraźniej bezrobotnych mężczyzn w popękanych butach i wyblakłych kapeluszach, a do tego garstka zamożnych miłośników broni, no i paru oczywistych wariatów i włóczęgów. Kilka osób sprzedawało flagi, gadżety patriotyczne, śmieszne plakietki i tabliczki, głoszące na przykład: „Uwaga! Jestem rozgoryczonym posiadaczem broni, który kurczowo trzyma się religii", co szyderczo nawiązuje do słów z kampanii prezydenckiej Baracka Obamy. Albo: „Zakaz wstępu. Intruza zastrzelimy. Kto przeżyje, tego zastrzelimy drugi raz", albo: „Kontrola broni to zdolność trafiania w cel".

– Powiem ci coś jeszcze – oznajmił mężczyzna z wielkim czarnym karabinem maszynowym u nogi. – Jeżeli ta cholerna ustawa przejdzie, jesteśmy skończeni.

– Jasna sprawa. Zawzięli się, żeby nam to wszystko zabrać – zgodził się jego rozmówca. – Możesz pocałować na pożegnanie swój rozpylacz.

Ostatnia uwaga zirytowała właściciela karabinu. – Chciałbym zobaczyć dupka, który spróbuje mi go zabrać. Niech mnie szlag trafi, naprawdę chciałbym!

Inni też wypowiadali podobne opinie, ale z rzadka i spokojnie, ponieważ na jarmarku panowała zgoda. Sami miłośnicy broni, posiadacze broni, obrońcy prawa do posiadania i noszenia broni – mężczyźni i kobiety, całe rodziny – wszyscy po jednej stronie. Pierwszy raz widziałem duże zgromadzenie białych południowców, a jak twierdzą niektórzy badacze czy publicyści, biali południowcy bardzo przypominają grupę etniczną, powiedzmy Irlandczyków lub Włochów – „społeczność kulturowo odrębną".

Historia wielebnego Johnsona

– Jestem zwykłym wiejskim chłopakiem z nizin społecznych, urodzonym i wychowanym w Estill w hrabstwie Hampton – powiedział mi tydzień później Virgin Johnson przy daniu dnia w restauracji Ruby Tuesday przy drodze w Orangeburgu, gdzie mieszkał. Mówił, że Estill to zapadła dziura, głęboka prowincja, pola bawełny. Nieważne. Uśmiechnął się. Kiedy się uśmiechał, ukazywał dwa duże przednie zęby, przez co uśmiech wydawał się ironiczny.

– Ot, biedny czarny – westchnął na koniec z rezygnacją.

Ubrany w ciemny garnitur, popijał mrożoną herbatę i opowiadał mi o swoim życiu. Zwierzający się człowiek, nie kaznodzieja z Sycamore ani szczwany adwokat z Orangeburga, lecz cichy zamyślony mężczyzna w przydrożnej restauracji, rozpamiętujący swoje samotnicze życie. Powiedziałem mu, że odwiedziłem jarmark broni w Charleston.

– Ja też mam broń – podchwycił z zapałem. – Jaką pan chce. Mam AK-47 i wiele innych pukawek. Prawowici posiadacze broni nie mordują bliźnich, problemem jest broń nielegalna, i kryminaliści. Uzbrojony czuję się pewniej. Tu bywa niebezpiecznie.

– Może pan dać jakiś przykład? – zapytałem.

– W 1968 roku mój ojciec startował do rady hrabstwa Hampton. Virgin Johnson senior był kamieniarzem, a potem nauczycielem i radnym. Imię Virgin wybrał mój dziadek, bo wydawało się wyjątkowe, jak Virgin Mary [Maryja Dziewica], *virgin soil* [dziewicza ziemia] i w ogóle wszystko, co dziewicze. Mój syn też nosi to imię, Virgin trzeci – pochylił się ku mnie i zabębnił palcami w stół. – Sześćdziesiąty ósmy to nie był najlepszy rok do tego, żeby czarny gdziekolwiek kandydował. Ojciec znalazł w skrzynce anonimowy list. Było w nim napisane: „Jak wygrasz, ubijemy cię".

– Wycofał się?

– Ta groźba go nie powstrzymała – rzekł Virgin Johnson. – Wie pan, czemu przegrał? Bo ludzie wiedzieli o tej pogróżce i ci, co go lubili, a było ich wielu, nie głosowali na niego. Nie chcieli, żeby go ubili. Wiele lat później kandydował ponownie i został wybrany. Ojciec był dzisiaj na mojej mszy. Niedomaga, ale zawsze przychodzi. Jest popularny w tych stronach.

– Urodziłem się w 1954. W 1966, kiedy ogłoszono program tak zwanej dobrowolnej integracji, zostałem jedynym czarnym uczniem szkoły podstawowej w Estill. Opowiem panu, jak do tego doszło. Co rano przez nasze osiedle przejeżdżały dwa autobusy. Powiedziałem ojcu, że chcę jechać pierwszym. To był autobus dla białych. Ojciec zapytał, czy jestem pewny. Odparłem, że tak.

Poczułem się bardzo dziwnie, siedząc w ruchliwej restauracji, gdzie czarni i biali posilali się nieraz przy jednym stole, podczas gdy Virgin Johnson po bez mała półwieczu wspominał wydarzenie, które odcisnęło głębokie piętno na całym jego życiu – szokującą obecność czarnego ucznia w autobusie dla białych dzieci.

– Wsiadłem więc do tego autobusu i wszystko stanęło na głowie. Szósta klasa, która zmieniła moje życie. Straciłem wszystkich przyjaciół, czarnych i białych. Nikt się do mnie nie odzywał, w ogóle nikt. Nawet biali koledzy z mojego domu. Wiedziałem, że chętnie by ze mną pogadali, ale czuli presję, tak samo jak ja. Siadałem na samym końcu autobusu. Kiedy przychodziłem do stołówki na obiad, trzydziestu chłopaków wstawało od stołu i wychodziło.

Popijał herbatę, kiwał głową i uśmiechał się smutno. Kelner prowadził dwoje nowych gości do sąsiedniego stolika i wszyscy troje zerkali zaciekawieni na Virgina Johnsona, który jako jedyny w całej restauracji był w garniturze i pod krawatem.

– Miałem dwanaście lat – ciągnął. – Najdziwniejsze jest to, że żyliśmy w przyjaźni, czarni i biali. Wszyscy przepadali za moim dziadkiem, Henrym Frazierem. Nazywali go wujo Henry. Bawiliśmy się wspólnie w Estill i w okolicy. Zbieraliśmy bawełnę. Ojciec i wuj mieli ze czterdzieści hektarów bawełny. Wujek Clayton nadal uprawia bawełnę, kukurydzę i arbuzy. Z rodziną i kolegami zbieraliśmy dziennie po czterdzieści albo i pięćdziesiąt kilogramów. Ale gdy wsiadłem do tego autobusu, to się skończyło. Zostałem sam, zdany na siebie.

– W szkole od razu zrozumiałem, że będzie inaczej. Prócz mnie żadnego czarnego, ani wśród nauczycieli, ani wśród uczniów, nikogo w całej szkole, z wyjątkiem woźnych. Tak, oni okazali się kimś w rodzaju moich aniołów stróżów. Byli czarni, w ogóle się do mnie nie odzywali, ale nie musieli. Widząc mnie, nieznacznie kiwali głową, jak gdyby mówili: „Trzymaj się, synu. Trzymaj".

– Straciłem wszystkich przyjaciół i już jako szczeniak dowiedziałem się, że mogę liczyć tylko na siebie. To umacniało we mnie ducha walki. Miałem go od małego. Przeznaczenie. Co się dzieje, jeżeli człowiek pozwala innym decydować za niego? Szybko traci zdolność decyzji. Nie zawsze było źle. W tamtych czasach człowiek musiał zdobywać szacunek. Dzisiaj nikt nie dba o szacunek. To już tylko cyrk polityczny.

Virgin Johnson opowiadał mi to wszystko przy obiedzie. Jedliśmy, a on nieśpiesznie snuł wspomnienia, zastanawiał się, czasem milkł zamyślony. Słuchając go, mogłem i jeść, i notować jego słowa.

– Kiedy miałem trzynaście lat, pracowałem u mierniczego, rozciągałem sznurki. Był biały. Lubiłem tę pracę. Lato. Pracowaliśmy we dwóch. Różnie to bywało. Pewnego dnia zajechaliśmy do gospodarstwa, które mieliśmy obmierzyć. Wysiadamy i zabieramy się do pracy. Nagle słyszymy krzyk: „Niech ten chłopak wynosi się z mojej ziemi!". Rozumie pan, darł się właściciel tego gospodarstwa. Wyszedł ze strzelbą i nawet wystrzelił w powietrze. Miałem trzynaście lat! Odjechaliśmy, mierniczy i ja. Działo się to w hrabstwie Hampton, a ojciec tego człowieka należał do Klanu. Ale zaszczepił wszystkim to nastawienie.

Jako pierwszy czarny z mojej części hrabstwa studiowałem prawo. Na Uniwersytecie Karoliny Południowej w Columbii. W latach osiemdziesiątych, na roku sto osób. Byłem jedynym czarnym. Aplikację zrobiłem w 1988. Potem zostałem kaznodzieją.

Moim zdaniem nie ma w tym sprzeczności. Lubię jedno i drugie. Chciałbym tylko, żeby gospodarka lepiej się kręciła. Te strony są takie biedne. Ludzie nie mają nic, potrzebują nadziei. Jeżeli udaje mi się tchnąć nadzieję, to wystarczy. Jezus powiedział: „Musimy się nawrócić i kochać bliźniego".

Kiedy milkł, pytałem o Orangeburg, Sycamore, Fairfax, a zwłaszcza o Allendale, które wydawało mi się tak nieszczęśliwe.

– To miłe miejsca, życzliwi ludzie. Uczciwi, wierni wartościom. Następnym razem niech nas pan odwiedzi w kościele. Kościół Sług Objawienia. Obiecuje pan?

– Obiecuję – powiedziałem i na myśl o powrocie poczułem radość.

– Są problemy, chociażby dzieci, które mają dzieci, czasem już przez cztery pokolenia. I tak trudno zrobić krok naprzód. To mnie przybija, stan tej krainy. Czegoś brakuje. Co to jest?

Nagle gwałtownie uniósł rękę i podniesionym, jak gdyby kaznodziejskim głosem zawołał:

– Zabierzcie dzieci z tej krainy, a rozkwitną!

Atomowa Droga

Studiując mapę, zwróciłem uwagę na podrzędną arterię o nazwie Atomowa Droga, która jako trasa numer 125 odchodzi od żałośnie podupadłego Allendale, apokaliptycznej drogi numer 301 i zrujnowanych moteli, po czym przez pachnące lasy sosny żółtej wzdłuż rzeki Savannah, stanowiącej granicę między Karoliną Południową a Georgią, podąża do Augusty. Nazwa Atomowa Droga podziałała na mnie niczym magnes. Ujrzawszy wysokie ogrodzenie i strażnicę, podjechałem, żeby zapytać, co tam jest.

– Proszę zawrócić i odjechać, sir.

– Chcę tylko zadać kilka pytań.

– Nie słyszał pan, co powiedziałem, sir?

Było zbyt późno, żeby się zatrzymać i zasięgnąć języka w pobliskim Aiken, ale od razu pomyślałem sobie, że zbadam tę sprawę, kiedy znowu tu będę – chociażby jadąc do kościoła Sług Objawienia. No i wiedziałem, że za ogrodzeniem znajduje się Savannah River Site, ośrodek nuklearny zwany przez miejscowych fabryką bomb.

Oto kolejna różnica między tą podróżą a większością innych, jakie odbyłem. W Afryce lub w Chinach nigdy nie przychodziło mi do głowy, że mogę zostawić coś na później, bo przecież wrócę. Podążałem prosto do wytkniętego z góry celu, a po powrocie do domu pisałem o tym. Natomiast po stanach południowych włóczyłem się, krążyłem kapryśnie, również w czwartym wymiarze, i przeświadczony, że nic mi nie ucieknie, tak jak wtedy na Atomowej Drodze, mówiłem sobie, że przecież jeszcze tu wrócę.

Wierzący Motocykliści

Kiedy jechałem z Georgii do Tuscaloosy, na pewnym parkingu w Alabamie poznałem Kelly'ego Wiggly'ego. Podróżował z żoną i zrobili postój. Zauważyłem, że holowali na lawecie pięknego trójkołowego harleya, więc zagadnąłem ich. Kelly, tęgi, siwowłosy sześćdziesięciopięciolatek w ogrodniczkach i w butach z cholewami, był motocyklistą, ale nad wyraz życzliwym, łagodnym i ujmującym.

– Wracamy do domu z Hatfield w Arkansas zaraz przy granicy z Oklahomą, gdzie uczestniczyliśmy w zlocie Stowarzyszenia Motocyklistów Chrześcijańskich – opowiadał. – Jeździmy dla Syna Bożego. Zjechało się trzy tysiące motocyklistów z całego kraju i z innych części świata. Jeden nawet z Afryki Południowej. Zbieramy się co roku, żeby dawać świadectwo, poświęcić motocykle i modlić się.

– Widzieliście jakichś Aniołów Piekła?

Roześmiał się:

– Z otwartymi ramionami witamy Anioły Piekła, Banditos, wszystkich. Nieważne, jak są grzeszni czy gwałtowni, łączą nas motocykle. Mówimy: „Przyjdź na kawę. O czwartej rano? Dobra. Kiedykolwiek, zawsze jesteś mile widziany". Potem opowiadamy im o Jezusie, możemy poczytać Biblię, pomodlić się, pogadać o motocyklach, nie wywieramy żadnych nacisków.

– Wielu się nawraca?

– Są zatwardziali, ale nie straceni. No jak, niektórzy przecież dopiero co wyszli z więzienia! Trzeba tylko, żeby usłyszeli i zobaczyli.

Jestem pewny, że można ich obudzić. Trzeba tylko mieć plan jazdy. Po pierwsze, wybierz trasę. Po drugie, pamiętaj, dokąd zmierzasz, wszyscy zbaczamy na złe drogi. Po trzecie, pamiętaj o dylemacie, przed którym zawsze stoisz, bo wszelka jazda duchowa kończy się w wąwozie grzechu i śmierci. Ale Bóg przerzucił most nad tym wąwozem. I to jest krok czwarty, przejdź po tym moście dzisiaj, zaraz, postanów, że to zrobisz, z Bożą pomocą.

– Jak udał się weekend?

– Pięknie! Wszyscy biwakowaliśmy w Hatfield. Biwakowaliśmy i dawaliśmy świadectwo. A wie pan? Ruch Wierzących Motocyklistów zainicjował jeden facet kilka lat temu. Rozwinął się błyskawicznie. Wie pan, zbliżam się do emerytury, a potem planujemy z żoną wyruszyć na tym harleyu gdzie oczy poniosą, będziemy jeździć po całym kraju, obozować i dawać świadectwo – zamilkł i chwilę się zastanawiał. – A może pojedziemy dalej, w świat. Wie pan, gdzie najszybciej przybywa chrześcijan? W Chinach.

– Ciekawe dlaczego.

– Bo chcą być zbawieni. No, musimy już jechać, do Scottsboro. Z Bogiem, bracie.

Tuscaloosa: futbol jest ważny

Zajechałem do Tuscaloosy, żeby zorientować się w sytuacji, zanim dam nura głębiej na południe, w hrabstwa Hale i Greene.

Tuscaloosa to miasto uczelniane, którego większą część zajmuje kampus Uniwersytetu Alabamy, słynącego z najlepszej drużyny futbolowej w kraju i najlepiej opłacanych trenerów. Szkarłatna litera, pisane kursywą wielkie A, inicjał nazwy stanu i zarazem symbol uczelnianej drużyny futbolowej zwanej Crimson Tide [Karmazynowa Fala], widnieje na wielu samochodach, na ubraniach, a nieraz pojawia się nawet w formie jaskrawoczerwonego tatuażu.

Przyjechałem w piątek w nocy, a nazajutrz Tuscaloosę trawiła gorączka większa od karnawału. Wojowniczy gromki duch plemienny owładnął całym miastem, ponieważ uniwersytecka drużyna futbolowa grała mecz na stadionie, który może pomieścić przeszło sto tysięcy widzów. Dziwiłem się temu, dziwiłem się fanom, bo najwyraźniej wszyscy nimi byli.

– To miasto pijące z problemem futbolowym – powiedział pewien miejscowy i puścił oko, żebym nie sądził, że mówi serio.

Ten żarcik odnosi się do wielu miast uczelnianych, ale czy futbol jest problemem Tuscaloosy? To w rzeczy samej nałóg, swoista mania, lecz chyba nie tyle problem, ile rozwiązanie. Miasto jest pochłonięte sportem. Żyje z futbolu i dzięki niemu prosperuje. Futbol określa tożsamość Tuscaloosy i uszczęśliwia jej mieszkańców. Rozwiązuje konflikty, jednoczy, pomaga zapomnieć o niedolach, daje cudowne poczucie przynależności do obozu zwycięzców – chociaż robi z wyznawców niemożliwych i zajadłych nudziarzy.

– Futbol to miejscowa religia – mówią mieszkańcy miasta i uśmiechają się ze skruchą, ale to wyświechtane porównanie bliższe jest ścisłej definicji, niż im się wydaje. Wystarczy odrobina analizy psychologicznej, żeby zrozumieć, dlaczego futbol to naprawdę religia, chociaż ma niewiele wspólnego z religiami tradycyjnymi, a już na pewno różni się całkowicie od łagodnej, osobistej, opartej na modlitwie wiary w kochającego Boga, która prowadzi ludzi przez życie i daje spokój ducha. Futbolowa religia wyznawców Karmazynowej Fali skąpana jest w furii i przypomina bądź to chrześcijaństwo krzyżowców, które karmiło się rozlewem krwi, podbojami, nawracaniem niewiernych ogniem i mieczem, bądź to wojujący islam, nieugiętą, dogmatyczną i zaborczą wiarę ludzi gotowych na męczeństwo. Podobnie jak religie świętej wojny religia futbolowa jednoczy wyznawców wokół drużyny i demonizuje przeciwników. W Tuscaloosie futbol to namiętność publiczna, zrytualizowany system wierzeń, z którego wynika określona persona, forma obecności społecznej. Stąd w Alabamie mężczyźni z wytatuowanym na karku karmazynowym A, kobiety z takim tatuażem na ramieniu. To publiczne wyznanie wiary i zobowiązanie, trwałe przekształcenie własnego ciała jako wyraz tożsamości kulturowej i dowód dozgonnej wierności, taki sam w istocie jak hinduski znak przynależności kastowej, tatuaż maoryski lub skaryfikacja twarzy sudańskich Dinków.

Osiągnięcia sportowe są dumą wielu miast, czemu trudno się dziwić, gdyż zwycięska ekipa jest źródłem pozytywnej energii. Ale w tamtą sobotę na widok tłumów pokrzykujących i poprzebieranych kibiców, sznurów samochodów przybranych bojowymi flagami odniosłem wrażenie, że w Tuscaloosie futbol i kibicowska mentalność grupowa są ważniejsze niż w którymkolwiek innym znanym mi mieście – tym bardziej że wszystkie miejsca na gigantycznym przecież stadionie zostały wykupione. Ze względu na tatuaże, przebrania, skandowanie i przyśpiewki wszystko to nieuchronnie kojarzyło mi się z tradycyjnym obrzędem odprawianym przez krajowców, którzy zostali skolonizowani, ale wyzywająco potwierdzają tożsamość plemienną.

W Alabamie futbol i kibicowanie są źródłem poczucia własnej wartości nie tylko studentów, lecz wszystkich mieszkańców stanu. Takie zachowania społeczne tłumaczy teoria tożsamości zbiorowej sformułowana przez brytyjskiego psychologa Henriego Tajfela, który badał motywacje i reakcje osób utożsamiających się z daną klasą społeczną, rodziną, klubem – albo drużyną futbolową – i tym samym ujmujących siebie w kategoriach tożsamości grupowej. Według Tajfela grupy, do których należymy, są „istotnym źródłem dumy i poczucia własnej wartości". „Grupy dają nam poczucie tożsamości społecznej i przynależności do świata społecznego".

Zagorzały kibic jest przykładem osoby tak głęboko związanej z grupą, że przynależność do niej i kultywowanie jej zwyczajów nadaje sens jego życiu. Kibic staje się częścią grupy poprzez utożsamienie się z drużyną i poprzez „faworyzowanie swoich". Taka wspólnota z innymi umacnia pewność siebie i poczucie własnej wartości, uczestniczymy w wysiłku drużyny, zagrzewamy ją do walki i mamy udział w jej sukcesach. Nie jesteśmy bierni, drużyna staje się lepsza i silniejsza po części dzięki naszemu dopingowi. Sami z kolei karmimy się jej sukcesami. Jak powiada Tajfel, „żeby poprawić wizerunek własny, podnosimy status grupy, do której należymy".

Najprościej mówiąc, ogromny powab kibicostwa polega na tym, że kiedy drużyna wygrywa, kibic czuje się mistrzem. Niektórzy uśmiechają się nieco zażenowani, kiedy przyznają się do kibicowania jakiejś drużynie, której sukcesy napełniają ich dumą, ale w Alabamie, gdzie kibice są w istocie fanatykami, nikt się nie śmieje. Nie ma nic śmiesznego w okrzykach: „Do boju, Falo, do boju!", kibice są śmiertelnie poważni, a czasem, jak sądzę, ich oddanie drużynie ma w sobie coś wyzywającego, zaczepnego, niemal patologicznego.

Fetyszem i źródłem mocy każdej drużyny jest legendarny trener. W Alabamie taką postacią jest Paul Bryant, zwany Bear [Niedźwiedź], ponieważ w młodości w Arkansas podobno podjął wyzwanie do zapasów z trzymanym w klatce niedźwiedziem w kagańcu i został srodze poturbowany.

Ktoś powiedział mi, że najlepszym symbolem sprzecznych wartości i wewnętrznego rozdarcia Alabamy są trzy największe pogrzeby w dziejach tego stanu, a mianowicie pochówki George'a Wallace'a, Martina Luthera Kinga i „Niedźwiedzia" Bryanta.

Jako trener „Niedźwiedź" Bryant jest postacią tytaniczną, najbardziej utytułowanym coachem w historii uniwersyteckiego futbolu, który prowadził drużynę Alabamy przez dwadzieścia pięć lat i którego orli profil oraz zabawny kapelusik w kratkę stały się symbolami. Jego nazwisko upamiętniono w nazwach ulic, rozmaitych gmachów i wielkiego stadionu. Charyzmatyczny, znany z tęgiego picia i twardości (w swoim czasie ze złamaną nogą rozegrał w Tennessee cały mecz), potrafił motywować jak nikt inny. Przez lata nie przyjmował czarnych do drużyny, ale w końcu w 1971 roku wprowadził czarnego gracza Wilbura Jacksona, któremu zapewnił stypendium sportowe. Od tego czasu uniwersytecka drużyna futbolowa stała się przedsionkiem do kariery dla czarnych graczy i ośrodkiem sprzyjającym integracji ras.

Na liście osiągnięć Bryanta jest sześć tytułów mistrzowskich zdobytych z drużyną Alabamy. Obecny trener tej drużyny Nick Saban zdobył jednak trzy mistrzostwa w ciągu zaledwie czterech sezonów, a umowę ma podpisaną do 2018 roku. Saban, uwielbiany za zwycięstwa i nadzwyczajną więź z zawodnikami, zarabia sześć milionów dziewięćset tysięcy dolarów za sezon i jest najlepiej opłacanym trenerem w lidze akademickiej.

Niewierzący oczywiście oburzają się na takie gaże, ale sport akademicki to biznes. Uczelnie zabiegają o rozgłos w całym kraju, bo to zapewnia dochody. Płacą sponsorzy, absolwenci, fani. Poważne wpływy przynosi sprzedaż biletów. Dochodzi do tego handel pamiątkami i gadżetami. W klubowych sklepach sprzedają całkiem zwyczajne gadżety kibicowskie, takie jak czapki, koszulki, proporce i flagi z klubowym nadrukiem. Jednak większość asortymentu świadczy o głębi oddziaływania kulturowego futbolu w Alabamie, znajdziemy bowiem: opatrzone emblematem klubowym pokrowce na zaczep samochodowy, nakrętki na wentyle, seksowne atłasowe podwiązki z koronką i napisem „Do boju, Falo!", buciki niemowlęce, krzesła ogrodowe, „poduszeczki przytulanki", „dziecięce peleryny herosów", flagi na całą ścianę „męskiej jaskini kibica", ładowarki samochodowe, klubowe koszulki dla psa, kostki Rubika, gry, zegarki, ubrania, walizki, skrzaty ogrodowe, lampy na biurko, pościel, szklanki, pokrowce na ruszt gazowy, sprzęt golfowy, akcesoria samochodowe, szczoteczki do zębów, winylowe odbijacze do łodzi – a każda z tych rzeczy opatrzona jest godłem klubu albo oczywistym, pisanym kursywą, karmazynowym A.

W ten sposób futbol przynosi uczelni poważne wpływy, które w 2012 roku wyniosły sto dwadzieścia cztery miliony dolarów, z czego czterdzieści pięć milionów stanowiło zysk. Jednocześnie podwyższą to rangę uczelni, zwiększa nabór, pozwala na podnoszenie płac wykładowców i rozbudowę kampusu. Sława Uniwersytetu Alabamy jako kuźni mistrzów futbolu przyciąga kandydatów z całego kraju. Ponad połowa studentów pochodzi spoza stanu i tym samym płaci trzykrotnie wyższe czesne niż miejscowi.

Korzyści finansowe są niezaprzeczalne. Korzyść psychologiczna jest niemierzalna, ale uchwytna. Ponadto, co być może nieuniknione, owo podnoszące na duchu uczucie wynikające z utożsamienia się ze zwycięską drużyną, które skłania następnie do przyjęcia szczególnego sposobu ubierania się i przyswojenia bogatej symboliki, kształtuje cały sposób życia. Takie zachowania społeczne są znamieniem wszelkich zamkniętych grup, a zwłaszcza kultur ludowych, a ich najbardziej wymowną manifestację stanowią swoiste rytuały, takie jak wspaniałe i asertywne zgromadzenia *sing-sing* na wyżynach w zachodniej Papui-Nowej Gwinei, w tym szczególnie festiwal w Goroce, w którym uczestniczą tak zwani Błotni Ludzie z doliny Asaro i mieszkający w dżungli uzbrojeni wojownicy o wymalowanych twarzach, w naszyjnikach z szabli dzikich świń, z kością w nosie, w niezwykłych pióropuszach na głowie, obwieszeni koralikami, piórami, podrygujący, potrząsający orężem, bębniący, pokrzykujący i na niby atakujący widzów.

Zastanawiając się nad kultem futbolu w Tuscaloosie, ostatecznie doszedłem do wniosku, że to zjawisko tylko powierzchownie związane ze sportem, a będące w istocie reakcją mieszkańców Południa na trapiące ich poczucie klęski i mające coś wspólnego z ową na wpół skrywaną emocją, którą wyczułem na jarmarku broni. Alabama to przecież stan gnębiony rozmaitymi problemami, jeden z najbiedniejszych w kraju, obciążony historią waśni rasowych, niewiele mający powodów do dumy, ale rzecz jasna pragnący coś znaczyć. W tej sytuacji zwycięska drużyna – najlepsza w całym kraju – w naturalny sposób przyciąga ludzi, którzy pragną poczucia własnej wartości, i staje się zalążkiem lokalnej subkultury. Kult Karmazynowej Fali jest dobitnym potwierdzeniem teorii tożsamości społecznej.

Siostra Cynthia

– Proszę się wpisać – powiedziała kobieta w jaskrawożółtej sukience, po czym przyjrzała mi się i uśmiechnęła się serdecznie. – Przecież ja pana znam! Pan Paul, prawda?

– A skąd pani mnie zna, siostro?

– Uczestniczył pan wczoraj w naszym nabożeństwie.

Rzeczywiście. Jak przystało grzesznikowi, siedziałem z celnikami w ostatniej ławce, daleko za faryzeuszami. Zwykle nie chodzę do kościoła, ale na Południu niedziela bez mszy, jarmarku broni albo meczu futbolowego jest dniem straconym.

– W czym mogę panu pomóc?

– Chciałbym zobaczyć się z panną Burton.

– Powiem jej, że pan przyszedł. Proszę wpisać się do księgi interesantów.

Obok nazwisk w księdze interesantów, w rubryce z nagłówkiem „Powód wizyty" widziałem wpisy takie jak: „Jedzenie", „Ubranie",

„Woda" i „Rachunek za światło", atramentowe świadectwa rozpaczliwego wołania o pomoc. Wpisałem nazwisko, a obok powód wizyty: „Panna Cynthia Burton".

W chwilę później przywitała mnie panna Burton, mniej więcej sześćdziesięcioletnia kobieta o imponującej posturze, ale najwyraźniej kontuzjowana, chodząca nieporadnie, choć stanowczo na sztywnych nogach oparta na balkoniku. Dyrektor naczelna Community Service Programs of West Alabama [Agencja Programów na rzecz Społeczności Lokalnej Zachodniej Alabamy]. Wolno, przesuwając przed sobą balkonik, zaprowadziła mnie do dużego pokoju o gołych ścianach, gdzie stał tylko pusty stół.

Na początek porozmawialiśmy o meczu futbolowym, którym w miniony weekend żyła Tuscaloosa.

– Tu wszystko się kręci wokół futbolu, istne szaleństwo, istna choroba – stwierdziła panna Burton. – Rozumiem, że futbol jest kołem zamachowym gospodarki, ale nie należy przesadzać. W życiu są przecież o wiele ważniejsze sprawy niż zdobycie mistrzostwa kraju w futbolu.

– Wydaje mi się, że chodzi o coś więcej niż futbol – powiedziałem, ale nie wyjaśniłem, że mam na myśli rolę futbolu w tworzeniu tożsamości społecznej.

– Niektórym sport rzeczywiście pomaga – rzekła panna Burton. – Zwłaszcza jeżeli trener ma dobrą rękę. Z powodu braku ojca czy mężczyzny w domu straciliśmy dwa pokolenia. Narkotyki. Matka wypruwa sobie żyły na dwóch etatach i jest skonana. Dzieciak widzi, ile koledzy wyciągają z handlu narkotykami, wchodzi w to i się uzależnia. Mnóstwo młodych potrzebuje opieki, mentora – urwała i uśmiechnęła się. – Jak pan do mnie trafił?

Powiedziałem, że nasz wspólny znajomy wspomniał o niej, kiedy dowiedział się, że planuję podróż na Południe. Zarekomendował mi Cynthię Burton jako osobę zaangażowaną w pracę na rzecz rozwoju społecznego. „Ona zna wszystkich" – dodał.

– Państwa recepcjonistka mnie rozpoznała – rzekłem. – Bardzo mnie to ujęło. Po prostu widziała mnie na nabożeństwie w kościele Cornerstone Baptist.

– To miłe, ale ja jestem katoliczką – zaznaczyła panna Burton. Usiadła wygodnie i zaczęła notować w grubym terminarzu. – To cała historia, jak zostałam katoliczką.

– Chętnie ją usłyszę.

– Urodziłam się w Gadsden. Rodzice klepali biedę, chociaż bardzo ciężko pracowali. Porządni, zacni ludzie. Ojciec pracował w Goodyear Tire Company, matka jako pielęgniarka. Nie miała wykształcenia, ale nauczyła się pielęgniarstwa, pracując w szpitalu.

Panna Burton westchnęła, pochyliła się nad stołem, a widząc, że piszę w notatniku, postukała palcem w blat i z emfazą podjęła opowieść.

– Matka nie chciała, żebym poszła do szkoły dla czarnych, tak jak ona, wobec czego oszczędzała z ojcem, żeby znaleźć mi lepszą placówkę. Pytali innych, co robić. Miejscowe siostry, Córki Ducha Świętego, radziły, żeby wysłać mnie na Północ, do Akademii Katolickiej w Putnam w Connecticut. To było w 1961 roku. Segregacja.

Zamilkła, jak gdyby czekając, aż dotrze do mnie znaczenie tego słowa.

– Miała pani wspaniałych rodziców.

– O tak, mieli niezwykle otwarte głowy jak na tamte czasy. Ojciec skończył tylko cztery klasy, matka sześć. Ale chcieli, żeby dzieci poszły dalej, i byli gotowi na poświęcenia. W mojej szkole średniej w Gadsden integracja zaczęła się dopiero w 1968 roku.

Ociągali się cztery lata z wprowadzeniem obowiązującego prawa, pomyślałem.

– Rodzice zebrali oszczędności i wysłali mnie do Putnam. Byłam jedyną czarną uczennicą w akademii. W Putnam mieszkało jednak pięć czarnych rodzin, które jak gdyby mnie adoptowały. Opiekowały się mną. To nie była normalna nauka. Uczyłam się od bogatych dziewcząt. Pewnego dnia na apelu wywołano dziesięć najlepszych uczennic. Znalazłam się wśród nich, na drugim miejscu. Pękałam z dumy.

Panna Burton zachichotała cichutko na wspomnienie o tym, a potem znowu popukała palcem w stół przy moim notatniku.

– Matka dziewczyny, która zajęła trzecią lokatę, poszła do sióstr i zakwestionowała moje oceny. Strasznie się zdenerwowałam. Zadzwoniłam do domu. „Nie daj się – powiedziała matka. – Nie mogę do ciebie przyjechać, więc musisz radzić sobie sama. Ale pamiętaj, że masz pracować i uczyć się. Zawsze musisz być wyżej od tej dziewczyny, Cynthio". Przykładałam się do nauki i należałam do najlepszych.

– Odnoszę wrażenie, że chodziła pani do ekskluzywnej szkoły prywatnej – wtrąciłem. – Jak się układały pani stosunki z innymi uczennicami?

– Bardzo dobrze. Te dziewczęta były bardzo bogate. Do domu zabierano je rolls-royce'ami i bentleyami. Traktowały mnie bardzo przyjaźnie, wszystko by dla mnie zrobiły. Byłam jedyną czarną uczennicą. Rozpieszczały mnie jak zwierzątko domowe! Zapraszały do siebie, do wielkich domów, rezydencji. Pewnego razu pojechałyśmy do Filadelfii. W pięć, limuzyną. Wszystkie zgłodniałyśmy w podróży. Dziewczyna, która nas zaprosiła, zadzwoniła do kuchni. „Dostaniemy coś do jedzenia?", zapytała. Gdyśmy zeszły na dół, troje służących podawało do stołu.

– Nie chciała pani zostać na Północy? Wielu południowców tak robi, bo tam są lepsze perspektywy.

– Uwielbiałam Północ – rzekła panna Burton. – Nawróciłam się na katolicyzm. Poszłam na Uniwersytet Loyoli w Chicago, ale musiałam wrócić do Alabamy. Matka mnie potrzebowała. Poza tym czułam, że zostałam tak szczodrze obdarowana, iż muszę się podzielić. Postanowiłam pracować dla dobra jak największej liczby ludzi. Od dziewięciu lat działam w tej instytucji. Nasz budżet roczny wynosi osiemnaście milionów dolarów, teren działania obejmuje osiem hrabstw – w sumie około miliona osób. Lwia część to fundusze federalne, reszta – darowizny. Mamy pięćset budynków, którymi administrujemy w ramach programu taniego mieszkania. Osiedla czynszowe i domy własnościowe. Pomagamy również na inne sposoby.

– I jak wam idzie? – zapytałem.

– Ludzie są tutaj konserwatywni. Ja również wierzę w samodzielność. Niektórzy potrzebują pomocy, ale większość powinna sama sobie radzić.

– Jak pomagacie?

– Pomagamy znaleźć mieszkanie, płacić czynsz, kupić dom. Na wszystkie możliwe sposoby – rzekła panna Burton. – Wie pan, co mnie zdumiewa? Tutaj niektórzy mają wielkie włości ziemskie. Ale nie chcą ich podzielić. Są bogaci w ziemię, ale poza tym biedni. Wcale nie jest wyjątkiem, że wielki posiadacz ziemski mieszka w baraku, zaopatruje się w banku żywności i korzysta z ryczałtu energetycznego.

– Widuje ich pani?

– Przychodzą do nas – odparła, a w jej głosie zabrzmiała nuta irytacji. – Na przykład po jedzenie. Albo po dopłatę energetyczną. Pomagamy płacić za ogrzewanie. Trzeba tylko złożyć wniosek i wykazać odpowiednio niskie dochody. Dostają dopłatę do ogrzewania i do klimatyzacji. Mamy też program pomocy w uszczelnianiu domów. Najwięksi posiadacze wśród naszych podopiecznych mają osiemdziesiąt hektarów, ale są biedni. Niewielu jest w takiej sytuacji, ale się zdarzają.

– Biedacy, którzy mają takie mnóstwo ziemi?

– Tak, proszę pana. Nie chcą sprzedać ani kawałka. Czarni są przywiązani do ziemi, bo ciągle wierzą, że jak mają ziemię, to nie są niczyją własnością. Ale odkąd rolnictwo stało się przemysłem, nie są w stanie konkurować. Niektórzy jeszcze produkują na rynek. Inni uprawiają już tylko kukurydzę, warzywa, paprykę, kapustę, kabaczki i zbierają siano. Trzymają krowy. Ziemia przechodzi z pokolenia na pokolenie. Ale czasem w ogóle przestają cokolwiek uprawiać i ziemia leży odłogiem.

Skoro ziemia przechodzi z pokolenia na pokolenie, to nieraz zdarza się, że ma tylu właścicieli, iż jest praktycznie nie do sprzedania. Dotyczy to również rozległych połaci tak zwanej ziemi indiańskiej. Bywa, że w szóstym pokoleniu dana parcela ma już przeszło dwustu właścicieli.

– To się nazywa pat.

– Tak, tutaj wielu ludzi zapędziło się tak w kozi róg.

– Chciałbym ich poznać.

– Skontaktuję pana z nimi – powiedziała panna Burton. – A także z ludźmi, którzy próbują coś zmieniać.

Cornerstone Full Gospel Baptist Church

– Kościół był i jest sercem wiejskiego Południa – rzekł biskup Palmer, o którym siostra Cynthia powiedziała, że muszę go poznać. – Pochodzę z Birmingham, ale studiowałem tutaj, w Stillman College. Historycznie rzecz biorąc, to czarna uczelnia, ale dzisiaj studiują na niej również biali.

Biskup Palmer, mężczyzna potężnie zbudowany, o pancernym torsie, posiwiały i ze srebrzystym zarostem przystrzyżonym na modłę van Dycka, jawił mi się niczym mocarny patriarcha o dobrotliwym spojrzeniu i dudniącym śmiechu. Sprawiał takie wrażenie nawet ubrany w garnitur w prążki, zanim ujrzałem go w purpurowej szacie biskupiej, kiedy stojąc przy pulpicie i uderzając niedźwiedzią ręką w otwartą księgę, wyglądał w istocie jak starotestamentowy prorok.

Zabrał mnie swoim samochodem do Stillman i obwoził po ogrodzonym kampusie, lawirując pomiędzy zadbanymi budynkami i boiskami.

– Oto jeden z nich. A tam drugi.

Biali studenci, śpieszący dokądś. Biskup Palmer przygładził zarost na potężnej żuchwie i zabębnił palcami w podbródek. Z profilu wyglądał jak sędzia i pomyślałem, że niektórych ludzi sama powierzchowność predestynuje do roli przywódców.

– Pana imię i nazwisko idealnie pasują do pastora. Earnest Palmer.

– Gorliwiec niosący palmę – rzekł biskup.

– Pomyślałem raczej o pielgrzymach, którzy przynosili liść palmy z Ziemi Świętej. Nazywano ich *palmers*. Jak u Chaucera.

Zwolnił i spojrzał na mnie uważnie.

– W *Opowieściach kanterberyjskich* – wyjaśniłem. – „*Palmers for to seken straunge strondes*" [„Pielgrzymi wyprawiają się w obce strony"].

Uśmiechnął się, w taki sposób, jak uśmiechają się ludzie, posłyszawszy uroczystą, a niezrozumiałą mowę albo osobliwie szczekającego psa.

– „*To ferne halwes, couthe in sondry londes*" [„Do świętych grobów w różnych krajach"] * – recytowałem. – *Palmers*, czyli pielgrzymi.

Roześmiał się. Najwyraźniej pierwsze słyszał. Wyjechał z kampusu i zmienił temat.

– Kiedy tu studiowałem, zrobiliśmy strajk okupacyjny U Eda. W restauracji, kawałek dalej przy tej ulicy. Nie wpuszczali tam czarnych. Jezu, ale nas wtedy ci biali stłukli.

– Działo się gorzej niż gdzie indziej?

– Tuscaloosa była główną siedzibą Klanu w Alabamie – odparł Palmer. – Ich przywódca, Robert Shelton, miał biuro przy bulwarze Unii. Prowadził drukarnię. Jako student zaszedłem tam, żeby coś wydrukować. Koledzy pukali się w czoło: „Gdzie poszedłeś?!".

Robert Shelton, którego nazwano „naprawdę złym człowiekiem", były robotnik, sprzedawca opon, a w czasach studenckich Palmera Wielki Mag Rycerzy Ku Klux Klanu w Alabamie, ostatecznie zbankrutował i stracił drukarnię, zrujnowany wyrokiem w sprawie o lincz, którego jego ludzie dopuścili się w Mobile. Zmarł na atak serca w 2003 roku w wieku siedemdziesięciu trzech lat.

Poznawszy biskupa Palmera, nabrałem ochoty, żeby odwiedzić jego kościół, i pojechałem tam w następną niedzielę. Właśnie tamtego ranka spotkałem Lucille, która jadąc przede mną, zaprowadziła mnie do kościoła i która na pożegnanie rzekła serdecznie:

– Z Bogiem.

Cornerstone Full Gospel Baptist Church okazał się większy, niż mi się z zewnątrz wydawało. Stoi on na rozległej parceli w środku osiedla biednych domków na brzegu rzeczki Cribbs Mill.

* To z *Prologu głównego*. Zob. G. Chaucer, *Opowieści kanterberyjskie*, przeł. H. Pręczkowska, Wrocław 1963, s. 4. (Ludzi ogarnia pragnienie / Zbożnej pielgrzymki; idą w obce strony / Do świętych grobów cudami sławionych).

„Czarni mieszkańcy Południa znajdują w kościele źródło jedności i wytchnienie od wrogiej (lub przynajmniej obcej) kultury większości", pisał John Shelton Reed w *The Enduring South* [Nieśmiertelne Południe] (1972) i twierdził, że tak samo jest w przypadku „imigrantów o wspólnym pochodzeniu etnicznym". Parafianie biskupa Palmera w rzeczy samej przypominali mniejszość etniczną, ludzi podobnie myślących i szukających pocieszenia. Schodzących się wiernych witały żarliwe modlitwy kobiety o głębokim głosie. Kościół z wolna wypełniali odświętnie ubrani ludzie, kobiety w kapeluszach i rękawiczkach, mężczyźni w garniturach. Przede mną usiadły dwie kobiety tak piękne, że czułem nieustanną potrzebę zerkania na nie, a gdy siłą odwracałem wzrok, twarz owiewała ciepła woń ich perfum i mimowolnie się uśmiechałem, jak gdybym chłonął ich piękno.

– Dzisiejszy ranek obnaża kłamstwo szatana! – wołała kobieta modląca się na podwyższeniu u szczytu sali, uzmysławiając mi, że grzeszę w głębi serca. – Wypowiedzmy imię Jezus! On jest wielki! On jest wielkim „Ja jestem"! Oto dzień tryumfu Syjonu! – śpiewała, skandowała, wypełniając kościół głosem.

Po dwudziestu minutach tej egzorty na scenie pojawił się chór złożony z piętnaściorga mężczyzn i kobiet, któremu towarzyszyło siedmiu instrumentalistów. Buchnęła rytmiczna pieśń.

Bóg jest królem!
Jest królem!

Śpiewacy i instrumentaliści muzykowali dalej, ożywiając zgromadzonych, którzy zajęli już wszystkie miejsca w kościele. Wszyscy jednak stali i rozradowani kołysali się w rytm następnej pieśni.

Tyś ucieczką
Zgnębionych i złamanych.

Usiadłszy, wysłuchaliśmy obwieszczeń parafialnych. Znałem już ten porządek z innych nabożeństw. Egzorta, hymny, ogłoszenia – tym razem o działalności szkół, o kursach, „Rekolekcjach kobiet – odnowie ciała, umysłu i ducha", seminarium na temat „Jak żyjemy?".

Na scenę wyszedł mężczyzna o spokojnym, dodającym otuchy głosie, diakon ubrany w garnitur w prążki.

– Dwóch mężczyzn znalazło się na bezludnej wyspie – powiedział, podnosząc rękę na znak, że mamy uważnie słuchać. – Jeden zrozpaczony. „Jesteśmy zgubieni, bracie! Cóż poczniemy?", odchodził od zmysłów, całkiem załamany.

Mówca znów uniósł rękę.

– Drugi zachowywał niewzruszony spokój, siedział uśmiechnięty, najwyraźniej beztroski, chociaż wyspa była maleńka i zagubiona na wielkim oceanie i wydawało się, że nie ma dla nich ratunku. Ten zrozpaczony zawołał: „No, co?". „Powiem ci co – rzekł ten beztroski. – Zbieram dziesięcinę. Przynoszę dziesięć tysięcy tygodniowo. Nie mam czym się martwić. Mój pastor mnie znajdzie".

Rozległ się śmiech i głośniej rozbrzmiały organy, które towarzyszyły większości nauk. Bocznym przejściem weszli rzędem ministranci z wiaderkami w ręku.

– Nie pytaj o godzinę, bo zawsze jest godzina dawania!

Wiaderka wypełnione przez wiernych zmiętymi banknotami i sztywnymi białymi kopertami wróciły do ministrantów.

Muzyka zamilkła i wśród posykiwań „sza-sza" na podwyższenie wyszedł biskup Palmer w purpurowo-złotej szacie i z Biblią w rękach. Potężny sam w sobie, w ornacie wydawał się jeszcze większy, a chociaż szedł wolno, dostojnie i spodziewałem się tubalnego głosu, odezwał się cicho i kojąco.

– Dzień dobry, bracia i siostry – zaczął i odczekał dłuższą chwilę. – Bóg chce, żebyście wrócili.

To był temat kazania, powrót do wiary, odnowienie wiary w kochającego i miłosiernego Boga, i od pierwszego słowa biskup przykuł uwagę całego zgromadzenia.

– W czasach niewolnictwa wielką wagę miała pieśń, bo pieśń głosiła chwałę Boga – mówił. – Dobrze o tym wiecie. Dobrze wiecie, że ludzie potrzebowali pieśni. Niektórzy stali tak nisko, że musieli zadzierać głowy, żeby zobaczyć powierzchnię. Gdzie ci ludzie żyli? W dole, zdeptani. Ale co robi Bóg? Bóg pochyla się nade mną, bierze mnie w rękę i dźwiga na górę!

Biskup mówił o tym, że czasy są trudne, ale nie wolno rozpaczać. Trzeba wierzyć, a los się odmieni. Jeżeli się lękamy, wątpimy, zwróćmy się ku Bogu, który zawsze na nas czeka. Trzeba ufać, wybaczać i pamiętać, że nikomu nie jest łatwo. Biblia jest pełna opowieści o nieszczęściach i cierpieniach, ale niesie orędzie zbawienia.

– Nawet jeżeli portfel jest pusty, to nie znaczy, że nie jesteśmy błogosławieni. Nie skarżmy się, że deszcz pada na nas, bo pada na wszystkich. Przypomnijmy sobie słowa Izajasza, wersy od pierwszego do szóstego z rozdziału czterdziestego trzeciego: „Nie lękaj się [...]. Gdy pójdziesz przez ogień, nie spalisz się i nie strawi cię płomień [...]. Nie lękaj się".

Znowu nawiązał do czasów niewolnictwa, żeby wlać w serca otuchę, uzmysłowić, że każde nieszczęście się kończy. Wezwał, abyśmy o tym pamiętali.

– To, abyśmy byli niewolnikami kogoś albo czegoś, nie należy do planu Bożego – stwierdził z mocą, niczym lekarz, który obiecuje wyzdrowienie. – Bóg nas wyzwoli.

– Dzięki niech będą Panu! – krzyknął ktoś z uniesieniem, a inni się przyłączyli.

– Przyjaciele, bracia w świętości – podjął biskup Palmer. – Bóg chce, żebym do niego wrócił, Bóg chce, żebyście wszyscy do niego wrócili – zapewnił i powiódł ręką wokół, aż rękaw jego szaty załopotał jak chorągiew. – Bóg wie, gdzie jesteście. Bóg wie, przez co przechodzicie. Przypomnijmy sobie wers trzydziesty piąty Psalmu trzydziestego siódmego: „Byłem dzieckiem i jestem już starcem, a nie widziałem sprawiedliwego w opuszczeniu ani potomstwa jego, by o chleb żebrało". I cóż to znaczy?

Cofnął się o krok, wyprostował, szata zmarszczyła się na mięśniach ramienia, gdy gruby palec spoczął na Biblii.

– To znaczy – rzekł, a potem zawołał tubalnym głosem: – Wprawdzie dziś wcinasz mortadelę, ale kiedyś zjesz wspaniały stek!

Fala śmiechu przetoczyła się przez kościół.

– Tymczasem – podjął biskup – pamiętajmy wers piąty rozdziału trzynastego Listu do Hebrajczyków: „Postępowanie wasze niech będzie wolne od chciwości na pieniądze: zadowalajcie się tym, co macie".

Ciągnął jeszcze przez pewien czas w tym duchu, wzywając do umiarkowania, wiary, cierpliwości i nadziei. Przemawiał spokojnie, kojąco i tylko czasem podkreślał coś pełnym głosem.

– Starczy już, Palmer – rzekł w końcu cicho, jak gdyby mówił do kogoś innego. – Tak, Panie – odpowiedział głośno.

Wstaliśmy i zaśpiewaliśmy, a dwie piękne kobiety przede mną śpiewały rozradowane, odchyliwszy głowy o twarzach zasłoniętych woalkami, a ich gibkie ciała wiły się powabnie spowite w jedwabne sukienki, aż musiałem powtarzać sobie, że jestem w kościele.

Po odśpiewaniu kilku pieśni biskup Palmer zaprosił wiernych na podwyższenie, aby napili się soku i poczęstowali owocami: pomarańczami, jabłkami, winogronami, które wyłożono na stole.

– Jak Pan przykazał, „owoc winnego krzewu"*.

Kiedy się z nim żegnałem, biskup wydawał się zmęczony, ale reszta zgromadzenia sprawiała niekłamane wrażenie ludzi umocnionych, ośmielonych, pogodnych, życzliwych i ufnych, którzy wrócą do domu i do ciężkiego nieraz życia pełni nadziei. Ze wzruszeniem pomyślałem, że mądry użytek uczyniony z Pisma Świętego rzeczywiście podnosi ludzi na duchu.

Czarny Pas

Tuscaloosa to zagracona miejska wyspa na wielkim spokojnym wiejskim morzu, w zwodniczo błogim przestworzu Południa – krainie niskich wzgórz, trawiastych niecek, bawełnianych i fasolowych pól, mokradeł huczących od much, zniechęconych lasów. Nic jednak w tym niezwykłego, bo Tuscaloosa jedynie egzemplifikuje typowe ludzkie siedlisko na Południu, gdzie większość miast i miasteczek to takie wyspy. Asheville i Greenville, Columbia i Charleston, Augusta i Atlanta, Birmingham i Tuscaloosa mają właśnie charakter

* Zob. Mt 26, 27–29; Mk 14, 24–25; Łk 22, 17–18.

wyspowy, cieszą się pewnym poziomem dobrobytu, mają umowną tożsamość, dzielnice bogate i strefy biedy, miejsca, w odniesieniu do których wyrażenie „po złej stronie torów" nie jest abstrakcją, lecz konotuje określony charakter zabudowy, określone warunki życia i określoną klasę społeczną.

Miasta te nie są związane ani ze sobą nawzajem, ani z niczym w otaczającym je wiejskim pejzażu. Wielu obserwatorów, jak choćby John Shelton Reed w *The Enduring South*, zwraca uwagę na to, że miasta współczesnego Południa „nie mają w sobie nic swoiście południowego". Żeby poznać prawdziwe napięcia regionu, trzeba ruszyć za miasto. Ostatnie zabudowania tych wyspowych siedlisk wytyczają linię brzegową, za którą otwiera się inny świat. Dalej pejzaż przypomina ocean okolony równym i zwykle pustym horyzontem, a ludzie na tym zielonym morzu głębokiej prowincji żyją w maleńkich skupiskach zupełnie inaczej niż mieszkańcy miejskich wysp, zawsze są znacznie od nich biedniejsi, często nawet mówią innym językiem – a w każdym razie takie wrażenie odnosi przybysz z dalekich stron.

Za horyzontem na tym zielonym morzu, niespełna pięćdziesiąt kilometrów na południe od Tuscaloosy, leży Greensboro, małe, ładne, nieco podupadłe miasto, którego elegancję nadgryzła bieda. Dalej za Greensboro, w okolicy Moundville, ścielą się ziemie uprawne, na których stoją nadal nędzne domy, gdzie James Agee i Walker Evans spędzili lato 1936 roku, zbierając materiał do artykułu. Na zamówienie pisma „Fortune" pisali reportaż o życiu trzech rodzin biednych białych połowników. Licząca dwadzieścia tysięcy słów opowieść okazała się długa, zawiła i przygnębiająca, fotografie tchnęły melancholią. Powstał reportaż zbyt prawdziwy, żeby nadawał się do publikacji na łamach pisma o robieniu pieniędzy, więc został odrzucony. Agee pochodził z Tennessee. Znał Południe i kochał je. Przez kilka następnych lat pracował dalej nad tekstem, aż wyszła z tego pokaźna i podówczas eksperymentalna książka, którą zatytułował *Let Us Now Praise Famous Men* [Wychwalajmy mężów sławnych *] i w 1941 roku ogłosił drukiem. Sprzedało

* Syr 44, 1.

się zaledwie sześćset egzemplarzy, po czym zawiedziony autor popadł w pijaństwo i w końcu zmarł przedwcześnie w wieku czterdziestu pięciu lat.

Do pracy nad książką Ageego zainspirowało dzieło krótsze i bardziej rzeczowe, a mianowicie ogłoszone w 1937 roku *You Have Seen Their Faces* [Widziałeś ich twarze], z tekstem pióra Erskine'a Caldwella i fotografiami autorstwa Margaret Bourke-White. W swoim czasie dzieło Caldwella miało wielkie znaczenia dla amerykańskich radykałów społecznych jako opis ubóstwa Południa. Potem wszakże już go nie wznawiano. Dziwne są losy książek. Ostatecznie to książka Ageego przyćmiła pracę Caldwella i Bourke-White. Dwadzieścia lat po pierwszym wydaniu została wznowiona i w bardziej świadomym spraw społecznych klimacie początku lat sześćdziesiątych znalazła wielu czytelników i entuzjastów, którzy zrozumieli jej nowatorstwo. Doceniono jej gęstość, wielowymiarowość i walory poetyckie, całe rozdziały poświęcone dawnym ubiorom, stronice na temat cieknących dachów, wyszukane opisy faktury desek i gontów, grządek, kibli i kubłów na nieczystości.

W czasach studenckich miałem egzemplarz tej książki, ale bolałem nad tym, że tak trudno mi ją czytać. Przez ten tekst brnąłem tylko dzięki temu, że czytałem go na głos, niczym analfabeta uczący się czytać. Styl wydawał mi się wysilony i przesadnie liryczny, a chciałem po prostu dowiedzieć się czegoś o konflikcie rasowym. Był bowiem rok 1963, gdy Południe wrzało. Książkę ilustrowały zaiste przejmujące zdjęcia, kanoniczne obrazy biedy, ale w tekście Agee zawarł za dużo siebie, a za mało walki rasowej. Taka nachalna obecność autora podobała się w asertywnych latach sześćdziesiątych. Natomiast o czarnych Agee właściwie nie wspominał i są oni ledwie widoczni w tekście. Pierwotna wersja reportażu Ageego była tak skondensowanym opisem wiejskiej biedy, że trudno się dziwić, iż została odrzucona jako artykuł prasowy.

Książkowe Cherokee City to Tuscaloosa, a Centerboro to leżące pięćdziesiąt kilometrów dalej na południe Greensboro, dokąd w końcu się wybierałem i gdzie Evans zrobił niektóre zdjęcia. Tak oto książka Ageego zaprowadziła mnie do samego serca Alabamy.

Agee i Evans zbierali materiały w hrabstwach Hale i Greene, w tak zwanym Czarnym Pasie. W krainie bawełny.

– Czarny ze względu na żyzną glebę, ale i ze względu na ludność – powiedziała Cynthia Burton. – Im więcej farm, tym więcej potrzebowano niewolników. Właśnie dlatego tylu jest czarnych na obszarze zaczynającym się na południe od Tuscaloosy i ciągnącym się w poprzek stanu.

Przeszłość nie umarła, a nawet nie jest przeszłością. Sama Cynthia Burton jest czarna i objaśniała mi demografię Czarnego Pasa przez odniesienie do niewolnictwa, epoki, która nadal żyje z powodu uporczywości skutków.

„Kupię sobie popcorn, siądę i popatrzę na cały ten cyrk"

Wyruszyłem z Tuscaloosy na południe i jechałem wolniutko przez Moundville i Havanę do Eutaw, gdzie miałem umówione spotkanie. Przed wyjazdem zadzwoniłem i powiedziałem, że będę za godzinę, więc nie musiałem się śpieszyć i delektowałem się pięknem i nastrojem bocznych dróżek o uroczych nazwach – takich jak Raspberry Road i Finches Ferry Road – przydrożnych cmentarzyków, ogródków warzywnych i zalanych słońcem pustych pól nad Black Warrior River, której nazwa upamiętnia wielkiego wodza Tuskaloosę.

Samo Eutaw również jest piękne, maleńkie, zbudowane na zwartym planie prostopadłych uliczek, ze skromniutkim ratuszem i bardziej okazałym budynkiem sądu hrabstwa. Nazwa miasta upamiętnia bitwę pod Eutaw Springs w Karolinie Południowej, gdzie wojska rewolucjonistów walczyły pod komendą generała Nathanaela Greene'a, który z kolei został patronem hrabstwa Greene. W tradycyjnych sklepach stojących przy ulicy pusto, niektóre zamknięte, a na chodnikach w tamto gorące popołudnie ledwie parę osób zmierzających do supermarketu Piggly Wiggly. Pojeździłem wkoło, żeby oszacować wielkość miasteczka, i chłonąłem smętek wyludnionych uliczek, które pełne słonecznego blasku tchnęły tym głębszą melancholią.

Zaparkowałem przy ratuszu. Za namową Cynthii Burton chciałem spotkać się z Raymondem Steele'em. To pierwszy czarny burmistrz Eutaw, wybrany w 2000 roku. Rządził miastem przez trzy kadencje i miał nadzieję, że zostanie wybrany na czwartą.

– Przegrałem jednak ostatnie wybory – powiedział mi burmistrz Steele. Miał na sobie wiatrówkę i czapkę baseballową. – Oddałem urząd parę tygodni temu, po dwunastu latach. Nic wielkiego. Mam prosperującą pralnię chemiczną. Przez dwadzieścia lat byłem żołnierzem, panie Paul. Walczyłem w pierwszej wojnie w Zatoce. Trochę się widziało. Dostało się Brązową Gwiazdę.

Zaproponował, żebyśmy pojeździli. Chciał pokazać mi miasto, opowiedzieć o planach zbudowania nowego lotniska, parku zabaw, stadionu. Nikt nie wziął pod uwagę tych zamierzeń. Po dwunastu latach, które spędził na stołku burmistrza, wyborcy po prostu uznali, że wystarczy.

– Eutaw leży w Czarnym Pasie. Czarna ziemia, czarni ludzie, osiemdziesiąt procent ludności. To żyzne gleby, więc potrzebowano wielu niewolników. Mój konkurent też jest czarny, z rady miasta. Ale proszę spojrzeć, ile zdziałałem. Powiększyłem park. Przedtem właściwie nie mieliśmy parku. Oświetliłem boisko futbolowe. W 2007 i 2008 wdrożyłem programy mieszkaniowe. Kto ma niskie dochody, wykupuje dom, płacąc czynsz.

Krążyliśmy po bocznych uliczkach Eutaw.

– Rosie Carpenter Haven, trzydzieści trzy nowe domy – pokazywał burmistrz Steele. – Carver Circle, trzydzieści domów.

Domy porządne, zadbane, z trawniczkiem, w weselszych barwach niż samo miasteczko.

– Koniunktura kiepska – stwierdził Steele. – Mamy fabrykę opakowań RockTenn. Mamy wytwórnię dachówek. Mamy hodowlę sumów, SouthFresh Catfish. Rybę hoduje się wszędzie w hrabstwie Greene.

– Słyszałem, że popyt spada.

– Faktycznie – potwierdził burmistrz Steele. – Bez dwóch zdań. Ludzie codziennie wyjeżdżają. Zostało dziewięć tysięcy, a było dwanaście. Między innymi dlatego przegrałem. Kurczymy się. Ale miałem też inne problemy.

– Na przykład?

– Na przykład brudne chwyty – rzekł burmistrz i wyjaśnił, że jego konkurent rozwiesił plakaty głoszące: BURMISTRZ STEELE SIĘ OBŁOWIŁ, przy czym zamiast „S" figurowało „$". – Jak gdybym robił przekręty! Świństwo, cholera!

– Teraz może się pan zająć swoją pralnią, a problemy miasta niech rozwiązują tamci.

– Święta prawda. Kupię sobie popcorn, siądę i popatrzę na cały ten cyrk.

„Hucpa białych"

Miałem jeszcze jedno spotkanie umówione w Eutaw. Spędziwszy trochę czasu z burmistrzem Steele'em, który potraktował mnie bardzo życzliwie, odruchowo oczekiwałem równie miłego przyjęcia. Pomyliłem się. Ale ta pomyłka, podobnie jak wiele innych, które popełniłem na Południu, okazała się pouczająca.

Kiedy zapukawszy do drzwi małego biura, wszedłem z ulicy do środka, pochłonął mnie złowróżbny półmrok i pomyślałem, że być może pakuję się w tarapaty.

Dwie młode kobiety siedzące przy biurkach wpatrywały się w ekrany komputerów jak zahipnotyzowane i wydawały się zbyt wystraszone, żeby na mnie spojrzeć. Powiedziałem dzień dobry, ale nikt nie odwzajemnił powitania, co bardzo mnie zdziwiło. Byłem przecież w maleńkim, gościnnym i gorąco mi rekomendowanym Eutaw!

– Kim pan jest?

Najpierw usłyszałem pytanie, a dopiero potem dostrzegłem starszą kobietę, która je zadała i z gniewnym wyrazem twarzy, zza okularów, których soczewki rozmazywały oczy, patrzyła na mnie groźnie spod masy rozczochranych spiralnych loczków. Nastroszona jak osoba próbująca odstraszyć intruza zaczepiła mnie ostro, napięta i rozdrażniona.

Przedstawiłem się i wyjaśniłem, że zapowiedziałem swoją wizytę, po czym gorąco podziękowałem, że od razu zgodziła się mnie przyjąć, a rozejrzawszy się po biurze, w rogu za biurkiem dostrzegłem milczącego mężczyznę, w którym na podstawie opisu, jaki mi podano, ponad wszelką wątpliwość rozpoznałem męża tej kobiety.

– Spóźnił się pan – rzekła kobieta. – Dlaczego?

Zacząłem opowiadać o urokach bocznych dróg, zagajników, złotych pól, oblepionych białym puchem plantacji bawełny, ale kobieta przerwała mi w pół słowa te zachwyty.

– Mógł pan zadzwonić – powiedziała ostro, niemal srogo.

– Przecież dzwoniłem, żeby się umówić.

– Ale nie zadzwonił pan, że się spóźni.

– Spóźniłem się raptem kwadrans! – zawołałem, właściwie rozbawiony absurdalnością sytuacji, i żeby zwrócić na to uwagę innym: kobietom przy komputerach, mężczyźnie w kącie. Zastanawiałem się, czy on tam pracuje, czy też się kryje.

Stałem na środku pomieszczenia, przed rozzłoszczoną kobietą, która beształa mnie tak, jak chyba jeszcze nikt przedtem. No, może panna Cook w czwartej klasie Washington School za to, że szeptałem, podczas gdy ona recytowała Psalm dwudziesty trzeci („Chociażbym chodził ciemną doliną…"*). W spokojne popołudnie w Eutaw sztorcowano mnie jak małego chłopca, co tak mnie zaskoczyło, że zamiast się odciąć, tylko głupio się uśmiechałem.

– Myśli pan, że nie mam nic lepszego do roboty, niż czekać, aż raczy się pan zjawić? – gderała kobieta, cedząc słowa przez odsłonięte zęby.

Nie zamierzałem kajać się za tak nieznaczne spóźnienie, tym bardziej że ta niewiasta ochrzaniała mnie w sposób nieprzystający do błahej sytuacji.

– Wobec tego wychodzę – powiedziałem. – Zapomnijmy o tym.

Ale kobieta nie chciała, żebym odszedł. Chciała gderać dalej. Sekutnicom nigdy dosyć.

– To właśnie hucpa białych – ciągnęła gniewnie, a jej skrzeczenie i burza trzęsących się anglezów skojarzyły mi się z gorgoną.

Z kieszeni koszuli wyciągnąłem notes i pstryknąłem długopis.

* Ps 23, 4.

– Hucpa białych – powtórzyłem, pisząc wolno. – Hm?

– Jestem wyczulona na hucpę białych. Domyśla się pan, co przez to rozumiem?

– Proszę mi wytłumaczyć – rzekłem, trzymając przygotowany długopis.

– Przez hucpę białych rozumiem właśnie to, że pan się spóźnił, a chociaż mógł mnie uprzedzić, nie uczynił tego. Nawet pan nie pomyślał, że wypada mnie uprzedzić, bo zakładał, iż będę do pana dyspozycji – próbowałem zaprzeczać, ale nie zwracała na to uwagi – ponieważ jestem czarna.

Wcale nie była czarna. Mogła być osobą mieszanej rasy, mogła być Sycylijką, mogła być – i bodaj była – półkrwi Czirokezką lub Czoktawką. „Jestem czarna" zabrzmiało zarazem jak skarga i przechwałka.

– Kimże więc pan jest?

Powtórzyłem swoje rzadkie nazwisko, po czym je przeliterowałem.

– „Paul Theroux" nic mi nie mówi. Nie wiem, kim pan jest. Nigdy o panu nie słyszałam.

– Przyszedłem właśnie po to, żeby się przedstawić – rzekłem pokornie, starając się nie parsknąć śmiechem, znowu ubawiony obcesowością, która wydawała mi się komedią odgrywaną tyleż przede mną, ile na użytek wystraszonych maszynistek i mężczyzny za biurkiem w rogu, który – teraz już nie miałem wątpliwości – krył się. Wyraźnie widziałem, jak bardzo jest zalękniony. Miał w ręku duże jabłko, ale trzymał je tak, jak medium trzyma kryształową kulę. Wcale nie próbował zjeść jabłka, lecz wpatrywał się w nie usilnie, jak gdyby ujrzał w nim zapowiedź strasznej przyszłości.

– Paul Theroux! – zawołała kobieta niby z obawą, jak gdyby wymieniła nazwisko znanego złoczyńcy. – Może należał pan do Ku Klux Klanu. Skąd mogę wiedzieć, że nie?

Chciała zapewne udać strach i potępienie, a wyszła napastliwa insynuacja.

– Gdyby pani czytała coś mojego, cokolwiek – powiedziałem – od razu by się pani zorientowała, że nie jestem człowiekiem, który mógłby należeć do Klanu.

– Nie mam czasu! – warknęła. – Muszę zachować czujność. Nie mogę się rozpraszać. Moja wolność osobista nie jest zagwarantowana.

– Owszem, jest, przez konstytucję.

– To tylko dokument.

– To prawo – rzekłem. – Jak już wspomniałem, jestem pisarzem. Nie przeszkadza pani, że zapisuję jej słowa?

– Ani trochę – odparła tonem, który dawał do zrozumienia, że ma to w nosie. – Konstytucja to tylko papier. A gdzie te gwarancje? Musimy nosić przy sobie dowód tożsamości. Moja córka pokazała policjantowi prawo jazdy ze zdjęciem, a on zapytał: „Jak mam poznać, że to pani?".

– Napiszę o tym – powiedziałem, gryzmoląc gorączkowo, bo mówiła bardzo szybko.

– Papiery, formularze, pytania, cała ta biurokracja, wszystko po to, żeby nas trzymać pod butem. – Wycelowała palec w moją twarz. – To dlatego ciągle jesteśmy biedni!

– To dlatego ciągle jesteście biedni – powtórzyłem monotonnie jak echo, notując, a potem z trzaskiem zamknąłem notes.

– Prawa białych, to tylko jest zagwarantowane. Cóż zatem pana do nas sprowadza?

Cofnąłem się o krok i powiedziałem:

– Chyba usłyszałem już wszystko, co chciałem wiedzieć.

Mężczyzna z jabłkiem wstał zza biurka i wolno zbliżył się do nas.

– To mój mąż – rzekła kobieta.

Mężczyzna skrzywił się, ale nic nie powiedział. Nagle zrobił coś niesłychanego, a w każdym razie ja to tak odebrałem. Patrząc mi w oczy, wbił zęby w jabłko, wyszarpał wielki kawał i zaczął żuć, tak że miąższ i sok oblepiły wargi. Tak demonstracyjne jedzenie – chrzęst miażdżonego jabłka, zgrzytanie zębów, mlaskanie, ciamkanie i głośne przełykanie – wydało mi się aktem o wiele bardziej wrogim niż wszystkie wcześniejsze afronty jego żony. Nie przypominam sobie, żeby ktokolwiek przedtem jadł tak w mojej obecności, żuł tak zaczepnie, tak głośno i tak oślinionymi ustami.

Obydwoje wydali się nieco zawiedzeni, kiedy powiedziałem, że już ich pożegnam, ale zanim wyszedłem, nie omieszkałem wygłosić krótkiej oceny ich zachowania.

– To chyba kwestia innej kultury – zacząłem spokojnie. – Na Północy tylko ktoś niewychowany mógłby tak rugać drugiego człowieka, a zwłaszcza obcego, o którym nic nie wie i który w niczym mu nie zagraża, i to jeszcze w obecności innych osób – oświadczyłem i skinąłem głową w stronę wystraszonych sekretarek. – A już jedzenie na oczach gościa bez zaproponowania mu poczęstunku uważamy za zniewagę.

– Ja też napisałam książkę – powiedziała jeszcze kobieta, już spokojniejszym głosem, bodaj próbując mnie zainteresować, ale jedną nogą stałem za drzwiami i zbulwersowany nadal kręciłem głową. Niewątpliwie była wykształcona i dobrze jej się wiodło. Doskonale ubrana, sprawiła na mnie wrażenie rzutkiej kobiety interesu, która doskonale sobie radzi. Owo oskarżycielskie „to dlatego ciągle jesteśmy biedni" z pewnością nie odnosiło się do niej, chociaż być może pasowało do zahukanych sekretarek. Ale nie miałem prawa potępiać tej kobiety. Podejrzewam, że po prostu odruchowo odgrywała się za wszystkie afronty i obelgi, które spotkały ją w życiu.

Rozmawialiśmy chwilę, ale się nie rozumieliśmy. Czuła się obrażona. Rzeczywiście odrobinę jej uchybiłem, zwiedziony pozorną niefrasobliwością południowców. W ogóle nie przyszło mi do głowy, że ktokolwiek może pomyśleć, iż roszczę sobie prawo do nieliczenia się z innymi dlatego, że jestem biały. Ale jestem też przekonany, że ta kobieta rzeczywiście chciała wymazać uśmiech z mojej twarzy intruza, ponieważ swoim spóźnieniem przywołałem lata sześćdziesiąte i ich niesprawiedliwość, która według niej trwa do dzisiaj.

– To paranoiczka, nienawidzi białych – powiedział mi później jej dobry znajomy. – Zawsze chce się pokłócić. Ale ja ani myślę jej prostować.

Tak czy inaczej ta przygoda była dobrą nauczką, że w przypadku niektórych osób stare rany się nie zabliźniły. Kobieta, którą wtedy spotkałem, uzmysławia, że Południe czasem okropnie wypacza ludzi.

Mary Hodge i pożar

Niektóre rany wcale nie są stare.

W Greensboro poznałem Mary Hodge, która oprowadziła mnie po mieście, pokazała mi bibliotekę, ratusz, kościoły. Mary Hodge, promienna kobieta w średnim wieku, ubrana w elegancki rudawy kostium i białą bluzkę, dumna z córki, która niedawno zrobiła dyplom na wydziale prawa, bardzo się starała przybliżyć mi Greensboro, ale gdy zapytałem o Klan, posmutniała i pokręciła głową.

– Oni ciągle są – powiedziała niemal szeptem. – W 1996 roku Ku Klux Klan spalił nasz kościół. Policja stwierdziła, że to wypadek, ale my wiedzieliśmy, że podpalenie. W gruncie rzeczy chodziło nie o nasz kościół, Rising Star Baptist, lecz o kościół pani Singleton. To Williams Chapel, do którego chodzili ważni ludzie. Niektórym nie podobało się, że kościół skupiał ważnych ludzi. Teraz już nie chodzą do tego kościoła.

– Nie przeprowadzono dochodzenia w sprawie pożaru? – zapytałem.

– Policja orzekła, że pożar spowodowało zwarcie instalacji, ale nikt w to nie wierzy. Ogień wybuchł o drugiej w nocy. Kościół stał pusty. Jak mogło się coś stać z elektryką? Później wyszło na jaw, że za podpaleniem stał Klan, ale wynajął obcych ludzi. Kierowca ciężarówki do przewozu ryb widział, jak uciekali.

– To straszne – powiedziałem. – I pewnie podkopało morale.

W obliczu takiego barbarzyństwa przychodziły mi do głowy tylko frazesy.

– Wcale nie – zaprzeczyła Mary Hodge i się uśmiechnęła. – Od razu zaczęli się zgłaszać chętni do pomocy w odbudowie kościoła, z naszego miasta, ze stanu, a nawet z Północy. Długi czas mieszkali u mnie. Wykonali wspaniałą pracę. Zacni ludzie. Nadal utrzymujemy kontakt.

Zapytałem, czy aresztowano podpalaczy.

– Policja nigdy nie wyjaśniła tej sprawy do końca – odparła Mary. – Mój mąż służył jako diakon w tym kościele. Twierdził, że to nie był wypadek.

Mary powiedziała mi jeszcze, że w 1996 roku w Alabamie przed podpaleniem ich kościoła spalono lub zdewastowano osiem innych. W 2008 roku „Harvard Magazine" przytaczał opinię działacza społecznego Tima McCarthy'ego, który powiedział: „Gdzie indziej panuje przeświadczenie, że palenie kościołów jest czymś, co się zdarzało dawno temu, może w czasach walki o prawa obywatelskie, ale raczej jeszcze wcześniej. Ale to wcale się nie skończyło. Co roku zostaje spalonych kilkadziesiąt kościołów". Spalenie kościoła jest ciosem w samo serce wspólnoty, ponieważ kościół to najważniejsze miejsce spotkań, szafarz pomocy duchowej i materialnej, organizator wydarzeń kulturalnych, źródło nadziei. Spalenie kościoła jest aktem przemocy, którego mieszkańcy stanów północnych nie mogą w pełni zrozumieć, nawet jeżeli działa tam wiele organizacji niosących pomoc kongregacjom dotkniętym tym barbarzyństwem.

Zbieranie orzechów pekanu

Mijając wysokie drzewa na skraju łąki, Mary Hodge i ja ujrzeliśmy kobietę półleżącą pod nimi w trawie. Odniosłem wrażenie, iż nie może wstać, więc zszedłem z drogi i zawołałem do niej.

Kobieta siedziała na ziemi, ale pochylona niezgrabnie na bok, a po chwili zauważyłem, że rozcapierzonymi palcami przeczesuje wolno trawy, ułożywszy nogi tak, jak gdyby odtwarzała w scenerii Południa słynny obraz Andrew Wyetha *Świat Krystyny*, albowiem w pewnej odległości majaczył wielki i zdawałoby się nieosiągalny dom. Na głowie miała przekrzywiony słomkowy kapelusz. Sprawiała wrażenie bezradnej czy zrozpaczonej, bezsensownie grzebiąc w trawie. Starsza biała kobieta siedząca w osobliwej pozie w szczerym polu to nie był powszedni obrazek w Greensboro.

– Mam nadzieję, że nic jej nie jest – powiedziała Mary.

– Witajcie! – zawołała starsza kobieta i zaczęliśmy rozmawiać. Nazywała się Doris Torbert i zbierała orzechy pekanu, które spadły na łąkę. Przesuwając się na pośladku po ziemi, obydwiema rękoma wygarniała orzechy z trawy. Spostrzegłem wiaderko, do którego je wrzucała.

– Jestem tu od rana – powiedziała. – Te drzewa posadziliśmy jakieś czterdzieści lat temu. Nie mam nikogo do pomocy, ale wcale nie potrzebuję. Zbieram orzechy dla przyjemności. Chociaż mogę też sprzedać je na targu, po siedemdziesiąt pięć centów za pół kilo.

– Są zbieraczki do tych orzechów – rzekła Mary, gestykulując, jak gdyby manipulowała tym urządzeniem.

– Mnie one na nic. Fred je ma w sklepie żelaznym. Twierdzi, że orzechy zbiera się nimi szybko, ale miałam dwie i mi nie pasowały. Wolę zbierać rękoma. No i taka metalowa zbieraczka kosztuje czterdzieści dolarów.

Nadal grzebała w trawie, od czasu do czasu podnosząc jedną rękę, żeby poprawić kapelusz od słońca.

– Rozłupcie państwo parę orzechów i skosztujcie. Zobaczycie, jakie są smaczne. Pekany to wspaniałe drzewa.

Pani Torbert odnosiła się do nas bardzo życzliwie. Widoczny w pewnej odległości duży dom z rzędem białych kolumn wzdłuż przestronnej werandy należał do niej.

– Ładny kawałek ziemi – powiedziała. – Mamy około czterdziestu hektarów.

Chociaż niczego jej nie brakowało, najwyraźniej nie chciała sobie odmawiać przyjemności buszowania w trawie w poszukiwaniu orzechów pekanu.

Greensboro: burmistrz Johnnie B. Washington

W małym, pozbawionym okna biurze, za biurkiem, na którym panował idealny porządek, ubrany w sportową wiatrówkę i czapkę baseballową – co wydawało się strojem urzędowym burmistrzów zapadłych miasteczek Południa – siedział pierwszy czarny burmistrz Greensboro Johnnie B. Washington, zwany przez miejscowych „JB". W tym stroju wyglądał raczej jak trener futbolistów niż polityk. Gestem poprosił, żebym usiadł, a potem zapytał, co chciałbym wiedzieć.

Słyszałem trochę plotek na jego temat. Burmistrzem został już w 2004 roku, ale urząd sprawował krótko. W burzliwej atmosferze powyborczej pojawiły się oskarżenia o fałszerstwa, a gdy zbadano głosy oddane listownie, wykryto podrobione podpisy i rozmazane stemple pocztowe. Grafolodzy zakwestionowali tyle głosów, że JB musiał złożyć urząd. W 2008 roku znowu zwyciężył w wyborach, tym razem uczciwie. Po siedemdziesiątce, wysoki, szczupły, o nieco indiańskiej twarzy po dziadku Czirokezie, śmiesznie, niczym żółw, kiwał głową, gdy zadawałem pytanie, jak gdybym powiedział średni dowcip. Na życie zarabiał jako właściciel wziętego zakładu pogrzebowego Washington & Paige Mortuary, mieszczącego się przy drodze numer 25, na skraju lasów na północny wschód od miasteczka. Swobodny, ale z odrobiną kurtuazji – krzepiącej ceremonialności przedsiębiorcy pogrzebowego – opowiadał mi o sytuacji Greensboro.

– Jesteśmy w Czarnym Pasie. Zarówno w mieście, jak i w całym hrabstwie Hale czarni stanowią sześćdziesiąt procent ludności – mówił. – Miasto dzieli się na trzy frakcje – uniósłszy rękę, zaczął wyliczać, prostując długie palce. – Czarne Greensboro. Białe Greensboro. I stara gwardia, też biali – zachichotał, skulił palce i mówił dalej. – Stara gwardia chce miasta pensjonatów i kiedy proponuję coś, co dźwignęłoby nas gospodarczo, centrum handlowe, Walmart albo inny duży sklep, natrafiam na opór. Nie chcą niczego takiego.

– Sądzi pan, że Walmart jest rozwiązaniem? – zapytałem.

– Stworzą miejsca pracy – odparł.

– Musi być jakieś inne rozwiązanie – powiedziałem, ponieważ Walmart zamordował, a nie ożywił wiele miasteczek na Południu. Skutki pojawienia się Walmartu widziałem w Brent. W tym czterotysięcznym miasteczku w hrabstwie Bibb, jakieś pięćdziesiąt kilometrów na północ od Greensboro, wyrosło monstrum supermarketu, który najpierw doprowadził do bankructwa większość miejscowych sklepów, a potem został zamknięty, zamieniając się w szare, walące się straszydło w środku miasta duchów. Dwa kilometry dalej bowiem otwarto o wiele większe Walmart Supercenter, które wyssało resztkę życia z Brent, a wygląda tak brzydko, że wydaje się tworem rakowatym, czym w pewnym sensie rzeczywiście jest. Dzisiaj w Brent prócz zaiste sowieckiego na oko Walmartu jedynym pracodawcą jest więzienie stanowe, Bibb County Correctional Facility. Na widok ruchliwego centrum handlowego można ulec złudzeniu, że Walmart rozwiąże nasze problemy, ale w rzeczywistości to jest potwór, który pożera wszystkie mniejsze firmy. A w końcu dzieje się to, czego na początku nie sposób sobie wyobrazić. Kiedy Walmart wyssie już wszystko, co jest do wyssania, po prostu się zamyka i miasto jest skończone.

Podzieliłem się tymi spostrzeżeniami z burmistrzem Washingtonem. Śmiesznie kiwnął głową w swój żółwi sposób.

– No tak, zostało tu jeszcze jakieś rolnictwo, bawełna, soja. Widział pan wieżę ciśnień? – zapytał. Widziałem. Widniał na niej wielki napis: SUM BOGACTWEM ALABAMY. – Rynek suma się kurczy, bo sprowadzają tanią rybę z Wietnamu. Nie da się z nią konkurować. Nasz sum jest hodowlany, mamy przetwórnię w Heartland, przy drodze numer 69. Kiedyś hodowano kurczaki. Massengale zamknął swoją ubojnię jeszcze w latach siedemdziesiątych. Przetwórnia Golden-Rod Broilers padła kilka lat temu. Nie wytrzymali konkurencji z prawdziwymi potentatami w tej branży.

Powiedziałem, że wszystko to brzmi naprawdę niewesoło.

– Miasto jest spolaryzowane, ale wielu białych mnie popiera, tyle że po cichu, żeby inni nie wiedzieli. Mieliśmy czarne i białe szkoły. Wschodni kampus liceum był czarny, a kampus zachodni biały. Połączono te szkoły. W rezultacie biali uciekli, posyłają dzieci do szkoły w Moundville, która jest bardziej biała.

– Kiedy to zrobiono?

– Cztery czy pięć lat temu, kiedy zarządzono integrację.

– Czy waszym głównym problemem jest gospodarka? – zapytałem.

– Pyta pan o nasze główne problemy? – powtórzył burmistrz Washington z uprzejmym uśmiechem. – A ile ma pan czasu na słuchanie? Mógłbym mówić dzień albo dwa. Brak dochodów, opór przeciwko zmianom, i tak dalej, i dalej. Ale powiem panu, że to piękne miasto.

I mnie się podobało. Domy, nawet zmumifikowane i łuszczące się, są naprawdę piękne. Tak samo jak wszędzie indziej na Południu wiele z nich to przedwojenne rezydencje, zbudowane z rozmachem i fantazją. Wiele kościołów, poczynając od ceglanej świątyni episkopalnej w centrum, po skromne, ale zadbane drewniane kaplice przy bocznych uliczkach. Spokojna staromodna Main Street, przy której nadal mają sklep żelazny, salon meblowy i sklepiki odzieżowe, chociaż wiele punktów handlowych zieje pustką, niszczeje i wymaga remontu.

Entuzjaści, dobre dusze

Niektóre sklepy i lokale w Greensboro odremontowała i przywróciła do życia instytucja wyższej użyteczności pod nazwą HERO, co się przekłada na Hale Empowerment and Revitalization Organization [Dzieło Aktywizacji i Odnowy Hrabstwa Hale]. Prawie że niezmienione architektonicznie od 1934 roku, kiedy upamiętniali je Agee i Walker, piękne w ów dostojny, właściwy szkieletom sposób, Greensboro walczy o przetrwanie. Kruchy powab staroci i niesamowity nastrój miejsca, w którym czas się zatrzymał, przyciąga dziesiątki entuzjastów i społeczników, działaczy z organizacji Cynthii Burton, architektów z Rural Studio na Uniwersytecie w Auburn, a także Project Horseshoe Farm, która wypisała na sztandarach „edukację, doradztwo i wspieranie inicjatyw gospodarczych" i w odnowionym lokalu przy Main Street prowadzi rodzaj domu kultury. HERO jest największą z tych organizacji, a jej posłannictwo najtrudniej zdefiniować, ponieważ obejmuje wszystkie wymiary życia Greensboro. Ogólnie biorąc, wszystkie te instytucje – których animatorzy to ludzie przyjezdni – dążą do ożywienia ducha społeczności lokalnej.

„Musi pan pogadać z Pam Dorr – mówiono mi nieraz w Greensboro. – Ona kieruje HERO. Jej ludzie wiele tutaj zmienili".

Kłopot polegał na tym, że Pam Dorr wyjechała – i nikt nie wiedział dokąd.

Spacerując Main Street, zaglądałem do wyremontowanych lokali, dawnych sklepików. W jednym otwarto sklep z artykułami używanymi, inny zamieniono na warsztat montujący rowery o ramach z bambusa uprawianego w okolicy, w jeszcze innym, umeblowanym jak szkolna klasa, ujrzałem kilka dorosłych osób i przeszło dwadzieścioro dzieci zajętych recytacją, a może próbą sztuki.

– Co tam się dzieje? – zapytałem pracownicę HERO, energiczną młodą kobietę, która wchodziła do pomieszczenia, gdzie odbywały się te zajęcia. Połowa dzieci stała i najwyraźniej czytała tekst z trzymanych w ręku kartek, reszta siedziała na krzesłach lub na podłodze. Kółko teatralne czy coś w tym rodzaju.

– To nasze popołudniowe zajęcia pozaszkolne – powiedziała młoda kobieta. – Teraz lepiej im nie przeszkadzać. Kiedy pan znowu u nas będzie?

Jakoś zawsze zakładano, że się po prostu wałęsam po stanach południowych, i w pewnym sensie rzeczywiście tak było, tyle że nie „po prostu".

– Myślę, że za kilka miesięcy.

– Może wtedy spotka pan Pam.

Uśmiechnąłem się, słysząc owo „może".

Tak, bardzo często zakładano, że wrócę. Doszedłem do wniosku, że południowcy najwyraźniej uważają, iż człowiek podróżujący po ich stronach, kimkolwiek jest, nie wytrzyma dłużej w jednym miejscu, więc krąży, zagląda to tu, to tam, i siłą rzeczy nieraz wraca tam, gdzie już był. Osobliwe, może nawet wewnętrznie sprzeczne założenie, wypływające bodaj z kompleksów, że Południe to prowincja, kraina nieciekawa, biedna, opisywana fałszywie, nierozumiana, ale dumna. Południe nie jest konwencjonalnym celem turystycznym, gdzie obcy znajdzie swoje miejsce, a podróżnik zabawi dłużej. Południe stoi w miejscu, a udaje, że płynie, mami powabami, które rozpalają ciekawość przybysza, ale choćby wracał nie wiedzieć ile razy, nie do pomyślenia jest, że w końcu zapuści korzenie. Nigdy nie ogarniemy złożoności tej krainy. Wszyscy, którzy tam przybywamy, jesteśmy jak przechodnie zaglądający przez szybę.

Lista uczestników konkursu w ramach zajęć pozaszkolnych w Horseshoe Farm

Zaglądając przez szybę do odremontowanego lokalu przy Main Street, ujrzałem wypisaną kredą na tablicy listę nazwisk dzieci uczestniczących w konkursie w Horseshoe Farm, która wydała mi się tekstem osobliwej pieśni.

DE KEVION JADEN
KEYONNA QUA-DARIUS
JAIMESA ANTONETTA
KIMBERLY COURTNEY
JAKIRA JAMIKHAEL
RASLYN DEMARKUS
DEMAIS TYRESHA
TRINITY CURTIS
LOGAN JONATHAN
TRAYMON DAJUAN
JOLANDRIA DAVID
TASHANTI DEVONTAE
TREVION KEONTAE
DE TYRICK NEKENDRICK
KESHAWN ARIANNA
SKILAH ALEXIA
KIAJIAN URIYAH
RONELL TIMIYAH
TITIANA QUINTARIO
JADA SELENA
SONIJA JARMEL

Kiedy stałem przy tamtym oknie i szeptem czytałem tę litanię nazwisk, przypomniały mi się rozmyślania nauczyciela, jednego z narratorów *The Black Book* [Czarna księga] Lawrence'a Durrella: „Olśniony, w ostatnim błysku zdolności rozumowania gorączkowo zadaję sobie pytanie, czy to amuzja, afazja, agrafia, aleksja czy abulia. Nic z tych rzeczy, tylko życie".

„Nasz Matlock"

Gdyśmy innego dnia spacerowali Main Street w Greensboro, Mary Hodge zauważyła mężczyznę przechodzącego przez ulicę.

– O, idzie nasz Matlock – powiedziała.

Rozczochrany mężczyzna z tekturową teczką pod pachą zmierzał do gmachu sądu, wspaniałego budynku z kolumnadą, jakie widuje się wszędzie na Południu, a które na ogół są jedyną majestatyczną budowlą w mieście, chociaż ów majestat prawie zawsze jest pamiątką i symbolem niesprawiedliwości.

Mężczyzna przystanął, żeby się przywitać. Chwilę porozmawialiśmy.

– Jak idą interesy? – zapytałem i otrzymałem zaskakująco długą odpowiedź.

– Świetnie – powiedział. – Ale nie dbam o pieniądze. O pieniądzach myślę tylko wtedy, kiedy mam dług. Spłacam go i znowu robię swoje. Bo co jeszcze można zrobić z pieniędzmi? Przychodzi do mnie facet i mówi: „Mam dla pana świetny interes. Pan wykłada pewną sumę, ja zajmę się resztą, a rzecz jest absolutnie pewna i dobrze pan zarobi. Co pan na to, mecenasie?". „Nie spodoba się panu to, co mam do powiedzenia – odpowiadam. – Furda, że mógłbym stracić te pieniądze, bo jeszcze gorsze byłoby to, gdybym dostał je z powrotem z wielkim zyskiem. Bo i cóż bym z nimi robił? Po prostu rozdałbym je". Rzeczywiście nie spodobała mu się moja odpowiedź. Kiedy umarł mój syn, miałem polisę na jego życie. Towarzystwo ubezpieczeniowe wypłaciło mi odszkodowanie. Grubszą forsę. Nie potrzebowałem jej. Rozdałem ją. Słyszycie? Rozdałem.

Powiedziawszy to, ruszył przez trawnik w stronę sądu, zaczesując palcami rozczochrane włosy, najwyraźniej zamyślony.

– To było tragiczne – powiedziała Mary. – Wypadek na wodzie.

Wielebny Eugene Lyles, fryzjer

Za rogiem uliczki odchodzącej od Main Street, w ceglanym budynku, który sam wybudował, mieści się zakład fryzjerski U Gene'a, prowadzony przez wielebnego Eugene'a Lylesa. Wielebny miał siedemdziesiąt dziewięć lat, ale wydawał się o wiele młodszy, zarówno pod względem fizycznym, jak i umysłowym. Czekając na klienta, siedział przy małym stoliku i czytał Biblię otwartą na Dziejach Apostolskich. Prócz zakładu fryzjerskiego wielebny Lyles ma własny kościół, Mars Hill Missionary Baptist Church, kawałek na południe od miasteczka. Obok zakładu fryzjerskiego mieści się należąca również do wielebnego jadłodajnia z tradycyjnym *soul food*, bezimienna, bo oznaczona jedynie szyldem głoszącym właśnie: JADŁODAJNIA.

Poprosiłem o strzyżenie. Założywszy stronicę wystrzępioną tasiemką, wielebny zamknął Biblię, podszedł do półki pod wielkim lustrem i z pojemnika z płynem dezynfekującym wyjął grzebień i nożyczki. Usiadłem na jednym z dwóch foteli fryzjerskich, a on zarzucił mi na ramiona pelerynkę.

– Już jako chłopiec kupiłem pierwszą maszynkę do strzyżenia – powiedział wielebny, odpowiadając na moje oczywiste pytanie. – Ostrzygłem brata. No, miałem dziewięciu braci i trzy siostry. Tak, tak, było nas czternaścioro. I matka. Zawsze kogoś strzygłem. Zakład otwarłem sześćdziesiąt lat temu i od tamtej pory stale strzygę. Mam też restaurację i kościół. No, nie narzekam na brak zajęcia.

– Proszę mi opowiedzieć o Greensboro – powiedziałem.

Zanim zaczął, westchnął głęboko. – Ludzie są tu dobrzy – powiedział. – Ale zasady białych są wrośnięte w *status quo*. Zawsze jakoś przekazują je dzieciom, wnukom i prawnukom. Słyszał pan o zasadzie „rozdzieleni, lecz równi"? To znaczy rozdzieleni i nierówni.

– Ale to już przeszłość, prawda?

– Szkoła jest nadal podzielona – powiedział, ciachając moje włosy. – Kiedy ją połączono, biali założyli nową, prywatną, Southern Academy. Mają przeszło stu uczniów, sami biali – roześmiał się, odłożył grzebień i nożyczki, ściągnął okulary i przetarł je chusteczką. – U nas historia żyje i ma się dobrze.

Usiadł w drugim fotelu.

– Mało tu pracy wymagającej kwalifikacji – rzekł. – Nikt już nie dzierżawi ziemi. Wojsko daleko, ale wielu chłopaków stąd idzie do wojska.

– Czy ktoś z pana rodziny został wojskowym?

– Mój brat Benny – odparł. – Trzech innych braci chodziło do białej szkoły. Pod koniec lat siedemdziesiątych. Nie było tam innych czarnych uczniów. Stało za nimi prawo, ale co z tego, skoro wszyscy byli przeciwko nim. Amos, Daniel i Frank, pierwsi czarni w białej szkole. Mieli ciężko. Walczyli na pięści. Białe chłopaki chciały ich zatłuc. Rzucały cegłami. Wyzywały. Moi bracia nie zamierzali puszczać tego płazem. Odpowiadali pięknym za nadobne.

Wielebny Lyles westchnął i wstał z fotela. Zaczął zamiatać włosy na podłodze u moich stóp, nie przestając mówić.

– Wtedy nie było czego się bać, a moim braciom nikt nie pomagał. Ani policja, ani nauczyciele, którzy trzymali z napastnikami.

– Pan przeszedł przez to samo?

– Jestem starszy. Chodziłem do czarnej szkoły. Wychowałem się na wsi, w Cedarville, dwadzieścia kilometrów od Greensboro. W tamtej okolicy mieszkało niewielu białych. Nie znałem nikogo białego. Biali mówią, że wszyscy czarni wyglądają tak samo, a w moich oczach wszyscy biali wyglądali tak samo. Z białymi zetknąłem się dopiero w latach sześćdziesiątych, po trzydziestce.

Powiedziałem mu, że na Północy wielu białych nie ma czarnych przyjaciół ani nawet nie zna nikogo czarnego. Zdziwiony rzekł, że pierwszy raz o tym słyszy, a potem wrócił do wspomnień z dzieciństwa.

– Większość ziemi w Cedarville należała do czarnych – powiedział, zaznaczając, że mówi o latach trzydziestych i czterdziestych. – Jeden gość, Tommy Ruffin, miał cztery tysiące hektarów. Uprawiał bawełnę i kukurydzę, zatrudniał robotników, zupełnie jak biali.

– Czy pana ojciec u niego pracował?

– Mój ojciec walczył w I wojnie światowej – odparł wielebny Lyles, w sobie właściwy sposób cedząc słowa. – Bo to było tak. Ojciec wyrwał się stąd w 1916, jak miał dwadzieścia lat. Pojechał do Wirginii, gdzie w 1917 zaciągnął się do wojska. Po wojnie pracował w kopalni węgla w zachodniej Wirginii. W 1930 wrócił i ożenił się, ale nadal pracował w kopalni. Czasem tylko przyjeżdżał. Dawał nam pieniądze. Zawsze coś miałem przy duszy. W końcu wrócił na dobre do hrabstwa Hale. Kupił kawałek ziemi. Biały nazwiskiem

Paul Cameron poradził mu, żeby nie sprzedawał ani skrawka białym. Sprzedaj czarnemu, powiedział, bo tylko w ten sposób czarny może stanąć na wsi na własnych nogach.

Kiedy podłoga została już zamieciona, grzebień i nożyczki odłożone, wielebny podszedł do mnie i obrócił fotel tak, że mogłem przejrzeć się w lustrze.

– I jak?

Poszliśmy do sąsiedniej jadłodajni. Zamówiłem pieczone kurczę, jarmuż, ryż i sos. Wielebny Lyles wziął to samo. Przyłączył się do nas jego młodszy brat Benny.

– Panie – złożywszy ręce, zamknąwszy oczy, zaczął wielebny dziękczynną modlitwę podniosłym tonem. Rozmyślałem o dostojeństwie tego mężczyzny, o szlachetności jego życia, uczciwości postępowania.

– Niechże pan szybko do nas wróci – powiedział po obiedzie. – Będziemy czekać na pana. Mam w zanadrzu kilka niewiarygodnych historii.

Klan w Filadelfii

Nieśpiesznie przemierzałem Czarny Pas na zachód, przez Demopolis w Alabamie, Meridian w Missisipi, przez Collinsville, gdzie w Piggly Wiggly kupiłem coś do picia, zakarbowałem w pamięci Chunky Duffee Road, dalej rozjazd w schludnym Tucker, by w końcu dotrzeć do Filadelfii, miejsca, o którym od dawna nieraz myślałem.

W czerwcu 1964 roku niedaleko od tego rolniczego miasteczka zgraja oprawców z miejscowego Ku Klux Klanu zamordowała trzech aktywistów ruchu obrońców praw obywatelskich. Odcinek drogi numer 19, którą jechałem, nosi imię Chaneya, Goodmana i Schwernera i upamiętnia ofiary owego linczu, którego dokonano w trakcie tak zwanego lata wolności, burzliwego okresu rejestrowania czarnych wyborców, gdy ustawicznie dochodziło do demonstracji, zamieszek i rozlewu krwi. W pewnym sensie przespałem ten tragiczny czas. Jadąc pół wieku później tą drogą, czułem się jak pokutny pątnik, który odbywa długo odkładaną pielgrzymkę, ponieważ tamtego lata przebywałem bardzo daleko stamtąd, w Niasie, gdzie szykowałem się do świętowania niepodległości Malawi.

Później Filadelfia zasłużyła na jeszcze jedną wzmiankę w przypisach do historii politycznej Stanów Zjednoczonych. Otóż w sierpniu 1980 roku na jarmarku hrabstwa Neshoba, który rokrocznie odbywa się opodal Filadelfii, zjawił się Ronald Reagan, żeby wygłosić inauguracyjne przemówienie kampanii, która wyniosła go na urząd prezydenta. Wydawałoby się, że zapadłe miasteczko w Missisipi, okryte jedynie posępną sławą miejsca okrutnego mordu popełnionego przez białych rasistów, jest ostatnim miejscem nadającym się do zainaugurowania skutecznej kampanii prezydenckiej.

Ale Reagan wybrał to miejsce właśnie dlatego. Dobrze wiedział, co robi, wygłaszając wyrachowane, przypochlebne przemówienie do tłumu uczestników prowincjonalnego święta i w ogóle do białych wyborców z Południa, żeby pokazać im wszystkim, po której stronie stoi w sporze o prawa obywatelskie. Otóż w sporze tym stał ramię w ramię z dobrą starą gwardią i z członkami Klanu.

Przemówienie zaczął od pokpiwania ze swojego konkurenta, Jimmy'ego Cartera, potem mówił o gospodarce, a w końcu doszedł do sedna. „Wierzę w samorządność stanów – oznajmił – i wierzę w naród, który powinien jak najwięcej spraw załatwiać na poziomie wspólnoty lokalnej i na poziomie prywatnym".

Następnie Reagan potępił władze federalne za ustanawianie zbyt wielu praw powszechnych, sprzecznych z wolą mieszkańców niektórych stanów. Przemawiając w miasteczku będącym główną siedzibą Ku Klux Klanu w Missisipi, mówił w istocie, że trzyma z nimi. Czynnik rasowy odegrał istotną rolę w wyborach w 1980 roku, które Reagan wygrał.

Jak po latach zauważył publicysta „New York Timesa" Bob Herbert, Reagan „wysłał czytelny sygnał". W dalszym ciągu artykułu Herbert przypominał, jak Reagan zarówno przed objęciem urzędu prezydenta, jak i po tym fakcie odnosił się do kwestii praw obywatelskich. „Sprzeciwiał się fundamentalnej ustawie o prawach obywatelskich z 1964 roku, w którym przecież bestialsko zamordowano Goodmana, Schwernera i Chaneya. Jako prezydent usiłował ograniczyć ustawę o prawach wyborczych z 1965 roku. Sprzeciwiał się ustanowieniu święta państwowego w dniu urodzin wielebnego doktora Martina Luthera Kinga. Próbował znieść federalny zakaz zwolnień podatkowych dla szkół praktykujących dyskryminację rasową. W 1988 roku zawetował ustawę poszerzającą zasięg federalnej legislacji w zakresie praw obywatelskich".

Podobnie jak wiele innych miasteczek w Missisipi Filadelfia ma stare, sypiące się centrum złożone z zaniedbanych uliczek, przy których stoją nieczynne, ale malownicze sklepy – stare miasto okolone obwodnicą, gdzie wyrosły centra handlowe, bary szybkiej obsługi, nieodzowny Walmart, lombardy i sklepy z bronią. Miasteczko jest stolicą hrabstwa, ale wygląda raczej nędznie, zwłaszcza w blasku słońca. W ten słoneczny dzień, który spędziłem, spacerując po jego ulicach, przekonałem się, że Filadelfia nadal jest kwaterą główną Klanu w Missisipi. Natknąłem się bowiem na siedzibę tej organizacji, gdzie rozprowadzano darmowe broszury.

„Prawdziwi Rycerze Ameryki, Rycerze Ku Klux Klanu, to organizacja aktywistów politycznych – przeczytałem w jednej z broszur. – Idziemy w ślady naszych przodków, którzy uczestniczyli w życiu politycznym. Członek Klanu ma obowiązek zarejestrować się na listach wyborców, uczestniczyć w kampanii i głosować na konserwatywnych kandydatów, którzy bronią interesów białych i którzy będą stawiać Amerykę na pierwszym miejscu i bronić granic naszego narodu". Na drugiej stronie czytałem: „My, Ku Klux Klan, od przeszło stu pięćdziesięciu lat walczymy o interesy białych chrześcijan. Jesteśmy najstarszą i najbardziej szanowaną organizacją obrońców praw obywatelskich białego człowieka ze wszystkich, jakie istnieją na świecie. Nie uznajemy kompromisów i dlatego jesteśmy organizacją, która nadal wzbudza strach".

To, że Ku Klux Klan wzbudza strach, jest faktem, to, że jest organizacją „najbardziej szanowaną", jest fałszem, ale nie miałem wątpliwości, że to organizacja agresywna i sądząc po zaopatrzeniu filadelfijskich sklepów z bronią, po zęby uzbrojona. Ale nie pojechałem tam, żeby kogokolwiek nawracać, tylko po to, żeby patrzeć i słuchać.

„Ku Klux Klan jest […] nie tylko ucieleśnieniem tradycji", pisał Frank Tannenbaum w *Darker Phases of the South* [Mroki Południa] (1924), wczesnym i subtelnym studium na temat impulsów utajonych w duszy Południa. Tannenbaum, urodzony w Austrii kryminolog, socjolog i profesor Uniwersytetu Columbia, był lewicowcem, który jako żołnierz armii amerykańskiej stacjonował na Południu i wnikliwie przyjrzał się Klanowi. „Klan wyraża głęboko zakorzeniony odruch społeczny, a mianowicie odruch użycia przemocy w celu obrony zagrożonej pozycji". Tannenbaum wyjaśnił zarówno atrakcyjność Klanu, jak i to, dlaczego Klan to zjawisko niebezpieczne: „Klan karmi się monotonią życia małomiasteczkowego i przydaje mu powszedniego dramatyzmu. Przemawia do człowieka, który wiedzie szary żywot, który jest nikim, i wzbudza w nim wiarę, że jest kimś ważnym. Daje mu cel, zamienia w szermierza wielkiej sprawy. Samo istnienie Ku Klux Klanu dowodzi uczuciowego infantylizmu. Klan nie byłby możliwy w społeczeństwie ludzi prowadzących pełne, ciekawe i urozmaicone życie".

Klan zrodził się w połowie XIX wieku nie wśród biedoty, lecz w kręgu białych plantatorów, którzy – jak w *Social Origins of the New South* [Źródła społeczne Nowego Południa] (1978) zauważa Jonathan M. Wiener – wykorzystywali terror i złowrogą sławę tej organizacji do utrzymywania w ryzach czarnych robotników i do „konserwowania społeczno-gospodarczego systemu Południa, który opierał się na ucisku". Inni historycy opisali późniejsze dzieje Klanu, który przez pewien czas był mało aktywny, ale odżył po I wojnie światowej, aby szybko rosnąć w siłę w latach dwudziestych, kiedy pojawił się nawet na Północy, w Illinois i Iowa, gdzie napłynęło wielu imigrantów, w tym zwłaszcza Włosi i Żydzi, których religie Klan uważał za zarodek zgnilizny.

Klan wpaja swoim członkom przeświadczenie, że jest ostoją ładu publicznego. Dzięki temu ideologia Klanu szerzyła się wśród białych wszystkich klas społecznych, a najbiedniejszym z nich, ludziom o bardzo ograniczonych możliwościach oddziaływania społecznego, obiecywała spełnienie „dziecinnych snów o potędze". Tannenbaum opisał podwójne życie członka Klanu, powszednią harówkę za dnia i fantastyczne przygody krzyżowca w nocy, atmosferę tajemnicy, powłóczyste szaty i tajemne obrzędy w blasku płonącego krzyża. „W dodatku wszystko to najwyraźniej sankcjonowało prawo do wtrącania się w życie innych".

W labiryncie rzek i strumieni na lesistych północnych obrzeżach Filadelfii leży rezerwat Czoktawów, który słynie z ośrodka turystycznego Pearl River, gdzie są dwa hotele i wielkie kasyno. Jako że wielu pracowników ośrodka to mieszkańcy rezerwatu, postanowiłem pojechać tam, żeby wypytać Czoktawów o ich ziemie i o to, czy ów turystyczny i hazardowy interes przynosi dobre owoce.

Właściwie bez zachęty z mojej strony jeden z pierwszych ludzi, z którymi tam rozmawiałem, chichocząc nerwowo, powiedział, że pobliska Filadelfia to „całkiem co innego".

– Całkiem co innego w dobrym sensie? – zapytałem.

– Całkiem co innego w sensie Klanu – odparł.

Był krzepkim Czoktawem po trzydziestce, o oliwkowej cerze i zaczesanych do tyłu ciemnych włosach. Pracował na średnim szczeblu kierowniczym w jednym z hoteli. Natknąłem się na niego w holu i zagadnąłem, jak trafić w interesujące mnie miejsca, a on udzielił mi wskazówek, a potem zapytał, skąd jestem. Odpowiedziałem i dodałem, że przyjechałem z Filadelfii, co sprowokowało go do wygłoszenia tej niejasnej uwagi na temat tego miasteczka. Omiótłszy wzrokiem otaczających nas ludzi, wyprowadził mnie na zewnątrz, gdzie nadal uważnie się rozglądał, chociaż cały czas się uśmiechał. Uśmiech nie schodził z jego twarzy, a gdy zaczął mówić, uśmiechał się jeszcze szerzej, jak gdyby stwarzał pozory na użytek wszystkich, którzy mogli widzieć, że ze mną rozmawia.

– Pełno ich tutaj – powiedział z tym wymuszonym uśmiechem przylepionym do twarzy. – Chodziłem z nimi do szkoły. Ciągle tutaj przyłażą.

– A więc pan wie, kim są.

– Wszyscy wiedzą – rzekł i zamilkł. Mijało nas trzech mężczyzn w starych ubraniach. Skinęli głowami, mile nas pozdrowili, jak to południowcy.

– Jedni z nich? – zapytałem.

– Niewykluczone – odparł, nadal się uśmiechając. – To wcale nie jest zabawne – westchnął. Teraz już wydawał się bardzo zdenerwowany, półprzytomny ze strachu. – Przepraszam, nie mogę dłużej z panem rozmawiać, ale przysięgam, że jest tak, jak panu powiedziałem.

Koniec świata na Gum Street

Larry Franey, mężczyzna około sześćdziesięcioletni, uzbrojony w niklowanego kolta o perłowej kolbie, który wystawał mu z kabury przy biodrze, najwyraźniej czymś zgnębiony stał oparty o słupek werandy przy Gum Street w Filadelfii. Przechodząc, przywitałem się. Przez chwilę pogadaliśmy o broni. Potem powiedział, co go dręczy.

– Myślę, że te wybory to początek apokalipsy, spełnienia się proroctwa świętego Jana – rzekł, mając na myśli wybory prezydenckie, do których zostało dwa tygodnie. – Tak samo jak poprzednie. Myślę, że nadciąga coś złego. Myślę, że za Obamą stoi Bóg, że wyniósł go na urząd, żeby dać znak, że koniec jest bliski. Czekają nas ucisk i udręka. Jeszcze się tego nie widzi, ale to już się dzieje. To jak bardzo długi szereg kostek domina, które wkrótce zaczną się przewracać, i wtedy zobaczymy, jak nadciąga zagłada. Jesteśmy świadkami końca, jak mówi Apokalipsa. Dzieje się to spokojnie, ujrzymy znamię Bestii, nastanie jeden, wspólny świat, jak mówi Pismo. Do tego wszystko zmierza. Chiny zażądają oddania długu, wszystkiego, co jesteśmy im winni, i wtedy to już będzie prawdziwy koniec. Staniemy się krajem Trzeciego Świata, a jedynym prawdziwym państwem na świecie będą Chiny, jak prorokuje Apokalipsa. Będziemy skończeni. To będzie koniec.

– Święty Jan wymienia Chiny, Larry?

– „I pokłon oddali Smokowi – zacytował Larry – bo władzę dał Bestii. I Bestii pokłon oddali, mówiąc: »Któż jest podobny do Bestii i któż potrafi rozpocząć z nią walkę?«" *.

– Smok to Chiny?

– Pan to powiedział – rzekł Larry i oparł prawą rękę na kolbie kolta. – Znam takich, co gromadzą broń i żywność, złoto i wodę, i wszystko potrzebne. Ale nic im to nie da. Będziemy bez szans.

Bankowe pustynie

Zostałem na noc w hotelu z kasynem w rezerwacie Czoktawów, a nazajutrz pojechałem przez Carthage do Jackson, gdzie dotarłem akurat na lunch umówiony z gronem osób zajmujących się rozwojem mieszkalnictwa.

W Jackson, mieście czarnych paradoksów, ucieczki białych, przytłaczającej wspaniałości, nieodzownego getta w śródmieściu i bocznych uliczek pięknych domów, ludzie zajmujący się rozwojem mieszkalnictwa zachęcali mnie do przyjrzenia się Delcie, gdzie starali się tworzyć stabilność finansową.

– W Delcie i w wielu innych regionach mamy pustynie bankowe – powiedział Bill Bynum, dyrektor generalny Hope Credit Union [Kasa Pożyczkowa Nadzieja]. – Społeczności pozbawione jakichkolwiek instytucji finansowych. Wszystko to się zamknęło, zbankrutowało, uciekło. Kupujemy niektóre z nich i próbujemy przywracać życie tym społecznościom.

Jeszcze nigdy nie słyszałem o „pustyniach bankowych", nawet w biednych krajach. W miasteczkach Ugandy czy Kenii zawsze jest jakiś Barclays, National albo Grindlays. W niektórych nadzwyczaj nędznie wyglądających miastach w Indiach działa kilka banków lub kas pożyczkowych. Banki widziałem na skraju plantacji trzciny w Fidżi, w wiejskich miasteczkach Wietnamu i w uprawiających ryż wioskach Tajlandii. Wiadomość, że w Stanach Zjednoczonych są regiony – jak choćby wiejskie obszary

* Ap 13, 4.

Missisipi, Arkansas i Luizjany – skąd banki się wyniosły, kompletnie mnie zaskoczyła.

Hope Credit Union od osiemnastu lat stara się poprawiać sytuację ludzi bez dostępu do instytucji finansowych. Ze źródeł prywatnych i rządowych zebrała pokaźny fundusz. Ale to kapitał obrotowy. Żeby osiągnąć stabilizację, potrzebowali go podwoić i kiedy się z nimi spotkałem, zabiegali o zebranie dwudziestu milionów dolarów.

– Na przykład ludzie potrzebują kredytu na samochód i nie mogą go dostać – mówił Bynum. – Jeżeli na wsi w Arkansas czy w ogóle w Delcie człowiek nie ma samochodu, to jest bez szans. Nie może się ruszyć, nie może pracować, klepie biedę. Dlatego niektóre społeczności są przegrane na starcie.

Missisipi przoduje w Stanach Zjednoczonych pod względem odsetka ludności bez rachunku bankowego. Nawet jeżeli jest bank, ludzie się go boją.

– Biedny człowiek nie czuje się mile widziany w banku – tłumaczył Bynum. – Samo wejście do banku go przeraża. Czuje się odrzucony i onieśmielony.

– Czy to w ogóle można zmienić? – zapytałem.

– Hope Credit Union to rozumie i się stara – odparł. – W Utice zamykano bank. Miał dwadzieścia trzy oddziały. Kupiliśmy je i zamieniliśmy w nasze odziały. Skupiamy się na inicjatywach gospodarczych i nabywcach pierwszego mieszkania. Rocznie udzielamy około dwustu kredytów hipotecznych.

Dodał, że trzydzieści procent ich klientów nigdy przedtem nie miało rachunku bankowego.

– Przywiozłem z Memphis Cyrusa Amir-Mokriego, zastępcę sekretarza skarbu – mówił Bynum. – Pokazałem mu Tunicę, Mount Bayou, Clarksdale i Uticę. Pokazałem Deltę. Po prostu siedział i patrzył zasmucony. Powiedział, że nigdy by nie uwierzył, iż takie warunki istnieją w Stanach Zjednoczonych.

– Dlatego też nie ma sensu, żebyśmy panu opowiadali, że trzydzieści procent mieszkańców Utiki żyje poniżej progu ubóstwa – wtrącił jeden z innych uczestników naszego spotkania. – Trzeba samemu to zobaczyć.

Jarmark broni w Natchez

Pojechałem bocznymi drogami przez miasteczka Lorman i Fayette, pośród sosnowych lasów i mokradeł. Mijałem chaty, szkołę, przed którą powiewała flaga Konfederacji, a w pewnym miejscu na przestrzeni kilku kilometrów na przydrożnych drzewach wisiały tablice z przestrogami zaczerpniętymi z Biblii: „Przygotuj się, by stawić się przed Bogiem twym! – Am 4, 12", „Kto wytrwa do końca, ten będzie zbawiony – Mk 13, 13", „Czyńcie pokutę! * – Mk 6, 12". W końcu dotarłem do ślicznego miasta Natchez.

Natchez jest pięknie położone na skarpie ponad szeroką brązową Missisipi, skąd rozciąga się widok na leżące na niższym drugim brzegu miasto Vidalia i ścielące się bawełniane pola Luizjany. Właśnie w Natchez pierwszy raz w trakcie tej podróży ujrzałem Missisipi. Chociaż nie jest to już tak ruchliwy szlak wodny jak kiedyś, na widok tej wielkiej, mulistej, wolno toczącej swe wody rzeki każdy Amerykanin odczuwa wzruszenie, tak samo jak Hindus na widok Gangesu, Chińczyk wobec Jangcy, Egipcjanin na brzegu Nilu, Afrykanin na widok Zambezi, Nowogwinejczyk na widok Sepik, Brazylijczyk wobec Amazonki, Anglik na widok Tamizy, mieszkaniec Quebecu wobec Rzeki Świętego Wawrzyńca lub ktokolwiek inny na brzegu rzeki płynącej u jego stóp. Wymieniam te rzeki, ponieważ je widziałem i opisywałem, ale jako obcy, zaledwie romantyczny podglądacz. Rzeka to widzialna historia, karmicielka narodu.

Czuję się o wiele głębiej związany ze swoimi rzekami, Mystic River w Medford, wlewającą się tajemniczo do Zatoki Bostońskiej i morza, które rodziło we mnie marzenia o podróży i w końcu sprawiło, że opuściłem rodzinne miasto. Niemniej Missisipi ma dla mnie ogromne znaczenie jako symbol, jako matka odkryć i źródło inspiracji literackich. To „wielki brunatny bóg" † Eliota z poematu *The Dry Salvages*, „wielka droga wodna", która umożliwiła

* W oryginale *repent*. W angielskim Nowym Testamencie odpowiedni wers brzmi: „They went out and preached that people should repent". W Biblii Tysiąclecia czytamy: „Oni więc wyszli i wzywali do nawrócenia".

† T. S. Eliot, *The Dry Salvages* [w:] tegoż, *W moim początku jest mój kres*, przeł. A. Pomorski, Warszawa 2007, s. 292.

Lewisowi i Clarkowi podróż na północny zachód, militarny szlak transportowy żołnierzy Unii, dzięki któremu oskrzydlili konfederatów i oblegali ich miasta, rzeka Hucka Finna, który postanawia „zwiać do puszczy wcześniej niż Jim i Tomek"*, obietnica wolności i główna arteria naszego kraju, a także symbol wiary w siebie, zgodnie z deklaracją Eliota, poety z Saint Louis, który oświadczył: „rzeka jest w nas"†.

Historia tej rzeki jest zaiste metaforą Południa. Poziom opada, ruch słabnie, nabrzeżny handel zamiera, nadrzeczne miasta i wioski walczą o przetrwanie. Ostatnie tchnienie przedsiębiorczości reprezentują rozwiązłe hoteliki i kasyna na wodzie, hazard na statkach, które nie miałyby szans na morzu i kotwiczą w mule miast takich jak Natchez.

Natchez było kiedyś bastionem francuskim, Fort Rosalie, zbudowanym rękoma zniewolonych Naczezów, których Francuzi podbili w 1716 roku. Trzynaście lat później Naczezi wzniecili wielkie powstanie, zdobyli fort i odzyskali panowanie nad swoim terytorium. Wkrótce jednak Francuzi z pomocą wiernych im Czoktawów wzięli odwet tak srogi, że Naczezi zostali niemal do nogi wybici. W połowie XVIII wieku miastu nadano nazwę upamiętniającą to indiańskie plemię i jest to jedyny ślad po nim‡.

Dzisiaj Natchez to nieduże, doskonale zachowane zabytkowe miasto, ponieważ w odróżnieniu od uparcie broniącego się Vicksburga poddało się wojskom unionistów i nie zostało spalone. Prawdziwa skarbnica historii, tradycji związanych z rzeką, cudów architektury – suto zdobionych rezydencji, historycznych budowli, kościołów, nastrojowych pasaży handlowych, śródmiejskich uliczek pełnych restauracji. Ale takie współczesne atrakcje miejskie w ogóle mnie nie interesowały. Zgadzam się bowiem z Charlesem Sheltonem Aikenem, który w książce na temat Faulknera i pejzaży Południa zauważył przenikliwie, że „jednym z najwspanialszych

* M. Twain, *Przygody Hucka*, przeł. K. Tarnowska, Warszawa 1974, s. 415.

† T. S. Eliot, *The Dry Salvages*, dz. cyt., s. 293.

‡ Sami Naczezi nie określali się tym mianem, lecz zwali Théocloel, czyli ludem Thé, boskiego protoplasty plemienia [przyp. aut.].

artefaktów Nowego Południa jest mitologia Starego Południa". Rzekoma piękna epoka to w rzeczywistości kilka dziesięcioleci przeistoczonych magią irracjonalnej nostalgii.

Tak jak przedtem w Charleston w Karolinie Południowej, tak też w Natchez najbardziej interesował mnie jarmark broni, którego reklamę widziałem tydzień wcześniej. W tamten weekend było to główne wydarzenie kulturalne w Natchez, a odbywało się ono w centrum konferencyjnym w sercu miasta, budowli zarówno wspanialszej, jak i większej od hali wystawowej w Charleston. Taki sam regulamin. Bilet wstępu dla osoby dorosłej kosztował osiem dolarów, dla dziecka w wieku od sześciu do dziesięciu lat – dolara. Zakaz wnoszenia naładowanej broni, ale rozładowaną i zabezpieczoną plastikową opaską można nosić bez przeszkód.

– W Missisipi jest najlepsze prawo dotyczące broni – powiedział do mnie pewien mężczyzna, wkrótce po tym jak wszedłem na jarmark. Spotkałem go przy straganie z kawą i pączkami. – Możesz pan wyjść z nabitą spluwą z domu. Możesz pan mieć nabitą spluwę w samochodzie. Czego chcieć więcej?

– Był pan kiedy w Arizonie? – zapytał inny mężczyzna. Brodę i ogrodniczki miał oprószone cukrem pudrem z pączka, który trzymał przy ustach. – Wchodzę ci ja do sklepu z bronią. „Chce pan kupić spluwę?", pyta sprzedawca. Przy gablocie z bronią stoi gliniarz z policji stanowej. „Jeżeli nie ma pan spluwy, mogę panu kupić", mówi. Niezłe, co?!

Jarmark w Natchez wyglądał niemal identycznie jak ten w Charleston i inne, które widziałem później w Southaven, w Laurel, w Jackson. Na większości tych imprez spotykałem tych samych ludzi, a więc choćby niemożliwie grubego faceta od amunicji, który siedział pośród skrzynek i pudełek; gościa z Hot Coffee, wytwórcę ręcznie robionych noży; facetów z firmy Taser, która produkuje paralizatory; gościa od pamiątek nazistowskich, który pochodził z Nowej Zelandii, a mieszkał w sercu Missisipi; leciwego brodacza handlującego wytwarzanymi przez siebie wszelkiego rodzaju skórzanymi kaburami i olstrami, który na jakimś jarmarku powiedział mi, że zawsze wozi ze sobą piętnaście ulubionych sztuk broni („To jest mój bock, a to dziewięciomilimetrowa beretta"), a na innym powiedział: „Oto Sędzia. Kaliber czterdzieści pięć. Świetny na węże. W mojej okolicy roi się od mokasynów".

Niektórych nie stać było na wynajęcie stoiska, więc spacerowali w przejściach, a że nosili broń w taki sposób, żeby ją zademonstrować innym, wyglądali jak myśliwi, chociaż polowali tylko na klienta.

– Mogę go obejrzeć?

– Jasne. Niech pan się przymierzy. Ale ostrożnie. Ma spust jednooporowy. Tutaj nie wolno próbować nawet na sucho.

Jeden z takich krążących sprzedawców miał ładnego, zrobionego z drewna i stali nierdzewnej rugera mini 14 kaliber 5,56 milimetra ze składaną kolbą, tego rodzaju automat, jakiego na filmach używają snajperzy i spiskowcy uczestniczący w zamachach wymierzonych w złowrogich dyktatorów.

– Moje kochanie – powiedział czule właściciel rugera, podając mi go. – Nie chcę się z nim rozstawać, ale muszę. Elegancki i niezawodny. Jeszcze sprzed zakazu. Już ich nie produkują i pewnie nigdy nie będą.

– Wygląda bardzo solidnie.

– Cudeńko. Niewiele tutaj ich mają, a żaden nie jest tak ładny. Tysiąc dwieście i należy do pana. Transakcja prywatna. Tylko niech pan dba o moje kochanie.

Zważyłem karabinek w rękach. Połyskiwał niczym wyszukana rzeźba. Nie jestem miłośnikiem broni, ale w czasach skautowskich w Medford miałem mossberga kaliber 5,56 milimetra, a chociaż nigdy nie zabiłem dla sportu żadnego zwierzęcia, od tamtego czasu zawsze był u mnie jakiś karabin służący do strzelania do celu. Ów ruger kusił mnie tak bardzo, że poczułem pewną wspólnotę z jego właścicielem.

– Nawiasem mówiąc, jestem z Massachusetts.

Momentalnie zrzedła mu mina. Mocnymi rękoma zabrał mi karabinek i złożył kolbę, tak że broń przybrała wygląd długiego pistoletu.

– Szkoda, że pan to powiedział.

– Och, trudno.

– Skąd mogę wiedzieć, że mnie pan nie wrabia?

– Ręczę, że nie.

– Hm, ale nie jest pan stąd.

– Fakt. Jestem z Północy, podróżuję.

– A tu roi się od urzędasów! – zawołał, zwracając się do otaczających nas ludzi, którzy przyglądali się, jak manipuluję karabinkiem. – Chcą nas wszystkich przyskrzynić i pozamykać!

Odchodząc, usłyszałem, że burknął:

– Niech to szlag trafi – zapewne nie tyle pod moim adresem, ile w odniesieniu do przepisów, władzy w ogóle, sprawdzania przeszłości nabywców broni, w odniesieniu do inspektorów, przeżuwaczy papieru, rządu, Jankesów.

Wtedy zrozumiałem nastrój panujący na jarmarkach broni. Nie wynikał on z zamiłowania do broni, amunicji, noży. Nie wiązał się z chęcią wpakowania kulki wrogowi. Ten nastrój przejawiał się w sposobie chodzenia i mówienia uczestników jarmarku, mężczyzn, którzy najwyraźniej czuli się zaszczuci, spętani, przyparci do muru. Od kiedy się tak czują? Pomyślałem, że od dawna, prawie od zarania Południa, bo nieustannie mówili o wojnie secesyjnej, najwyraźniej udręczeni wszystkim, co się wydarzyło później, i uporczywym wspomnieniem o klęsce.

Uczestnicy jarmarków broni zachowują się tak, jak gdyby wojna secesyjna skończyła się wczoraj. Najwyraźniej w ten sposób oddziałuje klęska, nigdy nie przestaje boleć, a gorycz upokorzenia nigdy nie ustępuje. Bywa, że ludzie zranieni w dzieciństwie do końca życia noszą zadrę w sercu. Z punktu widzenia tych południowców, ludzi uprzedzonych do obcych, wszelkiej maści pyszałków i kombinatorów z Północy, a jeszcze bardziej do takich, którzy nie pamiętają o upokorzeniu związanym z wojną secesyjną, zwycięstwo ruchu na rzecz praw obywatelskich oznaczało następną klęskę. Klęską są również: zmierzch plantacji, pojawienie się oportunistycznych polityków, przenoszenie produkcji za granicę, trudności farm hodowli suma, upadek rzemiosła i w rezultacie opłakany stan gospodarki, wysokie bezrobocie, niskie płace i bieda, która sprawia, że wielu idzie na jarmark broni po to, żeby popatrzeć i pomarzyć o porządnej spluwie, na którą nigdy nie będzie ich stać, a którą uważają za rękojmię bezpieczeństwa i symbol niezależności.

Długie pasmo klęsk, a w tle, niczym przyczajony złowrogi i nieubłagany drapieżca, rząd federalny. „Zawzięli się, żeby nam to wszystko zabrać" – stwierdził jeden ze sprzedawców na jarmarku broni w Charleston. Zawzięli się, żeby zabrać południowcom ostatni atrybut męskości. Ale nie wyczuwałem ducha oporu, lecz nastrój bezsilnej urazy i złości ludzi przeświadczonych, że stali się igraszką sił, na które nie mają wpływu. Jarmark broni był jedynym miejscem, gdzie mogli poczuć się sobą, niczym w pozbawionym okien salonie elitarnego klubu. Mimo to panowała duszna atmosfera urazy, żalu, podejrzliwości i słabości. Miłośnicy broni, chociaż nadrabiali miną, sprawiali wrażenie ludzi od dawna tłamszonych przez obcych i przymuszanych do przestrzegania praw, których nie uznają, które przysparzają tylko problemów wymagających ustanawiania następnych durnych praw i które stawiają ich świat na głowie.

Sens jarmarku broni na Południu tylko powierzchownie wiąże się z orężem i z obnoszeniem się z bronią. Dotyczy on poczucia własnej wartości mężczyzn, głównie białych, którzy nadal są panującą grupą etniczną w tej krainie, lecz noszą w sercu zadrę żalu (będącego „rdzeniem tożsamości mieszkańców Południa", jak przenikliwie zauważył pewien historyk), czują się pokonani i nadal prześladowani przez podstępne obce moce. Jarmark broni to symboliczny ostatni szaniec tych mężczyzn.

Pani Robin Scott: „Żeby ratować moje dzieci"

Wszyscy wiemy, że ludzie uciekają z Południa na Północ. Ale zdarzają się też ucieczki odwrotne. Spotykałem ludzi, którzy uciekli z Północy na Południe, ponieważ pragnęli bezpieczeństwa, spokoju, tradycji, a czasem po prostu wracali do rodziny albo udawali się na wymarzoną emeryturę.

– Pochodzę z Detroit – powiedział mi w Missisipi pewien kelner, którego spotkałem przed restauracją, gdy wyszedł na krótką przerwę. – Zabili tam mojego ojca. Miał sklepik z alkoholem pod nazwą Pavilion. Napadł na niego jakiś zbir, żeby go obrabować. Kiedy ojciec oddał mu wszystkie pieniądze, zbir postrzelił go w nogę i trafił w tętnicę udową. Ojciec jakoś wsiadł do samochodu i chciał jechać do szpitala, ale po drodze się wykrwawił. To całkiem załamało moją matkę, więc przywiozłem ją tutaj, do krewnych. Tutaj jest lepiej niż w Detroit, bezpieczniej, spokojniej, a samopoczucie matki poprawia się z każdym dniem. Chyba już nigdy nie wrócę na Północ.

Podobną historię usłyszałem w pralni samoobsługowej w Natchez, gdy robiłem cotygodniowe pranie. Kompetentna i życzliwa kierowniczka rozmieniła kilka banknotów na ćwierćdolarówki do maszyn i sprzedała mi kubek proszku, a gdyśmy zaczęli rozmawiać, bez szczególnych zachęt z mojej strony opowiedziała o sobie.

Nazywała się Robin Scott, miała jakieś pięćdziesiąt pięć lat. Dzielna kobieta o silnym instynkcie macierzyńskim.

– Przyjechałam tutaj z Chicago – opowiadała – żeby ratować moje dzieci. Bałam się, że zastrzelą je bandyci. W Chicago jest tyle gangów ulicznych, Latin Kings [Latynoscy Królowie], La Raza [Czysta Rasa], Latin Eagles [Latynoskie Orły], Popes [Protecting Our People Eliminating Spics – Obrońcy Swoich Kaci Meksów], Folk Nation [Prości Ludzie] i jeszcze inne. Mieszkałam w dzielnicy Garfield i dawniej było tam spokojnie, ale pod koniec lat osiemdziesiątych i na początku lat dziewięćdziesiątych gangi Four Corner [Four Corner Hustlers – Kanciarze z Czterech Stron Świata] i Black Gangsters [Czarni Gangsterzy] weszły w crack i heroinę. Sami brali te narkotyki, handlowali nimi i bili się o rynki. Co rusz dochodziło do strzelaniny. Nie mogłam czekać, aż zabiją mi dzieci.

– Powiedziałam sobie, że muszę się stamtąd zabrać. Wymówiłam więc pracę, pożyczyłam furgonetkę do przeprowadzek i pojechałam na Południe, gdzie mam rodzinę. Zawsze miałam rodzinę na Południu. W czasach mojego dzieciństwa spędzonego w Chicago odwiedzaliśmy rodzinę w Karolinie Północnej, niedaleko Rocky Mount w hrabstwie Halifax.

W trakcie tej podróży bywałem już w Rocky Mount, ładnym mieście niedaleko Raleigh, przy autostradzie międzystanowej numer 95, gdzie zatrzymywałem się, żeby coś zjeść. Nawiasem mówiąc, to rodzinne miasto Theloniousa Monka.

– Mile wspominałam Rocky Mount – ciągnęła Robin. – Pamiętałam je jako prawie wieś, takie inne od ulic Chicago. Matka miała też dużo krewnych tutaj, w Natchez. Wiedziałam więc, że na Południu uratuję dzieci. Najpierw brałam każdą robotę. Pracowałam w kasynie jako krupierka blackjacka, ale zachorowałam na gościec. To choroba autoimmunologiczna. Zaatakowała ręce, stawy, ledwo chodziłam. Zniszczyła też moje małżeństwo. Mąż wprost powiedział, że nie chce żyć z kaleką, i mnie zostawił. Antybiotyki strasznie mi szkodzą, więc po prostu nie wolno mi chorować. Mimo wszystko pracowałam, jakoś wyszłam z gośćca i wychowałam dzieci. Mam dwie córki, Melody i Courtney. Courtney pracuje w dyrekcji banku. Mam też trzech synów. Najstarszy, Anthony, został elektrykiem. Bliźniacy, Robert i Joseph, mają dwadzieścia jeden lat i studiują na Uniwersytecie Południowego Missisipi. Jestem dumna z dzieci. Bliźniacy dawniej rozmawiali ze sobą przez sen! Natchez to przyjazne miasto. Naprawdę się cieszę, że tu przyjechałam. Nie było łatwo. Nadal nie jest, bo brakuje pracy, ale daję radę. Właściciel tej pralni to dobry człowiek. Mam tutaj wielu krewnych. Moja babka nazywała się Christmas, Mary Christmas. Jej brat miał na imię Joseph. Babkę nazywaliśmy Wielką Mamcią, a dziadka Wielkim Papciem. Na filmie *Dom Wielkiej Mamci* * śmiałam się do łez. Mary Christmas urodziła się na plantacji koło Sibley, w rodzinie połowników. Dziadek nazywał się Jesse James Christmas. Już umarł, ale póki żył, nieraz dostawał pocztę przeznaczoną dla faceta z Vidalii na drugim brzegu rzeki, który też się nazywał Jesse James Christmas. Dziadek zbierał te listy, a potem szedł przez most i oddawał je właściwemu adresatowi. Ten drugi Jesse James Christmas był biały.

Wspomniałem o *Światłości w sierpniu* Faulknera, o Joem Christmasie i o tym, jak wydumane wydawało mi się zawsze to symboliczne nazwisko. Pokrótce streściłem powieść na użytek Robin i powiedziałem jej, że tajemniczy Joe Christmas, sierota i przemytnik, który ma domieszkę murzyńskiej krwi, wygląda jak biały.

W powieści Faulknera brygadzista w tartaku w Jefferson powiada o tym obcym: „On się nazywa Christmas".

* Film *Big Momma's House* wyświetlano w Polsce pod tytułem *Agent* XXL.

– Nazywa się jak? – zapytał ktoś.

– Christmas.

– Czy to cudzoziemiec?

– Czy słyszeliście kiedykolwiek o białym człowieku, który by nosił nazwisko Christmas?

– Nigdy nie słyszałem o żadnym człowieku, który by nosił takie nazwisko – powiedział tamten.

Po raz pierwszy, odkąd sięgała jego pamięć, Byron pomyślał wtedy, jak bardzo nazwisko człowieka, które powinno być przecież tylko dźwiękiem oznaczającym jego osobę, może stać się zapowiedzią tego, co on uczyni – jeśli tylko innym ludziom uda się na czas odczytać jego znaczenie *.

Zanim podjąłem opowieść o Lenie Grove, jej dziecku i tematyce chrześcijańskiej, Robin oznajmiła:

– Joe Christmas to mój wujek. Ma dziewięćdziesiąt dwa lata. Mieszka w domu opieki w Natchez. To pospolite nazwisko w tych stronach.

Delta: okrągły stół

W swojej niewiedzy sądziłem, że Delta to po prostu nisko położone estuarium Missisipi rozciągające się na południe od Nowego Orleanu. Ale nic bardziej mylnego. Delta bowiem to wielki aluwialny obszar ciągnący się na północ od nadrzecznych błot w Luizjanie, tereny zalewowe na północ od Natchez, niezwykle płaska nizina za Vicksburgiem, prawie cały zachodni kawał stanu Missisipi aż po Memphis, ograniczony od wschodu rzeką Yazoo. Delta to również konkretna trasa, a mianowicie droga numer 61.

Jadąc tą drogą, znowu przez Fayette i Lorman, przemknąłem przez Port Gibson, miasto szczycące się tym, że przynajmniej jedna ulica „wygląda w zasadzie tak samo jak w 1863 roku", co dotyczy

* W. Faulkner, *Światłość w sierpniu*, przeł. M. Słomczyński, Warszawa 1975, s. 44, 45.

również wielu budowli, ponieważ generał Grant oszczędził miasto, powiadając, że „jest zbyt piękne, żeby je spalić". Inaczej stało się z położonym kawałek dalej na północ Vicksburgiem, który tak samo jak Natchez wznosi się na skarpie, ale w odróżnieniu od niego był oblegany przez unionistów i przez czterdzieści dni bombardowany z barek stojących na rzece. Co gorsza, oblężenie zakończyło się kapitulacją miasta, upokarzającą klęską konfederatów.

Pamięć o tym jest ciągle żywa. W restauracji Walnut Hills w Vicksburgu, przysiadłszy się do ośmiorga nieznajomych, zjadłem lunch przy okrągłym, niby rodzinnym stole. Każdy mógł usiąść przy tym stole i posilić się w gronie już to znajomych, już to obcych. Mieszcząca się w parterowym budynku przy bocznej uliczce restauracja Walnut Hills słynie z domowej kuchni. Witając się, powiedziałem, skąd pochodzę.

– Proszę bardzo – rzekł jeden z mężczyzn, zapraszając mnie do stołu, natomiast starsza kobieta mruknęła z urazą:

– Wie pan, coście nam zrobili?

Bolesne wspomnienie stało się asumptem do przytyków. Pozostali goście przy stole, wszyscy miejscowi, przeważnie nieznający się ze sobą, ale gwarzący przyjaźnie, zamilkli, czekając, co odpowiem. Wiedzieli, że kobieta nawiązała do długiego oblężenia Vicksburga przez unionistów w 1864 roku.

Przedtem zwiedziłem już miasto, widziałem piękne przedwojenne domy i ślady wojny. Wiedziałem, że lwią część Vicksburga obrócono w pole bitwy, opowiadano mi o cierpieniach. „Całe to miasto jest grobem", oznajmia Natasha Trethewey w napisanym po wizycie w Vicksburgu wierszu *Pilgrimage* [Pielgrzymka]. Nie mogłem więc zbagatelizować tego przytyku. Mówiąc tak, jak gdybym zwracał się do rozżalonego dziecka, rzekłem:

– Osobiście nic państwu nie zrobiłem. Natomiast Południe ogłosiło secesję. Północ odpowiedziała. Wszystko dobre, co się dobrze kończy.

– Głodziliście nas – powiedziała kobieta. – Przez was jedliśmy szczury.

Przybysz z Północy tak często słyszy tego rodzaju wyrzuty – wypowiadane czasem żarliwie, czasem jako gorzki żart, a czasem z zaczepną nostalgią, zawsze przez białych – że nauczyłem się nie kwitować ich lekceważącym: „Przecież to było sto pięćdziesiąt lat temu!", lecz słuchać i okazywać współczucie, ponieważ ludzie pokonani i w pewnym sensie podbici czują się upokorzeni, czego najlepszym dowodem jest uporczywość tych skarg. To, że południowcy tak uparcie wracają do tych spraw, zamierzchłych z mojego punktu widzenia, a w ich oczach świeżych, jak gdyby wydarzyły się wczoraj, sprawia, że Północ – którą przy owym okrągłym stole ucieleśniałem – jawi się jako siedlisko iście szatańskich mocy.

Współczułem więc i próbowałem uzmysławiać inny punkt widzenia za pomocą pytań. Na przykład jak wyglądałaby granica Konfederacji i gdzie by się kończyła, gdyby Południe wygrało wojnę. Jak byśmy handlowali? Czy na Południu przetrwałyby stare porządki, niewolnictwo i arystokracja, i czy nadal utrzymywano by stałą armię w szarych mundurach? Jak ta armia reagowałaby na wydarzenia międzynarodowe, takie jak wojna amerykańsko-hiszpańska lub I wojna światowa? No i jak, zakładając, że Hawaje stałyby się terytorium Unii, Konfederacja zareagowałaby na atak na Pearl Harbor?

Logika rzadko jednak jest w stanie przezwyciężyć uczucie głębokiego żalu, przywiązania lub urażonej dumy. Południe nadal cierpi, bo wielkie jego połacie nadal są biedne. Atmosfera klęski, jaką wyczuwałem na jarmarkach broni, działa jak przypomnienie o wojnie secesyjnej, o stratach, zabitych, o niepotrzebnie spalonych miastach, kapitulacji. No i do tego świadomość lub raczej złudzenie, że ta wojna położyła kres złotemu wiekowi – czasom niewolnictwa, ale i dostatniego życia w posiadłościach ziemskich – i że wyssawszy wigor Południa, które nie potrafiło wybić się na niezależność, obaliła jego porządki, zubożyła je i obróciła w pełną goryczy krainę grobowców, pomników i ruin.

„Południe jako byt odrębny zrodziła konieczność obrony swoistej instytucji przed zagrożeniami powstającymi na zewnątrz tego regionu", pisał historyk Sheldon Hackney w rozprawie *Southern Violence* [Przemoc Południa] (1969). Wskutek tego „tożsamość południowca od początku sprzęgła się z mentalnością oblężonej twierdzy". Południowiec, powiada Hackney, siłą rzeczy „wierzy, że przynajmniej od czasu do czasu pada ofiarą prześladowań i że jest bierną i nieistotną zabawką w rękach obcych czy zewnętrznych sił". Do zbioru tych sił Hackney zalicza abolicjonistów, armię unionistów, kombinatorów z Północy, Wall Street, obrońców praw obywatelskich, władze federalne, feminizm, socjalizm, związki zawodowe, darwinizm, komunizm, ateizm, czas letni „i inne skutki uboczne nowoczesności". A także pisarzy takich jak ja, urodzonych wywrotowców.

Nieraz wspominałem pomnik w Thomaston w Maine, figurę jak gdyby zadumanego żołnierza z czasów wojny secesyjnej, który pod wysokimi klonami i rozłożystymi dębami w centrum miasta stoi na granitowym cokole, na którym wypisano: „Pamięci żołnierzy i marynarzy, 1861–1865" i „Jeden kraj – jeden sztandar". Dwudziesty pułk maineński pod dowództwem pułkownika Joshuy Chamberlaina, broniąc wzgórza Little Round Top, bohaterskim natarciem na bagnety odparł atak tysięcy żołnierzy Konfederacji i walnie przyczynił się do zwycięstwa w przełomowej bitwie pod Gettysburgiem. W Maine stoi w sumie ponad sto pięćdziesiąt pomników upamiętniających wojnę secesyjną. Mniej więcej tyle samo jest ich w Massachusetts.

Praktycznie każda społeczność lokalna w Nowej Anglii upamiętniła tę wojnę. Jednym z najstarszych pomników jest postawiony w 1866 roku surowy obelisk w sielskim miasteczku Centerville na półwyspie Cape Cod. Na czterech bokach podstawy wypisano nazwiska żołnierzy poległych w wojnie secesyjnej. Ta licząca ówcześnie kilkaset dusz wioska rybacka straciła trzydziestu jeden mężczyzn. Miasto Sandwich, gdzie mieszkam, liczące w 1861 roku cztery i pół tysiąca mieszkańców, wysłało na wojnę secesyjną dwustu czterdziestu młodych mężczyzn. Pięćdziesięciu czterech poległo, a wielu odniosło rany. Wśród weteranów w Sandwich był jeden czarny, Joseph Wilson, wyzwolony niewolnik, który w szeregach 54. pułku Massachusetts (pierwszego regimentu mającego czarnych żołnierzy) brał udział w oblężeniu Vicksburga, a po wojnie zdołał wrócić na Cape Cod, żeby opowiedzieć o swoich losach.

Dzisiaj jednak w Thomaston, Centerville, Sandwich czy gdziekolwiek indziej w Nowej Anglii raczej nie znajdzie się nikogo, kto wspominałby o wojnie secesyjnej lub choćby zwracał uwagę przyjezdnych na melancholijny pomnik w miejskim parku.

Po tym jak starsza kobieta dała upust swojemu rozżaleniu, opowiedziałem krótko, jak to wygląda na Północy, i zacytowałem sentencję Mistrza Lie: „Reputacja generała opiera się na trupach dziesięciu tysięcy ludzi".

Kiedy w powieści Charlesa Portisa *Gringos* [Białasy] pewien Meksykanin utyskuje, że w 1848 roku Jankesi zabrali połowę jego kraju, narrator Jimmy Burns powiada: „W 1865 zabrali cały mój. Nie można bez końca nad tym płakać".

– Kiedyś byłam na Północy – odezwała się młoda kobieta. – Ludzie mówili dużo o wojnie o niepodległość. My nigdy jej nie wspominamy.

– Wojna to piekło – rzekłem i ze zgrozą pomyślałem o generale, który pierwszy to powiedział*. Odczułem ulgę, kiedy rozmowa zeszła na jedzenie, antyki i pogodę.

Jedliśmy razem. Tak to jest przyjęte przy okrągłym stole w restauracji Walnut Hills. Przy tym stole stało dwanaście krzeseł. Każdy gość restauracji mógł się przysiąść, a potrawy podawano na obrotowej tacy. Misy ze smażonym kurczakiem, misy z potrawką i ziemniakami, ryżem i sosem, półmiski smażonej ryby, misy z fasolą i kapustą warzywną. Bufetowy styl podawania potraw sprawia, że każdy z biesiadników musi zważać na towarzyszy. Wcześniejsze podróże po świecie nauczyły mnie, że wspólny posiłek jest powszechnym rytuałem zgody, kończenia waśni i że dzielenie się jedzeniem jest zawieraniem przyjaźni. Nic więc dziwnego, że i my przy wspólnym stole przestaliśmy rozmawiać o wojnie i przeszliśmy do spraw powszednich.

Poruszono kwestię bezrobocia.

– Trudno tutaj o pracę – rzekł ktoś.

Jeden ze współbiesiadników, zanim odszedł na emeryturę, zajmował się sprzedażą maszyn rolniczych.

– Mechanizacja zabrała mnóstwo miejsc pracy – powiedział. – Sprzedawałem maszyny do zbierania bawełny. Pierwsze kombajny zbierały bawełnę z jednego rzędu, ale i tak zastępowały czterdziestu

* Słowa te przypisuje się generałowi Williamowi Shermanowi, który podczas wojny secesyjnej stosował taktykę spalonej ziemi.

robotników. Dzisiaj są maszyny zbierające bawełnę z sześciu rzędów na raz, tak zwane kombajny wrzecionowe. Niektóre obierają dwanaście rzędów naraz. Jak człowiek może konkurować z czymś takim?

– A powiedz państwu, ile kosztują te maszyny – wtrąciła jego żona.

– Pół miliona dolarów. A są i o wiele droższe.

– Dlatego nie ma tu pracy.

Kobieta, która wcześniej stwierdziła oskarżycielsko: „Przez was jedliśmy szczury", zapytała mnie, czy podróżowałem po obcych krajach. Odparłem, że owszem, i od razu zorientowałem się, że to pytanie jest zachętą, abym i ja zapytał o jej podróże. Kiedy ktoś, a zwłaszcza podróżnik, o coś pyta, chce przekazać informację i wyrazić swoją opinię. „Był pan kiedy w Bhutanie?" znaczy: „Byłem w Bhutanie i przez najbliższą godzinę chętnie poopowiadam panu o tej podróży".

– Byłam w Europie – powiedziała kobieta. – W Paryżu, w Londynie.

– I jak tam jest?! – zapytała podekscytowana młodsza kobieta.

– Okropnie. Nie ma o czym mówić – odparła starsza kobieta, krzywiąc się z niesmakiem. – Ameryka jest o niebo lepsza.

Jesień nad rzeką

Kiedy w Vicksburgu powiedziałem sklepikarzowi, że jadę dalej na północ drogą numer 61, odparł:

– No to zadbaj pan o pełny brzuch i pełny bak. Nie zatrzymuj się pan pod żadnym pozorem – co mnie ubawiło, ponieważ właśnie takie przestrogi słyszałem często na bocznych drogach w Afryce Wschodniej i Środkowej. „Nie zatrzymuj się pan, to niebezpieczne, tu wszędzie są głodni ludzie, którzy marzą o tym, żeby pana oskubać, a jeżeli pana dorwą, to wycisną jak cytrynę". Ale tym razem wyruszałem na „drogę bluesa", słynną trasę wiodącą wzdłuż wielkiej rzeki.

„Wkrótce mieli dojechać do Rozwidlenia Rzeki – zaczyna się opowiadanie Faulknera *Jesień nad rzeką* z tomu *Zstąp, Mojżeszu*. – Jeszcze tylko jedno wzgórze i potem zaraz w dole, jak morze u stóp skały, rozciągnie się nieprzerwana aluwialna równina, zacierająca się hen daleko w rozwlekłym listopadowym deszczu, też jak samo morze"*. Ta osadzona w 1940 roku opowieść jest wspomnieniem o polowaniu na jelenie, refleksją nad przemianą pokoleń, wydarzeniami bieżącymi i historią, przywołuje rzeczywistość wojny w Europie, wspomina o Hitlerze i odnotowuje wtargnięcia nowoczesności, neony, odziarniarki do bawełny, lokomotywy, „niezliczone połyskliwe samochody najnowszych typów", erozję i zanikanie dzikich terenów, mówi o „Murzynach" pracujących na polach. Wokół odległego obozowiska myśliwych stara Delta to nadal puszcza, „Niebotyczne, olbrzymie dęby i gumowce, jesiony i orzeszniki, o które nigdy nie zadzwoniła żadna siekiera z wyjątkiem siekierki myśliwskiej" †.

Oprócz filozoficznych rozważań o polowaniu, które snuje pesymistycznie patrzący w przyszłość patriarcha Ike McCaslin, osią intrygi jest historia miłosna z uwikłaniem rasowym. To romans jednego z myśliwych, Carothersa, zwanego Rothem, z bezimienną czarną kobietą o stosunkowo jasnej karnacji, z którą Roth ma dziecko. Kobieta mieszka niedaleko obozowiska i pewnego dnia przychodzi z dzieckiem, żeby zobaczyć się z Rothem. Roth jednak wstał o świcie i poszedł na polowanie – żeby uniknąć spotkania z kochanką, jak się wydaje – i z poczucia winy zostawił tylko Ike'owi trochę pieniędzy dla tej kobiety. Jak zawsze u Faulknera za tym spotkaniem kryje się skomplikowana genealogia i mieszanie się krwi, ale zasadniczo reprezentuje ono dwie gałęzi rodziny McCaslina, białą i czarną, które łączą się w tej opowieści.

Ike wręcza kobiecie pieniądze i mówi, żeby poślubiła „kogoś swojej rasy". Słusznie oburzona na Ike'a, który najwyraźniej wyklucza możliwość, że ona i Roth się kochają, kobieta wypowiada najmocniejszą kwestię całego opowiadania: „Staruszku, czy żył pan aż tak długo i aż tyle pan już pogrzebał w pamięci, że nie przypomina pan sobie niczego, co kiedykolwiek pan sam przeżywał czy wiedział, czy słyszał o miłości?" ‡.

* W. Faulkner, *Zstąp, Mojżeszu*, przeł. Z. Kierszys, Warszawa 1968, s. 315.

† Tamże, s. 320, 322. ‡ Tamże, s. 342.

Kobietę odwożą do Leland i wsadzają do pociągu na Północ, gdzie zacznie nowe życie. Ike kontempluje z żalem zmiany w Delcie, niszczenie dzikich terenów, ziemię „pustoszoną i rzek pozbawianą, by biali mogli mieć swoje plantacje". Smętną teraźniejszość uważa za omen jeszcze gorszej przyszłości, bankructwa, mieszania się ras, świata, w którym ludzie będą „żyć jak zwierzęta"*.

Literatura często uwzniośla pejzaż i wieszczy przyszłość, ale bywa myląca. Warto podróżować między innymi po to, żeby konfrontować literaturę z rzeczywistością. Z punktu widzenia Ike'a Deltę niszczą wielkie pieniądze, małżeństwa mieszane i intensywne rolnictwo – krótko mówiąc, niszczy ją kultura jankeska, którą Faulkner najwyraźniej pogardza. Wylesianie, nad którym ubolewa Ike, prowadzono w okresie, kiedy Faulkner pisał to opowiadanie, a potem je kontynuowano, plantacje bawełny rozciągano aż na skraj mokradeł i rozlewisk, by w końcu stworzyć pejzaż, który oglądamy dzisiaj. Ike, przemawiający zapewne w imieniu Faulknera, wieszczy walkę ras, ambicji oraz interesów handlowych. Rzeczywistość okazała się prostsza i bardziej okrutna, kiedy mechanizacja zabrała ludziom i ziemię, i pracę.

– Kiedy byłem chłopcem, na przełomie lat czterdziestych i pięćdziesiątych – opowiadał mi potem w Georgii mężczyzna nazwiskiem Will Thompson – wstawaliśmy przed świtem. Mieszkałem w Jackson. Ładowaliśmy się na wielką ciężarówkę, która w ciemności wiozła nas w Deltę, gdzie pracowaliśmy cały dzień. Byłem chłopcem, tak małym, że jeszcze nie mogłem zbierać bawełny. Nosiłem wodę, chodziłem wzdłuż rzędów bawełny z wiadrem i chochlą. Po zmroku odwożono nas do Jackson.

Po szkole średniej Will wstąpił do wojska i służył w Wietnamie.

– Jeden z moich kumpli zginął i eskortowałem jego zwłoki do Missisipi. To było w 1968, tym strasznym roku. Jechaliśmy z Memphis przez pola bawełny. Wróciły wspomnienia, wszystko. Kiedy dojechaliśmy do Jackson, powiedziałem sobie: „Ani myślę dłużej godzić się z tym, że jestem obywatelem drugiej kategorii".

* Tamże, s. 342, 343.

W Delcie wielu czarnych tak mówiło. Oto coś, czego Faulkner ani Ike McCaslin nie przewidzieli. Bunt, dezercja.

Tamtej jesieni, kiedy podróżowałem po Delcie, wieś wyglądała pięknie. Wilgotne i żyzne ziemie opadały ku rzece, ozdobione zagajnikami dębów, błotni i cyprysów. Południowy odcinek drogi numer 61 zwano dawniej Cypress Street, czyli ulicą Cyprysową. Czuło się, że w głębi tego pejzażu, za drzewami płynie wielka rzeka. Czasem mówiły o tym chmary owadów wirujące nad rozlewiskami i mokradłami, czasem zaś mówiło o tym szczególne światło, bardziej mleczne i błękitne, przefiltrowane przez kępy jesionów, klonów i wierzb.

W nieco ponad sześćdziesiąt lat od czasów ukazanych w opowiadaniu Faulknera pejzaż właściwie się nie zmienił. Brak ruchu na drodze i tylko stare lub zrujnowane domy. Miałem wrażenie, jak gdybym podróżował w przeszłość. Kiedy wjechałem do hrabstwa Sharkey, krainy bawełny, szosa się wypłaszczyła, wyprostowała i zawiodła mnie do miasteczka Cary, gdzie działa odziarniarnia, a mieszka niespełna pięćset osób. Położone kawałek dalej Egremont jest o wiele mniejsze. Tak samo jak przedtem w Karolinie Południowej i Alabamie pola bawełny jawiły się jako bezkresne połacie puchatej bieli na wątłych krzaczkach, bezludne, jak okiem sięgnąć nigdzie ani jednego robotnika czy zbieracza. Przywiane z pól kłaczki bawełny czepiały się przydrożnych zarośli, stwarzając wrażenie nieporządku, jak gdyby ciężarówka do przewozu bawełny zgubiła część ładunku.

Od czasu do czasu widziałem gigantyczne kombajny do zbierania bawełny, maszyny, o których w Vicksburgu opowiadał emerytowany sprzedawca sprzętu rolniczego, mówiąc, że kosztują przynajmniej pół miliona dolarów. Bardzo wysokie, z kabiną operatora wystającą niczym lektyka władcy na grzbiecie wielkiego zwierzęcia, zbrojne w szeroką, zębatą szczękę, która zagarniała sześć rzędów krzewów i obierała je z białego puchu.

Pusto, brak domów, a potem kilka sadyb, jakieś pokiereszowane przyczepy mieszkalne, jakieś liche chatynki „na przestrzał" albo skorodowane autobusy zamienione w mieszkania, na widok których uzmysławiałem sobie, że to najbiedniejszy region Stanów

Zjednoczonych ze wszystkich, jakie odwiedziłem, uboższy niż Allendale w Karolinie Południowej, biedniejszy niż najnędzniejsza wioszczyna w Alabamie, a te żałosne domostwa przywodziły mi na myśl „lepianki i przydrożne pasterskie szałasy"* z tyrady Obywatela w *Ulissesie*.

Przycupnięte pod drzewami zdezelowane i jakby opuszczone domy na kółkach wyglądały niczym zaimprowizowane osady. Nie były to jednak stałe osiedla, a raczej obozowiska na obrzeżach miasteczek lub plantacji bawełny. Nic nie świadczyło o tym, że mają prąd, wodę czy kanalizację. Przypominały koczowiska Cyganów w Wielkiej Brytanii, ot, stadka przyczep kempingowych, wspólny kopczyk odpadków i śmieci, sznury z rozwieszonym praniem, bezczynne obszarpane dzieci i dziwaczny, ale chwytający za serce, bo przecież był dopiero październik, zawieszony nad drzwiami wieniec bożonarodzeniowy z czerwoną wstążką jako jedyna nędzna ozdoba.

Nie zatrzymuj się pan, przestrzegł mnie ów sklepikarz, ale przystanąłem. W Rolling Fork.

Duży, dostojny, murowany gmach sądu hrabstwa Sharkey wychodził na zabite deskami sklepy, puste ulice ze zdewastowanymi znakami drogowymi. Ale oczywiście z jednej strony miasta mieli Sunflower Food Store, a z drugiej chiński spożywczak Sam Sing & Co.

Spacerując po Rolling Fork, spotkałem Leroya, który pracował jako kasjer u Sama Singa i właśnie miał przerwę na papierosa. Leroy podobnie jak inni od razu pochwalił się, że słynny bluesman Muddy Waters urodził w Rolling Fork jako McKinley Morganfield. Sam Waters tak twierdził, ale to informacja niepotwierdzona. Bardziej prawdopodobne jest to, że urodził się w sąsiednim hrabstwie i dorastał w chacie przy plantacji Stovall w Clarksdale, kawałek dalej w głąb Delty. Niemniej Rolling Fork ma tak niewiele powodów do dumy, że w sprawie miejsca urodzenia Watersa skłonny jestem przyjąć, iż wątpliwości przemawiają na rzecz roszczenia tej mieściny.

– Kiedyś we wszystkich tych sklepach panował ruch – powiedział Leroy. – A teraz, sam pan widzi, było, minęło. Ale zostało trochę rolnictwa, bawełna, soja, kukurydza.

* J. Joyce, *Ulisses*, dz. cyt., s. 267.

Spostrzegłszy, że Leroy ze mną rozmawia, podeszła do nas kobieta, Ann Culpeper, była psycholog w szkole podstawowej. Znała Leroya ze szkoły.

– Szkołę średnią zintegrowano w 1994 – rzekł Leroy, odpowiadając na moje pytanie.

– Na pewno wcześniej – oznajmiła Ann.

– Co pan chce wiedzieć? – zapytała starsza kobieta, która przechodziła obok nas i przystanęła. Leroy powiedział jej, o czym rozmawiamy. – Oni nic nie wiedzą – stwierdziła. – Szkoła średnia w Rolling Fork była biała. Kiedy ją zintegrowano i pojawili się czarni, biali założyli prywatną szkołę.

Obydwie kobiety były białe, Leroy – czarny. Spierali się o daty i nie mogli dojść do zgody. Historia najnowsza rozmyła się w ich pamięci. Wynikało to chyba ze stagnacji. W tym umierającym miasteczku tak niewiele się działo, że nie mieli czego pamiętać, nic się nie kojarzyło z poszczególnymi latami. Zgadzali się tylko w jednej sprawie, a mianowicie co do tego, że w Rolling Fork nie ma pieniędzy, nie ma pracy i zapewne nie ma przyszłości.

Położona osiem kilometrów dalej na północ Anguilla wydawała się opustoszałym ciągiem rozrzuconych z rzadka przenośnych domów na skraju zaoranych pól – rozpadających się, skorodowanych baraków stawianych bezładnie w aurze nieporządku i beznadziei, niczym obóz uchodźców, którym w pewnym sensie to miasteczko pewnie jest.

Jeszcze gorsze, bardziej posępne i beznadziejne wrażenie robi Arcola, mieścina oddalona kilometr od drogi, istne miasto duchów, gdzie przy głównej ulicy – będącej niegdyś krętym odcinkiem pierwotnej drogi numer 61, zastąpionym obecnie prosto biegnącą obwodnicą – wszystkie sklepy i niektóre domy są zabite deskami. Na wyblakłych szyldach da się jeszcze odczytać nazwy tych upadłych interesów: Four-Way Grocery, Club Tropicana, Roger's. Wszystko zamknięte prócz urzędu pocztowego.

Stare, związane z ciężką pracą fizyczną zawody przestały być potrzebne, nowsze branże, takie jak hodowla ryb i meblarstwo, podupadały. Fabrykę rowerów Schwinn w odległym o trzydzieści kilometrów Greenville zamknięto jeszcze w 1991 roku, zostawiając na lodzie dwustu pięćdziesięciu pracowników. Poważne zwolnienia miały też miejsce w fabryce Viking Range w Greenwood.

Te sypiące się, malowniczo beznadziejne, zapomniane miasteczka, zawsze przecięte rzeczką lub choćby strumieniem, sprawiają wrażenie miejsc na marginesie życia. W gruncie rzeczy wyglądają jak którakolwiek z upadłych mieścin w Trzecim Świecie, gdzie zwyciężyła mechanizacja i traktory oraz kombajny zabrały ludziom pracę na plantacjach. Wszędzie tam mieszkańcy ledwo wiążą koniec z końcem, żyją z dnia na dzień zgodnie z taką lub inną bezbarwną rutyną, a wszystko – domy, sklepy, sznury z rozwieszonym praniem, zabawki dzieci – wydaje się zużyte.

Nie widzi się tam bogactwa, bo jeżeli jest, to ukryte. Zyski z uprawy bawełny najwyraźniej nie trafiają do kieszeni nikogo w Delcie. Najprawdopodobniej zgarniają je bogacze z Jackson albo z Memphis.

Wspominałem Almeidę Garretta, dziewiętnastowiecznego podróżnika i filozofa portugalskiego, którego podróż po Portugalii w pewnym stopniu zainspirowała mnie do wyprawy na Południe. W trakcie swej wyprawy Almeida Garrett ustawicznie stykał się z biedą i w kronice zatytułowanej *Viagens na minha terra* [Podróże po mojej ojczyźnie] poruszył następujące zagadnienie: „Pytam się ekonomistów i moralistów, czy kiedykolwiek policzyli, ile osób trzeba skazać na niedolę, harówkę, demoralizację, poniżenie, ciemnotę, nieszczęście i nędzę, żeby stworzyć jednego bogacza".

„Jest gorzej, niż się wydaje"

– W Delcie nie widać, jak jest naprawdę – oznajmiła urzędniczka w banku w Greenville.

– Ale nic nie wygląda dobrze – powiedziałem.

– Jest gorzej, niż się wydaje – stwierdziła.

Wychowała się w Hollandale, jednym z nędzniejszych miasteczek przy drodze numer 61 na południe od Greenville. Wzruszyła ramionami i zapytała, co chciałbym wiedzieć. Towarzyszyła jej koleżanka, mniej więcej sześćdziesięcioletnia Sue Evans, która jednak właściwie się nie odzywała i tylko potwierdzająco kiwała głową. Siedzieliśmy w biurze na piętrze banku przy bocznej uliczce w Greenville, w ciemne popołudnie, kiedy niebo zasnuły niskie skłębione chmury. Kropelki zimnego deszczu zrosiły krzywe chodniki i dziurawą jezdnię. Delta, chociaż tak biedna, jawiła mi się przynajmniej jako kraina słońca, ale tamtego dnia było chłodno, niemal zimowo, mimo że jeszcze nie skończył się październik. Jeszcze nie miałem tu do czynienia z taką pogodą, chłodem i mrokiem, więc wszystko to niemile mnie zaskoczyło i wryło się w pamięć.

Również stwierdzenie, że jest gorzej, niż się wydaje, bardzo mnie zaskoczyło, ponieważ ta część Delty – tak samo jak Allendale w Karolinie Południowej i osady przy bocznych drogach w Alabamie – już na pierwszy rzut oka wygląda jak kraina ginąca. Biblia niesie nieraz otuchę zgnębionym, ale tam – jak często obserwowałem u religijnych południowców – człowiek odruchowo skłania się ku księdze Apokalipsy, jej znakom i omenom, i dochodzi do wniosku, że rozstępujące się chmury i granie trąb w dniu zbawienia są daleko, a tymczasem żyjemy w siarkowych oparach końca świata.

– Największym wyzwaniem są mieszkania – mówiła urzędniczka – ale tkwimy w paragrafie 22. Za duzi, żebyśmy byli mali, za mali, żebyśmy byli duzi. To znaczy właściwie jesteśmy wsią, ale nie możemy liczyć na fundusze dla terenów wiejskich, bo mamy przeszło dwadzieścia pięć tysięcy mieszkańców.

– Fundusze skąd? – zapytałem.

– Federalne – odrzekła. – No i jeszcze postawa. Niesprzyjająca. Myślenie na krótką metę, wypaczony system wartości.

– Mówi pani o ludziach biednych?

– Tak, o niektórych z nich. Na przykład przed zrujnowanymi domami widuje się nowe samochody. W Walmarcie i w zakładach kosmetycznych ludzie robią sobie manikiur.

– Cóż w tym niezwykłego?

– Są na zasiłkach – powiedziała i pokręciła głową. Sue Evans zamruczała aprobująco. – Nie mówię, że nie powinni dbać o siebie, ale to natychmiastowe zaspokojenie zachcianki zamiast poświęcenia.

– Co według pani powinni robić?

– Powiem panu, co ja robiłam – odrzekła. – Bo mam inny system wartości. Dorastałam w strasznej biedzie – oświadczyła, a ja nie miałem wątpliwości, że nie przesadza, ponieważ dzień wcześniej przejeżdżałem przez Hollandale, które wyglądało jak dotknięte zarazą. – Miałam trzynaścioro rodzeństwa, więc w domu było zawsze co najmniej dziesięć osób, i jeszcze rodzice. Jedna łazienka. Co ciekawe, nigdy nie korzystaliśmy z zasiłku, bo ojciec pracował. W fabryce Nicholson Files. No i jeszcze łowił ryby, polował i uprawiał ogródek. Hodował naprawdę doskonałe warzywa. Polował na jelenie, króliki, wiewiórki. Matka smażyła wiewiórki albo robiła z nich potrawkę – roześmiała się. – Nigdy nie jadłam dziczyzny. Jadłam kurczaki.

– Ja miałam wiewiórkę – wtrąciła Sue Evans, pierwszy raz włączywszy się do rozmowy.

– Co się stało z Nicholson Files? – zapytałem. To znana firma produkująca pilniki i doskonałe narzędzia, ceniona przez budowlańców.

– Fabrykę zamknięto. Produkcję przeniesiono do Meksyku – odparła urzędniczka. Prawie zawsze gdy pytałem o przemysł w Delcie, słyszałem taką odpowiedź. – Wiedziałam, że tam nie mogę liczyć na wiele. Wstąpiłam do piechoty morskiej. Odsłużyłam „trzy-i-trzy", trzy lata czynnej służby, trzy w rezerwie. Stacjonowałam w Oceanside w Kalifornii i powiem panu, że nie licząc wiary, była to najlepsza decyzja w życiu. Służba wojskowa otwarła zupełnie inną perspektywę. Dzięki niej inaczej spojrzałam na świat.

– Tak, słyszałem o tym – powiedziałem. – Wojsko jako okno na świat i przepustka do kariery.

– W moim przypadku to święta prawda. Przedtem znałam tylko Deltę. Chodziłam do szkoły w Hollandale, typowej szkoły w tych stronach. Zintegrowano ją bodaj w 1969. Biała szkoła znajdowała się po drugiej stronie miasteczka, ale zaraz po tym dziwnym trafem spłonęła. Oczywiście spalili ją, żeby nie musieli mieć do czynienia z nami. W przeciwnym razie nikogo by nie skazali. Po tym pożarze w Arcoli powstała Deer Creek Academy, biała szkoła, która nadal działa i nadal jest biała, przynajmniej w dziewięćdziesięciu dziewięciu procentach. Do mojej szkoły chodziło kilkoro białych, dwoje czy troje. Chociaż w Delcie proporcja czarnych do białych wynosi sześćdziesiąt do czterdziestu, w Greenville nadal mamy nierównowagę. Podstawówka i liceum O'Bannon są czarne. Liceum Riverside w Avon jest w zasadzie białe. Ta tendencja szkodzi nam jako wspólnocie.

– Ale Greenville to duże miasto – powiedziałem. Zdziwiła mnie jego wielkość, rozległość, centrum, kwartały ładnych, nawet wspaniałych domów. Kawałek na zachód od miasta wybudowano nowy, jeszcze nie nazwany most przez Missisipi.

– To miasto upada. Ruch rzeczny ogromnie osłabł. Kurczymy się, z pięćdziesięciu tysięcy mieszkańców zostało niespełna czterdzieści. A kiedyś miasto kwitło. Mieliśmy dużo przemysłu, fabrykę naczep do wielkich ciężarówek, fabrykę bielizny męskiej Fruit of the Loom, fabrykę rowerów Schwinn, fabrykę dywanów Axminster. Wszystkie przeniesiono do Meksyku, do Ameryki Południowej albo do Chin. Mieliśmy bazę lotniczą. Zlikwidowana.

– A co zostało? – zapytałem.

– Hodowla suma, ale to już nie to co dawniej. Mamy zakład Uncle Ben's, duża firma. Mamy fabrykę płyt sufitowych, mamy Leading Edge, która zajmuje się lakierowaniem odrzutowców. Ale brakuje miejsc pracy. Bezrobocie jest wysokie, szesnaście procent, dwa razy większe od średniej krajowej.

– Specjaliści, z którymi rozmawiałem, twierdzą, że kluczem jest własny dom.

– Pięknie jest mieć dom, ale jeżeli za tym nie idzie pomoc, człowiek drepcze w miejscu. Cóż, wielu właśnie tak żyje.

– Remontujecie stare domy?

– Bardzo niewiele. Większość jest w takim stanie, że taniej je wyburzyć, niż wyremontować. Mnóstwo stoi pustych. Ciągle przybywa wolnych parceli.

– Gdyby Greenville znajdowało się w Trzecim Świecie, płynęłaby do was rzeka pieniędzy.

– Byliśmy specjalną strefą ekonomiczną, przez dziesięć lat wpompowano dziesięć milionów dolarów w ożywienie gospodarki.

– Dziesięć milionów to niedużo w porównaniu z setkami milionów amerykańskiej pomocy dla Afryki – powiedziałem. – Kraik taki jak Tanzania albo Ghana dostaje siedemset milionów. Na szkoły i szpitale.

– Pierwsze o tym słyszę – powiedziała, a Sue Evans wydawała się tak samo zdziwiona. – Robimy, co się da. Sytuacja powoli się poprawia. Mamy ośrodek kształcenia. Prowadzi zarówno kursy dzienne, jak i wieczorowe.

Później zajrzałem do programu Mississippi Delta Community College, który był częścią inicjatyw edukacyjnych, i stwierdziłem, że oferowano kursy w zakresie murarstwa, układania płytek, mechaniki samochodowej, prowadzenia ciężarówek i autobusów, obsługi ciężkiego sprzętu budowlanego, elektroniki, obsługi obrabiarek, spawania, naprawy systemów grzewczych i klimatyzujących, technologii biurowych i wielu innych specjalności. Ale brakowało miejsc pracy.

– Ludzie zdobywają kwalifikacje i wyjeżdżają – powiedziała urzędniczka. – Mamy wielką rotację wśród lekarzy i nauczycieli. Musimy się zjednoczyć. Obojętne jak. Musimy się uzdrowić.

Zważywszy na trudną sytuację zarówno w Greenville, jak i w całej Delcie, wyraziłem zdziwienie, że stąd nie uciekła.

– Ja? Moje miejsce jest tutaj – rzekła.

Tymczasem Sue Evans nic nie mówiła. Ale kiedy zmieniłem temat i zacząłem mówić o historii muzyki w Greenville, o bluesie i klubach, których było tyle w całej Delcie, Sue się ożywiła. Powiedziała, że muzyka to jej pasja.

– Moja matka miała klub jazzowy w Leland – rzekła. Przejeżdżałem przez Leland, jedno z wielu rolniczych miasteczek przy drodze numer 61, które się zapisały w historii bluesa. – Miała na imię Ruby, była bardzo szykowną babką, wszyscy ją znali.

Sue Evans opowiadała, że w Leland nadal są kluby, jest muzeum bluesa. Z całego świata ciągną miłośnicy tej muzyki, żeby zwiedzać miejsca z nią związane, miejsca, gdzie przychodzili na świat bluesmani, i miejsca tworzące kontekst bluesa – farmy, rzeki, linie kolejowe, plantacje bawełny.

– Słyszałem, że w Indianoli otwarto muzeum B. B. Kinga – powiedziałem.

Zaległo głuche milczenie. Kobiety wymieniły spojrzenia, ale nie odezwały się ani słowem. Takie milczenie wywołuje zazwyczaj jakaś niezręczna albo niezrozumiała uwaga. Poczułem się tak, jak gdybym przemówił w nieznanym tym kobietom języku.

– Chyba właśnie tam się urodził – rzekłem i poruszyłem się nerwowo, bo pomyślałem, że najwyraźniej mają mnie dość.

Sue Evans milczała i nieruchomo patrzyła w przestrzeń, podczas gdy jej koleżanka uśmiechnęła się wątle i powiedziała:

– W Berclair. Ale wychowywał się w Kilmichael. To w przeciwną stronę od Greenwood.

Te informacje wydawały się bardzo dokładne, chociaż niewiele mi mówiły. Nie wiedziałem, co powiedzieć, przytłoczony wrażeniem, że ten temat stworzył jakąś dziwnie napiętą atmosferę, w której czułem się jak nieobyty dzikus.

– Może powiemy?

– No, nie wiem – odparła Sue.

– Powiedz.

– Nie, ty powiedz.

Ta wymiana zdań między kobietami, mająca w sobie coś z przekomarzania się, nagle oczyściła atmosferę.

– Sue była jego żoną.

– Żoną B. B. Kinga?

– Tak – potwierdziła Sue. – Nazywałam się wtedy Sue Hall. Byłam jego drugą i ostatnią żoną. Szmat czasu temu.

Sue miała białą skórę i wygląd szkolnej bibliotekarki, a jej koleżanka była czarna i w pewnej mierze zachowała władczą manierę z czasów służby jako starsza sierżant piechoty morskiej. Skoro jednak sprawa się wyjaśniła, obydwie kobiety się uśmiechały.

– Moja matka wynajęła go na jakiś wieczór – wspominała Sue. – Wpadłam mu w oko. Ale byłam jeszcze dzieckiem. Czułam, co mu chodzi po głowie, ale matka nie zniosłaby czegoś podobnego. Potem dużo grał w jej klubie. Naprawdę wielki muzyk. Czekał, aż skończę osiemnaście lat, czekał, bo nie chciał mieć do czynienia z moją matką. Bał się jej.

Roześmiała się na wspomnienie o tym.

– Kiedy to było – zapytałem.

– Dawno temu – odparła. – Byliśmy małżeństwem przez dziesięć lat.

– Nazywała go pani BB?

– Jego imię brzmi Riley. Nazywałam go B.

„Riley", zanotowałem.

– Co czasem prowadziło do nieporozumień – ciągnęła Sue. – Żona Raya Charlesa miała na imię Beatrice. Ją też nazywaliśmy B. Nieraz to się mieszało.

– Podróżowała pani z nim?

– Bez przerwy. B uwielbiał jeździć. Uwielbiał grać, mógł grać całą noc. Uwielbiał publiczność, ludzi, żył, żeby rozmawiać. A ja czasem padałam. Mówił: „Nie lubisz mnie słuchać", ale to nieprawda. Po prostu nie wytrzymywałam tyle godzin bez snu. Siedziałam w hotelu i czekałam na niego.

– Nadal się państwo kontaktują?

– O tak, cały czas. On dzwoni. Rozmawiamy. Nadal koncertuje, proszę sobie wyobrazić. W trakcie naszej ostatniej rozmowy powiedział, że ma koncerty w Nowym Jorku i New Jersey. Kocha takie życie. Ciągle jest silny*.

Przez piętnaście czy dwadzieścia minut nie pamiętaliśmy o biedzie Delty. Sue snuła pogodne wspomnienia o dekadzie z B. B. Kingiem, człowiekiem, który okrył chwałą tę krainę i dowiódł, że to możliwe i że znowu może się zdarzyć.

„Jezus jest naszym Panem – skup i sprzedaż broni"

Mój sezon samochodowy dobiegał końca. Jadąc na północ, dotarłem na skraj Delty, a potem skręciłem na wschód, w stronę Alabamy. Czułem się, jak gdybym przemierzał zapadłe rejony obcego kraju. Taka sama samotność, taka sama bieda, taki sam śpiew ptaków, takie same niespodzianki i odkrycia, jak ów sklep, który minąłem w Alabamie, opatrzony żółtym szyldem z wymalowanym wielkimi czarnymi literami napisem: JEZUS JEST NASZYM PANEM – SKUP I SPRZEDAŻ BRONI, co doskonale wyrażało jeden z zawiłych

* Riley Benjamin King, znany jako B. B. King, zmarł 14 maja 2015 roku w wieku osiemdziesięciu dziewięciu lat [przyp. red.].

wątków tej wycieczki. Nieporadne, jeżeli chodzi o wyjaśnienia, ale wyraziste, jeżeli chodzi o czyny Południe nigdy nie przestawało obwieszczać swoich obsesji na wielkich tablicach. W pewnym sensie uzależniłem się od takich widoków.

Na końcu wycieczki na ogół mówimy sobie: wystarczy, wracam do domu, żeby to opisać. Zamknąłem pewien etap, ale podróż nie była skończona, a to, co odkryłem, podsyciło apetyt na więcej. Odkryłem, że Ameryka ma swoją klasę wieśniaków, tak samo biedną, lekceważoną i bezsilną jak każda inna, jaką widziałem w świecie. Rozmyślałem o ludziach, których poznałem, o wielebnym Virginie Johnsonie z Sycamore, o Wilburze Cavie ze zdesperowanego Allendale, o Cynthii Burton z Tuscaloosy, o burmistrzu Washingtonie i wielebnym Lylesie z Greensboro, o ludziach z Delty, matce Scott, byłej żonie B. B. Kinga i innych. A także o wszystkich, którzy zapraszali mnie znowu. Jesienne pejzaże już kostniały i szarzały od chłodu. Jak to wszystko będzie wyglądało w zimie i co będą robili ci wszyscy ludzie? Dom miałem na jednym, a temat na drugim końcu tej drogi. Upajając się jazdą na długich, pustych odcinkach, szosową hipnozą, gorączką gonitwy za białą linią, satori otwartej przestrzeni, jechałem do domu, snując plany rychłego powrotu.

INTERLUDIUM

Zakazane słowo

W domu przyczepiło mi się pewne słowo, jakie czasem słyszałem z ust przeróżnych ludzi, przez niektórych wyśpiewywane niczym groźba, a teraz rezonujące w zakamarkach mojego umysłu. To bodaj najbardziej jątrzące słowo w amerykańskiej angielszczyźnie, która słynie z barwności i oryginalności krzepkiego słownictwa. Wszystkie inne przytyki rasowe czy etniczne ustępują mu znacznie pod względem pogardliwości, obraźliwości, iście szatańskiej złośliwości. Słowa obsceniczne i wulgaryzmy, dawniej zakazane, bo tak szokowały przyzwoitych ludzi, słyszymy dzisiaj na co dzień w telewizyjnych programach oglądanych nawet przez dzieci. Natomiast ten epitet rasowy stanowi osobną kategorię, więc jako pisarz spędzający całe dnie na rozważaniach (jak to czynię teraz) nad znaczeniem, brzmieniem, oddziaływaniem i porządkiem angielskich słów, aby za ich pomocą wiernie wyrażać przeżycia, liczę na wybaczenie fascynacji tym, że jedno słowo – raptem dwie sylaby – ma taką potężną siłę oburzania.

Nieliczni biali, którzy na Południu w mojej obecności użyli tego słowa, czynili to na dwa bardzo różne, właściwie przeciwstawne pod względem nastroju sposoby, bo już to mamrotali je niedbale, już to wypowiadali głośno, wręcz zaczepnie. Ale używali go również czarni, z których ust – o paradoksie – słyszałem je znacznie częściej, i to wypowiadane śmiało, z żarem, uczuciem, czasem wprost melodyjnie. A właściwie nie da się wymówić tego słowa, nie obnażając zębów.

Słowo to występuje również w innych językach, chociażby w niemieckim, mianowicie w postaci *Neger*. Używali go hitlerowscy propagandziści do wzbudzania strachu lub pogardy. Jazz nazywali *Negermusik*. Minister propagandy Joseph Goebbels malował w przemówieniach straszną wizję, że jeżeli Niemcy przegrają wojnę, to zostaną najechane przez *betrunken Negers*, czyli „pijanych czarnuchów". Z czasem Niemcy uznali słowo *Neger* za niecenzuralne i w zamian używają słowa *Farbige*, czyli „kolorowy", lub *Schwarze*, czyli „czarny". Właśnie dlatego nawet *Negerkuss*, czyli „całus czarnucha", nadziewana pianką żelową czekoladka, za którą przepadają niemieckie dzieci, został stosunkowo niedawno przemianowany na *Schokokuss*, czyli „całus czekoladowy". Francuskie słowo *nègre* nie jest tak obelżywe, niemniej konotuje pogardę czy lekceważenie. Na przykład autor piszący za kogoś, czyli angielski *ghostwriter*, to po francusku *nègre* właśnie, czyli murzyn. W 1960 roku w Leopoldville w trakcie uroczystości związanej z ogłoszeniem niepodległości Konga nowo zaprzysiężony premier Patrice Lumumba, demonstracyjnie odrzucając formalizm wystąpień króla Baudouina i innych luminarzy, z gniewem użył w swoim wystąpieniu słowa *nègre*, mówiąc między innymi: „Dobrze znamy sarkazm i pogardę, pomiatanie nami rano, w południe i wieczorem, bo jesteśmy *nègres*, czarnuchami. Któż zapomni, że do czarnych zwracano się przez poufałe *tu*, ale nie na dowód przyjaźni, lecz dlatego, że grzeczne *vous* zarezerwowano dla białych".

Jednak ani *Neger*, ani *nègre* nie są tak obelżywe jak ich odpowiednik angielski. Odpowiednik angielski najgłębsze korzenie ma zaś w Ameryce, gdzie służył jako obelga i przekleństwo w czasach niewolnictwa, które jawi się jako wieczna hańba i przekleństwo Południa, albowiem na dźwięk tego słowa przed oczyma wyobraźni niezawodnie maluje się obraz zakutej w łańcuchy i pogardzanej osoby. Mark Twain, wspominając dzieciństwo spędzone w Hannibal w Missouri, a więc lata czterdzieste XIX wieku, pisał w *Autobiografii*: „Handlarzami niewolników [*niggers*] brzydzili się wszyscy. Uważano ich za diabłów w ludzkiej skórze, kupujących i porywających ze sobą do piekła biedne, bezbronne istoty;

bo zarówno dla białych, jak i dla czarnych z naszego miasteczka plantacja na Południu oznaczała po prostu piekło"*.

Dorastając na Północy, nigdy nie słyszałem tego słowa u nas w domu, chociaż w tamtym czasie – czyli na przełomie lat czterdziestych i pięćdziesiątych – bostońska ulica powszechnie nazywała ostatnie rzędy w teatrze lub na stadionie „niebem czarnuchów", a papieros mógł być *nigger-lipped*, czyli uświniony w grubych wargach czarnucha. „Nienawidziłem, kiedy kumpel, zanim podał mi szluga, zaciągał się nim tak chciwie, że niedopałek w rzeczy samej był ośliniony jak po czarnuchu", wspominał w 1985 roku czarny pisarz John Edgar Wideman w ogłoszonym na łamach „New York Timesa" eseju na temat dorastania w Pittsburghu. Drugi wers wyliczanki *Eenie, meenie, miney, mo* [Ence, pence, uha, huha] czasem brzmiał: *Catch a nigger by a toe* [Złap czarnucha za palucha]. W narożnym sklepiku z tanimi łakociami czarne kawałki lukrecji w wielkim słoju oficjalnie nazywano *nigger babies*, czyli „czarnuszętami". Mówiło się: „I jeszcze czarnusząt za pięć centów, proszę". Takie bezmyślne użytki z tego słowa czyniono codziennie w społeczności, która szczyciła się brakiem uprzedzeń rasowych i w której czarni i biali chodzili do tych samych szkół, mimo że użycie go w obecności czarnego uważano za obelżywe.

Moi rodzice brzydzili się tym słowem, nawet w tych utartych wyrażeniach. Słusznie uważali je za epitet rasistowski, zdradzający bigoterię i bezmyślność każdego, kto go używał. Nie znajduję innego słowa w języku angielskim, które miałoby taką siłę. Wypowiedzenie go jest jak zionięcie ogniem. Historycznie rzecz biorąc, to poniżający synonim „niewolnika", konotujący kogoś pośledniejszego, a nawet niebędącego człowiekiem. W Faulknerowskim *Absalomie, Absalomie*... Rosa Coldfield, opowiadając około 1909 roku Quentinowi o dawnych czasach, utyskuje: „tysiąc osiemset sześćdziesiąty pierwszy rok chyba nie zostawił na Południu żadnego stworzenia – mężczyzny, kobiety, Negra [*nigger*] czy muła – które by czas miało albo sposobność już nawet nie żeby być młodym,

* M. Twain, *Autobiografia*, przeł. P. Skórowski, Warszawa 1963, s. 65.

ale bodaj żeby usłyszeć, co znaczy być młodym, od tych, co kiedyś młodości zaznali"*.

W niektórych kręgach wypowiedzenie tego słowa traktuje się jak akt przemocy, który skutkuje awanturą, oburzeniem, pozwem sądowym, hańbą, niesławą, zwolnieniem w trybie natychmiastowym. Chociaż ma ono korzeń łaciński, pochodzi od *niger*, czyli „czarny", i wydaje się niechlujną wersją *Negro*, nawet słowa o zbliżonym brzmieniu – takie jak mający skandynawskie pochodzenie rzeczownik *niggard*, który oznacza sknerę, odpowiadający mu przymiotnik *niggardly*, a także czasownik *niggle*, znaczący tyle co „czepiać się", oraz *snigger*, będący wersją *snicker*, czyli „rżeć" czy „chichotać" – stały się niecenzuralne i mogą wpędzać w kłopoty ludzi, którzy ich używają. Żadne z tych słów nie jest etymologicznie związane z *nigger*, ale brzmią one niczym złowrogie eufemizmy tego jątrzącego słowa, wobec czego wielu ich unika, tak samo jak słowa *crapulous*, które znaczy tyle co „nietrzeźwy", ale kojarzy się z defekacją.

Wprawdzie to zrozumiałe, ale zakrawa na obłęd. Przecież to tylko słowo, i to wrośnięte w podtekst Południa. Począwszy od *Przygód Hucka*, nie znajdzie się powieści na temat Południa, w której słowo to nie zostałoby tak lub inaczej użyte. „Kiedy John Rolfe odnotował w dzienniku przybycie pierwszego transportu Afrykanów do Wirginii, określił ich jako *negars*", stwierdza Randall Kennedy w wyczerpującym i rozsądnym studium na temat tego słowa zatytułowanym *Nigger: The Strange Career of a Troublesome Word* [Czarnuch: dziwna kariera kłopotliwego słowa] (2002). Według oksfordzkiego słownika języka angielskiego słowo to pierwszy raz wystąpiło w druku w 1786 roku w wierszu Roberta Burnsa *The Ordination* [Wyświęcenie], w znamienny sposób gęstym od wyrażeń gwarowych.

Come, let a proper text be read,
An' touch it aff wi' vigour,
How graceless Ham leugh at his dad,
Which made Canaan a nigger...

* W. Faulkner, *Absalomie, Absalomie...*, przeł. Z. Kierszys, Warszawa 1959, s. 21.

O, czytaj tekst właściwy,
I czyń to z siłą ducha,
Jak Cham ojca wyszydził,
I Kanaana miał czarnucha.

W 1849 roku słowa tego użył Coleridge, snując spekulacje na temat rasy Szekspirowskiego Otella, a w 1889 roku pojawiło się ono u Henry'ego Ridera Haggarda w wypowiedzianej na stronie uwadze na temat żony Allana Quatermaina. Wiktorianie uważali to słowo za obelżywe. Odkrywca Richard Burton, którego ze względu na wyczyny afrykańskie zwano „białym czarnuchem", rzadko używał tego słowa, chociaż zarówno w książce o Brazylii, jak i w opowieści o wyprawie w góry Kamerunu nie stronił od jego wariantu *niggerling*, oznaczającego „czarne dziecko", „czarnuszka". W 1849 roku na tym tle jaskrawo wyróżnił się Thomas Carlyle, który bigoteryjny artykuł na temat ekonomii plantacji w Indiach Zachodnich i niższości rasy czarnej zatytułował wprost *Occasional Discourse on the Nigger Question** [Przygodne rozważania nad kwestią czarnucha]. Wywody Carlyle'a sprowokowały Johna Stuarta Milla, który odpowiedział mądrzejszą i powściągliwszą rozprawką *The Negro Question* [W sprawie czarnych].

W Wielkiej Brytanii słowo to do lat sześćdziesiątych XX wieku funkcjonowało jako barwny epitet. „Spoglądali rozbawieni na bladomaślane loki w runie białych owieczek i brunatne niczym skóra czarnucha loki w runie czarnych owieczek", pisała Rebecca West w już klasycznej opowieści z podróży *Black Lamb and Gray Falcon* [Czarne jagnię i szary jastrząb] (1941), najzwyczajniej w świecie notując obserwację poczynioną w trakcie pobytu w Dalmacji. Póki ich nie zawstydzono, wielu Anglików nazywało tym słowem swoich milusińskich. Czarny kot przybłęda hołubiony przez załogę okrętu kapitana Scotta w trakcie jednej z jego wypraw antarktycznych nosił imię Czarnuch. Tak samo nazywał się czarny labrador będący

* W rzeczywistości artykuł Carlyle'a z 1849 roku ukazał się anonimowo pod tytułem *Occasional Discourse on the Negro Question*, a broszura pod wyżej podanym tytułem wyszła w 1853 roku.

podczas II wojny światowej maskotką 617 Dywizjonu Bombowego RAF-u, słynnych Dambusters, pies uwielbiany i rozpieszczany przez lotników, uwieczniany na fotografiach dywizjonu. Natomiast w niektórych wersjach filmu fabularnego nakręconego na kanwie wyczynów dywizjonu imię psa zmieniono na Digger, czyli Kopacz.

W pisarstwie Faulknera, będącym fabularną kroniką dziejów Południa, od wywłaszczenia Czikasawów na początku XIX wieku po lata czterdzieste wieku XX, słowo to jest na porządku dziennym. W uchodzącym za najlepsze dziele Faulknera natrafiamy na wyrażenia takie jak „dzikie Negry [*niggers*]", „czarny małpiszon [*monkey nigger*]" i odnoszące się do domowego niewolnika „Negr [*nigger*] ubrany jak małpa"*.

„Ona mnie tak traktuje, że wszyscy Murzyni [*niggers*] śmieją się ze mnie" †, skarży się w *Drodze tytoniowej* Erskine'a Caldwella kmiotek Lov Bensey, którego dwunastoletnia żona Pearl nie chce z nim spać. Historia użytków literackich tego słowa jest paskudna, ale bynajmniej nie zamknięta.

Stajemy przed zdumiewającym paradoksem. Aczkolwiek słowo to w niektórych sytuacjach kwalifikuje się jako mowa nienawiści, zaskarżalna obelga rasistowska, a biali, którzy go używają, kompromitują się, niemniej rozbrzmiewa donośnie w muzyce popularnej, a zwłaszcza w utworach rapowych i hiphopowych. W wielu piosenkach jest słowem najczęściej używanym, na ogół w bardziej kolokwialnej formie *nigga*. Niektórzy czarni krytycy twierdzą, że *nigger* i *nigga* to dwie odrębne jednostki leksykalne, z których pierwsza jest obelżywa, a druga dopuszczalna, ale nie ma wątpliwości, że *nigga* to fonetyczny wariant *nigger*.

Po słynnym procesie w 2013 roku na Florydzie, w którym uniewinniono George'a Zimmermana od zarzutu morderstwa czarnego nastolatka Trayvona Martina, świadek oskarżenia, niejaka Rachel Jeantel, w wywiadzie udzielonym telewizji CNN objaśniła znaczenie słowa *nigga*.

* W. Faulkner, *Absalomie, Absalomie…*, dz. cyt., s. 300, 315, 356.

† E. Caldwell, *Droga tytoniowa* [w:] tegoż, *Druga Ameryka*, przeł. J. Łaszczowa, M. Żurowski, Warszawa 1949, s. 16.

– Wiadomo, że *nigger* to rasistowska obelga. Ludzie więc zmienili to słowo. *N-i-g-g-a* – przeliterowała z naciskiem. – To oznacza mężczyznę, jakiegokolwiek mężczyznę, choćby Chińczyka. Mężczyznę. Natomiast *nigger* – zaakcentowała mocno drugą sylabę, *-gerrr* – to rasistowska obelga.

Niektóre piosenki świadczą, że *nigga* może służyć w społeczności czarnych do wyrażania sympatii, może znaczyć tyle co „kolega" lub nawet „serdeczny kumpel". Piosenki nasuwające ten wniosek mają znamienne tytuły. Myślę tu choćby o *My Nigga* [Mój czarnuch] Lila Wayne'a, o noszącej taki sam tytuł piosence Killi Kyleona, *Still My Nigga* [Zawsze mój czarnuch] Trae'a i wielu innych. Podobnie jest z melorecytacjami Timothy'ego Thedforda, czyli Jaya Electroniki, które zawierają taki wers: *„Kill a nigga, rob a nigga, take a nigga"* [Zabij czarnucha, obrabuj czarnucha, natnij czarnucha]. Shawn Carter, który przyjął imię Jay-Z, sympatyk Baracka Obamy i sponsor jego kampanii wyborczych, częsty gość w Białym Domu i honorowy uczestnik obu inauguracji prezydenta, zgromadził majątek wart pół miliarda dolarów, a znaczną część tej fortuny przyniosły mu piosenki takie jak *Nigga What, Nigga Who* [No i co, czarnuchu], *Nigga Please* [Wiesz, czarnuchu], *Niggas in Paris* [Czarnuchy w Paryżu], *Ain't No Nigga* [Nie jestem czarnuchem], *Jigga That Nigga* [Superczarnuch].

Podczas telewizyjnego wywiadu w 2011 roku Oprah Winfrey zapytała Jaya-Z, dlaczego tak często używa tego słowa.

– Używając go tak często, pozbawiamy je mocy – odparł Jay-Z, po czym nieskruszony tłumaczył, że używając go, wkłada w nie dobre uczucia.

Niemniej w trakcie dwudziestominutowej rozmowy ani Jay-Z, ani Oprah nie wypowiedzieli go ani raz. Oprah, marszcząc brwi, przywoływała je, nazywając kwaśno „słowem na »n«". Jay-Z mówił o „tym słowie".

– A więc zgadzamy się, że się nie zgadzamy – stwierdziła na koniec Oprah i rozpromieniła się, podczas gdy Jay-Z wymamrotał:

– To kwestia pokoleniowa.

Wątpię, czy Oprah uśmiechałaby się i zachowywała tak mile, gdyby rozmawiała na ten temat z równie nieugiętym białym.

W studium na temat tego słowa Randall Kennedy, który jest czarny, cytuje subtelne spostrzeżenie Wendella Holmesa juniora o funkcjonowaniu słów: „Słowo nie jest przejrzystym i niezmiennym kryształem, lecz skórą żywej myśli i może ogromnie się zmieniać pod względem barwy i treści, zależnie od okoliczności i czasu, w których jest używane". Kennedy opowiada o tym, jak używano tego słowa w jego domu w Karolinie Północnej i że już jako dziecko nauczył się, iż „słowo to można wypowiadać na rozmaite sposoby, można czynić z niego rozmaity użytek i nadawać mu rozmaite znaczenia". „Wielka Mama [jego matka] zabarwiała swoje wypowiedzi odniesieniami do »czarnuchów«, przez co rozumiała Murzynów niegodnych szacunku, grupę stanowiącą jej zdaniem znaczny odłam społeczności Afroamerykanów. Na widok niewłaściwie zachowujących się czarnych Wielka Mama przewracała oczyma, surowo ściągała usta i grobowym głosem oznajmiała: »Czarnuchy!« Według niej »czarnuchy nie umieją się zachować, nawet w kościele« i »zawsze się spóźniają, nawet na swój pogrzeb«. Zarzekała się, że nigdy nie pozwoli, żeby zajmował się nią »lekarz czarnuch«, i ustawicznie przestrzegała: »jak widzisz zbliżającą się grupę czarnuchów, zmykaj gdzieś w inną stronę«".

W swoim rzetelnym i moim zdaniem niedocenionym studium Kennedy dochodzi do wniosku, że użytek czyniony z tego słowa przez Wielką Mamę i innych jest przykładem uwewnętrznienia przez czarnego uprzedzeń wobec czarnych. Zapewne tak bywa, ale nie zawsze, zwłaszcza dzisiaj. Na poświęconej sprawom czarnych akademickiej stronie internetowej African American Registry zamieszczono rozprawę dwóch naukowców, którzy zbadali kłopotliwą kwestię dziwaczności i dopuszczalności używania słowa „czarnuch" przez czarnych.

> Wypowiedziane przez czarnego słowo „czarnuch" może odnosić się do wszystkich czarnych („Czarnuch nie ma prawa nawet do przerwy"), do czarnych mężczyzn („Siostry chcą, żeby czarnuchy pracowały cały dzień"), do czarnych zachowujących się w stereotypowy, a czasem mityczny sposób („To leniwy, mający dwie lewe ręce czarnuch"), do rzeczy („Ten gówniany grat to taki czarnuch"),

do wrogów („Te czarnuchy doprowadzają mnie do szewskiej pasji!"), do przyjaciół („Mam sztamę z tymi czarnuchami"). Szczególnie trudny do wyjaśnienia jest ten ostatni zwyczaj językowy, „czarnuch" jako wyraz sympatii. „Siema, czarnuchu" jest dzisiaj obiegowym przywitaniem wśród czarnej młodzieży miejskiej. Czarni zapytani o używanie słowa „czarnuch" i jego wariantów odpowiadają, że należy je rozumieć zależnie od sytuacji i że ustawiczne używanie tych słów przez czarnych sprawia, iż stają się one mniej obraźliwe. W gruncie rzeczy mamy tu do czynienia z innym słowem, ponieważ biali mówią *nigger* i *niggers*, natomiast czarni *niggah* i *niggaz*. Ponadto to tylko słowo, a czarni nie powinni być więźniami przeszłości ani haniebnych znaczeń starych słów*.

Czasami miałem wrażenie, iż słysząc mój jankeski akcent, południowiec, zwłaszcza na wsi, więc prawie zawsze niewykształcony i biedny, rzucał to słowo jako zaczepne szyderstwo, które miało mnie rozdrażnić i sprowokować do wybuchu. Również czarni raperzy wykrzykujący to słowo bynajmniej nie „pozbawiają go mocy" ani nie czynią „mniej obraźliwym", lecz najwyraźniej testują, wypowiadają w sposób wyzywający, prowokując białych do tego, żeby je powtórzyli, narażając się na karę. Mniej więcej w czasie mojej podróży słynna szefowa kuchni z Georgii, osobistość telewizyjna i właścicielka restauracji Paula Deen zeznała na jakimś procesie sądowym, że dawniej i ona używała tego słowa („ale bardzo dawno temu"). Kiedy to zeznanie przedostało się do wiadomości publicznej, spadły na nią gromy. Zrezygnowano z jej programu telewizyjnego, odwrócili się od niej sponsorzy, a chociaż wylewała pokutne łzy w wywiadach telewizyjnych, jej reputacja srodze ucierpiała, jeżeli nie legła w gruzach.

Cóż, jest biała i bogata. Natomiast w przypadku wielu czarnych, zwłaszcza biednych – ubogich pod każdym względem prócz tradycji – słowo to ma wartość, ponieważ posiada niezaprzeczalną

* P. Middleton, D. Pilgrim, *Nigger (the Word), a Brief History*, www.aaregistry.org/historic_events/view/nigger-word-brief-history, 2001, dostęp: 3.03.2017 [przyp. aut.].

moc prowokowania. Słowa miewają charakter klasowy, grupy społeczne miewają swój język. W Anglii istnieje dialekt sfer wyższych, swoisty zarówno pod względem akcentu, słownictwa, jak i stylu. Żaden przedstawiciel angielskiej klasy pracującej nie opisze urlopu spędzonego w Hongkongu w taki sposób: „Bawiliśmy się wprost fantastycznie, morze słońca, beczka śmiechu, a Chińczaki po prostu cudowne".

W Tonga po sposobie mówienia od razu poznamy, czy mamy do czynienia z królem, arystokratą czy z plebejuszem, a przedstawiciel gminu nie ma prawa używać słów zarezerwowanych dla osób o wyższej pozycji społecznej. Jeszcze pół wieku temu cesarz Japonii przemawiał w języku dworskim, którego nie mógł używać nikt inny. Na całym świecie istnieją prywatne języki klas niższych, cockney, slang uliczny, gwara złodziejska, sformułowania zastrzeżone dla tajnych stowarzyszeń mające konfundować, drażnić i wykluczać niewtajemniczonych. W latach dwudziestych, w okresie tak zwanego renesansu harlemowskiego uznani czarni literaci Zora Neale Hurston, Wallace Thurman i Langston Hughes nazwali się Niggeratami.

Kontrowersyjny, prosty i przejmujący wiersz *Christ in Alabama* [Chrystus w Alabamie] Hughes napisał poruszony głośną potem sprawą tak zwanych chłopców ze Scottsboro, czyli dziewięciu czarnych nastolatków fałszywie oskarżonych o gwałt. Hughes ogłosił ten wiersz w 1931 roku, a potem wprowadzał do niego drobne poprawki, ale nigdy nie zmienił zakazanego słowa. Wiersz ten zaczyna się następująco:

Chrystus jest czarnuchem
Obitym jak pies.
Więc i ty obnaż grzbiet!

Tak oto bez względu na ortografię, bo przecież słowo to brzmi zawsze tak samo, czarni, obstając przy używaniu go w piosenkach, a także w powszednim życiu, dają do zrozumienia, że jest ono ich własnością, kulturowym wytworem należącym wyłącznie do nich. Raperzy stworzyli swego rodzaju wyłączone spod jurysdykcji kapłaństwo opartej na tym słowie wyjątkowości czarnych, zabiegając jednocześnie o białą publiczność i jej uznanie dla ich muzyki. Ale w Ameryce żaden biały nie może zacytować publicznie naszpikowanych żargonem tekstów piosenek raperów, nie narażając się tym samym na utratę pracy, publiczną niesławę i niechybne oskarżenie o podżeganie do nienawiści na tle rasowym.

Z czymże mamy tu więc do czynienia? Nie ze zwykłym obelżywym słowem, lecz ze złożonym przypadkiem słowa tabu. Pojęcie tabu adekwatnie wyraża aurę tego słowa, ponieważ głównym motywem ustanawiania polinezyjskiego tabu jest utrzymanie władzy. Na przykład hawajski – dzisiaj już zdelegalizowany – kodeks *kapu* zawierał normę zakazującą plebejuszowi (*maka'ainana*) wchodzenia w cień arystokraty (*ali'i*). Nawet cień osoby dzierżącej władzę uważano za święty i tym samym wymagający ochrony.

Podtytuł książki Jabariego Asima *The N Word* [Słowo na „n"] (2007), a mianowicie *Who Can Say It, Who Shouldn't, and Why* [Kto może to powiedzieć, kto nie powinien, i dlaczego], jest zwięzłą definicją słowa tabu i jego paradoksalnej natury, a samo dzieło Asima – pisarza, wykładowcy uniwersyteckiego i wydawcy – jest wyczerpującym studium na temat zastosowań tego słowa w odniesieniu do doświadczeń czarnych w Ameryce od początku XVII wieku do dzisiaj. Asim, podobnie jak Randall Kennedy, jest Afroamerykaninem. Wbrew prowokacyjnemu podtytułowi Asim ostatecznie dochodzi do wniosku, że to słowo jadowite, obelżywe, jątrzące i zasadniczo niecenzuralne. Nie traktuje go nawet jako słowa tabu. Randall Kennedy opowiada się za neutralizacją tego słowa poprzez używanie go w szczególny sposób i odrzuca żądanie jego eliminacji wysuwane przez oburzonych strażników moralności, których nazywa „karczownikami", a którzy postulują ocenzurowanie *Przygód Hucka* i wielu innych książek.

Jako człowiek biały inaczej oceniam status tego słowa. Sprawia ono na mnie wrażenie osobliwego i zrytualizowanego artefaktu, który stał się tabu. Oznajmienie, że to słowo tabu, jest jednym z narzędzi – jednym z bardzo niewielu narzędzi – władzy, jakich czarny może użyć wobec białego, karząc go za używanie słowa, którym on, czarny, zgodnie z szerszą i bardziej subtelną wykładnią tego zakazu, może bez ograniczeń się posługiwać. Zgodnie z tą wykładnią użycie tego słowa przez białego umniejsza, jeżeli nie poniża czarnego, ponieważ jest aktem naruszenia tabu i tym samym zakwestionowania władzy czarnego. Jako słowo tabu nie jest ono zakazane dla wszystkich, lecz tylko dla niektórych, podobnie jak w przypadku polinezyjskich tabu, które wiążą pospólstwo, ale nie arystokratów. Tabu ustanawiają ludzie żądni władzy, w tym wypadku czarni pragnący karać białych za używanie słowa, którego sami mogą używać. Gdyby to słowo było zwykłą rasistowską obelgą, to byłoby powszechnie zakazane. Niemniej, jak dowodzą piosenki rapowe, jest ono radośnie używane.

Z powodu tak skomplikowanego uwikłania społecznego słowo to ma dzisiaj większą siłę niż kiedykolwiek przedtem. A skoro historycznie i etymologicznie rzecz biorąc, jest słowem białych, warto zapytać, czy dawno temu, w czasach niewolnictwa i w okresie walki o prawa obywatelskie w połowie XX wieku, było używane na co dzień przez czarnych. Harriet Beecher Stowe tak uważała. Słowo to pojawia się niemal na każdej stronicy *Chaty wuja Toma*, wypowiadane zarówno przez niewolników, jak i przez ich właścicieli. Zacytujmy fragment rozmowy Ewy, córki właścicieli niewolników, z Topsy, dziewczynką niewolnicą.

> – Ale, Topsy, gdybyś tylko spróbowała być dobrą, to może…
>
> – I tak nie mogę być niczym, tylko czarnym smoluchem [*nigger*], choćbym była nie wiem jak dobra – odparła Topsy. – Jakby ktoś ze mnie zdjął skórę i zrobił mnie białą, to może bym wtedy spróbowała.
>
> – Ależ ciebie i tak można kochać, Topsy, choć jesteś czarna, Topsy. Miss Ofelia bardzo by cię kochała, gdybyś była dobra.
>
> Topsy roześmiała się krótkim i ostrym śmiechem, który wyrażał u niej niedowierzanie.
>
> – Myślisz, że nie? – spytała Ewa.
>
> – Pewnie, że nie. Ona mnie nie znosi, bo jestem czarnym smoluchem! Prędzej dotknęłaby ropuchy! Nikt nie może kochać czar-

nych smoluchów i smoluchy nic na to nie poradzą! Ale mnie wszystko jedno – dodała Topsy i zaczęła gwizdać*.

Można wątpić, czy Harriet Beecher Stowe, mieszkanka Północy, która przed napisaniem powieści nie zetknęła się bezpośrednio z życiem plantacji, wiernie oddała sposób mówienia czarnych. Ale i czarni bohaterowie Marka Twaina często używają tego słowa, podobnie jak u Margaret Mitchell. Chociaż na kartach *Przeminęło z wiatrem* słowo to pada setki razy, w ogóle nie pojawia się ono w adaptacji filmowej, gdzie na ogół zastępuje je *darky* (smoluch).

– Moja babka urodziła się w latach osiemdziesiątych XIX wieku, miała małą farmę i ciągle mówiła „smoluch" i „smoluchy" – opowiadał mi w wiejskim hrabstwie Hale w Alabamie biały mężczyzna w średnim wieku. – Kiedy dorastałem, większość innych białych w moich stronach mówiło *nigra*, ale bez cienia złośliwości.

Zakazane słowo występuje często w dziełach czarnych pisarzy, zwłaszcza Zory Neale Hurston, czego koronnym przykładem jest powieść *Mules and Men* [Muły i ludzie]. Najbardziej znana powieść Hurston, *Jonah's Gourd Vine* [Rycynus Jonasza], pierwotnie nosiła tytuł *Big Nigger*† [Wielki czarnuch].

* H. Beecher Stowe, *Chata wuja Toma*, przeł. I. Tuwimowa, J. Stawiński, Warszawa 1959, s. 345, 346.

† Carl Van Vechten, bliski przyjaciel Hurston, w 1926 roku ogłosił *Nigger Heaven* [Niebo czarnuchów]. Nowela Josepha Conrada *The Nigger of the "Narcissus"* [*Murzyn z załogi Narcyza*] pierwszy raz ukazała się w Stanach Zjednoczonych w 1897 roku pod tytułem *The Children of the Sea* [Dzieci morza], a w 2009 roku wydano ją pod tytułem *The N-Word of the Narcissus* [Słowo na „n" z Narcyza]. Nowela Ronalda Firbanka *Sorrow in Sunlight* [Smutek w słońcu] ukazała się w Stanach Zjednoczonych pod tytułem *Prancing Nigger* [Harcujący czarnuch], zaproponowanym przez Van Vechtena, który uznał tytuł oryginalny za mało atrakcyjny. Obecnie nowelę tę na ogół włącza się do zbiorów prozy Firbanka, które ukazują się pod tytułem *Valmouth* lub *Five Novels* [Pięć opowieści]. *Ten Little Niggers* [*Dziesięciu Murzynków*] (1939) Agathy Christie zamieniło się w *And There Were None* [*I nie było już nikogo*]. Satyryk i działacz społeczny Dick Gregory wydaną w 1964 roku autobiografię zatytułował *Nigger!* [Czarnuch!] [przyp. aut.].

Czarni z klasy wyższej, „kiedy zezłoszczą się na dzieci [...] rugają je, że zachowują się jak »zwykłe czarnuchy z ulicy«", czytamy w *Deep South* [Głębokie Południe], wydanym w 1941 roku sążnistym „socjologiczno-antropologicznym studium na temat kast i klas społecznych" w Natchez, które w tej książce nazywa się Starym Miastem. Badania terenowe przeprowadziło dwóch czarnych i dwóch białych uczonych z Harvardu, którzy przez dwa lata mieszkali w Natchez i robili obserwacje „z tego samego punktu widzenia i w sposób tak samo wolny od uprzedzeń jak inni antropolodzy [...] [wśród] krajowców w Nowej Gwinei, Indian Amazonii lub australijskich Aborygenów".

„Powinniśmy urządzić tańce na zaproszenie, żeby te zwykłe czarnuchy nie mogły wejść", powiada pewien czarny nastolatek z dobrze sytuowanej rodziny. „Te czarnuchy nie wiedzą, jak się zachować ani jak rozmawiać w przyzwoitym tańcu", dodaje inny.

Wśród opowieści zebranych w *Plain Folk in the New South, 1880–1915* [Prosty lud na Nowym Południu, 1880–1915] Idusa A. Newby'ego (1989) zamieszczono relację starego czarnego robotnika rolnego, który wspominał dawne dziecięce rymowanki.

I had a little dog,
His name was Dash.
I'd rather be a nigger
Than po'h white trash.

Miałem ci ja pieska.
Co zwał się Kwiecień.
Wolę być czarnuchem
Niż białym śmieciem.

I'd rather be a nigger
An' plow ol' Beck,
Than a white hill-billy
Wid a long red neck.

Wolę być czarnuchem
I dzień cały tyrać,
Niż być białym kmieciem,
W białym nosie gmyrać.

W świecie muzyki rapowej, swoistym mateczniku zakazanego słowa, raperzy z Północy zarzucają raperom z Południa naśladownictwo, jałowe powtarzanie fraz z ich piosenek, które są już *passé*. Południowy raper Percy Robert Miller, który używa ksywy Master P (i głównie na muzyce zbił majątek wart trzysta pięćdziesiąt milionów dolarów), odpowiedział na tę krytykę, rapując, że „nowojorskie czarnuchy" nazywają „południowych raperów ciulami", ale to oni „jumają nasz slang".

Na stacji benzynowej w Gadsden w Alabamie, gdzie spotkałem Wendella Turleya, słyszałem fragment piosenki Marcusa Deloreana Robertsa, który używa ksywy DeLorean. Jak sam oznajmił, piosenka *Southern Niggas* [Czarnuchy z Południa] jest wyrazem dumy czarnych. Brad Terrence Jordan, Teksańczyk używający ksywy Scarface, uważa się za „najprawdziwszego czarnucha, jaki kiedykolwiek robił południowy rap". Wśród jego bardzo popularnych piosenek są kawałki takie jak *Bitch Nigga* [Pieski czarnuch], *Funky L'il Nigga* [Ostry czarnuszek] i *Snitch Nigga* [Podły czarnuch]. Inny raper z Południa, J. Nics (*vel* Polar Bear Mack), bronił reputacji swojej i kolegów, tytułując jedną z taśm SNAS, co jest akronimem zdania *Southern Niggas Ain't Slow* [Południowe czarnuchy nie rapują wolno]. Według pewnego blogera piszącego o muzyce „odnosi się to do uwagi, że raperzy z obszarów na południe od linii Masona-Dixona nie dorównują raperom z Północy pod względem głębi lirycznej".

W lukratywnej branży muzyki rapowej samo to zakazane słowo wydaje się mieć wielką wartość pieniężną. Odnosząc się do wszechobecności tego słowa w rapie, czarny rolnik z Arkansas sarknął z niesmakiem:

– Klepią to w kółko wyłącznie dla forsy.

Płyta *2001*, utrzymane w stylistyce tak zwanego gangsta rapu dzieło Dr. Dre, zawierające kawałki takie jak *Bitch Niggaz* [Czarnuchy jak dziwki] i *Some LA Niggaz* [Git czarnuchy z L.A.], sprzedała się w nakładzie ośmiu milionów egzemplarzy. Dr. Dre, którego prawdziwe nazwisko brzmi Andre Romelle Young, w wieku czterdziestu dziewięciu lat został pierwszym miliarderem wśród raperów.

Pieniądze windują status raperów nie tylko w ich społeczności, lecz również w tak szacownym środowisku akademickim jak The Ivy League. Podczas gdy podróżowałem po stanach południowych, w prestiżowym Instytucie imienia W. E. B. Du Boisa Uniwersytetu Harvarda ustanowiono stypendium naukowe imienia Nasira Jonesa, przeznaczone dla badaczy i artystów zajmujących się hip-hopem. Jak czytamy na stronie internetowej Instytutu Archiwizacji i Badań nad Hip-Hopem, zadaniem tej placówki jest „działanie na rzecz rozwoju wiedzy, sztuki, kultury i odpowiedzialnego przywództwa za pośrednictwem hip-hopu".

Raperska ksywa Nasira Jonesa brzmi Nas. Oto kilka wyimków z tekstów Nasa, za pośrednictwem których harwardzki badacz może rozwijać wiedzę, sztukę, kulturę i odpowiedzialne przywództwo. W *Last Real Nigga Alive* [Ostatni żyjący prawdziwy czarnuch] Nas przestrzega: „*There's more shit than wanting to be this King of New York shit*" [Bardziej czniam, niż pragnę całego tego gówna Króla Nowego Jorku]. W *The Message* [Przesłanie] jedno z przesłań głosi: „*You freak niggas played out, get fucked and ate out*" [Wy miętkie czarnuchy jesteście już zgrani, wyrypani i wylizani]. W *Patience (Sabali)* [Cierpliwość (*Sabali*)] Nas pochwala światowe życie, bogactwo, posiadanie wielkich dóbr ziemskich, bo dzięki temu człowiek siedzi w pierwszym rzędzie i może „*watch niggas play the game like Lakers*" [patrzeć, jak czarnuchy grają w kosza jak Lakersi]. Ale poglądy Nasa w tej sprawie są chyba niesprecyzowane, bo w *Ether* [Eter] potępia bogaczy za to, że „*y'all niggas deal with emotions like bitches*" [wy wszystkie czarnuchy igracie z uczuciami jak dziwki].

W ten sposób raper Nasir Jones stał się jednym z filarów społeczności harwardzkiej, jego wymyślone imię i wulgarne teksty weszły w krąg kultury akademickiej, a władze uczelni szczycą się współpracą z nim. Jest bogaty, może rapować i cieszy się przelotną sławą w Harvard Yard. Nieźle, jak na gościa z brooklyńskich blokowisk, który w ósmej klasie rzucił szkołę.

Kiedy pojawił się komunikat o uhonorowaniu Nasa przez szacowną uczelnię, dziennikarze i krytycy zajmujący się rapem uznali to za zły omen. Poszedłbym o krok dalej. Fakt, że Harvard ufundował katedrę zajmującą się hip-hopem i uznał rap oraz hip-hop za przedmioty pracy badawczej, świadczy moim zdaniem o ich zmierzchu, jeżeli nie o upadku. Kiedy jakakolwiek forma sztuki – muzyka, książka, dramat, piosenka – staje się przedmiotem badań seminaryjnych, przestaje być siłą. Analiza naukowa to wiwisekcja, więc naukowe badanie sztuki, wszelkiej sztuki – choćby obscenicznego i kalekiego jazgotu i bełkotu rapu – pozbawia ją życia.

Ale nawet jeżeli rap i hip-hop się kończą, właśnie taka muzyka, takie uczucia i taki język – dekonstruowane, przyswajane i sławione przez harwardzkich profesorów, którzy udają, że babranie się w wulgaryzmach to praca naukowa – tworzą klimat lwiej części dzisiejszej czarnej Ameryki i krzewią się bujnie w czarnych regionach Głębokiego Południa. Mimo to zawsze wzdrygam się na ich dźwięk i na dźwięk zakazanego słowa.

CZĘŚĆ DRUGA

Zima: „Urodzeni dzisiaj nie wiedzą, jak było"

Słuchaj, obcy człowieku; to byłam ja; ja sama

wydrapane na szybie przez Cecylię Farmer,
William Faulkner, *Requiem dla zakonnicy*,
przeł. W. Niepokólczycki

Dziesięć stopni mrozu

Za oknem mojego domu na Cape Cod wisiały sople niczym rząd przerośniętych kryształowych marchwi. Ziemię okrywała gruba warstwa styczniowego śniegu, chrupiącego, dziobatego, stwardniałego, wyglądającego miejscami jak porowaty plaster wyschniętej piany morskiej porzucony przez odpływ pośród wodorostów, śniegu, który leży tak długo, że człowiek przywyka do najścia świata nieproszonej bieli, zakapturzonego zbuntowanego pejzażu skrzącego się w zimowy poranek w wątłym blasku niechętnego wschodu słońca. Samo okno było w połowie pobielone misternymi rycinami mrozu.

Ostry wiatr wystrugał ze śniegu piękne formy niczym rzeźbione draperie, zebrał je w fałdy, zarzucił na dom, okutał szarfy i zawoje na żylastych pniach starych drzew. Długi podjazd również pobielony, tyle że granulowany i przecięty równoległymi śladami kół, dwiema ciemnymi koleinami, w których łyskał glazurowany lodem żwir. Ranek wstał pogodny, bezchmurny, ale zimny. Dziesięć stopni mrozu, cichutkie i widoczne trzaskanie w powietrzu, niczym wyładowania elektryczne w neuronach umieszczonych w kryształkach lodu, zimowa cisza zmącona jedynie chrypliwym rejwachem uczynionym przez wrony, które spłoszone chrzęstem śniegu pod moimi butami i odgłosem zatrzaśnięcia drzwi samochodu poderwały się z gałęzi drzew, otrząsając z nich śnieżne guzy i bandaże.

Ale bez przesady. Zimowy pejzaż, który przyjemnie jest obserwować i opisywać, jeszcze przyjemniej było pożegnać, i dlatego używam wszystkich tych przesadnych słów, ukazując go niczym baśniowy świat, co jest kliszą, której próbowałem uniknąć. Ta przesada wynikała z sytuacji, z nastroju pożegnania. Ulga związana z wyjazdem nieraz podsuwa obłudne pochwały i przesadzone wyrazy wdzięczności. „Wielkie dzięki! Wspaniale się bawiłem! Żal odjeżdżać!". A w rzeczywistości marzłem i miałem tego dość. „Zakapturzony"? „Zbuntowany"? „Wiatr wystrugał"? „Rzeźbione draperie"? Mniejsza z tym. Pragnąłem czym prędzej wyrwać się z zimna i pognać szosą w dal.

Wyruszyłem dziarsko w słońcu na południe, a gdy dotarłem na południowo-zachodni kraniec Connecticut, zwał ciemnych burzowych chmur o czole tak tępym i chropawym jak lico szuflady w starym biurku zasunął się nade mną, gasząc światło, jak gdybym wjechał pod stół, a w dali złowieszczo bielała ściana. Niebo New Jersey opadło na poziom dachu mojego samochodu i zaczął sypać śnieg, drobne zwiewne płatki, których tumany wirowały nad szosą, wzbijane przez pędzące pojazdy. Co pewien czas mijałem samochody unieruchomione przez kolizje, stojące na poboczu niczym potrzaskane zabawki. W wieczornych ciemnościach Delaware śnieg spływał z góry majestatycznie wielkimi płatkami w świetle ulicznych latarni. Potem padał deszcz ze śniegiem, szosa zrobiła się czarna i śliska, ale w całej północnej Wirginii wiodła wśród zasp.

Po przejechaniu prawie tysiąca kilometrów w sypiącym śniegu zatrzymałem się na noc w motelu przed Richmond, a nazajutrz rano ruszyłem ku słońcu, zadowolony, że znowu jestem na ciepłym, nawet jeżeli zimowobrunatnym Południu.

Tym razem wiedziałem, dokąd jadę.

Lumberton

W ostrym i obiektywnym świetle słońca w Karolinie Północnej mój samochód oblepiony szarymi smugami soli i błota z drogowej brei, która wyschła i zostawiła zeskorupiały osad, miał podejrzany i złachany wygląd pojazdu uciekiniera z innego stanu. Zajechałem więc do Lumberton, żeby go umyć.

Kiedy zbliżyłem się do wrót myjni, za którymi czekały kapiące spryskiwacze, z boku podszedł stary mężczyzna w wojskowej czapce i ruchem ręki dał mi znak, żebym się zatrzymał. Ująwszy ogarek papierosa w szczypce dwóch zażółconych palców, wyjął go z ust i pochylił się ku mnie.

– Niech pan nie korzysta z tej myjni – powiedział.

– Zamknięta?

– Nie, sir. Otwarta – rzekł. Zaciągnął się papierosem, trzymając go między palcami.

– Pan tu pracuje?

– Nie, sir, ale mówię panu, że to niedobra myjnia – oznajmił i zaciągnął się ze dwa razy. – Niech pan skorzysta z tej kawałek dalej. Zawróci pan i pojedzie tam. Widać ją z drogi – tłumaczył i znowu na chwilę wetknął ogarek do ust, żeby się zaciągnąć. – Wiem, że nie mówię dobrze. Robię, co mogę, ale nie mam wykształcenia, bo jestem Lumbee. Wie pan, kim są Lumbee?

Usłyszawszy to, zrezygnowałem z mycia samochodu, zajechałem na parking i następną godzinę spędziłem przy kawie z tym mężczyzną, Robertem Locklearem z Lumberton. Chudy, ziemisty, wyglądał niezdrowo, obwisła twarz nałogowego palacza pożłobiona zmarszczkami, idąc, podpierał się laską. Ubrany był w kurtkę zbyt grubą jak na miły słoneczny dzień, przypuszczałem więc, że ma kłopoty z krążeniem. Gdyśmy znaleźli ławkę, na której przysiedliśmy z kawą, milczał, jak gdyby speszony tą sytuacją. Mnie zaś zrobiło się smutno, gdy spojrzałem na jego żółtą, wychudzoną, tragiczną twarz.

Zapytałem o wojskową czapkę polową z napisem „Kombatant – Zaszczytna Służba", którą miał na głowie.

– W sześćdziesiątym ósmym i dziewiątym byłem w Wietnamie, naprawdę gorące lata, w Pleiku, na Płaskowyżu Centralnym, rzut kamieniem od Kambodży i Laosu. Tak blisko, że mogliśmy iść tam pieszo. Czasem chodziliśmy i mieliśmy kłopoty. Ale dałem radę. Wróciłem tutaj i nic się nie zmieniło. W Lumberton panowała segregacja, nie tylko czarnych i białych, lecz również Lumbee. Większość Locklearów to Lumbee, jak widzą moje nazwisko, od razu wiedzą, kim jestem i skąd. Więc wykształcenie. Zawsze z tym miałem problem. Nie mogłem chodzić do białej szkoły i nie wpuścili mnie do czarnej. Bo jestem Lumbee. Lumbee mieli się uczyć w kościele. Wszyscy Lumbee mają kościoły, a w każdym kościele jest szkoła, ale nie nauczyłem się wiele. Niech pan na mnie spojrzy. Nie mam nic. Nadawałem się tylko do wojska. Mogli mnie utłuc w Wietnamie. I za co? Dzisiaj segregacja jest taka sama jak dawniej, a wtedy było strasznie. W 1958 z Alabamy i Missisipi przyszedł Ku Klux Klan i palił krzyże w hrabstwie Robeson. Lumbee traktowali tak samo podle jak czarnuchów, zwłaszcza jak przyszli tutaj. Ale wtedy natarliśmy na Klan, daliśmy im łupnia i uciekali prawie goli.

Nawiązał do incydentu, który jak później ustaliłem, nazwano bitwą nad Hayes Pond. W roku, o którym wspomniał Locklear, Wielki Smok Ku Klux Klanu nazwiskiem James „Catfish" Cole zorganizował akcję palenia krzyży w okolicy Maxton, trzydzieści parę kilometrów od Lumberton. Grupa członków Klanu została zaatakowana przez znacznie liczniejszych uzbrojonych i rozzłoszczonych Lumbee, którzy ostrzelali intruzów, pobili ich i przepędzili w zarośla na mokradłach otaczających pobliskie jeziora Maxton i Hayes. Jako że dzieje Lumbee to właściwie długie pasmo klęsk, owo zwycięstwo odniesione nad Klanem dało asumpt do ustanowienia plemiennego święta, które Lumbee co roku uroczyście obchodzą. Lumbee zostali wciągnięci na urzędową listę rdzennych Amerykanów, ale nie dostają pomocy finansowej, ponieważ ich pochodzenie i rodowód nadal budzą wątpliwości.

– Kiedy dorastałem, nie mogłem nigdzie jechać, z powodu segregacji. Lecz spójrz pan, nie jestem czarny. Jestem Lumbee – mówił Robert Locklear. – Ale Martin Luther King jest moim bohaterem, i tak samo James Brown. Ludzie tu nienawidzili Lumbee. Nadal nienawidzą. Mój kuzyn ożenił się z niebieskooką blondynką i ona tu przyjechała, i myślała, że wszystko będzie dobrze. Tak, jeśli człowiek jest doktorem albo adwokatem, to może ma się dobrze, ale kiedy ona wyjmowała w Walmarcie kartę kredytową, tak że widzieli, że nazywa się Locklear, to traktowali ją bardzo źle, bo myśleli, że jest Lumbee. Pomieszkała trochę i czuła się tak nieszczęśliwa, iż wyjechała.

Robert Locklear zgasił papierosa, po czym zdjął czapkę z napisem „Zaszczytna Służba", wywrócił ją na drugą stronę i pokazał mi, wskazując kciukiem metkę.

– Spójrz pan na to – powiedział. – Dotknij pan. Z zawodu jestem tkaczem, robiłem tu materiały, ale zamknęli tkalnię i przenieśli produkcję za granicę. Tu już nic nie zostało. No i spójrz pan na tę metkę, widzisz pan: „Made in Vietnam". I spójrz pan, co napisano na czapce, „Kombatant", a to jest mój ośrodek dla weteranów.

Pokazał naszywkę z nazwą i adresem biura i przychodni dla niepełnosprawnych kombatantów w Lumberton.

– Poszedłem tam do lekarza. Źle sypiam. Mam złe sny o Wietnamie i o Klanie, i w ogóle. Władze USA dały mi tę czapkę, bo jestem kombatantem, *a ta czapka jest zrobiona w Wietnamie*!

Siedząc z nim na ławce, próbowałem go jakoś pocieszać, ale byłem tylko przejezdnym obcym, który notował jego słowa. Po chwili milczenia jak gdyby przypomniał sobie moje wcześniej zadane pytanie.

– Nie wiem, co będzie. Jedno gorsze od drugiego. Prawie mnie utłukli w Wietnamie, a teraz nie mam nic i noszę tę czapkę, zrobioną tam, a ludzie tutaj nadal nienawidzą Lumbee. Niech pan to zapisze. *Nic się nie zmieniło* – powiedział, chwycił mnie za nadgarstek i nerwowo oblizał usta. – Mam *koszmary*.

Boczne drogi

Z Lumberton, gdzie w końcu umyłem samochód, przywracając mu kolor, ruszyłem bocznymi drogami do Karoliny Południowej i na znajomą pustą trasę numer 301, drogę końca świata, która wiedzie pośród spalonych moteli, opuszczonych stacji benzynowych w stylu *art déco* i osmalonych skorup restauracji. Ale nawet mimo zapuszczenia droga ta wyrażała przemożnie ducha tej krainy, podobnie jak najlepsze bilbordy, z których jeden głosił: „Uwierz w Pana Jezusa – odpowiedzieli mu – a zbawisz siebie i swój dom. Dz 16, 31".

– Tu nigdy nie pada śnieg – powiedział pewien mężczyzna w Santee.

– Spadło trochę dziesięć lat temu – dodała jego żona.

Słonecznie, ciepło, miło, wiosennie w styczniu na bocznych drogach w Lowcountry. Przyjemność mąciły tylko budy i skorodowane przyczepy mieszkalne, wokół których walały się plastikowe zabawki i zdezelowane rowery. Poza tym nic, ani śladu przemysłu. Ot, bieda na wiejskim Południu, zepchnięta na margines niczym osad.

Niedzielny poranek w Sycamore

Z Orangeburga przez Bamberg dotarłem do trasy numer 641, zwanej Drogą Konfederacji, która zaprowadziła mnie w pobliże Allendale, do Sycamore na drugą wizytę w kościele Sług Objawienia wielebnego Johnsona. Nabożeństwo zaczynało się o jedenastej, więc miałem trochę czasu do zabicia. Kilku mężczyzn piło poranną kawę w Hardee's przy Railroad Avenue. Dwie inne restauracje w niedziele nie działały.

– Niech pan siada – powiedział jeden z mężczyzn, więc przyłączyłem się do nich, w sumie dziesięciu siedzących przy stołach. W większości starsi, ubrani niedbale, a jedyny młody, mniej więcej trzydziestoletni, o imieniu Barrett, wystrojony w ciemny garnitur, wkrótce powiedział, że czas na niego. Zabierał matkę do kościoła.

Zostali Sam, Freddy, Harold, Mose, Buddy, Clarence, Rewall, Charlie i Henry, który ze dwa razy powtórzył, żebym nazywał go Sonnym. Wszyscy miejscowi, jak powiedzieli, dawniej pracowali w rozmaitych fabrykach w Allendale i okolicy, ale wszystkie z nich polikwidowano.

– Urodziłem się tutaj w 1946 – mówił Sonny Bryant – lecz przez większą część życia pracowałem gdzie indziej, głównie w Atlancie, potem jeszcze w Waszyngtonie. Wróciłem kilka lat temu. Mieszkam pod Ulmer z dziadkami. Nie ze strony Bryantów, lecz Jenkinsów, dziadek ma na imię Henry, a babcia Sular. Sular to imię afrykańskie. W dzieciństwie wszyscy zbieraliśmy bawełnę. Odkąd skończyłem sześć lat, zbierałem z całą rodziną. Babcia była niesamowita. Zawsze bardzo nas odsadzała. Jako dziesięciolatek i potem zbierałem nawet dwieście pięćdziesiąt kilogramów dziennie, po mniej więcej dolarze za kilogram. Akurat ta bawełna należała do pana Kirklanda i do pana Bessa.

Tak, bawełniane wspomnienia. Gdziekolwiek byłem na Głębokim Południu, starsi ludzie opowiadali o zbieraniu i pieleniu bawełny, jak to w czasach przed pojawieniem się kombajnów spędzali całe dnie w polu, ciągnąc za sobą długi na prawie trzy metry wór na bawełnę. Każdy pamiętał, ile zbierał. Dwieście pięćdziesiąt kilogramów, którymi chwalił się Sonny, to ilość niewiarygodna. W latach trzydziestych James Agee ustalił, że dorosły mężczyzna zbierał przeciętnie sto dziesięć kilogramów dziennie, a kobieta od siedemdziesięciu do dziewięćdziesięciu kilogramów. Większość tych, którzy opowiadali mi o zbieraniu bawełny, jako swoje dzienne zbiory podawała mniej więcej takie wartości.

Sonny obstawał jednak stanowczo przy swojej ćwierć tony bawełny dziennie. Opowiedziawszy o tym, jak ważnym ośrodkiem było dawniej Allendale, o prosperity, któremu kres położyło otwarcie drogi międzystanowej numer 95, o wytwornych restauracjach, o życiu nocnym i o swoich sukcesach w szkole – „Aż do liceum chodziłem do czarnych szkół. Pilnowano wtedy segregacji. Człowiek niejedno widział" – wspomniał, że w końcu wyrwał się z Allendale do Atlanty, gdzie odmalował dom Martina Luthera Kinga.

– Spotkałem go w Atlancie. Rozmawiał ze mną tak, jak ja teraz rozmawiam z panem. Zlecił mi odmalowanie domu. Malowania nauczył mnie dziadek Bryant, który zajmował się tym tutaj. Dziadek grał też na gitarze. Nauczył mnie grać bluesa.

– Był więc pan malarzem grającym bluesa? – zapytałem.

– Nie, sir. Pracowałem jako serwisant bojlerów zatrudniony przez władze miejskie Waszyngtonu. Nie było mnie tutaj czterdzieści lat. Zajmowałem się jeszcze wieloma innymi rzeczami.

Odniosłem wrażenie, iż chce, żebym go o nie zapytał, więc zapytałem.

– Na przykład kokainą – powiedział Sonny. – Nie tylko brałem, lecz również sprzedawałem i gotowałem. Mieszałem z sodą oczyszczoną. Widziało się niesamowite rzeczy. Ale sam pan widzi, że wyszedłem z tego. Crack, paliłem go przez lata, całe lata! Cieszyłem się każdą minutą.

– Powie mi pan czemu?

– Powiem panu czemu. Człowiek czuje, że ma skrzydła. Myśli, że może latać!

– Crack, niezły towar, tak?

– Ale to trucizna, tak samo jak mnóstwo innych najlepszych rzeczy. Rzuciłem to czternaście lat temu i od tamtej pory nie wziąłem ani razu. Obracałem się wśród takich, co brali, ale tylko patrzyłem, sam już nie brałem. Po prostu skończyłem z tym. Potem wróciłem tutaj, do domu. W ogóle nie powinienem był wyjeżdżać.

Reszta mężczyzn słuchała opowieści Sonny'ego, a gdy skończył, jeden z nich, Sam, powiedział:

– Może i poznałeś Martina w Atlancie. Ale w życiu nie zebrałeś ćwierć tony bawełny w jeden dzień.

„Kochamy cię – i nic na to nie poradzisz!"

W niedzielny poranek boczne drogi były puste, puste i piękne na skraju krzaczastych pól bawełny, błotnistych nieraz i pełnych kałuż po wczorajszym deszczu, który przygniótł krzewy do ziemi i sprawił, że dojrzałe kłaczki – białe włoski zwane lokami – nasiąkły i zwisały z otwartych torebek nasiennych. Mokra ziemia parowała w porannym słońcu, wysokie drzewa stróżowały na miedzach pól, pasły się krowy. Poczerniałe od słońca cedrowe chatki o gankach z surowych, szorstkich desek, kryte zmierzwionym już gontem, kuliły się w zagajnikach wielkich buków.

Przejechałem przez Ulmer i znalazłem kościół, pragnąc posłuchać znowu wielebnego Virgina Johnsona, który podczas poprzedniej wizyty wydał mi się prawdziwą krynicą mądrości, nadziei i humoru. Kawałek dalej, po drugiej stronie szosy w stosunku do kościoła czarnych, znajduje się swoisty zbór białych, a mianowicie obóz stowarzyszenia Sons of Confederate Veterans (Synowie Żołnierzy Konfederacji) w Barker's Mill. Ustawiona przy drodze tablica informacyjna upamiętnia miejscową milicję, która

2 lutego 1865 roku starła się z oddziałami generała Francisa Prestona Blaira juniora, działającymi na skrzydle wielkiej ofensywy generała Williama Tecumseha Shermana, zwanej „marszem ku morzu". Unioniści szli przez te rolnicze tereny, łupiąc i paląc gospodarstwa. Bitwa koło Barker's Mill powstrzymała zaledwie na jeden dzień marsz zwycięskiej armii, opóźniając przeprawę przez Jackson Branch, rzeczkę płynącą na południowy wschód. Na tablicy wspominano o potyczce, zwłoce unionistów, przegranej konfederatów, a więc znak ten upamiętniał w istocie klęskę. Mimo to potomkowie kombatantów nadal zbierali się w tym obozie, gdzie na maszcie powiewała flaga Konfederacji.

– Na Południu mamy kościół na każdym rogu – powiedział wielebny Johnson, kiedy jesienią spotkałem się z nim w Orangeburgu i zaprosił mnie na nabożeństwo w swojej świątyni.

W tamtą styczniową niedzielę na błotnistym placu przed kościołem parkowało przeszło sześćdziesiąt samochodów, a w przedsionku uściskano mnie na powitanie i poproszono o wpis do księgi gości. Kilku starszych mężczyzn w starannie odprasowanych garniturach i pod krawatami w stonowanych barwach przywitało się ze mną, przedstawiając się jako kościelni i diakoni. Jeden z kościelnych poprowadził mnie do środka, gdzie kobieta w falbaniastej sukience i w wielkim białym kapeluszu rytmicznie kładła rozcapierzone palce na klawiszach organów, wydobywając z nich poruszającą muzykę jako akompaniament do żarliwego kazania głoszonego przez kobietę w fioletowej sukni. Kościelną salę wypełniało około trzystu osób, w większości kobiet i dzieci.

Nad podwyższeniem wisiała mająca kształt zwoju tablica ze złotym napisem: SŁUDZY OBJAWIENIA – OBJAWIAMY ŚWIATU SŁOWO BOŻE – KOCHAMY CIĘ – I NIC NA TO NIE PORADZISZ!

Przywiodło mi to na myśl znak, który zelektryzował Henry'ego Millera podczas jego opisanej w *Klimatyzowanym koszmarze* podróży po Stanach Zjednoczonych w 1940 roku. DOBRA NOWINA! BÓG JEST MIŁOŚCIĄ! Gościłem w domach południowców, głównie biednych, bywałem w ruchliwych lombardach i hałaśliwych knajpach. Wiele mi powiedziały. Jarmarki broni objawiły mi utajone na co dzień gorzkie poczucie klęski. Dzięki tym doświadczeniom zrozumiałem coś z ducha Południa. Ale poczucie wspólnoty wiejskiego Południa pojąłem dopiero w kościele. Kościół jest tam więcej niż kościołem, jest prawdziwym sercem – witalnością i nadzieją – społeczeństwa.

Kiedy to zrozumiałem, poczułem żywo, jakim barbarzyństwem są zamachy na kościół, które zdarzały się często w dziejach Południa. Jeden z najstraszniejszych zamachów miał miejsce prawie pół wieku temu, 15 września 1963 roku w Birmingham w Alabamie, w kościele baptystów przy Szesnastej Ulicy, gdzie bomba podłożona przez Ku Klux Klan zabiła cztery dziewczynki i raniła dwadzieścia dwie inne osoby. Ten kościół był nie tylko świątynią, miejscem spotkań przyjaciół, szafarzem pomocy materialnej i duchowej, lecz również ośrodkiem działalności obrońców praw obywatelskich i rzeczników aktywizacji czarnych wyborców. Zamach na niego umocnił determinację obrońców praw obywatelskich, stworzył męczenników i bohaterów i w rezultacie przyśpieszył uchwalenie ustawy o prawach obywatelskich.

Zamach na kościół ma zniszczyć wspólnotę wiernych, ale jest aktem desperackim. Kościoły zawsze odbudowywano, a wspólnoty stawały się silniejsze, ponieważ zamach jednoczył je wokół zaatakowanej instytucji będącej szafarzem nadziei, godności, miłości, pocieszenia, braterstwa i rady. Na Południu kościół odgrywa nieporównanie większą rolę niż gdziekolwiek indziej w Stanach Zjednoczonych, choćby w moich stronach. Kościół na Południu jest tak samo ważnym ośrodkiem życia społecznego jak meczet czy inne świątynie w Indiach lub Afryce.

Krótko po rozpoczęciu nabożeństwa ogłoszono moją obecność, przedstawiając mnie z imienia, które zaczerpnięto z księgi gości („Jest dzisiaj z nami pan Paul, który przyjechał z Bostonu"). Nastąpiła przerwa w obrzędach, w trakcie której niemal wszyscy zgromadzeni, mężczyźni i kobiety, młodzi i starzy kolejno się ze mną witali, bądź to podając rękę, bądź obejmując. Wszyscy odświętnie ubrani, kobiety w atłasach, mężczyźni w eleganckich garniturach, nawet dzieci wiercące się w fotelach lub ganiające się w przejściach – wystrojone. Podchodząc do mnie, wielu uśmiechało się, wyciągało ramiona, po czym ściskało mnie serdecznie.

– Witaj, bracie.

Jeden z diakonów odczytał ogłoszenia o działalności kościoła w nadchodzących tygodniach, wydarzeniach duchowych, społecznych, kulinarnych, akcjach dobroczynnych, wycieczkach, odwiedzinach w sąsiednich wspólnotach. Potem znów rozbrzmiała podniosła muzyka i przez niemal godzinę chór kobiet w jedwabnych sukienkach śpiewał i nauczał, a jedna z nich zaśpiewała bluesową pieśń będącą opowieścią o jej życiu, o wszystkich zgryzotach i o odnowie duchowej, od czasu do czasu przerywając tę melodyjną narrację wykrzyknikiem: „Dzięki Ci, Panie!".

Wszystko to było przygotowaniem, pierwszym aktem, w trakcie którego wierni zajmowali miejsca, wypełnionym muzyką czekaniem na maruderów i spóźnialskich. Kiedy kościół się zapełnił, z podobnego do tronu fotela w głębi podwyższenia uniosła się znajoma, odziana w ciemny garnitur postać Virgina Johnsona juniora, mecenasa i pastora w jednej osobie; trzymając wysłużoną Biblię w prawej ręce, gestem nakazującym uwagę uniósł lewą rękę i zaczął nauczać. Tylko powierzchownie przypominał człowieka, którego spotkałem na ulicy w Orangeburgu i który okazał życzliwość obcemu. W tamtą niedzielę był kaznodzieją przemawiającym władczym głosem, a wypowiadane z południowym zaśpiewem frazy brzmiały chwilami wzruszająco żarliwie.

– Posłuchajcie mnie dzisiaj, bracia i siostry – zaczął i uniósł Biblię, żeby z niej czytać. – „Dla Boga bowiem nie ma nic niemożliwego", głosi werset trzydziesty siódmy rozdziału pierwszego Ewangelii według Świętego Łukasza. „Wszystko jest możliwe dla tego, kto wierzy", czytamy w wersecie dwudziestym trzecim rozdziału dziewiątego Ewangelii według Świętego Marka.

Proste, jasne stwierdzenia niosące nadzieję, pocieszenie i ukojenie w niepewnym świecie. Wielebny powtórzył je i dał wiernym chwilę na przetrawienie tych słów.

– I rozważmy fragment dziewięć–jedenaście z rozdziału dwudziestego Księgi Jeremiasza – podjął wielebny spokojnym i krzepiącym głosem. – „Wiem, że Boży plan jest planem ku waszemu dobru, nie zaś zginieniu". – Nie wiedziałem, czy kaznodzieja cytuje, czy parafrazuje Jeremiasza. Nie miało to znaczenia, lecz skoro przede mną leżała Biblia, sprawdziłem wskazane miejsce i przekonałem się, że parafrazował. „Ale Pan jest przy mnie jako potężny mocarz; dlatego moi prześladowcy ustaną i nie zwyciężą. Będą bardzo zawstydzeni swoją porażką, okryci wieczną i niezapomnianą hańbą", przeczytałem. Wielebny brał odpowiedzialność za zgromadzonych jako autorytet, egzegeta, szafarz otuchy.

– Powiedzcie swojemu sąsiadowi: Bóg ma dla ciebie plan!

Kobieta w rzędzie przede mną, mężczyzna obok mnie, a nawet stojący trzy metry dalej operator kamery wideo kolejno zawołali radośnie, obwieszczając dobrą nowinę:

– Bóg ma dla ciebie plan!

– Dzieci Izraela uprowadzono w niewolę do Babilonu – ciągnął wielebny, podnosząc głos. – Prorok Jeremiasz wysłał do nich list, w którym pisał – tu kaznodzieja pochylił się ku nam i powoli wypowiadał z naciskiem każde słowo – w którym pisał: „Nawet jeżeli wydaje wam się, że życie wasze legło w gruzach, wkrótce na dobre się odmieni! Nie rozpaczajcie, nie zamartwiajcie się. Nawet jeżeli wasza sytuacja nie wygląda pomyślnie, wszystko będzie dobrze!". Tak pisał Jeremiasz. I ja przychodzę do was, żeby powiedzieć, że wszystko będzie dobrze! – zawołał. Gestykulując, przewracając z szelestem bibułkowe stronice Biblii, mówił: – Nie ma znaczenia, co się dzieje. Jeżeli jesteś złączony z Bogiem, wszystko będzie dobrze. Moje życie nie zależy od pogody ani od tego, czy prezydent jest dobry, czy zły. A czemu? A temu, że zdałem się na Jezusa! Bóg cię nie zawiedzie! Przemówił Jeremiasz do dzieci Izraela w Babilonie, w najgorszej niewoli, poddanych najgorszemu uciskowi, i co im rzekł? „Wszystko będzie dobrze! – powiedział – Bóg znajdzie wyjście! Bóg się tym zajmie! Ufajcie!".

Niektóre kobiety jęły wołać:

– Tak! Dzięki Ci, Jezu!

Wiele osób wstało, klaskało i śpiewało.

– Są wśród nas zniewoleni w duchu, zniewoleni w życiu i w nałogach. Nieważne! Bóg mówi nam: „Daję wam przyszłość i nadzieję. Daję wam jutro lepsze niż dzisiaj!". Albowiem wy widzicie tylko dzisiaj. Ale Bóg widzi przyszłość!

– Powiedz! Powiedz!

– Przygotujcie się, albowiem poznacie przyszłość. Bóg mówi: „Wytrwajcie, a będzie wam dane!".

– Tak, Panie! Ufamy!

– Bóg ma dla ciebie plan. Ten plan ma trzy cechy. Po pierwsze, Boży plan nie musi być zgodny z twoim planem. Poddaj się Bożemu planowi.

– O, tak! Chwalmy Pana!

– Po drugie, możesz nie rozumieć Bożego planu. Ale bądź posłuszny temu, co Bóg ci powie. Możesz myśleć – wielebny Johnson zawiesił głos i przybrał grymas niezrozumienia – „Czemu mnie to spotyka?" – uśmiechnął się i pochylił nad pulpitem. – Musisz być cierpliwy. Nie śpiesz się, bo wszystko poplączesz! Myśl, a zrozumiesz!

– Pomyśl o orle i sępie w czasach głodu. „Nie zwykłem czekać!", powiada orzeł. A co mówi sęp? „Ja nawykłem do czekania", mówi. Po prostu czekaj! Po trzecie bowiem, Bóg ma swój czas! Jego czas i twój czas mogą się różnić.

– Chwalmy imię Pana!

Wiele osób wtedy już stało, kołysało się, krzyczało, a grająca na elektrycznych organach kobieta w wielkim białym kapeluszu pochylała się i uderzała potężne akordy. Dołączył do niej mężczyzna grający na cymbałach i gitarzysta, który odchylony w tył, szarpał struny elektrycznego instrumentu.

Nauczający wielebny Johnson przypominał mi każącego w Wielką Niedzielę wielebnego Shegoga („Oto posiadłem pamięć na krew Baranka") z części Dilsey („Widziałam pierwsze i ostatnie"*) *Wściekłości i wrzasku* Faulknera, a gdy przemawiał najbardziej żarliwie i kolokwialnie zarazem, wydał mi się prawdziwym prorokiem przekazującym słowa Boga i jego orędzie nadziei oraz miłości, tak samo jak biskup Palmer w Tuscaloosie, który mówił z identyczną niezachwianą pewnością jak prorocy Jeremiasz i Izajasz, których cytował.

Kiedy wielebny Johnson zawołał: „Oto słowo Pańskie!" – miało to sens, ponieważ rzeczywiście wydawał się natchniony, wyglądał

* W. Faulkner, *Wściekłość i wrzask*, przeł. A. Przedpełska-Trzeciakowska, Warszawa 1971, s. 416, 420.

niczym wieszcz lub prorok, całym sobą wyrażał wiarę, nadzieję i przesłania: „Nie śpiesz się", „Bóg ma plan" i „Nie ustawaj".

– Co Jeremiasz rzekł dzieciom Izraela? Wszystko będzie dobrze!

Wtedy na dobre rozbrzmiała muzyka i cały kościół rozkołysała pieśń. Podawano sobie koperty, wsuwaliśmy do nich banknoty, a chodzący w przejściach mężczyźni w białych rękawiczkach zbierali je do dużych koszy. Dalej śpiewano, a ja wziąłem Biblię, żeby przeczytać ustęp z Księgi Przysłów, który dawno temu zapadł mi w pamięć: „Tych sześć rzeczy w nienawiści ma Pan, a siedem budzi u Niego odrazę: wyniosłe oczy, kłamliwy język, ręce, co krew niewinną wylały, serce knujące złe plany, nogi, co biegną prędko do zbrodni, świadek fałszywy, co kłamie, i ten, co wznieca kłótnie wśród braci" (Prz 6, 16–19).

Słowa, którymi warto kierować się w życiu.

Potem znowu się uściskaliśmy i gęsiego wyszliśmy w słońce, rozradowani. Dzieci prześlizgiwały się pomiędzy nami i wybiegały w przód niczym rozbrykane szczenięta.

Szczęściarz

Nazajutrz gdzieś na bocznych drogach przemknąłem przez rozwidlenie i przegapiłem skręt do Orangeburga. Kiedy zjechałem na pobocze, żeby zawrócić, spostrzegłem sklep, właściwie szopę schowaną pod rozłożystym drzewem o nagich gałęziach, a na niej ręcznie malowany szyld: U SZCZĘŚCIARZA. NAPRAWA BRONI. Z zardzewiałego blaszanego komina unosiła się wełnista smuga dymu, którą porywał chłodny wietrzyk.

Przekonałem się, że faceci zajmujący się bronią to na ogół gaduły. Zwykle mają pretensje do władz, wyrażają stanowcze opinie na temat natury ludzkiej i zbrodni, czują się upokorzeni i wyzyskiwani. Facet ze spluwą to facet z misją.

Zaparkowałem więc i zaszedłem.

Mężczyzna w czarnym kowbojskim kapeluszu, w wysmarowanej koszuli i grubej kamizelce siedział za stołem roboczym, na którym leżały części pistoletu, ale nigdzie nie dostrzegłem ani jednej kompletnej sztuki broni. W utytłanych smarem rękach mężczyzna trzymał mechanizm spustowy.

– Czym mogę służyć?

– Szukam drogi do Allendale.

– Tam – mężczyzna machnął mechanizmem spustowym. – Prosto jakieś dziesięć kilometrów. Za stacją benzynową w lewo. I znowu prosto.

– Dzięki. Pan jest Szczęściarzem?

– Aha. Jestem Szczęściarzem.

– Sprzedaje pan broń?

– Naprawiam. Brak mi forsy, żeby mieć coś na składzie.

– A więc nie ma pan broni?

Uśmiechnął się.

– Mam mnóstwo broni. W domu, o tam.

– Myślał pan o tym, żeby coś z tego sprzedać?

Zastanawiał się przez chwilę, wcale długą, jak gdyby przeglądał w wyobraźni pokaźną kolekcję.

– Mam klawą czterdziestkę piątkę, którą właściwe postanowiłem sprzedać.

– To wielka spluwa.

– Wielka i przydatna – rzekł i odsunął się z krzesłem. – Przyniosę ją.

– Nie jestem zdecydowany – powiedziałem.

– Rzuci pan okiem. Bez zobowiązań.

Przez zachwaszczone pole poszedł do dużego, niszczejącego domu, nad którym zwieszały się gałęzie wysokich drzew, a ja przysiadłem w warsztacie pośród części rozebranych pistoletów. Prócz tego tylko kilka słoików po dżemie wypełnionych zardzewiałymi śrubkami, blaszana tacka z tłustymi od smaru małymi narzędziami, jakiś katalog, kalendarz i piecyk opalany drewnem, który wydawał z siebie trzaski i pohukiwanie.

Po kilku minutach mężczyzna wrócił i podał mi pistolet. Objąłem grubą kolbę, poczułem śmiercionośny ciężar. Porysowany, poobijany, najwyraźniej nikt się z nim nie pieścił.

– Dzięki, za duży dla mnie – powiedziałem.

– Tego nigdy pan nie wiesz, póki nie wypróbujesz – stwierdził.

– A gdzie mógłbym to zrobić?

– Tam – odparł, otworzył drzwi i przeszedł obok rozprutej kanapy i przewróconej beczki, z której wysypały się puste puszki po oliwie. Ruszyłem za nim. Nosił wysłużone kowbojskie buty i wysoko podnosił nogi, przestępując śmieci.

– Ile za tę spluwę?

– Trzysta. Ale najpierw ją pan przestrzelaj – co mówiąc, wyjął z kieszeni koszuli nabój wielkości orzeszka ziemnego, a w każdym razie taki mi się wydał. – Celuj pan tam – pokazał wysoki na jakieś dwa metry stos starych opon do ciężarówek. Znajdowaliśmy się nie dalej niż piętnaście metrów od szosy, po której przejeżdżały pojazdy, ciężarówka, autobus szkolny, motocykl z wysoką kierownicą prowadzony przez faceta, który siedział z nogami wyciągniętymi jak na fotelu u fryzjera. Wyczuwałem dozę szaleństwa w otoczeniu biednych domów. Ale stałem tam ze Szczęściarzem, który zachowywał się życzliwie i miał kawał spluwy.

Nie załadował magazynka, lecz wsunął nabój do komory i podał mi pistolet.

– Celuj pan w środek, w najgrubszą część.

Uczyniłem tak, trzymając pistolet oburącz w taki sposób, żeby odskakujące suwadło nie urwało mi kciuka. *Bum*, strzeliłem i podczas gdy w głowie rozległ się huk, pistolet zrobił się nieważki i podskoczył.

– I jak?

– Fajnie. Ale nie potrzebuję takiej wielkiej spluwy.

– Każdy potrzebuje takiej spluwy, albo większej – rzekł i wsunął następny nabój do komory. – Poślij pan jeszcze parę kulek, kolego.

Strzeliłem drugi raz, i trzeci. Potem on oddał dwa strzały, dziurawiąc leżącą w stosie opon puszkę po coca-coli. Zapytałem, jak to się dzieje, że kiedy on strzela, pistolet ani drgnie. Pokazał, że naciska spust w sposób prawie niedostrzegalny, dzięki czemu broń się nie porusza.

– Skąd ma pan to imię czy ksywkę, Szczęściarz?

– Nie od tatusia. Od innych – odparł z jakąś smętną miną. – Człowiek sam nie nazwałby się Szczęściarzem.

– Fajna ksywka.

– Gdyby jeszcze była prawdziwa – rzekł ze śmiechem. Zważył w ręku pistolet, trzymając go jak niebezpieczną zabawkę, którą w istocie jest taka broń. – No, ile pan da?

Zamiast odpowiedzieć na to pytanie, zmieniłem temat. Zapytałem go o Allendale.

– Ciężko tam – powiedział. – Ale tu wszędzie jest ciężko – zaraz dodał z uśmiechem. – Nie mam forsy, nigdy nie miałem, zasuwałem całe cholerne życie. Ale nikt nie ma forsy, nikt, kogo znam. Nie ma sensu narzekać. Lecz jak pan kupi tę spluwę, wpadnie mi trzysta dolarów.

Odjechałem bez pistoletu. Czułem, że niepotrzebnie zająłem mu czas, i powiedziałem to. Po prostu zaszedłem, a to rzecz przyjęta na Południu. Dziwnie się czułem, waląc z wielkiego pistoletu tak blisko drogi, w stos starych opon, podczas gdy szosą przejeżdżały samochody. On nawet się nad tym nie zastanowił – przeszliśmy parę kroków i *bum, bum, bum*. Zgodził się, żebym zapłacił za amunicję.

– Niech pan znowu wpadnie. Postrzelamy sobie.

Powiedział, że ma mnóstwo broni. Spodziewałem się rozżalonego maniaka, a Szczęściarz, chociaż biedny jak wszyscy inni, okazał się całkiem normalnym facetem.

„Przyszłość to zwiędła piosenka"

Poprzednio w Allendale świeciło słońce, na ulicach pozdrawiali się ludzie, bawiły się dzieci. Miasto wydawało się zapadłą dziurą, ale ożywiali je pogodni mieszkańcy. W zimowy ranek niebo groziło deszczem, nikt nie spacerował po ulicach ani nawet nie siedział pod drzewami i Allendale wyglądało jak wymarłe. Przyjrzawszy się jednak jego zaniedbaniu, uznałem, że jest w istocie takie samo, że trzy miesiące nie przyniosły najmniejszej zmiany. Właśnie wtedy uzmysłowiłem sobie, że jeden z powabów podróży po stanach południowych polega na tym, iż zawsze mogę wrócić i podjąć trop tam, gdzie go porzuciłem, ponieważ na wiejskich terenach, które chciałem poznać, nic się nie zmienia. A jeżeli zachodzą jakieś zmiany, to raczej wolniutki dryf w przeszłość, niezatartą historię, bo „przyszłość to zwiędła piosenka"*.

Z powodu stagnacji i ubożenia ludzie – a przynajmniej wielu z tych, z którymi rozmawiałem – dobrze pamiętają przeszłość, jak się sprawy miały dawno temu i na co liczyli.

Czekał na mnie Wilbur Cave. Zadzwoniłem z drogi i zaproponowałem, żebyśmy zjedli lunch w tradycyjnej jadłodajni O Taste and See.

– Co słychać? – zapytałem przy pieczonym kurczaku z fasolką i chlebem kukurydzianym, kiedy Wilbur odmówił modlitwę.

– Ciągle to samo – odparł. – Próbujemy coś zmienić.

– Jeżeli to możliwe, chciałbym zajrzeć do paru domów, poznać ludzi, którzy skorzystali z waszego programu mieszkaniowego lub z innych form pomocy. Albo ludzi jeszcze w tarapatach.

– Zadzwonię do paru osób. Nic nie mogę zrobić, jeżeli się nie zgodzą – powiedział Wilbur.

Zapisał to sobie w notesie, a ja pomyślałem, iluż to ludzi łapałem za guzik w mym życiu podróżnika, do iluż drzwi pukałem, ile razy wściubiałem nos i obrywałem za natręctwo. I pomyślałem, że nawet w swoim kraju, wśród ludzi mówiących tym samym językiem i chociaż nie stwarzam najmniejszego zagrożenia, nie tylko potrzebuję pośrednika, lecz muszę się umówić. No tak, w gruncie rzeczy nie jestem jednym z nich, lecz obcym.

– A pan co porabiał? – zapytał Wilbur.

Odparłem, że niedawno uczestniczyłem w nabożeństwie w kościele wielebnego Johnsona, i ta zwyczajna wiadomość podsunęła nam wiele utartych tematów, takich jak religia, muzyka, kwestie rasowe, sprawa dostępu do broni, bezrobocie, bieda i brzemię historii.

– Jestem starszy od wielebnego Johnsona – powiedział Wilbur, a miał sześćdziesiąt dwa lata – więc w 1966 roku chodziłem do dziewiątej klasy liceum w Barnwell, a mieszkałem w Kline, trochę bliżej stąd. Szkołę tę można by uznać za zintegrowaną, przykład tego, co wielebny Johnson nazwałby „dobrowolną integracją".

* T. S. Eliot, *The Dry Salvages* [w:] tegoż, *W moim początku jest mój kres*, przeł. A. Pomorski, Warszawa 2007, s. 297.

Wtedy mówiło się o „wolności wyboru". Całkiem duża szkoła, a nas, Afroamerykanów, chodziło pięciu, ale w szkole przygotowującej do studiów byłem jedyny.

– Skoro reszta uczniów była biała, to musiał się pan czuć... No, właśnie, jak?

– Odseparowany – powiedział. – Jednak to wcale nie takie straszne. Rozmawia pan ze starszymi ludźmi, więc pan wie, że mieli gorzej. Należałem do drużyny lekkoatletycznej, biegałem setkę, dwieście, czterysta. Ustanowiłem rekord szkoły na dwieście, ale nie przetrwał do dzisiaj.

– Sport pozwala się wybić, zdobyć szacunek, prawda?

– Biegi są śmieszne – rzekł. – Nie to co koszykówka czy futbol. Mało kogo obchodzą. Człowiek nie zdobywa sławy tym, że szybko biega.

– Tak czy owak, przygotowywał się pan do studiów, więc pewnie musiał się pan przykładać do nauki. Czy nauczyciele pomagali?

– Niektórzy bardzo – odparł. – Nauczycielka angielskiego, panna Masuski, naprawdę dodawała ducha. Poprosiła, żebyśmy przeczytali wybraną powieść i zastanowili się, który fragment do nas najbardziej przemawia. Wyznaczonego dnia stawało się przed całą klasą i objaśniało ten fragment. Nie pamiętam, jaką powieść wybraliśmy, ale pamiętam, jak stanąłem przed wszystkimi i powiedziałem: „Ten fragment ma bardzo prostą wymowę. Wiemy więcej, niż nam się wydaje, że wiemy".

– Hm, to dobre. Podobało się?

– Panna Masuski klasnęła w ręce i zawołała: „To mój ulubiony fragment. Byłam zachwycona. Tyle dla mnie znaczy!".

Zjadł trochę, pogrążony we wspomnieniach.

– Ale różnie bywało – powiedział po chwili. – Pamiętam jeden mecz futbolu, gdzieś w 1967, u siebie. Graliśmy z Branchville, to za Bambergiem. Mieli w składzie Afroamerykanina, running backa. Był gwiazdą ich drużyny.

– Chciał pan zobaczyć, jak gra?

– Strasznie – rzekł Wilbur. – Zawieźli nas moi rodzice. Oglądaliśmy mecz, ale zamiast zostać do końca i znaleźć kogoś, kto nas podrzuci do domu, wyszliśmy wcześniej. Szliśmy drogą, gdy zauważyli nas biali w samochodzie i zaczęli gonić. Puściliśmy się biegiem!

– Pan nieźle biegał, prawda?

– Moja szybkość pomogła – powiedział. – Pognaliśmy w pole i w końcu długo leżeliśmy na ziemi w gąszczu soi.

– Kim oni byli?

– Oczywiście wiem kim. Wolę nie myśleć, co by nam zrobili, gdyby nas złapali.

– Pobiliby?

– O, na pewno, albo gorzej. Ale wie pan, naprawdę niewielu szukało draki. Większość zachowywała się porządnie. Na początku lat siedemdziesiątych na Uniwersytecie Karoliny Południowej studiowało dwadzieścia tysięcy białych i tylko kilkuset Afroamerykanów.

– I jak się pan czuł?

– Cóż, jak osoba niepożądana – odparł. Skończył posiłek i smętnie pokiwał głową. – Tak, będę to rozpamiętywał do grobowej deski.

Gdyśmy wracali do jego biura, które mieściło się w klitce w przenośnym domu postawionym opodal gmachu sądu, Wilbur opowiadał, jak wrócił do Kline, gdzie zdobył mandat do zgromadzenia ogólnego Karoliny Południowej, a po zakończeniu kariery politycznej zaangażował się w niekomercyjną działalność na rzecz rozwoju lokalnego w niedużej, ale prężnej firmie Allendale County Alive.

– Zajmujemy się głównie mieszkalnictwem, pomagamy konkretnym ludziom, indywidualnie.

W okolicy Allendale i Fairfax wyremontowali lub przebudowali około stu pięćdziesięciu domów. Ale istniały też inne potrzeby. W okresach chłodów, tak jak wtedy, ludzie potrzebowali grzejników, jedzenia, dachu nad głową, ubrania, pożyczki, żeby uchronić się przed zajęciem domu. Tymi sprawami zajmowały się inne agencje pomagające ludziom o dochodach niesięgających dwudziestu procent średniej krajowej.

– Dużo jest takich?

– Tylu, że nie wszystkim możemy pomóc.

Rozmowa o głodnych, bezdomnych, żyjących w nędzy, nieraz bez wody i elektryczności, rzeszy bezrobotnych przywoływała we mnie wspomnienia z Azji i Afryki, podobne rozmowy o finansach, nadziejach na lepszą przyszłość, ale i takie samo poczucie oddalenia od świata i lekceważenia. A przecież byłem w realnym świecie, w dotkniętym kryzysem mieście przy drodze, którą łatwo do niego dotrzeć stamtąd, gdzie mieszkam.

– Tak jak mówiłem, chciałbym porozmawiać z kilkoma osobami, którym pan pomógł.

Wilbur zadzwonił do swojego zastępcy i poprosił go, żeby postarał się umówić mnie z kilkoma rodzinami, którym pomogli, a może i z paroma takimi, które szukają mieszkania.

– Czy sami wszystko załatwiacie – zapytałem – czy podopieczni się włączają?

– Zainicjowaliśmy nowy program – odparł Wilbur. – Warunkiem otrzymania pomocy mieszkaniowej jest praca społeczna.

– O, to mi się podoba.

– Przygotowujemy katalog prac, które mogliby wykonywać. Sprzątanie śmieci. Czytanie dzieciom. Praca w schronisku dla bezdomnych. A może coś potrafią. Jeżeli tak, niech się tym podzielą. Chcemy zrobić z tego zasadę: coś dostajesz, więc musisz też coś dać.

Zadzwonił telefon. Wilbur odebrał i przez chwilę słuchał.

– Ludzie, z którymi chciał pan pogadać, mają kłopoty. Nie są gotowi. Może będą, jak pan znowu przyjedzie.

Gdyby działo się to w Zimbabwe, które tamta okolica bardzo przypominała, powiedziałbym, że sprawa jest pilna. Nie wiem, czy jeszcze tu wrócę. Na pewno nie da się nic zrobić? Ale nie byliśmy w Zimbabwe, więc rzekłem tylko:

– Trudno. Pewnie jeszcze do was wrócę.

Nieodzowny pan Patel

Wszystkie długo otwarte sklepy spożywcze, trzy stacje benzynowe i jedyny motel w małym i sennym Allendale należały do Hindusów, którzy nosili to samo nazwisko. Jak się przekonałem już podczas pierwszej wizyty, każdym z tego rodzaju przybytków rządził nieodzowny pan Patel.

Na jednej ze stacji benzynowych, zaniedbanej, ale ruchliwej, działał sklepik obwieszony ręcznie wypisanymi informacjami, gdzie prócz tanich T-shirtów, gumy, cukierków i piwa mieli cały regał opowiadających o czarnych i ociekających przemocą filmów na DVD. Jako że piwo sprzedawano na sztuki, na stacji roiło się od mężczyzn popijających z puszki lub z butelki w papierowej torbie. Zajechałem tam, żeby zatankować. Wszedłszy do środka, żeby zapłacić za paliwo, poczułem woń Wschodu, karmelową nutę kadzidła i mocny zapach curry, który można rozłożyć na wyciskające łzy wonie kardamonu, kurkumy i kozieradki. Pan i pani Patelowie.

– Przyjechałem tutaj dwa lata temu z Bharuć – powiedział mi pan Patel zza lady zagraconego sklepiku.

Bharuć to przemysłowe, nadrzeczne, mniej więcej półmilionowe miasto w stanie Gudźarat. Wielu hinduskich sklepikarzy, *dukawallah*, których spotykałem w Afryce Wschodniej i Środkowej, wskazywało Bharuć jako miasto rodzinne i przedstawiało się nazwiskiem Patel, które w Gudźaracie jest mianem jednej z kast uprzywilejowanych. Sklepik pana Patela w Allendale wyglądał wypisz wymaluj jak *duka* w Afryce Wschodniej. Półki z żywnością, piwem, tanimi ubraniami, słodyczami, sprzętem gospodarstwa domowego, srogi odręczny napis: NIE SPRZEDAJEMY NA KREDYT, i taka sama aura oszczędności przesycona wonią kadzidła i curry.

Pan Suresh Patel słabo mówił po angielsku, a może jego mamrotanie wynikało z faktu, że ciamkał *paan*, czyli zawinięte w liść betelu orzeszki areki, ulubiony przez Hindusów poobiedni środek na trawienie, który przeżuwają na miazgę. Taka prymka barwi zęby na czerwono, żujący ją człowiek ma gębę pełną rdzawoczerwonej pulpy i śliny, którą strzyka – i dlatego chodniki w Indiach nieraz upstrzone są ohydnymi, jakby krwawymi plamami.

W kraju pan Patel był aptekarzem.

– Dzwoni do mnie kuzyn i mówi: „Przyjedź. Jest dobry interes".

Pan Patel zapakował się z żoną i synem do samolotu, a po przyjeździe do Stanów kupił stację benzynową ze sklepem w Allendale. Kiedy się tam zjawiłem, jeszcze dwa takie przybytki znajdowały się w rękach innych Patelów. W bez mała stupięćdziesięcioletniej historii miasteczka nie zdarzyło się, aby tego rodzaju interes należał do Afroamerykanina.

Tydzień wcześniej na stacji benzynowej przy trasie zwanej Five Chop Road pod Orangeburgiem spotkałem faceta nazwiskiem Evers.

– Biali sprzedają sklepy, stacje benzynowe i motele Hindusom – powiedział. Zajęty był jedzeniem, więc żując, podumał chwilę, przełknął i dokończył myśl: – Którzy już rządzą w tych branżach.

W domu czytałem o tej sprawie, więc co nieco wiedziałem. W 1999 roku na łamach „The New York Times Magazine" zjawisko to analizował dziennikarz i wykładowca Tunku Varadarajan. Powołując się na dane Asian American Hotel Owners Association [Stowarzyszenie Hotelarzy Amerykańskich Pochodzenia Azjatyckiego], podawał, że przeszło połowa amerykańskich moteli należy do osób o korzeniach hinduskich. Co ciekawe, większość hinduskich nabywców moteli nie miała żadnych doświadczeń hotelarskich. Wielu prowadziło przedtem sklepy w Afryce Wschodniej, inni zajmowali się rolnictwem w Indiach, a niektórzy, z czym się zetknąłem w Wirginii, korzystając z preferencji wizowych, przybyli do Stanów jako lekarze, a potem w jakiś sposób wyślizgali się z medycyny, żeby zająć się hotelarstwem.

Kiedy imigrant włoski otwiera pizzerię, Japończyk zakłada restaurację sushi, a Turek sprzedaje kebab, zachowuje się rozsądnie i standardowo, natomiast Hindus przejmujący motel robi rzecz na pozór szaloną. W Indiach jest tak mało hoteli dla zmotoryzowanych, że są one właściwie nieznane. Varadarajan uznał w istocie, że „amerykańskie motele stały się branżą, którą można nazwać nienormalną niszą etniczną", i tłumaczył, że ten wyszukany termin socjologiczny odnosi się do sytuacji, w której „określona grupa etniczna opanowuje dziedzinę gospodarki obcą jej kulturowo, geograficznie, a nawet rasowo". To szczególna odmiana zjawiska zwanego „komasacją zawodową", z jakim mamy do czynienia również w przypadku barów koreańskich w Nowym Jorku lub greckich smażalni ryb w znanej mi części Anglii.

Wydaje się, że hinduscy imigranci lgną do tego zajęcia dlatego, iż prowadzenie niesieciowego motelu (podobnie jak rodzinnego sklepiku) nie wymaga dobrej znajomości angielskiego, nie wiąże się z podległością amerykańskiemu szefowi, a wymaga jedynie gotowości do pracy przez wiele, wiele godzin. Jak na późniejszym etapie podróży tłumaczył mi inny Patel, hinduski imigrant nie otworzy restauracji, bo musiałby skosztować podawanych przez siebie potraw, co w przypadku dań z wołowiny nie wchodzi w grę, gdyż jako wegetarianin brzydzi się mięsem, a ponadto uważa krowę za zwierzę święte.

Pewną przewagę nad konkurentami zapewnia hinduski system rodowy. Hindus ma wielu krewnych, wielką rodzinę, co może być bardzo pomocne w sytuacji, gdy potrzeba zaufanego wspólnika albo pożyczki na rozkręcenie interesu. Badając ekspansję Hindusów w branży hotelarskiej, Varadarajan ustalił, że „siedemdziesiąt procent Hindusów prowadzących motele – a więc jedna trzecia posiadaczy amerykańskich moteli – nosi nazwisko Patel". Tak było w 1999 roku. Dzisiaj ten odsetek z pewnością jest jeszcze większy.

Opanowanie pewnej formy działalności gospodarczej przez grupę ludzi nienawykłych do tego rodzaju pracy wydaje się nieprawdopodobne. Próbując znaleźć porównanie, pomyślałem o *paanwala*, sprzedawcach liści betelu, tradycyjnym elemencie każdego miasta w Indiach, i wyobraziłem sobie, że osiemdziesiąt procent sklepików *paanwala* znalazło się w rękach amerykańskich baptystów nazwiskiem Smith.

Oczywiście wielką zachętą do prowadzenia moteli jest stały dopływ gotówki, ale jedna z największych zalet tego rozwiązania polega na tym, że motel zapewnia mieszkanie rodzinie właściciela. Tak samo jest w przypadku sklepików rodzinnych, gdzie właściciel mieszka z rodziną na zapleczu oddzielonym zasłoną z koralików, podobnie jak w *duka* w buszu w Afryce. Mieszkanie w miejscu pracy oznacza również brak przestojów i dojazdów. W motelach prowadzonych przez Hindusów rzadko widziałem niehinduskich pracowników, a jeżeli już, to na podrzędnych stanowiskach recepcjonistów i sprzątaczy. Typowy niesieciowy motel posiadany przez Patela jest zazwyczaj skromnym przybytkiem, nieraz tak zapuszczonym i tanim, że przystaje do przewrotnej reklamy z opowiadania Charlesa Portisa *Motel Life, Lower Reaches* [Motelowe życie, niższe sfery]: „Przed tym motelem powinny stać dwa znaki, które ukazywałyby się na zmianę: NIE CAŁKIEM NORA – W CENIE NORY".

Hindusi, a w szczególności Patelowie z Gudźaratu, tworzą jedną z subkultur Południa i im dalej się zagłębiałem w tę krainę, tym więcej ich spotykałem. Prawie zawsze prowadzili motel, długo otwarty sklepik lub stację benzynową, właśnie tak jak Suresh Patel w Allendale. Kiedy komuś o nich wspominałem, z reguły powiadał: – To jak *Mississippi Masala* [Amerykańska masala], film z 1991 roku. Rzeczywistość różni się jednak znacznie od filmu, który opowiada o wielkiej miłości między córką Hindusa będącego właścicielem motelu a Denzelem Washingtonem. Dyktator Idi Amin wypędził z Ugandy tę hinduską rodzinę, wskutek czego ojciec dziewczyny przenosi na czarnych z południa Stanów urazę, którą żywi wobec czarnych Afrykanów.

Wada tego filmu polega właśnie na założeniu, że ugandyjscy Hindusi chowają urazę wobec Afrykanów lub czarnych w ogóle. Mieszkałem wśród nich przez sześć lat i wiem, że są dumni z tego, iż uczestniczyli w walce o niepodległość Ugandy (dotyczy to również Hindusów w kolonialnej Kenii, którzy i finansowo, i przez doradztwo prawne, i przez nacisk antykolonialnej prasy przyczynili się do wyzwolenia kraju). Ugandyjscy Hindusi wiedzieli, że Amin to aberracja. Kilka pokoleń Hindusów urodzonych w Ugandzie nauczyło się sztuki przystosowania i dlatego potem tak dobrze adaptowali się w Wielkiej Brytanii. Nie peszył ich status obcych, wyzbyli się tylu hinduskich uprzedzeń, że zmuszeni do emigracji, wybierali nie Indie, lecz Wielką Brytanię, której na ogół nie znali. Niektórzy wrócili później do Ugandy, zajęli się tym samym, co robili przedtem, i doskonale prosperują.

Niemal wszyscy Hindusi, których spotkałem na Południu – jak Suresh Patel z Allendale, jak Hardeep Patel z Wirginii i jak większość Patelów i Desaiów, z którymi się zetknąłem w trakcie podróży – przybyli prosto z Indii, obawiali się nowego kraju, a otuchę czerpali z tradycyjnych cnót. Prawie wszyscy Patelowie, których poznałem, przywiązywali wagę do kasty, wzajemnie się popierali, byli pełni przesądów, uczuleni na różnice rasowe, nie znali miejscowej historii, czuli się nieswojo w obecności czarnych, odnosili się podejrzliwie do wszystkiego, co mogło zagrozić ich religii lub wyobrażeniom na temat czystości rasowej. Oni rzeczywiście mogliby powiedzieć nie, gdyby córka chciała wyjść za Denzela.

Niektóre z tych nietypowych nisz etnicznych, jakimi stały się amerykańskie motele przy bocznych drogach, prowadzono porządnie, świeciły czystością, ale wiele zapuszczono w stopniu naprawdę odrażającym. Motel przy drodze numer 68 opodal Collinsville w Alabamie, w którym spędziłem noc, zaliczam do najobrzydliwszych miejsc, w jakich zdarzyło mi się nocować, a dodam, że wiele razy w podróżniczym życiu nie miałem wyjścia i musiałem spać w podłej norze. W moim pokoju w Travelers Inn niezliczone brunatne chrząszcze wielkości dziesięciocentówki wpełzały na sufit, gromadziły się w jednym miejscu, skąd kupkami spadały mi na twarz, pac, pac, ohydna pościel sztywna od brudu z plamami cholera wie czego, materac wygnieciony, z dołem w środku, łazienka mająca wszelkie cechy womitorium i cuchnąca stosowną wonią, na podłodze koty kurzu – brud taki, że coś podobnego naprawdę rzadko trafia się w Afryce, w Chinach albo, skoro mowa o Hindusach, w Indiach. Kiedy wyraziłem swoje obrzydzenie („Wszystko mnie swędzi"), recepcjonista, pan Patel, uśmiechnął się wyrozumiale i rzekł z dumą, że wszystkie (brudne) pokoje są zajęte i nikt nie narzeka.

Ten Patel pracował jako recepcjonista, a poza tym studiował. Spośród wszystkich imigrantów, z jakimi kiedykolwiek się zetknąłem, właśnie Hindusi są mistrzami wpychania się bez kolejki na ścieżkę szybkiego awansu. Historia Hindusów na Południu nie jest jeszcze napisana. To historia sekretna, pełna podtekstów, szeptana, a publicznie obecna tylko okazjonalnie, gdy mający ambicje polityczne Amerykanin pochodzenia hinduskiego robi karierę, tak jak Piyush „Bobby" Jindal, gubernator Luizjany, lub Nimrata Randhawa (Nikki Haley), gubernator Karoliny Południowej. Obydwoje są dziećmi imigrantów pendżabskich, obydwoje nawrócili się na chrześcijaństwo, obydwoje związali się z prawicą republikańską, popierają karę śmierci i nie wierzą w sens opieki społecznej. Obydwoje odsunęli się od rodziców, którzy są tradycjonalistami i osobami odrobinę zbyt egzotycznymi, aby robiły dobre wrażenie na wyborcach z Południa, chociaż sikhowie i w ogóle wielu Pendżabczyków uważają się za lud indoaryjski.

Hinduscy sklepikarze i hotelarze, z których wielu ma już obywatelstwo amerykańskie, to niewątpliwie ludzie ciężko pracujący, ale niemal wszyscy trzymają się nadal hinduskich zasad kastowych, w tym zakazu kalania rasy, które napawa ich niewysłowionym wstrętem. Już podczas pierwszej podróży odniosłem wrażenie, że obecność Hindusów na wiejskim Południu stwarza osobliwie kolonialną aurę, która przywodzi na myśl Afrykę. Hinduskie sklepiki w zapadłych miasteczkach, byle jaki towar sprzedawany po wyśrubowanych cenach, miejscowi przykucnięci pod drzewami przy sklepiku – wszystko to nadaje niektórym częściom Południa jeszcze bardziej wyrazisty, smętny i beznadziejny charakter krainy Trzeciego Świata.

Daleko od świata

Wracając do Alabamy, bocznymi drogami przemierzyłem Georgię, zaczynając od drogi ewakuacyjnej z Allendale i radioaktywnej trasy obok ośrodka nuklearnego Savannah River Site. Wyłoniwszy się z Talladega National Forest na południe od Pell City, ruszyłem melancholijnymi w zimowej mgle pod szarym niebem podrzędnymi drogami numer 231, a potem 25, na upojną całodniową włóczęgę przez Childersburg, Wilsonville i Columbianę.

Przystanąłem przy lombardzie na rozstaju w Calerze i spytałem, czy mają na składzie broń.

– Mnóstwo, ale nie mogę panu sprzedać ani sztuki, bo jest pan spoza stanu – odparł sprzedawca.

– Więc co mam robić? – zapytałem, żeby go sprowokować.

Zadziałało tak dobrze, że aż się zawstydziłem z powodu swojej obłudy, bo facet autentycznie się przejął.

– No tak. Jesteś pan daleko od świata. Człowiek rzeczywiście potrzebuje spluwy w tych stronach. Niech mnie szlag trafi, jeżeli jeździłbym tutaj bez gnata.

– Ale mnie się tu wszędzie podoba.

– Są niedobre miejsca. Boże, strasznie mi przykro, że nie mogę panu pomóc.

Nie miał na myśli wąskiej drogi wijącej się przez lasy, gdzie pośród stosów kłód i hektarów pomarańczowych trocin przycupnęły biura przedsiębiorstw handlujących drewnem, ani farm hodowli bydła, ani Shelby Springs i jego zielonych stawów, ani plantacji bawełny. Musiał mieć na myśli owe nieoczekiwane siedliska, gniazda rujnacji, przyczepy i przenośne baraki, które wyglądały jak stare wielkie kartony po papierosach, rozpadające się domy i zwykłe szopy – oczywiste siedliska nędzy i głodu w pięknych lasach sosnowych. „Kraina jak z innego czasu", zanotowałem w smażalni kurczaków przy jakimś skrzyżowaniu, gdzie wdałem się w rozmowę z mężczyzną jadącym do Montevallo. Świeżo emerytowany żołnierz piechoty morskiej, który postanowił wstąpić do tamtejszej policji. Wybrał Montevallo ze względu na dzieci. Mają tam małe i porządne liceum, a miasteczko jest spokojniejsze niż Hoover, gdzie mieszka jego przyjaciółka.

Po wysokich, smukłych, jakby wygłodzonych sosnach w lesie Talladega, chatach i nędznych domkach na przedmieściach Greensboro, jadąc Main Street, miałem wrażenie, że wracam do domu.

Dar Rosenwalda

Piętnaście kilometrów na południe od Greensboro przy drodze lokalnej numer 16 stoi biały drewniany budynek, który przykuwa uwagę, chociaż jest nieco odsunięty od szosy. Niedawno odnowiony, pełni funkcję ośrodka kultury. Zapytawszy o niego, dowiedziałem się, że pierwotnie służył jako dwuizbowa szkoła dla czarnych, którą otwarto bodaj w 1917 roku, a fakt, który szczególnie mnie zainteresował, polega na tym, że szkołę tę prawie przed wiekiem zbudowano z inicjatywy chicagowskiego filantropa, który z jakichś powodów postanowił stworzyć instytucję oświatową dla czarnych w dalekim i kultywującym ścisłą segregację Greensboro, mieście bogatym w bawełnę, ale niechętnym idei uczenia czarnych czytać bądź przyznania im prawa głosu.

– To szkoła Rosenwalda. Zwaliśmy ją Emory School – powiedział wielebny Lyles, kiedy zaszedłem do jego zakładu fryzjerskiego w Greensboro, żeby o nią zapytać. – Chodziłem do niej od 1940. Połowę pieniędzy dała Sears, Roebuck & Co. Resztę dołożyli miejscowi. Moja matka też chodziła do szkoły Rosenwalda, tak samo jak ja. Czarni uczniowie i czarni nauczyciele. Jak pojedzie pan na południe drogą krajową numer 69, w okolicy Gallion natrafi pan na inną szkołę Rosenwalda, którą zwano Oak Grove.

Julius Rosenwald urodził się w rodzinie żydowskich emigrantów z Niemiec, założył firmę odzieżową, która wspaniale się rozwinęła, sprzedając za pośrednictwem Sears, Roebuck & Co. W 1909 roku został prezesem właśnie Sears, Roebuck & Co. W późniejszym okresie życia chciał zmieniać świat dzięki swoim pieniądzom i postanowił przeznaczyć część majątku na działalność dobroczynną. Przyjął dzisiaj powszechnie już stosowaną zasadę, że sensowne są tylko te w przedsięwzięcia, które w jakiejś części gotowa jest sfinansować strona zainteresowana. Przekonany o słuszności idei Bookera T. Washingtona, że rozwinięcie oświaty na wsi byłoby krokiem milowym, Rosenwald spotkał się z wielkim wychowawcą, a następnie założył Rosenwald Fund, czyli fundusz budowy szkół na wiejskim Południu, w tym wielu w hrabstwie Hale.

„W hrabstwie Hale wśród dzieci w wieku szkolnym na czworo czarnych przypada jedno białe", pisał w 1937 roku James Agee w artykule odrzuconym przez „Fortune", dla którego wtedy pracował, a ogłoszonym dopiero niedawno w formie książki zatytułowanej *Cotton Tenants: Three Families* [Połownicy pól bawełnianych: trzy rodziny]. „Skoro na szkoły murzyńskie nie przeznaczono ani centa – ciągnie Agee – takie ładne budynki jak ten [w Moundville] są możliwe, ale służą wyłącznie białym. Murzyni nadal tłoczą się po stu albo i stu dwudziestu w ogrzewanych piecem jednoizbowych budach, gdzie w przyzwoitych warunkach mogłaby przebywać jedna piąta tej liczby, o ile uszczelniono by ściany, dach i okna. Chyba nie może być inaczej, skoro jeden z ziemian, wyrażając zapewne panującą opinię, stwierdził: »Nie sprzeciwiam się edukacji czarnuchów, powiedzmy do czwartej, może nawet piątej klasy, ale nie dalej«".

Od 1917 roku do początków lat trzydziestych w piętnastu stanach zbudowano pięć tysięcy szkół. Rosenwald zmarł w 1932 roku, mniej więcej w czasie gdy kończono budowę ostatnich szkół, ale póki założony przezeń fundusz się nie wyczerpał, co nastąpiło w 1948 roku, finansowano z niego stypendia dla najbardziej obiecujących czarnych uczonych i pisarzy. Stypendystą Rosenwalda został młody Ralph Ellison, który dzięki temu wsparciu mógł ukończyć wydaną w 1952 roku powieść *Niewidzialny człowiek*, jedno z najważniejszych dzieł na temat przemocy i ucisku na tle rasowym w Ameryce. Stypendium Rosenwalda przyznano również fotografowi Gordonowi Parksowi, rzeźbiarce Elizabeth Catlett (która wiele lat później zaprojektowała monument upamiętniający Ellisona w Nowym Jorku), W. E. B. Du Boisowi, Langstonowi Hughesowi i wielu innym afroamerykańskim artystom i myślicielom.

Pierwsze szkoły budowane dzięki funduszowi Rosenwalda (przy zaangażowaniu społeczności lokalnej) były skromnymi, dwuizbowymi budynkami, takimi jak te w okolicy Greensboro, a pracowało w nich dwóch lub trzech nauczycieli. Powszechnie zwano je szkołami Rosenwalda, chociaż fundator sprzeciwiał się nazywaniu ich jego imieniem. W miarę rozwoju tego programu w latach dwudziestych zaczęto budować porządne, ceglane, wieloizbowe budynki szkolne o charakterystycznym bardzo prostym stylu. Wszystkie wyglądały podobnie, ponieważ wznoszono je według planów opracowanych przez Roberta R. Taylora i W. A. Hazela, profesorów architektury Uniwersytetu Tuskegee, którzy w 1915 roku ogłosili broszurę *The Negro Rural School and Its Relation to the Community* [Wiejska szkoła murzyńska i jej związki ze społeczeństwem].

Szkoły te odznaczają się między innymi dużymi oknami, żeby przyjmowały jak najwięcej światła naturalnego. Projektanci zakładali, że zostaną zbudowane na terenach wiejskich, najprawdopodobniej niezelektryfikowanych. Na planach pedantycznie opracowanych przez głównego zarządcę funduszu Rosenwalda, Samuela Leonarda Smitha, architekta i działacza oświatowego w jednej osobie, szczegółowo opisano kolory ścian, usytuowanie tablic i ławek, a i samą południową orientację budynku – służące jak największej absorpcji światła.

Chociaż Booker T. Washington zmarł w 1915 roku, zanim Rosenwald zaczął budowę szkół, uwzględniono jego idee, z których główna zakładała, że szkoła w zapadłej okolicy powinna spełniać wiele funkcji, służyć jako miejsce spotkań, ośrodek kultury, gdzie da się organizować koncerty czy prelekcje. Dlatego niektóre szkoły wznoszone przez fundusz Rosenwalda wyposażano w ruchome ściany działowe, które w razie potrzeby można składać, żeby stworzyć większe pomieszczenie.

Prosty biały budynek opodal Greensboro był już zabytkiem i gdyby wielebny Lyles nie wyjawił mi jego natury, a także osobistych związków z nim, nie miałbym pojęcia, że prawie sto lat temu pewien filantropijnie nastawiony obcy z Chicago – pokorny Żyd pragnący zachować anonimowość – próbował coś zmienić na amerykańskim Południu. Umożliwił naukę czarnym, a co więcej, dzięki stypendiom wypłacanym z założonego przezeń funduszu, wzbogacił literaturę amerykańską o klasyczne dzieła będące zapisem doświadczeń czarnych.

– Szkołę po części utrzymywali rodzice – opowiadał wielebny Lyles. – Musieli płacić uposażenia. Nie zawsze pieniędzmi. Słyszał pan o lekarzach, którym płacono kurczakiem za poradę? To prawda, tak się działo w Ameryce. Niektórym zamiast pieniędzmi płacono zbożem, orzeszkami ziemnymi lub innym towarem. W tamtych czasach nie dostawało się pieniędzy za pracę. Pieniędzmi zaczęto płacić dopiero w połowie lat czterdziestych.

Za naukę płacono w naturze. Wielebny Lyles, który pochodził z rodziny rolniczej, przynosił płody rolne wyhodowane przez ojca, kurczaki i jajka.

– A dlaczego pana szkoła nazywała się Emory School? – zapytałem.

– To imię nadał jej dżentelmen nazwiskiem Agnew – wolno i z sobie właściwą precyzją rzekł wielebny Lyles, a ja kolejny raz uzmysłowiłem sobie, że chociaż gdy z nim rozmawiałem, siedział zwykle w jednym z foteli swojego zakładu fryzjerskiego, który przylegał do prowadzonej również przez niego tradycyjnej jadłodajni, to przede wszystkim był kaznodzieją. – Ziemia w tamtej okolicy należała do pana Agnew i jego wspólnika nazwiskiem Tommy

Ruffin. Pan Agnew zgodził się dać ziemię pod budowę szkoły, jeżeli będzie ona nosić imię jego syna. Jego syn zmarł, a miał na imię Emory.

– Czy znał pan tego Emory'ego?

– Mój ojciec go znał. Ojciec i inni urodzeni w tamtych stronach pomagali przy budowie szkoły. A niedawno Pam Dorr i działacze z HERO doprowadzili do odnowienia budynku.

Zapytałem, czy uczestniczył w tej akcji.

– Nie w samych pracach renowacyjnych – odparł. – Ale jestem dumny, że miałem okazję przemawiać w trakcie uroczystego otwarcia domu kultury. Ojciec też byłby dumny. Był mniej więcej w wieku syna pana Agnew. Stara wiara, mój dziadek urodził się w 1850.

Odniosłem wrażenie, że się przesłyszałem. To z pewnością niemożliwe. Z niedowierzaniem zapytałem o tę datę.

– Nie inaczej, w 1850 – potwierdził. A zatem Booker T. Washington (1856–1915) był młodszy od dziadka wielebnego Lylesa. – Dziadek przybył tu z innych stron. Pamiętał czasy niewolnictwa i opowiadał nam o nich. Umarł, kiedy miałem trzynaście lat, a że urodziłem się w 1934, niewiele zabrakło mu do setki. Niech pan tylko policzy: w 1860 roku miał dziesięć lat. Był niewolnikiem, dlatego nosił nazwisko właściciela. Nazywał się Andrew Lyles. Później słyszał opowieści o wojnie secesyjnej i również mi je przekazał.

Miss Kwiatu Bawełny

W Greensboro przez pewien czas mieszkałem w pensjonacie Blue Shadows. Prócz na wpół zrujnowanego (a należącego do pana Patela) Inn Motel po drugiej stronie miasteczka, który najwyraźniej świecił pustkami, skoro nigdy nie widziałem ani jednego samochodu na parkingu, ani nikogo, kto wyglądałby na gościa, w Greensboro nie było gdzie się zatrzymać. Starszy pensjonat Muckle House przy Main Street zamknął podwoje. Najbliższy wolny od robactwa motel znalazłbym jakieś trzydzieści kilometrów stamtąd na południe, przy obwodnicy Demopolis.

Pensjonat Blue Shadows mieści się w dużym, cokolwiek pretensjonalnym domu usytuowanym na podobnej do parku parceli na rolniczych obrzeżach Greensboro, kawałek od rejonowego aresztu hrabstwa Hale. Umieszczono mnie w pokoju dobudowanym nad garażem, co mi odpowiadało, ponieważ dzięki temu byłem oddzielony od głównego domu i rozbrzmiewających w nim bez przerwy przebojowych melodii z musicali, ulubionej muzyki właścicielki.

Właścicielką i żyjącą samotnie mieszkanką pensjonatu była wiekowa wdowa i niegdysiejsza królowa piękności pani Janet May. Pisząc o niegdyś pięknej, wiekowej wdowie, samotniczce prowadzącej pensjonat w wielkim starym domu, zdaję sobie sprawę, że wkraczam na śliski grunt południowej groteski, jak gdybym przywoływał postać z powieści Carson McCullers. Na myśl przychodzi zwłaszcza *Ballada o smutnej knajpie* i mieszkająca samotnie w południowym miasteczku panna Amelia Evans, która przyjmuje do swojego domu tajemniczego garbusa Lymona Willisa, podającego się za jej kuzyna. Znosi on niewolę jej miłości, aż w przypływie nienawiści okrada ją, łamiąc jej serce. Janet May okazała się jednak kobietą życzliwą i szczodrą, chcącą się podobać, pozbawioną uraz, a ponadto podporą miejscowej wspólnoty metodystycznej i doskonałą kucharką.

Wcale się nie chwaliła, że kiedyś została królową piękności. Sam to przypadkiem odkryłem, kiedy myszkując w szafie w moim pokoju, na najwyższej półce znalazłem opatrzoną nazwiskiem panieńskim pani May nagrodę dla zwyciężczyni konkursu „Miss Kwiatu Bawełny – 1949". Na podstawie aluzji i odniesień do różnych wydarzeń wyliczyłem, że gdy u niej zamieszkałem, pani May miała osiemdziesiąt siedem lat, więc odczułem podziw wobec tego, jak dobrze radzi sobie z prowadzeniem pensjonatu, nawet jeżeli zachowywała się w sposób afektowany.

Przez kilka lat zaznała wystawnego życia w Nowym Jorku jako modelka agencji Powersa.

– Prezentowałam modę młodzieżową – opowiadała – bo byłam stosunkowo niska.

Pochodziła z Chattanooga, a wyszła za mąż i osiadła w Greensboro. Zamieszkała z mężem w domu Blue Shadows, gdzie wychowali pięcioro dzieci. Blue Shadows należał do rodu Mayów od kilku pokoleń, a mąż Janet, John, pracował jako pilot cywilny. Zmarł kilka lat temu. Janet nadal zatrudniała Elmirę, gospodynię, która od zawsze pracowała u rodziny Johna Maya. Janet kochała Elmirę i żywiła wobec niej wielką wdzięczność za pomoc, zwłaszcza w pierwszym okresie wdowiej samotności.

Elmirę otaczała cudownie tajemnicza aura Południa. Kilka lat temu wzruszona i wdzięczna Janet zapytała:

– Czemu jesteś dla mnie taka dobra, Elmiro?

Starsza czarna kobieta przerwała zamiatanie i rzekła:

– Pan May i ja byliśmy spowinowaceni.

Historię tę usłyszałem nie od Janet, lecz od kogoś z miasteczka, kto przysięgał, że to prawda. Pisząc to, znowu pomyślałem, że ta wymiana zdań wydaje się wyjęta z powieści na temat Południa.

Janet przypadkiem wspomniała, że jeden z jej synów rokrocznie spędza kilka miesięcy w Afryce jako wolontariusz zaangażowany w jakiegoś rodzaju działalność rozwojową.

– Pomaga ludziom.

– W którym kraju? – zapytałem.

– W Zambii – odparła.

Tłumiąc kpiący śmiech, rzekłem, że i samo Greensboro poniekąd wygląda jak miasteczko afrykańskie, że sypiące się domy, skupiska baraków i bud, brudne drogi, zabite deskami sklepy, prowadzone przez Hindusów stacja benzynowa i zjedzony przez mole Inn Motel, watahy bezczynnej młodzieży, charakterystyczny swąd dymu z drewna eukaliptusów gałkowych, dziwnie niemiła woń świeżo zaoranych pól, czerwone polne drogi, tartak żywo przypominają miejsca, które widziałem w Zambii. Czemuż więc jej syn nie odczuł potrzeby pomagania ludziom tutaj, w Greensboro?

– Dobre pytanie – przyznała Janet. – Ucieszyłabym się, gdybyś z nim porozmawiał. Sama się często nad tym zastanawiałam. Nie rozumiem, dlaczego się tak upiera przy wyjazdach do Afryki.

Poradziłem, żeby na następne urodziny sprezentowała synowi moją książkę *Safari mrocznej gwiazdy. Lądem z Kairu do Kapsztadu*.

Nie miałem wątpliwości, że syn Janet kierował się szczytnymi pobudkami. Wielu południowców jeździło do Afryki, żeby głosić wiarę i nawracać. W latach sześćdziesiątych często ich widywałem w głębi Malawi i Ugandy, zwykle kaznodzieję z żoną i niekiedy niedużą rodziną, mieszkających w domku przy kościółku wybudowanym w buszu z datków zebranych wśród wiernych w kraju.

W wydanej w 1966 roku i będącej swego rodzaju esejem na temat kościołów Południa książce *Deep South. Memory and Observation* [Głębokie Południe. Wspomnienia i obserwacje] Erskine Caldwell, którego ojciec był wędrownym kaznodzieją, zauważał: „Chociaż białych protestanckich misjonarzy wysyłano do Afryki, aby zbawiali pogańskie dusze czarnych tubylców, to w kraju obawiano się, że gdyby nasi Murzyni zanadto przejęli się duchem chrześcijańskiego braterstwa, to mogłoby im się przewrócić w głowach i nie daj Boże nie chcieliby dłużej zajmować przypisanej im podrzędnej pozycji, i zaczęliby bratać się z nami na niwie społecznej, politycznej i religijnej".

Pewnego dnia Janet powiedziała, że w jej kościele, First United Methodist, urządzają składkową kolację i że koniecznie powinienem z nią iść, ponieważ jedzenie będzie pyszne i będę mile widziany. Tamten wieczór miałem zajęty, bo umówiłem się z wielebnym Lylesem, ale propozycja Janet nasunęła mi pewne pytanie.

– Czy na tej kolacji będą też czarni?

– Och, nie, czarni nigdy nie biorą w tym udziału – odparła Janet. – Tutaj biali i czarni nie spotykają się na gruncie towarzyskim.

– Nawet w kościele?

– Paul – rzekła karcącym tonem, jak gdyby do głupka, a południowy akcent sprawiał, że reprymenda zabrzmiała niemal lekceważąco. – Oni mają swój kościół.

– Więc w ogóle nie ma mieszanych zgromadzeń?

Pokręciła głową.

– Sąsiedzi z tamtego domu uczą w czarnej szkole, ale wiem na pewno, że chociaż uczciwie uczą czarnych, to się z nimi nie zadają. Czarni nigdy nie byli u nich w domu. Przypuszczam, że to cię dziwi. Ale tutaj tak to wygląda.

Mówiła powoli, z pewnym wahaniem przeciągając słowa. Mimo wszystko coraz bardziej ją lubiłem i podziwiałem. Podziwiałem za to, że w tym wieku prowadziła pensjonat, dbała o zaopatrzenie, radziła sobie doskonale z planowaniem, gotowaniem, wszystko robiła sama i tylko w sprzątaniu, zmywaniu podłóg i odkurzaniu pomagała jej Elmira.

Odkurzanie wymagało zarówno czasu, jak zręczności. Dom był bowiem niesamowicie zagracony, pełen bibelotów, gipsowych świnek, tańczących żab, laleczek Betty Boop, pucharów golfowych, dowcipnych tabliczek i plakietek („*Shalom, Y'all*", głosiła tabliczka nad schodami), frędzli, wieńców bożonarodzeniowych, pamiątek z najróżniejszych miejsc – z Nowego Orleanu, Nashville, Disney World, plakatów filmowych. Do tego łeb jelenia na podkładce, koronkowe serwetki, dywaniki, tacki pod szklanki, malowane kubki, a nad tym wszystkim unosił się osobliwy zapach będący mieszaniną stęchłej woni starych dywanów i aromatu odświeżacza powietrza.

Mimo wszystko podziwiałem Janet za pogodę ducha, dzielność, grację i niezależność. Wiekowa kobieta obdarzona energią osoby o wiele młodszej i pracująca za dwie. Łatwo można by się z niej śmiać, szydzić z tego „Oni mają swój kościół", z wystudiowanego makijażu, różu na policzkach, rzęs wyciągniętych czarnym tuszem, purpurowej szminki. Ale to kobieta z innej epoki, co oznajmiała samą postawą, kiedy stojąc, przybierała pozę modelki Powersa, nieco przechylona w tył, jedną stopę wysunąwszy odrobinkę przed drugą, uniósłszy jedną rękę i dotknąwszy palcem policzka, tak że wyglądała jak leciutko wstawiona kokietka – prawdziwa Miss Kwiatu Bawełny.

Chwilami czułem się jak więzień, ale ów pensjonat zapewniał mi nieodzowny spokój. Potrzebowałem samotności, żeby zdawkowe notatki z obserwacji i rozmów przetwarzać na opisy i dialogi. Nie używałem magnetofonu. Codziennie rano przechodziła burza. Porywisty wiatr i ulewa gnały niepowstrzymane, chłoszcząc rolniczą równinę. Niesione wichrem ściany deszczu zrodzonego nad Missisipi zatapiały park pensjonatu Blue Shadows, przygniatając ku ziemi wielkie białe jaśminowce i hibiskusy. Wiatr tarmosił bezlistne gałęzie drzew, niebo przecinały błyskawice i przetaczały się gromy. Nawałnica wichru i wody dudniła wokół, burza całkiem odmienna od tych, jakie występują na Północy, a przywodząca na myśl monsunowe ulewy w Indiach, bo tak samo nagła, obfita i paraliżująca wszystko. Chlupot deszczu smagającego błotniste podwórko pensjonatu był zaiste azjatycki. Pozostawało jedynie czekać, siedzieć i przyglądać się, jak wiatr znęca się nad drewnianym szyldem Blue Shadows, bujając nim tak gwałtownie, że tylko patrzeć, aż go urwie. Burza uzmysławiała mi dobitnie, jak bardzo potrzebowałem tego schronienia.

„Urodzeni dzisiaj nie wiedzą, jak było"

Tamtego wieczoru, gdy w kościele metodystycznym odbywała się składkowa kolacja, zaszedłem do zakładu fryzjerskiego wielebnego Lylesa i rozmawiałem z nim o rozmaitych wydarzeniach w kościołach Greensboro, myśląc wciąż o zaproszeniu, które otrzymałem od Janet May. Wielebny wzniósł rękę gestem znaczącym, że szkoda gadać.

– Znam tutaj bardzo niewielu białych – powiedział bez goryczy, po prostu stwierdzając fakt, który miał mi uzmysłowić, że siłą rzeczy niewiele wie o tym, co się dzieje po drugiej stronie podziału rasowego, chociaż mieszka w Greensboro przez całe swoje siedemdziesiąt dziewięć lat.

Przecząco pokręcił głową, gdy zapytałem o wizytę w kościele białych.

– Nie jesteśmy mile widziani – rzekł. – Wiem z doświadczenia. Zdarzyło się to na pogrzebie, na którym bardzo chciał być mój znajomy, więc poszedłem z nim, żeby go wspierać. Kiedy weszliśmy, wszyscy się na nas patrzyli. „O, Boże", westchnąłem w duchu. „Lepiej wyjdźmy, bo będzie skandal", powiedziałem do znajomego. Wyszliśmy. Czterdzieści lat temu po prostu by nas nie wpuścili. Niespełna czterdzieści lat temu jakiś mężczyzna zamierzył się na mojego znajomego.

– W kościele?

– Zaraz za drzwiami – powiedział wielebny Lyles i podumał chwilę. – Każdy, kto to przeżył, pamięta. Mniej więcej na przełomie lat pięćdziesiątych i sześćdziesiątych zrobiło się w Greensboro gorąco, zaczęły się protesty. W 1962 i 1963 roku Greensboro trzy razy odwiedził doktor King. Przemawiał w afrykańskim metodystycznym kościele episkopalnym pod wezwaniem Świętego Mateusza i w kościele pod wezwaniem Świętego Łukasza.

– Potajemnie?

– O, tak, tak. W okolicy arsenału stoi dom, w którym w 1968 roku doktor King ukrył się przed Klanem.

Ten dom, zwany Safe House, czyli Kryjówką, mówi wiele o charakterze walki o prawa obywatelskie. To typowy lichy tak zwany *shotgun house*, czyli „dom na przestrzał". Dzisiaj mieści się w nim muzeum historii czarnych, w którym upamiętniono rzesze szeregowych bojowników o prawa obywatelskie i właśnie takie niedostrzegane miejsca jak ten nędzny drewniany domek, gdzie dzięki pomocy oddanych sprawie miejscowych nocą 21 marca 1968 roku Martin Luther King znalazł schronienie przed dybiącym na jego życie tłumem.

– Wiedzieliśmy, kiedy przyjedzie – opowiadał wielebny Lyles. – Mieliśmy kontakty. A w miejscach, gdzie przemawiał, panował taki ścisk, że można było tylko stać.

– Co mówił?

– Wzywał do niestosowania przemocy. Wzywał do rejestrowania się w punktach wyborczych. Mówił, żeby na ataki nie odpowiadać za pomocą broni. To już historia. Ale niech pan tylko pomyśli, minęło tyle lat, a w hrabstwie Hale sytuacja ciągle jest napięta. Z winy wielu różnych ludzi czarni i biali nadal nie ufają sobie nawzajem. Niedawno wybraliśmy Afroamerykanina na stanowisko sędziego do spraw spadkowych, a obecny burmistrz jest drugim Afroamerykaninem pełniącym ten urząd. To JB, Johnnie Washington, facet z tego samego pokolenia co ja.

– Poznałem go podczas poprzedniej wizyty – powiedziałem. – Rozmawialiśmy. Wspominał o tych problemach.

– Jest wielki podział – stwierdził wielebny Lyles. – Trzeba jednak pamiętać, że takie rzeczy nie zmieniają się z dnia na dzień, lecz bywa, że przez pokolenia. Integracja szkół wiele zmieniła. Kiedy dzieci chodzą do jednej szkoły, patrzą na życie inaczej niż te, które uczyły się osobno.

Zwróciłem uwagę, że ludzie na Południu witają się na ulicy – inaczej niż na Północy, gdzie obcy unikają kontaktu wzrokowego i nie pozdrawiają się.

– Musiałby pan tutaj zamieszkać, żeby to zrozumieć. Ludzi nieraz wiele dzieli, ale zbliżają się do siebie tym pozdrowieniem, tym dzień dobry. Pan i ja rozmawiamy ze sobą, nie to co dawniej, kiedy czarni i biali właściwie się do siebie nie odzywali. Pamięta pan mojego brata Benny'ego?

– Tak, służył w wojsku – powiedziałem. Poznałem go w jadłodajni wielebnego, gdzie jedliśmy wspólnie posiłek, a Benny opowiadał o pobycie na Północy.

– Tam daleko nie rozmawiałby pan z nim w zwykły sposób, to znaczy jak z białym. Nawet by się pan nie odezwał. To się zmieniło, kiedy czarni zaczęli pełnić funkcje publiczne, obracali się wśród innych ludzi, i oni uzmysławiali sobie, że mogą mieć podobne poglądy.

– A więc coś się zmienia?

– To i owo. Widziałem ogromne zmiany. Ale jeżeli coś ma się naprawdę zmienić, trzeba znaleźć ludzi, którzy przeprowadzą tę zmianę. Dlatego ktoś musi wyciągnąć rękę. Przede wszystkim trzeba znaleźć środki na dokonanie zmiany. Jak nie znajdzie się środków, to trzeba znaleźć człowieka, który ma to, czego trzeba. No, a jak ma to, czego trzeba, to musi jeszcze chcieć, żebym z nim pracował.

– Wydaje mi się, że pan zawsze był samodzielny, robił swoje.

– Zbudowałem ten dom, porządnie, z cegły. Zajęło mi to długie miesiące. Poszedłem do burmistrza po pozwolenie. Nie było łatwo. A kiedy dostałem pozwolenie, musiałem toczyć następne boje.

– A skąd wziął pan pieniądze?

– Nie było łatwo. Chodziłem od banku do banku. W końcu pewien bankier powiedział, że rozważy moją prośbę. Kiedy pożyczał mi pieniądze, oznajmił: „Wszyscy sądzą, że prędzej zdarzy się cud, niż że ty staniesz na własnych nogach w Greensboro". To był starszy mężczyzna. Biały. „Pewnie ci się nie uda", rzekł na pożegnanie.

– Ale udało się.

– Byłem fryzjerem. Bardzo chciałem mieć własny zakład. Kupiłem nowiuteńkie fotele. Widziałem zakłady fryzjerskie w innych miastach i powiedziałem sobie: „Chciałbym zobaczyć coś takiego w Greensboro".

– Ma pan innych białych klientów? – zapytałem, bo gdy poprzedniego dnia zaszedłem do jego zakładu, wielebny Lyles golił starszego białego mężczyznę. Widok ten zapadł mi w pamięć, ponieważ ten mężczyzna był nie tyle biały, ile różowy, pulchniutki i miał co najmniej siedemdziesiąt lat, a więc należał zapewne do miejscowej starej gwardii, a oto prawie leżał w mocno odchylonym fotelu, podczas gdy pochylony nad nim wielebny Lyles lśniącym ostrzem wielkiej brzytwy skrobał zarost na jego szyi, skupiony niczym buntownik Babo przy goleniu Benita Cereny na pokładzie San Dominicka, czego świadkiem w opowieści Melville'a był kapitan Delano. Takie przemożne skojarzenie wywołała we mnie ta scenka.

– Ten mężczyzna, którego pan widział wczoraj rano, był u mnie może piąty raz. A mieszka tu przez całe życie. Zmiana wymaga czasu. Biali przychodzą do mnie od dwóch, trzech lat. Czas to zmiany. Kiedyś mieli biały zakład fryzjerski przy Main Street. Ale już go nie ma.

– Był pan kiedy w tamtym zakładzie?

Wielebny Lyles aż się roześmiał, energicznie kręcąc głową.

– Człowieku, nie mógłbym nawet przed nim stanąć. Nie pozwoliliby na to, żadnego stania na chodniku, żadnego rozmawiania, nic, w czasach mojej młodości zaraz by mnie przegnali. Oto jakiej zmiany doczekałem.

– Co pan wtedy czuł?

– Gniew – odparł wielebny Lyles. Zmarszczył brwi, wspominając. – Kiedy więc zaczęła się rejestracja wyborców, należeliśmy do pierwszych. Ale skoro czarni i biali nadal nie rozmawiają ze sobą i nie mają wspólnej wizji, to będzie tak, jak jest. Zastój, zamykanie sklepów, bezrobocie. Mamy czarnych w radzie miasta i w radzie hrabstwa. W Kongresie reprezentuje nas czarna polityk Terri Sewell.

Terrycina Sewell, posłanka z siódmego okręgu w Alabamie, który w lwiej części leży w Czarnym Pasie, to doskonale wykształcona, podówczas pięćdziesięcioletnia kobieta urodzona w Huntsville, która dorastała w Selmie, gdzie jej rodzice mocno angażowali się w ruch na rzecz praw obywatelskich. Studiowała w Princeton, magisterium zrobiła w Oksfordzie, ukończyła też wydział prawa Uniwersytetu Harvarda. Przez dziesięć lat pracowała w kancelarii prawniczej na Wall Street, po czym wróciła do Alabamy jako wspólniczka firmy w Birmingham specjalizującej się w finansach publicznych. Po przytłaczającym zwycięstwie w wyborach w 2012 roku została pierwszą czarną przedstawicielką Alabamy w Kongresie.

– Obrońcy praw obywatelskich walczyli głównie o proporcjonalny udział we władzy – stwierdziłem. – Cel został osiągnięty. Dzisiaj głównym problemem są większe niż kiedykolwiek przedtem trudności finansowe. Co trzeba robić?

– Nasi przedstawiciele muszą usiąść i wspólnie się zastanowić nad najprostszymi pociągnięciami, które zmienią sytuację gospodarczą – powiedział wielebny Lyles. – Ale wielu ludzi w Greensboro odrzuca rozwój. Stare rodziny myślą konserwatywnie, a powiem panu, że wśród tych starych rodzin bardzo niewiele jest białych. Ludzie ci myślą w ten sposób, że jak do hrabstwa Hale przychodzi firma i proponuje uczciwe płace, to oni muszą żądać więcej za swoją pracę. No i to teren rolniczy, i chcieliby, żeby tak zostało. Bydło, soja, sumy.

Na wieży ciśnień w Greensboro wymalowano wielki napis: SUM BOGACTWEM ALABAMY. Niektórzy uważali, że właśnie hodowla suma jest kołem zamachowym miejscowej gospodarki, podczas gdy inni sądzili, że nadal powinny nim być plantacje. W 2002 roku dziennikarka Patricia Dedrick pisała na łamach „The Birmingham News": „Załoga Southern Pride [Duma Południa, gospodarstwo hodowli suma w Greensboro] składa się głównie z niewykwalifikowanych mężczyzn, samotnych matek i pensjonariuszy stanowej farmy więziennej w Faunsdale. Ponadto gospodarstwo dowozi autobusami Latynosów z Tuscaloosy i spoza niej, odliczając im od płacy koszt transportu". Płacono niewiele, a cały ten interes – zwłaszcza ze względu na pracę więźniów – bardzo przypominał peonaż, czyli formę wyzysku rozpowszechnioną w XIX wieku na całym Południu.

– Nadal hoduje się trochę suma – mówił wielebny Lyles. – Ale przed niespełna miesiącem znowu padło jedno gospodarstwo. To bardzo ryzykowny interes. A jak Mercedes przyszedł do Tuscaloosy, był to wielki cios dla hrabstwa Hale. Potrzebujemy czegoś bliżej miasta.

Zbierałem się do wyjścia, gdy zauważyłem, że na stole, przy którym zwykle studiował Biblię, leży inna książka. Wielebny pokazał mi ją. Była to *Carry It On. The War on Poverty and the Civil Rights Movement in Alabama, 1964–1972* [Idźmy dalej. Ruch na rzecz praw obywatelskich i walka z ubóstwem w Alabamie, 1964–1972] pióra Susan Youngblood Ashmore, profesor historii amerykańskiej z Uniwersytetu Emory. Wielebny Lyles spotykał się z autorką podczas jej wizyt w Greensboro i opowiadał jej o swoich koszmarnych przeżyciach z okresu walki o prawa obywatelskie.

Przeglądając tę książkę, natrafiłem na opis incydentu w Greensboro w lipcu 1965 roku, kiedy Ku Klux Klan natarł na pokojową demonstrację maszerującą Main Street. Miejscowi biali mężczyźni przyłączyli się do ubranych w habity członków Klanu niosących tablice głoszące: „Precz z komunizmem", „Precz z mieszaniem ras", „Brońmy tradycji amerykańskiej". Napastnicy okładali demonstrantów pałkami, gumowymi wężami, młotkami. Siedemnaście osób trafiło do szpitala, sami czarni. Spalono dwa kościoły czarnych. Do końca lipca pod rozmaitymi zarzutami dotyczącymi nielegalnych zgromadzeń i zakłócania porządku aresztowano czterystu trzydziestu pięciu czarnych.

– Baliśmy się wychodzić w nocy – wspominał wielebny Lyles. – A po wielu latach biali też się zaczęli bać. Jeszcze dzisiaj nie czują się pewnie. Czarni, którym ten czy ów spuszczał łomot dawno temu, mogą go poznać. To trzyma ludzi z dala od siebie, ten strach – rzekł i pokręcił głową. – Urodzeni dzisiaj nie wiedzą, jak było.

Nasz Randall Curb

Któregoś ranka przy śniadaniu w Blue Shadows, przewracając oczyma i wzdychając bezradnie wobec mojego wypytywania, Janet May spytała:

– Znasz naszego Randalla Curba?

Ton tego pytania wskazywał, że skoro jestem pisarzem, to muszę znać tego człowieka, który również jest pisarzem. Odparłem, że nigdy o nim nie słyszałem, po czym dodałem z uśmiechem:

– Ale może on słyszał o mnie.

– Paul, jesteś niemożliwy! – ofuknęła mnie Janet.

Coś rozważała. Zawsze kiedy się zastanawiała, odruchowo muskała rękoma starannie ufryzowane włosy, niczym sikh poprawiający turban. Robiła to przez kilka chwil, a potem rzekła:

– Jest historykiem. Odpowie na wszystkie twoje pytania.

Powiedziałem, że to świetnie. Janet zadzwoniła do Curba, następnie przekazała słuchawkę mnie. Na południową modłę wymieniliśmy uprzejmości, porozmawialiśmy chwilę, a potem Curb rzekł, że mogę wpaść do niego o dowolnej porze, i podał mi adres.

– Może dziś za godzinę lub dwie?

– Doskonale. Będę na ciebie czekał.

Gdy się zbierałem do wyjazdu, Janet chrząknęła, żeby zwrócić na siebie moją uwagę.

– Randall jest właściwie ślepy – powiedziała, kiedy na nią spojrzałem. – To go bardzo ogranicza, ale w ogóle nie zniechęca.

Na rogu First i Main, blisko centrum miasteczka bez trudu znalazłem biały ozdobiony okiennicami dom z przeszkloną werandą odpowiadający ściśle opisowi, który podał Curb. Idąc za jego sugestią, zaparkowałem na trawniku, a gospodarz podszedł do drzwi w chwili, gdy zapukałem. Ujrzałem rosłego, bladego, nieco zasapanego mężczyznę pod sześćdziesiątkę, o pulchnej twarzy tak szczerej, że aż chłopięcej, i o szeroko otwartych niebieskich oczach, które zdawały się patrzeć wytężonym, ale rozmytym spojrzeniem krótkowidza. Poszukał mnie wyciągniętymi przed siebie rękoma, a gdy natrafił na moją rękę, uścisnął ją serdecznie i jął wciągać mnie do wnętrza domu.

– Paul, prawda? – powiedział. – No, wchodźże.

Zaraz za progiem znalazłem się wśród mnóstwa książek i z uśmiechem odczytywałem na ich stłoczonych na półkach grzbietach znajome nazwiska pisarzy i ukochane tytuły. A szliśmy dopiero przez przedpokój. Im dalej, tym więcej półek. Rzecz niezwykła. Do tamtej pory w trakcie podróży nie spotkałem ani jednego miłośnika lektury, w żadnym domu, które odwiedziłem, nie widziałem ani jednej książki, chociaż w wielu stały stosowne półki. Na tych półkach z reguły ustawiano pamiątki i souveniry, takie jak tańczące żabki, gipsowe świnki i malowane spodki u Janet May.

Właśnie dlatego kiedy wspomniałem, że jestem pisarzem, ludzie na ogół uśmiechali się ni to z politowaniem, ni to współczująco, jak gdybym przyznał się do jakiejś słabostki, ale niegroźnej, nawet zabawnej, wybaczalnej. Z punktu widzenia osób nieczytających książka jest bowiem zagadką i wyzwaniem, wobec czego nie wiedząc, co powiedzieć, zbici z tropu mieli mi za złe, że stawiam ich w niewygodnej sytuacji, niczym osoba zaproszona na kolację w gronie mięsożerców, która zasiada za stołem i rzecze: „Trzeba państwu wiedzieć, że jestem wegetarianinem".

Spotkanie z Randallem było niezwykłe również pod tym względem, że chociaż przez w sumie półtora roku podróżowania po stanach południowych poznałem setki osób, tylko on znał moje nazwisko i czytał moje utwory. W gruncie rzeczy chwaliłem sobie ten stan rzeczy, bo anonimowość daje wolność.

Podróżuję całe życie, a chociaż jestem pisarzem, mieszkanie wśród analfabetów nigdy w najmniejszym stopniu mnie nie uwierało. Przez większość wieloletniego pobytu w Afryce z zadowoleniem obracałem się wśród ludzi uważających książki za nieprzeniknione i potężne fetysze. Analfabeta ma inne subtelne umiejętności i w rozmowie nieraz góruje uważnością, przenikliwością i swobodą nad osobą wprawdzie piśmienną, ale nieoczytaną i przeświadczoną, że odpowiedzi na wszystkie ważne pytania znajdują się, dajmy na to, w Biblii albo w Koranie. No i są jeszcze najbardziej leniwi i zadufani ze wszystkich ludzi, a mianowicie osoby, które wprawdzie umieją czytać, ale nie zadają sobie tego trudu, żyją pogrążone w ciemnym samozadowoleniu i właśnie dlatego wydają mi się niebezpieczne.

Kiedy czytelnik spotyka czytelnika, spotykają się pokrewne dusze. Przyjemności związanej z takim szczęśliwym zrządzeniem losu nie da się opisać człowiekowi nieczytającemu, a i po cóż miałbym się trudzić? Z kolei ty, skoro trzymasz tę książkę w rękach, jesteś obeznany z tym zjawiskiem, wobec czego nie trzeba ci go przybliżać. Kwestię tę podjąłem w innej książce, w której pisałem o przypadkowym spotkaniu na hawajskiej plaży z wielkim uczonym Leonem Edelem. Leon napisał jedną z moich ulubionych książek, a mianowicie pięciotomową biografię Henry'ego Jamesa. Pogodziłem się z zaściankowością i filisterstwem Hawajów. W końcu nie brak tam innych rokoszy, jak choćby pyszne jedzenie, wspaniała pogoda, nadmorskie słońce, potężny przybój i kanoniczne tęcze.

Nic mi więc nie doskwierało na Hawajach, zadowalałem się słońcem i pracą. Kiedy jednak spotkałem Leona Edela, który podobnie jak ja był żonaty z miejscową kobietą, uzmysłowiłem sobie, że nadal żyje we mnie ta część umysłu, obszar doświadczeń, sposób wyrażania się, możliwa bezkresna rozmowa, a mianowicie język książek, którego znowu mogłem używać. Jak później pisałem, miałem wrażenie spotkania z bliźnim kosmitą z rodzinnej planety. Byliśmy ludźmi wyglądającymi jak wszyscy inni, ale należeliśmy do wielkiej rasy czytelników i mówiliśmy tym samym językiem. Potem spotykałem się z Leonem często przy obiedzie, przy kieliszku, a kiedy zmarł, żałowałem i jego, i siebie, znowu samotnego pod słonecznymi niebiosami O'ahu, gadającego w pidżynie lub *basic English*, za pomocą wyświechtanych ogólników, właściwie o niczym.

Ucieszyłem się, widząc na półce biblioteki Randalla pięć opasłych tomów *Henry'ego Jamesa* Leona Edela. Skorzystałem z okazji, żeby opowiedzieć Randallowi o mej znajomości z Leonem i wyrazić przyjemność, jaką mnie napełnia spotkanie z bliźnim czytelnikiem.

– Na użytek gazety z Birmingham recenzowałem twoje *Wybrzeże moskitów*, dawno temu, kiedy się ukazało – powiedział Randall. – Wtedy jeszcze mogłem czytać.

Usiedliśmy na kanapie w salonie, wśród książek, malowideł – dziewiętnastowiecznych pejzaży – ozdobnych poduszek, dekoracyjnych szkieł. Rozbrzmiewała muzyka klasyczna, z czym się jeszcze nie zetknąłem w żadnym domu na Południu. Światło słoneczne przesączało się przez koronkowe firanki, padało na rubinowy wazon stojący na lśniącym mahoniowym stole, wzbudzając karmazynowe pulsowanie w szkle i jarząc się na złoconym brzegu.

– Urodziłem się praktycznie ślepy, z zanikiem nerwu wzrokowego – rzekł Randall. – Teraz już nie mogę czytać, ale nadal kupuję książki. Lubię brać je do ręki, czuć.

Właśnie trzymał w ręku książkę, biografię George'a Orwella. Słuchał nagrania tej książki i przez chwilę o niej opowiadał. Potem zapytał, co porabiam w Greensboro.

– Żyję poniekąd jak Orwell – odparłem. – W stylu chociażby *Drogi na molo w Wigan* albo *Na dnie w Paryżu i Londynie*. Podróżuję po stanach południowych, jeżdżę tam i sam, trzymam się wsi.

– Nigdy nie mogłem prowadzić, ale uwielbiam podróże. Bardzo ci zazdroszczę, że możesz ot, tak sobie jeździć.

– Urodziłeś się tutaj?

– Tak. W gabinecie pewnego lekarza przy Main Street, i nigdy nie wyjechałem, chociaż co lato spędzam sporo czasu w Anglii: w Londynie, Oksfordzie, wszędzie.

– Jak ci się udaje podróżować, skoro jesteś praktycznie ślepy?

– O, mam pomoc. A poza tym komunikacja miejska w Londynie jest tak doskonała, że poruszam się bez kłopotu. Uciekam przed nieznośnymi upałami. Londyn to dla mnie wolność. Jesteś podróżnikiem, więc wiesz.

– Janet May przedstawiła cię jako historyka.

– O, to taka jej hiperbola. Czyż nie jest słodka? W Greensboro mamy wiele takich postaci. Pewna urocza dama ze znakomitego rodu z drugiej strony miasta cierpi na ostrą koprolalię i klnie jak szewc, kiedy tylko otworzy usta. Ale ogłosiła tomik wierszy, bardzo dobrych – mówił wesoło. – Napisałem to i owo o naszym mieście. Redagowałem antologię *Historic Hale County* [Z dziejów hrabstwa Hale]. Wydaliśmy to lokalnie jakieś dwadzieścia lat temu.

– Do podróży na Południe i do odwiedzenia Greensboro zainspirowało mnie *Let Us Now Praise Famous Men*.

– A, tak, inni też to mówią. Przyjeżdżają i są rozczarowani, że nie ma już połowników hodujących bawełnę.

– Ja się nie rozczarowałem. To moja druga wizyta i zamierzam jeszcze nie raz tu wrócić.

– Greensboro tak bardzo podoba się wielu przyjezdnym, że kupują tu dom – rzekł Randall. – Czasem zostają. Czasem czar pryska i przybysz sprzedaje dom i wyjeżdża, nieraz tracąc pieniądze, które włożył w remont.

– Niektóre domy są naprawdę wspaniałe, chociaż nieco zaniedbane – powiedziałem. – Musiały wyglądać naprawdę pięknie w czasach Ageego, ale on o nich nie pisze.

– Uwagę skupił na połownikach, białej biedocie. Przed wojną secesyjną był to jednak bardzo bogaty region. Serce przemysłu bawełnianego. Te wspaniałe domy służyły baronom bawełnianym jako miejskie rezydencje. Ludzie ci mieli też prawdziwe pałace na plantacjach. Dawniej plantacje zaczynały się zaraz za miastem.

Rozmawialiśmy o Jamesie Ageem. Randall był przesiąknięty folklorem *Let Us Now Praise Famous Men* i gdy opowiadał, uderzyło mnie, jak bardzo przypomina postaci z opowiadań Czechowa. W rzeczy samej wielu południowców wydaje się wyjętych z historii Czechowa, a mam na myśli nie tylko prowincjonalnych i odizolowanych intelektualistów, którzy zbierają się przy herbacie, lecz również szarą rzeszę wiejskich biedaków, ludzi najbardziej chyba w całych Stanach podobnych do chłopstwa, ledwo wiążących koniec z końcem drobnych hodowców, ludzi mieszkających w nędznych chatach, przechowujących ludową pamięć o czasach niewolnictwa, tak samo jak chłopi rosyjscy przechowywali pamięć o czasach poddaństwa. (Nawet daty wyzwolenia są zbliżone. Lincoln zniósł niewolnictwo w 1863 roku, car Aleksander wyzwolił chłopów w 1861, a obydwie decyzje wiązały się z wojną, już to wojną secesyjną, już to wojną krymską).

Randall wyglądał jak potomek rodu ziemiańskiego, wielebny Lyles jak potomek niewolników. Obydwaj całymi sobą wyrażali skomplikowaną przeszłość. Wielebny Lyles był żarliwy, skrzywdzony, pobożny, wybaczający i mimo wszystko pełen nadziei, Randall zaś – życzliwy, wielkoduszny, uczynny i chętny do dzielenia się wiedzą o Greensboro, o którym wiedział tyle, że uchodził za jego kronikarza. Obydwaj z ochotą przyjmowali gości.

Podzieliłem się z Randallem odczuciami na temat *Let Us Now Praise Famous Men*, że mianowicie to książka z jednej strony przeniknięta wstydem i dygresyjna, z drugiej zaś tak wystudiowanie nowatorska, że jest raczej dokonaniem literackim niż wiarygodnym świadectwem na temat życia połowników. W sposób wręcz perwersyjny Agee zignorował istnienie czarnych, których w okresie jego pobytu w hrabstwie Hale linczowano i którzy już wtedy stanowili większość ludności.

Następnie stwierdziłem, że prawdziwym podziwem w dziele Ageego napawają mnie swego rodzaju literackie odpowiedniki zbliżeń fotograficznych, opisy ubrań, desek podłogi chat, skromnych posiłków, zdziczałych, skołtunionych dzieci w łachmanach. Walker Evans uwiecznił to wszystko na fotografiach. Ta książka jest miejscami dziełem natchnionym, ale jako całość wydaje się niespójna, manieryczna, bardzo wysilona. Nic dziwnego, że sprzedawała się kiepsko, chociaż wzbudziła spore zainteresowanie, kiedy w dwadzieścia lat od pierwszego wydania ją wznowiono. Studiowałem wtedy na uniwersytecie, sięgnąłem po nią i zrobiła na mnie wielkie wrażenie pieczołowitością podejścia do „drobnych szczegółów", jak gdyby na cześć Williama Blake'a*.

Moje krytyczne uwagi na temat stylu prozy Ageego skłoniły Randalla do wyrażenia łagodnego sprzeciwu.

– Mnie wydaje się misteryjna. Czytana na głos, jest lepsza.

Tak, trafił w sedno, ta pełna powtórzeń proza rzeczywiście jest misteryjna, ma w sobie coś ze starożytnego zaklęcia, a że Agee pisał nie tylko prozę, lecz również poezję, ta ocena z pewnością by go ucieszyła. Agee był człowiekiem błyskotliwym, lecz pisarzem nierównym, człowiekiem głęboko skłóconym wewnętrznie, autodestrukcyjnym, alkoholikiem, facetem, który tyranizował swoje trzy żony. Urodził się w Knoxville w Tennessee, więc książka o tym zakątku Południa miała dla niego wielkie znaczenie, ale podobnie jak pozostałe jego dzieła przeszła bez echa, gdy w wieku czterdziestu pięciu lat umierał na zawał serca przeświadczony, że jest zerem. *Let Us Now Praise Famous Men* powstała na kanwie reportażu, który Agee napisał jako dziennikarz pisma „Fortune", a który redakcja odrzuciła. W 2013 roku ten pierwotny materiał opublikowano

* W oryg. *minute particulars,* o których świętości William Blake pisał w wielkim poemacie *Jerusalem. The Emanation of the Giant Albion* [Jeruzalem. Emanacja Giganta Albiona].

w formie książki *Cotton Tenants*, którą w odróżnieniu od większego dzieła, jakie z niego wyrosło, uważam za prawdziwy wzorzec klarowności.

Potomkowie rodzin białych połowników, którym Agee nadał nazwiska Ricketts, Woods i Gudger (a których prawdziwe nazwiska brzmiały Tingle, Fields i Burroughs), nadal mieszkają opodal Akron, kawałek na północ od Greensboro. Od czasu do czasu reporterzy wracają w tamte strony i odkrywają, że ci ludzie nadal żywią urazę z powodu piętna, którym naznaczył ich Agee, ponieważ sądzą, że przerysował ubóstwo i nadużył zaufania ich przodków, którzy szczerze z nim rozmawiali. W 2005 roku na łamach „Fortune" ukazał się swoiście pokutny reportaż pióra Davida Whitforda. „Wstyd wobec swoich – pisał Whitford – ciągnący się przez kilka pokoleń i nadal dojmujący wstyd, odczuwany nie tylko przez rodziny, które Agee opisywał, a Evans fotografował, lecz nawet przez rodziny z klasy wyższej, które znały tamtych ludzi i uważały ich za godnych najgłębszej pogardy białych śmieci".

– To byli najgorsi z możliwych reprezentantów Południa wobec świata – zauważył Randall Curb w rozmowie z Whitfordem. – Oczywiście tkwi w tym straszliwa ironia, ponieważ Agee chciał powiedzieć tym ludziom, że wcale tacy nie są.

Najbardziej szczegółową opowieścią o ponownej wizycie u rodzin opisanych w *Let Us Now Praise* jest napisana przez Dale'a Maharidge'a i ilustrowana zdjęciami autorstwa Michaela Williamsona książka *And Their Children After Them* [A dzieci ich po nich] (1989), której tytuł, tak samo jak w przypadku dzieła Ageego, zaczerpnięto z Mądrości Syracha*. Relacja ta zebrała bardzo pochlebne recenzje i zdobyła Nagrodę Pulitzera. Ja tylko przejrzałem tę książkę, ale Randall uważnie ją przeczytał.

– To rzecz poroniona i jątrząca, bo w wielkiej mierze uprzedzona – stwierdził Randall. – Rozmawiali z białymi, ale tak, żeby pokazać, jacy to rasiści. Nie przeczę, że rasizm i bigoteria krzewią się bujnie ani że znaczny odsetek białych dzieci dorasta pod kloszem, nie stykając się z czarnymi dziećmi, ale autorzy nakreślili obraz

* Zob. Syr 44, 9.

strasznie wybiórczy, pomijając wszystko, co się zmieniło na lepsze. Trzeba dostrzegać zmiany.

Słysząc to, przypomniałem sobie, jak wielebny Lyles wspominał, że kiedyś nie mógł nawet pospacerować Main Street.

– Dzisiaj wszystkie szkoły publiczne są w pełni zintegrowane – ciągnął Randall.

– Ale nie wszyscy się z tym godzą – zauważyłem. – Na przykład macie czysto białą prywatną szkołę średnią.

– Podobnie jak we wszystkich takich miasteczkach na Południu – powiedział Randall, fatalistycznie wzruszając ramionami. – Taka jest smutna rzeczywistość.

– A co z kościołami? Eugene Lyles, wielebny Lyles, kaznodzieja, powiedział mi, że nie ośmieliłby się postawić nogi w kościele białych, bo się obawia, że by go wyrzucono.

– Nikogo się nie wyprasza, czy jest czarny, czy biały – stwierdził Randall. – Dwa razy w roku, w Święto Dziękczynienia i w Wielkanoc, odprawia się nabożeństwo ekumeniczne dla całej społeczności, dla wszystkich ras, i wszyscy uczestniczą w nabożeństwie.

W tym kontekście Randall powiedział jeszcze, że cała budowla społeczna opiera się na Kościele, że to Kościół w wielkiej mierze określa tożsamość czarnych południowców i że żaden czarny nie myśli o tym, żeby uciec spod opiekuńczych skrzydeł Kościoła. Wydało mi się, że wyrażenie „opiekuńcze skrzydła Kościoła" najlepiej tłumaczy, dlaczego ludzie się do niego garną.

– Ludzie na ogół chodzą do tego Kościoła, w którym się wychowali – mówił Randall. – Kiedy zjawia się ktoś nowy, Kościoły rywalizują o to, żeby go do siebie ściągnąć. Czasem zastanawiam się, jak ci nowi sobie radzą bez pośrednictwa Kościoła.

– Sam się już przekonałem, że to najlepsza rada – powiedziałem. – Chcesz poznać ludzi, idź do kościoła. Idź na jarmark broni. Idź do fryzjera albo na mecz futbolowy.

– I czytaj – dodał Randall w kontekście sposobów na to, jak poznać Południe. – Czytaj południową literaturę.

Wygłosił krótkie wykłady o Ageem, Faulknerze, uwielbianych przez siebie pisarzach angielskich i wielkich postaciach historycznych, takich jak Ben Franklin. Doskonale znał ich twórczość.

Trudno się nie zgodzić, że to Faulkner stworzył ostateczną literacką historię Południa, ale zastrzegłem, że jego dzieło uważam po części za nieczytelne. Dałem upust złości na tego pisarza, który doprowadzał mnie do rozpaczy przez to, że jest wspaniały, ale nierówny i miejscami tak mętny jak Agee. Lubię jego poczucie humoru, nie cierpię manierycznej aluzyjności. W wypełnionym książkami salonie Randalla powybrzydzaliśmy na południowy gotyk z jego sztafażem jak z horroru, makabrycznymi pajęczynami, i zgodziliśmy się, że Truman Capote jest przeceniany, William Styron niedoceniany, a Charles Portis skandalicznie ignorowany. Tych autorów uważa się już dziś za przestarzałych, przebrzmiałych, całkiem *passé*.

– Niewielu pisze o nowych problemach – rzekł Randall. – Nowe napięcia są subtelniejsze niż stare. Te stare wynikały po prostu z całkowitego niezrozumienia. Nowe wiążą się z trudnym pytaniem: „Jak to zrobić?".

– Kto o tym pisze?

– Znasz dzieła Mary Ward Brown?

Odparłem, że nigdy nie wpadły mi w ręce.

– Powinieneś poznać Mary T – powiedział Randall, nazywając ją w ten sposób. Mieszkała w Marion, na wschód od Hale w hrabstwie Perry. – Pisze opowiadania, bardzo dobre.

Pokrótce mi o niej opowiedział. Wyszła za rolnika i nadal mieszkała samotnie w starym rodzinnym domu na wsi.

– Ma dziewięćdziesiąt pięć lat – rzekł. – Za kilka miesięcy skończy dziewięćdziesiąt sześć.

– Może mógłbyś mnie przedstawić – powiedziałem na odchodnym.

Minęło kilka dni. Przeczytałem kilka opowiadań Brown z tomu *Tongues of Flame* [Języki ognia] i z uznaniem smakowałem rzeczowość i bezpretensjonalność tej prozy. Ot, realistyczne opowieści o zawiłościach życia społecznego w małym miasteczku, o cierpieniach wynikających nieraz z nieporozumień lub napięć rasowych. Proza odznaczająca się elegancją linii prostej, jak na początku *The Fruit of the Season* [Sezonowe owoce]: „Na Głębokim Południu najprzyjemniej jest na początku maja, kiedy ustąpią ostatnie chłody, a upały jeszcze nie nadejdą. Liście i trawy są jeszcze tak świeże jak w Wielkanoc. Dzikie kwiaty ubarwiają pejzaż i przede wszystkim zaczynają kwitnąć magnolie. Dni są coraz dłuższe, a robaczki świętojańskie rozświetlają wolno zapadający zmrok. Na początku maja 1959 roku w Alabamie dojrzewały jeżyny".

To opowieść o trojgu czarnych dzieci, które zbierają jeżyny, i o subtelnym napięciu, jakie powstaje, gdy dzieci przynoszą jeżyny białej właścicielce łąk, na których je zebrały.

Zadzwoniłem do Randalla i powiedziałem, że chciałbym możliwie szybko spotkać się z Mary Ward Brown.

– Może jak znowu nas odwiedzisz – odparł Randall.

Nieraz to słyszałem. Zazwyczaj w podróży mogłem naciskać na szybkie spotkanie, ale tym razem nie była to moja typowa podróż, nie zbierałem materiałów do książki w Chinach czy w Afryce. Po prostu jeździłem po swoim kraju, tam i z powrotem, i weszło mi to już w krew, jeździłem więc na Południe w różnych porach roku, a wtedy zjechałem zimą.

– Może na wiosnę – zasugerował Randall.

– Będzie miała już dziewięćdziesiąt sześć lat.

Odkładanie spotkania z osobą tak wiekową wydaje się nierozsądne, ale Randall powiedział, że Mary Ward Brown cieszy się dobrym zdrowiem i nastawiła się na spotkanie ze mną za kilka miesięcy.

Bohaterowie Greensboro

Jeden z nieczynnych sklepów przy Main Street przerobiono na restaurację pod nazwą Pie Lab, znaną w okolicy z dobrych domowych ciast z owocami, sałatek i kanapek. Lokal ten otwarła organizacja HERO, czyli Hale Empowerment and Revitalization Organization, o której wiele słyszałem podczas pierwszej wizyty w Greensboro.

– Chodziło o to, żeby stworzyć miejsce spotkań, gdzie ludzie będą zawierali nowe znajomości – powiedział Randall Curb. – Świetny pomysł, ale niezbyt dobrze się sprawdził, w każdym razie według mnie.

Z powątpiewaniem kręcąc głową, w pewnym sensie zdyskredytował Pie Lab, nazywając ją „typową szopką lewicowców".

Mimo to nazajutrz zaszedłem tam na lunch i przypadkiem spotkałem Pam Dorr, założycielkę i szefową HERO, którą chciałem poznać już na jesieni, ale wówczas okazała się nieuchwytna. I oto siedzieliśmy w Pie Lab, popijając kawę i jedząc placek lotaryński, czyli quiche lorraine, który miejscowi zwą *quickee Lorraine* (łatwą Loren).

Wiele ładnych, ale podupadłych i wyblakłych miasteczek na Południu przyciąga obcych na tej samej zasadzie, na której kraje Trzeciego Świata przyciągają idealistycznie nastawionych ochotników. Miasteczka takie jawią się jako niewinne i obiecujące, biedne, ale ładne i potrzebujące odnowy. Wydają się wołać o pomoc i to wołanie trafia do serca świeżo upieczonych absolwentów uczelni i młodych pragnących pomagać ludziom w innym świecie. W dodatku te miasteczka wydają się miłe i spokojne.

Trudna sytuacja mieszkaniowa w Greensboro i w całym hrabstwie Hale zainspirowała studentów architektury z Auburn Rural Studio (programu rozwijanego na Wydziale Architektury, Planowania i Architektury Krajobrazu Uniwersytetu Auburn) do zaprojektowania ładnych tanich domów dla stosunkowo biednych ludzi. To domy małe i proste, ale nieraz zachwycająco pomysłowe i ładne, wyglądające czasem jak wielkie i logiczne origami zrobione ze sklejki i blachy. Ze względu na to, że głównym celem założenia była dostępność, cena nowego domu zbudowanego w Greensboro według projektu z Auburn nie przekracza dwudziestu tysięcy dolarów, a więc wysokości kredytu hipotecznego, na jaki może liczyć osoba żyjąca na zasiłku opieki społecznej. Dlatego domy te nazywa się *20K houses*, „domami za dwadzieścia tysięcy".

Kiedy dziesięć lat wcześniej Pam Dorr dowiedziała się o Auburn Rural Studio, podjęła tam studia i przyjechała z San Francisco do Greensboro. Przerwała wtedy pomyślnie rozwijającą się karierę projektantki ubrań, pracującej dla tak znanych firm jak Esprit, Gap i w końcu Victoria's Secret. („Robiłam milutkie pidżamki"). Do Greensboro przyjechała jako wolontariuszka, ale gdy skończyła współpracę z Auburn, poczuła, że nie chce wyjeżdżać z urokliwego, chociaż podupadłego miasteczka.

– Uświadomiłam sobie, ile jeszcze tu mogę zrobić – powiedziała, gdyśmy siedzieli w Pie Lab, restauracji będącej jedną z koncepcji ożywienia ducha przedsiębiorczości autorstwa Pam. Nie brakowało jej pomysłów. Swoje mieszkanie w San Francisco urządziła, wykorzystując „rzeczy darmowe i znalezione". Pokazała mi zdjęcia kolorowych pokoi, odnowionych stołów i krzeseł wyrzuconych przez innych ludzi. Naprawianie, remontowanie było jej pasją. Greensboro dramatycznie potrzebowało naprawy i miało odpowiednie surowce – zrujnowane domy i sklepy, które można odnowić, umierające centrum, w które można tchnąć nowe życie, a nawet mnóstwo inwazyjnego bambusa, rozprzestrzeniającego się na mokradłach w sosnowych lasach. Pam wpadła na pomysł, żeby z tego bambusa robić rowerowe ramy. W ten sposób powstała Hero Bikes, fabryczka rowerów będąca jednym z przedsiębiorstw zarządzanych przez HERO, organizację założoną przez Pam w 2004 roku.

– Budujemy domy, uczymy ludzi, jak utrzymać dom, jak korzystać z nietradycyjnych form bankowości, pomagamy osiągnąć zdolność kredytową.

Miejscowe banki tradycyjnie pożyczały głównie białym. Czarny mógł dostać kredyt, ale niesłychanie drogi – nieraz nawet na dwadzieścia siedem procent.

– Wydało mi się, że stoję przed niezwykłą okazją stworzenia nowej wspólnoty – opowiadała Pam. – Zatrudniamy trzydzieści pięć osób i mamy mnóstwo wolontariuszy. HERO prowadzi tę restaurację, sprzedaje sklepom miejscowe orzechy pekanu. Mamy ośrodek opieki dziennej i zajęć pozaszkolnych. Mamy firmę budowlaną, sklep z artykułami używanymi. No i fabryczkę rowerów.

Niektóre z tych przedsiębiorstw mieściły się przy Main Street, w lokalu po sklepie żelaznym, w lokalu po towarzystwie ubezpieczeniowym i w gmachu byłej opery. HERO przebudowało lub wyremontowało jedenaście zrujnowanych lokali przy Main Street, kupiwszy je tanio, gdy znajdowały się już w opłakanym stanie.

– Kiedy dach się zapadał albo sufit wybrzuszał – mówiła Pam.

W Hero Bikes rozmawiałem z konstruktorem rowerów i szefem tego przedsiębiorstwa Patrickiem Kellym, który okazał się żywym potwierdzeniem mojego odczucia, że przyjezdni, którzy poświęcili się sprawie rozwoju Greensboro, są ludźmi tego samego pokroju co ludzie angażujący się w pomoc dla krajów Trzeciego Świata.

– Chciałem jechać do Kenii, do pracy przy programie rozwojowym – opowiadał Kelly – ale ten projekt nie został zatwierdzony. Pojechałem więc do Korei, gdzie przez pięć lat pracowałem jako nauczyciel, a sam nauczyłem się budować rowery. Potem przyjechałem do Greensboro.

Pam Dorr również sprawiała wrażenie niesłychanie zaangażowanej i energicznej wolontariuszki Korpusu Pokoju. Uśmiechnięta, optymistyczna, pełna pomysłów i inicjatyw, nadal stosunkowo młoda, bo niespełna pięćdziesięcioletnia, mająca już bardzo bogate doświadczenia, ujmowała kalifornijskim uśmiechem i bezpośrednim sposobem bycia.

– Przez dwa lata pracowałam społecznie – wspominała. – Potem zdobyliśmy dotację z Departamentu Mieszkalnictwa i Urbanizacji, granty z innych źródeł, a dzisiaj dzięki naszym przedsiębiorstwom jesteśmy samowystarczalni.

Kalifornijskie pochodzenie wyróżniało Pam. Sposób ubierania się – fioletowy polar i zielone drewniaki – sprawiał, że rzucała się w oczy. Upór i stanowczość w dążeniu do celu czyniły z niej osobę podejrzaną. Na Południu obcy często wzbudza podejrzenia. O co mu chodzi? Po co przyjechał? Czemu chce wszystko zmieniać? Takich ludzi uważa się za podżegaczy, nawet jeżeli zajmują się tylko budowaniem tanich domów, zbieraniem bambusa albo organizowaniem zajęć dla dzieci samotnych matek, dla De Keviona, Keyonny, Jaimesy, Kimberly, Jakiry, Raslyn, Demais, Trinity i całej reszty.

– Mieszkając tutaj, niejedno się widzi – rzekła Pam. – Jest problem narkotyków. Niech pan przejedzie nocą boczną drogą, a zobaczy pan białe dziewczyny, które się prostytuują, żeby zarobić na prochy. Matki stręczą córki facetom. Trzynastolatki zachodzą w ciążę. Dwie znam osobiście, a jest wiele innych. Wcale nie wśród czarnych. Białe uczennice szkół chrześcijańskich, jak zajdą w ciążę, ściskają brzuchy pasami, żeby poronić, bo w Alabamie ciężarna biała nastolatka nie ma dokąd pójść. Gdyby odkryto, że są w ciąży, wyleciałyby ze szkoły.

– Jak miasto ocenia pani pracę? – zapytałem.

– Wielu ludzi trzyma z nami – odparła. – Ale wiedzą, że prawdziwa zmiana rodzi się wewnątrz.

– Wielebny Lyles powiedział mi, że przyczyniliście się do odnowienia miejscowej szkoły Rosenwalda.

– Emory School, tak – potwierdziła. – Lecz mieliśmy wsparcie Uniwersytetu Alabamy i pomoc wolontariuszy z AmeriCorps, uczestniczyło w tym mnóstwo ludzi. Wielebny Lyles przemawiał na uroczystym otwarciu. To był wspaniały dzień – rzekła i westchnęła głęboko. – Ale nie wszyscy są po naszej stronie.

– Naprawdę?

Zdumiałem się, bo chociażby ostatnio wspomniane przedsięwzięcie, odnowienie historycznego budynku szkoły w gnębionym kryzysem prowincjonalnym miasteczku, miało w istocie taki sam charakter jak lokalne programy rozwojowe w krajach Trzeciego Świata. Nieraz widziałem takie przedsięwzięcia. Elektryzowały odrętwiałą społeczność, ludzie angażowali się w zbieranie funduszy, zdobywanie dotacji od wielkodusznych bogaczy i dużych firm, mobilizowali ochotników, załatwiali materiały budowlane, pisali podania o fundusze i pozwolenia, walczyli z bezwładem, przekonywali ironicznie śmiejących się niedowiarków, przygotowywali plany, robili reklamę, nadzorowali prace, płacili fachowcom, karmili ochotników i doprowadzali rzecz do końca. Lata pracy i zbierania funduszy. Wreszcie uroczyste otwarcie, wszyscy w czystych ubraniach, ciasteczka, lemoniada, podziękowania, uściski. Inna strona Południa, ludzie postrzegający je jako szansę rozwojową, debatujący w ramach „warsztatów" o „wyzwaniach" i „potencjale".

– Kto jest przeciwko wam?

– Nasza praca nie podoba się bardzo wielu osobom – stwierdziła Pam. Zakołysała się w drewniakach i zasunęła pod szyję suwak polaru, bo na dworze wiał chłodny wiatr. – Mamy mnóstwo przeciwników. Wylewają na nas kubły pomyj. Wyzywają mnie – powiedziała i uśmiechnęła się. – Czasem zdarza się, że jakiś przechodzień po prostu mnie opluje.

„Powód wizyty"

Z poprzedniej wizyty w biurze Community Service Programs of West Alabama, które mieści się w niskim budynku za starą szkołą średnią na skraju Tuscaloosy, zapamiętałem księgę interesantów. Któregoś ranka pojechałem tam z Greensboro. Tak samo jak za pierwszym razem przyjrzałem się wpisom w rubryce z nagłówkiem „Powód wizyty". Interesanci wpisywali: „Jedzenie", „Ubranie", „Woda", „Rachunek za światło", a także „Media" i „Pomoc". Najczęściej jako powód wizyty podawano jedzenie, a pozostałe występowały mniej więcej po równo. Odczytałem wpisy tylko z tamtego dnia, a nie minęła jeszcze jedenasta przed południem.

Przyjechałem znowu po to, żeby porozmawiać z Cynthią Burton, wypytać ją o rozwój sytuacji mieszkaniowej i poumawiać się na spotkania.

Cynthia przywitała mnie tak samo życzliwie jak za pierwszym razem, ale nie wyglądała dobrze, więc zamiast pytać, czy zorganizowała mi jakieś spotkania, zapytałem o zdrowie.

– Mam za wysokie ciśnienie – odparła – no i skrzep. Powinnam przejść operację kolana, ale problem polega na tym, że muszą mnie do tego przygotować farmakologicznie. Lekarstwa mogą powodować krwotoki. Chodzi o ustabilizowanie mojego stanu.

Mimo tych przypadłości pracowała codziennie przez wiele godzin w ciasnym i skromnym budynku. Sprawiła na mnie wrażenie osoby tak samo ciężko doświadczonej przez los jak ci, którym próbowała pomagać. Różnica polegała na tym, że gdy zdesperowani interesanci w rubryce „Powód wizyty" wpisywali: „Jedzenie", „Ubranie", „Woda", Cynthia mogłaby wpisać: „Czas" i „Zdrowie".

Skoro przyjechałem prosto z Greensboro, wspomniałem o działalności HERO, o renowacjach, sklepach, fabryczce rowerów, zbieraniu orzechów pekanu, popołudniowych zajęciach dla dzieci, Pie Lab.

Cynthia słuchała z tak demonstracyjnym krzywym uśmieszkiem powątpiewania, że zapytałem o powód.

– Wywołują podziały – odrzekła. – A mogliby tego uniknąć.

– Pam Dorr sprawiła na mnie wrażenie osoby, która naprawdę motywuje innych.

Cynthia pokręciła głową i cicho się roześmiała.

– Pam Dorr jest z Kalifornii i wydaje jej się, że wszystko wie lepiej. Wierzy, że jak coś jej wydaje się proste, to naprawdę jest proste, jak w Kalifornii. Jednak sam rozumiesz, Paul, Alabama to nie Kalifornia.

– Mimo wszystko zdobywa fundusze na swoje projekty.

– Tak, z Departamentu Mieszkalnictwa i Urbanizacji. Ale parę dotacji przegrała.

– Czy HERO nie naprawia, nie buduje domów?

– Nie tak jak my – rzekła, a przez „my" rozumiała Community Service Programs of West Alabama.

Zrozumiałem, że między organizacjami wyższej użyteczności toczy się ostra walka o dotacje, o uznanie, o fundusze z Departamentu Mieszkalnictwa i Urbanizacji. Chociaż obydwie kobiety rozmawiały ze mną bardzo szczerze, nie wiedziałem wystarczająco dużo, żeby opowiedzieć się po jednej ze stron. Zarówno Cynthia, jak i Pam to dzielne i mocne kobiety i czułem wdzięczność, że mówią mi, co myślą. Żadna nie uchylała się od odpowiedzi na moje pytania, a opowiadały i o tym, o co nie pytałem. Pam Dorr była jednak przyjezdna, a jak coraz częściej się przekonywałem, człowieka z innych stron, który osiada na Południu i próbuje wprowadzać daleko idące zmiany, wielu uważa za podżegacza, miejscowe organizacje wyższej użyteczności widzą w nim konkurenta, a stara gwardia odrzuca go jako intruza.

Wolałem zmienić temat i zapytałem po prostu o nowiny.

– Ano wybraliśmy nowego sędziego do spraw spadkowych – odparła Cynthia – Arthura Crawforda, a jego zwycięstwo ma wymiar historyczny. Z jakichś powodów formalnych nie wciągnięto go na listę kandydatów. Wobec tego w kampanii prosił wyborców, aby dopisywali jego nazwisko. Chodził po ludziach, dosłownie wszędzie, i tłumaczył, jak ważny jest udział w wyborach. Mówił, że jak chcą zagłosować na niego, wystarczy, że dopiszą jego nazwisko, byle bez błędu. Urzędujący sędzia Leland Avery piastował tę funkcję przez trzy kadencje, ale Crawford pokonał go, bo większość dopisała jego nazwisko na karcie wyborczej – powiedziała Cynthia i aż sapnęła z podniecenia. – Czy to nie wspaniałe?

Wydarzenie to nie miało w Alabamie precedensu, nigdy przedtem w wyborach nie zwyciężyła osoba spoza oficjalnej listy kandydatów. Ze względu na to, że Arthur Crawford junior jest czarny, Leland Avery biały, a po wyborach wysunięto wobec niego poważne zarzuty natury etycznej, dało to nam asumpt do dyskusji o kwestiach wyborczych, które miały kluczowe znaczenie w okresie walki o prawa obywatelskie w latach sześćdziesiątych.

– Jak oczywiście pamiętasz, mamy pięćdziesiątą rocznicę powstania ruchu na rzecz praw obywatelskich – powiedziała Cynthia. – Nieraz myślę o tym, ile osiągnęliśmy. Chcę opowiedzieć o wszystkim, co się zmieniło, ile ludzie skorzystali. Chcę uczcić rodziny, o których nikt nie słyszał. Tyle osób uczestniczyło w tej walce. To była wojna, a oni byli żołnierzami. Nikt nie zna ich nazwisk. Wszystkich tych zwykłych ludzi, którzy podejmowali ogromne ryzyko.

Wspomniałem o zajściach sprowokowanych w 1965 roku w Greensboro przez Ku Klux Klan i białych skandujących: „Precz z mieszaniem ras", o czym opowiadał wielebny Lyles i co w książce *Carry It On*, którą mi pokazał, opisała Susan Ashmore. Bitwy uliczne, wielu rannych, aresztowania czarnych demonstrantów, ciche przyzwolenie ze strony policji, obojętność lub wrogość białych polityków.

– To bezsprzecznie była wojna – stwierdziła Cynthia. Westchnęła i przez chwilę nad czymś się zastanawiała. – Próbuję wyobrazić sobie ból, który czuła Beulah Mae Donald wobec ciała syna powieszonego na drzewie – powiedziała, a jej oczy zaszkliły się od łez. – Biedna kobieta.

Z punktu widzenia mieszkańców Alabamy śmierć Michaela Donalda, czyli ostatni znany przypadek linczu, była wydarzeniem niedawnym i budzącym obrzydzenie i wściekłość. Ten lokalny akt terroru, któremu nie nadano należytego rozgłosu poza granicami stanu, miał miejsce w 1981 roku w Mobile. Zaczęło się od procesu o morderstwo i niejednomyślności ławy przysięgłych, wobec czego sędzia uniewinnił czarnego mężczyznę oskarżonego o zabójstwo białego policjanta. Rozwścieczony takim obrotem sprawy Wyniosły Cyklop, czyli główny oficer lokalnej komórki Ku Klux Klanu, Bennie Jack Hays, zwołał zebranie członków organizacji i nakazał krwawą zemstę. Posłuchali go jego syn Henry i James Knowles – młodzi członkowie Klanu; zwano ich Upiorami lub Rycerzami. Ruszyli w objazd bocznych uliczek w poszukiwaniu czarnego, jakiegokolwiek czarnego, żeby go zabić dla przykładu.

Późno w nocy 21 marca 1981 roku dziewiętnastoletni Michael Donald szedł samotnie ulicą, zmierzając do osiedlowego sklepiku po papierosy. Zwolniwszy obok niego, młodzi członkowie Klanu przywołali go do samochodu i twierdząc, że zabłądzili, zapytali o drogę. Kiedy Donald podszedł i zaczął im udzielać wskazówek, złapali go, wciągnęli na tylne siedzenie wozu, wywieźli do sąsiedniego hrabstwa i zatłukli pałkami na śmierć. Dla pewności podcięli gardło. Potem wrócili z ciałem do Mobile, zawiązali sznur na szyi trupa i powiesili go na drzewie przy ulicy w takim miejscu, żeby rzucał się w oczy.

– Nie umiem sobie wyobrazić rozpaczy matki – powiedziała Cynthia Burton – ani tego, przez co przeszła ta biedna kobieta.

Matka Michaela Donalda najpierw zobaczyła wiszące na drzewie zwłoki zlinczowanego syna, potem usłyszała wysunięte przez policję fałszywe oskarżenie, że jej syn handlował narkotykami (i jakoby dlatego zginął), wreszcie przeszła przez dwa i pół roku procesów sądowych, udręki ustawicznych apelacji i interwencji (między innymi Jesse'a Jacksona), zanim sprawą zajęła się policja federalna i w końcu ujęła morderców, którzy stanęli przed sądem i zostali skazani. W czerwcu 1983 roku młodszy z podsądnych, James Knowles, po wysłuchaniu wyroku skazującego zwrócił się ze swojego miejsca na ławie oskarżonych do Beulah Mae Donald i powiedział, że żałuje i prosi o wybaczenie.

– Zaprawdę przebaczam ci – odrzekła pogrążona w żałobie matka. – Od chwili kiedy dowiedziałam się, kim jesteście, prosiłam Boga, żeby miał was w swojej opiece, i jak widzę, Bóg mnie wysłuchał.

Knowles, dzięki temu, że przyznał się do winy i zeznawał przeciwko wspólnikowi, dostał dożywocie. Henry'ego Haysa skazano na karę śmierci. Spędził czternaście lat w celi śmierci w Holman Prison (w gwarze więziennej zwanym „Jatką"), jakieś osiemdziesiąt kilometrów na północny wschód od Mobile. Stracono go w czerwcu 1997 roku w Holman na krześle elektrycznym, które ze względu na to, że jest pomalowane na żółto, nazywają w Alabamie Żółtą Mamą.

Rozmawiałem z Cynthią o różnych aspektach i następstwach tej tragedii.

– Teraz już nie dochodzi do takich rzeczy. Ale ludzie nie doceniają ofiar, jakie trzeba było ponieść. Jest jeszcze wiele do zrobienia.

Odczekałem kilka chwil i zapytałem:

– A co z tymi spotkaniami?

– A, prawda, chciałabym, żebyś poznał parę osób, kiedy znowu przyjedziesz, a ja będę w lepszej formie.

„Czarny dzień"

Tym razem zamiast znowu jechać okrężną drogą przez Filadelfię i Choctaw, ruszyłem na południowy zachód ku granicy Alabamy i dalej przez Missisipi bocznymi drogami, przy których stały zaniedbane domki i pobielane drewniane kościółki. Przemierzywszy hrabstwo Lincoln, znalazłem się w hrabstwie Jefferson. Jefferson to kraina o tyle paradoksalna, że cieszy się sławą matecznika najgrubszych Amerykanów, a jednocześnie jest jednym z najbiedniejszych hrabstw w Stanach. Skierowałem się do Fayette, siedziby władz hrabstwa, a stamtąd pojechałem do Union Church, miasteczka liczącego ośmiuset trzydziestu mieszkańców (i mającego pięć sporych kościołów), gdzie skręciłem na północ, żeby przez Deltę wrócić do drogi numer 61. Ostatecznie wylądowałem w uroczym Vicksburgu.

Z poprzedniej wizyty zapamiętałem obiad w restauracji Walnut Hill, gdzie mają okrągły stół. Posiłek zjedzony w gronie ośmiu przypadkowo spotkanych białych stworzył okazję do bardzo pouczającej rozmowy. Właśnie wtedy starsza kobieta powiedziała z urazą: „Przez was jedliśmy szczury". Oczywiście zaszedłem tam znowu. Tym razem przy okrągłym stole spotkałem trzy kobiety, które kończyły posiłek. Zaprosiły mnie do stołu, dwie ciekawskie, matka z córką, jedzące deser, i wyglądająca nieco egzotycznie ich przyjaciółka, sącząca kawę.

– Lubimy okrągły stół – oznajmiła wesoło matka, odkrawając widelczykiem kawałek placka. – I jak pan widzi, uwielbiamy jeść.

Wszystkie były grube i blade, podobne do siebie nawzajem pod względem tuszy i dobroduszności, ale żuły zawzięcie, nieco zasapane jedzeniem.

– Jestem półkrwi Czirokezką – powiedziała egzotyczna kobieta, smagła z długim czarnym warkoczem. – Ja też trochę piszę. Głównie wiersze.

Od razu wypytały mnie, czy jestem żonaty, gdzie mam żonę i z czego żyję. Zadawały takie same pytania, do jakich przywykłem, podróżując po Afryce, Indiach, wyspach Pacyfiku, pytania wynikające z zainteresowania rodziną, z podszytego nieufnością zadziwienia wobec osoby podróżującej samotnie.

– Mama, zobacz tylko, która godzina.

– O, kurczę, musimy lecieć! – zawołała matka. – Jesteśmy z drugiego brzegu, z Luizjany, mieszkamy na północ od Tallulah, blisko Lake Providence – powiedziała, po czym z nutą przechwałki w głosie dodała: – To najbiedniejsze miasteczko w całych Stanach Zjednoczonych.

Nie całkiem była to prawda, ale blisko. Połowa mieszkańców Lake Providence żyje poniżej progu ubóstwa.

Kobiety wstały, życzyły mi szczęśliwej podróży i wyszły. Przez pewien czas jadłem samotnie, kręcąc obrotową tacą z potrawami, a potem do sali weszły trzy inne kobiety i usiadły przy okrągłym stole. Były to Deborah McDonald i Carmen Brooks, dwie czarne prawniczki w średnim wieku z Natchez, i ciotka Carmen o imieniu Lola. Przyjechały do Vicksburga na cały dzień, na wycieczkę, żeby pospacerować, pochodzić po sklepach. Sobota, dzień wolny, a odpowiadała im swoboda panująca przy okrągłym stole, szeroki wachlarz potraw do wyboru.

– Studiowałam w Alcorn – powiedziała Deborah – a potem prawo na Ole Miss *. Byłam na roku z Johnem Grishamem.

Uniwersytet Stanowy w Alcorn koło Lorman, przez które przejeżdżałem, to tradycyjnie czarna uczelnia, założona w 1871 roku

* Potoczna nazwa Uniwersytetu Missisipi w Oxfordzie.

w celu, jak piszą w broszurce informacyjnej, „kształcenia potomków byłych niewolników afrykańskich". Dzisiaj ten uniwersytet ma jeszcze dwa inne kampusy, ale nadal kształci głównie czarnych.

Na wydziale prawa Uniwersytetu Missisipi Deborah studiowała w latach 1979–1982 i była jedną z trzynaściorga czarnych studentów na roku liczącym trzysta osób. Kiedy powiedziawszy o tym, roześmiała się, w tym śmiechu usłyszałem nutę złości, więc poprosiłem, żeby opowiedziała o tym.

– Zawsze panowała zła atmosfera, co naprawdę dziwne, bo przecież James Meredith studiował tam dawno temu – rzekła. – Inni studenci chowali przed nami książki. Mamy na przykład zadaną lekturę, idziemy do biblioteki, a tu nie ma książek na półkach. Zwykła podłość. Nauczyciele zwykle traktowali nas jak powietrze. Ale od czasu do czasu wywoływali do odpowiedzi i zdarzało się, że odpytywali troje czarnych. Śmialiśmy się z tego. Nazywaliśmy to „czarnym dniem".

Randall Curb, człowiek rozsądny, podzielił się ze mną następującym spostrzeżeniem:

– Sytuacja się odwróciła. W wielu miejscach na Południu białych odsunięto od władzy. Ich miejsce zajęli czarni. Po obu stronach jest sporo złej krwi.

Wspomniałem o tym Carmen.

– To prawda – rzekła. – Ale biali chcą wrócić i może im się udać. Podstawiają swoich kandydatów, takich jak Jonathan Lee w Jackson, czarny prawicowiec. To człowiek białych. Jackson jest dzisiaj w trzech czwartych czarne.

Ostatecznie jednak Lee przegrał prawybory demokratów z aktywistą i adwokatem Chokwe Lumumbą, sześćdziesięciopięcioletnim działaczem na rzecz praw obywatelskich, który w 1993 roku zasłynął skuteczną obroną rapera Tupaca Shakura oskarżonego o napaść. Urodzony w Detroit i wykształcony w Michigan Edwin Taliaferro odrzucił swoje, jak oświadczył, „niewolnicze nazwisko" i stał się Chokwe Lumumbą. Jego nowe nazwisko wydało mi się ekscentryczne, ponieważ Chokwe – a właściwie Lunda Chokwe – to nazwa angolskiego plemienia (w odróżnieniu od Edwina nie jest ona imieniem), a Lumumba to męczeński patriota kongijski.

W lipcu 2013 roku Chokwe Lumumba został burmistrzem Jackson, obiecując odnowę i uczciwość, a na inauguracji uniósł zaciśniętą pięść niczym aktywista Black Power i zakrzyknął: „Uwolnijmy nasz kraj!"*. W lokalnej prasie pisano, że program Lumumby to „nowatorski, postępowy plan działań na rzecz samostanowienia, samorządności i samowystarczalności gospodarczej czarnych". Jeżeli przed wyborami biali odnosili się bez entuzjazmu do kandydatury Lumumby, to objąwszy urząd, nie zrobił on nic, żeby ich do siebie przekonać, a raczej dał im do zrozumienia, że ich miejsce jest w drugim szeregu. (Burmistrz Lumumba zmarł nagle 25 lutego 2014 roku, pół roku po objęciu urzędu).

– Mieszkam w Fayette – powiedziała Deborah. – Wiele lat temu, od 1969 do 1974 roku, burmistrzem Fayette był Charles Evers, bliski przyjaciel Roberta Kennedy'ego.

Kobiety zapytały mnie o wrażenia z podróży po stanach południowych. Powiedziałem, że nie spodziewałem się ujrzeć tak powszechnej biedy, zupełnie jak w krajach Trzeciego Świata.

– Nowym zjawiskiem są pracujący biedacy, ludzie ledwo utrzymujący się na powierzchni – stwierdziła Carmen, a po chwili wypowiedziała słowa, które później wiele razy rozpamiętywałem. – Wystarczy jeden kłopot ze zdrowiem i człowiek idzie na dno.

Opowiadała o Natchez, że południowa część miasta jest zasadniczo biała i ma swoją szkołę, a część północna jest czarna i dziewięćdziesiąt pięć procent uczniów tamtejszego liceum to czarni. Jeszcze niedawno w Natchez było niespokojnie. Wielu białych należało do Ku Klux Klanu. W tej części Missisipi Klan miał sześć tysięcy członków skupionych w pięćdziesięciu dwóch organizacjach lokalnych. W Natchez i jego okolicach do końca lat sześćdziesiątych aktywnie działali członkowie szczególnie złowrogiej gałęzi Klanu, którzy zwali się Białymi Rycerzami. Dla wielu miejscowych, w tym ciotki Loli, była to nadal żywa przeszłość.

* *Free the land!* – hasło New Afrikan Independence Movement [Ruchu na rzecz Niepodległości Nowej Afryki], radykalnej organizacji wzywającej do secesji Czarnego Pasa, czyli Alabamy, Georgii, Luizjany, Karoliny Południowej i Missisipi.

Wspominając to, Deborah uderzyła we wzniosłą nutę, niczym adwokat, który na doniosłym procesie wygłasza mowę końcową, wysuwa rozstrzygający argument i akcentuje każde słowo.

– My, czarni i biali, jesteśmy na siebie skazani – oznajmiła. – Nie ma sensu mówić, że jesteśmy obcy! Znamy się. Jesteśmy sąsiadami, żyjemy przy sobie, żenimy się, wychodzimy za mąż między sobą, cały czas ze sobą rozmawiamy. Znamy się wzajemnie lepiej niż kogokolwiek innego.

– Czego zatem potrzeba? – zapytałem.

– Ludzie muszą odmienić serca – rzekła donośnym głosem, po czym dodała cicho: – To trudne.

Zima w Delcie

Zimna mgła i szare niebo zdawały się rozpłaszczać Deltę, a szosa wyglądała posępnie. Długa prosta droga biegła ponad błotnistymi polami niczym grobla, a chłodny wiatr znad rzeki obrywał liście z drzew. Naga Delta emanowała prostotą i surowym pięknem. Oskubane drzewa, ciemnobrunatne pola zaorane i zabronowane równo pod zasiew – najpewniej bawełny. Podczas pierwszej podróży rozległość tych areałów nie była tak oczywista. Obnażona przez zimę, kraina ta objawiała smutne dostojeństwo. Ale oglądałem przecież pola, lasy i mokradła na dnie rzecznej doliny, na terenach zalewowych i wśród starorzeczy.

Ludzkie siedliska to inna historia, smutniejsza. Skupiska przyczep mieszkalnych warują na obrzeżach zapuszczonych miast, a wszystko tym bardziej żałosne, że obnażone. Z powodu chłodu mało ludzi na dworze, pejzaż iście apokaliptyczny, pusta droga biegnąca przez wyludniony kraj. Nic dziwnego, że na Południu często przywołują dni ostatnie, głód, ucisk i fałszywego proroka, o których mówi Apokalipsa. Jadąc drogą numer 61, człowiek, któremu w kościele wpojono w bojaźliwą duszę to przejmujące proroctwo, łatwo może uwierzyć, że jest oto świadkiem otwierania siedmiu pieczęci – oszustwa, zniszczenia, głodu, niepokojów, prześladowania, ucisku i wreszcie, po złamaniu siódmej pieczęci, objawienia tajemnic.

Arcola to skupisko lichych domów, bud i nieczynnych sklepików stojących wzdłuż kilku prostopadłych uliczek. Na trawniku przed frontem jednego z domów naliczyłem sześć nagrobków. Mała szkoła, posterunek policji, urząd pocztowy, ale na dworze ani żywego ducha. Dee Jones, którą w trakcie poprzedniej podróży poznałem w Greenville, ma w Arcoli siostrę, Ruby Johnson, która pełni funkcję naczelnika poczty. Dee powiedziała, że jeżeli chcę dowiedzieć się więcej o Arcoli, to powinienem pogadać z Ruby.

– Panna Johnson wyjechała na tydzień – rzekła kobieta za kontuarem. Nazywała się Vivien Weston i zastępowała Ruby. – Zastanie ją pan za kilka dni.

– Jak wam się żyje? – zapytałem.

– Tutaj jest miło i spokojnie – odparła panna Weston. – Podoba mi się.

To znamienne dla mieszkańców Delty. Najpodlejsza dziura, bieda, aż piszczy, a miejscowy powie, że mu się podoba, i wynajdzie cały szereg zalet.

Kupiłem kilka znaczków.

– No, kiedy zamknęli stawy rybne w Hollandale – dodała panna Weston, wydając mi resztę – zrobiło się naprawdę ciężko.

– Dlaczego?

– Już w ogóle nie było pracy – odparła, a wypowiedziane z południowym zaśpiewem słowo *work* zabrzmiało jak *woik*.

Przystanąłem przy skrzyżowaniu w Leland i zadzwoniłem, żeby umówić się z Sue Evans. Chciałem dowiedzieć się, co się wydarzyło od czasu mojej pierwszej wizyty, a po cichu liczyłem na to, że opowie mi więcej o B. B. Kingu. Oznajmiła jednak, że nie ma czasu.

– Niech pan wpadnie, jak znowu będzie pan w okolicy.

Najbardziej upiorna budowla Południa

Tak oto zamiast skręcić w Leland w lewo, pojechałem w prawo, najpierw do odległego o sześćdziesiąt kilka kilometrów Greenwood, a stamtąd, trasą zwaną Money Road, do miejscowości Money.

Money liczy dziewięćdziesięciu czterech mieszkańców i trudno je uznać choćby za wioskę. To właściwie nic więcej niż skrzyżowanie dróg na brzegu rzeki Tallahatchie. Na miejscu od razu znalazłem to, co mnie tam sprowadziło, a mianowicie stuletni sklep o zapadniętym dachu i popękanych ścianach z cegły, obrośnięty uschniętymi roślinami i plątaniną pnączy. Ze względu na widmowy wygląd i krwawą historię jest to najbardziej upiorna budowla, jaką widziałem w trakcie podróży po stanach południowych. Ta ruina niegdysiejszego Bryant's Grocery and Meat Market figuruje na czele sporządzonej przez Mississippi Heritage Trust listy dziesięciu najbardziej zagrożonych zabytków, chociaż wiele osób pragnęłoby ją zetrzeć z powierzchni ziemi jako obrzydliwość.

Opowieść o tym, co stało się w tym sklepie, i o wydarzeniach, które potem rozegrały się w mieścinie Money, jest najbardziej poruszającą historią, jaką poznałem w dzieciństwie. Historia ta wryła mi się w pamięć i właśnie z jej powodu tam pojechałem. Jadąc boczną drogą na Południu, jedziemy nieraz w głąb mrocznej historii. Na ustawionej przed ruiną sklepu Bryanta tablicy informacyjnej opatrzonej emblematem Mississippi Freedom Trail wyjaśniono krótko znaczenie tego miejsca w historii USA. Ale dla mnie ma ono również znaczenie osobiste.

W maju 1955 roku skończyłem czternaście lat, a w sierpniu w Money zabito czarnego chłopca w moim wieku. Nie przypominam sobie, żeby prasa bostońska doniosła o tej zbrodni zaraz po fakcie. Na co dzień czytaliśmy „The Boston Globe", ale prenumerowaliśmy i pilnie czytaliśmy czasopisma rodzinne, a mianowicie „Life" ze względu na fotografie, „Collier's" i „The Saturday Evening Post" ze względu na sylwetki ciekawych ludzi i opowiadania, „Look" ze względu na barwne reportaże i „Reader's Digest" ze względu na skróty artykułów z wielu innych pism. Wiktoriański zwyczaj prenumerowania prasy jako źródła rodzinnej rozrywki i nauki kultywowano do końca lat sześćdziesiątych, gdy prasę przyćmiła telewizja.

W styczniu 1956 roku „Look" zamieścił reportaż Williama Bradforda Huiego *The Shocking Story of Approved Killing in Mississippi* [Wstrząsająca historia bezkarnego morderstwa w Missisipi], który w skróconej formie ukazał się również wiosną na łamach „Reader's Digest". Dobrze to pamiętam, ponieważ najpierw reportaż przeczytali moi dwaj starsi bracia, a ja znajdowałem się wtedy pod ich wielkim wpływem. Kiedy usłyszałem, że bardzo poruszeni rozmawiają o tej sprawie, przeczytałem artykuł, który mnie przeraził i zafascynował.

Czarny chłopiec nazwiskiem Emmett Till, który przyjechał do Missisipi w odwiedziny do ciotecznego dziadka, zaszedł do lokalnego sklepu po cukierki. Najprawdopodobniej zagwizdał uwodzicielsko na widok białej sprzedawczyni. Kilka dni później porwano go, poddano torturom, zabito, a ciało wrzucono do rzeki. Ujęto dwóch mężczyzn i postawiono ich przed sądem. Zostali uniewinnieni, a niedługo potem w rozmowie z Huiem chełpliwie przyznali się do morderstwa i bezczelnie ujawnili makabryczne szczegóły zbrodni. Morderstwo uszło im na sucho.

– Napiszmy do nich – zaproponował mój brat Alexander i zrobił to. Ten list zawierał jedynie pogróżkę: „Idziemy po was. Pożałujecie", i podpis: „Gang bostoński". Wysłaliśmy go na adres poczty w Money do rąk morderców, których imiona i nazwiska podała prasa.

Nikt nigdy nie odpowiedział za tę zbrodnię, chociaż znano nazwiska zabójców i wspólników. Pewnie dlatego na pamiątkowej tablicy przed ruiną sklepu Bryanta czytamy, że „śmierć Tilla wzbudziła oburzenie w wielu krajach i powszechnie uchodzi za jedno z wydarzeń, które popchnęły ludzi do walki o prawa obywatelskie".

Zeznania złożone w tej sprawie i protokoły procesu oskarżonych z 1955 roku uważano za utracone. W 2004 roku FBI odnalazło jednak uszkodzone przez wodę protokoły, przepisało je i w pół wieku po zbrodni ogłosiło wraz z liczącym sto dziesięć stron dodatkiem FBI *Summary Prosecutive Report of the Investigation of the Murder of Emmett Till** [Skrócony raport z postępowania

* Ten *Prosecutive Report* jest streszczeniem liczącego osiem tysięcy stron raportu z postępowania sprawdzającego w sprawie zabójstwa Emmetta Tilla, który z datą 9 lutego 2006 roku zdeponowano w archiwum biura FBI w Jackson w Missisipi. Tamten raport zawiera również liczący trzysta pięćdziesiąt cztery strony protokół z odbytego w 1955 roku procesu morderców, J. W. Milama i Roya Bryanta. Zobacz www.emmetttillmurder.com, dostęp: 4.03.2017 [przyp. aut.].

sprawdzającego w odniesieniu do śledztwa w sprawie zabójstwa Emmetta Tilla].

W raporcie FBI czytamy, że czternastoletni, ale wyrośnięty, bo ważący sześćdziesiąt osiem kilogramów Emmett Till przyjechał w sierpniu z Chicago do Money w odwiedziny do ciotecznego dziadka, Mose'a Wrighta. Zanim wyjechał z domu, matka, Mamie Bradley, dała mu srebrny sygnet po nieżyjącym ojcu. Na sygnecie wygrawerowano: „Mar. 25, 1943" i „L.T.", czyli inicjały Louisa Tilla.

Z postacią Louisa Tilla wiąże się ponura historia. Żeby uniknąć więzienia z powodu znęcania się nad żoną, w 1943 roku Till zaciągnął się do wojska i walczył w kampanii włoskiej. We Włoszech został skazany przez sąd wojskowy za zabójstwo Włoszki i za gwałt na dwóch innych kobietach. Osadzono go w więzieniu wojskowym w Pizie (w którym siedział też skazany za zdradę poeta Ezra Pound), gdzie w 1945 roku został stracony na szubienicy. Ani matka Emmetta, ani on nic o tym nie wiedzieli, ponieważ powiedziano im, że Louis poległ na polu walki. Sygnet odegrał kluczową rolę w identyfikacji nagich i zmasakrowanych zwłok Emmetta.

Emmett mieszkał przez tydzień u Mose'a Wrighta w domku w East Money, jakieś pięć kilometrów od skrzyżowania. Miejscowi nazywali Wrighta kaznodzieją, ponieważ głosił kazania w lokalnym kościółku. Od poprzedniej wizyty Emmetta u dziadka upłynęło pięć lat. Nazywano go Bobo lub Bo, trochę się jąkał, ale uchodził za figlarza, wesołka i chłopaka, który zawsze potrafi rozbawić kolegów. Lubiany przez rówieśników, pełen chicagowskiej pewności siebie zjawił się w zapadłym zakątku Głębokiego Południa.

Pewnego popołudnia, po dniu spędzonym na zbieraniu bawełny Emmett i ośmioro innych nastolatków, w tym jedna dziewczyna, poszli do sklepu Bryanta po napoje i słodycze. Sklep należał do Roya i Carolyn Bryantów. Roy od 1950 do 1953 roku służył jako spadochroniarz w 82 Dywizji Powietrznodesantowej i był krzepkim facetem, mierzącym metr osiemdziesiąt trzy i ważącym osiemdziesiąt pięć kilogramów. Miał wtedy dwadzieścia cztery lata. Carolyn była o dwa lata młodsza i sprzedawała w sklepie podczas nieobecności Roya, tak jak tego fatalnego popołudnia.

Emmett wszedł do sklepu, poprosił o gumę do żucia i zapłacił.

„Till wyszedł ze sklepu, a zaraz potem wyszła również Carolyn Bryant, żona właściciela – czytamy w raporcie FBI. – Kiedy Carolyn Bryant wyszła przed sklep, Till na nią gwizdnął. Kuzyni towarzyszący Tillowi wiedzieli, że jego wyskok ściągnie na nich kłopoty, więc czym prędzej odjechali, zabrawszy go ze sobą".

Taką wersję wydarzeń przedstawiły osoby postronne, które stały przed sklepem, a w ich zeznaniach pojawiła się sugestia, że Till gwizdnął na Carolyn Bryant zapewne po to, żeby zaimponować kolegom wielkomiejską brawurą.

Carolyn Bryant inaczej opisała tamte wydarzenia. Twierdziła, że kiedy Emmett płacił za gumę do żucia, chwycił ją za rękę i rzekł: „Może się ze mną umówisz, laleczko?", a gdy się wyrwała, poszedł za nią i użył „niecenzuralnego słowa". Przestraszona pobiegła do samochodu i spod przedniego fotela wyciągnęła pistolet, a gdy to zrobiła, Emmett, który stał przed gankiem sklepu, zagwizdał na nią, a potem wsiadł do samochodu, który zaraz odjechał. Słońce już zaszło i Money spowiły ciemności.

Wersję Carolyn Bryant podważył jeden z kolegów Tilla, który miał wejść do sklepu niedługo po nim i być świadkiem, jak Till płacił za gumę do żucia. Według jego zeznania Till nie wypowiedział słów przypisywanych mu przez Carolyn. Ale zaczepnego gwizdnięcia nikt nie kwestionował.

– Wszyscy wiedzieli, że to gwizdnięcie wyjdzie nam bokiem.

Przez kilka dni nic się nie stało. W cztery dni od feralnej wizyty w sklepie, 28 sierpnia Roy Bryant spotkał się ze swoim przyrodnim bratem, trzydziestosześcioletnim J. W. Milamem, i omówił z nim tę sprawę. Milam był weteranem II wojny światowej, od 1941 do 1946 roku służył w Europie w szeregach 2 Dywizji Pancernej. Mężczyźni postanowili odszukać chłopaka opisanego przez Carolyn. Ruszyli w objazd dróg w okolicach Money i spotkali idącego samotnie czarnego nastolatka. Złapali go i zawieźli do Carolyn, która powiedziała, że to nie ten.

Główną postacią w tym dramacie jest biała kobieta z Południa. Długo przed tymi tragicznymi wydarzeniami Frank Tannenbaum pisał w *Darker Phases of the South*: „Nadzwyczaj prosta istota tej sprawy polega na tym, że niebywała ochrona, jaką na Południu otacza się białe kobiety, jest kompensacją za całkowity brak ochrony, jaki muszą znosić kolorowe kobiety". Dalsze wywody Tannenbauma sprawiają na mnie wrażenie proroctwa, które przywołuje postaci Roya Bryanta i J. W. Milama: „Idealizacja białej kobiety na Południu jest zatem po części podświadomą samoobroną białych mężczyzn przed ich złymi nawykami, wyobrażeniami, przekonaniami, postawami i praktykami".

Podejrzewając, że młodzi czarni, którzy przyszli do sklepu, mają coś wspólnego z Mose'em Wrightem, Bryant i Milam pojechali tamtej nocy do jego domu w East Money. Żądali wydania chłopaka. Grozili, Milam miał w jednym ręku pistolet, a w drugim latarkę.

– Chcemy chłopaka, który gadał wtedy w Money – powiedział.

Obudzono Emmetta w sypialni na tyłach domu. Kiedy się ubierał, Elizabeth, żona Mose'a, błagała białych, żeby zostawili Emmetta w spokoju, i przyrzekała, że zapłaci im, ile tylko zechcą, byle go nie zabierali. Ile chcą? – pytała.

Mężczyźni nic na to nie odpowiedzieli.

– Zabierzemy go i po prostu wychłoszczemy – powiedział Milam.

Zawlekli Emmetta do samochodu.

– To on – rzekł kobiecy głos.

(„Liczba batów zależała raczej od »humoru pani« niż od zachowania niewolnika", pisał Louis Hughes w wydanej w 1897 roku autobiografii *Thirty Years a Slave. From Bondage to Freedom* [Trzydzieści lat niewoli. Z niewoli do wolności]).

Później tamtej nocy Bryant, Milam i kilku innych (w tym bodaj Otha „Oso" Johnson i Levi „Too Tight" Collins, czarni robotnicy rolni) wywieźli Emmetta na pace półciężarówki do stodoły w Glendorze, gdzie brutalnie go bili, chłostali i tłukli w głowę. Milam opisał owo katowanie Emmetta znajomemu, który potem przytoczył jego słowa: „Podczas bicia Till ani przez chwilę nie okazał szacunku białym, ani raz nie powiedział: »Tak, sir«, ani: »Nie, sir«. Sprawy wymknęły się spod kontroli, a Till powiedział coś w tym sensie, że »jest tak samo dobry jak oni«".

„Kiedy Murzyn zwraca się do białego, powinien tytułować go »sir«, »mister«, »boss« – pisali harwardzcy badacze terenowi w *Deep South*, wydanym w 1941 roku studium socjologicznym na temat Natchez i okolic w latach trzydziestych – podczas gdy białym w ogóle nie wolno używać takich zwrotów grzecznościowych w odniesieniu do Murzyna, do którego należy się zwracać po imieniu lub per »boy«".

Emmett Till złamał wszystkie zasady. Stawiał się porywaczom, nawet gdy go katowali, nie okazał pokory ani szacunku, nie znał swojego miejsca, wywyższał się. Gdyby był dobrym chłopakiem, okazałby pokorę i uznał swój niższy status społeczny. W *Deep South* badacze odnotowali wypowiedź białego mężczyzny, który tłumaczył, dlaczego wychłostał czarnych: „To złe czarnuchy, zaczęli zadzierać nosa".

Emmetta Tilla spotkał wyjątkowo straszny los, ale podobne rzeczy działy się przedtem wiele razy. Swoim zbyt śmiałym zachowaniem w sklepie i późniejszym brakiem skruchy Emmett Till złamał „największe tabu systemu". Cytowany w *Deep South* biały plantator jasno tłumaczył nieodzowność kary chłosty: „Często musimy wychłostać któregoś z nich, kiedy zadzierają nosa, są bezczelni albo coś przeskrobią. Nie przeganiamy ich, bo zwykle większy pożytek przynosi to, że wrócą do pracy, bo dzięki temu inne czarnuchy o wszystkim się dowiedzą [...]. Wzięliśmy raz jednego, wychłostali i kazali stawić się nazajutrz do roboty. Od tego czasu, jak tylko mnie zobaczy, uchyla kapelusza, i w ogóle jest dobrym czarnuchem".

W końcu, kiedy już stłukli Emmetta Tilla tak strasznie, że zmasakrowali mu twarz i skruszyli czaszkę, oprawcy strzelili chłopakowi w głowę, a potem załadowali krwawiące ciało na półciężarówkę. („To jeleń", wyjaśnił nazajutrz „Too Tight" Collins facetowi, który na postoju pokazał krew cieknącą z paki na ziemię). Pojechali nad rzekę Tallahatchie i obciążywszy trupa ważącym trzydzieści pięć kilogramów wiatrakiem odziarniarki, który przyczepili za pomocą drutu kolczastego, wrzucili truchło do wody.

Krążyły już plotki i następnego dnia Bryanta i Milama aresztowano jako podejrzanych o morderstwo, a kilka dni później w miejscu zwanym Pecan Point, za Philipp, jakieś piętnaście kilometrów na północ od Money pewien rybak wyłowił ciało Emmetta, które „zaczepiło o zatopione drzewo". Zmasakrowane i rozkładające się zwłoki o zmiażdżonej twarzy („rozległy uraz głowy") byłyby trudne do identyfikacji, gdyby tkwiący na wzdętym palcu sygnet z wygrawerowanymi inicjałami „L.T." nie świadczył dobitnie, że to ciało Emmetta Tilla. W tydzień później zgodnie z życzeniem matki zmasakrowane zwłoki wystawiono na widok publiczny w Chicago. Przez cztery dni tysiące ludzi przeszło przed otwartą trumną ze szczątkami Emmetta Tilla.

Miesiąc po morderstwie Bryant i Milam zasiedli na ławie oskarżonych w sądzie hrabstwa Tallahatchie w Sumner. Dowody ich winny były niezbite. Przesłuchano świadków oskarżenia. Zeznania złożył Mose Wright, który w pamiętny sposób wstał z krzesła dla świadków i wskazał oskarżonych jako porywaczy Emmetta. Wyrok skazujący wydawał się pewny. Ale po krótkiej naradzie biali sędziowie przysięgli uwolnili Bryanta i Milama od zarzutu zabójstwa. Następnie uwolniono ich również od zarzutu uprowadzenia. Bryant i Milam z cygarami w zębach pozowali do zdjęć, tulili żony, tryumfowali przed gmachem sądu.

Później Bryant i Milam za pieniądze współpracowali z Williamem Bradfordem Huiem, autorem reportażu, który cztery miesiące po procesie ukazał się na łamach „Look". Huie zapłacił za wywiad każdemu z nich tysiąc pięćset dolarów, a ich adwokat wziął tysiąc. Milam, bardziej gadatliwy, bez cienia skruchy opowiadał o tym, jak przy pomocy Bryanta uprowadził Emmetta Tilla, jak tłukli go kolbami pistoletów w stodole za domem Milama w Glendorze, jak strzelili mu w głowę i jak pozbyli się ciała.

Chociaż wiele szczegółów podanych przez Milama kłóciło się z dowodami, a chronologia zdarzeń odbiegała od rzeczywistości, wszystko, co powiedział, było obciążające. Na Północy sprawa ta wywołała powszechne oburzenie, a ja i moi bracia przez kilka miesięcy praktycznie nie rozmawialiśmy o niczym innym. Mimo to władze w ogóle nie zareagowały. Czarni mieszkańcy Południa zareagowali natychmiast, i to w sposób niezwykły, bo pokojowy. 1 grudnia 1955 roku, a więc krótko po procesie morderców Tilla, w Montgomery w Alabamie Rosa Parks nie posłuchała w miejskim autobusie polecenia kierowcy, który kazał jej ustąpić miejsca białej osobie. Aresztowano ją za ten akt nieposłuszeństwa i stała się symbolem oporu. Jej upór w tej sprawie i poczucie sprawiedliwości sprawiły, że ludzie brali z niej przykład i skupiali się wokół niej.

A jak na zabójstwo Emmetta Tilla zareagowano w stolicy kraju? Senator z Missisipi John C. Stennis zdradził prasie szczegóły rozprawy Louisa Tilla przed sądem wojskowym i fakt, że ojca Emmetta powieszono we Włoszech za zabójstwo i gwałt. Chodziło o zdyskredytowanie Emmetta, tak żeby opinia publiczna odwróciła się od niego. Mamie Bradley zaraz po procesie morderców wysłała do prezydenta Eisenhowera telegram z błaganiem o sprawiedliwość: „Ja, matka Emmetta Louisa, proszę, aby osobiście Pan dopilnował, żeby wymierzono sprawiedliwość wszystkim osobom zamieszanym w bestialskie zlinczowanie mojego syna w Money w stanie Missisipi. Oczekuję bezpośredniej odpowiedzi od Pana".

Mamie Bradley nie dostała odpowiedzi, ale jej telegram spowodował w końcu korespondencję wewnętrzną między urzędami. Wśród wielu dokumentów w aktach sprawy Tilla znajdujemy notatkę, którą z datą 23 października 1956 roku szef gabinetu Eisenhowera i jego doradca do spraw mniejszości Max Rabb przesłał rzecznikowi prasowemu Białego Domu Jamesowi C. Hagerty'emu. Na wstępie swojej notatki Rabb stwierdzał, że Mamie Bradley jest narzędziem w rękach komunistów, a do tego „pozerką". „Jakikolwiek wyraz uznania dla tej osoby – pisał w dalszym ciągu notatki – zostanie natychmiast użyty do umacniania w naszym kraju idei komunistycznych […]. Panią Bradley dyskredytuje to, że wykorzystuje śmierć syna w celach zarobkowych".

„Praktycznie cały materiał dowodowy obciążający oskarżonych ma charakter poszlakowy – pisano 25 września 1955 roku w artykule wstępnym na łamach »Jackson Daily News«. – W dobrze pojętym interesie wszystkich zainteresowanych należy jak najszybciej zapomnieć o sprawie Bryanta-Milama".

Ta sama gazeta zamieściła jednak mocne i uczciwe oświadczenie Williama Faulknera. Sama zbrodnia sprawia wrażenie wyjętej z jednej z mrocznych opowieści Faulknera, bo rozegrała się w zaiste faulknerowskiej, małomiasteczkowej scenerii z udziałem faulknerowskich postaci, młodej białej żony sklepikarza, głupich i okrutnych białych kmiotków, wystraszonych czarnych dzieci i bojaźliwego czarnego pastora. Oświadczenie złożone po zabójstwie Tilla jest jednym z najmocniejszych i najposępniejszych oskarżeń, jakie wyszły spod pióra Faulknera, który niechętnie używał upraszczającej formy wypowiedzi dla prasy. Ból i przerażenie przybrały formę gwałtownej filipiki, spisanej naprędce w Rzymie, gdzie Faulkner wygłaszał odczyty na zaproszenie Departamentu Stanu. Oświadczenie Faulknera rozpowszechniła Agencja Informacyjna Stanów Zjednoczonych, a na łamach „Jackson Daily News" ogłoszono je, gdy sąd uniewinnił morderców Tilla.

W oświadczeniu Faulkner wspomina atak na Pearl Harbor i wytyka obłudę zawstydzania naszych wrogów strojeniem się w szaty obrońców wolności, „podczas gdy nauczyliśmy ich (co robimy i teraz), że kiedy mówimy o wolności i swobodach, nie tylko nie mamy na myśli żadnej z tych wartości, lecz nie mamy na myśli choćby bezpieczeństwa i sprawiedliwości ani nawet ochrony życia ludzi o innej barwie skóry". W dalszym ciągu tej wypowiedzi Faulkner stwierdza, że jeżeli Amerykanie mają przetrwać, to musimy pokazać innym, że nie jesteśmy rasistami, „zaprezentować światu jednolity i nieugięty front". Ale możemy temu nie podołać. „Być może właśnie teraz przekonamy się, czy przetrwamy, czy nie. Być może sens tego strasznego i tragicznego zła, którego w moim rodzinnym Missisipi dwóch białych dorosłych dopuściło się w stosunku do biednego murzyńskiego dziecka, polega na tym, że ma nam ono powiedzieć, czy zasługujemy na przetrwanie, czy nie". I Faulkner kończył gorzką konkluzją: „Jeżeli bowiem w naszej rozdartej kulturze w Ameryce doszliśmy do stanu, w którym musimy zabijać dzieci, obojętne, z jakiego powodu i jakiej barwy skóry, to nie zasługujemy na przetrwanie i zapewne nie przetrwamy".

Faulkner nie wymienił w tym oświadczeniu nazwiska Emmetta Tilla, ale każdy, kto je czytał, wiedział, o kim pisarz mówił.

Mieszkający w Missisipi pisarz Jerry W. Ward junior na kanwie zabójstwa Tilla napisał przejmujący wiersz *Don't Be Fourteen (in Mississippi)* [Obyś nie miał czternastu lat (w Missisipi)]. W czasie gdy doszło do zabójstwa, Ward, który jest czarny, był nieco młodszy od Emmetta Tilla. Dzisiaj jest emerytowanym profesorem i nadal mieszka w Missisipi. „Rasizm to stały aspekt życia w Missisipi – stwierdził – i wytwarza sobie właściwe bolączki".

Zapomnijmy o Emmetcie Tillu, radzili redaktorzy jacksońskiej gazety, ale ich nie posłuchano. Przeciwnie, sprawa zabójstwa tego czarnego chłopca stała się ustawicznie przywoływaną narodową hańbą i symbolem niesprawiedliwości, a samego Emmetta Tilla zaczęto uważać za bohatera i męczennika. Ukrywanie prawdy jest nie tylko daremne, lecz prawie zawsze prowadzi do wyłonienia się czegoś nieoczekiwanego i cudownego, bo wytwarza przeciwstawną, zdrową i w ostatecznym rachunku potężniejszą siłę, niczym słońce, które w końcu rozprasza chmury. Właśnie tak działo się w sprawie Emmetta Tilla.

Nigdy o niej nie zapomniałem. I dlatego owym późnym popołudniem zaparkowałem samochód przed upiorną ruiną sklepu Bryanta i przeczytałem to, co napisano na tablicy ustawionej przed fasadą. Pospacerowałem wokół. Chłodno, nikogo na dworze w ten zimowy dzień. Zostały tylko ściany, i to wcale nie mocne – aż dziw, że budynek nadal stoi. Spowity w plątaninę pnączy i korzeni pasożytniczych drzew, niczym popękana budowla z ciosanego kamienia w Angkorze, sklep Bryanta zachowuje kształt pewnie z tego samego powodu co tamte świątynie, spojony kotwami korzeni, bluszczy i winorośli.

Ani żywego ducha na skrzyżowaniu, nikogo w pobliżu szarych blaszanych hangarów starej przetwórni bawełny z pokrytą rudym kurzem, wyblakłą tablicą z napisem MONEY przy rampie załadunkowej. Nikogo przy drodze ani przy torach biegnącej z północy na południe linii kolejowej po drugiej stronie szosy przed sklepem Bryanta, gdzie stałem w gasnącym świetle dnia.

Rozległ się gwizd, złożony z dwóch nut jęk nadjeżdżającego pociągu, huu-uiii, niczym spazm szlochu, zwłaszcza w tym nawiedzonym miejscu przy skrzyżowaniu dróg pośród zaoranych pól w płaskim sercu Missisipi. Klekocząc na torach, pociąg przejechał, a dzwoniące echo wibrowało długo odbijane od skorupy ścian sklepu Bryanta i blaszanych hangarów przetwórni bawełny. Rzeczywiście zdziwiłem się, że nawet w pięćdziesiąt dziewięć lat od tej strasznej zbrodni beznamiętny grom przejeżdżającego pociągu nie zdruzgotał ścian posępnej ruiny.

Pojechałem na wschód Whaley Road, wzdłuż Money Bayou i kilku wąskich stawów, pragnąc znaleźć Dark Ferry Road i gospodarstwo Grovera C. Washingtona, gdzie stał domek połownika i kaznodziei Mose'a Wrighta. Miałem zbyt mało szczegółową mapę, nie było kogo zapytać, a niektóre ślady historii zaciera czas, chociaż tylko te nieistotne. Do Money wracałem o zmierzchu, w zapadającej ciemności, w którą niegdyś powieziono Emmetta Tilla.

Jadąc pustą drogą na północ od Money, już na trasie nazwanej w 2005 roku Emmett Till Memorial Highway, zauważyłem drogowskaz: GLENDORA. Skręciłem zgodnie z nim i nawet w wątłym już świetle zobaczyłem, że Glendora w odróżnieniu od Money jest prawdziwym miasteczkiem mającym główną ulicę, a przynajmniej nim była, zanim zaczął się upadek. Gdzieś blisko tych lichych chat, przyczep i upadłych sklepów zginął Emmett Till, zatłuczony na śmierć w stodole J. W. Milama w gospodarstwie, gdzie ten oprawca jako wolny człowiek mieszkał do samej śmierci w 1980 roku.

Któregoś słonecznego dnia wróciłem do Glendory. Słońce bywa okrutne, bezlitosne światło potrafi obrócić smętne miejsce w prawdziwe okropieństwo. Glendora objawiła się jako gniazdo zatracenia. Szokująco ohydna uliczka zapuszczonych chat i bud, nędzny sklep spożywczy, bar z gankiem, gdzie złachani faceci o szklistych psich spojrzeniach popijali z butelek i puszek. Nędza Glendory nadawała jej wygląd skansenu południowej biedy – pijacy, ledwo trzymający się na nogach w dziurawych butach, niektórzy już leżeli na wznak w trawie i chrapali, bezczynni mężczyźni w środku słonecznego dnia, niedaleko parceli J. W. Milama – mordercy – gdzie niegdyś stał jego dom, a dziś jest tylko przypominająca o tym tablica. Pomyślałem, że tamtejsi czarni mężczyźni i otumanieni, łypiący bezczelnie chłopcy to jego spadkobiercy.

Przez przeszło rok podróżowania po Głębokim Południu nigdy się nie bałem, że jestem w niebezpieczeństwie, ani nie czułem się przez kogokolwiek zagrożony. Nie bałem się również w Glendorze, niemniej wibrująca nad dziurawą drogą aura wrogości sprawiała, że czułem się jak intruz i nerwy miałem napięte. Przyczyna była chyba prosta, a mianowicie wstyd biednych ludzi, zażenowanych w niespodzianej obecności obcego, pijaków nagle świadomych swego upodlenia na tle kogoś trzeźwego, biedaków nawykłych do życia na dnie, niecierpiących świadków, mających mi za złe, że przyjechałem, i zazdroszczących mi tego, że tak łatwo mogę wyjechać.

Kawałek dalej przy tej samej ścieżce ujrzałem starą przetwórnię bawełny, kanciastą, wysoką, piętrową budowlę o blaszanych ścianach i dachu, tym bardziej posępną, że pozbawioną okien. W tym ponurym hangarze stojącym samotnie pośród pól na skraju Glendory mieści się Emmett Till Historic Intrepid Center (ETHIC), muzeum poświęcone Emmettowi Tillowi.

Przed tym budynkiem natknąłem się na kobietę, która idąc do samochodu, uśmiechnęła się do mnie. Przywitałem się, a potem, żeby zagaić rozmowę, zapytałem:

– Co pani myśli o tym muzeum?

– Musi je pan zwiedzić – odparła. Była elegancko ubrana, jak na wizytę lub do kościoła. Czerwona sukienka, biały kapelusz, w ręku duża torebka. – To bardzo ważne miejsce. Każdy powinien je odwiedzić.

Przedstawiła się. Cherraye Oats. Bodaj pod pięćdziesiątkę, w eleganckim stroju wyglądała zupełnie inaczej niż ktokolwiek inny, kogo widziałem w Glendorze.

– Pamiętam ten czas, kiedy to się stało – powiedziałem.

– Ja jestem za młoda – rzekła Cherraye. – Ale to bardzo poruszyło moją ciotkę – dodała, na chwilę zawiesiła głos, a potem dokończyła: – Fannie Lou Hamer.

Fannie Lou Hamer, jedna z najodważniejszych i najtwardszych osób w gronie działaczy na rzecz rejestrowania się na listach wyborczych podczas tak zwanego lata wolności w 1963 roku, w 1964, nie bacząc na sprzeciwy, założyła Mississippi Freedom Democratic Party, ponieważ uznała za skandal, że delegacja stanowa na konwencję krajową Partii Demokratycznej w Atlantic City składała się wyłącznie z białych. Brutalnie bita, więziona, wyrzucona za poglądy z pracy Fannie Lou Hamer stała się jedną z ikon ruchu na rzecz praw obywatelskich, a działalność polityczną prowadziła aż do śmierci w roku 1977, kiedy miała sześćdziesiąt lat. Na jej grobowcu wyryto jedną z jej uwag na temat segregacji: „Mam serdecznie dosyć tego, że mam tego serdecznie dosyć".

Cherraye Oats i jej córka Courtney stworzyły w Euporze Fannie Lou Center for Change. Cherraye wychowała się w Ruleville, a podówczas mieszkała w Euporze. Obydwie miejscowości leżą niedaleko od Glendory. Fannie Lou, córka połownika nazwiskiem Townsend, jedna z dwanaściorga rodzeństwa, z pewnością miała wiele siostrzenic, ale pod względem pasji i prezencji Cherraye wydała mi się w istocie nowym wcieleniem ciotki. Porozmawialiśmy chwilę. Zapytała, skąd się tam wziąłem i dokąd zmierzam.

– To dobrze, że pan tu przyjechał – powiedziała. – Ale powiem panu, że niewiele się zmieniło.

Właśnie z tej przetwórni bawełny mordercy wzięli ów trzydziestopięciokilogramowy wiatrak odziarniarki, który za pomocą drutu kolczastego uwiązali do zwłok Emmetta Tilla przed wrzuceniem ich do rzeki. W muzeum eksponują taki sam wiatrak, a także różne sprzęty gospodarskie, ot, stare narzędzia, które jednak wyglądały złowrogo i makabrycznie w kontekście tamtej zbrodni, bo i jakie skojarzenia mogły w tym miejscu budzić młotki, widły, siekiery, sierpy i drut kolczasty? Eksponują starego półciężarowego forda tego typu, jakiego użyli oprawcy. Na innej wystawie zrekonstruowano łóżko i sypialnię Emmetta, na innej stoi makieta fasady sklepu Bryanta. Jest jeszcze wierna replika zwłok Emmetta Tilla w otwartej trumnie, zrobiona z plastiku zmasakrowana i okaleczona twarz może śnić się po nocach. Wszystko to nie tylko odpowiednio makabryczne, lecz również należycie opisane. Nie mam wątpliwości, że to wartościowe muzeum, doniosłe świadectwo historii.

– Upiorna rzecz – powiedział po prostu Benjamin Saulsberry, kustosz muzeum. Miał tylko dwadzieścia dziewięć lat, ale dużo wiedział zarówno o zabójstwie Emmetta Tilla, jak i o historii tamtych terenów. Skierował mnie do części muzeum poświęconej życiu i karierze bluesmana Sonny'ego Boya Williamsona, który urodził się przed stu laty na plantacji w pobliżu Glendory.

– Macie dużo zwiedzających? – zapytałem.

– Dziesięć, dwanaście osób tygodniowo.

Nawet nie dwie osoby dziennie, następna smutna liczba. Cherraye Oats odjechała, kurz wzbity przez koła jej samochodu opadł, i prócz mnie oraz Benjamina w muzeum nie było nikogo. Pustka przydawała ekspozycjom upiorności. Ułożone w stosik ulotki reklamowały kosztujące piętnaście dolarów jednodniowe zwiedzanie miejsc związanych z zabójstwem Tilla, a więc sklepu Bryanta, domu, sądu, brzegu rzeki – miejsc, które już widziałem. Tamtego poranka nie było chętnych, a jakieś życie toczyło się w odległości krótkiego spaceru od muzeum, przy sklepach w Glendorze, gdzie urzędowali pijacy, i na obrzeżach żałosnego miasteczka, w zapyziałych, upstrzonych przez muchy i cuchnących domach.

„Broń kupują ludzie, którzy nigdy jej nie potrzebowali"

We wcześnie zapadających zimowych ciemnościach w Missisipi leżące na północ od Glendory miasta Batesville i Southaven płonęły od świateł, wyłonione nagle z mroku niczym rozciągnięte tętniące życiem ludzkie siedliska, a w każdym razie takie sprawiały wrażenie. Na Południu tego rodzaju miejscowości wyglądają jak ważne metropolie, ale to mylące. W rzeczywistości okazują się rzęsiście oświetloną zmorą barów szybkiej obsługi, sklepów dyskontowych, galerii handlowych i ogromnych parkingów. Wszystko pięknie roziskrzone, lecz puste.

Southaven, jeden z takich świetlistych miraży, leży na samej północnej granicy Missisipi i jest już właściwie przedmieściem Memphis. Z łatwością znalazłem tam motel. Zastanawiając się, gdzie coś zjeść, przystanąłem niezdecydowany przed wejściem, a na głowie miałem czapkę wojskową w kamuflażowych barwach.

– W jakiej okolicy pan poluje? – zapytał mężczyzna, który nadszedł z parkingu. Nosił taką samą czapkę.

Odparłem, że nie poluję. On polował, na kaczki. Właśnie przyjechał z Tennessee ze strzelbą w futerale i z trzema chłopcami. Wymienił nazwę jeziora, nad które wybierał się nazajutrz.

– Przyjechałem na jarmark broni – powiedziałem.

– To faktycznie popularne – rzekł i dodał, że mądrze robię, bo ostatnio są trudności z amunicją, a na jarmarku pewnie będą ją mieć.

Postanowiłem odwiedzić jeszcze jeden jarmark broni, nie tylko po to, żeby się pogapić, chociaż gapienie się to moja główna rozrywka. Kwestia dostępu do broni znowu stała się tematem dnia, kiedy przed półtora miesiąca, 14 grudnia 2012 roku, uzbrojony w karabin maszynowy dwudziestolatek, niejaki Adam Lanza, zamordował dwadzieścioro dzieci i sześcioro nauczycieli w szkole podstawowej Sandy Hook w Newtown w Connecticut, po czym popełnił samobójstwo, strzelając sobie w głowę. Wkrótce po tej strasznej masakrze odkryto, że przed wyjazdem z domu rankiem tamtego dnia Lanza zabił matkę. Używał jej broni i to właśnie matka nauczyła go strzelać. Nie potrafię pojąć, dlaczego postanowiła nauczyć tej sztuki syna, który był dzieckiem zaburzonym, nadwrażliwym, nieznoszącym kontaktu cielesnego, stroniącym od ludzi domatorem podatnym na ataki złości i cierpiącym bodaj na urojenia. Wiedząc, że syn balansuje na granicy choroby psychicznej, ta kobieta dała mu broń.

Masakra w szkole Sandy Hook, jedna z największych tragedii spowodowanych przez samotnego szaleńca w historii USA, dała asumpt do wznowienia w Kongresie debaty na temat dostępu do broni i jednocześnie wywołała wielkie ożywienie na rynku karabinów maszynowych. Okazało się, że proponowane ograniczenia dostępu do broni wcale nie zniechęciły do kupowania uzbrojenia, lecz przeciwnie – wywołały istną gorączkę wśród posiadaczy i potencjalnych nabywców. Sprzedano tyle broni i amunicji, że pojawiły plotki, jakoby zaczynało brakować niektórych rodzajów uzbrojenia, a zwłaszcza karabinów szturmowych Bushmaster i amunicji kaliber 5,56 milimetra, których użył Adam Lanza. Właśnie do tego nawiązał ów myśliwy, którego spotkałem przed motelem.

Tak więc zjechałem do Southaven na jarmark Tri-Lake Gun and Knife Show, wydarzenie weekendu i jednocześnie dumę miasta, imprezę odbywającą się w Southaven Arena. Jarmark ten nie różnił się od innych, które już widziałem, a jego arena przypominała wiele dużych kościołów, które odwiedziłem na Południu w niedziele.

Ujrzałem hektar czy półtora hektara zaparkowanych samochodów i typową industrialną, a zarazem cokolwiek sakralną budowlę podobną do domu towarowego z wieżyczką, w środku tysiąc niezłomnych wiernych, przed wejściem życzliwy gwar powitania.

Tłum gości jarmarku w Southaven przechadzał się statecznie pośród setek stoisk, na których leżały stosy karabinów, pistoletów i noży. Od czasu do czasu zdarzało się stoisko z innym towarem, a to z paralizatorami, a to z artykułami skórzanymi, a to z plakietkami i tabliczkami głoszącymi na przykład: „Zakaz wstępu. Pestki są tak drogie, że strzelam bez ostrzeżenia".

Niemal od razu po wejściu usłyszałem faceta, który aż podskakiwał ze złości przy swoim stoisku, perorując na temat strzelaniny w szkole.

– Gdyby ktoś miał spluwę, to mógłby go powstrzymać! – gderał. – Nauczyciele powinni być uzbrojeni.

Jak się już nieraz przekonałem, jarmarki broni są odwiedzane przez dobrze uzbrojonych i dobrze zachowujących się ludzi, więc każdy objaw podniecenia wzbudza ciekawość. Przy tym facecie zebrała się grupka słuchaczy i chór potakiwaczy.

– Każda szkoła powinna mieć szeryfa – powiedział ktoś.

– No jasne – dorzucił drugi.

– Nie byli przygotowani – skwitował trzeci.

Większość mężczyzn miała broń w kaburze u boku, ale zgodnie z regulaminem jarmarku pistolety nie miały magazynków, a mechanizm spustowy zabezpieczono plastikową opaską.

Trzeci raz odwiedzałem jarmark broni i uzmysłowiłem sobie, że chociaż impreza taka na pierwszy rzut oka wygląda jak pchli targ, to w rzeczywistości ma ustalony porządek. Jest sekcja stoisk z bronią kolekcjonerską, grawerowanymi strzelbami, dubeltówkami, pistoletami pojedynkowymi. W głębi stoiska ze starą bronią krótką. Sekcja karabinów szturmowych. Sprzedawcy plakietek i tabliczek. Stoiska z nożami. Handlarze pamiątek nazistowskich. Sprzedawcy demobilu – manierek, pasów, menażek, masek gazowych, saperek. Spece od łódek nabojowych, chociażby zakazanych w wielu stanach grubych, wygiętych, pojemnych łódek na trzydzieści nabojów. Stoiska z bronią automatyczną, w tym z najprostszym i najskromniejszym AK-47, który zasadniczo jest karabinem maszynowym, jakiego człowiek potrzebuje chyba tylko wtedy, gdy wypowiada wojnę albo odpiera atak oddziału talibów.

Ale ten sam AK-47, który trzy miesiące wcześniej oferowano za półtora tysiąca dolarów, proponowano teraz za dwa tysiące. Zwróciłem na to uwagę sprzedawcy.

– To z powodu Obamy – stwierdził. – Widzisz pan to cacko? – zapytał, podając mi automatyczny karabinek z polimerów. – Kosztowało dwieście dolców. Po wprowadzeniu zakazu skoczyło na pięćset. Przez całe to marudzenie o masakrze w szkole ceny dalej będą rosły. Zanim się pan obejrzysz, będziesz musiał wyłożyć patyka.

Na jarmarku panował duży ruch, miłośnicy broni chodzili od stoiska do stoiska, wymieniając się uwagami na temat oferowanej broni.

– To rarytas z krótkiej serii.

– Chłodzony powietrzem.

– Tylko popatrz na grawerunek na tej ślicznotce.

– O, jest luger z cienką kolbą, którą nazywają kijem od szczotki, piękny.

Rzucało się w oczy, że goście jarmarku uwielbiają oglądać broń, ale transakcji zawierano bardzo niewiele. Pomyślałem, że odpowiedź na pytanie, dlaczego handel idzie tak słabo, można znaleźć na parkingu przed Southaven Arena. Przeważały na nim stare półciężarówki, ubłocone samochody, poobijane auta półterenowe, a spacerujący między stoiskami ludzie – w przytłaczającej większości mężczyźni – byli biednie ubranymi wieśniakami, mechanikami samochodowymi o brudnych paznokciach, rolnikami w ogrodniczkach i w czapkach wojskowych lub opatrzonych logo dostawcy pasz. Wśród nich z rzadka zdarzali się lepiej ubrani mężczyźni, którzy o wiele chętniej od tamtych sięgali do portfela, a szukali interesujących okazów, może najnowszego sig sauera 9 milimetrów, jaki w swoim – lub raczej matki – arsenale miał Adam Lanza.

– Kupa ludzi, ale głównie łażą, prawie nic nie kupują – darł się do telefonu komórkowego facet przy stoisku z kapiszonowcami z okresu wojny secesyjnej.

Chodziłem od stoiska do stoiska i znowu zwróciłem uwagę na grzeczność i kurtuazję bywalców jarmarków broni. Nagle usłyszałem dziwne trzaski. Przy jednym ze stołów dwóch czarnych – jedyni czarni, jakich dostrzegłem wśród bodaj tysiąca uczestników jarmarku – demonstrowało paralizatory i inną tego rodzaju broń, a jeden z nich trzymał przed sobą dwa tasery i generował między nimi jasnobłękitne wyładowania elektryczne.

Pogadałem chwilę z czarnymi sprzedawcami. Tymczasem interes szedł kiepsko, ale uważali, że później się rozkręci.

– W Massachusetts tasery są zakazane – powiedziałem.

– Ale nie jesteś pan w Massachusetts – rzekł jeden z nich, strzelając iskrami z paralizatora. – Jest więc okazja, żeby kupić parę sztuk. Da pan znajomym – mówił. Paralizator wydawał suche trzaski. – Spójrz pan, jakie napięcie. Ogłuszy największego drania.

– Na imię mi Paul – powiedziałem.

– Matisse – przedstawił się i zanim zdążyłem zapytać, dodał: – Tak, jak ten malarz.

Wyjaśnił, że paralizatory wyprodukowano w Chinach i dlatego są takie tanie. W odróżnieniu od sprzedawców broni palnej, na ogół miejscowych, on i kolega przyjechali z Jackson. Jeździli z jarmarku na jarmark, oferując, jak powiedział, „urządzenia do ochrony osobistej".

– Prawie co tydzień jest jakiś jarmark.

– Przepraszam, że to powiem, ale prócz was nie widzę tu innych czarnych.

– Czarni nie sprzedają swojej broni – rzekł Matisse, śmiejąc się cicho.

– Jasne, że nie – dodał jego kolega.

W dalszych rzędach mieli swoje stoły młodzi i skorzy do targowania się handlarze broni używanej, natomiast w środku hali i przy wejściu ustawiono większe stoiska sprzedawców koncesjonowanych, którzy pilnowali wszystkich formalności związanych z rejestracją broni.

Spróbowałem kupić pistolet od jednego z takich sprzedawców, ale grzecznie odmówił.

– Skoro jest pan spoza tego stanu, nie mogę panu sprzedać broni.

Przy stołach w dalszych rzędach nie było tego problemu.

– Ten glock jest prawie nowy – zagadnął mnie jeden z młodych sprzedawców. – Strzelałem z niego. Oddam go panu za trzy stówki. Dobra, za dwieście siedemdziesiąt pięć, i dorzucę zapasowy magazynek i jeszcze pudełko pestek.

– Jestem spoza stanu – powiedziałem, żeby go troszkę ostudzić.

– Transakcja prywatna. W celach ochrony osobistej. No, ile pan da?

Podszedłem do stoiska z amunicją, przy którym stało co najmniej dziesięciu kupujących, i ustawiłem się w kolejce.

– Słyszałem, że są braki – zagadnąłem stojącego przede mną faceta w wojskowej kurtce.

– Phi, mam tyle amunicji, że wystarczy mi do następnej wojny secesyjnej.

– Chciałbym zapytać o amunicję, której brakuje – powiedziałem do sprzedawcy.

– Nie mam do long rifle'a 5,56 – odpowiedział od razu. – Nie mam do remingtona 5,56. Zostało niewiele dziewięciomilimetrówek. Ludzie chyba robią zapasy. Ale jest wszystko inne. Czego pan potrzebuje?

– Tylko pytam.

– Jeżeli nic pan nie kupuje, to będzie pan łaskaw się odsunąć.

Powiedział to tak ostro, że w panującej na jarmarku atmosferze uprzejmości zabrzmiało to prawie napastliwie.

– Demokraci trzęsą portkami – mówił sprzedawca przy jednym z następnych stoisk, na którym leżał jego arsenał pistoletów. – Albo się wycofają, albo nie ostanie się ani jeden demokrata w całym Waszyngtonie. A wszystko niby przez broń!

– A co broń jest winna? – sarknął inny facet.

– Gość na zwolnieniu warunkowym bierze spluwę i kogoś zabija – ciągnął handlarz. – No i winien jest sprzedawca broni! Czemu nie zainteresują się idiotycznymi przepisami udzielania zwolnień warunkowych? Karzą nie tych ludzi. A lobby psychologów jest jeszcze gorsze. Oni też winią zwolenników posiadania broni! Straszą ludzi i w rezultacie ceny rosną.

– Broń kupują ludzie, którzy nigdy jej nie potrzebowali! – zawołał ten drugi. – Kupują, bo myślą, że niedługo zostanie wprowadzony zakaz posiadania broni. No i mamy gorączkę zakupów. Czym to się skończy?

Jarmark broni przypomina bazar i jest zarazem wydarzeniem towarzyskim. Uczestnicy gwarzą i dyskutują, pojadając z papierowych tacek frytki z serem. Na niektórych stoiskach sprzedawano T-shirty, na innych bilety loterii fantowej, jedno zajmowali obrońcy prawa do posiadania broni, którzy zbierali podpisy i tłumaczyli zawiłości stanowego ustawodawstwa dotyczącego broni.

Tak samo jak na innych jarmarkach broni, również w Southaven wyczuwałem aurę plemiennej jednomyślności i rozżalenia ludzi, którzy pragną nie tyle używać broni, ile ją mieć, i którzy uważają, że ich prawa są naruszane, bo oto obcy znowu chcą zmian w krainie, która nie cierpi zmian, chcą zmian wśród ludzi, którzy przełknęli już wiele niechcianych zmian i sądzą, że władze federalne znowu niesłusznie wzięły ich na cel.

Bardzo sobie jednak ceniłem wizytę na tym jarmarku broni, bo wiele mnie uczyła o Południu. Byłem tam obcy, nie znałem nikogo, więc radowało mnie, że mogę wejść do wielkiej hali i poczuć się mile widziany w takim tłumie. Mogłem porozmawiać z każdym z uczestników, bo z założenia wszyscy zgadzaliśmy się w sprawie dostępu do broni, a tym samym we wszystkich innych sprawach – w kwestii polityki, wojny, religii, polowania, wychowywania dzieci, diety, telewizyjnych programów rozrywkowych. Dlatego jarmark broni przypomina wielki i gościnny kościół. Z punktu widzenia podróżnika to nie lada gratka. Nie zamierzałem kwestionować poglądów tych ludzi, chciałem tylko patrzeć i słuchać.

Na jarmarku broni w Southaven zrozumiałem, że biali południowcy bardzo potrzebują takich zgromadzeń, żeby odświeżyć pamięć o tym, kim są i za czym się opowiadają, i zrozumiałem, że z powodu konserwatyzmu przekonań oraz ran, jakie zadała im historia, czują się zmuszeni do potwierdzania swojej odrębności od reszty Amerykanów. Są bardziej społeczni niż ludzie, wśród których mieszkam na Północy, a rodzina – jakkolwiek już rozproszona – znaczy dla nich więcej niż społeczeństwo. Tamtejsi biali czują się jak pogardzana mniejszość – ludzie inni, przegrani, nierozumiani, pouczani, sztorcowani, oszukiwani. Wielką wagę przywiązują do krwi, podobnie jak do historii, dawnych uraz i domniemanych krzywd – wszystkich wielkich tematów Faulknera, który dorastał niedaleko od Southaven, w Oxfordzie w hrabstwie Lafayette.

Postanowiłem tam pojechać.

Rowan Oak

Oxford, gdzie mieszkał i umarł Faulkner, to oddalona o godzinę jazdy od Southaven siedziba uniwersytetu Ole Miss, czterdzieści kilometrów na wschód od drogi międzystanowej numer 55. Położone przy ruchliwej trasie numer 278 miasto wibruje od hałasu pędzących tą drogą pojazdów. W tym skądinąd uroczym miejscu trudno znaleźć zakątek, gdzie nie docierałoby wycie samochodów. Słychać je również w Rowan Oak, domu Williama Faulknera na skraju kampusu i jego pompatycznych wspaniałości, chociaż tam jest już zamienione w szum.

Hałas płynący od szosy jest odgłosem szczególnie drażniącym, bo przecież Oxford to literackie „Jefferson" Faulknera, a rzeczywiste miasto i jego okolica różnią się całkowicie od rustykalnego, zarośniętego, zżeranego swarami i intrygami powieściowego hrabstwa Yoknapatawpha. Oxford jawi się jako zaskakująco uroczy i spokojny, a chociaż w pobliżu ruchliwej drogi wszystko wibruje od wizgu natężonego ruchu kołowego, uniwersytet urzeka klasycznym pięknem stylu neogreckiego, proporcjami kolumn, tympanonów, brył, ewokując aurę szlachectwa, uczoności i zapatrzenia w przeszłość.

I rzeczywiście ta szacowna Alma Mater przez sto lat niezłomnie stała na gruncie tradycji, w tym segregacji i bigoterii, tępiąc wszelkie tendencje liberalne. Tkwi w tym zatem ironia, jedna z wielu w biografii Faulknera, ale jeszcze głębsza niż fakt, że ów pisarz, który podawał się za farmera, mieszkał przy bocznej uliczce w mającym fioła na punkcie bractw i futbolu mieście uniwersyteckim.

Faulkner, jeden z naszych największych pisarzy i najbardziej wnikliwych myślicieli – nieśmiały człowiek, ale zuchwały geniusz literacki z encyklopedyczną znajomością historii Południa, tytan, którego nie może zignorować nikt podróżujący po stanach południowych – przeżył całe życie w sercu podzielonej rasowo społeczności w mieście, które z dumą nazywał swoim, i ani raz nie powiedział głośno swym mądrym głosem, że czarni mają przyrodzone prawo studiować na tamtejszym uniwersytecie. Wierzył w maksymę głoszącą, że wszystko w swoim czasie. Laureat Nagrody Nobla widział, jak czarnych przepędza się od bram kampusu, wpuszcza tylko jako posługaczy tylnymi drzwiami, a gdy czarny zrobi swoje, czarny powinien odejść. Faulkner umarł w lipcu 1962 roku. Dwa miesiące później, po przewlekłych bojach sądowych (a potem i gwałtownych rozruchach), ale bez najmniejszego udziału Faulknera, na Ole Miss przyjęto pierwszego czarnego studenta – Jamesa Mereditha z miasteczka Kosciusko w środkowym Missisipi*.

Sześć lat przed przełomową immatrykulacją Jamesa Mereditha Faulkner pisał na łamach „Harper's Magazine": „Odrzucanie dzisiaj gdziekolwiek w świecie równości z powodu rasy lub barwy skóry przypomina zamieszkiwanie na Alasce i sprzeciwianie się obecności śniegu". Uprzedzenia rasowe, które opóźniły przyjęcie Autherine Lucy na Uniwersytet Alabamy, Faulkner uznał za „smutny komentarz na temat natury ludzkiej". Jednocześnie opowiadał się za stopniowym dochodzeniem do integracji i, jak pisał na łamach „Life", odrzucał postawę wojujących integracjonistów, a także ingerencję władz federalnych – „sił spoza Południa, które użyłyby przymusu prawnego lub policyjnego do wykorzenienia zła z dnia na dzień". Faulkner hołdował podejściu, że południowcy zrobią to

* Po latach na terenie uniwersytetu wzniesiono pomnik Jamesa Mereditha, naturalnej wielkości posąg z brązu ukazujący go śmiało kroczącego naprzód. 16 lutego 2014 roku, kilka miesięcy po mojej wizycie w Ole Miss, trzech białych studentów zbezcześciło ten pomnik, zawiesiwszy stryczek na szyi posągu i owinąwszy wokół niego stary sztandar wojskowy Georgii z czasów Konfederacji. Meredith skomentował ten incydent z sobie właściwą powściągliwością, ale w wywiadzie udzielonym „New York Timesowi" potępił samo wzniesienie tego pomnika: „To fałszywy bożek, który obraża nie tylko Boga, lecz również mnie" [przyp. aut.].

sami i w czasie, który uznają za stosowny, ale nic się w tej sprawie nie działo, póki nie interweniowały władze federalne – historyczni prześladowcy południowców – i nie wprowadziły Jamesa Mereditha pod eskortą szeryfów federalnych na teren uniwersytetu.

Zbudowany w 1844 roku dom Faulknera jest nieco starszy od słynnego Lyceum, pierwszego gmachu uniwersytetu. Byłem zaskoczony pięknem i harmonią architektury kampusu. A także jego nowoczesnością, która wynika z tego, że powstały w połowie XIX wieku uniwersytet był uczelnią małą i mającą niewielu słuchaczy, a zmieniać się to zaczęło dopiero w początkach XX wieku, mniej więcej wtedy gdy w 1902 roku do Oxfordu sprowadziła się z New Albany rodzina Faulknera, a mały Billy kończył pięć lat.

Niespokojny, kiedy nie pisał, zawsze potrzebujący pieniędzy Faulkner całe życie podróżował. Lecz Oxford pozostał jego siedzibą, a Rowan Oak domem, nawet gdy wokół wielkiego i nieproporcjonalnego farmerskiego domostwa, zwanego dawniej Bailey Place, rosło osiedle. Jak uprzejmie wyjaśnili mi kustosze tego zabytku, Faulkner nazwał dom Rowan Oak [Jarzębinowy Dąb] na cześć twardości i magicznych mocy drewna jarzębinowego. Budowniczym i pierwszym właścicielem domu był Robert Shegogg, którego osobliwe nazwisko w nieco zmienionym kształcie pojawia się we *Wściekłości i wrzasku*, gdzie wielebny Shegog, czarny pastor z Saint Louis, wygłasza przejmujące kazanie, które doprowadza Dilsey do płaczu.

Dom stoi na końcu podmiejskiej porządnej, mieszczańskiej, zadbanej, czyściutkiej i konwencjonalnej uliczki, której aura kłóci się z klimatem pisarstwa Faulknera i z jego pozą prowincjonalnego ziemianina. Na tej uliczce wymuskanych domostw stojący pośród kęp starych ślicznych jałowców, nieco już przekrzywiony Rowan Oak, z jego gankami, białymi kolumnami i oknami ujętymi w nawias ciemnych okiennic, sprawia wrażenie staroci, jeżeli nie dziwoląga. Pod drzewami przed frontem widać ślady francuskiego ogrodu, ale są to tylko symetryczne ceglane obramienia klombów i wyłożone cegłami alejki, już wrośnięte w ziemię i wyglądające niczym odkopane i porzucone przez archeologów pozostałości neolitycznego siedliska.

Oxford stanowił swego rodzaju ostoję w skądinąd bezładnym życiu Faulknera. Nie posiadam się ze zdumienia, że wiodąc tak chaotyczną i narowistą egzystencję, łączącą ascetyzm wytężonego pisania z okresami picia na umór i namiętnymi zdradami, człowiek ten zostawił tak ogromną spuściznę, w tym niemało arcydzieł, kilka rzeczy poronionych i wielką masę tekstów zawiłych i tajemniczych. Nie był uczonym, wszystko zawdzięczał sobie, ale – nie licząc Marka Twaina – przewyższył wszystkich wcześniejszych pisarzy z Południa.

Pokoje Rowan Oak są skromnie umeblowane, znajdziemy w nich trochę przeciętnych malowideł, zwyczajne bibeloty, zakurzone pianino, maszynę do pisania, ale i niezwykłą ciekawostkę w postaci notatek tłumaczących zawiłości fabuły *Przypowieści*, które Faulkner sporządził na ścianie jednego z pokoi na piętrze. Wcale się nie dziwię, że nawet autor potrzebował nici przewodniej, żeby się nie pogubić w zagmatwanej narracji, a co dopiero czytelnik. Pomyślałem, że z punktu widzenia czytelnika powieści Faulknera nadzwyczaj przydatnym urządzeniem byłby rzutnik wyświetlający na ścianie właśnie takie odręczne zapiski tłumaczące zawiłości fabuły. Skonsternowany lekturą kilku stron człowiek rzucałby okiem na ścianę i czytał: „Charles jest synem Eulalii Bon i Thomasa Sutpena, urodzonym w Indiach Zachodnich, gdzie Sutpen dopiero poniewczasie dowiedział się, że Eulalia jest osobą mieszanej rasy…".

– Niedługo zamykamy – przestrzegł mnie kustosz.

Wyszedłem na dwór, popatrzyłem na ceglane zabudowania gospodarcze, szopy, stajnię, a potem podumałem chwilę na podwórku, gdzie niskie zimowe słońce kładło długie cienie jałowców na pozostałości francuskiego ogrodu. Z miejsca, gdzie przystanąłem, nie widziałem wyraźnie domu Faulknera. Przesłaniały go rosnące przed nim drzewa i może dlatego wyglądał jak mauzoleum, rozjarzone, chciałoby się rzec, tysięcznymi iskierkami w nieprzeliczonych bruzdach wyrzeczeń, poświęceń, czasu *, a w rzeczywistości po prostu spatynowane i łuszczące się. Wzruszony wyobraziłem sobie Faulknera w tym domu, śmiertelnie zmordowanego pisaniem,

* Zob. W. Faulkner, *Wściekłość i wrzask*, dz. cyt., s. 416.

odurzającego się alkoholem, doprowadzanego do szału sprzecznościami Południa, wiernego postanowieniu, aby za nic nie upraszczać ani nie idealizować dziejów tej krainy, i uparcie odzwierciedlającego jej skomplikowanie za pomocą głębokich i zawiłych opowieści o setkach bohaterów – pogrążonego w tworzeniu wielkiego dzieła aż do przedwczesnej śmierci w wieku sześćdziesięciu czterech lat.

Smutek Tupelo

Dojmująca melancholia owładnęła mną w zapadających ciemnościach Missisipi. Pisarze nieraz nadmiernie się nad sobą użalają, a Faulkner w ogóle się nie skarżył i mierzył wyżej niż ktokolwiek inny, kogo czytałem. W jego Oxfordzie i w jego domu z całą mocą poczułem fatalny upór, który tkwił w tym człowieku.

Miałem godzinę jazdy do Tupelo i przez całą drogę kołatał mi w głowie *Tupelo Blues* – „Nadciągnęły czarne chmury, dawno temu nad Tupelo" – cichy lament Johna Lee Hookera o powodzi, która zniszczyła to miasto. Jego nazwa pochodzi od nazwy drzewa, błotni, którą na Północy nazywamy *pepperidge*, berberysowcem, a której szlachetny stary okaz, rozpościerając horyzontalnie długie gałęzie, rośnie na końcu mojej drogi na Cape Cod. Jeżeli ogarnął mnie smutek, to również z powodu wyglądu Tupelo o zmierzchu, sporego, nadal pracującego miasta otoczonego przez sieciowe bistra, miasta nieuchronnie kojarzącego się z Elvisem, dwupokojowym domkiem zbudowanym przez jego ojca, mało co lepszym od zwykłej szopy, i z kościołem, gdzie Elvis śpiewał gospel.

Nastrój Południa jest tam przemożny, a brzemię jego historii odcisnęło się w twarzach ludzi, postawach, ubraniach, domach i chatach, smętku pejzażu. Uzmysłowiwszy sobie wszystko, co było, człowiek zastanawia się, co będzie. Nie sposób podróżować po stanach południowych i nie zadawać sobie pytania, kto odziedziczy tę krainę i jej konflikty.

Już w nocy zaparkowałem przy pierwszym lepszym małym motelu, postanawiając, że miasto Elvisa i jego dom na obrzeżach obejrzę nazajutrz. Ledwie przekroczyłem próg motelu, poczułem aromat Nowego Południa, tchnienie Hindustanu, szczypiące w oczy i kręcące w nosie wonie kadzidełka, przypalanego cukru, smażonej cebuli i perkoczącego curry, zapachy, o jakich nie śniło się Faulknerowi ani Elvisowi.

Pojawił się gospodarz i spojrzał na mnie z ukosa, jak gdyby chciał powiedzieć: Jestem nieodzowny. Kogo innego się pan spodziewał?

– Proszę jedynkę, na jedną noc, dla niepalących – powiedziałem.

Polizał kciuk i jął kartkować rejestr.

– Zobaczę, co da się zrobić – rzekł.

– Dziękuję, panie Patel.

Uśmiechnął się.

– Skąd pan zna moje nazwisko?

Bluegrass

Jako że z Tupelo do Huntsville w Alabamie nie wiedzie żadna z głównych tras, pojechałem krętym szlakiem bocznych dróżek i byłem bardzo z tego zadowolony. W trakcie nieśpiesznej jazdy przez wiejskie okolice słuchałem rozgłośni nadających bluegrass, najpierw Front Porch Fellowship w Missisipi, a potem bluegrass gospel. Sunąc pustymi drogami pod pochmurnym styczniowym niebem, słuchałem prozaicznych pogaduszek i uduchowionej muzyki nadawanych przez radio we wschodnim Tennessee, programu Clinch River Breakdown, przebojów bluegrass, The Hill-Benders, skrzypiec i banjo, tekstów, w których powtarzały się słowa „bracia", „zbawienie" i obietnica: „Wszystko będzie dobrze".

Przez Chattanoogę do Knoxville, potem przez Bristol, tą samą trasą co podczas pierwszej podróży. We wschodnim Tennessee było zimno. Zaczął prószyć śnieg, z przydrożnych urwisk zwisały grube sople i lodowe nawisy. Następnie przedzierałem się przez zadymkę, w Wirginii leżał głęboki śnieg, a przez całą drogę pośród ośnieżonych wzgórz Appalachów szosę chłostał śnieg z deszczem. Mało co widząc, parłem na północ, z powrotem w ciemne i mroźne objęcia zimy.

INTERLUDIUM

Paradoksy Faulknera

Wizyta w Rowan Oak wryła mi się w pamięć i podczas gdy szykowałem się do następnej podróży na Głębokie Południe, ponownie czytałem Faulknera. Rozmyślałem o jego życiu, paradoksalnym, cokolwiek nieautentycznym, pozorowanym, a w istocie głęboko tajemniczym. Bez wątpienia był pisarzem genialnym, lecz nieraz bełkotliwym, a do tego wziętym scenarzystą Hollywood. Odebrał skąpą edukację formalną, miał jednak przepastną, jedyną w swoim rodzaju i wybiórczą wiedzę samouka. Wydawał się człowiekiem znikąd, ale dzisiaj owo nigdzie zna cały świat. Właśnie to nazywam paradoksami Faulknera.

„Wyjąwszy jednego jedynego Jamesa Brancha Cabella – pisał w 1917 roku H. L. Mencken w niezwykle szyderczym eseju *The Sahara of the Bozart* [Kulturalna Sahara] na temat filisterstwa Południa – na Południu nie znajdzie się już żadnego innego prozaika, który umiałby pisać". Mencken uważał Południe za prawdziwe zadupie Ameryki, matecznik ciemnoty, siedlisko baptystów, metodystów, zaklinaczy węży, spekulantów ziemią i zżeranych syfilisem kaznodziejów. No i pustynię kulturalną na dodatek. „Georgia jest jednocześnie ojczyzną wyciskającej siódme poty przędzalni bawełny, metodystycznego pastora, który żarliwością dorównuje Savonaroli, i zbiorowego samosądu – pisał z pogardą. – Na Południu najgorliwsza nabożność nie kłóci się z przekonaniem, że lincz to dobroczynna instytucja. Jeszcze dwa pokolenia temu owa nabożność nie kłóciła się z żarliwą wiarą w niewolnictwo".

Trzynaście lat później Faulkner, bodaj sprowokowany tym sarkazmem, wysłał samemu Menckenowi opowiadanie, które ten, poddawszy je gruntownej redakcji, pod tytułem *That Evening Sun* [*Słońce zachodzi*] opublikował w 1931 roku na łamach swojego „The American Mercury". Tymczasem Faulkner opublikował już pierwszą powieść, *Sartoris*, a pisał niezmordowanie do końca życia. W rezultacie, jak gdyby na przekór Menckenowi, podniósł prozę Południa do rangi osobnej gałęzi sztuki i na kartach swoich powieści uwiecznił wszelkie osobliwości życia tej krainy. Jest autorem, którego lekturę zaleca się każdemu początkującemu pisarzowi amerykańskiemu, chociaż jego zawiła i przegadana proza stanowi najgorszy możliwy wzór do naśladowania dla młodego pisarza. To twórca, którego trzeba nauczyć się czytać, nie zaś taki, którego ktokolwiek powinien naśladować, chociaż wielu niestety tego próbuje.

Podobnie jak większość amerykańskich uczniów z pisarstwem Faulknera zetknąłem się za pośrednictwem *Wściekłości i wrzasku*. Oszołomiony mnogością narratorów, w tym ledwo potrafiącym mówić trzydziestotrzyletnim idiotą, a także zawiłą historią rodu Compsonów, szybko się zgubiłem, a mimo to wiele fragmentów mnie zachwyciło. Byłem wystarczająco młody, żeby podziwiać, a nie potępiać rozbuchanie i kwiecistość tej prozy. Kiedy natrafiałem na zdania takie jak to, w którym Faulkner opisuje Dilsey płaczącą pod wpływem kazania wielebnego Shegoga, a więc: „Dwie łzy spływały po jej zapadłej twarzy, skrząc się w nieprzeliczonych bruzdach wyrzeczeń, poświęceń, czasu"*, nie miałem śmiałości stwierdzić, że to śmieszne i pretensjonalne.

Faulkner nikogo nie naśladował i świadomie położył nacisk na rozbuchanie i aluzyjność stylu. Zarówno język, jak i budowa jego opowieści wyraźnie świadczą o tym, że inspirację czerpał nie z książek, lecz od gawędziarzy, z którymi się zetknął w dzieciństwie i młodości. Jego proza często ma ów nużący charakter monologów wygłaszanych przy ciasteczkach lub kieliszku albo kazań pastorów

* W. Faulkner, *Wściekłość i wrzask*, przeł. A. Przedpełska-Trzeciakowska, Warszawa 1971, s. 416.

roztaczających z ambony apokaliptyczne wizje. Wyndham Lewis odrzucał Faulknera jako „moralistę z kolbą kukurydzy"*. Można się z nim zgodzić, kiedy słyszy się takie mądrości Faulknera: „Ludzie potrzebują przeciwności losu – odrobiny nieszczęścia, żeby wzmocnić, zahartować ducha. Artyści dobrze o tym wiedzą. Nie mówię, że trzeba zejść na psy, skończyć w rynsztoku, ale człowiek powinien nauczyć się dzielności, wytrwałości. Tylko rośliny są szczęśliwe".

W gąszczu fantasmagorii i pasaży opowieści Faulknera o Południu zdarzają się okruchy piękna, takie jak fragment następujący: „bo pierwsze sekundy upadku są zawsze jak wzlot: zwolnienie i nieważkość poprzedzające pęd nie w dół, lecz w górę, ponieważ spadanie, na skutek przeistoczenia w pęd ziemi ku górze, staje się na tę sekundę ruchem przeciwnym" †. Kłopot polega na tym, że to zachwycające spostrzeżenie wplecione jest w jedno, liczące sześć tysięcy słów zdanie, które ciągnie się nieprzerwanie przez czterdzieści stron i tworzy niemal cały akt trzeci *Requiem dla zakonnicy*, zatytułowany *Więzienie*. Za Gulleyem Jimsonem, bohaterem *Z pierwszej ręki*, można by powiedzieć, że to „jak pierdzenie popularnej piosenki przez dziurkę od klucza. Może to i wymaga zręczności, ale czy warte jest zachodu" ‡.

Ów cudowny paradoks spadania, które można wziąć za wznoszenie się, Faulkner znał z własnego doświadczenia. W młodości zaciągnął się do Royal Air Force, żeby jako pilot wziąć udział w I wojnie światowej, ale ku swojemu rozczarowaniu nigdy nie trafił na front. Po latach, w 1933 roku, kiedy miał pieniądze, kupił jednopłatowiec Waco 210, nie byle jaki powód do dumy nie tylko w Missisipi, lecz również gdziekolwiek indziej.

Faulkner to człowiek o wielu obliczach, wiodący egzystencję jak gdyby złożoną z kilku różnorodnych i wzajemnie sprzecznych żywotów. Oto nowatorski, kiepsko opłacany pisarz, a jednocześnie

* Aluzja do *Azylu*, w którym impotent Popeye gwałci Temple Drake za pomocą kolby kukurydzy.

† W. Faulkner, *Requiem dla zakonnicy*, przeł. W. Niepokólczycki, Warszawa 1980, s. 138.

‡ J. Cary, *Z pierwszej ręki*, przeł. W. Komarnicka, Warszawa 1960, s. 276.

układny, doskonale wynagradzany scenarzysta, podpora dużej rodziny, myśliwy polujący na lisy, człowiek od czasu do czasu pijący na umór, fantasta, a czasem fircyk w czerwonym rajtroku, cylindrze, białych rękawiczkach i wyglansowanych butach do konnej jazdy. Do jego legendy należy i to, że wyleciał ze studiów na Ole Miss, że wyrzucono go z posady w urzędzie pocztowym i że krótko i niechętnie pracował w uniwersyteckiej elektrowni na tymże Ole Miss. Cały czas jednak pisał, najpierw wiersze, potem prozę, a *Kiedy umieram* stworzył właśnie podczas doglądania kotłów elektrowni.

O tym, jak dobrze Faulkner zrozumiał ducha wiejskiego Południa, świadczy choćby fakt, że mieszkańcy tej krainy, którzy nigdy go nie czytali, wyrażają opisane przez niego postawy i uczucia. Wiele osób, które spotkałem w trakcie mej podróży, zapewne nie znało jego opowieści, a mimo to ucieleśniało je i z pewnością odnalazłoby się w jego fikcjach. Wielebny Lyles odznacza się dostojeństwem i hartem ducha Lucasa Beauchampa. Robin Scott, dzielna matka, którą poznałem w Natchez, jest wnuczką prawdziwego Joego Christmasa. Na całym Głębokim Południu nadal knują swoje intrygi rzesze Snopesów.

Chociaż nie licząc studentów literatury angielskiej, niewielu czyta Faulknera dla przyjemności, jego Południe nadal istnieje, jeżeli nie w rzeczywistości, to w wyobraźni i pamięci ludzi. Na wczesnym etapie kariery pisarskiej Faulkner postawił sobie tytaniczne zadanie stworzenia fikcyjnego świata archetypowego hrabstwa w Missisipi, gdzie rozegrała się cała historia Południa, zadanie wytłumaczenia południowcom, kim są i skąd pochodzą. To, dokąd zmierzają, nie interesowało pisarza. Nie śpieszcie się, namawiał, hołdując we wszystkim zasadzie gradualizmu.

Faulkner obdarował południowców archetypowymi bohaterami, złoczyńcami, dobrą starą gwardią, dodał nowe nazwiska i sposoby postępowania do galerii południowych stereotypów. Wydestylował kwintesencje majora, pułkownika, adwokata, ziemianina, kaznodziei, uciekiniera, obcego, drania, kryminalisty, intryganta, intruza. Uwiecznił południowych Indian i wszelkiego rodzaju czarnych, osoby rasy mieszanej w *Absalomie, Absalomie...* i w *Światłości w sierpniu*, prawego i niesłusznie oskarżonego Murzyna w osobie

Lucasa Beauchampa, archetyp gospodyni domowej w osobie Dilsey („Widziałam pierwsze i ostatnie"*), robotników rolnych i kolaborantów, takich jak na wskroś faulknerowski, aż po nazwisko, Levi „Too Tight" Collins, który pomagał mordercom pozbyć się ciała Emmetta Tilla. Najbardziej pamiętni bohaterowie Faulknera to złoczyńcy, Popeye z *Azylu*, wysoki więzień ze *Starego* i wszyscy Snopesowie, a zwłaszcza nikczemny i przebiegły Flem Snopes, prawdziwy typ idealny tej rodziny, o której jego kuzyn Montgomery Ward Snopes powiada w *Rezydencji*: „Dobrze, tak zrobimy: każdy Snopes postawi sobie za swój prywatny i osobisty cel, żeby cały świat musiał go uznać za łajdaka nad łajdakami" †.

Największym wzięciem cieszyły się najmroczniejsze opowieści Faulknera, takie jak *Róża dla Emilii* czy *Azyl*. Ja najbardziej lubię *Światłość w sierpniu*, *Kiedy umieram*, opowiadania z tomu *Zstąp, Mojżeszu* (a zwłaszcza *Niedźwiedzia*), *Dzikie palmy*, *Azyl* i trylogię o rodzie Snopesów, czyli *Zaścianek*, *Miasto* i *Rezydencję*. Z okazji podróży po południowych stanach przeczytałem je ponownie, i chociaż znowu sprawiły na mnie wrażenie lektur obowiązkowych z czasów studenckich, mają nieprzemijającą wartość.

Ralph Ellison, autor *Niewidzialnego człowieka*, zauważył w swoim czasie: „Kto chce się czegoś dowiedzieć o dynamice Południa, o swoiście południowej formie stosunków międzyludzkich, poczynając od mniej więcej 1874 roku do dzisiaj, nie powinien sięgać do dzieł historyków, nawet czarnych historyków, lecz powinien poczytać Williama Faulknera i Roberta Penna Warrena".

Dodajmy jednak, że Warren, tak samo jak Ellison i wielu innych pisarzy z Południa (Mark Twain, Thomas Wolfe, William Styron, Willie Morris, Truman Capote, Tennessee Williams, Carson McCullers, Richard Wright i inni), wyjechał z Południa na gościnną Północ po sławę, uznanie i stałe zatrudnienie. Warren osiadł w New Haven, Ellison w Nowym Jorku. W *North Toward Home* [Na północ, ku domowi] Willie Morris, może niezgrabnie, lecz trafnie zauważa: „Dlaczego zawsze tuż przed wyjazdem z Południa robi mi się lżej

* W. Faulkner, *Wściekłość i wrzask*, dz. cyt., s. 420.

† W. Faulkner, *Rezydencja*, przeł. K. Wojciechowska, Warszawa 1967, s. 111.

na duszy? Jak gdyby zdjęto mi z barków wielki ciężar albo nagle wypaliła się zastarzała uraza".

„Na Północy łatwo się wynarodowić, zostać uchodźcą – powiada jeden z bohaterów *Pogrążyć się w mroku* Williama Styrona – można zostać komunistą, działaczem społecznym, wyjść za Żyda... Robi się to w dobrej wierze, aby odtrącić błędy, wśród których się wzrosło, a w rezultacie człowiek zostaje w dwójnasób uchodźcą"*.

W wywiadzie dla „The Paris Review" pewien krytyk zapytał Barry'ego Hannaha, autora szalonych opowiadań i natchnionych powieści, dlaczego tak wielu pisarzy z Południa „odczuwa ten przymus wyjazdu". „Rzeczywiście – przyznał Hannah – a najlepszą południową literaturę piszą na przykład w Vermoncie".

Hannah ostatecznie wrócił do Missisipi, gdzie się urodził. Osiadł w Oxfordzie, tak samo jak Faulkner, który zawsze czuł się zrośnięty z miastem dzieciństwa, obsesyjnie przywiązany do swojego prowincjonalizmu. Jego bohaterowie myślą tak samo, chcą trwać na Południu, zapatrzeni nie w siebie, lecz w przeszłość, tyleż pokonani przez los, ile z nim pogodzeni. Świadomie prowincjonalni, nie wyobrażają sobie życia gdzie indziej, co dotyczy również samego Faulknera.

Odosobnienie oraz introwertyzm musiały wpłynąć na styl pisarski Faulknera. Niewykluczone, że i skłonność pijacka odzwierciedliła się w rozgadanym i rozchwianym charakterze jego prozy. Jeżeli jednak na pierwszy rzut oka Faulkner wydaje się gadułą, niedbaluchem i efekciarzem, po namyśle dochodzimy do wniosku, że pisał w ten sposób, bo wiedział, iż działa według schematu, który trzeba zamaskować. Niechętny formalizmom, ten precyzyjny schemat, a mianowicie opracowany w najdrobniejszych szczegółach świat społeczny rodów i osób, ukrył w morzu słów i świadomie pisał powieści pozbawione rdzenia, teksty uciekające na zewnątrz. Żył w sposób tradycyjny, ale pisał na modłę modernistyczną. Jeżeli chodzi o jego „oszałamiający i obezwładniający" modernizm, który przybrał właściwie formę misteriów, angielski krytyk Victor

* W. Styron, *Pogrążyć się w mroku*, przeł. T. Dehnel, Warszawa 1965, s. 96, 97.

Sawdon Pritchett zauważył: „Faulkner rzuca się na każdy obraz i każdą sugestię podejrzliwie, żarłocznie, nawet jak maniak, a mania zawsze prowadzi do monotonii".

Faulkner uwypuklał odmienność południowców od reszty Amerykanów. Wielu mieszkańców Południa hołduje tej wierze i to wyjaśnia popularność Faulknera. Proza Faulknera to swoiste rozwijanie owej różnicy, którą podkreśliła również Flannery O'Connor w mocnym, chociaż wyrachowanym eseju *The Regional Writer* [Pisarz regionalny]. Tożsamość południowca nie jest sprawą kolorytu lokalnego, staroświeckości, bułeczek, białych kolumn, szutrowych dróg i tak dalej. „Tożsamość tkwi bardzo głęboko. W pełni zna ją tylko Bóg, a spośród tych, co jej szukają, nikt nie zbliża się do niej bardziej niż artysta". Oto uduchowione wytłumaczenie szczególnego charakteru prozy Faulknera, a i pisarstwa samej O'Connor.

Ale cóż powiedzieć o obezwładniającym manieryzmie? „Artysta, reporter lub historyk, który zarabia pisaniem na temat Południa – twierdzi pochodzący z Południa wybitny dziennikarz Edwin Yoder w przedmowie do *The Enduring South* Johna Sheltona Reeda – musi niekiedy bać się, że regionalne »różnice«, którymi się zajmuje, mają charakter mocno hermetyczny, bywają może interesujące, ale prawie zawsze są mało zrozumiałe".

Kiedy pisarz obawia się, że jego dzieło ma zbyt sztywną konstrukcję, stosuje styl dygresyjny i aluzyjny, czego koronnym przykładem jest *Ulisses* Joyce'a. Oratorstwo, hiperbole, efekty specjalne mają odwodzić uwagę od głównego planu. Faulkner miał jednak autentyczny samorodny talent do eksperymentów językowych i formalnych. Niewątpliwie trzeba było odwagi, żeby pisać w ten sposób w wąskim i nieprzychylnym światku literackim Missisipi. Jednocześnie tłumaczy to, czemu powieści Faulknera były praktycznie zapomniane, gdy Malcolm Cowley odkrył wzór na dywanie* i zrekonstruował wielki zamysł Faulknera za pomocą wyboru jego prozy *Portable Faulkner* [Fragmenty z Faulknera] (1946). Ta antologia dowiodła, że Faulkner cały czas wiedział, co robi, tym bardziej

* Aluzja do opowiadania Henry'ego Jamesa *The Figure in the Carpet*.

że dostarczył Cowleyowi mapę wymyślonego hrabstwa Yoknapatawpha, na której zaznaczył najważniejsze miejsca i siedliska niektórych mieszkańców.

Tyle na temat sprzeczności w prozie Faulknera. Ale stajemy przed jeszcze jednym paradoksem. To Faulkner piszący hollywoodzkie scenariusze, zaufany scenarzysta Howarda Hawksa. Jako pisarz nie szedł na żadne kompromisy. Wystarczy rzucić okiem na zagmatwaną prozę na dowolnej stronicy, żeby dojść do wniosku, iż zostało to wydrukowane w formie, w jakiej pisarz wystukał tekst na maszynie, którą można obejrzeć w Rowan Oak. Maszynopisy Faulknera byłyby koszmarem redaktora, gdyby wydawca nie zastrzegł, że nie wolno zmienić ani jednego słowa, znaku przestankowego ani długaśnych fragmentów pisanych kursywą. Zdanie złożone z sześciu tysięcy słów? Zostawiamy. Życzenie Faulknera. Zachowujemy średniki i neologizmy, staramy się sprawić, żeby rzecz była jeszcze mniej czytelna, chowamy przesłanie, zaciemniamy hiperbolą, nie zdradzamy tożsamości narratora, niechże czytelnik sam rozwiąże zagadkę.

Tego rodzaju aluzyjność, uwielbiana na wydziałach literatury angielskiej, jest niedopuszczalna w Hollywood, gdzie obowiązują surowe zasady redakcyjne, pracuje się zespołowo, wymogi dyktuje sprawdzona tradycja, a wszelkie ambicje artystyczne trzeba schować do kieszeni, bo celem jest łatwy pieniądz. Wydawałoby się, że to środowisko obce Faulknerowi, a przecież – otumaniając się alkoholem – zrobił tam karierę, świetnie zarabiał i chętnie go zatrudniano. W latach trzydziestych w Hollywood pracowało wielu wybitnych pisarzy, jak choćby Aldous Huxley, James Agee, John Steinbeck, John Collier, Francis Scott Fitzgerald, Lillian Hellman, Dorothy Parker, Nathanael West, ale nawet najgorliwszy miłośnik kina miałby trudności ze wskazaniem choćby jednego filmu według scenariusza któregoś z tych twórców. Natomiast Faulkner odnosił sukcesy, a filmy według jego scenariuszy – na przykład *Wielki sen*, *Mieć i nie mieć*, *Ziemia faraonów* i *Lewa ręka Pana Boga* – są szeroko znane. O zaangażowaniu Faulknera w to zajęcie świadczy fakt, że dwa ostatnie z wyżej wspomnianych scenariuszy napisał już po otrzymaniu w 1949 roku Nagrody Nobla.

Pisanie scenariuszy to mordęga i ogromna ujma dla inteligencji osoby wrażliwej na subtelności języka. To zajęcie mające tyle wspólnego z literaturą co redagowanie przepisu na zupę z owoców morza. Napisałem dziewięć scenariuszy (niech Bóg wybaczy ten ogrom straconego czasu), a każdy, kto napisał choćby jeden, zna jałowość tego zajęcia, podłą sztukę pisania scenariuszy, fałsz opisów i chytrych ustawień kamery, barokowy język techniczny planu filmowego, frustrację płynącą z obcowania z ekipą besserwisserów, despotycznymi finansistami i cwanymi aktorami w tym posępnym królestwie filistrów.

A to jeszcze nie najgorsze aspekty tego okropnego rzemiosła, które uważam za synonim kupczenia śmieciem. Najbardziej upokarzający jego wymiar polega na rezygnacji z ambicji, ciągłym zawieraniu kompromisów, co jest przeciwieństwem tworzenia wielkiej (zwłaszcza faulknerowskiej) literatury. To swoiste studium na temat ograniczeń czasowych, zdolności skupiania uwagi przez najbardziej tępych kinomanów, na temat ucierania kompromisów, pracy zespołowej, burzy mózgów, sztuki zaczynania od nowa, niezliczonych wersji, niekończącego się redagowania, przewidywania reakcji, wyrachowanej wulgarności, a wszystko w imię zadowolenia publiczności i ściągnięcia do kina jak najliczniejszej rzeszy matołków. Nigdy więcej, jeżeli o mnie chodzi. Jak Faulkner to wytrzymywał?

Faulkner i jego liczni biografowie twierdzą, że scenariusze pisał dla pieniędzy, ale czy rzeczywiście musiał? Nagroda Nobla przyniosła mu trzydzieści tysięcy dolarów, ogromną sumę w tamtym czasie, a mimo to już jako człowiek zamożny, którym się stał dzięki temu darowi od losu, nadal pisał scenariusze. Jak dowodzą jego powieści, miał talent do pisania dialogów, więc praca w Hollywood przynajmniej pod tym względem nie sprawiała mu trudności. Z wiarygodnych źródeł wiemy jednak, że przyznał, iż nie lubi chodzić do kina, a zwłaszcza na filmy według swojego scenariusza.

Rzemiosło scenarzysty skrywa jeszcze jedno prawdziwie niszczycielskie okropieństwo. Każdy scenarzysta wie, że często niepotrzebnie się trudzi. Oto powstaje pierwsza wersja. Każą ją poprawić, zbiera się konsylium pisarzy, które rzecz poprawia, odbywają się niezliczone kolegia redakcyjne, aby owoc tej wytężonej pracy, czasochłonnych narad, ucierania kompromisów, dyskusji i redagowania skierować znowu do poprawki, odłożyć na półkę albo wyrzucić do kosza. Nie znam wyższej formy marnowania czasu i energii umysłowej.

Faulkner musiał nieraz zaznąć tych upokorzeń. Chyba dlatego, podczas gdy inni napisali tak barwne opowieści o Hollywood jak *Ostatni z wielkich* i *Dzień szarańczy*, on, który pracował jako scenarzysta przez przeszło dwadzieścia lat i który blisko znał reżyserów oraz wielu aktorów, jak choćby Bogarta i Bacall, nigdy nie napisał nic literackiego o fabryce snów, a jeżeli o niej wspominał, to tylko w zrzędliwych listach. A przecież nie tylko pracował dłużej w Hollywood, lecz również znał je nieporównanie lepiej niż Scott Fitzgerald i Nathanael West, autorzy tamtych dwóch wspaniałych powieści.

Zważywszy na zasadniczą różnicę między porządkiem, szarzyzną i ścisłą chronologią scenariusza filmowego a pozornym chaosem, barwnością opisów i mozaikowością czasu w powieściach Faulknera, można się zastanawiać, czy eksperymentalna proza nie była reakcją na rygorystyczną dyscyplinę związaną z pisaniem scenariuszy – czy Faulkner nie działał na zasadzie „obrony maniakalnej".

Ten cokolwiek wojskowo brzmiący termin psychologiczny ukuła uczennica Freuda Melanie Klein w celu rozwinięcia Freudowskiej teorii dotyczącej ucieczki od rzeczywistości. „Człowiek stosuje obronę maniakalną, kiedy przyjmuje tryumfalnie pogardliwą postawę wobec pewnej rzeczywistości psychicznej, żeby uniknąć przygnębienia związanego z uzmysłowieniem sobie, iż zniszczył pewien obiekt wewnętrzny". Scenarzysta, wysłuchujący wszelkiego rodzaju idiotycznych opinii, złośliwych ocen, ustawicznych żądań poprawek, może w zaciszu prywatnego gabinetu w ramach osobistego zamierzenia napisać ciągnące się przez sześćdziesiąt stron zdanie, w którym znaki przestankowe rozłoży według swojego widzimisię, i uczyni to w imię potwierdzenia swojej tożsamości. W każdym razie ja uważam to za możliwe, opierając się na tym, czego mnie nauczono na zajęciach ze wstępu do psychologii.

„Obronę maniakalną wyróżniają trzy związane z nią uczucia, a mianowicie: panowania, tryumfu i pogardy".

Hollywood było dla Faulknera również ucieczką od napięć panujących w Rowan Oak, od kłopotów małżeńskich i od prowincjonalizmu Missisipi, a ponadto stwarzało okazje – chociaż miał wiele innych – do pofolgowania libido. Publicznie Faulkner zachowywał się z wystudiowaną powściągliwością, ale prywatnie był mężczyzną namiętnym. Jedna z ogromnych wad autoryzowanej, dwutomowej, liczącej dwa tysiące sto stron biografii Faulknera pióra Josepha Blotnera polega na pominięciu romansów wielkiego pisarza (podczas gdy niektóre miały wielkie znaczenie dla jego kariery), a inną wadą jest bardzo ostrożne potraktowanie jego zdrad. Jednocześnie w tej biografii nadzwyczaj pedantycznie odnotowano tak nieistotne szczegóły jak lista dań na rozmaitych proszonych kolacjach bądź nazwiska baseballistów z Little League, których Faulkner przypadkiem poznał.

Bez względu na paradoksy Faulknera jest to pisarz oryginalny i niezastąpiony. Jest bardem Południa. Żaden inny region Ameryki nie wydał twórcy o tak niezwykłej wyobraźni. Sinclair Lewis w *Ulicy Głównej* i *Elmerze Gantrym* uwiecznił Środkowy Zachód i uzmysłowił nam, kim jesteśmy, ale później przeniósł się w inne strony i zajął innymi tematami. Faulkner został u siebie i stał się wielki, chociaż jego życie jako pisarza, męża, kartografa tajemnych obyczajów Południa i jego nieprawości było pasmem cierpień.

„Żeby zrozumieć świat, trzeba najpierw zrozumieć miejsce takie jak Missisipi", miał powiedzieć. Jeden z jego bohaterów, chłopiec z opowiadania *Niedźwiedź* z tomu *Zstąp, Mojżeszu*, najwyraźniej mówi w jego imieniu, wołając do obcego czarnego: „Czy nie rozumiesz? Ten cały kraj, całe Południe jest przeklęte i my wszyscy, ludzie z Południa, przez Południe kiedykolwiek karmieni, biali i czarni, przeklęci! Przyjmijmy, że to moi ściągnęli klątwę na ten kraj: może dlatego właśnie tylko ich potomstwo zdoła... nie oprzeć się jej, przełamać ją... ale wytrzymać, przetrwać, dopóki nie zostanie zdjęta"*.

* W. Faulkner, *Zstąp, Mojżeszu*, przeł. Z. Kierszys, Warszawa 1968, s. 260.

CZĘŚĆ TRZECIA

Wiosna: kwitnące judaszowce

Kiedy jestem daleko od domu, znaczenia nabierają drobiazgi. Wyglądam omenów. Dziwne rzeczy się dzieją, kiedy człowiek wyjedzie za miasto.

Charles Portis, *The Dog of the South*

Czas błota

W zwodniczym blasku wczesnej wiosny, migotaniu prześwietlonej słońcem popołudniowej mżawki („Błyszczę od łez niczym kwietniowe słońce” *), błoto otaczające mój dom było jeszcze jedną mistyfikacją tej pory roku, nasiąkniętą powierzchnią grząskiej ziemi, usianym kałużami trawnikiem, a w lesie, ubranym w tweedowe gradacje brązu i drażniącym tak samo jak tweed, zieleniły się tylko zjeżone łokcie gałęzi cedrów i złowrogie szpilki sosen smołowych. Leśny grunt przykryty był strupem poczerniałych od deszczu liści. Ale pod spodem, dziesięć centymetrów pod pajdą kluchowatego błocka trwała zmarzlina, pamiątka zimowych mrozów.

Ta nieprzepuszczalna warstwa lodu zatrzymywała wodę – owoc roztopów i niedawnych deszczy. Miesiąc brudnych rąk, utytłanych nogawek spodni, przemoczonych butów, głębokich śladów stóp na ciemnozielonych trawnikach pełnych błotnistej wody, kuszącego blasku w niektóre dni i przenikliwego wiatru w te zimne, poranków obfitej rosy, a czasem nieśmiałego ciepła i wolnego kapania, które kojarzyły się z wątłym pulsem, wzbieraniem życia i nadejściem corocznej odwilży.

Czas błota. Świat rozmiękczony wilgocią, lśniące, nasiąknięte bryły granitu w ogrodowym murze, trawnik niczym bajoro, w którym tarzają się świnie, rowy kolein na nieutwardzonym podjeździe. Chodzenie po gołej ziemi przypominało spacer po czekoladowym torcie,

* Z *The Revenger's Tragedy* [Tragedia mściciela] Thomasa Middletona.

nogi zapadały się w grunt grząski niczym krem. Pnie niektórych skazanych na śmierć podrostów białawe, okorowane, objedzone przez nornice głodujące w zimowych śniegach. Na cienkich końcach gałązek zaczynały nabrzmiewać maleńkie, prawie niewidoczne pączki.

Do tego wilgotne zapachy, cały wachlarz woni, budzących nadzieję tchnień wiosny, jakże różnych od nierzeczywistości bezwonnego, szczypiącego w nos oddechu zimy. Z błot bucha tytoniowa woń mierzwy starych liści, czuje się kwaśny zapach nasiąkniętej ziemi, żywiczną nutkę wiecznie zielonych iglaków, uroczy zapach wilgotnej trawy, tam i sam kłąb suchego wyziewu znad pomarszczonych szwów nagrzanej gleby. Wszystkie te wonie każą wypatrywać guzków kiełkujących cebulek, tulipanów niczym dwucentymetrowe paluszki, ptasich dziobków krokusów, maleńkich pastorałów paproci, kiełkujących cebulek lilii, zielonych blaszek irysów wyłażących ze śliskiej i grząskiej ziemi.

Zostawiając głębokie ślady w nasiąkniętym trawniku, podszedłem do samochodu, wrzuciłem bagaż na tył, a potem przejechałem dziewięćset trzydzieści pięć kilometrów do Fredericksburga w Wirginii. Spałem głęboko. Wstałem, ruszyłem w drogę i przemierzyłem jeszcze siedemset dwadzieścia pięć kilometrów do miejsca, gdzie zboczyłem z równej jak stół szosy międzystanowej. W blasku słońca, pośród dereni, różaneczników i rozkwitających judaszowców, sunąc wolniutko boczną drogą, dotarłem do Aiken w Karolinie Południowej.

Gonitwa z przeszkodami w Aiken

– Pan na gonitwę, sir? – zapytała recepcjonistka w hotelu Aiken. Miała na imię Amanda. Sam hotel staroświecki, przestronny, bezpretensjonalny i wygodny, tak samo solidny, zwyczajny i praktyczny jak angielskie zajazdy, usytuowany przy głównej ulicy, również podobnej do głównego traktu w angielskim mieście targowym. Porządne fronty sklepów uszeregowane równiutko przy szerokich chodnikach, wszystko ładne, zadbane, czyściutkie – mówiące, że miasto kwitnie.

– A, tak, na gonitwę – potwierdziłem po chwili wahania, bo nie była to cała prawda.

W gruncie rzeczy bowiem ściągnęły mnie sprzeczności Aiken. Prawie każde miasto na Głębokim Południu jest tworem pełnym osobliwych, nieraz ironicznych rozdźwięków, a gdyby zestawić ich listę, okazałoby się, że Aiken ucieleśnia niemal wszystkie, a do tego ma jeszcze tę rzadką zaletę, że nie jest odrapane, tętni życiem, jest śliczne i pełne ekscytacji, szczególnie gościnne w ów świąteczny weekend.

– Mam dla pana jedynkę – oznajmiła Amanda, przytknąwszy paluszek do stronicy książki meldunkowej. Spojrzała mi w oczy, leciutki uśmieszek błąkał się po jej ustach. – Ale muszę przestrzec pana, że długo nie zmruży pan oka. Mamy dwa bary i zespół grający na żywo, więc będzie niezły hałas. Wszyscy zamierzają balować, większość się ulula, a zamknąć możemy najwcześniej o drugiej. Chyba że i pan pije?

– Nietęgi ze mnie pijak – rzekłem i pomyślałem, jak bardzo nie cierpię słowa „balować".

– To najważniejszy weekend w roku, ludzie ciągną z daleka na tę gonitwę. Koniarze, miłośnicy wyścigów, bogaci, studenci, no i gracze, oczywiście, i kapelusznice. Wszyscy naprawdę lubią się bawić.

– Kapelusznice?

– Na wyścigach odbywa się nieoficjalny konkurs na najlepszy kapelusz – powiedziała Amanda, z powagą pokiwała głową, a potem przeszła na karykaturalną aż gwarę, komicznie przeciągając samogłoski, jak to autoironicznie czasem robią południowcy, chcąc przekonać o czymś obcych. – Ale powiem ci coś, bracie. Tu naprawdę będzie niezły bal, to jak chcesz se pospać, idź gdzie indziej.

Podziękowałem Amandzie, wyszedłem z hotelu Aiken i pojechałem na skraj miasta, do motelu Days Inn. Zameldował mnie właściciel, który najpierw powiedział, że w cenę wliczone jest śniadanie (od razu odgadłem, że dostanę płatki owocowe Froot Loops w styropianowej miseczce), a potem przedstawił się jako Mike.

– Mike? – zapytałem tonem wielkiego zdumienia.

– Mike Patel – wyjaśnił właściciel.

Tak, troskliwy, uniżony, uczynny, gorliwy, przyodziany w krótką marynareczkę i czapkę baseballową, nieodzowny pan Patel.

Aiken ucieleśnia w pełni charakter południowego miasta, a chociaż jest nieduże, wyróżnia się na tle innych miast i pod niejednym względem żywo mnie interesowało. Na przykład ma radioaktywne przedmieścia, co odkryłem ubiegłej jesieni podczas jazdy Atomową Drogą, która biegnie nad rzeką kilka kilometrów na południowy zachód od Aiken. Okazałe zabudowania Aiken – w tym wiele dworów czy rezydencji – są urocze i zadbane, a główna część miasta rozciąga się wzdłuż symetrycznych szerokich bulwarów. Aiken to wzorcowy urbanistyczny wyraz dysproporcji społecznych Południa, a więc piękne rezydencje przy bulwarach w centrum i budy przy okrytych złą sławą uliczkach na obrzeżach, do tego tor wyścigów konnych, boisko do polo, tereny targowe, gdzie odbywają się jarmarki broni. Kiedy przyjechałem, miasto szykowało się do Imperial Cup Steeplechase w najbliższy weekend.

Już podczas jesiennej podróży zauważyłem, że Aiken to miasto położone najbliżej ośrodka badań nuklearnych Savannah River Site, a także radioaktywnych, ale wyglądających zwodniczo rustykalnie brzegów samej rzeki (do rozszczepiania atomów potrzeba mnóstwa wody i nieraz spuszcza się skażone ścieki). Wielu naukowców, techników i innych osób zatrudnionych w tym ośrodku mieszka w Aiken. Przybyłem tam z czystej ciekawości i nie mogłem czuć się rozczarowany.

To ładnie rozplanowane i dostatnio wyglądające miasto jest matecznikiem koniarzy i od dawna cieszy się sławą zimowiska bogatych przybyszów z Północy. Bawili tu chociażby John („Jack") Astor IV z dziewiętnastoletnią żoną Madeleine Force Astor (Jack zginął na Titanicu, Madeleine ocalała), nowojorczycy Hope i Charles Iselinowie, a później Fred Astaire, który hodowlą koni wyścigowych pasjonował się nie mniej niż stepowaniem, a którego żona miała rodzinę w Aiken. Wielu innych bogaczy odcisnęło tu ślad, upiększywszy to nieduże miasto ładną budowlą.

Jedna z pierwszych linii kolejowych w Ameryce łączyła Aiken z Charleston. Wybudowano ją w 1833 roku w celu przewożenia bawełny z wielkich plantacji opodal Aiken, należących do kapitana Williama White'a Williamsa. Podobnie jak wiele innych południowych miast Aiken (nazwę tę nadano mu później) powstało przy plantacji bawełny i jest pięknym wczesnym przykładem amerykańskiej myśli urbanistycznej. Około 1835 roku plany miasta opracował wykształcony na Harvardzie mierniczy Alfred Dexter, który zakochał się w miejscowej piękności, córce kapitana Williamsa Sarze. Za radą teścia Dexter zaprojektował miasto o ulicach wystarczająco szerokich, aby mogły na nich nawracać wozy do przewozu bawełny. Jako urocze miasto o dobrym klimacie Aiken przyciągało bogatych przybyszy z Północy, w tym pasjonatów różnych form „życia w siodle", a więc hodowców koni, jeźdźców, graczy w polo, miłośników polowania na lisa. Hippika i dzisiaj jest filarem życia kulturalnego miasta i jego główną atrakcją turystyczną.

Rokrocznie w weekend po Święcie Dziękczynienia odbywa się „błogosławienie psów", impreza bardzo uroczysta i suto zakrapiana. W kalendarzu jeździeckim Aiken figuruje wiele polowań na lisa, co jest zimową rozrywką. Niektóre z tych polowań mają tradycyjną formę i polegają na tropieniu żywych lisów, ale większość ma już charakter czysto sportowy i polega na gonieniu za tropem zostawionym przez nasączony zapachem lisa wiecheć, który przeciągnięto przez Hitchcock Woods. Sfora psów i jeźdźcy podążają za sztucznym tropem przez rozmaite przeszkody, co służy sprawdzeniu umiejętności jeździeckich.

Goście zjeżdżający do Aiken na zimę, koniarze i potentaci bawełniani budowali wielkie domy, sadzili ogrody, zakładali kluby, urządzali pola golfowe. Tak wystawnej infrastruktury życia kulturalnego nie sposób utrzymać bez taniej siły roboczej, a więc służby domowej, ogrodników, robotników rolnych, kucharzy, nianiek, sprzątaczy, ludzi z nizin społecznych, którzy tradycyjnie stanowili filar gospodarki i organizacji społecznej Południa.

Aiken zawsze zatem miało – i nadal ma – liczną społeczność czarną, która dzisiaj stanowi jedną trzecią ludności i jak zwykle zajmuje najniższe szczeble hierarchii dochodów. Tak oto prócz wspaniałości właściwego miasta, obsadzonych drzewami szerokich ulic, dużych pięknych domów okolonych zadbanymi ogrodami, w których rosną ozdobne pnącza, irysy, kapryfolium i miejscowa juka zwana „hiszpańskim bagnetem", mamy całkiem inne osiedla złożone ze skromnych, zapuszczonych, wąskich domków czarnych, niegdysiejszych niewolników, potem ofiar segregacji, a dzisiaj po prostu biedaków. Trwają, wiodąc pokorny żywot miejscowej klasy niższej, gnieżdżąc się przy dziurawych ulicach na obrzeżach miasta i dalej, w najbardziej zapadłych zakątkach hrabstwa Aiken. Wówczas jednak wszędzie, i u bogatych, i u biednych, kwitły judaszowce, okryte pianą purpurowo-różowego kwiecia na nagich gałęziach.

– Wystąpię w starym wielkim kapeluszu, który sama zrobiłam – powiedziała wieczorem kelnerka w restauracji. – Narobiłam się przy nim jak nie wiem. Cały jest ustrojony wstążeczkami. Do tego naprawdę śliczna kolorowa sukienka.

– Mam nowe sztruksy i koraliki, te są z Kenii – powiedział Gregory Jefferson w Polo Bar w hotelu Aiken, gdzie zabijałem czas. Modnie ubrany, w ciemnej kamizelce i koszuli w kwiaty, na szyi zawiesił sznury koralików. Roześmiał się, gdy zapytałem, czy w czasach młodości był mile widziany w tym barze. – O, nie, bracie, mieliśmy tu segregację – rzekł. – Ale teraz jest w porządku. Człowiek może wejść, gdzie chce.

Wprawdzie świętował w hotelowym barze, ale jeszcze nie zdecydował, czy pójdzie na gonitwę. Nie bardzo interesowały go konie.

– Jutro zobaczy pan naprawdę zdumiewające stroje, żółte spodnie, zielone kapelusze, różowe koszule – zapowiedział młodzieniec o imieniu Lyle, z odznaką bractwa Lambda Chi przypiętą do marynarki.

Rozmawialiśmy na terenie toru wyścigów konnych, o zmierzchu w przeddzień gonitwy. Lyle był tam z dwoma kolegami z bractwa, Chance'em i Brianem. Usytuowany niedaleko od toru wyścigowego Uniwersytet Karoliny Południowej w Aiken nie tylko podnosi prestiż miasta, lecz również dostarcza pracowników sezonowych. Tamtego wieczoru Lyle i jego koledzy pracowali jako parkingowi na dorocznej kolacji, uroczystym przyjęciu, które wydawano w wielkim namiocie przy głównej trybunie toru wyścigowego.

– Wszyscy się ululają – stwierdził Chance. – A mówiąc wszyscy, mam na myśli to, że każdy jeden cholerny dupek, którego pan jutro zobaczy, wpadnie pod stół.

– A sama gonitwa, warto ją zobaczyć? – zapytałem. – Imponująco się nazywa, Imperial Cup.

– Wie pan – odparł Brian – w zeszłym roku tak się schlałem, że nie widziałem ani jednego konia.

Staliśmy w gęstej, zroszonej trawie, obserwując gości wysiadających z luksusowych samochodów. Mężczyźni w smokingach, kobiety w sukniach balowych i bucikach na wysokim obcasie paradowali po darni toru w stronę rozświetlonego namiotu.

– Kim są ci ludzie? – zapytałem.

Niewątpliwie nie spotkałem bogatszych ani lepiej ubranych ludzi w trakcie wszystkich podróży po stanach południowych ani też nigdy przedtem nie widziałem równie uroczystego przyjęcia na taką skalę w tak prowincjonalnym miejscu. Być może właśnie zaściankowość Aiken zachęcała balowiczów do potwierdzania statusu bywalców. Bo i gdzie urządza się najbardziej wystawne kolacje, spotyka mężczyzn w koszulach z usztywnionym kołnierzykiem i kobiety w klejnotach? Nieraz właśnie na głębokiej prowincji, gdzie w swoim wyrafinowaniu postanowili dowieść, że przecież nie są prostakami.

– To koniarze, gracze w polo, naprawdę zamożni ludzie – rzekł Lyle.

– Biali – stwierdziłem.

– Jasne.

Witając się, nawołując, ściskając ręce, wymieniając pocałunki, elita Aiken i okolic ciągnęła do rozjarzonego ciepłymi barwami i wypełnionego wesołym gwarem wnętrza ogromnego namiotu, gdzie czekały wyszukane potrawy i trunki. Coroczne wieczorne przyjęcie z okazji Imperial Cup Steeplechase anonsowano jako „*Blossoms and Bow Ties – a Garden Party Gala*" [Wiosenne kwiaty i muszki – galowe przyjęcie w ogrodzie]. Skoro zaproszenia kosztowały sto dwadzieścia dolarów od osoby, impreza ściągnęła samą śmietankę, a skoro była cokolwiek wstydliwym powrotem do przeszłości, nostalgicznym odtworzeniem plutokratycznej kultury Aiken jako zimowego kurortu, można by ją wyszydzić jako paradę snobów i nadętych nudziarzy. Wyczuwając jednak dobre intencje gości i prawdziwie uroczysty nastrój, nie zamierzałem szydzić z tej imprezy. Co więcej, Aiken Steeplechase Association zapowiadało, że część wpływów przeznaczy na cele dobroczynne, pomoc najbiedniejszym mieszkańcom hrabstwa i opiekę nad bezpańskimi zwierzętami.

Było zimno. Studenci zniknęli. Stojąc w wilgotnych ciemnościach, obserwowałem kilkaset elegancko ubranych osób ucztujących w rozjarzonym ciepłym światłem namiocie, tryskających dobrym humorem pośród lodowych rzeźb i pięknych kompozycji kwiatowych.

„Sytość, podobnie jak każda potęga, zawsze zawiera jakąś domieszkę tupetu – zauważył Antoni Czechow w liście do znajomego w 1891 roku, kiedy mieszkał w Mielichowie, prowincjonalnym miasteczku mniejszym od Aiken, ale dość do niego podobnym, bo mającym też posiadłości ziemskie, stadniny, ziemian, osoby z wyższych sfer i oczywiście zaharowanych chłopów. – A wyraża się to przede wszystkim w tym, że syty lubi pouczać głodnego"*.

O świcie w dzień gonitwy w Aiken spadł zimny deszcz.

– W południe powinno się przejaśnić – usłyszałem, idąc bulwarem Richland Avenue, główną ulicą miasta. Kiedy doszedłem do toru wyścigowego, deszcz wcale nie zelżał, a przed południem nawet się nasilił i chłostał dęby rosnące wokół toru, a porywisty wiatr targał ustawionymi przy torze namiotami i pawilonami, w których chronili się liczni widzowie. Znowu zwróciłem uwagę na to, że na Południu zła pogoda daje się bardziej we znaki niż gdzie indziej, bo jest gwałtowniejsza i szybciej się zmienia.

Deszcz nie zniechęcił amatorów wyścigów. Przyszli pić, jeść hamburgery z rusztu, dobrze się bawić, a zacinający deszcz oraz zimny wiatr w ogóle ich nie odstraszały. Trwali dzielnie w przemoczonych butach, ubrani ekstrawagancko, mężczyźni w pasiastych marynarkach i kapeluszach słomkowych, kobiety w zwiewnych

* A. Czechow, *Listy*, przeł. N. Gałczyńska, A. Sarachanowa, Kraków 1988, t. 2, s. 48.

sukienkach i rozłożystych wymyślnych nakryciach głowy. Pokrzykiwali i pili z determinacją żeglarzy przeczekujących sztorm.

Chociaż miało to w sobie coś z pikniku zaimprowizowanego na parkingu w lesie, nie zamierzałem drwić z tego wydarzenia. Z sympatią patrzyłem na ogromną, doskonale zorganizowaną ucztę, w której uczestniczyło co najmniej tysiąc osób, świetnie się bawiących pomimo deszczu, raczących się napojami z lodówek turystycznych w bagażnikach półciężarówek i samochodów terenowych, tłoczących się pod namiotami lub przy gazowych rusztach.

Ta uczta na obrzeżach toru wyścigowego wydała mi się hołdem składanym nie tyle sztuce jeździeckiej, ile przyjaźni i rodzinie, a w pewnym sensie i pieniądzom. Obawiałem się, że nieproszony przyjezdny nie będzie mile widziany, ale gdy powiedziałem jednemu z uczestników, że jestem obcy, odparł:

– Tu nie ma obcych – i serdecznie zaprosił mnie na kieliszek.

„Tu nie ma obcych" – tak, już raz ktoś inny mi to powiedział w tej krainie.

Podzieliłem się spostrzeżeniem, że chociaż wszyscy tyle piją – ledwie południe, a niektórzy się zataczali lub nawet przewracali w błoto – nie dochodziło do żadnych burd.

– O, każdy ma tu swoje miejsce – stwierdził mój rozmówca. – Wcale niełatwo takie zdobyć. Są przypisane do rodziny i przekazywane dzieciom.

Nie chodziło o gonitwę, chodziło o spotkanie, strojenie się, dobrą zabawę. Ta impreza stanowi dumę miasta i jak ustawicznie słyszałem, jest wyczekiwana. Niektórzy pokazywali mi zdjęcia z ubiegłego roku, kiedy było słonecznie i bardzo ciepło. Ludzie polegiwali w trawie. Na tę okazję szykowano się od miesięcy, a zła pogoda dała jedynie asumpt do śmiechu, żartowania, wznoszenia zabawnych toastów.

Do gonitwy zostało jeszcze kilka godzin, ale z punktu widzenia ucztujących wyścig był tylko jednym z aspektów zabawy. Liczył się dzień wyścigów, święto nie bardzo stare ani nawet nie odprawiane nieprzerwanie w Aiken. Steeplechase Association powstało w 1930 roku, w późniejszym okresie zanikło na dwadzieścia lat, by wznowić działalność w 1967 roku. Dzisiaj dzień wyścigów jest już uświęconą tradycją, bardzo ważnym wydarzeniem w mieście i regionie, które potrzebują rytuałów przekazywanych z pokolenia na pokolenie, a zwłaszcza rytuałów lokalnych, będących powodem do dumy i mających walor wyjątkowości.

Tak, to najistotniejsze. Wprawdzie wystawne przyjęcie dla bogaczy można uznać za zabawę wątpliwej elity snobów, ale święto hippiczne w Aiken ma o wiele szerszy zasięg. Uczestniczą w nim niemal wszyscy mieszkańcy. Nie spodziewałem się takich tłumów, ze wszystkich dzielnic miasta, z okolicy, handlowców, pośredników w handlu nieruchomościami, ekspedientek, kasjerów, studentów, uczniów szkół średnich, kobiet i dziewcząt w letnich sukienkach i własnoręcznie zrobionych nakryciach głowy, mężczyzn i chłopców w marynarkach i śmiesznych kapeluszach. Wszyscy doskonale się bawili, nawet ci, którzy tylko spacerowali pomiędzy namiotami i przyglądali się innym, zmoknięci, ale szczęśliwi.

Tak, człowiek mógł czuć się podniesiony na duchu w obliczu tych tłumów emanujących zapałem, gościnnością i dobrą wolą. Mógł, musiał tylko udawać, że w Aiken nie ma czarnych.

Sekretne życie segregacjonisty

Kilka miesięcy przed moim przyjazdem do Aiken zmarła pewna pochodząca stamtąd kobieta, a jej śmierć przypomniała wszystkim osobliwą historię sprzed lat. Ta kobieta nazywała się Essie Mae Washington-Williams. 5 lutego 2013 roku na łamach „Aiken Standard" ukazał się artykuł zawiadamiający o jej śmierci i zatytułowany: *Mieszana córka Stroma Thurmonda nie żyje. Miała 87 lat.*

Strom Thurmond, zagorzały segregacjonista, urodził się w 1902 roku jakieś trzydzieści kilometrów szosą od Aiken, za sadami brzoskwiniowymi w miasteczku Edgefield. Niemniej świątynią, w której się modlił, był First Baptist Church w Aiken, wielka budowla z czerwonej cegły, z wysoką wieżą i portykiem z białymi kolumnami. Thurmond posiadał wiele domów w Aiken, a jego druga żona Nancy pochodziła z tego miasta. Aiken ma prawo uważać go za swojego mieszkańca. Przeżył sto lat i ucieleśniał wszystkie sprzeczności Południa – podobnie jak owo święto hippiczne w Aiken, uroczystość wesoła i krzepiąca do czasu, gdy uzmysłowimy sobie, że tradycyjnie jest świętem białych, właśnie takim obrzędem społecznym, jakich Strom Thurmond, niezłomnie przeświadczony o słuszności segregacji rasowej, bronił przez lwią część życia.

Thurmond, absolwent Uniwersytetu Clemson, odznaczony żołnierz II wojny światowej (brał udział w lądowaniu w Normandii), później adwokat i prokurator hrabstwa, przez jedną kadencję gubernator, kandydat na prezydenta (w 1948 roku), w 1954 roku zdobył fotel senatora, w którym zasiadał aż do śmierci w 2003 roku. Należał do najdłużej urzędujących senatorów w historii Ameryki, przez czterdzieści osiem lat perorował i stosował obstrukcję parlamentarną na rzecz przestarzałych zasad polityki rasowej Południa, sprzeciwiając się prawnym gwarancjom ochrony równości wszystkich obywateli, w tym zwłaszcza ustawie o prawach obywatelskich z 1957 roku.

Od początków kariery politycznej Thurmond opowiadał się za szeroką suwerennością stanów, a później zainicjował napisanie tak zwanego manifestu Południa, dokumentu będącego płomienną obroną zasady segregacji rasowej i wyrazem niezadowolenia z wydanego w 1954 roku werdyktu sądu najwyższego nakazującego zniesienie segregacji rasowej w szkołach. „Nie czekając na zgodę rządzonych, funkcjonariusze przybyli z zewnątrz grożą natychmiastowym wprowadzeniem rewolucyjnych zmian w naszym systemie oświaty publicznej – czytamy w tym dokumencie. – Jeżeli postawią na swoim, oznaczać to będzie zniszczenie systemu edukacji publicznej w niektórych stanach". W innym miejscu autorzy deklarują, że zdecydowali się na to wystąpienie „powodowani głębokim zatroskaniem niebezpieczną i wybuchową sytuacją, którą stworzył ten wyrok, a którą zaogniają przybyli z zewnątrz intryganci".

W życiu Thurmonda zaszło jednak coś osobliwego, wydarzenie długo spowite nimbem tajemnicy, mówiące wiele o wewnętrznej egzystencji Południa i jednocześnie uczące obcych, którzy przybywają do tej krainy, że nie powinni niczego uważać za oczywiste, brać od razu za dobrą monetę.

W czasach studenckich Thurmonda w jego domu w Edgefield pracowała szesnastoletnia czarna służąca Carrie Butler, zwana pieszczotliwie (i raczej dziwnie) Tunch. W tym siedlisku segregacjonistów młody Thurmond zrobił z niej swoją kochankę i w 1925 roku w Aiken urodziła się ich córka, Essie Mae, pierwsze dziecko zarówno ojca, jak i matki. Thurmond miał wtedy dwadzieścia dwa lata, na białym Uniwersytecie Clemson studiował ogrodnictwo, sposobiąc się do kariery plantatora bawełny, o czym w tamtych czasach w Aiken marzyli wszyscy biali chłopcy*.

Któż jak nie Thurmond miał wiedzieć, że w 1925 roku mieszanie ras było na całym Południu przestępstwem, zagrożonym w większości stanów karą od roku do pięciu lat więzienia. Przepisy te mniej lub bardziej stanowczo egzekwowano, chociaż w 1932 roku w Karolinie Południowej mieszanie ras przeniesiono z kategorii przestępstw do kategorii występków. Żeby utrzymać narodziny dziecka w tajemnicy i rozwiązać trudną i sprzeczną z prawem sytuację, kiedy Essie Mae skończyła pół roku, Carrie Butler uzgodniła ze swoją ciotką Essie Washington i jej mężem Johnem, że adoptują dziewczynkę. Wujostwo zabrali ją do siebie do Coatesville w Pensylwanii. Washingtonowie (i siostra ciotki Carrie, Mary) wychowywali Essie Mae i dali jej swoje nazwisko, więc dziewczynka nie wiedziała, kto jest jej prawdziwym ojcem.

Zrezygnowawszy z pomysłu zostania plantatorem, Thurmond zrobił dyplom z prawa, a potem otworzył kancelarię w Edgefield. Był tylko małomiasteczkowym kawalerem, ale dzięki koneksjom politycznym mianowano go prokuratorem hrabstwa, a potem sędzią okręgowym. Po wybuchu wojny w Europie postanowił wstąpić do wojska. Nie miał pojęcia, co się dzieje z Carrie ani z ich córką. Nie wiedział nawet, jakie nazwisko nosi dziewczynka, ale wkrótce je poznał.

Któregoś dnia 1941 roku Carrie Butler, która przedtem przeniosła się do Chester w Pensylwanii, żeby być bliżej córki, odwiedziła Essie Mae u Washingtonów w Coatesville.

* Pierwszego czarnego studenta Harveya Gantta przyjęto do Clemson w 1963 roku [przyp. aut.].

– Chcę, żebyś poznała swojego ojca – powiedziała.

Essie Mae miała wtedy szesnaście lat, a więc tyle co Carrie w czasie, gdy uwiódł ją syn jej białego pracodawcy. Po latach Essie twierdziła, że związek jej rodziców nie miał nic wspólnego z miłością. Całkiem co innego niż w przypadku Thomasa Jeffersona i jego czarnej niewolnicy Sally Hemings, których namiętny romans zaowocował sześciorgiem dzieci (z czego czworo przeżyło) i rozgrywał się na przestrzeni wielu lat i dwóch kontynentów, od Monticello po Paryż.

Essie Mae nie miała pojęcia, kto jest jej ojcem ani nawet że to biały. Po latach (w 2003 roku w rozmowie z Danem Ratherem w programie *60 Minutes* [60 minut], z której zaczerpnąłem wiele cytatów) wspominała, że matka nie mówiła jej o jego rasie.

– Kiedy go zobaczyłam, zdziwiłam się, bo ona nigdy nie napomknęła, że jest biały.

– Jakże piękną masz córkę – powiedział Thurmond.

– Jest również twoją córką – zauważyła Carrie.

– Cieszył się, że mnie poznał – opowiadała Essie Mae – bo oczywiście nigdy przedtem mnie nie widział. To było bardzo miłe spotkanie. Rozmawialiśmy o wielu sprawach, między innymi o tym, co chciałabym robić w życiu.

– Tak, wyglądasz jak jedna z moich sióstr – stwierdził Thurmond, przyglądając się nastolatce. – Masz te nasze kości policzkowe.

W ten sposób pośrednio przyznał, że Essie Mae jest jego córką. W autobiografii *Dear Senator. A Memoir by the Daughter of Strom Thurmond* [Drogi senatorze. Wspomnienia córki Stroma Thurmonda] (2005) Essie Mae rzeczowo opisała nastrój pierwszego spotkania z ojcem. „Nie zapytał, kiedy wyjeżdżam, ani nie zaprosił znowu. Przypominało to audiencję u wielkiej osobistości albo rozmowę kwalifikacyjną, ale nie pojednanie z ojcem".

Później jednak nieraz widywała się z ojcem. Oprócz rad dawał jej pieniądze, najpierw banknoty studolarowe w kopercie, którą Essie Mae zabierała po wizycie w senatorskim gabinecie Thurmonda – z Pensylwanii mogła obrócić tam i z powrotem w ciągu jednego dnia – a potem, żeby oszczędzić jej czasu, po prostu wkładał imienny czek do korespondencji. Głęboko przekonany, że powinna zdobyć wykształcenie, namawiał ją do studiowania na Uniwersytecie Karoliny Południowej w Orangeburgu. Poszła za jego radą, a on od czasu do czasu ją odwiedzał, a chociaż nie zdradzał nikomu natury łączącej ich więzi, nie przestawał udzielać pomocy finansowej.

– Tak, ilekroć byłam w potrzebie, wspierał mnie finansowo – opowiadała Essie Mae. Po przedwczesnej śmierci męża, który zmarł w wieku czterdziestu pięciu lat, znowu miała trudności i Thurmond przysyłał pieniądze trzydziestodziewięcioletniej wdowie na wychowanie czworga dzieci. Działo się tak aż do czasu, gdy dzieci dorosły.

Oczywiście krążyły pogłoski, ale głównie lokalne plotki. W Edgefield i Aiken „wśród czarnych rzecz była powszechnie znana". Swoiście południowy paradoks związany z tego rodzaju tajemnicami polega jednak na tym, że czarni i biali żyją w zasadniczo osobnych światach i niewiele wieści przenika z jednej społeczności do drugiej. „Czarni nie rozmawiali dużo z innymi".

Również Essie Mae zachowywała dyskrecję.

– Uważałam, że nie powinnam nic mówić o tej sprawie – opowiadała. – A i on oczywiście nie chciał, żeby wyszła na jaw.

Thurmond nie nakazał córce milczenia, nie zawarli w tej sprawie żadnej „umowy", jak to określiła. Gadanie o tym po prostu niczemu by nie służyło. Essie Mae zdawała sobie sprawę, że gdyby wyjawiła tajemnicę swego pochodzenia, zaszkodziłaby karierze politycznej ojca.

– W żadnym razie nie chciałam mu zaszkodzić.

Mimo to kiedy Thurmond sprawował urząd gubernatora, odwiedzał Essie Mae w jej koledżu w Orangeburgu, a ona składała mu wizyty w rezydencji gubernatorskiej w Columbii. Zasiadali w jego gabinecie, on mówił, a Essie Mae słuchała. Thurmond objawiał oblicze pasjonata zdrowego trybu życia.

– Zawsze perorował o zdrowiu, ćwiczeniach, diecie i co powinnam robić.

Jeszcze jako studentka podczas któregoś spotkania z ojcem Essie Mae zapytała go o poglądy w sprawie polityki rasowej.

– Czemu jeszcze wtedy był rasistą, segregacjonistą? – zastanawiała się. – „No, wiesz – odparł – zawsze tak było".

Thurmond tłumaczył, że nie on wymyślił segregację lub prawa Jima Crowa. To elementy dziedzictwa kulturowego. On tylko bronił ich jako tradycyjnego porządku.

– Wie pan, zawsze tak to wyglądało na Południu – stwierdziła Essie Mae. Uważała, że jej ojciec w głębi ducha nie był rasistą. – Myślę, że postępował tak, a nie inaczej w imię kariery.

Podobne przekonanie wyraził Bill Clinton na pogrzebie Roberta Byrda, jak gdyby utajona maksyma polityki na Południu głosiła, że zasady etyczne i prawość to coś dla mięczaków i przegranych, a jeżeli chce się utrzymać urząd w Dixielandzie, trzeba iść na kompromis, kręcić i zwodzić. Byrd to jeszcze jeden przykład senatora z Południa, który niezwykle długo pełnił ten urząd. W latach czterdziestych należał do przywódców lokalnej komórki Ku Klux Klanu, piastując funkcję Wyniosłego Cyklopa. „Był wiejskim chłopakiem ze wzgórz i dolin zachodniej Wirginii – mówił Clinton w melodyjnej mowie pogrzebowej w Charleston w 2010 roku. – Po prostu starał się zdobyć mandat".

Inaczej mówiąc, podobnie jak większość polityków udawał. Tyle że kiedy już został wybrany, w zasadzie nie zmienił poglądów. Tak jak Thurmond opierał się długo, i dopiero gdy odwróciły się opinie wyborców, zmienił kurs i znowu popłynął z prądem. Byrd, tak samo jak Thurmond, sprzeciwiał się krokom podejmowanym w imię integracji, odrzucał ustawy gwarantujące równość wszystkich obywateli, stosował obstrukcję w trakcie debat nad ustawą o prawach obywatelskich z 1964 roku i potępiał tak zwane mieszanie ras.

„Żaden porządny i szanujący się Murzyn nie zażąda ustanowienia prawa zmuszającego ludzi do przyjmowania go tam, gdzie go nie chcą – oznajmił Thurmond w przemówieniu wygłoszonym w maju 1948 roku w Jackson w Missisipi, gdzie odpalał inauguracyjne race swojej kampanii prezydenckiej. – Sami Murzyni nie chcą mieszać się z innymi grupami społecznymi". Obecny na wiecu gubernator Missisipi Fielding Wright dzień wcześniej radził czarnym, którzy domagali się równości szans, żeby osiedlili się „w innym stanie niż Missisipi".

Kilka tygodni później, dowiedziawszy się, że będzie samodzielnym kandydatem States' Rights Democratic Party*, Thurmond grzmiał do tłumu zgromadzonego w Birmingham w Alabamie (w przemówieniu, które zarejestrowała kronika Movietone News): „Pragnę jednak wam powiedzieć, panie i panowie, że cała nasza armia nie ma dość sił, żeby zmusić południowców do odrzucenia segregacji i wpuszczenia rasy czarnuchów do naszych teatrów, na nasze baseny, do naszych domów i kościołów".

W tym samym roku w wieku trzydziestu dziewięciu lat zmarła Carrie Butler, czarna matka jego córki Essie Mae, która wtedy studiowała w Orangeburgu.

Thurmond jeszcze przez pewien czas pomagał finansowo córce. Essie Mae wyszła za mąż, została panią Washington-Williams, urodziła czworo dzieci (Wandę, Monicę, Ronalda i Juliusa) i nadal od czasu do czasu spotykała się z ojcem. Essie Mae starzała się z wdziękiem, Thurmond przeszczepił sobie włosy i farbował je na kasztanowo. W latach sześćdziesiątych reporterzy miesięcznika „Ebony" zainteresowali się plotkami na temat domniemanej córki Thurmonda i próbowali zbadać sprawę, ale Essie Mae stwierdziła, że nie ma nic do powiedzenia i zamknęła przed nimi drzwi. Milczała przez sześćdziesiąt lat. Osiedliwszy się w Los Angeles, została szanowaną nauczycielką.

Strom Thurmond zmarł w 2003 roku. Zważywszy na swój wiek, blisko osiemdziesiątkę, na swoje dzieci i na fakt, że w niczym już nie zaszkodzi Thurmondowi, pięć miesięcy po jego śmierci, w grudniu tamtego roku Essie Mae zdecydowała się wyjawić prawdę. Stanąwszy w Karolinie Południowej przed reporterami, opowiedziała swoją historię, a potem oznajmiła: „Jestem Essie Mae Washington-Williams i w końcu stałam się w pełni wolna".

Podupadała na zdrowiu, dzieci dawno dorosły. Właśnie one przekonały ją, że powinna opowiedzieć o swoim losie. Przyznała

* Demokraci Praw Stanowych, frakcja Partii Demokratycznej sprzeciwiająca się rozszerzeniu praw obywatelskich na ludność kolorową. Frakcja powstała w trakcie kampanii prezydenckiej 1948 roku, a po niej przestała istnieć.

potem, że czuła, iż ma obowiązek wobec historii, żeby wyjawić prawdę o swoim pochodzeniu. Nie powodowała nią chęć zysku.

– Nie zamierzam dochodzić praw spadkowych – stwierdziła. – Chcę tylko powiedzieć prawdę.

– Moje dzieci mają prawo wiedzieć, od kogo, skąd i od czego pochodzą – mówiła pani Washington-Williams na konferencji prasowej. – Mam obowiązek uczyć je i pomagać im poznać ich korzenie. Mają prawo znać i rozumieć złożoną historię swoich przodków, czarnych i białych.

Potem twierdziła, że odczuła wielką ulgę.

– Mam wrażenie, że ta prawda prześladuje mnie od pięćdziesięciu czy sześćdziesięciu lat. Gdy zatem oto ją wyjawiłam, wielki ciężar spadł mi z serca. Bo to była tajemnica. Chociaż wielu znało prawdę, to póki nie została wypowiedziana głośno, przygniatała mi serce.

Swoją opowieść Essie Mae nazwała „spuścizną".

Wtedy już wróciła z Los Angeles do Karoliny Południowej. Zmarła w Columbii, niedaleko od Aiken, gdzie się urodziła. Kilka miesięcy przedtem, nim zacząłem krążyć w okolicach Aiken i Edgefield, dumając o paradoksach Południa.

Fabryka bomb i zmutowane pająki

– Aiken to naprawdę urocze miasto – powiedziała mi w barze kawowym jedna z jego dumnych mieszkanek. Rzeczywiście, takie czyste i miłe. Kawałek dalej przy Atomowej Drodze znajduje się Fabryka Bomb. Wszyscy w Aiken o niej mówili, a w trakcie poprzedniej wizyty w tych stronach mijałem ją, jadąc z Allendale. Nie był to ośrodek tajny, ale krążyły plotki o terkoczących licznikach Geigera-Müllera, niebezpiecznych ściekach, radioaktywnej ziemi i nieudanych akcjach rekultywacji. Zimą zawrócono mnie od bramy ośrodka nuklearnego, więc pomyślałem, że skoro już jestem w mieście, rozpytam ludzi.

O Fabryce Bomb wspomniał Gregory Jefferson, którego w przeddzień wyścigów konnych spotkałem w hotelu. Miałem numer jego telefonu komórkowego, więc zadzwoniłem i umówiłem się z nim na kieliszek.

– Atomowa Droga – powiedziałem po chwili. – Niezwykła nazwa.

– Bo i tamto miejsce jest niezwykłe. Fabryka Bomb, jak ludzie nazywają ośrodek nuklearny Savannah River Site. Powstał bodajże w latach pięćdziesiątych. W ciekawy sposób. Rząd wykupił miasteczko Dunbarton, żeby zbudować ośrodek w tym miejscu. Wszystkich wysiedlili, tysiące ludzi, do Ellenton, a właściwie do nowo powstałego New Ellenton.

– A więc ośrodek powstał na miejscu miasta?

– No, trudno powiedzieć, żeby to było miasto, raczej miasteczko – odparł. – Szefowie Fabryki Bomb, biali, mieszkają w Aiken, razem z koniarzami. Wszystko to tajne, nie pozwolą człowiekowi podejść, chociaż szosa biegnie przez środek i wzdłuż rzeki.

– To ma sens. Reaktory atomowe potrzebują wody do chłodzenia – zauważyłem.

– Ludzie mówią, że zdarzają się wycieki i że zanieczyszczają rzekę. Słyszał pan może o wypadku w Graniteville. Skażenie chlorem. Ale gorsze jest co innego. Ma pan ośrodek nuklearny pod nosem i co się dzieje? Ma pan kłopot. Ludzie mówią, że jak Rosjanie zaatakują, to od razu przywalą w nas. Jesteśmy celem.

– Rosjanie planują zbombardować Aiken?

– Na pewno jesteśmy na celowniku – stwierdził i odniosłem wrażenie, że czerpie pewne poczucie dumy z faktu, że rosyjscy wojskowi wzięli jego miasto na cel. – Mniejsza z tym, tymczasem żyje tu się świetnie.

Dołączył do nas jego znajomy, Willie.

– No i są jeszcze te śmieci – rzekł Willie. – Wypalone pręty paliwowe, odpady nuklearne. Wszystko to nadal tu jest.

– Jest pan pewny?

– Jasne, wszyscy to wiedzą. Mamy wysoką zapadalność na raka, wady okołoporodowe, a wszystko tajne, cicho sza!

Można by pomyśleć, że to tylko plotki. Człowiek spotyka paru miejscowych, słucha ich opowieści, które brzmią niepokojąco, i w naiwności swojej (podróż sprzyja łatwowierności) wyciąga daleko idące wnioski. Ale Gregory i Willie bynajmniej nie fantazjowali.

Prawda wygląda o wiele gorzej niż to, co mi powiedzieli. Po prostu zapytałem o Atomową Drogę, która wiedzie przez sielskie tereny, gdzie powietrze jest świeże, pięknie pachną sosnowe lasy i malowniczo toczy się rzeka. Samo Aiken to ładne miasto mające eleganckie centrum, klub golfowy, tor wyścigów konnych i zielone łąki, gdzie stoją dostatnie domy i przyjazne ogrodzenia padoków w tej krainie miłośników koni. Naprawdę urocze, jak rzekła kobieta w barze kawowym.

Usłyszawszy jednak gawędziarską opowieść Gregory'ego o historii ośrodka nuklearnego, pytałem o ten przybytek, gawędząc z innymi.

– Produkują bomby atomowe…

– Zatrudniają masę ludzi…

– Ściśle tajne…

– Musi pan naprawdę uważać, sir…

Młody wojskowy o imieniu Kevin, który spędzał urlop w domu w Auguście i akurat przyjechał w jakichś sprawach do Aiken, powiedział:

– Dzieją się tam dziwne rzeczy.

– Dziwne, bo co? – zapytałem.

– Po pierwsze, nadzwyczajne środki bezpieczeństwa. Nie ma mowy, żeby się pan dostał do środka. No i dziwne ze względu na zwierzęta.

– Jakie zwierzęta?

– W lesie. W rzece – odparł i uśmiechnął się, ale smutno. – Robią się innej barwy. Nie takie jak zawsze. Na przykład aligatory.

– W Savannah są aligatory?

– Ale nie zielone. Żółte. Różowe. Niektóre białe. Naprawdę inne. Od promieniowania.

Różowe aligatory? Wskutek promieniowania i skażenia metalami ciężkimi? Zauważono, że niektóre aligatory z gatunku *Alligator mississippiensis* rosną niezwykle duże. Twierdzi się, że te olbrzymy (najdłuższy okaz miał trzy metry dziewięćdziesiąt sześć centymetrów długości) osiągnęły wielkie rozmiary nie z powodu mutacji genetycznej wywołanej promieniowaniem, lecz przeciwnie – właśnie dzięki niczym niezakłóconym warunkom bytowania.

Ale w lutym 2012 roku w miejscu składowania radioaktywnych odpadów odkryto osobliwe sieci „z materiału podobnego do sznurka" i wysunięto hipotezę, że utkały je zmutowane pająki.

W 1950 roku Komisja Energii Atomowej postanowiła zbudować opodal Aiken wytwórnię paliwa do bomb wodorowych. Zbudowano pięć reaktorów, zakład produkcji paliwa, laboratorium badawcze, zakład produkcji ciężkiej wody, dwa zakłady przetwarzania paliwa i ośrodek odzyskiwania trytu.

Później dotarłem do autorytatywnych raportów, w których stwierdzano, że cały teren kompleksu nuklearnego, a więc około ośmiuset kilometrów kwadratowych, wykazuje „istotne skażenie radioaktywne", a ponadto zaobserwowano migrację skażonych „wód gruntowych". W jednym z raportów Agencji Ochrony Środowiska pisano, że „liczne zabudowania i urządzenia w SRS [Savannah River Site] są skażone niebezpiecznymi substancjami promieniotwórczymi, w tym kadmem, cezem, kobaltem, plutonem, trytem i uranem".

SRS został w zasadniczej mierze urzędowo wyłączony z użytkowania i jako miejsce skażone objęte programem Superfund * stał się swego rodzaju kłopotem ekologicznym, którego likwidacja w sumie może kosztować nawet miliard dolarów. Agencja Ochrony Środowiska złożyła następującą obietnicę: „Wszystkie nieczynne składowiska odpadów w SRS stwarzające niedopuszczalne zagrożenie dla zdrowia ludzi, dla innych form życia i dla wód powierzchniowych lub gruntowych zostaną sprzątnięte do 2031 roku, a skażone wody gruntowe zostaną oczyszczone lub będą dalej odkażane".

Gregory, Willie i inni wspominali o tym, że Savannah River Site znajduje się na liście celów ataku Rosji. Nieco wcześniej Joseph Trento, specjalista do spraw bezpieczeństwa i prezes nagradzanego Public Education Center [Ośrodek Edukacji Publicznej], ogłosił alarmujący raport, w którym twierdzi, że SRS może być jednym z głównych celów Al-Kaidy lub domorosłych terrorystów, którzy postanowią doprowadzić do pożaru plutonu i tym samym do katastrofy o nieprzewidywalnych skutkach, bo „wypadek nuklearny

* Superfund to rządowy program oczyszczania miejsc szczególnie zatrutych lub skażonych niebezpiecznymi substancjami.

ma początek, ale nie ma końca". Według Trento schowany w gęstych lasach sosnowych nad brzegiem Savannah SRS to „jeden z największych na świecie magazynów materiałów rozszczepialnych", gdzie przechowują „tyle plutonu nadającego się do produkcji broni, że za jego pomocą można by kilka razy zniszczyć świat". „Znajduje się tam niewyobrażalnie dużo plutonu najwyższej czystości"*.

Zła wiadomość polega na tym, że SRS to ośrodek ogromny i bardzo narażony na wtargnięcie („topograficzny koszmar"). Jeszcze gorsza wiadomość polega na tym, że SRS nie jest chroniony przez wojsko. Trento szczegółowo opisał tę sprawę. Za ochronę „ton bardzo promieniotwórczych odpadów nuklearnych i wielkich ilości plutonu nadającego się do produkcji bomb" odpowiadała prywatna firma ochroniarska Wackenhut. Przemianowana na G4S Secure Solutions należy dzisiaj do duńsko-brytyjskiej firmy „mającej na koncie wiele sfuszerowanych operacji, od Afganistanu przez Londyn po Oak Ridge w Tennessee".

Nadal komentowano wtargnięcie do Oak Ridge. W lipcu 2012 roku troje działaczy antynuklearnych (weteran wojny wietnamskiej, malarz pokojowy i osiemdziesięciodwuletnia zakonnica katolicka Megan Rice) zdołało za pomocą nożyc budowlanych i piły sforsować ogrodzenie ośrodka nuklearnego w Oak Ridge. Tych troje nieprawdopodobnych sabotażystów przechytrzyło straże i pod osłoną nocy dotarło do magazynu wysoko wzbogaconego uranu, na którego ścianach zrobiło graffiti złożone z sentencji zaczerpniętych z Księgi Przysłów, Księgi Izajasza i Księgi Habakuka, między innymi: „Dziełem sprawiedliwości będzie pokój" i „Biada temu, co miasto na krwi przelanej buduje"†. Rozwiesili też symboliczną żółtą taśmę do oznaczania miejsc zbrodni i dla uczczenia nieżyjącego aktywisty Toma Lewisa rozlali jego krew. Za pomocą młotków odłupali kawałki betonu od cokołów wież strażniczych, czekając, żeby ich wykryto. Działali na terenie ośrodka przez dwie godziny. Zobaczywszy strażnika, ofiarowali mu chleb i zaczęli

* J. Trento, *The Bomb Plant. America's Three A. M. Nightmare* [Fabryka bomb. Amerykańska katastrofa pewna jak koszmar o trzeciej nad ranem], National Security News Service, November 2012 [przyp. aut.].

† Iz 32, 17; Ha 2, 12.

śpiewać. Strażnik ich aresztował. (Ostatecznie w lutym 2014 roku sąd w Knoxville skazał siostrę Megan na trzy lata więzienia, a mężczyźni dostali po pięć lat).

Wackenhut/G4S do pilnowania Savannah River Site zatrudnia ośmiuset uzbrojonych strażników. Według specjalistów ośrodek jest jednak niedostatecznie strzeżony i ma zbyt wiele łatwych do sforsowania miejsc na obrzeżach. Dobrze zaplanowany samobójczy zamach bombowy mógłby się udać i spowodować katastrofę, ponieważ pluton jest lotny, a w ośrodku składuje się niebezpiecznie wielkie ilości materiałów rozszczepialnych nadających się do produkcji bomb. „W wyniku eksplozji może dojść do komasacji tych materiałów, która spowoduje ogromny pożar, zapalenie się plutonu i skażenie na wielką skalę", stwierdził jeden z rozmówców Trento, a potem jeszcze dodał: „Ośrodek robi imponujące wrażenie od strony bramy wejściowej, natomiast na tyłach ogrodzenie z drucianej siatki jest całą zaporą strzegącą zwykłych Amerykanów przed fanatykiem lub szaleńcem, który wyposażony w tanie nożyce do cięcia prętów zechce urządzić nam sądny dzień".

Rzut kamieniem od tej pełzającej katastrofy nuklearnej, ale już w Georgii, leży Augusta, gdzie w ogóle nie słyszy się przerażających opowieści o skażeniu promieniotwórczym, którego usuwanie zajmie jeszcze co najmniej siedemnaście lat, lecz tylko westchnienia rozkoszy zachwyconych golfistów.

„Wprawdzie są znaki zakazujące zatrzymywania się i wysiadania z samochodu, niemniej przez całą podróż nie spotkałem ani jednego patrolu ochrony – pisał Trento w swoim artykule, wspominając jazdę wąską szosą stanową, zwaną Atomową Drogą. – Posterunki na obu końcach zlikwidowano. Odnosiłem wrażenie, że cały ośrodek jest otwarty dla zwiedzających".

I ja miałem takie wrażenie, jadąc z Aiken przez piękne lasy sosnowe niedaleko od magazynów odpadów nuklearnych, milionów litrów wysokoaktywnych substancji promieniotwórczych. Podążałem Atomową Drogą na południowy wschód, z bogatego i szczęśliwego Aiken do biednego i strapionego hrabstwa Allendale.

Savannah, która od czasu do czasu migała między drzewami, pojawia się w *Drodze tytoniowej* jako symbol zbawienia, ucieczki od wyzysku połownictwa. „Przenieś się z rodziną do Augusty albo do Południowej Karoliny – radzili Jeeterowi kupcy – tam jest dużo fabryk i łatwo o pracę"*.

Spojrzenie ku Wrens

Jakieś pięćdziesiąt kilometrów na zachód od Atomowej Drogi, w Georgii, na drugim brzegu Savannah, która wyznacza granicę stanu, leży miasteczko Wrens. Właśnie tam, w Pasie Bawełnianym, dorastał Erskine Caldwell, syn pastora, ale i dziwnie łatwo ulegający obcym wpływom nastolatek. Ta kraina jest tłem większości jego prozy, w tym zwłaszcza *Drogi tytoniowej* i wielu najlepszych opowiadań.

Przeświadczeni, że Caldwell zrobił z nich pośmiewisko, mieszkańcy Georgii tak go znielubili, że pisarz wyniósł się z Południa, mieszkał przez kilka lat na wsi w Maine, a potem w San Francisco i w Nowym Jorku. Podróżował po Europie i Związku Radzieckim, gdzie pracował jako korespondent wojenny. Uchodzi też za kronikarza wiejskiego życia w Stanach Zjednoczonych. Pisał o swoich podróżach, wydał kilka opowieści o Głębokim Południu. U boku o wiele młodszej czwartej żony dokonał żywota w Arizonie, do śmierci dużo pisał, mimo że coraz mniej go czytano.

Chociaż jego gwiazda literacka przygasła, zajął poczesne miejsce w historii literatury przez to, że wpoił świadomości potocznej karykaturalny obraz południowców – bezzębnych, rozpustnych, ciemnych, prostackich bigotów. Bohaterowie *Poletka Pana Boga* (1933) różnią się zasadniczo od bohaterów *Przeminęło z wiatrem* (1936), dzieła odrobinę tylko starszej od Caldwella Margaret Mitchell, kronikarki życia na plantacji bawełny. Właśnie nakreślony przez Mitchell nostalgiczny obraz stylowego i wyrafinowanego

* E. Caldwell, *Droga tytoniowa* [w:] tegoż, *Druga Ameryka*, przeł. J. Łaszczowa, M. Żurowski, Warszawa 1949, s. 113.

Południa, krainy namiętnej, bogatej (te suknie balowe, balustrady, złocone zegary), zgwałconej przez wojnę i zniszczonej przez Jankesów, jest wyobrażeniem hołubionym w sercu przez wielu białych południowców.

Wielkie zmartwienie w Domu Miłości: „Oskarżony znaczy winny"

Deszczowego wieczoru w Orangeburgu, gdzie dotarłem bocznymi drogami przez mieściny takie jak Blackville i Denmark, siedziałem znowu w restauracji Ruby Tuesday, w boksie w głębi sali, i czekałem na wielebnego Virgina Johnsona. Jako że różnił się bardzo od wszystkich innych osób obecnych w lokalu, kiedy się zjawił, wywołał falę poruszenia i szeptów, która dotarła do mnie od drzwi. Wielebny Johnson to rosły, atletycznie zbudowany mężczyzna, łączący łagodność pastora z pewnością siebie prawnika, i kiedy ubrany w prążkowany garnitur i jedwabny krawat szedł pomiędzy stolikami, wszyscy – zarówno biali, jak i czarni – chcąc nie chcąc na niego spoglądali, zdumieni jego prezencją, dostojeństwem, postawą. Zrobił wielkie wrażenie i niósł mi uśmiech.

– Witaj, bracie Paulu – powiedział, uściskał mnie, zamówił mrożoną słodką herbatę i wytłumaczył ten wybór. – Źle by to wyglądało, gdyby któryś z moich wiernych zobaczył, że jego kaznodzieja raczy się alkoholem. Mrożona herbatka będzie w sam raz.

– À *propos*, cóż u pana wiernych? – zapytałem.

Skinął głową i uśmiechnął się, ale raczej smutno, jak gdyby za tym uśmiechem kryło się niejedno zmartwienie.

– O, to cała historia – westchnął. – Opowiem panu później, a teraz proszę powiedzieć, co u pana słychać, bracie.

– Przyjechałem prosto z Aiken – rzekłem i zacząłem opowiadać historię Essie Mae Washington-Williams, ale ledwie wymieniłem jej nazwisko, gdy wielebny zabębnił palcami w stół i powiedział:

– Strom Thurmond.

– Prawdziwa ironia losu, że taki rasista jak Thurmond miał romans z czarną służącą – ciągnąłem.

– A przyszło panu do głowy, że może wcale nie był takim znowu rasistą? – zapytał wielebny Johnson, cedząc słowa, po czym pociągnął łyczek herbaty przez trzymaną w dwóch palcach słomkę. – Trzeba panu wiedzieć, że wielu tych strasznych białych polityków z Południa w rzeczywistości nie było rasistami – oznajmił i znowu się uśmiechnął. – Wbrew temu, co mówili.

– Ależ w kółko powtarzali wsteczne i oburzające opinie. To nic nie znaczy?

Wielebny Johnson roześmiał się, jak gdyby ubawiony moją naiwnością.

– Musieli trzymać się obowiązującej linii! W przeciwnym razie do niczego by nie doszli.

– A w jakiej sytuacji to ich rasistowskie gadanie stawia pana?

– My wiemy, co oni myślą. Rozumiemy, co mówią serio, a co dla efektu. Strom Thurmond zrobił dużo dobrego dla naszego stanu.

– Powiedział mnóstwo strasznych rzeczy – stwierdziłem i zdałem sobie sprawę, że przemawia przeze mnie nadęta jankeska świętoszkowatość. – A jego czarne dziecko?

– Zwykła rzecz na Południu – rzekł wielebny Johnson i zajął się sączeniem przez słomkę herbaty.

– A całe to gadanie o segregacji? – zapytałem. Przez delikatność nie zacytowałem opinii Thurmonda na temat wpuszczania „rasy czarnuchów" do szkół i kościołów.

– Zwykła rzecz na Południu! – powtórzył z naciskiem wielebny Johnson.

– Nie przeszkadza to panu?

– Wiemy, co oni mówią. Potrafimy to sobie przetłumaczyć – odparł. – Pamięta pan George'a Wallace'a? Ubiegał się o urząd gubernatora Alabamy, nie najgorszy człowiek, w niektórych sprawach może nawet umiarkowany. W kampanii odrzucił poparcie Ku Klux Klanu, stwierdził, że nie ma dla nich czasu – tu wielebny Johnson pociągnął łyczek herbaty. – I to był jego koniec. Pomogliby mu. W dodatku poparło go NAACP *. Zabiegał o głosy czarnych.

* National Association for the Advancement of Colored People [Krajowe Stowarzyszenie Postępu Ludzi Kolorowych] [przyp. red.].

I przegrał na rzecz białego faceta, który obrał twardy kurs i przyjął poparcie Ku Klux Klanu. „Wyhuśtał mnie na czarnuchach – podsumował Wallace. – Nigdy więcej nie dam się wyhuśtać na czarnuchach".

Wielebny Johnson śmiał się, gdy z przekąsem zapytałem:

– Zwykła rzecz na Południu?

– Tak, zwykła rzecz na Południu.

Podano jedzenie. Przy ogonie homara i steku wielebny Johnson opowiadał ze swadą o czasach młodości, o dorastaniu jako „biedny czarnuch" i o tym, jak się czuł, kiedy w szkolnej stołówce siadał przy stole, a trzydziestu białych chłopaków wstawało i wychodziło.

– Ale nie dawałem się. W końcu zaczęto mnie szanować. Zapracowałem na to. No i sytuacja się zmieniła – powiedział.

Porozmawialiśmy o zdobywaniu szacunku.

– Miałem ducha walki – stwierdził wielebny Johnson. Zastanawiał się przez chwilę. – Tak, jest coś, o czym chciałbym z panem porozmawiać. Mam pewien kłopot. To znaczy, na wokandę trafiła sprawa, która mnie dręczy.

– Poważna?

– Pewnego biskupa, z kościoła w Allendale – zaczął i jak to kaznodzieja, zawiesił głos, żeby przykuć moją uwagę – oskarżono go o molestowanie dzieci.

Wyrażenie *child molestation* wypowiedział jak gdyby z mozołem, przeżuwając każdą sylabę: *czahl moh-les-te-szan* – tak że zabrzmiało szczególnie złowrogo.

– Jest winny?

– Wykluczone. Na Boga, nie. Znam go od dawna i wydaje mi się, że wiem, co się stało. To straszne nieporozumienie – rzekł i pociągnął łyczek herbaty. – I prawdziwa tragedia.

– Jeżeli jest niewinny, to zostanie oczyszczony z zarzutów i wszystko będzie dobrze.

– Nie rozumie pan – stwierdził wielebny Johnson. – Oskarżono go o molestowanie dzieci. *Czahl moh-les-te-szan*. Nigdy się z tego nie podniesie, nawet jeżeli zostanie uniewinniony. To go zniszczy. Okryje hańbą. Oskarżony znaczy winny.

Wielebny przybliżył mi w zarysie tę sprawę. Chodziło o biskupa Bobby'ego Jonesa, lat pięćdziesiąt cztery, mieszkańca Allendale. Jego świątynia, New Life House of Love [Dom Miłości Nowego Życia] przy Oswald Drive na skraju miasta, jest przybytkiem mniej więcej tej samej wielkości co kościół Sług Objawienia, ale należącym do szerszej denominacji, a mianowicie do New Life Pentecostal Holiness [Zielonoświątkowy Kościół Świętości i Nowego Życia]. Dewiza zielonoświątkowego kościoła Dom Miłości Nowego Życia brzmi: „Ścigaj, dogoń i odbierz wszystko"*.

– Najtwardsi zielonoświątkowcy – oświadczył wielebny Johnson, wznosząc zaciśnięte pięści, żeby podkreślić niezłomność wiernych tego kościoła.

Bobby Jones od dzieciństwa jest mocno związany z Kościołem. W wieku sześciu lat wstąpił w Allendale do chóru kościelnego pod nazwą All Star Angels [Anielskie Gwiazdy]. Chór zdobył taką popularność, że zapraszano go do innych kościołów. Później, ze względu na działalność ewangelizacyjną, zespół zmienił nazwę na Pilgrimaires [Pielgrzymi] i podróżował po stanach południowych, wyznając śpiewem wiarę i zdobywając wyznawców.

– Przyjął Pana, kiedy miał dziewięć lat, pilnie się uczył, pierwsze kazanie wygłosił jako czternastolatek – opowiadał wielebny Johnson. – Poświęcił życie społeczności lokalnej, mieszkańcom Allendale, potrzebującym. Przez trzydzieści lat nauczał, krzepił ducha.

Pastora Jonesa mianowano biskupem. Cieszył się znaczną popularnością, ceniono go jako kaznodzieję i jako śpiewaka. Zgodnie z protokołem miejscowego Kościoła do jego żony Brendy Jones należy się zwracać jako do „pierwszej damy". Miał sześcioro dzieci i dziesięcioro wnucząt. Ogólnie rzecz biorąc, w świetle opowieści wielebnego Johnsona jawił się jako postać godna podziwu.

– A co mu się zarzuca, i czemu? – zapytałem.

* Parafraza części wersetu ósmego rozdziału trzydziestego Pierwszej Księgi Samuela: „Dawid radził się Pana, pytając: »Czy mam ścigać tę zgraję? Czy ją dosięgnę?«. I dał mu odpowiedź: »Ścigaj, gdyż na pewno dogonisz i [łup] odbierzesz«".

– Wykorzystywanie seksualne czternastolatki – odparł, a słowo *fourteen*, które wypowiedział jako *fo'tiin*, zabrzmiało tak, jak gdyby odnosiło się do małej dziewczynki. Podobno stało się to w styczniu tamtego, czyli 2013 roku, ale dopiero niedawno postawiono biskupa w stan oskarżenia i żeby odpowiadać z wolnej stopy, musiał wpłacić kaucję w wysokości pięćdziesięciu tysięcy dolarów.

– I cóż to za historia?

– Jak już mówiłem, on jest radykalnym nowo narodzonym zielonoświątkowcem – odparł wielebny Johnson. – Oni nie uznają żadnych wyjątków. Ścisła litera prawa. Nie ma obcowania płciowego przed małżeństwem. O ile rozumiem, chociaż to głównie domysły, jego córka zwierzyła mu się, że odczuwa pewne pragnienia, mówiąc wprost, pożądanie. Biskup jej wysłuchał. To cierpliwy i pobożny człowiek.

– I co radził?

Wielebny Johnson wzniósł ręce i zagiął palce, jak gdyby coś trzymał w rękach.

– Nie wiem – rzekł. – Załóżmy jednak, że poszedł do miasta i kupił jej sztucznego penisa.

Słowo *dildo* wypowiedział jako *di-ou-dou*, tak że zabrzmiało jak nazwa dużego i bardzo zmyślnego urządzenia.

– Naprawdę to zrobił?

– Nie wiem. Spekuluję – rzekł, powściągliwie i przezornie, jak to adwokat. – Załóżmy, że dziewczyna powiedziała przyjaciółce ze szkoły, co dostała od ojca. Z kolei ta przyjaciółka powiedziała o tym jeszcze komuś. W końcu dowiedzieli się o tym nauczyciele i zawiadomili szeryfa. Szeryf uruchomił śledczych. Sprawa trafiła do mediów – powiedział wielebny Johnson i posłał mi zatroskane spojrzenie. – Tak oto biskup Bobby Jones znalazł się w nie lada kłopocie, a wraz z nim kościół Dom Miłości.

W myśl surowych warunków zwolnienia za kaucją biskup nie mógł się kontaktować z nikim w wieku poniżej osiemnastu lat, a zatem musiał trzymać się z dala od niektórych swoich dzieci i wszystkich wnucząt. Oskarżenie rzuciło cień na jego reputację.

– W Karolinie Południowej lubieżność wobec osoby nieletniej to poważne przestępstwo – oznajmił wielebny Johnson. – No i tak jak mówiłem, nawet jeżeli zostanie uniewinniony, będzie cierpiał. Zasługuje na najlepszego adwokata.

– Może pan się podejmie, wielebny?

– Zrobiłbym, co tylko możliwe – odparł. – Kłopot polega na tym, że niektórzy z moich wiernych uważają, że mi to nie przystoi. Mają córki i wnuczki. Na podstawie tego, co słyszę, wnoszę, że uważają biskupa Bobby'ego Jonesa za winnego i chcą, żeby poniósł karę.

– A jakie jest pana zdanie?

Uśmiechnął się, skinął głową i powiedział:

– Uważam biskupa Bobby'ego Jonesa za człowieka, na którym z pewnością się poznają w sądzie.

– Ale nie wszyscy tak myślą?

– Nie brak nienawistników – odparł wielebny Johnson. – Na Boga, nie brak.

Kazanie z podtekstem: „Cóż począłbym bez burzy?"

W tamten niedzielny poranek kościół Sług Objawienia nie pękał w szwach jak zazwyczaj, lecz był wypełniony ledwie w połowie, ale śpiew zdawał się nawet głośniejszy, jak gdyby wierni pragnęli zatuszować mniejszą frekwencję, a zespół muzyczny Objawienie grał z wyjątkową werwą. Nauka wstępna, głoszona przez wymachującą Biblią kobietę w sukni z mory, wydała mi się szczególnie żarliwa, a kiedy mówczyni zawołała: „Dzisiaj Bóg jest tu z nami!", wierni odpowiedzieli gromko: „Zaprawdę jest, siostro!".

Tymczasem wielebny Johnson siedział spokojnie w swoim podobnym do tronu fotelu pod mającą kształt zwoju tablicą ze złotym napisem: SŁUDZY OBJAWIENIA – OBJAWIAMY ŚWIATU SŁOWO BOŻE – KOCHAMY CIĘ – I NIC NA TO NIE PORADZISZ!

Wreszcie wstał, by nauczać, i zapadła cisza, gdy uniósł zaczytaną Biblię i podał rozdział oraz werset czytania z Dziejów Apostolskich.

– W tym mieście głosili Ewangelię i pozyskali wielu uczniów, po czym wrócili do Listry, do Ikonium i do Antiochii, umacniając dusze uczniów, zachęcając do wytrwania w wierze, bo przez wiele ucisków trzeba nam wejść do królestwa Bożego * – zacytował wielebny cicho i melodyjnie.

Od razu uderzył w strunę wytrwałości, albowiem chciał mówić o tym, że nie ma zbawienia bez srogiej próby. Wszyscy wiedzieli, że nawiązuje do sprawy biskupa Bobby'ego Jonesa, oskarżonego o molestowanie dzieci, chociaż ani razu nie wymienił jego nazwiska. Mówił o trudnych decyzjach, przywołując świętego Pawła, Hioba, Chrystusa i innych.

– To, co popularne, nie zawsze jest słuszne – oznajmił. – To, co słuszne, nie zawsze jest popularne. A zatem pytam was: czy chcecie być niepopularni razem z Panem?

Uczynił nawiązanie do złej pogody i tego, jak reagują na nią ludzie.

– Przychodzi deszcz i wielu narzeka: „O, znowu leje!". A przecież deszcz ma w sobie spokój i ciszę. Możemy stać w deszczu z Panem.

Kiedy poprzednio uczestniczyłem w nabożeństwie w tym kościele, wierni wstawali i gorliwie potwierdzali słowa kaznodziei: „Prawdę powiada! O, tak!", natomiast wtedy siedzieli, słuchając z osobliwą rezerwą, a wielebny Johnson zdawał się używać nie tyle autorytetu kaznodziei, ile retoryki prawniczej, żeby ich przekonać, jak gdyby byli ławą przysięgłych. W gruncie rzeczy kaznodzieja jest adwokatem wiary.

– Tak też i ja przyszedłszy do was, bracia, nie przybyłem, aby błyszcząc słowem i mądrością, głosić wam świadectwo Boże – mówił wielebny, cytując świętego Pawła. – I stanąłem przed wami w słabości i w bojaźni, i z wielkim drżeniem †.

Słabość, bojaźń, rozwiązywanie konfliktów. Wszystko to odnosiło się wprost do biskupa Bobby'ego Jonesa, tyle że nie padło jego nazwisko. Jasno rozumiałem, że wielebny Johnson używał całej swojej sztuki oratorskiej, ażeby ta przykra sprawa nie podkopała wiary w jego kongregacji.

– Bóg zsyła nam burzę – zawołał. – Potrzebuję burzy. Cóż począłbym bez burzy? Burza zwraca mnie ku Panu. Dlatego mówię: „Dzięki ci, burzo!". Bo kieruje mnie ona ku Panu. Muszę być gotowy

* Dz 14, 21–22. † 1 Kor 2, 1–3.

zaryzykować wszystko w imię Pana, według wiary, a nie dzięki widzeniu*.

Wielebny zszedł z podwyższenia, a kiedy zstępował ze schodka, siedząca przy elektrycznych organach kobieta w białym kapeluszu z woalką uderzyła w klawisze, wydobywając głośny akord. Gdy ten dźwięk wybrzmiał, kobieta siedząca przy bębnach zagrała na werblu tusz nakazujący ciszę.

– Ciemna jest noc – podjął wielebny Johnson. – Noc nie ma granic. Ciemność może trwać bardzo długo. Może poddać próbie waszą wiarę. Hiob stracił majętność i rodzinę. Ale nigdy nie wyrzekł się Boga. Wytrwajcie jeszcze trochę, a zobaczycie i pojmiecie. Nigdy nie wyrzekajcie się więzi z Panem, choćby poddano was tak strasznej próbie, że wyć będziecie ze zgryzoty!

I gdy wspomniał o wyciu, sam zawył i odchyliwszy głowę, zaniósł się jękiem i zawodzeniem. Uczynił to tak przejmująco, że wierni zaczęli wykrzykiwać słowa otuchy i zachęty, jak gdyby podtrzymywali na duchu człowieka, który zmaga się z żywiołem. Tymczasem zespół Objawienie grał z przejęciem, a kobieta przy organach energicznie uderzała w klawisze, wydobywając grzmiące tony.

– Płacz nadchodzi z wieczora, a rankiem okrzyki radości – zacytował w końcu wielebny Psalm trzydziesty, pogodnie, jak gdyby oznajmiał dobrą nowinę, i z odrobinę większym naciskiem powtórzył te słowa.

Trafił do serc słuchaczy. Oblicza się wypogodziły, niektórzy wydawali się uszczęśliwieni. Burza minęła. Wielebny już nie podnosił głosu, lecz przemawiał łagodnie i krzepiąco niczym czuły przyjaciel. Zaczął opowiadać o sobie.

Znałem już te historie, bo podzielił się nimi ze mną przy obiedzie kilka miesięcy wcześniej. Sądzę, że i wierni już je słyszeli, ale nie dali tego po sobie poznać. Jak urzeczeni słuchali opowieści o tym, jak pierwszy raz wsiadł do autobusu szkolnego dla białych dzieci, jak czuł się samotny, jak biali uczniowie poddawali go próbom i jak woźni, jedyni inni czarni w całej szkole, spoglądali na niego z uśmiechem, jak gdyby mówiąc: „Trzymaj się, synu. Nie daj się".

* 2 Kor 5, 7.

Wspomnienia ze szkoły, wspomnienia o samotności, losie jedynego czarnego ucznia wśród setki białych.

– Straciłem wszystkich przyjaciół. Wcześnie nauczyłem się, że trzeba polegać na sobie – powiedział wielebny. – Co się dzieje, kiedy człowiek pozwoli innym decydować za siebie? Traci zdolność podejmowania własnych decyzji.

W kościele zaległa cisza.

– Mam w sobie ducha walki. Walczę od dziecka.

Zrozumiałem, na czym polega sympatia, którą darzył biskupa Bobby'ego Jonesa, chórzystę w dzieciństwie, potem błyskotliwego kaznodzieję, człowieka, który przez trzydzieści lat szerzył wiarę.

– To przeznaczenie.

Wzniosła się fraza organowa, dołączył warczący werbel, po chwili dźwięczne cymbały.

– Chcę, żebyście wiedzieli, że się skłaniam ku temu – oznajmił wielebny, dając w ten sposób do zrozumienia, że prawdopodobnie podejmie się obrony biskupa Bobby'ego Jonesa. – I chcę, żebyście wiedzieli, że was kocham. A jeżeli będziecie rozmawiać z nienawistnikami, powiedzcie im, że ich też kocham.

Wielebny Johnson wygłosił przejmujące kazanie. Niedługo potem oświadczył jednak, że nie będzie reprezentował biskupa Bobby'ego Jonesa w sprawie o molestowanie. Jak mi powiedział, znalazł mu doskonałego adwokata w innym mieście.

Motel Pułksiężyc

W wilgotny ranek boczne uliczki Allendale wydzielały przykrą woń biedy, a nędzne zabudowania kwartału sprawiały wrażenie zaśmieconego obozowiska. Wróciłem znajomą trasą, ową zapomnianą autostradą, drogą zatracenia, przy której straszyły wyblakłe szyldy niszczejących restauracji (HOMARY), wymarłe place stacji benzynowych (INTERSTATE, ESSO), rozsypujące się motele (EXECUTIVE INN), tak że człowiek ma wrażenie, jak gdyby wkraczał w jakąś antyutopię Południa, a nawet trafił na kraj świata.

Wracałem tam któryś raz. Książki podróżnicze opowiadają zwykle o wyprawach w miejsca, które podróżnik odwiedza pierwszy raz, barwnie opisuje, a potem jedzie dalej i nigdy nie wraca. Na kartach książki uwiecznia przelotny obraz danego miejsca, który przykuł jego uwagę, to, jak ono wyglądało w określonym czasie określonego dnia tygodnia i przy panującej akurat pogodzie. Właśnie takie uogólnianie – migawkowy osąd podróżnika – sprawia, że literatura podróżnicza wydaje się nieraz świeża i pouczająca z punktu widzenia dalekiego czytelnika i nieraz ogromnie irytująca z punktu widzenia osoby znającej dobrze dane miejsce, a zwłaszcza osoby miejscowej, która w zdawkowym opisie sporządzonym przez dowcipnego wędrowca nie odnajduje ani siebie, ani swego domu.

Jednorazowość wizyty („Potem zatrzymaliśmy się w Czatgano na obiad") tłumaczy również przekłamania i przytyki prozy podróżniczej, które na ogół nie wynikają z nieuwagi ani złośliwości, lecz są owocem pośpiechu, przelotnego spojrzenia osoby przejezdnej. Podróżnik grzeszy przekonaniem, że jedna wizyta w zupełności wystarcza, że podróż nie jest badaniem, lecz uogólnianiem, osobistym i stronniczym. Właśnie z takim nastawieniem odbywałem większość mych podróży, świadom, że z powodu szybkości przemieszczania się upraszczam, zniekształcam i nieraz bezzasadnie uśmiecham się z wyższością, świadom, że moje podróże dotyczą tyleż mnie, ile odwiedzanych miejsc. Ale to podejście, które mi odpowiadało w Afryce, Indiach, Chinach, na Głębokim Południu okazało się niewystarczające i mylące.

W trakcie trzeciej wizyty w Allendale zauważyłem oczywiście rzeczy nowe i takie, które przedtem przeoczyłem. Miasteczko wyglądało ciut lepiej. Pół roku przyniosło pewną poprawę. Zaczęto chociażby remont zrujnowanego kina. Przy South Main Street, obok jednej z trzech należących do Patelów stacji benzynowych, otwarła się nowa, prowadzona przez czarnych restauracja z tradycyjnym *soul food*, Carolina Diner. Kościół Dom Miłości Nowego Życia przy Oswald Drive wydawał się wymarły. Pusty parking, drzwi zamknięte, a jego włodarz marniał gdzieś z dala od ludzi, zwolniony za kaucją i okryty niesławą z powodu oskarżenia o wykorzystywanie seksualne nieletniej. To też było nowe.

Kiedy pierwszy raz ujrzałem stary szyld z napisem MOTEL PUŁKSIĘŻYC, obśmiałem się z błędu ortograficznego i z zardzewiałej gwiazdy nad tym napisem i zafascynowany kontemplowałem przez chwilę naśladujący nieudolnie *art déco* ceglany budynek o wyblakłych ponumerowanych drzwiach, parterowy, kryty płaskim dachem, staromodny „zajazd dla zmotoryzowanych" z lat pięćdziesiątych. Za drugim razem obszedłem ten przybytek, otwierając drzwi, stąpając po potłuczonym szkle, zdumiewając się wielkim niszczejącym basenem za ogrodzeniem z drucianej siatki z zamkniętą bramą, na dnie którego stało ze trzydzieści centymetrów zielonej wody. Tak to wyglądało najpierw jesienią, a potem zimą.

Wiosną motel Pułksiężyc wrócił jednak do życia. Niektóre pokoje były zajęte, zauważyłem wchodzących i wychodzących ludzi, kobietę z dzieckiem, mężczyznę z torbą zakupów. Przed jednym z pokojów na składanym foteliku plażowym siedział mężczyzna i podejrzliwie mi się przyglądał. Dwa gruchoty stały jeden przy drugim na parkingu, gdzie prócz tego pomiędzy kałużami leniwie łaziło stadko brudnych gołębi. Pomyślałem, że ci ludzie to dzicy lokatorzy albo włóczędzy. Nędznie ubrani, patrzyli na mnie z ukosa, a chociaż odwzajemniali powitanie, to nie odpowiadali na pytania. Wielki facet w foteliku plażowym rzucił mi gniewne spojrzenie i cicho warknął:

– Dupek.

Drzwi opatrzone tabliczką z napisem BIURO wydawały się wyłamane, a że były otwarte, widziałem walające się na podłodze papiery, plastikowe butelki i przewróconą, cieknącą olejarkę. Z fotela z wysokim oparciem i uszakami wyłaziła wyściółka. Miałem wrażenie, że oglądam miejsce przestępstwa.

Nagle ów zdezelowany fotel ożył i przemówił.

– Czym mogie służyć? – zapytał skulony w nim mężczyzna.

Oparłszy laskę na cementowej podłodze, dźwignął się z wysiłkiem, żeby mnie przywitać. Miał na sobie gruby płaszcz, pod nim wełniany sweter, który pruł się pod szyją, ciemną czapkę i wypchane spodnie z dziurami na kolanach. Mozolnie wylazł z biura i opierając laskę na popękanym asfalcie, szedł ku mnie.

– Jest pan kierownikiem Pułksiężyca?

– Nie, konserwatorem – odparł. Nadal szedł ku mnie, stękając z wysiłku.

– I jak pan sobie radzi? – zapytałem współczująco, bo widziałem, że ledwie łazi.

– Miałem operację kolana – odparł. Strasznie utykał, ale parł naprzód. – Miałem operację biodra.

– Powoli, niech się pan nie śpieszy.

– Musiałem zrobić kolana. Musiałem zrobić biodra. Choruję na artrytyzm.

Nazywał się Leon Williams. Miał dbać o sprawność techniczną motelu. Zważywszy na to, że budynek się sypał, a konserwator ledwie chodził, nie było to łatwe zadanie.

– Potrzeba nowego dachu, potrzeba nowej elektryki, a czego nie trzeba? Stara hydraulika, wszystko stare.

O dziwo jednak mieli gości. Samotni mężczyźni, dwie lub trzy pary i nieduża rodzina zajmowali w sumie siedem pokoi, płacąc osiemdziesiąt dolarów tygodniowo. Podobne hoteliki widziałem w Mozambiku, zbudowane przez optymistycznie nastawionych osadników portugalskich, potem podziurawione kulami, na wpół zrujnowane, wybebeszone przez żołdaków, a po zakończeniu długiej wojny domowej zajmowane przez biedne rodziny Afrykanów, takie same wymizerowane kobiety, takich samych gburowatych mężczyzn, takie same zdziczałe dzieci, biedaków sterczących przed budynkiem o popękanych ścianach i wybitych oknach przy plaży w Beirze. Apokaliptyczne siedlisko, zdesperowani ludzie żyjący resztkami w ruinach miasta.

Leon mieszkał w Brunson, kilkanaście kilometrów na południowy wschód od Allendale. Niemal codziennie dojeżdżał Railroad Avenue swoją półciężarówką, żeby doglądać motelu, który przypominał raczej schronisko dla biednych i bezdomnych niż gościniec dla przejezdnych. Urodził się i wychował w Allendale, ale wolał Brunson, liczące około pięciuset mieszkańców miasteczko przy skrzyżowaniu dróg. W swoim czasie Brunson słynęło w okolicy z drewnianego, ośmiokątnego ratusza, który wzniesiono na palach, aby mieszkańcy mogli przysiąść w jego cieniu, odpocząć i porozmawiać. Nowy ratusz jest małym budynkiem z cegły i nigdy nie wzbudzi zainteresowania mediów. Leon pamiętał lepsze czasy Allendale, czasy gdy w mieście nie brakowało pracy.

– Moi starzy, mama i tata, pracowali w tartaku, a potem ja też. Mieliśmy dobrą pracę.

– Robiliście tarcicę?

– Kantówkę, krawędziaki, ale i sklejkę. Słupy telegramowe. Wszystko.

Leon miał sześćdziesiąt sześć lat, lecz schorowany, utykający, zbolały wyglądał o wiele starzej. Odchował troje dzieci, które z powodu braku zajęcia i perspektyw w rodzinnych stronach wyjechały do Nowego Jorku.

– Odwiedzają nas, ale tutaj im się nie podoba, bo „nic się nie dzieje" – opowiadał. – Mnie to jednak pasuje.

– Dawniej, kiedy hotele i restauracje były pełne, w Allendale musiało dużo się dziać – powiedziałem. Teraz te hotele i restauracje wyglądają jak po bombardowaniu.

– Ano – rzekł Leon – było nocne życie, szczególnie na Flat Street. Tam wszyscy ciągli.

Flat Street to wąska uliczka biegnąca równolegle do głównej drogi, Railroad Avenue, a więc jak gdyby ukryta w jej cieniu. Trudno sobie wyobrazić nocne życie na tej smętnej uliczce, ale Leon wspominał zupełnie inne czasy – epokę świetności Allendale.

– Ulica żyła, ale były z tym też problemy, pijani, bójki. No i babki. Ale potem zbudowali na Flat Street posterunek policji i problem znikł.

– Teraz jest zupełny spokój.

– Nowa szosa międzystanowa nas załatwiła.

Leon podał mi swój adres w Brunson i zaprosił mnie do odwiedzenia go, kiedy zechcę. Potem wrócił do biura, żeby czekać na wezwania od lokatorów.

Allendale miało też swój jasny punkt. Kilka kilometrów na południe od centrum natknąłem się na Christiana Estates, osiedle złożone z ładnych, zadbanych domów na dużych działkach, niewidoczne z drogi i czysto symbolicznie ogrodzone, będące dowodem, że nie wszystko w Allendale się rozpada albo już całkiem zeszło na psy, jak mi się przedtem wydawało.

Modlitwa dziękczynna

Odmówiwszy solenną modlitwę dziękczynną nad kurczakiem, ryżem, sosem, bułeczkami i jarmużem w tradycyjnej restauracji Skosztujcie i Zobaczcie, Wilbur Cave rzekł: „Amen", i zabrał się do jedzenia.

Kilka miesięcy przedtem powiedział, że jeżeli chcę zobaczyć efekty jego pracy na niwie rewitalizacji Allendale, powinienem przyjechać jeszcze raz. Oto więc wróciłem. Chciałem porozmawiać z ludźmi, którym Wilbur pomógł lub którzy zwracali się do niego o pomoc.

– Dzwoniłem w jedno miejsce – powiedział Wilbur. – Ludzie muszą się zgodzić na spotkanie. Niektórzy nie życzą sobie wizyt ani odwiedzin. Wstydzą się swojej sytuacji.

Dziewięćdziesiąt lat wcześniej niedaleko stamtąd wielki malarz Thomas Hart Benton zetknął się z taką samą wstydliwością. Opowiedział o tym w pamiętniku *An Artist in America* [Artysta w Ameryce] (1937). Otóż pewnego dnia przysiadł na skraju chodnika i szkicował rysunek pobielanej chaty.

> Kilkoro kolorowych, którzy siedzieli na ganku, schowało się w domu, kiedy mnie spostrzegli. Niedługo potem z chaty wyszedł wysoki Murzyn w połatanych, ale czystych ogrodniczkach i z wahaniem podszedł do mnie.
>
> – Dobry – powiedziałem, widząc, że chce ze mną porozmawiać.
>
> – Sir – zaczął z doskonałym akcentem – najmocniej przepraszam, ale moja matka sądzi, że naśmiewa się pan z jej domu, więc uprzejmie prosi, aby pan odszedł. Odszedłem.

Zabudowa całej dzielnicy Allendale w odległości krótkiego spaceru od głównej drogi składała się z zamieszkanych ruder, które Wilbur Cave usiłował dźwignąć z upadku za pomocą skromnych funduszy organizacji Allendale County Alive. Przypomniał, że jego budżet operacyjny wynosi zaledwie sto tysięcy dolarów, ale jego firma sama się finansowała dzięki czynszom z wynajmu odnowionych domów. Allendale County Alive działała na małą skalę, lecz skutecznie, i odnosiłem wrażenie, że jedno wynika z drugiego. W odróżnieniu od organizacji pomocowych obracających milionami Wilbur mógł się szczegółowo rozliczyć z każdego dolara, który przechodził przez jego biuro.

Przy kurczaku z ryżem rozmawialiśmy o małym i biednym hrabstwie Allendale, a także o samym miasteczku, w którym siedemdziesiąt dwa procent mieszkańców stanowili czarni, najwięcej w całym stanie. Kiedy wspomniałem o Leonie Williamsie, który niegdyś pracował z rodzicami w tartaku, Wilbur zaczął opowiadać o trudnej sytuacji gospodarczej miasteczka. Upadły nie tylko restauracje, warsztaty samochodowe, motele i firmy świadczące im usługi w czasach świetności drogi numer 301, lecz również wiele fabryk.

– Robiliśmy meble – wspominał Wilbur. – Mieliśmy fabryki tekstylne, tkalnie i fabryki dywanów, które działały jeszcze w latach osiemdziesiątych.

– I co się z nimi stało?

– Przeniosły się do Chin. Do Indii.

– Straciliście wiele miejsc pracy.

– Straciliśmy wszystkie miejsca pracy. Dzisiaj nie ma tu nic – rzekł Wilbur. – A nigdy nie mieliśmy dobrze wykształconych ludzi. Nie trzeba wielkiego wykształcenia, żeby pracować w usługach, w fabryce dywanów czy w rolnictwie. Dlatego wszyscy zostali na lodzie. Ledwie wiążą koniec z końcem. Właśnie im próbujemy pomóc.

– Czego trzeba, żeby zmienić sytuację?

– W gruncie rzeczy to proste. Mamy rozległe tereny niezagospodarowane. A przecież nie brak ludzi, którzy chcą osiąść na emeryturze w miłym klimacie, a i takich, którzy chcą uciec od zgiełku. Stąd jest niedaleko do Columbii, Charleston, Augusty, wygodny dojazd – mówił, wodząc ręką wokół, jak gdyby pokazując mi okolicę, a w jego głosie brzmiała nadzieja. – To obiecujący kierunek. Może pan kupić dwa hektary ziemi i postawić ładny dom. Za ziemię zapłaci pan góra piętnaście tysięcy, a znajdzie pan i za pięć. Wyobrażasz pan sobie? Za tak nieduże pieniądze można mieć szmat ziemi w pięknej okolicy.

Odebrał dzwoniący telefon i po kilku słowach zakończył rozmowę.

– Mogę pana przedstawić paru osobom.

Razor Road

Opuszczone domy przy Razor Road [ulica Brzytwy] nadawały jej wygląd miejsca, przez które przeszła straszliwa nawałnica i spustoszyła je, zostawiając ruiny, gdzie gnieżdżą się tylko szczury. Ulica Brzytwy – cóż za złowieszcza i zapadającą w pamięć nazwa – zaczyna się niedaleko od centrum Allendale i biegnie przez najbiedniejszą część miasteczka na jego wschodnie rubieże. Dalej są już tylko pola, granica niezgłębionej ciemności w nocy.

Wiele z tamtejszych zabudowań to prawdziwe ruiny albo rudery. Najstarszy, najdziwniejszy i najnędzniejszy jest parterowy dom z poczerniałych ze starości, ręcznie robionych desek i o połatanym blaszanym dachu. Ów dom, prymitywny nawet wtedy, gdy go zbudowano, pamiętał czasy, kiedy w lutym 1865 roku niedaleko stamtąd, napotykając dwudniowy opór w Broxton Bridge, przeszła ofensywa generała Shermana, którego żołnierze niepowstrzymanie parli ku morzu, paląc po drodze farmy i stodoły. Ów dom, prawdziwy pomnik zdolności przetrwania, ocalał zapewne dlatego, że stał z dala od szlaku grasującej armii.

Niewiarygodnie stareńka i zapuszczona rudera, z kuchnią dobudowaną na tyłach. Reszta wyglądała jednak pradawnie i zapewne nie zmieniła się od czasów, kiedy ten dom zbudowano, tyle że wysmagany wichrami żywiołów i historii niemalże popadł w ruinę. Dach skorodowany, weranda zapadnięta, w oknach brakowało szyb, które zastąpiono dyktą. Najwyraźniej w tym domu nigdy nie było wody ani kanalizacji. Na samym środku dachu sterczał komin, co jest cechą najstarszych budynków.

– Wygląda na opuszczony – zauważyłem.

– Jeszcze w zeszłym roku mieszkali w nim ludzie – powiedział Wilbur. Usłyszawszy odgłos kroków kogoś idącego przez wysokie trawy, spojrzał w tamtą stronę, a potem rzekł: – A oto i właściciel. Cześć, Melvin. Chciałbym przedstawić ci pana Paula.

Melvin Johnson był starszym mężczyzną ubranym w niebieskie ogrodniczki. Zdziwiłem się, kiedy powiedział, że ma pięćdziesiąt siedem lat, bo wyglądał o wiele starzej. No tak, najwyraźniej nie ma na to siły, wszyscy żyjący poniżej granicy ubóstwa starzeją się przedwcześnie. Uścisnęliśmy sobie ręce, po czym Melvin uśmiechnął się i zapytał:

– Chce pan zerknąć do środka?

– Melvin chorował – powiedział Wilbur.

– Dochodzę do siebie – rzekł Melvin. – Miałem raka odbytnicy.

– Jak pan sobie daje radę?

– Pomalutku – odparł. – Wilbur bardzo mi pomógł.

– Włączyłem go w program mieszkaniowy – powiedział Wilbur. – Ale Melvin sam przeszedł całą drogę do kupna nowego domu. Skończył kurs na temat gospodarowania pieniądzem. Pilnie się uczył. Sam zdobył środki. Dostał kredyt hipoteczny.

– Mam nowy dom – podsumował Melvin.

Był to dom wielkości tradycyjnych „domów na przestrzał", ale nowy. Stał o dwie przecznice od ulicy Brzytwy i Melvin mieszkał w nim z dwoma synami.

Przeprowadzka z tej rudery do skromnego domku raptem o dwie ulice dalej może się wydać niezbyt imponującym osiągnięciem, ale ja uważałem je za wielkie. Pomyślałem o ogromnych sumach wydawanych na szeroko zakrojone projekty, o szumie, który się wokół tego robi, a potem okazuje się, że figa z tego wyszła. Wezbrał we mnie podziw dla Wilbura, który nie robił szumu, lecz sumiennie pilnując każdego dolara, czynił dobro. Przypomniałem sobie wersy z *Jeruzalem* Blake'a:

> Tylko ten uczyni dobro drugiemu, kto czyni je w Drobnych
> Szczegółach,
> Dobro Ogólne zawsze jest tylko wybiegiem łajdaka, obłudnika,
> lizusa*.

* W. Blake, *Jerusalem. The Emanation of the Giant Albion*, rozdz. 3, ryc. 55, w. 60–61.

– Lepszy niż ten, oczywiście – powiedział Melvin, otwierając drzwi.

Buchnął smród domowej zgnilizny, wilgotnych szmat, drewna zjedzonego przez korniki, zdechłych myszy i starych gazet. Melvin włączył światło, zapłonęła zawieszona na drucie goła żarówka i ukazała się niewyobrażalna graciarnia, obrazek z epoki nędzy i wyzysku, ściany obite rozpłaszczonymi pudłami kartonowymi jako izolacją, na podłodze walały się stare buty, podarte poduszki, skłębione kołdry, połamane krzesła, skrzynki, pudełka, papiery i szmaty, rzeczy nagromadzone przez dziesięciolecia, niczym w norze szalonego zwierzęcia magazynującego zapasy. Jedną ze ścian zdobiły papierowe reprodukcje wizerunków Jezusa, a oprócz nich wisiały tam stronice gazet, wyeksponowane zapewne z powodu zdjęć lub tytułów, teraz już jednak wyblakłe i w ogóle nieczytelne. Główny akcent stanowiło pęknięte lustro, stwarzające nastrój jak z filmu grozy.

Melvin usiadł na rozdartej kanapie, odrzuciwszy koc, który zawisł na osmalonym piecyku opalanym drewnem. Tamten wiosenny dzień był słoneczny i ciepły, ale światło słońca nie docierało do chłodnego i cuchnącego wnętrza domu. Na oknach wisiały kapy, wewnętrzne drzwi zamknięto i najbardziej doskwierał mi nie bałagan, lecz smród, w gruncie rzeczy fetor śmierci, który nasuwał takie same skojarzenia jak wnętrza motelu Pułksiężyc, a więc myśl o miejscu zbrodni, w którym brakuje tylko trupa.

– Urodziłem się tutaj – powiedział Melvin. – I mieszkałem, najdłużej z babcią.

– Skąd braliście wodę?

– Ze studni, tam.

– A ubikacja?

– Mieliśmy wychodek, za domem. Nadal tam jest.

– Jak długo pan tutaj mieszkał?

– Pięćdziesiąt sześć lat – odparł Melvin. – Przeprowadziłem się w zeszłym roku, do nowego domu.

Rozejrzał się po zagraconym i brudnym wnętrzu i rzekł:

– Czy to nie osiągnięcie? Sześć pokoleń wyrosło w tym starym domu. Babcia zmarła w tamtym pokoju – pokazał drzwi zabite gwoździami i zawalone stosem rupieci.

– Zna pan dzieje rodziny? – zapytałem.

– O, tak, sir – potwierdził żywo i przeniósłszy się od razu w XIX wiek, wypowiedział takie oto zdumiewające słowa: – To Bruce Eady sprzedał nas w niewolę.

Flowers Lane

W tamten słoneczny dzień w najbiedniejszej części najbiedniejszego miasta Karoliny Południowej przekonałem się, że Flowers Lane [ulica Kwiatowa] wcale nie jest ulicą. To bez mała hektar nieuzbrojonego terenu, rozmoczonego wówczas przez deszcze i poprzecinanego szutrowymi dróżkami. Domy rozrzucone na tym błotnistym spłachciu kamienistego gruntu właściwie też nie były domami, lecz tego rodzaju budami i zdezelowanymi przyczepami kempingowymi, jakie widywałem w najnędzniejszych zakątkach Delty. Właśnie takie miejsca w 2011 roku odwiedził zastępca sekretarza skarbu Cyrus Amir-Mokri i na widok ruder i obszarpanych ludzi rzekł, że nigdy by nie uwierzył, iż takie warunki istnieją w Stanach Zjednoczonych. Powiedziałbym, że to stwierdzenie wystawia świadectwo nie tyle Stanom Zjednoczonym, ile temu uprzywilejowanemu urzędasowi perskiego pochodzenia, który powinien wiedzieć, że mamy „niewidoczne dwadzieścia procent" (biedaków). Ulica Kwiatowa jest w Karolinie Południowej, ale mogłaby być w Delcie – albo równie dobrze w Zimbabwe, skoro już o tym mowa.

– Zna pan tych ludzi? – zapytałem Wilbura.

– Niektórych – odparł. – Ta rodzina złożyła wniosek o remont. Wciągnęliśmy ich na naszą listę. Może uda się pomóc. Właśnie po to tu jestem, żeby ocenić sytuację.

Niski, kryty płaskim dachem prostokątny dom wielkości typowego domu na kółkach obłożono białym plastikiem i na pierwszy rzut oka nie wyglądał tak źle jak skorodowana przyczepa kempingowa po drugiej stronie dróżki albo niechlujnie okutana niebieską folią sąsiednia buda. Kiedy przyjrzałem się uważniej, zobaczyłem, że biały plastik to tania namiastka szalunku maskująca popękane drewniane ściany, że szpary w oknach zalepiono taśmą, że ganek się chybocze. Kiedy stąpałem po deskach ganku, a potem po podłodze wewnątrz domu, podłoże się poddawało, jak gdybym chodził po spróchniałym drewnie.

Stara kobieta, która przywitała nas przy drzwiach, wydawała się nieprzyjemnie zaskoczona faktem, że jest nas dwóch. Znała Wilbura, ale nie mnie.

– Tylko się rozglądam – powiedziałem.

To jeszcze bardziej ją skonsternowało, czemu wcale się nie dziwiłem. W zagraconym i właściwie rozlatującym się głównym pomieszczeniu tłoczyło się siedmioro ludzi, młodych i starych. Przysiadłszy, gdzie się dało albo ułożywszy się na podłodze, oglądali w telewizorze migoczącym w rogu pokoju operę mydlaną *Żar młodości*.

Co robią ludzie, kiedy nie mają nic do roboty? – zastanawiałem się kilka miesięcy wcześniej, przed wyruszeniem w podróż po stanach południowych. Ta rodzina w lichym domku przy ulicy Kwiatowej udzielała mi cząstkowej odpowiedzi. Tacy ludzie szukają ciepła. Nie chodziło o głupi film w telewizorze ani o to, że niektórzy leżeli na podłodze, jeden chłopiec pod stolikiem, mała dziewczynka na kolanach starszej. Chodziło o to, że byli razem w przegrzanym pokoju zrujnowanego domu. Popatrzyli na mnie i odwzajemnili powitanie, a po chwili zorientowałem się, że reprezentują kilka pokoleń i że jedyną osobą siedzącą na porządnym krześle jest staruszka o nieruchomym spojrzeniu i okryta na ramionach grubym szalem. Nie miała prawej stopy, co rzucało się w oczy, ponieważ na kikut po amputacji nałożono czerwoną skarpetkę. Nazywała się Janice Williams i miała dziewięćdziesiąt albo i więcej lat.

Jej córka, która wcześniej wpuściła nas do środka i bynajmniej nie była zachwycona moim przybyciem, nazywała się Sharlene Badger.

– To jest Willie, a to Roger – powiedziała Sharlene, wskazując dwóch chłopaków pod dwudziestkę lub nawet trochę po. Posłali mi ironiczne spojrzenia. Nagle jeden z nich poderwał się – gdy wszedłem, obydwaj leżeli na podłodze – i hardo spojrzał mi w oczy.

– Dla pana Królik Roger – powiedział. – Gdyby miał pan jakieś pytania.

– Tymczasem nie mam pytań – rzekłem.

Porywczość Rogera trochę mnie zaniepokoiła, podobnie jak jego brudne ubranie. Miał na sobie podartą koszulkę z nadrukiem ukazującym dwie ciemne ręce z wystawionym palcem środkowym, a nad tym napis: *Fuck Y'all Records* [Studio Ch… Wam w D…], bodaj nazwa jakiejś nieznanej mi wytwórni muzycznej.

– Zawołajcie Jessicę – powiedziała Sharlene. – Jessica odpowie na pana pytania.

– Sądzę, że to Wilbur ma pytania – rzekłem.

W ciasnym pokoju cuchnęło brudnymi poduszkami, przepoconymi stopami, niestrawionym jedzeniem, a że było też bardzo gorąco, ów zaduch stał się przytłaczający. To zapach biedy, smród, do którego nawet człowiek należący do owych „niewidocznych dwudziestu procent" nigdy nie przywyknie, smród podsycany przez syczący gazowy grzejnik wiszący na ścianie, sprawiający alarmujące wrażenie, że dom się pali.

Od chwili gdy wszedłem do tego pokoju, byłem dojmująco świadom syczenia grzejnika. Na zewnątrz wiosna, słoneczny dzień z lekkim wiaterkiem, dwadzieścia kilka stopni, można chodzić w samej koszuli. Wewnątrz stłoczona rodzina przy gazowym grzejniku. W swoim domu ludzie ci marzli w ciepły dzień i nie mieli nic innego do roboty, niż się ogrzewać.

Cztery pokolenia. Wiekowa matrona Janice; jej córka Sharlene, wnuki Roger i Willie; starsza dziewczyna, wnuczka, która odwróciła się, kiedy ją zapytałem o imię; i jej córeczka, sześciolatka, która powiedziała, że nazywa się Shaquavien Thompson, kiedy zaplatano jej warkocze.

– To niebezpieczne – rzekł Wilbur o plującym ogniem grzejniku gazowym zamontowanym na ścianie. – Trzeba go podłączyć do komina.

Malowidło na czarnym aksamicie ukazujące Jezusa wisiało na jednej ze ścian, obok fotografie rodzinne i inne wizerunki Jezusa, wszystko nad półką z plastikowymi pucharami, kulą śnieżną, figurką wieży Eiffla, brudną piłką baseballową, kłębem splątanych koralików, pamiątkowymi popielniczkami, dwiema opartymi o ścianę widokówkami z Nowego Jorku, kilkoma grubymi złotymi frędzlami, złotym galonem i miseczką przeróżnych guzików. Krzesła stały tak gęsto, że trudno było chodzić, a po pewnym czasie zdałem sobie sprawę, że powoli dryfuję od wejścia w głąb pokoju, starając się unikać dziwnie napastliwego spojrzenia Rogera.

Bieda, ale nie nędza polegająca na braku lub niedostatku dóbr, lecz bieda związana z wielkim bezładnym nagromadzeniem lichych i popsutych klamotów zagracających dom niczym rzeczy wyrzucone przez przypływ na plażę, resztki zostawione przez sztorm. Szybko uzmysłowiłem sobie, że w tym przegrzanym ciasnym pokoju, ukrytym w wiosenne popołudnie we wnętrzu biednego domu przy szutrowej dróżce zwanej szumnie ulicą Kwiatową, wśród należących do czterech pokoleń członków rodziny nie ma ani jednego żywiciela.

– A oto i ona, nasz kwiatuszek – powiedziała Sharlene, gdy przez drzwi, w których przez chwilę zajaśniał słoneczny blask, weszła uśmiechnięta dziewczyna i przywitała się.

Jessica. Wysoka, w zielonym sweterku i w czarnych obcisłych spodniach. Włosy zaplecione w warkoczyki, farbowane tak, że pełgały w nich złote refleksy, z długimi zaplatanymi treskami. Od razu ujmowała witalnością. Nic dziwnego, że matka posłała po nią, żeby się wypowiadała w imieniu rodziny. Obyta w świecie. Skończyła kurs kosmetologii, trochę podróżowała. Ani Wilbur, ani ja jej nie peszyliśmy. Poprowadziła nas wąskim korytarzem, żeby pokazać dom, zacieki na suficie, pozbawione okien sypialnie, ot, materace na podłodze, a na nich kłąb kołder i koców.

– Dach przecieka – powiedziała Jessica. – Woda przechodzi tędy, widzą panowie kałużę?

Nie, nie widzieliśmy kałuży, lecz nasiąknięty koc, pociemniały od wody w mrocznym i dusznym pokoju. Jessica też mieszkała w tym domu. W sumie, jak powiedziała, w czterech pokojach, trzech małych sypialniach i owym dusznym pokoju dziennym, mieszkali w dziewięcioro. Nie umiałem sobie wyobrazić, w jakim układzie spali.

– Myślę o przeprowadzce do Ohio – rzekła Jessica.

– Pokaż panom kuchnię – wtrąciła Sharlene, przekrzykując syczenie gazowego piecyka i brewerie opery mydlanej.

– Kuchnia wygląda naprawdę okropnie – uprzedziła Jessica. – Sufit się wali, podłoga zapada.

Kuchnia mieściła się w klitce na tyłach. Mieli tam piec o zatłuszczonej i lepkiej blasze, obtłuczoną lodówkę, zlew pełen brudnych talerzy, bufet zastawiony otwartymi pudełkami płatków zbożowych. Na zewnątrz skrawek podwórka z rozrzuconymi zabawkami Shaquavien, starymi oponami i popsutą huśtawką.

– Gdybyśmy wiedzieli, że przyjdziecie, posprzątalibyśmy tutaj – powiedziała Jessica.

– Nic nie szkodzi – rzekł Wilbur.

– Myśli pan, że da się coś zrobić? – zapytała.

– Pomożemy. Podłączymy piec do komina, poprawimy podłogę – odparł. – Może uda się naprawić sufit – mówił, robiąc notatki. – Załatać dach.

Zważywszy na opłakany stan tego domu, podziwiałem spokój i krzepiącą pewność siebie Wilbura. Nie wątpiłem, że spełni wszystko, co obieca, zorganizuje remont.

Reszta rodziny nadal oglądała wczesnopopołudniową operę mydlaną. Na ekranie para młodych białych, najwyraźniej zakochani, toczyła namiętny spór, gdyśmy dziękowali domownikom za to, że nas przyjęli. Wyszedłszy na dwór, staliśmy w błocie ulicy Kwiatowej, a Wilbur oglądał z zewnątrz zapuszczony dom.

– Z czego oni żyją? – zapytałem.

– Widział pan tę starowinkę? Ona jest filarem. Z pewnością dostaje zasiłek. Poza tym… – nie dokończył. Myślał pewnie o tym samym co ja. Kartki żywnościowe, renta inwalidzka, zasiłek dla bezrobotnych, darmowa żywność, opieka społeczna, datki.

Zwykły biedny dom, zwykła biedna rodzina – są takich miliony – ale jakże przejmujący obraz nędzy i beznadziei, osamotnienia i pustki takiego życia.

Wilbur nadal oceniał stan domu.

– To będzie kawał roboty – westchnął. – Lepiej byłoby wszystko zburzyć i postawić od nowa. Ale nie mamy pieniędzy.

Za nami na dwór wyszli też Roger i Willie. Usiedli na starych rowerach i patrząc na nas z uśmieszkiem, kolebali się w przód i w tył. Rowery były dla nich za małe, ale siadłszy okrakiem, niby to najeżdżali na nas, co najwyraźniej uważali za dobry kawał. Po chwili na ganek wyszła Jessica, trzymając za rękę sześcioletnią Shaquavien. W słońcu i chłopcy, i dziewczęta wyglądali inaczej, wyraźniej, smutniej.

– Coś zrobimy – powiedział Wilbur, gdyśmy odchodzili.

„Tak, żyć z nimi jest okropnie, ale pomimo wszystko są to jednak ludzie – powiada narrator w imieniu Olgi w zakończeniu opowiadania Czechowa *Chłopi*. – Cierpią i płaczą jak ludzie, i w życiu ich nie ma nic, czego nie można by usprawiedliwić [...]. I teraz żal jej było wszystkich tych ludzi, ściskało się serce, więc póki szła, oglądała się na chaty"*.

Upadek

Z Allendale pojechałem znowu Atomową Drogą do Aiken i Augusty, a potem przez Georgię znów do Alabamy, przez Talladegę i Childersburg do Greensboro, gdzie miałem umówione spotkanie za kilka dni. Przytrafił mi się tam wypadek. Zabijając czas myszkowaniem po miasteczku, postanowiłem zbadać zapuszczony Inn Motel (własność pana Patela), niedaleko od skrzyżowania drogi numer 69 ze State Street. Szkaradzieństwo, jakby wymarłe. Przeszedłszy przez parking, zszedłem z chodnika, poleciałem naprzód i dalej spadałem. W panice oczekiwałem zderzenia i bólu, momentalnie w wyobraźni przemknęły mi obrazy tego, co mnie czeka: złamana ręka, poharatana twarz, pęknięta czaszka, głupia i brzydka śmierć.

Spadłem na dno betonowego przepustu, powyginany i wstrząśnięty. Przez minutę lub dwie leżałem niczym zestrzelona z drzewa wiewiórka. W końcu jakoś się pozbierałem, stanąłem na nogi. Prawe przedramię skaleczone, obie ręce obtarte, ale odczułem

* A. Czechow, *Chłopi*, przeł. I. Bajkowska [w:] tegoż, *Opowiadania wybrane*, t. 2, Kraków 1979, s. 412, 413.

wielką ulgę, że nic nie złamałem. Pewnie nabiłem sobie guza, bo bolała mnie głowa, jednak bardziej martwiło mnie to, że skaleczone przedramię i obtarte ręce miałem uwalane licho wie czym. Ogarnąwszy się, poszedłem do pobliskiej drogerii, gdzie kupiłem opatrunki i środki odkażające. Wsiadłem do samochodu i opatrzyłem obrażenia.

Głupia i drażniąca przygoda. Czułem się jak ostatni dureń. Jak mogłem być tak nieuważny! Jak gdybym nie wiedział, że chodniki w Greensboro to nie to samo co chodniki w moich stronach.

Zrobiłem sobie dzień odpoczynku. Pojechałem do Demopolis, gdzie wziąłem pokój w motelu przy obwodnicy. Obolały zasnąłem kamiennym snem. Obudziłem się po dwunastu godzinach, nadal obolały, ale i przekonany, że miałem szczęście.

Vernell Micey

W Demopolis, sennej, ale ślicznej miejscowości nad rzeką Tombigbee, mieście porządnych domów, kilku pięknych rezydencji i na ogół pustych sklepów, spotkałem Vernella Miceya i starałem się domyślić, o co mu chodzi. Vernell miał tak silny południowy akcent, że w pierwszej chwili w ogóle nie rozumiałem jego słów. Na przykład polecił mi restaurację Red Barn [Czerwona Stodoła], ale z jej nazwy zrobił aż cztery przeciągłe sylaby, na których zwykły człowiek zwichnąłby sobie żuchwę. *Rej-ou Bou-an.*

Drobny, żwawy, pobudliwy chłopak tuż po dwudziestce, student ostatniego roku rachunkowości, patrzący uważnie przez wielkie okulary.

Kiedy chcąc mu zrobić przyjemność, powiedziałem, że Demopolis to takie śliczne i spokojne miasto, aż podskoczył z irytacji.

– Marzę, żeby stąd uciec – warknął. W tej złości wydał mi się aż komiczny, chociaż i odrobinę żałosny. – Marzę, żeby uciec z tego stanu.

– A dokąd?

– Na północ, do Nowego Jorku, albo gdzie indziej, dokądkolwiek. Byle dalej stąd. Byle dalej od mojej rodziny.

– Byłeś już na Północy?

– Jeszcze nigdy nie wyściubiłem nosa z Alabamy – odparł Vernell. – Dlatego chcę wyjechać. Nieważne dokąd. Gdziekolwiek indziej na pewno jest lepiej niż tu.

Demopolis otaczają rozległe pola i sady, prześliczne tereny wiejskie. Tam i sam przy chacie lub w skupisku starych przyczep mieszkalnych kobieta rozwiesza pranie albo mężczyzna pochyla się pod otwartą maską samochodu, majstrując przy silniku. Na przestrzeni wielu kilometrów ani śladu nowoczesności, nie sposób poznać, który to rok, a prostota, zaniedbanie i rozgardiasz ludzkich siedlisk sugerują czasy minione. Tak, gniazda biedy nieraz wydają się istnieć poza czasem. Nie dziwiłem się, że Vernell chce wyjechać, a osobliwa wydawała się tylko głębia jego motywacji.

Lombard

Podobnie jak wiele innych historycznych miast na Południu Demopolis słynie z rezydencji z czasów sprzed wojny secesyjnej. Jedną z nich jest Bluff Hall, majestatyczna siedziba plantatora bawełny z początków XIX wieku, wzniesiona w tak zwanym stylu federalnym, a potem w latach czterdziestych wzbogacona o elementy klasycystyczne. Zbudowana dekadę później, przysadzista i zdecydowanie klasycystyczna Gaineswood utraciła wiele dostojeństwa, gdy w sąsiedztwie wybudowano z czerwonej cegły modernistyczną szkołę średnią. Lyon Hall urzeka portykami, kolumnadami, czterospadowymi dachami, balkonami, belwederami i kopułami. Jeżeli chodzi o nieprzyjemny fakt, że wszystkie te rezydencje zbudowali niewolnicy, można powiedzieć, że podobnie jest z piramidami egipskimi, chociaż Egipcjanie mieli lepsze usprawiedliwienie dla wykorzystywania pracy przymusowej.

Te nazbyt wielkie domy są nieraz wymuskane, odpicowane pod sznurek i wyglądają niczym przybytki sieci turystycznej McPałac. Równie wiele lub nawet więcej jednak niszczeje i przywodzi na myśl spostrzeżenie Rebeki West, że „dom bardzo duży i bardzo biedny zarazem ma w sobie coś wręcz przerażającego [...] niczym Blenheim * nieszczęścia".

Tak czy inaczej Demopolis to również miasto skromnych parterowych willi, klasycznych domów „na przestrzał", nawet rozpadających się chat i pozostałości centrum z nieczynnym kinem i ledwie zipiącymi sklepami. Hotele, bistra, restauracje, centra handlowe, stacje benzynowe i banki wyniosły się na obwodnicę, która jest zarazem trasą do Missisipi.

Wyjątkiem, skądinąd typowym dla tego rodzaju miejscowości na Południu, jest pewien sklep w centrum, na rogu Washington i Walnut, najbardziej ruchliwy w całym mieście. To lombard pod szyldem Trade and Traffic. Sklep tętnił życiem, przewijali się przez niego ludzie wszelkich ras, sprzedawali, kupowali. Na wystawie i na półkach obfitość zastawionych przedmiotów, narzędzia, sprzęty gospodarstwa domowego, ubrania, biżuteria, monety, rzeczy z czasów wojny secesyjnej i II wojny światowej, bagnety, hełmy, menażki i jak zwykle na Południu – pamiątki nazistowskie. Pod jedną ścianą półki z bronią, karabinami, pistoletami, nożami, które uważnej inspekcji poddawali poszukiwacze okazji ubrani w dżinsy i miękkie kapelusze.

Podobnie jak w niemal wszystkich innych lombardach, które odwiedziłem na Południu, w tym sklepie panowała atmosfera gościnności i życzliwości. Kilkanaście osób spacerowało po sklepie, przebierając w oferowanych towarach, jakiś mężczyzna bardzo się ucieszył, że dostał trochę forsy pod zastaw starej piły łańcuchowej.

Zarośnięty czarny mężczyzna w czapce myśliwskiej wślizgnął się obok wypchanej głowy jelenia i zardzewiałej brony o uwalanych ziemią zębach. Witając się po drodze z ludźmi myszkującymi w towarach, przeszedł w głąb sklepu, gdzie w dziale z bronią, oparty o gablotę z rewolwerami, stał bardzo otyły facet. Grubas oparty o gablotę był sprzedawcą, a chociaż nie minął jeszcze ranek, jadł przyniesionego z bistro hamburgera w bułce i czynił to tak łapczywie, że wraz z kęsami przekąski wyszarpywał kawałki papieru, w który była zawinięta.

* Blenheim Palace – ogromny barokowy pałac, będący w Anglii synonimem absurdalnego zbytku.

– No i jak będzie, twardzielu? – zapytał czarny.
– Nie wiem – odparł grubas, żując.
– A kto ma wiedzieć?

„Krwawiłem jak świnia"

Bocznymi drogami – mijając stawy hodowlane, pasące się bydło, szerokie pola, klacz szturchającą źrebię ledwo idące na patykowatych nogach, wybujałe żywopłoty, wiśnie okryte białą pianą i brzoskwinie o kwiatach zebranych w bukiety – wróciłem do Greensboro, gdzie rozkwitły chyba już wszystkie judaszowce.

Gorący wiosenny dzień, połowa Main Street zalana słońcem, które zapalało ognie w karoseriach i oślepiająco jasnych szybach zaparkowanych samochodów. Przysiadłem na ławce przy Pie Lab po zacienionej stronie ulicy, zachęcony uśmiechem, który posłał mi siedzący już na niej mężczyzna. Bardzo stary, bez jednej ręki, po której został kikut przedramienia.

Na głowie miał nasadzony trochę krzywo brązowy kaszkiet. Grube szkła okularów wskazywały na kataraktę, a pomimo bardzo ciepłego dnia wdział gruby wełniany płaszcz. Uśmiechnął się i zapraszająco poklepał ręką ławkę. Wyglądał na co najmniej osiemdziesiąt lat i miał owe cokolwiek indiańskie rysy twarzy, jakie zdarzają się u czarnych w tej części Południa. Nazywał się Floyd Taylor.

– Strzelba była nabita – powiedział w końcu, gdyśmy wymienili zwykłe uprzejmości i zadałem mu oczywiste pytanie. – Bo człowiek nigdy nie wiedział, co się trafi, a byliśmy wiecznie głodni, skazani na jedzenie wiewiórek i innych takich. Wypatrywałem wiewiórek ze strzelbą u nogi. Kurek odkryty, dzisiaj już takich nie robią. Bezpiecznik wyłączony, podniosłem strzelbę za lufę, zaczepiłem o spust, rąbnęło i urwało mi rękę. Krwawiłem jak świnia, a szedłem przeszło kilometr. Ale jakoś zatamowali krew, pozszywali, i został mi ten kikut.

– Musiał pan mieć trudności ze znalezieniem pracy, z jedną ręką – powiedziałem.

– Byliśmy rolnikami – rzekł Floyd. – Nie miałem większych trudności. Przez jakiś czas jeździłem ciężarówką na farmie, a potem pracowałem w cementowni, robiłem cement. Ale splajtowali i potem pracowałem na drogach. Polewałem drogi wodą, jeździłem polewaczką.

– Prowadził pan jedną ręką?

– Tak, wszystko robiłem jedną ręką – powiedział. – W Demopolis i w Greensboro jakieś trzydzieści lat temu, a może czterdzieści albo jeszcze więcej, już nie wiem.

– Wychował się pan tutaj?

– Jestem z Greensboro, ale ze wsi – rzekł. Zadarł głowę i uśmiechnął się do błękitnego nieba. – Nieźle się tutaj żyło, chociaż nigdy nie było dużo pracy. Dzisiaj też próbują ściągnąć jakiś przemysł. Jest parę firm, ale nie ma już takich tanich robotników jak kiedyś. Dawniej łatwo było o tanich pracowników, lecz nie dzisiaj.

– Więcej pracy jest w Tuscaloosie – powiedziałem.

– Ale nie u nas. Jak człowiek nie ma pracy, siedzi w domu. Nie potrzebujemy dużo pieniędzy.

Usłyszawszy to, uśmiechnąłem się i przypomniałem sobie słowa Thomasa Harta Bentona, który wspominając chude lata początkującego artysty, powiedział: „Wcale nie byliśmy biedni, po prostu nie mieliśmy pieniędzy".

– W czasach mojego dzieciństwa rodzice pracowali na roli – opowiadał Floyd. – Mieliśmy kukurydzę, bawełnę, a do tego hodowaliśmy zwierzęta na mięso. Mieliśmy arbuzy, całe pole arbuzów. Nigdy ich nie sprzedawaliśmy. Po prostu je rozdawaliśmy. Ojciec nie wierzył w handel. Uprawialiśmy słodkie ziemniaki na własne potrzeby. Robiliśmy syrop i melasę.

– Jak się robi melasę?

– Melasę robiliśmy z trzciny i sorgo – odparł. – Najlepsza była z dawnej trzciny, którą nazywali wstążkową. Potem pojawiła się inna, zwana *poj*.

Później ustaliłem, że trzcina *poj* to hybrydowa odmiana wyhodowana w latach dwudziestych przez Holendrów na wschodzie Jawy. *Poj* to akronim od Proefstation Oost Java [Gospodarstwo Doświadczalne Wschodnia Jawa]. Ta hybryda jest bardziej odporna na choroby niż trzcina wstążkowa i w latach dwudziestych i trzydziestych zaczęto ją sadzić na Południu, gdy wiele plantacji rodzimej trzciny zniszczyła zaraza zgnilizny.

– Najpierw zbiera się trzcinę i obdziera ją. Potem wiezie się ją do tłoczni syropu, gdzie jest wyciskarka. Zaprzęga się do niej muła i wyciska syrop. Syrop cieknie do dużej, płaskiej wanny, szerokiej na dobrze ponad metr, spływa na jej koniec, pod którym pali się ogień. To jak wielka brytfanka. Potem gotuje się syrop i zbiera szumowiny czymś w rodzaju cedzaka. W ten sposób robiliśmy pierwszorzędną melasę.

– Wygląda na to, że potrafiliście się wyżywić.

– Byliśmy biedni, więc sami robiliśmy jedzenie – rzekł Floyd. – Zarzynało się i patroszyło świnie. Spuszczało się krew, ćwiartowało, a potem wędziło przez dwa albo trzy dni. Wszystko robiliśmy sami.

– Ile mieliście ziemi?

– Dziesięć czy dwanaście hektarów, dzierżawionych od białego, który miał mnóstwo ziemi. Nie powiem złego słowa o tym białym. Ale on miał traktor, a my tylko dwa muły.

– Muły zamiast traktora?

– Jasne. Zaprzęgało się je do pługa, ale robiły jedną bruzdę. Nie to co traktor, który robił dwie albo więcej.

Rozmawialiśmy o życiu w dawnym gospodarstwie wiejskim, o zbieraniu bawełny, wyprawach na jagody, polowaniu.

– Właściwie nie było dnia, żeby ojciec nie poszedł na polowanie – opowiadał Floyd. – Polował na króliki, wiewiórki, jelenie. Wszystko to jedliśmy – powiedział i uśmiechnął się, jak gdyby na wspomnienie tamtych posiłków. – Nie to co dzisiaj. Ludzie są głodni, ale nic, tylko siedzą bezczynnie.

„Obezwładniająca rozpacz"

– Kiedy znowu nas odwiedzisz – powiedział Randall Curb, jak typowy południowiec, przeświadczony, że nie warto się śpieszyć. Nic się przecież nie zmieni, bo w ogóle niewiele się zmienia. Nawet nie dokończył zdania.

Tak, na Południu nieraz odsuwano różne sprawy. „Następnym razem", mówiono mi, i w rezultacie podróż, która tak jak większość mych wcześniejszych wypraw miała mieć określony cel, zamieniła się w osobliwą cykliczną pielgrzymkę i właściwie już nie widziałem, czym ani kiedy się skończy.

– Może na wiosnę – rzekł w końcu Randall, a rzecz dotyczyła wizyty w Marion, siedzibie władz hrabstwa Perry, u Mary Ward Brown, nowelistki, która za mniej więcej miesiąc kończyła dziewięćdziesiąt sześć lat. Randall stwierdził, że kiedy znowu przyjadę, Mary T, jak pieszczotliwie nazywali ją znajomi, chętnie się ze mną spotka. Nie wątpił przy tym, że ta wiekowa dama nadal będzie żyła i zachowa doskonałą kondycję cielesną i umysłową.

Opowiedział mi o twórczości Mary Ward Brown, a kiedy później przeczytałem trzy jej książki – dwa zbiory opowiadań i wspomnienia – nie mogłem się doczekać spotkania. Pisała w sposób bezpośredni, nie wysilony ani sentymentalny, prosto i prawdziwie wyrażała wewnętrzne życie wiejskiej Alabamy, prowincjonalne obyczaje i pozory, napięcia rasowe i ekonomiczne. Żadnej grozy, żadnych karłów, dwunastoletnich żon, żadnych idiotów ani malowniczych potworności, niczego, co można by nazwać fantasmagorią.

Mary T już jako dziewczynka marzyła o pisarstwie, zaczęła jakieś utworki, ale po założeniu rodziny odłożyła pióro. Do literatury wróciła po sześćdziesiątce. Jej opowiadania ukazywały się w nowojorskich czasopismach i periodykach naukowych. Zdobyła takie uznanie, że zorganizowano jej wycieczkę literacką do Związku Sowieckiego. Przemawiała w imieniu wiejskiego Południa. Ale póki Randall nie wymienił jej nazwiska, nigdy o niej nie słyszałem. Jej proza okazała się piękną i pouczającą niespodzianką.

Randall również był niespodzianką. Mieszkał w domu pełnym książek, gościnny, wyjątkowy i samotny, obdarzony niezwykle miłą i subtelną naturą, syn tej ziemi mający rozległe stosunki w mieście. Dobrze pamiętał czasy segregacji, na własne oczy widział walkę o prawa obywatelskie, demonstracje i bitwy na Main Street, a nawet spisał kronikę tych wydarzeń. Był nie tylko największym erudytą, jakiego spotkałem na Południu, lecz w ogóle jedną z najbardziej oczytanych osób, jakie poznałem w całym życiu. Udzielał się jako nauczyciel, krytyk, autor esejów i artykułów prasowych. O swoim pisarstwie wyrażał się skromnie, a w odniesieniu do erudycji stwierdził, że po prostu tak spędza dni, zanurzony w książkach.

Kiedy go poznałem, był praktycznie ślepy, dotknięty postępującą utratą wzroku, podobnie jak ostatecznie również prawie niewidomy Jorge Louis Borges. „Nie jest to owa doskonała ślepota, o której myślą ludzie – pisał Borges, który tak samo jak Randall zachował szczątkową zdolność widzenia. – W moim przypadku ten powolny zmierzch (ta powolna utrata wzroku) zaczął się wtedy, kiedy zacząłem widzieć. Ciągnął się od 1899 roku, bez dramatycznych momentów, ten powolny zmierzch, który trwał ponad pół wieku. Dla celów tego wykładu muszę znaleźć jakiś patetyczny moment. Powiedzmy ten, w którym dowiedziałem się, że już straciłem mój wzrok, mój wzrok czytelnika i pisarza".

W eseju *Ślepota*, który cytuję, Borges stwierdza, że „bycie ślepcem ma swoje dobre strony". „Zawdzięczam cieniowi kilka darów"*, dodaje i opowiada o tym, jak ślepota ofiarowała mu inne sposoby postrzegania. Wspomina o ślepcach (Homerze, Miltonie, Joysie i wielu innych), którzy poświęcili się literaturze. Randall wydał mi się jednym z tego grona, rzadkim okazem żyjącym samotnie wśród książek w niedużym mieście w wiejskiej Alabamie, które wręcz słynie z biedy i zaściankowości.

Cieszyłem się na to ponowne spotkanie. Za pierwszym razem Randalla polecono mi jako pogodnego miejscowego historyka. Podobnie jak wielu innych zamkniętych w sobie miłośników literatury najlepiej czuł się w domu i rzadko miał okazję porozmawiać o książkach, które czytał, a właściwie – ściśle rzecz biorąc – odsłuchiwał z nagrań. Gdyśmy się rozstawali, słuchał *Czasu odnalezionego*, ostatniego, siódmego tomu wielkiej powieści Prousta *W poszukiwaniu straconego czasu*. Był entuzjastycznym czytelnikiem pisarzy, których i ja podziwiam, a z których wielu nie cieszy się dzisiaj wielkim uznaniem. Mam na myśli chociażby Henry'ego Greena, Jean Stafford, Joyce'a Cary'ego czy tę drugą Elizabeth Taylor, nowelistkę

* J. L. Borges, *Ślepota* [w:] tegoż, *Siedem wieczorów*, przeł. A. Sobol-Jurczykowski, Warszawa 1999, s. 123, 124, 129.

angielską. Przeczytał całego Faulknera, Waugha, Henry'ego Jamesa, całą Muriel Spark. W świecie, w którym książka służy jako ozdoba, prezent, element wystroju wnętrza, Randall przeczytał każdy tom stojący u niego na półkach, a prócz tego wiele innych. Błyskotliwy i skromny, żył na uboczu i nawet nie wiedział, jak jest niezwykły.

Spotkanie z nim sprawiło mi wielką przyjemność, cieszyłem się, że mogę porozmawiać o książkach, usłyszeć jego opinię na temat arcydzieła Prousta, skonfrontować z jego zdaniem wątpliwości, które żywię wobec dzieła Faulknera. Szybko odkryłem, że mamy wspólny język i cały wspólny świat książek.

– Witaj, witaj – powiedział, macając powietrze przed sobą, żeby uścisnąć mi rękę. – Bardzo się cieszę, że przyjechałeś. Mary T nie spodziewa się nas przed południem, więc wchodź i napij się czegoś.

Usiedliśmy pośród półek z książkami, radio grało cicho nokturn Chopina, a my rozmawialiśmy o literaturze, o pogodzie i o Greensboro. Randall mówił z zapałem, lecz gdy kończył jakiś wątek, brał głębszy oddech lub słuchał, wydawał się zgaszony, nawet smutny, i czasem milkł na dłuższą chwilę.

– Nie czułem się dobrze – powiedział po jednej z chwil milczenia.

– Ale już jest lepiej, tak?

– Trochę – odparł i znowu zamilkł, mrużąc oczy, jak gdyby od natłoku myśli.

Gdy zalegało milczenie, pokój natychmiast wydawał się mroczniejszy, a książki zdawały się rzucać cień. Osobliwe wrażenie w pogodny wiosenny dzień, gdy słońce oświetlało tak jasno trawnik przed domem, a wiśnia w ogródku pyszniła się białymi kwiatkami. Ten kontrast przypomniał mi nędzny ciemny pokój w domu przy ulicy Kwiatowej, gdzie liczna rodzina gapiła się na operę mydlaną w telewizorze, na ścianie wisiał syczący gazowy grzejnik, podczas gdy na dworze błotniste kałuże ślicznie skrzyły się w słońcu i młode listki trzepotały na drzewach. Randall dumał o czymś.

– Cierpię na ostrą depresję – wyznał w końcu. – Dręczy mnie przez całe życie.

– Jaką przybiera formę?

– To obezwładniająca rozpacz – powiedział, ale bez nuty użalania się nad sobą, rzeczowo, jak się stwierdza fakt.

– Dręczyła cię ostatnio?

– Tak, przez kilka tygodni.

– Czarny pies, jak zwał ją Churchill.

– W całej okazałości – rzekł Randall i uśmiechnął się wątle.

– Jak sobie z nią radzisz?

– Wcale sobie nie radzę. Nic nie mogę zrobić. Jestem bezradny.

– Funkcjonujesz jakoś?

– Nawet nie mogę myśleć o funkcjonowaniu – odparł. – Leżę w łóżku. Nie mogę wstać. Nie widzę powodu.

– Jak długo to trwa?

– Wiele dni. Brak mi woli. Leżę i pytam sam siebie, czy uda mi się podnieść ramię. Zastanawiam się nad tym. W końcu mówię sobie, że chyba nie.

Ręce złożył na podołku i mówił, że czuje się już lepiej, ale że melancholia może w każdej chwili wrócić i zamknąć go w obezwładniającym uścisku. Wspomniałem, że William Styron opowiadał mi o fizycznych skutkach melancholii, o okropnym i jednostajnym bólu głowy, na który nie ma lekarstwa. Randall powiedział, że czytał Styrona *Ciemność widomą* i że nie tylko znał owe wersety Miltona, lecz czuł, że wyrażają one również jego melancholię.

Jednak nie pada blask z owych płomieni,
Lecz raczej ciemność widoma, służąca
Tylko odkryciu żałosnych widoków,
Obszarów smutku i cieni bolesnych,
Gdzie wypoczynek i spokój przenigdy
Mieszkać nie będą, nie przyjdzie nadzieja,
Która do wszystkich przychodzi; lecz męka
Bez końca będzie szarpać*.

– Sprawę dodatkowo pogarsza fakt, że nie ma kto się mną zaopiekować, prócz matki, niech ją Bóg błogosławi – rzekł Randall. – A ona ma osiemdziesiąt pięć lat.

* J. Milton, *Raj utracony*, przeł. M. Słomczyński, Warszawa 1974, s. 34.

Ślepota oczywiście pogłębiała depresję, dodatkowo alienowała i izolowała, a czasem zapewne wywoływała ten stan. Ale Randall nie szukał współczucia, lecz tylko tłumaczył swoje znużenie.

– Czeka nas dobra zabawa – powiedział w końcu, nieco żwawiej, i nawet się uśmiechnął. – Mary T nie może się doczekać spotkania z tobą. Zarezerwowałem stolik U Lottie. Nigdzie w całej okolicy nie karmią lepiej w południowym stylu. No i tylko spójrz, jaki śliczny dzień.

„Potrzebny jest rezonans limbiczny"

Przyjazd do Marion uzmysłowił mi, jak wymarłe jest Greensboro. W Marion sklepy nie upadły, a interes najwyraźniej się kręcił. W Marion mają majestatyczny gmach sądu, dużą uczelnię wojskową i Judson College, do którego uczęszczała Mary T (nalegała, żeby zwracać się do niej za pomocą tego zdrobnienia imienia Mary Thomas). W Marion są księgarnie i słynna restauracja U Lottie, gdzie podają tradycyjne *soul food*. W Marion wychowała się Coretta Scott King, wdowa po Martinie Lutherze Kingu, a w 1965 roku właśnie w Marion policjant stanowy zastrzelił w trakcie pokojowego protestu działacza na rzecz praw wyborczych czarnych Jimmiego Lee Jacksona, co w istotny sposób wpłynęło na rozwój ruchu na rzecz praw obywatelskich, popychając rzesze ludzi do historycznych marszów protestacyjnych z Selmy do Montgomery.

– Zauważ, jak tu pusto – powiedział Randall, gdyśmy jechali przez rolnicze tereny za miastem. Wprawdzie nie widział, ale dobrze pamiętał płaski krajobraz, rozległe rżyska, rozmoknięte gliniane drogi, wąskie pasy lasu, brak zabudowań i nieliczne skrzyżowania. – Od razu się zorientujesz. To jedyny dom w tej okolicy.

Rzeczywiście.

– To musi być Hamburg – rzekł po kilku kilometrach jazdy przez pola. Niespełna minutę później po prawej stronie drogi ukazał się biały piętrowy dom, na którego ganku – bo zadzwoniliśmy przed wyjazdem – stała Mary T w towarzystwie dużo młodszej kobiety w fartuchu.

– Czy jest z nią Ozella? – zapytał Randall i obrócił głowę, próbując coś zobaczyć. Wyjaśnił, że Ozella to córka poprzedniej gospodyni, Euli Mae Thomas. Stała obok Mary T, drobnej, uważnej niczym ptaszek na gałęzi, ożywionej i wyczekująco uśmiechniętej. Bardzo starzy i prosto trzymający się ludzie emanują matowym blaskiem, który sprawia, że wydają się nieśmiertelni.

– Ojciec zbudował go w 1927 – powiedziała Mary T, gdy nas sobie przedstawiono, a ja pochwaliłem dom.

To skromny, przysadzisty, mocny, piętrowy dom z wystającym gankiem i mansardowym oknem na piętrze, całkiem odmienny od biednych „domów na przestrzał", kwadratowych bungalowów i pretensjonalnych rezydencji, które mijaliśmy na obrzeżach Marion. Wewnątrz ciemne drewno na ścianach, sufity z belek, dębowe podłogi. Podobnie jak dom Randalla ten również wypełniały książki na regałach wzdłuż ścian wszystkich pokojów na parterze i na piętrze. Przystanąłem przed malowidłem ukazującym dwie kobiety siedzące przy oknie.

– To Crawford Gillis.

Miała trzy płótna tego artysty, namalowane w latach osiemdziesiątych. Przedtem nie znałem tego malarza. Gillis urodził się w 1914 roku niedaleko Selmy. Studiował w Nowym Jorku, a w twórczości skupiał się na ukazywaniu życia biednego Południa, jego białych i czarnych mieszkańców, w prostym i ekspresyjnym, nieco deformującym stylu podobnym do maniery Thomasa Harta Bentona, ale z zastosowaniem zgaszonych, brudnych barw. Wiadomości te wyczytałem z katalogu pewnej wystawy. To regionalista związany z New South School, który odniósł pewien sukces w latach trzydziestych, ale po wojnie malował okazjonalnie i raczej eksperymentował. Podobnie jak Mary T, którą po lekturze jej utworów uznałem za pisarkę wybitną, Gillis jest mało znany poza granicami Południa, a właściwie Alabamy. Niemniej to malarz niewątpliwie interesujący, a zarazem osoba, którą Mary T uważała za przyjaciela.

Powiedziałem Mary T, jak bardzo czuję się zaszczycony. Uważam ją za prawdziwą mistrzynię nowelistyki i niezwykle przenikliwą obserwatorkę życia współczesnego Południa. Bez cienia afektacji, prosto i jasno uchwyciła nowe napięcia, opisała mieszkańców swojej okolicy i swojego miasta.

Póki nie spędziłem trochę czasu na Południu, zadziwiało mnie samo istnienie kategorii pisarzy południowych (podczas gdy nie wyodrębnia się „pisarzy północnych"). Tak zwana literatura południowa to przegródka wymyślona na wydziałach filologii angielskiej, bodaj najciaśniejsza i najbardziej wątpliwa ze wszystkich szufladek, zgodnie ze stereotypem wypełniona groteskowymi postaciami i prozą tak zawiłą, jak gdyby posłannictwo pisarza południowego polegało na wynajdywaniu rzeczy tak bolesnych lub haniebnych, że autor nie chce o nich pisać wprost. Przywodzi mi to na myśl Conradowskiego Marlowa, który przytłoczony rzeczywistością „dziwnego świata roślin i wody, i ciszy", duma: „Ale ta cisza nie miała nic wspólnego ze spokojem. Był to bezruch nieubłaganej siły, rozmyślającej ponuro nad jakimś nieprzeniknionym zamiarem" *, a więc ględzi niejasno, ponieważ Conrad nie chce pisać wprost o ludożerstwie.

Przez całe dorosłe życie czytałem literaturę południową, nie tylko Faulknera i gotyk, lecz również autorów mniej znanych, poetów, dramaturgów, objaśniaczy, apologetów, pamiętnikarzy, ale zaiste niewiele dzieł z całej tej masy przygotowało mnie na to, co zastałem na Południu, a więc na zrezygnowaną klasę niższą, która właściwie jest chłopstwem, na nowo przybyłych oportunistów, przyjezdnych z Północy i cudzoziemców, którzy wykorzystują tradycyjnie gościnną kulturę Południa, na nielicznych potentatów, czarnych i białych, których motywuje istna mania wielkości, na biedę, nie tę malowniczą nędzę z Catfish Row † i Tobacco Road ‡, lecz na posępną i najwyraźniej niemożliwą do wykorzenienia biedę z ulicy Brzytwy i zapadłych zakątków Delty. To kraina, w której książki, z wyjątkiem Biblii, nic nie znaczą dla większości ludzi, czemu trudno się dziwić, skoro ci ludzie są pochłonięci najzwy-

* J. Conrad, *Jądro ciemności*, przeł. A. Zagórska, Kraków 1995, s. 60.

† Fragment Church Street w Charleston będący scenerią powieści *Porgy* pióra DuBose'a Heywarda, a potem i opartej na niej opery *Porgy i Bess* George'a Gershwina.

‡ Region Karoliny Południowej, gdzie główną uprawą jest tytoń.

klejszą walką o przetrwanie. Wśród bohaterów literatury południowej nie brakuje dziwolągów i przygłupów, natomiast rzadko spotykamy harujących biedaków.

Mary T otwarła butelkę wina jagodowego z piwnicy w Harpersville, a chociaż było upalne południe i mucha bzyczała za nagrzanymi białymi firankami w małej jadalni na tyłach domu, wstaliśmy, trąciliśmy się kieliszkami i wypiliśmy za spotkanie, wiekowa Mary T, prawie ślepy Randall i ja, zabłąkany przybysz z daleka. Wykładane boazerią ściany, firanki, przytulność pokoju i świadomość, że oto bawię na głębokiej prowincji i w upalny dzień raczę się kieliszkiem wina, wywołały we mnie złudzenie, że jestem w dawnej Rosji. Podzieliłem się tym odczuciem.

– Właśnie dlatego uwielbiam Czechowa – powiedziała Mary T. – On pisał o miejscach takich jak to, o ludziach takich jak ci, którzy tutaj mieszkają, i o takich samych sytuacjach.

Prowincjonalne miasteczka Czechowa „to siedliska stężałej nudy, którą tylko potęgują podejmowane przez ich mieszkańców desperackie próby urozmaicenia życia, które zgodnie z ogólną maksymą Czechowa polega zasadniczo na »jedzeniu, piciu i spaniu«", pisał Ronald Hingley, jeden z biografów Czechowa. Carson McCullers, która wychowała się w Georgii, twierdziła, że paradoksy i groteski Południa – będące tworzywem jej opowieści – żywo przypominają te, które znajdujemy w literaturze rosyjskiej opowiadającej o wsi. W ogłoszonym w 1941 roku eseju *The Russian Realists and Southern Literature* [Realiści rosyjscy a literatura Południa] McCullers przywołuje w tym kontekście zwłaszcza Czechowa, ale także Dostojewskiego, Tołstoja i Gogola.

„Amerykańskie Południe i dawna Rosja są bardzo podobne do siebie pod względem socjologicznym – pisała McCullers. – Południe zawsze odstawało od reszty Stanów Zjednoczonych, miało inne interesy i kształtowało odmienną osobowość. W wymiarze gospodarczym i pod innymi względami jest swego rodzaju kolonią reszty kraju. Południowa bieda nie ma odpowiednika nigdzie indziej w Stanach Zjednoczonych". W dalszym ciągu rozważań McCullers stwierdza, że struktura klasowa, cechy charakteru, chłopstwo i wiele innych aspektów Południa są takie jak w dawnej Rosji, a twierdzenia o tym podobieństwie, co wydaje się uważać za powód do dumy, dowodzi, po prostu rusyfikując południowe farmy i pola.

„Kochał wyjątkowość ludzi, indywidualność – mówiła o Czechowie Eudora Welty w wywiadzie udzielonym »The Paris Review«. – Za oczywiste przyjmował, że człowiek to przede wszystkim rodzina. Wierzył, że los zawsze weźmie górę, a jego rosyjskie poczucie humoru wydaje mi się pokrewne poczuciu humoru południowców. Wynika ono głównie z charakteru. Wie pan, to jak w *Wujaszku Wani* i *Wiśniowym sadzie*, gdzie ludzie przesiadują ze sobą i gadają, gadają, i nikt naprawdę nie słucha. Ale tkwi w tym głęboka miłość i zrozumienie, które przeważają nad wszystkim innym, a także zgoda na wszelkie dziwactwa bliźniego, tolerancja wobec nich, a do tego wielkie wyczucie dramatyzmu".

Prawdziwie niezwykły wydaje mi się fakt, że to, co McCullers pisała o wiejskim Południu prawie siedemdziesiąt pięć lat temu, nadal jest aktualne – co skądinąd przyczynia się do tego, że podróżowanie po tej krainie sprawia tak melancholijną przyjemność.

Słoneczny dzień, pustka wiejskiego pejzażu, stary, samotny drewniany dom przy wąskiej drodze, przenikający do środka zapach błotnistych pól – a wszystko to podszyte wielkim i przytłaczającym smutkiem, którego nie umiałem zgłębić. Być może uczucie to było echem zwierzeń Randalla i przejmującego wyrażenia „obezwładniająca rozpacz".

– No i Izaak Babel – dodała Mary. – *Historia mojego gołębnika.*

Również Babel, zwłaszcza w opowiadaniach autobiograficznych, pisał o małych miastach, bocznych uliczkach, życiu rodzinnym. W innych utworach opisywał osady kozackie. W literaturze rosyjskiej rzeczywiście nie brak obrazów blisko przypominających amerykańskie Południe.

– Częstujcie się biszkoptem – powiedział Randall, rozpakowując z folii wielką złotą bułę. – Upieczony wczoraj przez moją matkę.

Mary T odkroiła gruby plaster, podzieliła między nas, a ja nadal snułem melancholijne refleksje. Tak, to się może wydarzyć tylko na

Południu, ale wyłącznie w maleńkiej oświeconej niszy w tej krainie, w domu pełnym książek i starych mebli, gdzie na ścianach wiszą mroczne malowidła, gdzie głośno tyka wielki zegar i mieszka duch refleksji, który wydaje się niezniszczalny, chociaż osaczony. Do tego niezwykły, niemal nienaturalny ład narzucony ręką gospodyni, równiutko uszeregowane ołówki, pisma i broszury ułożone w idealnie prostokątne stosy, dzieło Ozelli, owoc nieprawdopodobnego zmysłu porządku służącej.

Mary T opowiedziała trochę o sobie w wybiórczym, impresjonistycznym tomie wspomnień zatytułowanym *Fanning the Spark* [Rozniecanie iskier] (2009). Wychowała się na wsi w rodzinie sklepikarza, a jako pisarka zadebiutowała późno, pierwsze opowiadanie ogłosiła w wieku sześćdziesięciu trzech lat. Jej wspomnienia to krótka historia niespodzianek. Któż bowiem byłby się spodziewał debiutu literackiego w tak późnym wieku, po „dwudziestu pięciu latach milczenia", jak się wyraziła. Co więcej, jej opowiadania od razu doceniono, a potem wiele razy nagradzano. Zdobyła nagrodę przyznawaną przez Fundację Hemingwaya i nowoangielski PEN Club, nagrodę przyznawaną przez Fundację Faulknera i krajowy PEN Club, a ponadto cztery inne nagrody. *The Cure* [Kuracja], znakomite, nagrodzone opowiadanie osadzone na wiejskim Południu, włączono do radziecko-amerykańskiej antologii zatytułowanej *The Human Experience* [Człowieczy los], po czym Mary T zaproszono do udziału w delegacji pisarzy amerykańskich, którzy w 1990 roku odwiedzili Związek Radziecki. Ta podróż to jeden z największych sukcesów w jej karierze literackiej.

Mary T była szczęśliwą mężatką, ale mąż zmarł przedwcześnie, kiedy miała czterdzieści kilka lat. Syn Kirtley walczył w Wietnamie, wrócił do Alabamy i został adwokatem w Marion. Gdyśmy się poznali z Mary, był już emerytem, ale jeszcze wykładał na akademii wojskowej.

Odstawiwszy kieliszek na gruby krążek podkładki, Mary T oznajmiła:

– Mam smak na suma – co wydało mi się zachwycającym wyrazem apetytu, zważywszy na to, że powiedziała to osoba dziewięćdziesięciopięcioletnia.

Założyła czarny kapelusz z szerokim rondem – o średnicy koła rowerowego – i czerwony płaszcz podobny do peleryny. Pomagając jej zejść ze schodów, uzmysłowiłem sobie, jak jest drobna i słaba, ale umysł nadal miała jasny, pamięć doskonałą i świetną dykcję. Delikatnie trzymałem w garści jej ptasią rączkę.

– Ten judaszowiec odrobinę słabuje – powiedziała, patrząc na drzewko w ogrodzie. – Trzeba się nim zająć. Podkarmimy go nawozem.

Gdyśmy jechali wiejską drogą do jadłodajni U Lottie, Mary T opowiadała, jak została pisarką.

– W mojej sytuacji niełatwo było pisać – mówiła. – Musiałam dbać o rodzinę i dom, a po śmierci męża jeszcze przybyło obowiązków. Kirtley był nadal młody. Myślałam o pisaniu, czytałam książki, ale nie pisałam. Szwagierka mnie namawiała. Wydaje mi się, że miałam pewien atut. Potrafiłam odróżnić literaturę od śmiecia. Rozumiałam, co jest dobre, i wiedziałam, co chcę pisać. Kiedy się więc zabrałam do rzeczy, po sześćdziesiątce, w kółko poprawiałam, przepisywałam. Musiało być tak, jak trzeba.

Opuściliśmy czysto teoretyczną miejscowość Hamburg, gdzie jedynym siedliskiem jest dom Mary T. Słuchając z przyjemnością jej refleksji, prowadziłem auto pustą drogą o szerokości torów kolejowych, która z rzadka krzyżowała się z innymi. Na jednym z rozstajów zauważyłem małą zieloną tabliczkę z nazwą drogi, którą jechaliśmy, ale że nie udało mi się jej odczytać, zapytałem Mary T o tę nazwę.

– Przemianowano ją – powiedział Randall z tylnego siedzenia, zanim Mary zdążyła zareagować. – Kiedyś to była droga numer 2, a teraz nosi imię doktora J. J. Howarda.

– To był zwykły konował – stwierdziła Mary T.

Jadąc ulicą Waszyngtona, główną arterią Marion, minęliśmy akademię wojskową, gmach sądu, skrzyżowanie z Green Street, która kawałek dalej przecina Pickens Street, gdzie kiedyś mieściła się Mack's Café, miejsce związane ze śmiercią Jimmiego Lee Jacksona i włączone do Black Heritage Trail [Szlak Dziedzictwa Czarnych]. Mijaliśmy kościoły o przysadzistych wieżach i sklepionych bramach, dostojne świątynie białych. Kościoły czarnych były mniejsze, zaniedbane, stały przy bocznych uliczkach. Dotarliśmy do restauracji U Lottie. Zaparkowałem, pomogłem wysiąść Mary T i poprowadziłem ją do lokalu.

– Czytałam książkę napisaną na podstawie rozmów z osobami w wieku ponad stu lat – powiedziała Mary T, bodaj nieco stropiona swoją nieporadnością, gdy prowadziłem ją od samochodu do drzwi restauracji. – Miała tytuł *Lessons from the Centenarians* [Czego uczą nas stulatki] czy coś w tym sensie.

– I czego nas uczą? – zapytałem.

– O, przeróżnych rzeczy. Ale ja z lektury tej książki wyniosłam przekonanie, że nie chcę żyć tak długo.

Kiedy Mary T weszła do restauracji, goście spoglądali na nią znad talerzy, a wielu ją rozpoznawało i pozdrawiało. Idąc pomiędzy stolikami i odwzajemniając pozdrowienia gestem ręki, rozprawiała o literaturze i w pewnej chwili powiedziała:

– Niezbędny jest rezonans limbiczny…

W dość zwyczajnej jadłodajni to uczone wyrażenie zabrzmiało osobliwie i tajemniczo. Zapisałem je, a potem sprawdziłem, że oznacza „przejmowanie nastroju", instynktowne rozumienie uczuć bliźniego – a więc, prościej mówiąc, empatię.

Tymczasem Mary T i Randall usiedli przy stole i zamawiali mrożoną herbatę. Zaległo owo milczenie związane z przeglądaniem karty dań przez głodnych stołowników. Lottie proponowała wszelkiego rodzaju dania z kurczaka, smażonego lub pieczonego, smażonego suma, suma z rusztu, filety z suma, tłuczone ziemniaki, makaron z sosem serowym i trzy rodzaje gotowanych warzyw. Wszyscy wzięliśmy bułeczki.

– Patrzcie no, Jankes wybrał suma z rusztu – rzekł Randall, gdy złożyliśmy zamówienia. – My stanowczo wolimy smażonego.

Zapytałem Mary T o dzieciństwo, kiedy mieszkali nad wielobranżowym sklepem jej ojca, Munden-Ward Store, w owej osadzie Hamburg. Ochoczo jęła wspominać, z namysłem wypowiadając słowa, a ja żałowałem, że nie mogę jej nagrać, bo mówiła z akcentem sprzed stu lat.

– Matka pracowała w sklepie. Nie miała czasu mną się zajmować – opowiadała, robiąc pauzę po każdym zdaniu, nieco zasapana. – Wychowywała mnie nasza czarna gospodyni. Ona też gotowała. Mówiłam na nią Mammy. Wiem, że dzisiaj nie uchodzi używać tego słowa*, ale właśnie tak o niej myślałam. Była dla mnie jak matka. Zawsze mogłam na nią liczyć.

„Nie wiem, czy matka kiedykolwiek wzięła mnie na ręce, doskonale natomiast pamiętam ciepło podołka Mammy – pisała Mary T w pamiętniku *Fanning the Spark*. – Chociaż była drobna, miała stosunkowo jasną karnację i bardzo odbiegała od stereotypu, jej podołek stanowił elastyczną przestrzeń, w której potrafiła ukoić każdy ból. Pachniał kraciastą bawełną, zakopconą chatą i kołysał czule, aż obeschły łzy. Nie zbywał mnie zdawkowym pocieszeniem, lecz koił do skutku. Czysta błogość".

– No i chyba uratowała mi życie – ciągnęła Mary T. – Miałam zapalenie okrężnicy. Byłam jeszcze bardzo mała, nie mogłam niczego jeść i prawie że umarłam z głodu. Mammy dawała mi codziennie łyżkę maślanki, a potem więcej. Po trochu doszła do połowy filiżanki, a w końcu do całej. Czarni byli tak biedni, że nie mogli sobie pozwolić na doktora. Mieli swoje lekarstwa. Choćby właśnie maślankę. Maślanka uratowała mi życie.

Wspomniałem, że opowiadano mi o innym ludowym panaceum, tak zwanym *potlikker*. To wywar po gotowanej zieleninie, który zazwyczaj się wylewa. Biedacy na Południu tradycyjnie wypijali ten wywar, a jest on tak bogaty w substancje odżywcze, że strzegł ich przed chorobami, w tym zwłaszcza przed pelagrą.

Randall, najwyraźniej poruszony opowieścią o Mammy, zaczął mówić o zmianach, które zaszły na Południu za jego życia. To rozzłościło Mary T.

– Dzisiaj wszystko jest inaczej – oznajmiła. – Czarni patrzą na mnie z nienawiścią. Właśnie z powodu tej zmiany. Nie z powodu czegokolwiek, co zrobiłam. To uraza. Uraza każe im głosować na Alberta Turnera.

Chodziło o Alberta Turnera juniora, członka rady hrabstwa Perry, syna jednego z przywódców ruchu na rzecz praw obywatelskich, uczestnika marszu z Selmy.

– Co to za człowiek? – zapytałem.

* *Mammy* to tyle co „czarna mamka".

– Wmawia ludziom, że są biedni z powodu niewolnictwa i przez białych, którzy ich uciskali. Ale czy to prawda? Pomyślcie o tych wszystkich na zasiłkach. Niektóre rodziny od trzech pokoleń żyją z zasiłku, nikt w nich nigdy nie pracował, a mają dzieci.

Zadałem sobie pytanie, co się stanie z tą krainą.

– Nadal trzeba czasu – westchnęła Mary T.

Kiedy mówiła, do naszego stolika podchodzili inni goście, żeby się przywitać, bezpośrednio i serdecznie, co Mary T skomentowała jako rzecz charakterystyczną dla Alabamy. Jedna z kobiet wręczyła mi kilka broszurek i wspomniała o Jimmiem Lee Jacksonie, inna się przedstawiła i powiedziała:

– Witajcie, kochani. – Podzieliła się z Mary T wiadomością na temat wspólnego znajomego: – Wstawiają mu nowe kolana – a następnie się pożegnała: – Najlepszego, kochani.

Mary skinęła głową, uśmiechnęła się, a kiedy kobieta odeszła, rzekła:

– Należy do śmietanki Marion. Ale to Mary była osobą, którą wszyscy zauważali i której pragnęli okazać uszanowanie, Mary nestorka miasta, Mary pisarka, Mary żywa historia.

Randall zmarszczył brwi, usłyszawszy owo „Nadal trzeba czasu".

– Jestem ostrożnym optymistą – powiedział. – To znaczy, pamiętam najgorszy okres walki o prawa obywatelskie, bijatyki, zamachy bombowe, demonstracje – oparł widelec na delikatnym i kolczastym fragmencie szkieletu suma na talerzu. – Kiedy pomyślę, gdzie byliśmy, zauważam wielki postęp.

– Ale podziały nigdy nie znikną – stwierdziła Mary T. – Podziały rasowe.

W jednym z najlepszych jej opowiadań, *Beyond New Forks* [Za New Forks], biała kobieta odwozi swoją starą czarną gospodynię do domu i gdy z nią rozmawia, uzmysławia sobie, ile jest między nimi niedopowiedzeń wynikających z odmienności ich losów, losów czarnych i białych.

Ni stąd, ni zowąd milkłyśmy, gdy otwierała się puszka Pandory napięć rasowych, pełna podświadomych, mimowolnych, a nawet niepostrzeżonych oznak braku szacunku, nieposzanowania pozycji, przywilejów, a nawet praw, o czym nigdy wtedy nie myślałyśmy, a czego tym bardziej nie rozumiałyśmy, albowiem było tak wrośnięte w nawyk i obyczaj.

Nigdy nie próbowałyśmy ujmować tego w słowa ani tłumaczyć, jak podobno niektórzy czynią. Tylko bezradnie spoglądałyśmy na siebie nawzajem, po czym jedna bądź druga zmieniała temat i zbierała się do odejścia.

Powtarzałem sobie, że Mary T urodziła się przecież w 1917 roku. Miała dwadzieścia lat w okresie wielkiego kryzysu. Była tylko sześć lat młodsza od Jamesa Ageego, więc na własne oczy widziała biedę, połowników, białych i czarnych nędzarzy, lincze, których dokonywano w Czarnym Pasie w latach trzydziestych – znała całą rozdzierającą historię. Posępne fotografie Walkera Evansa ukazujące witryny sklepowe, uliczki, biały lud hrabstw Hale i Perry mogłyby być albumem wspomnień Mary T.

– Opowiem panu o szkole – powiedziała. – Kiedy dorastałam, czarni z farm nie chodzili do szkoły. Później, po latach, chodzili już do szkół, ale jakże lichych. Niewiele dawały. Byli tak opóźnieni. Dlatego po zmianach siłą rzeczy wszyscy się cofnęliśmy.

– Lecz niektórzy przykładają się do nauki – rzekł Randall, jak to on, żarliwie i wielkodusznie.

– Tak, znałam pewną kobietę – powiedziała Mary T. – Porządna dziewczyna. Ale miała gałgana za męża. Codziennie dojeżdżała do pracy w fabryce Marengo w Demopolis. Poszła do szkoły i zrobiła dyplom. Została pielęgniarką. Pracowała, uczyła się, bardzo się starała. Ale mąż się wałkonił.

– Takie sytuacje opisuje pani w swoich opowiadaniach – zauważyłem.

– Tak, rzeczywiście.

– A co o pani utworach myśli rodzina? – zapytałem.

To pytanie tak ją rozśmieszyło, że aż się rozkaszlała i zasapana zakryła usta ptasią ręką.

– O ile wiem, w ogóle ich nie czyta! – odpowiedziała w końcu. – Nikt nigdy ani słowem nie wspomniał o tym, że piszę. Myślę, że w ogóle ich to nie obchodzi!

Znowu się roześmiała, wcale nie gorzko, jak można by oczekiwać, lecz szczerze ubawiona, jak gdyby dostrzegła coś niesłychanie głupiego. W pewnym sensie rzeczywiście tak było, pomyślałem, dziwiąc się niewdzięczności i filisterstwu rodziny, która świadomie ignorowała geniusz i prawdę pisarstwa tej kobiety.

– Zrobiłam wszystko, co w mojej mocy – oznajmiła Mary T. – Powiedziałam prawdę.

– Amen – podsumował Randall.

W drodze powrotnej do Hamburga Mary T opowiedziała mi historię związaną z pękaniem więzi rodzinnych. Opowiedziała ją dobrze, etap po etapie, początkowo beznamiętnie, potem łamiącym się głosem. Była to opowieść tak dramatyczna i spójna zarazem, że powiedziałem, iż koniecznie powinna przelać ją na papier. Rzekła, że od lat niczego nie napisała. Stwierdziłem, że to będzie doskonałe opowiadanie. Słońce już się chowało za polami, kiedy na ganku samotnego domu Mary T oddałem ją pod opiekę Ozelli. Pomachała, gdyśmy odjeżdżali. Odwiozłem Randalla do Greensboro, a potem ruszyłem dalej.

W następnym tygodniu Mary T przysłała mi maila, w którym chwaliła jedną z moich książek, stwierdzając, że uważa mnie za prawdziwego pisarza. Poczułem się tak, jak gdyby włożono mi na głowę wieniec laurowy. „Lubi pan opowiedzieć całą historię w jednym lub dwóch zdaniach, prawda? – pisała. – Dziękuję za tę książkę. To był zaszczyt gościć pana u siebie w domu". W odpowiedzi nawiązałem do tej jakże prawdziwej i bez wątpienia opartej na jej przeżyciach historii o pękaniu więzi rodzinnych, którą mi opowiedziała, i znowu stwierdziłem, że to materiał na przejmujące opowiadanie.

„Ja też tak uważam – odpisała. – Ta historia od dawna się kitłasi w mojej podświadomości, ale jako fikcja. Zawsze chciałam napisać naprawdę krótką formę, i z tej historii mogłoby coś takiego wyjść. Jest tak wyjątkowa i zimna, że najwyraźniej potrzebuje odrębności, niczym fotografia. A przynajmniej w tej chwili tak mi się wydaje".

W kilka dni później znowu do niej napisałem. Przyszła krótka odpowiedź: „Nie czuję się dobrze". Potem zupełny brak odzewu. Odezwał się Randall, donosząc, że Mary T się rozchorowała i leży w szpitalu. Mniej więcej miesiąc po naszym spotkaniu zmarła. Jako przyczynę podano raka trzustki.

Wtedy byłem już w domu, jak gdyby w innym kraju, na drugim końcu drogi prowadzącej na Południe.

INTERLUDIUM

Fantastyczność literatury Południa

Książki zrobiły ze mnie podróżnika, podróż zagoniła z powrotem do książek. Wróciwszy do domu, zanurzyłem się w literaturze Południa. Faulkner przeczytany podczas poprzedniego interludium i wrażenia przywiezione z wiosennej podróży ułożyły się w wielkie pytanie, czy powieści i opowiadania osadzone na Głębokim Południu są w stanie przybliżyć mi refleksyjne wnętrze tej krainy, tak biernej, tak niemej. Wielu pisarzy południowych niewolniczo hołduje wierze w mglistą ideę regionalizmu i łudzi się, że w swoich dziełach wyrażają prawdę i duszę Południa. Faulkner wierzył w to tak głęboko, że jego proza wydawała się definiować Południe, jego dzieje i jego mieszkańców. Im więcej jednak go czytam, tym bardziej się złoszczę, że – pomimo obsesyjnego przywiązania do konkretu i szczegółu – po prostu przemilczał prosty fakt: że przez całe życie mieszkał pod bokiem uniwersytetu, który poniżał czarnych pracowników i nie przyjmował czarnych studentów. Zafascynowany, jeżeli nie opętany przeszłością Faulkner wydaje się znudzony, a czasem zirytowany epokowymi wydarzeniami, które rozgrywały się na jego oczach, a których znaczenia najwyraźniej nie rozumiał.

Podczas ostatniej podróży, przekroczywszy Savannah, przejeżdżałem przez Wrens w Georgii, miasteczko, w którym dorastał Erskine Caldwell i którego mieszkańcy zapewne zainspirowali go do napisania *Drogi tytoniowej* (1932), jednej z pierwszych i najbardziej wziętych jego powieści. To opowieść o połowniku Jeeterze Lesterze, jego żonie Adzie, której wypadły wszystkie zęby („żuła tytoń od ósmego roku życia"*), ich synu Dudzie, który żeni się z dużo starszą Bessie (niemającą nosa), ich córce Ellie Mae (która ma zajęczą wargę i jest niemową), drugiej ich córce Pearl, którą Jeeter wydaje za swojego kolegę Lova Benseya, kiedy Pearl kończy dwanaście lat. Cóż to za dziwna menażeria?

W swoich fantazjach prozą, niegdyś ogromnie popularnych ze względu na właśnie tę ordynarność, z której powodu dzisiaj wzruszamy ramionami (w latach trzydziestych i czterdziestych sprzedały się w dziesiątkach milionów egzemplarzy), Caldwell stworzył obiegowy obraz Południa jako krainy groteski. Większość jego białych bohaterów wydaje się wyjęta z Dogpatch, rodzinnego miasteczka L'ila Abnera, głównej postaci ukazującego się od 1934 roku satyrycznego komiksu Ala Cappa. Tak samo cudaczne, jeżeli chodzi o bohaterów, *Droga tytoniowa* i *Poletko Pana Boga* (1933), a także *Azyl* Faulknera wyznaczyły stylistykę literatury południowej na temat dzierżawców i połowników, w której królują dziwactwo i tragifarsa – niewydarzone postaci, odrażające zbrodnie, niegodne czyny, szokujące sytuacje seksualne – i która wydaje się wręcz formą literackiej manipulacji. Dlaczego sprawia to wrażenie oszustwa? Dlatego, że los czarnych, rasistowskie wykluczenie i nędza chłopstwa pojawiają się w tych opowieściach tylko w tle.

Wprawdzie powieść Caldwella *Lipcowe tarapaty* (1940) i nowela *Klęknij o wschodzie słońca* (1934) dotyczą linczowania i dręczenia niewinnych czarnych, a Joe Christmas, bohater *Światłości w sierpniu* Faulknera, zostaje w końcu zastrzelony i wykastrowany, niemniej te utwory to wyjątki. Posępnie groteskowa literatura Południa, którą opatrzono etykietką „południowego gotyku", z rzadka odnosiła się do powszedniej krzywdy i niesprawiedliwości, które wyznaczały los czarnych w latach dwudziestych i trzydziestych, a w istocie wydaje się z nimi pogodzona. Stąd koszmarne historie na temat karłów, garbusów, albinosów, wiedźm i zboczeńców (w *Azylu* impotent Popeye, który ma „żółte skrzepy zamiast oczu"†, gwałci

* E. Caldwell, *Droga tytoniowa* [w:] tegoż, *Druga Ameryka*, przeł. J. Łaszczowa, M. Żurowski, Warszawa 1949, s. 75.

† W. Faulkner, *Azyl*, przeł. Z. Kierszys, Warszawa 1976, s. 89.

Temple Drake za pomocą kolby kukurydzy), w których prawie się nie wspomina o pracy niewolniczej, przemocy na tle rasowym, ścisłej segregacji i linczowaniu czarnych. Z tego rodzaju sabatem czarownic i paradą dziwolągów mamy do czynienia w całej twórczości Flannery O'Connor i Carson McCullers, a także u wczesnego Trumana Capote'a.

W bardzo wysoko ocenianym opowiadaniu Flannery O'Connor *Sztuczny Murzyn* z tomu *Trudno o dobrego człowieka* (1955) dzielnica czarnych zostaje ukazana jako groteskowy niższy świat. W innym opowiadaniu z tego zbioru, *Poczciwi wiejscy ludzie*, fałszywy sprzedawca Biblii kradnie sztuczną nogę kalekiej dziewczyny, której nie udało mu się uwieść. Niezła komedia, można by pomyśleć, ale w prozie O'Connor na ogół chodzi o sprawy ostateczne, o zbawienie duszy i wspaniałomyślność, jak w błyskotliwym opowiadaniu *Objawienie* z tomu *Everything That Rises Must Converge* [Wszystko, co się wznosi, musi się połączyć] (1965), będącym opowieścią o tym, jak pani Ruby Turpin doznaje przemiany duchowej, która pączkuje w poczekalni u lekarza, a rozkwita w chlewni. W przypływie południowej paranoi pani Turpin rozważa idiotyczny dylemat:

> Czasem w bezsenne noce pani Turpin zabawiała się rozmyślaniem, kim by chciała być, gdyby nie mogła być sobą. Gdyby Pan Jezus przed posłaniem jej na ziemię oznajmił: „Mam dla ciebie do wyboru tylko dwa miejsca. Możesz być Murzynką albo białą nędzarką". Co by odpowiedziała? „Proszę Cię, Panie Jezu, pozwól mi zaczekać troszeczkę, aż zwolnią się inne miejsca". Ale Pan Jezus nie chciałby ustąpić: „Nie, musisz iść zaraz, a rozporządzam tylko tymi dwoma miejscami, więc zdecyduj się prędko". Wiłaby się, wymigiwała, prosiłaby, błagała, ale daremnie; w końcu musiałaby powiedzieć: „Dobrze, zrób mnie w takim razie Murzynką, ale przynajmniej niech nie należę do czarnej biedoty". I byłaby schludną, czystą, przyzwoitą Murzynką, sobą pomimo czarnej skóry*.

* F. O'Connor, *Objawienie* [w:] tejże, *Kulawi wejdą pierwsi*, przeł. M. Skibniewska, Poznań [b.d.w.], s. 312, 313.

W *Gościu weselnym* (1946) Carson McCullers poznajemy dwunastoletnią Frankie Addams i doborowe grono jej krewnych i znajomych. Frankie przypadkowo spotyka żołnierza na przepustce, który zwabia ją do hotelowego pokoju i próbuje zgwałcić. Czarna kucharka Berenice Sadie Brown ma sztuczne niebieskie oko, które „wytrzeszczone i nieruchome, wyzierało w jakiś obłąkany sposób ze spokojnej, ciemnej twarzy" *. Przewija się transwestytka Lily Mae Jenkins. Ważnym przeżyciem dla Frankie okazuje się wizyta w Domu Dziwolągów na jarmarku w Chattahoochee, gdzie widzi Olbrzyma, Grubą Panią, Liliputa, Dzikiego Murzyna, Dziewczynkę z główką jak szpilka, Chłopca Aligatora i Pół Mężczyznę, Pół Kobietę, chociaż „niektórzy mówili, że to nie jest prawdziwy dziki Murzyn, tylko obłąkany mieszkaniec Selmy" †. Później Frankie zastanawia się, czy wyrośnie na dziwoląga, i dochodzi do wniosku, że kiedy żołnierz próbował ją zgwałcić, „następna minuta była jakby minutą w Wariackim Pawilonie na kiermaszu" ‡.

Na niespełna pięćdziesięciu stronicach debiutanckiej powieści Capote'a *Inne głosy, inne ściany* (1948) poznajemy wiedźmowatą kobietę („Miała długie, małpie ręce, pokryte ciemnym puchem, a na twarzy brodawkę, którą ozdabiał pojedynczy włos przypominający mackę"), czarnego karła („mały Pigmej"), stulatka nazwiskiem Jezus Fever i kobietę o długiej szyi, kucharkę, która „wydawała się nieomal wybrykiem natury, ludzką żyrafą" §. Niezgorsza menażeria, ale czytelnik nie ma pojęcia, że rzecz rozgrywa się w posępnym i podzielonym rasowo miasteczku, gdzie okropności segregacji i ucisku spowszedniały i nie są warte wzmianki.

Powieść *Zabić drozda* (1960) mogłaby być wartościową analizą moralności prowincjonalnego Południa, ale grzeszy pretensjonalnością, jest nieznośnie zawiła i jednocześnie przewidywalna. Oto czarnego robotnika sądzi się za skatowanie, zgwałcenie i uduszenie białej kobiety, mimo że w zasadzie nie mógł dopuścić się tych

* C. McCullers, *Gość weselny*, przeł. A. Glinczanka, Warszawa 1964, s. 8.

† Tamże, s. 27. ‡ Tamże, s. 180.

§ T. Capote, *Inne głosy, inne ściany*, przeł. B. Zieliński, Warszawa 1975, s. 22, 27, 50.

czynów, ponieważ ma uschniętą rękę. Zostaje jednak uznany za winnego i ostatecznie ginie od kuli podczas próby ucieczki. Według krytyka Jeffreya Meyersa *Zabić drozda* to „naiwne i czułostkowe naśladownictwo *Intruza* Faulknera". Mój brat Alexander zwrócił uwagę na „ekologiczny faszyzm" tej powieści. Oto bowiem zgodnie z nią „czymś strasznym jest zabicie drozda, który tak gorliwie i pięknie nam śpiewa, a jednocześnie nie ma nic złego w strzelaniu do sójek – i to mimo że ostrze tej podobno szczerej i liberalnej powieści jest bezkompromisowo wymierzone w okropieństwa rasizmu, bigoterii i doboru etnicznego". Bohaterowie *Zabić drozda* są nieznośnie stereotypowi i ucieleśniają wszystkie obiegowe uprzedzenia na temat Głębokiego Południa. I pewnie dlatego powieść ta sprzedała się w milionach egzemplarzy.

Podczas gdy czytelnicy dość powszechnie uważają *Zabić drozda* za opowieść o Południu w nietolerancyjnych latach pięćdziesiątych, to przy uważnej lekturze spostrzeżemy, że akcja powieści rozgrywa się w latach trzydziestych (w salonowej dyskusji jeden z uczestników powiada, że mają „rok pański tysiąc dziewięćset trzydziesty piąty" *). *Zabić drozda* ma swoją galerię dziwaków, w której skład wchodzą panny Tutti i Frutti oraz ohydna rasistka pani Dubose. „Jej twarz miała kolor brudnej poszewki od poduszki, a kąciki ust lśniły wilgocią, spływającą niczym lodowiec wzdłuż głębokich bruzd okalających podbródek" †. Okazuje się, że pani Dubose jest morfinistką. Z kolei Boo Radley, który uchodzi za odmieńca, okazuje się bohaterem. Wiadomość, że Harper Lee ogłasza drugą powieść, *Go Set a Watchman* [Idź, postaw wartownika ‡], napisaną przed *Zabić drozda* i najwyraźniej odrzuconą przez wydawców, przygnębiła mnie.

Tradycja niewiarygodnych opowieści o życiu Południa jako patologii – „literatury gotyckiej", jak brzmi fałszywa etykietka mająca ubarwić czy uszlachetnić to zjawisko – nie zginęła. Przykładem jest twórczość nieżyjącego już Barry'ego Hannaha, urodzonego w 1942 roku mieszkańca Missisipi. Jego prozę również określa się

* H. Lee, *Zabić drozda*, przeł. M. Szymański, Poznań 2006, s. 307.

† Tamże, s. 162. ‡ Iz 21, 6.

jako „złowieszczo komiczną" i osadzoną „na fantasmagorycznym Południu". Jego opowieści, zwłaszcza z tomu *Airships* [Statki powietrzne] (1978), są niewątpliwie ekspresyjne, rozgadane, pełne barwnych wyrażeń i rubasznego humoru. Zapadają w pamięć ze względu na niebywałą absurdalność ukazanych w nich sytuacji. To samo można powiedzieć o twórczości Charlesa Portisa, którego nazwisko powszechnie kojarzymy z komicznym westernem *Prawdziwe męstwo*. Portis urodził się i nadal mieszka w Arkansas, a jego dzieła są inspirowane życiem tego stanu nawet wtedy, gdy fabuła rozgrywa się gdzie indziej. Dobrym i zabawnym tego przykładem jest *The Dog of the South*, znakomita powieść drogi opowiadająca o szalonej wyprawie z Little Rock do honduraskiej dżungli, a także powieść *Norwood*, w której poznajemy byłego cyrkowego karzełka Edmunda B. Ratnera, „najmniejszego idealnego grubasa na świecie". Większość *gringo* w *Gringos*, której akcja rozgrywa się w Meksyku, to odmieńcy i fantaści.

Najlepszy z tych cudacznych pisarzy jest Portis ze względu na konsekwentnie humorystyczne podejście, elokwencję, ucho do niuansów i modulacji południowej mowy, a także motywację czysto satyryczną, chęć – prawie zawsze spełnioną – rozśmieszania. Jego bohaterowie, jak choćby oszust doktor Reo Symes, rosną przez to, jak mówią, zwykle w sposób szalony albo świadomie mylący. „Mnóstwo ludzi ucieka z Arkansas, ale większość z nich wcześniej lub później wraca – głosi jedno ze zwięzłych spostrzeżeń w *The Dog of the South*. – Nie są w stanie osiągnąć prędkości ucieczki".

Hannah i Portis poszerzyli i pogłębili bruzdę wyoraną w glebie Południa przez Caldwella i Faulknera, a wymiar fantastyczny ich szalonej prozy wydaje się narzędziem odwracania uwagi. Twórczość tych pisarzy ma w sobie coś dziwnego i wykrętnego. Odnoszę wrażenie, że wymyślają alternatywną i niemal surrealistyczną („fantasmagoryczną") rzeczywistość w formie świata okaleczonych i niewydarzonych białych oraz zdziwaczałych czarnych, żeby odwrócić uwagę od smutnych faktów życia Południa, nudy, biedy i znużenia, powszednich okrucieństw, pomiatania bliźnim, smutku i fatalnego braku zrozumienia.

Właśnie dlatego tak mnie zachwyciła proza Mary Ward Brown, skromnie zakrojona, ale bezlitośnie prawdziwa. Powiązane ze sobą opowiadania Eudory Welty z tomu *Złote jabłka* są mistrzowskim obrazem małomiasteczkowego życia w Delcie w stanie Missisipi. Nie należę do admiratorów samotniczej i przecenianej powieści Harper Lee, a o wiele wyżej stawiam twórczość jej ziomka z Alabamy Williama Marcha (1893–1954), który zdobył pewien rozgłos i uznanie ostatnią powieścią *The Bad Seed* [Złe nasienie], chociaż wcześniej wydał wcale nie gorsze *Come In at the Door* [Podejdź do bram], *The Looking-Glass* [Zwierciadło], wiele znakomitych opowiadań i wielogłosową, wspaniałą powieść wojenną *Company K*. Opowiadanie *Runagate Niggers* [Zbiegłe czarnuchy] z tomu *Some Like Them Short* [Niektórzy wolą niskie] (1939) jest ironicznym ujęciem niesprawiedliwości rasowej i niewoli za długi. To pisarstwo wolne od fantazjowania i pewnie dlatego bardzo mi się podoba. March wstrząsająco wiernie sportretował i kraj, i ludzi.

Wszyscy ci pisarze to biali. W odróżnieniu od nich czarni pisarze z Południa nie muszą uciekać się do fantazjowania, ponieważ prawda stojąca za ich dziełami jest tak niesamowita, że wydaje się aż groteskowa. Poczynając od pierwszego czarnego prozaika z Południa, Williama Wellsa Browna (który wydaną w 1853 roku powieść *Clotel; or, The President's Daughter* [Clotel, albo córka prezydenta] oparł w pewnej mierze na romansie Thomasa Jeffersona z Sally Hemings), przez Zorę Neale Hurston, Ralpha Ellisona, Richarda Wrighta, Ernesta Gainesa i Alice Walker, dzieła czarnych pisarzy są bliższe faktów, zawierają bardziej czytelne wątki autobiograficzne, często wyrażają najzwyklejszą wściekłość i płoną świętym oburzeniem, co naznacza je wyraźnym piętnem rasowym. Wyjąwszy Gainesa, reszta tych pisarzy uciekła z Południa. Na przykład zbiegły niewolnik Brown dokonał żywota w 1884 roku w Bostonie.

CZĘŚĆ CZWARTA

Lato: zapach rozgrzanych słońcem dróg

Nie przepędzaj obcego od drzwi,
Może to przyjaciel, kto wie…

Sam Chatmon, bluesman z Delty,
Make Me Down a Pallet on Your Floor

W ślad za latem

W beznamiętnym blasku słońca na Cape Cod objawiało się wyczerpanie późnego lata. Ostatnie tchnienia upału wyzuwały roślinność z barw. Zaczęło się więdnięcie, przysychanie, bledły ciemnozielone liście dębów, nierówno żółkły oklapłe kępy nadmorskich traw na słonym mokradle, ciemnoczerwony rumieniec wypełzał na liście rozpostartych horyzontalnie gałęzi berberysowca na końcu mojej drogi, a sterczące wysoko dojrzałe wiechcie tymotki wydzielały drażniącą woń.

Lato rezygnowało, odchodziło, ale upał wciąż przytłaczał.

Wszędzie obumieranie. Pękające torebki nasienne tojeści wyglądały jak małe chrupiące muszelki tacos i roniły na wiatr jedwabiście upierzone nasionka, tyczkowate dzikie kwiaty przywiędły i skłoniły się ku ziemi, powoje obwisły, pośród gnijących płatków smętnie sterczały łodygi zdekapitowanych lilii. „Lepiej chwast wąchać niźli lilię zgniłą"*.

W ogrodzie warzywnym krzewy pomidorów dotknięte mączniakiem, plamiste, chociaż owoce pięknie wybarwione, dojrzałe, najbardziej mięsiste. Wielkie jak pięść pomidory typu *brandywine* wyginały na boki osłabione krzaki i łamały łodygi swoim ciężarem. W ciągu tygodnia poszerzyły się płowe obszary spalonych słońcem traw, odbarwione i suche kwiaty hortensji wyglądały jak

* W. Shakespeare, *Kto mogąc gardzić, nie okaże wzgardy* [w:] tegoż, *Sonety*, przeł. M. Słomczyński, Kraków 1988, s. 102.

brązowe peruki, liście – tak samo jak u wszystkich innych krzewów – poszarzałe od kurzu, zdrewniałe rośliny jednoroczne z suchymi kwiatami wydawały się całkiem martwe.

Rozkoszowałem się upałem późnego lata. Ale gorąco dnia gasło niczym ciepło wilgotnego oddechu i kanikuła połowy sierpnia ustępowała przed chłodną nocą lub niepogodą – burzą albo ochłodzeniem – które zwiastowały nadciągającą odmianę, lepkie i chłodne macki jesieni pozbawione letniej świeżości. W obliczu marniejącej roślinności nie było sensu niczego podlewać, nawozić ani sadzić, byłaby to bowiem bezsensowna walka z przyrodą, corocznym zamieraniem, kurczeniem się dni, które ma w sobie coś z kradzieży, tak że można pomyśleć, iż ktoś podstępnie ograbia nas ze światła.

Tak, to najlepszy czas, żeby zamknąć dom na cztery spusty i uciec na Południe, gdzie lato potrwa jeszcze kilka miesięcy. Wyruszyłem więc w drogę, żeby nadal cieszyć się urodą kwiatów, zieloną trawą, suchymi ścieżkami, żeby rozkoszować się ciepłą pogodą, wrócić w ciekawe miejsca, odwiedzić znajomych, chłonąć nowe wrażenia, podczas gdy będę gonił w ślad za latem, mając wyostrzoną wrażliwość człowieka, który nie jest u siebie.

Tunelem na Południe

Podróż szosą z dalekiego północnego wschodu przez okrutną brzydotę miejsc takich jak Bridgeport i Bronx pod niskim i szarym niebem sprawiała na mnie wrażenie jazdy tunelem, może i nieciasnym, niemniej tunelem, wijącym się, wspinającym i opadającym na mostach i estakadach, w którym zmagałem się z natężonym ruchem i dusznym, cuchnącym, przegrzanym powietrzem pełnym jadowitych substancji, wychylony przed siebie, z nosem wystawionym tęsknie ku lepszej aurze Południa.

To wyobrażenie tunelu wcale nie odbiega bardzo od rzeczywistości. Wyboista rynna drogi międzystanowej numer 95 jest okropnie ruchliwa, nieprzewidywalna, niebezpieczna i posępna, ma w sobie coś z jaskini, a czasem przypomina kanał brudnego przepustu. Na całej trasie od mojego domu do Waszyngtonu są prawdziwe tunele, długie, wydrążone pod torami kolejowymi, pod rzekami i portami. Przepływałem nimi w upiornej oranżowej mdłej poświacie pośród pędzących samochodów idiotów. Taką jazdę trzeba po prostu wytrzymać. Osiemset kilometrów wyzutych z odrobiny urody, chociaż Nowy Jork może osiągnie pewną symetrię i elegancję – może, w odległej przyszłości, gdy wreszcie ustaną budowy i uzyska trwały kształt. Taka podróż przypomina jazdę kopalnianym chodnikiem, bo powietrze jest tak mroczne od zanieczyszczeń, że nawet otwarta droga wygląda jak tunel.

Po jedenastu godzinach dotarłem do Wirginii, a gdy wstałem nazajutrz rano i spojrzałem na mapę, postanowiłem pojechać inną trasą do Georgii, gdzie miałem umówione spotkanie w Elberton.

Niemal niepostrzeżenie wychynąłem z tunelu i znowu mogłem swobodnie oddychać, a boczne drogi Południa pachniały latem i lukrecją, bo taką woń wydziela zmiękczona słonecznym żarem smoła.

„Wyrwali mi zęby"

Opodal Henderson w Karolinie Południowej niektórzy kierowcy zjeżdżali w boczną drogę, żeby zatankować lub przekąsić coś w jadłodajni, gdzie przysiadłem się do faceta nazwiskiem Rob Birmingham. Byliśmy w zbliżonym wieku i wiedliśmy równoległe żywoty, czarny i biały, on żywot złożony z walki, służby i chorób, ja żywot polegający na bazgraniu w zaciszu czterech ścian i wyprawach w świat.

– Służyłem w wojsku. Dostałem w kość. Długo by gadać.

To spotkanie przypomniało mi, że Południe jest pełne weteranów z małych miast, miasteczek i skromnych domów, bo wojsko oznaczało dla nich ucieczkę, nieraz wybawienie, chociaż czasem stawało się brzemieniem, a niekiedy i przekleństwem czy karą.

Rob Birmingham był tęgim facetem o szczerym i życzliwym obliczu. Miał czapkę z emblematem Washington Redskins i okulary o grubych soczewkach. Ledwo łaził, osobliwie chwiejąc się na boki, i miał trudności z wchodzeniem na schody. Siedział spokojnie, słuchał życzliwie i cierpliwie, ale gdy zaczynał mówić, podniecał się i wracały wspomnienia. Oznajmił, że go skrzywdzono.

– Opowiedz, co się stało – rzekłem.

– Służyłem w osiemdziesiątej drugiej powietrznodesantowej w Wietnamie, w sześćdziesiątym ósmym i dziewiątym, w najgorszy czas, każdy ci to powie. Straciliśmy sześćdziesiąt pięć procent ludzi. Byłem w oddziale desantowym – powiedział. Ukrył twarz w dłoniach, westchnął i podjął: – Pierwsza rzecz to czynnik pomarańczowy*. Piliśmy wodę z kraterów po bombach. Wrzucaliśmy do niej pastylki, dzięki czemu miała nadawać się do picia. Ale coś było nie tak z tymi pastylkami. Ta woda zaszkodziłaby nawet krowie.

– Chorowaliście po niej?

– Rzygaliśmy jak koty – rzekł. – Moje problemy zaczęły się zaraz po tym, jak mnie zwolnili. Później trafiłem do Szpitala imienia Waltera Reeda, na leczenie i w ogóle, z powodu zespołu stresu pourazowego i zatrucia czynnikiem pomarańczowym. Człowiek robił pod siebie, a siostrze zajmowało nieraz pół dnia, żeby przyjść i go oporządzić. Zabierali człowiekowi lekarstwa i odprzedawali. Tak samo buty i skarpety, zabierali i człowiek musiał je odkupić.

– O co w tym chodziło?

– Takie tam numerki – powiedział z ponurym uśmiechem, a ja nie wiedziałem, co właściwie ma na myśli.

– Gorzej niż w więzieniu.

– No i zęby. Wyrwali mi zęby, tak że nie mogłem jeść. Nie mam bladego pojęcia, po co to robili. Zawsze wywiązywała się walka i lądowałem w izolatce. Robili mnóstwo rzeczy tylko po to, żeby człowieka zdenerwować.

– A co z tym czynnikiem pomarańczowym?

– To świństwo popsuło mi biodro, popsuło bark. Zatruło mi dzieci. Mój syn Maurice musiał się wynieść do Tucson w Arizonie, żeby żyć. Wnuki też ucierpiały, nie mam pojęcia czemu. Wstawili mi biodro, zoperowali bark, no i przez to cholerstwo musieli mi zmienić kolana.

* *Agent Orange*, defoliant stosowany przez armię USA w Wietnamie.

Wstał z ławy i westchnął.
– Zrobili z nas króliki doświadczalne i patrzą, jak zdychamy.
Znowu usiadł i przez dłuższą chwilę siedzieliśmy w milczeniu, a słowa „jak zdychamy" zawisły nad nami i rosły niczym wydłużający się cień. Bodaj po to, żeby zmienić nastrój, Rob zapytał mnie, dokąd jadę. Odparłem, że do Georgii.
– O, to musisz szczególnie uważać – stwierdził.
Powiedziałem, że jazda bocznymi drogami Głębokiego Południa to przyjemność. Dodałem, że jego opowieść bardzo mnie poruszyła, że wiele wycierpiał i jest bohaterem, skoro to wytrzymał. Wymieniliśmy się numerami telefonów.
Cztery godziny później, kiedy wjeżdżałem do Karoliny Południowej, zadzwoniła komórka.
– Mówi Rob. Wszystko w porządku, bracie? Nadal jesteś w drodze? Dzwoń, gdybyś czegoś potrzebował.

Koniec świata

O tym, że jestem na Południu, świadczył również chór kaznodziejów radiowych, którzy w całym zakresie skali, na wszystkich częstotliwościach, gromko alarmowali, że koniec świata jest bliski.
– Jak pisał Paweł do Tymoteusza – mówili jeden przez drugiego. – „A wiedz o tym, że w dniach ostatnich nastaną chwile trudne. Ludzie bowiem będą samolubni, chciwi, wyniośli, pyszni, bluźniący, nieposłuszni rodzicom, niewdzięczni, niegodziwi, bez serca, bezlitośni, miotający oszczerstwa, niepohamowani, bez uczuć ludzkich, nieprzychylni, zdrajcy, zuchwali, nadęci, miłujący bardziej rozkosz niż Boga. Będą okazywać pozór pobożności, ale wyrzekną się jej mocy. I od takich stroń. Z takich bowiem są ci, co wślizgują się do domów i przeciągają na swą stronę kobietki obciążone grzechami, powodowane pożądaniami różnego rodzaju, takie, co to zawsze się uczą, a nigdy nie mogą dojść do poznania prawdy"*.

* 2 Tm 3, 1–7.

Pilnie słuchałem, więc nie przegapiłem, że kaznodzieje prosili o pieniądze, o dobre uczynki, wspieranie potrzebujących i o to, żeby zostać na danej częstotliwości.

Puszczono muzykę, a ja pomyślałem, że ta apokalipsa jest najzupełniej zwyczajna, że przystaje do świata tak samo dzisiaj jak wtedy, gdy w I wieku nakreślił ją chyba nie sam Paweł, lecz któryś z jego najbliższych uczniów, wyrażając wieczne prawdy, ponieważ słabość, zachłanność, nieszczerość i oszukiwanie siebie tkwią w naturze człowieka i to się nigdy nie zmieni.

Dni ostatnie? Naprawdę nie wiedzą? Wszystko to dzieje się zawsze, codziennie, wszędzie.

Massoud: „Robię krawężniki"

W północno-wschodniej Georgii, niedaleko od granicy z Karoliną Południową leży nieduże, znane z kamieniołomów miasto Elberton, gdzie spotkałem się z nieprawdopodobnym południowcem Massoudem Besharatem, który przybył z Iranu przez Austrię, Francję i Anglię. Polecono mi go jako obcego, który odniósł sukces na Południu, gdzie przyjezdnym rzadko się to udaje.

– Czym się pan zajmuje? – zapytałem.

– Robię krawężniki – odparł i roześmiał się, chociaż wcale nie żartował.

Na ścianie w kuchni wielkiego domu Massouda w bocznej uliczce Elberton wisiał jugosłowiański kałasznikow z wygiętym ogromnym magazynkiem na licho wie ile naboi. Wyraziłem pewne zdziwienie tym, że Massoud eksponuje tak śmiercionośną broń w przytulnej kuchni, i zapytałem o magazynek, czy jest naładowany.

– Oczywiście, że tak! Na co by mi był nienaładowany?

Zdjął karabin ze ściany, pobawił się mechanizmem ryglowym i znowu się roześmiał, tym razem wcale niewesołym, ironicznym, irańskim śmiechem, poświstując przez nos. Tak, obcy może nauczyć się mówić płynnie po angielsku, ale śmieje się zawsze w sposób wrodzony, wydając nieraz odgłos pradawny i złowieszczy.

Massoud miał kilka kosztownych motocykli, w tym harleya-davidsona duo-glide, na którym jeździł po Georgii w szykownym kasku z pracowni Louisa Vuittona. Za domem wybudował z ozdobnych granitowych bloków zdalnie sterowany wodospad. Kiedy wodospad był włączony, szumiał i huczał tak głośno, że ledwo słyszałem, co Massoud mówi, ale specjalnie mi to nie przeszkadzało.

Umieścił mnie w pokoju gościnnym na poddaszu i przez trzy dni, które u niego spędziłem, dobrze go poznałem. Bez żenady przyznawał, że jest obrzydliwie bogaty, pyszny, twardy w interesach, z niczym się nie liczy, kocha sztukę, jest apodyktyczny, ma swój styl, jest złośliwy, hojny, wyrachowany i podejrzliwy, co wszystko kładł na karb irańskiego wdzięku i wychowania.

– Nie cierpię Iranu – żachnął się jednak od razu. – Nie cierpię Irańczyków. Uciekłem stamtąd. Pojechałem do Londynu i czułem się świetnie, pracując w smażalni ryb.

Podawał się za ignoranta, a mimo to zbił fortunę, poznał tajniki sztuki cięcia kamienia za pomocą pił diamentowych, stał się znawcą amerykańskiego malarstwa nowoczesnego i dziewiętnastowiecznego malarstwa francuskiego, wyrobił sobie smak do dekoracji wnętrz, z talentem obracał luksusowymi nieruchomościami i rozwinął w sobie autentyczną, chociaż męczącą serdeczność. Tak, niewątpliwie jest ciekawym przykładem obcego – podobnie jak nieodzowny pan Patel – który od razu dostrzega swoją szansę i potrafi ją wykorzystać. Niemniej w gronie obcych, którzy odnieśli sukces na Południu, z pewnością wyróżnia się jako człowiek niezwykle barwny i niesłychanie przedsiębiorczy.

Śniady, obdarzony orlim nosem, wygląda bardzo egzotycznie, głośno wyraża swoje zdanie, a mimo to ma wielu przyjaciół i sympatyków w prowincjonalnym, liczącym pięć tysięcy mieszkańców mieście na Głębokim Południu. Nikt go nie unika ani nie nagabuje, wszędzie jest mile widziany, co zawdzięcza niezwykłej pewności siebie, poczuciu humoru, bogactwu, lecz przede wszystkim temu, że wnosi wielki wkład w rozwój miasta, zatrudniając setki miejscowych. Ponadto jest właścicielem znanej galerii sztuki w Atlancie, sto pięćdziesiąt kilometrów od Elberton. Pokazał mi zdjęcia wystawionych w tej galerii rzeźb ukazujących kształtne kobiety.

– Moje byłe, żony i przyjaciółki! – oznajmił.

Pochwaliłem obrazy, które wisiały w domu Massouda.

– E, to nic. Powinien pan mnie odwiedzić w Paryżu – powiedział. – Właśnie wykańczam hotel w Barbizon. Nie ma takiego we Francji. Tylko dwanaście apartamentów, luksusowych, a w każdym obrazy mistrzów szkoły z Barbizon. Zna pan Barbizon? – zapytał, a potem zaczął wręcz krzyczeć w uniesieniu. – Wspaniali malarze! Millet! Corot! Félix Ziem! Mój hotel będzie jak prawdziwe *musée*, właściwie już jest jak *musée*! W salonie urządzam wystawy!

Mówiąc to, trzymał w ręku zabytkowego niemieckiego lugera.

– Broń. Uwielbiam broń – dodał i przycisnął pistolet do policzka, niczym dziecko ulubioną zabawkę. Wyglądało to komicznie, tym bardziej że nosił okrągłe pomarańczowe okulary. Twierdził, że ma pięćdziesiąt par okularów, w najróżniejszych kolorach, ale wszystkie tak samo okrągłe.

Znane głównie z kamieniołomów Elberton leży na grubym na prawie pięć kilometrów i rozciągającym się na pięćdziesiąt kilometrów pokładzie niebieskiego granitu. Pierwszy kamieniołom zaczęto kopać w 1882 roku, wydobycie pełną parą ruszyło w 1889, a rozkwitło dzięki włoskiemu mistrzowi kamieniarskiemu Peterowi Bertoniemu, który sprowadził się do Elberton, kupił kamieniołom i rzeźbił granitowe posągi i pomniki. Skalnicy i kamieniarze z Elberton twierdzą, że zmonopolizowali amerykański rynek nagrobków granitowych, a oprócz nich wytwarzają kostkę brukową, płyty chodnikowe, blaty, obeliski i słupy. W mieście i okolicy działa czterdzieści kamieniołomów i przeszło dwieście firm kamieniarskich. Massoud jest właścicielem Blue Sky, jednego z największych kamieniołomów na tych terenach. Za pomocą diamentowych pił tnie na wielkie bloki cenne podłoże Elberton i przerabia je na krawężniki, które sprzedaje w całym kraju.

Chociaż Massoud ma skłonność do błaznowania i droczenia się, jest pomysłowym facetem mającym talent do robienia interesów, w mig chwytającym okazje do podniesienia opłacalności swoich firm. W kamieniołomach zatrudnia setki osób, czarnych, białych, a także meksykańskich imigrantów. Cięcie i wydobywanie kamienia to mozolna operacja przeprowadzana za pomocą specjalistycznych maszyn, wielkich stalowych dźwigów, skomplikowanych pił, które przeciągają przez ścianę granitu diamentową linę, chłodząc ją strumieniem wody. Te piły linowe wycinają sześciometrowe bloki granitu. Z kamieniołomu codziennie wywozi się całe Stonehenge.

– Nie wyobraża pan sobie, ile zużywamy tej diamentowej liny – powiedział Massoud. – A jest piekielnie droga. Kiedyś sprowadzaliśmy ją z Chin.

– I co, już nie sprowadzacie?

Roześmiał się, a właściwie zachichotał figlarnie, a że miał wtedy czerwone okulary, wyglądał jak głupek. Ale nic bardziej mylnego.

– Sam produkuję diamentową linę! Założyłem fabrykę w Elberton! Sprzedaję tę linę i dobrze na tym zarabiam! Ot, co!

Później pokazał mi Imex, fabrykę przy bocznej ulicy, zakład będący w połowie linią montażową, w połowie zaś nowoczesnym laboratorium, gdzie około trzydziestu pracowników przytwierdzało galwanizacyjnie diamentowe kryształki do mocnej, ale elastycznej ćwierćcalowej liny. Produkcja całych szpul diamentowej liny jest mozolnym procesem złożonym z wielu etapów bardzo drobiazgowych operacji wymagających dużych umiejętności technicznych, kosztownych maszyn i wielkiej cierpliwości od pracowników, ponieważ to zajęcie nadzwyczaj precyzyjne i monotonne zarazem. W drugiej części fabryki załoga złożona z mężczyzn i kobiet montowała wielkie piły obrotowe o tarczach z diamentowymi zębami – trzymetrowych koliskach do cięcia granitowych bloków.

– To metoda ekologiczna. Nie działam jak inni faceci, którzy używają palników wrębowych, tną skałę za pomocą strumienia plazmy i robią dziury. My tniemy diamentową liną. Mniejsze straty, nie ma ognia.

To małe prowincjonalne miasto słynie z kamieniołomów, ale nie ze szkół ani uczelni technicznych czy przemysłowych. Widząc więc licznych pracowników, którzy ubrani w białe kitle i okulary ochronne pracowali przy stanowiskach roboczych pośród pojemników z roziskrzonymi okruchami diamentu i spiekali te okruchy w rozgrzanych do białości piecach, zapytałem:

– Gdzie oni się nauczyli, jak to wszystko robić?

– Ja ich nauczyłem! – odparł Massoud. – No i Bijan.

Bijan Amini to jego kuzyn, inżynier i chemik, który wyemigrował z Iranu i w zakładach Massouda nadzoruje zarówno wydobycie w kamieniołomie, jak i produkcję diamentowej liny w fabryce.

– Najlepsza metoda cięcia wielkich powierzchni – stwierdził Bijan. – Wycinamy duże bloki kamienia. Szybciej. Bez odpadów.

– To geniusz! – zawołał Massoud. – Muszę już znikać. Mam lekcję francuskiego. Prowadzę interesy we Francji, więc chcę się nauczyć języka. Ale co mogę dla pana zrobić? Co chciałby pan zobaczyć? Proszę się zwrócić do mojego kamerdynera. To prawdziwy wsiok z Południa! Uwielbia broń! Co chciałby pan robić?

Powiedziałem, że chciałbym porozmawiać z pracownikami kamieniołomu, którzy wydawali się tacy maleńcy i doskonale zorganizowani w głębi wielkich prostopadłościennych jam w skale, gdzie pracowali niczym Egipcjanie wydobywający wielkie kamienne bloki do budowy piramid, dźwigając je za pomocą trójnogów i wielokrążków.

Jesse: „Każdy wie, że chętka mija"

W parującym deszczu i wśród wielkich kałuż kamieniołom granitu wyglądał niczym toporna operacja chirurgiczna na ogromną skalę. Rozdarto zieloną skórę ziemi i wielkimi kawałami usuwano kamienne wnętrzności. Na przestrzeni trzydziestu hektarów urządzono dziesięć wielkich wyrobisk. Koła zamachowe wirowały, diamentowa lina gryzła skałę i wyglądało to niezwykle brutalnie, owo wyrywanie litej skały, żłobienie głębokiej, prostokątnej jamy tam, gdzie przedtem falowały zielone grzbiety wzgórz. Powiedzenie, że skalnicy znęcają się nad ziemią, może wydać się niedorzeczne, ale właśnie tak to w moich oczach wyglądało – jak grabież, przemoc, bebeszenie Elberton. Nie mogę jednak zaprzeczyć pomysłowości tej operacji, zręczności ludzi i sprawności maszyn, które wyrzynają wielkie bloki litej skały, zostawiając otwarte wyrobiska o gładkich kamiennych ścianach.

Przy wejściu do kamieniołomu wybudowano wysokie wiaty, pod którymi obrabiano granitowe bloki, rozłupując je na gilotynach o wielkich i ciężkich ostrzach i tnąc za pomocą pił tarczowych na krawężniki. Żadna z tych czynności nie była prosta, ponieważ bloki ważyły po dziesięć ton i trzeba było nimi manewrować, dźwigać je na linach i wielokrążkach. Trudna i żmudna praca i robotnicy unoszący oraz obrabiający wielkie bryły kamienia zrobili na mnie nie mniejsze wrażenie niż specjaliści w okularach ochronnych wytwarzający wielkie szpule diamentowej liny, których widziałem poprzedniego dnia w fabryce w mieście.

Pod jedną z wiat do obróbki kamienia młody mężczyzna z młotem i dłutem w rękach ociosywał granitową płytę, nadając jej formę krawężnika.

Kiedy przechodziłem obok, mężczyzna odwrócił się i ujrzałem zgnębione oblicze i wyraz cierpienia w jego oczach. Poszedłem dalej, ale później, kiedy deszcz się nasilił, wykorzystałem ulewę jako pretekst, żeby schronić się pod dachem jego stanowiska roboczego i może z nim porozmawiać.

– Mogę się tu schować?

– Śmiało, zmieścimy się.

Odłożył dłuto i samym młotem powoli odłupywał kawałki granitowego bloku. Był facetem średniego wzrostu, muskularnym, o barkach i ramionach okrytych tatuażami, ozdobnymi, niewyrażającymi żadnych przechwałek ani mądrości, jak to bywa u wytatuowanych mężczyzn. W jego tatuażu powtarzał się motyw wyszczerzonej czaszki. Miał jasne włosy, niebieskie oczy i roztaczał aurę skrzywdzonej niewinności. Niespokojny, podminowany, zerkający z ukosa, zachowywał się jak ktoś nawykły do pracy w samotności i stropiony najściem obcego, tym bardziej że bazgrałem w notatniku.

Nazywał się Jesse Minor. Miał trzydzieści pięć lat, pochodził z odległych o niepełna sześćdziesiąt kilometrów Athens, miasta dużo większego od Elberton. Szkołę średnią, Oconee High School, skończył w Watkinsville.

– To w zasadzie biała szkoła – powiedział. – Miasto naprawdę malutkie i też w zasadzie białe.

– Masz niezłe dziary, Jesse.

– Zrobił je jeden kumpel z Arizony, artysta w tym fachu. Powiedziałem mu, żeby wytatuował mi całe ramiona w czachy, bo czachy są super. Na karku mam taką z imieniem „Reba". Moja córka. To cała historia.

Nie przerwał pracy. Nadal ociosywał granitową płytę.

– Nigdy przedtem nie pracowałem w kamieniołomie – mówił, machając młotem. – Przez osiem lat pracowałem w budownictwie, w Arizonie. W Prescott. Naprawdę dobre miasto, mnóstwo pracy. Ale zaczął się kryzys i wróciłem do domu – rzekł i przerwał na chwilę, żeby zmierzyć ociosywaną płytę. – Jestem tu od półtora roku. Tym młotem wyrównuję płyty, żeby były jak trzeba. Nazywa się to chyba kontrolą jakości.

– Ile ci płacą?

– Zaczynałem od dziewięciu dolarów na godzinę, teraz mam jedenaście. Pracuję sześć dni w tygodniu, pięćdziesiąt godzin. Praca całkiem w porządku, ale mam kłopoty w domu.

– Nie przeszkadza ci, że notuję? Zbieram materiały.

– Nie ma sprawy – powiedział i odłożył młot. – Chodzi o to, że się wyniosłem. Niech to szlag trafi. Moja żona Brandy mówi, że ma kryzys wieku średniego, co bardzo dziwne, bo jest młodsza ode mnie.

– Na czym polega ten jej kryzys?

– Zaczęła się umawiać z młodszym facetem, taki to ma kryzys. Ale zrobiła się naprawdę dziwna. Mówi, że mnie kocha, ale że nie jest we mnie zakochana. Co to, kurna, znaczy?

– Nie wiem. Pytałeś ją?

– Coś tak jakby – rzekł i zaczął krążyć po wiacie, podczas gdy deszcz słabł. – Każdy wie, że chętka mija po paru miesiącach, no nie? Tak czy inaczej, pomyślałem, że dam jej trochę luzu. Więc się wyniosłem – oznajmił, gdy pod wiatę podwieziono na podnośniku granitową płytę. Chwycił młot, zważył go w rękach i łupnął w płytę, nie przestając mówić. – Zaraz potem on się wprowadził, ten młody bubek, z którym się umawiała.

– Niedobrze to brzmi.

– Nawet nie ma samochodu, łachudra! – zawołał, machnął młotem, a granitowa płyta spadła z hałasem na wózek. – Powiedziałem jej, że bardzo się rozczaruje.

– A co ona na to? – zapytałem.

Nie słuchał, ryczał jak bóbr.

– Mówię jej: „W Arizonie byliśmy drużyną!". Przetrzymaliśmy naprawdę ciężkie chwile i wyszliśmy na prostą. *Byliśmy drużyną!*

Odrzucił młot i przysiadł na ławie przy granitowej płycie, którą za pomocą piły tarczowej przecinano na dwa krawężniki. Zapalił papierosa, cisnął zapałkę i wydmuchał dym.

– Po powrocie wylądowaliśmy w naprawdę podłej okolicy, Sherwood, od lasu Sherwood, koło Danielsville w hrabstwie Madison. Jakieś pięćset, sześćset osób w przyczepach mieszkalnych, mnóstwo narkomanów. Nasza przyczepa stoi w głębi osiedla.

– Źle się tam mieszka?

– Okropnie. Sąsiadowi wykorkowała narzeczona i odbiła mu szajba. Sprowadził sobie do przyczepy jakąś babkę z dzieciakami. Kompletna wariatka, wykończona amfą, cholernie agresywna. Cyrk na okrągło z powodu trawy i amfy. Teraz sąsiad próbuje ją jakoś wykopać, ale nie ma szans. Prawdziwa ćpunka. Ma pięcioro dzieci i one też biorą, wszyscy razem, mamusia i dzieciaki.

– To był twój dom?

– Póki się nie wyniosłem – odparł. – Teraz mieszka tam Brandy, z tym bubkiem – powiedział, po czym przez dłuższą chwilę milczał i palił. – Martwię się o Rebę. Jest dla mnie wszystkim, a widuję ją raz w tygodniu. Chcę się nią zająć, ale żona się nie zgadza, zołza jedna. Mówi mi: „Ktoś ukradł twoje narzędzia". Miałem pilarkę i inne rzeczy. Czy złodziej ukradłby tylko moje stare graty i nic więcej? Ten bubek je sprzedał, jestem pewny. A potem żona mówi mi: „Ktoś ukradł obrączkę". To obrączka po mojej matce. Wiem, co się z nią stało, i dostaję piany.

– Jesse, nie obraź się, ale czy i ty brałeś?

– Brałem, ale rzuciłem prochy, bo nie chciałem, żeby córka pomyślała o mnie to, co ja o swoim ojcu. Uznałaby, że jestem strasznie głupi. Wiem, bo zacząłem brać z ojcem, kiedy miałem dwanaście lat. Trawa, koka.

Przed oczyma wyobraźni znowu przemknął mi upiorny obraz jakichś półprzytomnych dzikusów odprawiających rytuał zbiorowego przyjmowania narkotyku, który zjawił się wcześniej, kiedy Jesse powiedział: „Ma pięcioro dzieci i one też biorą, wszyscy razem, mamusia i dzieciaki". Ale bardziej adekwatny byłby pewnie obraz grupki obdartusów żrących się i palących zielsko w ciasnocie przyczepy mieszkalnej.

– To było po tym, jak ojciec się rozwiódł – opowiadał Jesse. – W nocy wciągał kokę. Kiedy myślałem o Rebie, przypominałem sobie, co robił ojciec, jak palił trawę, prowadząc samochód. Ja zwykle paliłem skręta rano, przed wyjściem do szkoły.

– Ile miałeś lat?

– Dwanaście albo trzynaście. No i wsiąkłem w to – dodał i skinął głową, najwyraźniej domyślając się, że jestem ciekaw szczegółów. – Parę razy mnie przyskrzynili. Za uprawę trawy. Dosłownie kilka krzaczków. Ale chcieli mi dać dwadzieścia lat. W końcu odsiedziałem półtora roku. Miałem wtedy dwadzieścia lat. Ojciec umarł na raka, w wieku pięćdziesięciu trzech lat.

– Straszne.

– Ta rozłąka jest gorsza. Powiedziałem Brandy, że ją zabiję. Wcale nie chciałem. Ale właśnie dlatego nie mam teraz w domu broni, a zawsze miałem. Załatwiła mi tymczasowy zakaz zbliżania się. Do niej i do tego bubka. W pale się nie mieści!

– Mogę ci tylko radzić, żebyś zdusił chęć zabicia jej.

– Jasne. Nie chcę zrobić czegoś, co mi zrujnuje życie – powiedział. – Ale ciągle ją kocham. I kocham córkę. Chciałbym, żeby wszystko wróciło na stare tory – westchnął, zastanowił się, w końcu skrzywił boleśnie. – Żebyśmy znowu byli drużyną.

– Gdzie teraz mieszkasz?

– U matki w Athens. To okropne. Wszystkie graty zostały w przyczepie. Poszedłem po narzędzia, a Brandy mówi, że je ukradli. Poprosiłem, żeby oddała mi obrączkę, bo nie chciała jej nosić. „Ją też ukradli", powiedziała. Tylko trzy rzeczy zginęły: wiertarka, pilarka i obrączka. Nie ukradli pieniędzy ani nic innego. Akurat.

Wziął młot.

– I ten bubek mieszka z nimi, z moją żoną i z moją córką.

Uniósł ciężkie narzędzie i odwrócił się ode mnie.

– Zależy mi tylko na córce. Żyję dla niej i dlatego nie chcę zabić tego bubka ani Brandy, chociaż zasłużyli. Nie chcę, żeby pomyślała o mnie to samo, co ja o swoim ojcu, który dawał mi prochy.

Machnął młotem, uderzył w wystający kawałek w nieregularnym rogu granitowej płyty, a odłupany okruch śmignął na bok niczym pocisk.

Buddy Case: „Nic nie można było powiedzieć"

Buddy, facet, którego Massoud nazwał swoim kamerdynerem i wsiokiem z Południa, był szczupłym, życzliwym, cicho mówiącym mężczyzną, który uważał się za „chłopaka ze wsi". Po sześćdziesiątce, weteran wojny w Wietnamie. Miano „kamerdynera" okazało się typową hiperbolą Massouda. Buddy pełnił funkcje organizatora, kierowcy, złotej rączki i gościa od wszystkiego. Był oddany Massoudowi i dzielił z nim pewne zainteresowania, na przykład upodobanie do broni.

Wkrótce po tym jak go poznałem, wspomniałem o kałasznikowie Massouda, wiszącym na kuchennej ścianie obok rondli, patelni i półki z przyprawami.

– Pewnie też masz spluwę – dodałem.

– Spluwę – powtórzył Buddy, małpując mnie ironicznie. – Mam czterdzieści pięć spluw.

Później rozmawialiśmy o Wietnamie. Walczył tam w 1969 i był to najdłuższy okres, który spędził poza Elberton. Nadal utrzymywał kontakty z kumplami z oddziału.

– Co dwa lata spotykamy się w Pigeon Forge – powiedział.

Pigeon Forge leży na skraju Great Smoky Mountains, niedaleko od Knoxville w Tennessee. Ze względu na to, że Południe jest matecznikiem szczególnie wielu weteranów wojny wietnamskiej, miasto ogłosiło sierpień miesiącem pamięci i organizuje coroczne uroczystości pod nazwą Celebrate Freedom Month

[Miesiąc Wolności]. W jeden z weekendów odbywa się impreza pod hasłem Pigeon Forge Celebrates Freedom – A Welcome Home from Vietnam [Pigeon Forge na Cześć Wolności – Witajcie w Domu Bohaterowie z Wietnamu]. Jednym z głównych wydarzeń jest The Parade They Never Got [Defilada, Której Nie Mieli], czyli parada motocykli i maszerujących weteranów połączona z przelotem UH-1, helikoptera bojowego (zwanego Huey), będącego symbolem bitw i ewakuacji z czasów wojny wietnamskiej. Odbywa się wtedy wiele koncertów, w tym koncert specjalny w gmachu Smoky Mountain Opry zatytułowany *Salute to Patriots* [Chwała Patriotom].

„Koncert upamiętniający żołnierzy, którzy złożyli najwyższą ofiarę – pisano w programie. – Uczestnicząc w tym wydarzeniu, oddajemy cześć weteranom wojny wietnamskiej, czcimy ich jako bohaterów. Rodziny, znajomi i wszyscy obywatele mają okazję z dumą ich uczcić, wyrazić wdzięczność i w imieniu całego narodu powiedzieć: »Dziękujemy«".

Buddy opowiedział mi o tych obchodach i dodał, że zawsze niecierpliwie na nie czeka. Opisał defiladę, koncerty, fanfary i samo spotkanie z towarzyszami broni, tradycyjne potrawy spożywane w atmosferze braterstwa.

– Dobrze jest spotkać się z prawdziwymi kumplami.

– Wspaniale – potwierdził i zapalił papierosa. – Zasiadamy, wypijamy piwko. Potem oglądamy na mapach Google'a naszą bazę na wzgórzu w Wietnamie. Próbujemy sobie wyobrazić, co się z nią działo.

– Wcześniej w latach sześćdziesiątych pewnie chodziłeś w Elberton do szkoły średniej – powiedziałem. – Czy szkoła była wtedy zintegrowana?

– Próbowano ją zintegrować w sześćdziesiątym siódmym – odparł. – Byłem wtedy w drugiej klasie. Przyszło czworo czarnych uczniów, dwóch chłopaków, dwie dziewczyny.

– I co z tego wyszło?

Zmarszczył brwi, jak gdyby przypomniał sobie coś przykrego.

– Jedno wyryło mi się w pamięci – powiedział. – Każdego ranka odbywał się apel w sali gimnastycznej. Szkoła liczyła kilkuset uczniów i nie dla wszystkich starczało krzesełek na widowni. Wielu siadało na podłodze. Wie pan, jak dzieci siadają na podłodze?

Odłożył papieros na talerzyk i pokazał mi, jak siadali, odchyleni do tyłu, opierając ręce na podłodze za plecami.

– O, w ten sposób podpieraliśmy się rękoma.

– Rozumiem.

– Ci czarni uczniowie siadali na podłodze, a ci, którzy przechodzili za nimi, deptali im po rękach, wszystkim.

Wyobraziłem sobie białych uczniów górujących nad siedzącymi czarnymi i depczących po wyciągniętych na podłodze palcach.

– Nikt nic nie mówił – opowiadał Buddy. – Jestem pewny, że niektórzy ich żałowali. Lecz nic nie można było powiedzieć. Nie mogli tego znieść, ani ciągłego dręczenia. Wszyscy w końcu odeszli. W sześćdziesiątym ósmym przyszli następni. Znowu ich dręczono. W sześćdziesiątym dziewiątym przysłano ich jeszcze więcej. Ale wtedy ja już byłem w Wietnamie.

Tamtego dnia wieczorem w barze w Elberton poznałem Ivy, miejscową kobietę mniej więcej w wieku Buddy'ego, i zadałem jej to samo pytanie.

– Nie chodziłam do tej szkoły – odparła. – Poszłam do Samuel Elbert Academy. To była szkoła prywatna i chodzili do niej tylko biali. Założono ją w latach sześćdziesiątych, kiedy zaczął się ten cyrk.

Wiele myślałem o tych słowach Buddy'ego: „Nic nie można było powiedzieć". Znaczyły one, że nikt nie miał odwagi sprzeciwić się całej szkole ani potępić rasizmu. Właśnie tak wielu mieszkańców Południa uchyla dylemat moralny. O Stromie Thurmondzie mówią: „W gruncie rzeczy nie był rasistą, przecież spał z czarną służącą, a potem wysyłał pieniądze na utrzymanie dziecka. Dajcie mu spokój, wygłaszał poglądy rasistowskie tylko po to, żeby go wybrano". To samo mówił Bill Clinton o przynależności senatora Roberta Byrda do Ku Klux Klanu: „Był wiejskim chłopakiem ze wzgórz i dolin zachodniej Wirginii. Po prostu starał się zdobyć mandat".

Wydaje się wam, że stawiam płonące krzyże, zakazuję wam chodzić do białej szkoły, tuszuję lincz, ale słuchajcie, tak naprawdę to nie jestem rasistą. Po prostu próbuję zdobyć mandat.

Buddy czuł, że robi źle, dostosowując się wtedy do kolegów w szkole. To odczucie nadal tkwiło niczym zadra w jego sercu. Świadczyła o tym jego opowieść o tamtym bolesnym dniu sprzed czterdziestu siedmiu lat, kiedy biali uczniowie deptali po rękach czwórki czarnych uczniów, a on musiał zachować milczenie. „Mogłem zostać, jakbym chciał – mówi Huck Finn, opowiadając o niedoszłym linczu na pułkowniku Sherburnie – ale nie chciałem"*.

Bill Clinton ma więcej na sumieniu. Uparcie trzymał się pokrętnej logiki Południa i twierdził, że skoro zachowanie prawe, czyli potępienie rasizmu, szkodzi w kampanii wyborczej, to trzeba udawać rasistę. W gruncie rzeczy mówił, że musimy deptać palce czarnych. Musimy twierdzić, że to słuszne. W końcu potrzebujemy głosów. Trzeba zdobyć mandat bez względu na koszty moralne.

Mówienie prawdy i etyczne postępowanie często pozbawia ludzi władzy politycznej, ale to przestrzeganie zasad moralnych zawsze i bez żadnych wyjątków rzeczywiście się liczy i w ostatecznym rachunku zwycięża. Właśnie dlatego prawdziwymi bohaterami walki o prawa obywatelskie nie zostawali politycy. Zostawali nimi zwykli ludzie obdarzeni poczuciem misji, którzy wytrzymywali strajki okupacyjne, organizowali marsze i debaty. Dopiero kiedy zaczęli zwyciężać, politycy zwietrzyli okazję i poszli w ich ślady.

Z tego samego powodu Rosę Parks uznano w końcu za bohaterkę i dzisiaj oddają jej cześć ludzie, którzy najwyraźniej wstydzą się, że robili za mało, i niejako przepraszają kobietę, która okazała o wiele więcej odwagi niż oni. Jej zuchwałość, odmowa ustąpienia miejsca białemu wyrażała prawość i wierność prawdzie, jakich żaden południowy polityk nie miał śmiałości okazać, bo – zgodnie z bezwstydnym usprawiedliwieniem Byrda podanym przez Clintona – groziłoby to przegraną w wyborach.

Z punktu widzenia wielu południowców udawanie rasisty było w kampanii politycznej dopuszczalne, nawet konieczne, a zatem i wybaczalne. Trzeba być południowcem, żeby przyjąć to rozumowanie. Takie były uwarunkowania kulturowe, a więc i sposób

* M. Twain, *Przygody Hucka*, przeł. K. Tarnowska, Warszawa 1974, s. 211.

działania południowych polityków, którzy tak samo jak Buddy wierzyli, że „nic nie można powiedzieć" albo kumple przestaną cię uważać za swego. W gruncie rzeczy południowi politycy zachowywali się infantylnie, niczym niepewni siebie i zagubieni moralnie chłopcy, którzy przede wszystkim pragną być lubiani.

Tradycje Alabamy: segregacja w korporacjach żeńskich

Omijając Atlantę, przemknąłem przez Georgię, a już w Alabamie porzuciłem idealnie gładką szosę międzystanową i tak samo jak poprzednio ruszyłem bocznymi drogami przez Talladegę, Childersburg, Columbianę, Calerę, Montevallo, West Blocton i Cottondale. Nie jechałem szybko, bo na tych wiejskich drogach to po prostu niemożliwe. Ale wolne tempo tylko pogłębiało przyjemność, jaką sprawiała jazda pośród zaoranych pól, lasów, a przede wszystkim woń rozgrzanych dróg, które – pełne lśniących, czarnych smołowych pęcherzy, banieczek, zwłaszcza na odcinkach niedawno łatanych – sprawiały wrażenie przemysłowego fiaska, ale pachniały niczym gorący pak do smołowania łódek i niczym kanikuły mojego dzieciństwa.

W końcu znowu Tuscaloosa i uniwersytet, rozdarty wewnętrznym sporem. W pół wieku od zwycięstwa ruchu na rzecz równości praw obywateli w wiadomościach było głośno o białych korporacjach żeńskich, które nie przyjmują czarnych studentek wyrażających wolę przyłączenia się.

– To nic nowego – powiedziała mi Cynthia Burton, kiedy ją odwiedziłem nazajutrz po przyjeździe.

Cieszyłem się z ponownego spotkania z nią, ale znowu cierpiała. Dwa miesiące wcześniej miała wypadek samochodowy i nadal przechodziła rehabilitację. Obrażenia związane z wypadkiem dołożyły się do starych przypadłości: cukrzycy, nadciśnienia, chorych kolan. Nadal używała chodzika. Mimo to pracowała w pełnym wymiarze godzin, znajdując domy dla najbiedniejszych mieszkańców Czarnego Pasa i załatwiając sprawy licznych potrzebujących, którzy odwiedzali jej biuro, a w rubryce „Powód wizyty" w księdze interesantów wpisywali: „Jedzenie", „Woda" albo „Światło".

– Powinieneś zainteresować się niejaką Melody Twilley – rzekła Cynthia, a potem opowiedziała mi pokrótce historię tej dziewczyny. – Działo się to dziesięć czy dwanaście lat temu…

Melody Twilley pochodziła z miasteczka Camden w hrabstwie Wilcox w Czarnym Pasie w Alabamie.

– Wilcox to najbiedniejsze hrabstwo naszego stanu – dodała Cynthia, a Camden leży około pięćdziesięciu kilometrów na południe od Selmy. Ojciec Melody zajmował się z powodzeniem handlem drewnem. Dziewczyna przejawiała tak niezwykłe zdolności, że posłano ją do Alabama School of Math and Science w Mobile, szkoły średniej z ogromną przewagą białych uczniów, którą ukończyła z wyróżnieniem.

W 2001 roku przyjęto ją na uniwersytet stanowy. Wybijała się w przedmiotach ścisłych, śpiewała w chórze, zbierała doskonałe oceny. Pragnęła wstąpić do korporacji, chociaż wiedziała, że w żadnej z żeńskich korporacji na Uniwersytecie Alabamy nie ma ani jednej czarnej studentki. Jak twierdziła, nie chodziło jej jednak o demonstrację polityczną, lecz po prostu pragnęła zakosztować pełni życia studenckiego. Zapytana potem przez dziennikarza o zamiar wstąpienia do korporacji, rzekła: „Czułam, że jeżeli poznają mnie bliżej, to mnie polubią".

Ze względu na tradycyjnie czysto białe zarówno żeńskie, jak i męskie korporacje, do których po prostu nie przyjmowano czarnych, Uniwersytet Alabamy był wyjątkiem, ostatnią uczelnią na Południu, gdzie istniała taka nieformalna segregacja. W okresie naboru członków korporacji Melody wystąpiła z wnioskiem o przyjęcie do kilkunastu organizacji, ale tylko jedna, Alpha Delta Pi, zaprosiła ją na decydujące spotkanie.

Melody poszła na spotkanie pełna nadziei, ale nie została przyjęta. Korporacja twierdziła, że względy rasowe nie odegrały żadnej roli. Melody po prostu dostała za mało głosów. Do końca studiów nie wstąpiła do żadnej korporacji. Mogła się przyłączyć do którejś z czarnych, ale nie uczyniła tego.

– Na uniwersytecie działa tak zwana Machina – tłumaczyła Cynthia. – Nieformalna grupa dbająca o zachowanie tradycji, co znaczy, że w niektórych obszarach nadal obowiązuje segregacja. Biedna Melody Twilley. Tak się starała, Bóg świadkiem, że się starała.

Traf chciał, że segregacja rasowa w żeńskich korporacjach studenckich utrzymywała się do czasu, kiedy zjawiłem się w Alabamie i gdy jedenaście Afroamerykanek starało się o członkostwo w tych organizacjach na takiej samej zasadzie jak Melody Twilley w 2001 roku, a więc zgłaszając swoją kandydaturę i licząc na przyjęcie. Była połowa września i uniwersytecka gazeta „The Crimson White" ogłosiła artykuł, w którym pisano, że i męskie, i żeńskie korporacje studenckie (w sumie pięćdziesiąt sześć) są nadal w zasadzie podzielone rasowo i że system stowarzyszeń studenckich pozostaje „ostatnim bastionem segregacji na uczelni".

Dwie czarnoskóre aplikantki zostały wstępnie zaakceptowane przez członkinie białych korporacji, ale ostatecznie je odrzucono. Tym razem nie przeszło to bez echa. Pod naciskiem oburzonych studentek i studentów, w tym wielu członkiń korporacji żeńskich, rektor uniwersytetu doktor Judy Bonner zwołała kryzysową naradę zarządu uczelni z udziałem doradców korporacji żeńskich. Dzień później pani rektor wyraziła ubolewanie, że „korporacje studenckie pozostają podzielone pod względem rasowym", i zaapelowała o więcej tolerancji.

Z uznaniem należy odnotować fakt, że kilka dni później kilkuset studentów i pracowników naukowych uniwersytetu, w tym rektor Bonner, zebrało się przed Gorgas Library i niosąc tablice i transparenty, przemaszerowało pod gmach władz uniwersytetu, Rose Administration Building.

Niektóre z haseł nawiązywały do wydarzenia sprzed pół wieku, kiedy gubernator George Wallace próbował nie dopuścić do przyjęcia na uniwersytet dwojga czarnych studentów, stając osobiście przed drzwiami audytorium.

„W zasadzie była to zwykła szopka – oceniał Charles Portis w wywiadzie udzielonym w 2001 roku. Kiedy Wallace dokonywał tej demonstracji, Portis pracował w Tuscaloosie jako reporter. – Wszyscy wiedzieli, jak to się skończy – wspominał. – Nie mogli nie przyjąć tych czarnych studentów. Wallace stawił czoło Robertowi Kennedy'emu i Nicholasowi Katzenbachowi. Chciał zmusić władze federalne do demonstracji siły. Chciał kordonu policyjnego, kiedy wygłaszał swą wojowniczą mowę. Przychodzi mi na myśl Leander Perez, segregacjonista z parafii Plaquemines w Luizjanie. Earl Long zapytał go: »I co teraz zrobisz, Leander? Federalni mają bombę wodorową«". W odniesieniu do konfrontacji na Uniwersytecie Alabamy Portis sarkastycznie stwierdził: „W pewnej mierze było to jak wojna secesyjna, która się powtarza jako farsa".

W odróżnieniu od Wallace'a, który pozostał zaciekłym segregacjonistą (lub na takiego pozował), obecny gubernator Alabamy Robert Bentley (absolwent stanowego uniwersytetu) wydał w sprawie segregacji rasowej w żeńskich korporacjach studenckich oświadczenie, w którym wzywał do tolerancji. Było to jednak wołanie na puszczy, poczciwe zaklinanie rzeczywistości w duchu: „Czemuż nie możemy być razem?". Nikt z zarządu uniwersytetu ani żaden polityk nie stanął na wysokości zadania. Impuls do zmiany tego stanu rzeczy dali sami studenci, którzy organizowali protesty, pisali listy, demonstrowali. Stało się oczywiste, że większość studentów nie jest rasistami i pragną oni większej sprawiedliwości. Chociaż pojawił się Jesse Jackson, który wygłosił płomienne przemówienie, to jednak studenci akcentowali problem i tłumaczyli jego wagę. Zakrawało na prawdziwy skandal, że na uniwersytecie mającym jedne z najlepszych w kraju wydziały prawa i ekonomii w niektórych aspektach życia panują anachroniczne obyczaje, niesprawiedliwość i jawna segregacja rasowa.

– Powinieneś sam się przekonać – stwierdziła Cynthia. – Jedź tam.

Udałem się więc na kampus, żeby się porozglądać i porozmawiać ze studentami. Przy stadionie akurat bawiła się jedna z korporacji żeńskich. Podzielone na grupki setki studentek biegały rozbawione, oddając się czemuś w rodzaju poszukiwania skarbu czy fantów. Jedna z części zabawy polegała na wspinaniu się na czteroipółmetrowy brązowy posąg słynnego trenera futbolistów Nicka Sabana. Najwyraźniej chodziło o to, ile dziewcząt zmieści się naraz na posągu. Udawało się to ośmiu czy dziewięciu. Trzymały się głowy posągu, siedziały na szyi i barkach, zwieszały się z ramion, przywierały do nóg, siadały na postumencie. Piszczące, dokazujące dziewczęta z dołeczkami w kolanach, zaróżowione i odrobinę spocone od wysiłku. Same białe.

Chętnie ze mną rozmawiały. Te, z którymi pogadałem, w sumie kilkanaście, wszystkie popierały integrację korporacji studenckich. Mówiły, że przyjaźnią się z czarnymi, że chcą przyjmować je do swojej korporacji, że wstyd im z powodu złej opinii o uniwersytecie.

– Należę do korporacji, ale nie dlatego wybrałam Alabamę. Zrobiłam tak z powodu futbolu – powiedziała jedna ze studentek.

– Futbol rodzi wielką solidarność – dodała jej koleżanka.

– A może i pijaństwo i burdy? – rzekłem.

– O, tak, to też!

– Nie mamy nic przeciwko przyjmowaniu czarnych koleżanek do naszej korporacji – stwierdziła inna studentka, odpowiadając na moje bezpośrednie pytanie.

– Czemu więc korporacje są nadal podzielone?

– Bo tak chcą absolwenci – zawołało kilka studentek naraz, gorliwie, żebym im uwierzył.

– Absolwenci odrzucają integrację i naciskają na nas – dodała jedna z dziewcząt. – To oni dają forsę uczelni, a także naszym korporacjom, więc mają wielką władzę.

– Osławiona Machina?

– Cicho sza, o tym nie wolno mówić! – zawołała inna ze śmiechem.

W tamtym tygodniu na łamach „The Crimson White" ukazał się krytyczny artykuł zatytułowany *In Sororities Integration Is Still Elusive* [W korporacjach żeńskich integracja jest nadal śladowa]. Nie tyle jest śladowa, ile w ogóle nie istnieje. Mimo to studenci wykazywali godną pochwały stanowczość w dążeniu do zmiany tej sytuacji, wolę sprzeciwienia się absolwentom. Krytykowali „wymóg uzyskania listu polecającego od szefostwa organizacji, który może być powodem odrzucenia kandydata". W jednym przypadku, na zebraniu Alpha Gamma Delta, „członkinie korporacji wstawały na znak, że popierają [czarną] kandydatkę i nie zgadzają się z decyzją absolwentów".

– Cała sala chciała przyjąć tę dziewczynę do Alpha Gamma Delta – opowiadała jedna z uczestniczek tego zebrania. – Ale po prostu jesteśmy bezsilne wobec absolwentów.

O tej sprawie zrobiło się głośno, wiele o niej dyskutowano, ale bez skutku. Stary południowy podział rasowy nadal się utrzymywał, tyle że wyraźnie widziałem, że studentki chcą same decydować o rekrutacji i są gotowe przyjmować również czarne koleżanki. Czuły się zażenowane krytyką w mediach i z wyraźną irytacją reagowały na niektóre moje pytania. Kiedy pytałem, dlaczego czarne studentki miałyby chcieć wstąpić do organizacji, która ich nie chce, odpowiadały: „Ależ my je *chcemy*!".

Z mojego punktu widzenia całe to zamieszanie wydawało się cokolwiek komiczne. Nabór do korporacji studenckich, który odbywa się w karnawałowej aurze i zgodnie z głupkowatymi zasadami, jest wątpliwym świadectwem tolerancji, ponieważ tak zwane greckie stowarzyszenia studentów to organizacje ogromnie snobistyczne, rozwiązłe, oddane głównie zabawie, łączące zasady etyczne błazna cyrkowego z bezsensowną abrakadabrą tajnego stowarzyszenia, hołdujące nieraz wartościom jak z *Folwarku zwierzęcego* i kultywujące rytuały i próby godne tajnego więzienia CIA. W dorocznym głosowaniu na najlepsze korporacje studenckie, czego owocem jest ranking zwany Greek Rank, korporacje studenckie w całym kraju ocenia się pod względem atrakcyjności, popularności, wyrafinowania, zaangażowania, życia towarzyskiego i koleżeńskości. To przeniknięty zawiścią światek, w którym ludzie obwąchują się niczym psy, a osiągnięcia akademickie nie mają najmniejszego znaczenia.

Z drugiej strony muszę przyznać, że na Uniwersytecie Alabamy wstąpienie do korporacji studenckiej niekiedy ma pewne znaczenie jako demonstracja lub nawet swoiste szyderstwo. Dzieje Tuscaloosy bowiem to historia zaciekłego rasizmu i zatwardziałej bigoterii. Podczas mojego poprzedniego pobytu biskup Earnest Palmer pokazał mi gniazdo Klanu przy Union Boulevard, a Klan w Alabamie to świeże wspomnienie, jeżeli nie teraźniejszość. Nawet bez niego działa wiele grup przenikniętych nienawiścią.

Tak, znajdowałem się na uniwersytecie, gdzie przed półwieczem, gdy władze federalne zadekretowały integrację, czarnych studentów musiała ochraniać Gwardia Narodowa. Trudno potępiać ludzi wrażliwych za to, że wydaje im się, iż absolwenci Uniwersytetu Alabamy powinni wyrzec się rasistowskiej przeszłości i szerzyć ideę tolerancji, nawet w banalnej sprawie naboru do korporacji studenckich. Ale nic bardziej mylnego. Wpływowi absolwenci zadają sobie niemało trudu, żeby zakulisowo podtrzymywać haniebne zwyczaje – rzekomo w imię tradycji.

Sandra Fair: „Sytuacja wygląda coraz gorzej"

– Moi synowie mają i białych, i czarnych kolegów – powiedziała Sandra Fair. – Zupełnie inaczej niż w czasach mojej młodości. Kiedy w 1968 roku kończyłam szkołę średnią, mieliśmy tylko jedną czarną koleżankę. Naprawdę mi jej było szkoda.

Sandra to pogodna, szczera, przedsiębiorcza kobieta z rolniczego miasteczka Gordo w hrabstwie Pickens, dwadzieścia kilka kilometrów na zachód od Tuscaloosy. Jej mąż hoduje bydło mleczne. Sandra pełni funkcję dyrektor finansowej Community Service Programs of West Alabama, niekomercyjnej agencji rozwoju, którą kieruje Cynthia Burton.

Sandrę Fair poznałem dlatego, że zapytałem Cynthię Burton o finanse CSP. Dawniej podróżowałem po Afryce i Azji, gdzie w ramach programów pomocowych pompowano setki milionów dolarów w rozwój, edukację, źródła energii, opiekę medyczną, a nawet przemysł turystyczny (na przykład Tanzania otrzymała siedemset milionów dolarów, Zambia trzysta pięćdziesiąt). Byłem więc ciekaw, jakimi środkami dysponuje ta amerykańska agencja, działająca w ośmiu hrabstwach Alabamy w zachodniej części Czarnego Pasa.

– Nasz budżet operacyjny wynosi około piętnastu milionów dolarów – rzekła Sandra Fair. Dodała, że mniej więcej połowa idzie na pensje nauczycieli, doradców, budowlańców, konserwatorów i personelu biurowego. – Poza tym ludzie piszą podania o zapomogi, pożyczki, środki na ogrzewanie lub zapłacenie rachunków za wodę czy światło. Potrzebują jedzenia, potrzebują rady. Wydajemy na to jakieś trzy miliony.

– Dajecie ludziom pieniądze na opłacenie rachunków za ciepło?

– Nie. Jeżeli spełniają kryteria, płacimy bezpośrednio dostawcy. Kierujemy się kryterium dochodu. Pomagamy biednym.

Kryterium dochodowe wydaje mi się surowe. W myśl urzędowych „wytycznych w sprawie ubóstwa" osoba samotna zostaje uznana za ubogą, jeżeli jej dochód roczny nie przekracza jedenastu tysięcy czterystu dziewięćdziesięciu dolarów, dwuosobowe gospodarstwo domowe spełnia to kryterium, jeżeli jego dochód nie przekracza piętnastu tysięcy pięciuset dziesięciu dolarów – i tak dalej. Takie dochody nie pozwalają nawet na zwykłe przetrwanie. Minimum socjalne w przypadku rodziny czteroosobowej wynosi dziewiętnaście tysięcy dolarów. To bardzo mało, a mimo to przeszło dwadzieścia procent mieszkańców tej części Czarnego Pasa – owe niewidoczne dwadzieścia procent – żyje poniżej progu ubóstwa i ma prawo do pomocy społecznej. W Missisipi takich osób jest dwadzieścia pięć procent.

Z punktu widzenia potrzeb budżet CSP wygląda skromnie, ale programy zakrojono ambitnie. Organizacja finansuje modernizację mieszkań, rozwój edukacji i ma program pomocy społecznej, w ramach którego dopłaca do rachunków za energię, zapewnia najbiedniejszym żywność i dach nad głową. Z myślą o trudnej młodzieży uruchomiono program oferujący „regularne zajęcia dla nastolatków, którzy pierwszy raz stanęli przed sądem hrabstwa dla młodocianych". Na tych zajęciach uczy się młodych, którzy pierwszy raz popadli w konflikt z prawem, jak unikać stosowania przemocy, a ponadto proponuje się im nowe możliwości edukacyjne i szkolenia zawodowe.

W ramach pomocy oświatowej CSP uruchomiła program „wczesnego reagowania", skierowany do rodziców, których nie stać na posyłanie dzieci do przedszkoli. Prócz tego CSP działa na rzecz utrwalania wzorca pełnej rodziny. Właśnie temu służy program pod nazwą „inicjatywa na rzecz ojcostwa". „Przekonanie, że w rodzinach ubogich i żyjących w środowiskach upośledzonych społecznie ojcowie niechętnie podejmują trud wychowywania dzieci, jest z gruntu błędne – czytamy w broszurce informacyjnej. – W ramach inicjatywy na rzecz ojcostwa upowszechniamy idee i formy aktywności pogłębiające więź łączącą ojca z dziećmi. Staramy się wspierać i poszerzać rolę ojca w życiu rodziny".

Na to też potrzeba pieniędzy, ale Sandra Fair stwierdziła, że wyniki są obiecujące. Ojcowie coraz chętniej zgłaszają akces do tego programu.

– Pomagamy w sprawach mieszkaniowych – opowiadała Sandra. CSP buduje nowe domy jednorodzinne, remontuje stare, a także buduje i utrzymuje budynki wielorodzinne i osiedla mieszkaniowe. – Poprawa warunków mieszkaniowych ludzi ubogich pochłania wielką część naszego budżetu – stwierdziła. – Domy wielorodzinne, kamienice czynszowe, a także budownictwo pod hipotekę.

– Czy to się sprawdza? – zapytałem.

Uśmiechnęła się smętnie.

– Problemy narastają – rzekła. – Przybywa ludzi biednych, przybywa tych, którzy wpadają w kłopoty. Sytuacja wygląda coraz gorzej. Co roku rośnie liczba interesantów, ciągle przychodzą nowi. Pomagamy, robimy, co w naszej mocy, ale nie widać poprawy.

Randall Curb: „Jak ptak z podciętymi skrzydłami"

Pejzaży, które ukazywały mi się w trakcie jazdy do Greensboro przez tereny wiejskie na południe od Tuscaloosy, nie oglądałem już przez pryzmat *Let Us Praise Famous Men*. Zawarte w tej książce opisy i jakby skamieniałe portrety rodzin połowników przyćmiła w wyobraźni rzeczywistość moich podróży i ludzi, których w ich trakcie poznałem i z którymi się zaprzyjaźniłem. Organizacja kierowana przez Cynthię Burton buduje i remontuje domy w hrabstwie Hale, podobnie jak HERO, którym zarządza Pam Dorr i które uruchomiło ponadto sześć innych przedsięwzięć, a mianowicie handel orzechami pekanu, produkcję rowerów o bambusowych ramach, kawiarnię Pie Lab, sklep z artykułami używanymi oraz produkcję naszyjników z włoskiej przędzy pod marką Whispers

(„Te niezwykłe i słynne już naszyjniki i szarfy – pisano w reklamie jednego ze sklepów rozprowadzających to rękodzieło – pochodzą z Greensboro w Alabamie, robią je kobiety, są przeznaczone przede wszystkim dla kobiet i dzięki nim kobiety z wiejskich terenów Czarnego Pasa w Alabamie wydobywają się z biedy").

Johnnie B. Washington nadal pełnił funkcję burmistrza i nadal marzył o sprowadzeniu do miasta wielkiego sklepu w rodzaju Kmartu, Janet May nadal przyrządzała jajka w koszulkach gościom pensjonatu Blue Shadows, a Luis podawał tamale w El Tenampa na skraju miasta. Wielebny Lyles nadal strzygł włosy i głosił kazania. Przegadałem z nim kilka godzin, a gdy wychodziłem, powiedział:

– Paul, jesteś z Północy. Na pewno znasz wielu nadzianych gości. Opowiedz im o Greensboro, ściągnij ich tutaj. Potrzebujemy głównie inwestycji.

Wielebny Lyles oświadczył, że jest dumny z tego, co zrobiono ze starą szkołą Rosenwalda, że tak pięknie ją odremontowano i służy teraz jako chętnie odwiedzany ośrodek kultury. Auburn Rural Studio nadal wznosiło pomysłowe i oszczędne domy. To już nie jest miasto Ageego i Evansa. Ciągle walczy o przetrwanie, ale się rozwija i ma nadzieję.

Odwiedziwszy je raz, nie dostrzegłbym tego, ale w przeciągu roku, jego czterech pór, uzmysłowiłem sobie prawdziwy stan tego miasta. Nie podróżowałem po to, żeby dobrze zjeść albo się rozczarować, nie dążyłem do ustalonego z góry miejsca przeznaczenia na modłę autorów starych książek podróżniczych. Niektórzy spotykani przeze mnie ludzie odnosili zapewne wrażenie, iż dokądś zmierzam, ale w rzeczywistości zataczałem poszerzające się kręgi, włóczyłem się beztrosko bocznymi drogami, poznawałem ludzi i odwiedzałem znajomych.

Kiedy poprzednio spotkałem się z Randallem Curbem, wyznał mi, że cierpi na ostrą depresję. Nie wtrącił tego mimochodem, lecz oznajmił jako poważną diagnozę medyczną. Tamtym razem zjedliśmy lunch w towarzystwie Mary Ward Brown, co wspominałem z rozkoszą, którą mącił jedynie fakt, że niedługo potem Randall przekazał mi wiadomość o jej śmierci.

Tym razem jedliśmy lunch w Pie Lab. Chociaż praktycznie ślepy, Randall imponował wyczuleniem pozostałych zmysłów, cały emanował zrozumieniem i uwagą. Kiedy wszedłem, uśmiechnął się, otwarł ramiona, uściskaliśmy się, a potem wspominaliśmy Mary T.

– Przysłała mi maila na temat pisarstwa i swoich planów – powiedziałem. – Niespełna dwa tygodnie później już nie żyła. Jestem ci ogromnie wdzięczny, że ją poznałem. Od razu mnie ujęła.

– I ona cię polubiła. Ale niedługo potem choroba zaczęła się rozwijać bardzo szybko. Mary nie chciała cierpieć ani przeciągać sprawy – rzekł Randall. – Wydaje mi się, że uświadomiła sobie, w jak ciężkim jest stanie, i postanowiła się poddać. Przestała jeść. Po prostu leżała w łóżku i spokojnie czekała na śmierć.

– Pamiętasz, jak wspomniała o książce o ludziach, którzy dożyli setki? Powiedziała, że nie chce żyć tak długo.

– Miała prawie dziewięćdziesiąt sześć lat – rzekł Randall. – Niezły wynik.

– Po śmierci mojego ojca pewien mój znajomy stwierdził, że przeciętna długość życia wcale nie jest duża. To rzeczywiście prawda. Czymże bowiem jest siedemdziesiąt, osiemdziesiąt albo nawet dziewięćdziesiąt lat?

Randall popadł w zamyślenie. To rosły, tęgi mężczyzna o imponująco dużej głowie, więc jego refleksyjny nastrój narzucił się w sposób przytłaczający. Zwalista postać przy stole, która milczy, nie odpowiada, nawet nie mruknie.

– Często rozpamiętuję to, co Mary T powiedziała o czarnych w Marion, że patrzą na nią z nienawiścią – rzekłem. – Chciałbym, żeby mogła rozwinąć ten temat. Prawie jej nie znałem, ale naprawdę za nią tęsknię. Tyle razy myślałem o tym, żeby z nią jeszcze pogadać.

Randall skinął głową, ale nic nie powiedział. Ta rozmowa przy lunchu o śmierci oraz jego milczenie przypomniały mi o tym, że cierpi na melancholię. Niezręcznie byłoby nagle zmienić temat, więc z obawą zapytałem go, jak się miewa.

– Niezbyt dobrze – odparł. – Pierwszą część lata spędziłem w Londynie, a po powrocie wpadłem w depresję. Przez Greensboro, jak myślę, przez to, że znowu jestem w domu, przez to miejsce i związane z nim wspomnienia.

– „Dom jest tak smutny – mówi Larkin. – Stoi, jak go zostawiono"*.

Randall znów skinął głową.

– Lecz w grę wchodzi coś jeszcze. Wróciwszy z podróży, w domu czuję się unieruchomiony. Jak ptak z podciętymi skrzydłami.

– Ale ja odnoszę wrażenie, że w Greensboro wiele się dzieje, i to dobrego.

– Ludzie przyjeżdżają, miasto przypada im do gustu i chcą je zmieniać na lepsze – powiedział, ale jakoś półgębkiem, z powątpiewaniem.

– To źle?

Randall w zamyśleniu podparł głowę, włosy miał wilgotne, zlepione, twarz zaróżowioną od gorąca. Nieraz utyskiwał, jak bardzo nie lubi lata w Alabamie, lepkiego powietrza, upalnych miesięcy, kiedy ludzie muszą siedzieć w domach. Mnie to nie przeszkadzało, ale byłem tylko przybyszem, przelotnym ptakiem.

– Dorastałem w epoce walki o prawa obywatelskie – powiedział w końcu. – Greensboro wrzało.

– Nie patrzysz z otuchą na to, że sytuacja w Greensboro, a może i na całym Południu, się poprawia? – zapytałem. Nie byłem pewny, jak głębokie są te zmiany, ale dozę poprawy uważałem za oczywistą.

– Wtedy z Północy przybywali ludzie walczący o prawa obywatelskie. Nazywano ich podżegaczami. I właśnie tak się patrzy na obcych jeszcze dzisiaj. To wichrzyciele.

Wcale mnie nie zaskoczył. Pam Dorr opowiadała mi, że spotyka się z niechęcią i wrogością. – Wyzywają mnie – mówiła z uśmiechem. – Czasem zdarza się, że jakiś przechodzień po prostu mnie opluje.

– Nie wiem – odparł Randall, kiedy zapytałem go, czy Pam Dorr ma opinię wichrzycielki. – Ale cała kwestia rasowa uległa odwróceniu. Dzisiaj mamy większe napięcie na tym tle, bo czarni są u władzy.

* P. Larkin, *Zebrane*, przeł. J. Dehnel, Wrocław 2008, s. 62.

– Czy nie o to chodziło? – zapytałem. – Przecież czarni stanowią większość w tym rejonie Alabamy.

– Biali czują się pozbawieni praw wyborczych – stwierdził. – Mamy czarnego burmistrza, czarną radę, czarnych sędziów. I nie dość na tym. Biali czują się wykluczeni. Chcą odzyskać władzę polityczną.

– Czy to możliwe?

– Zrozumże, Paul – rzekł z pewną irytacją. – Biali demokraci wymarli. Dziewięćdziesiąt procent ludzi głosuje zgodnie z podziałem rasowym. Czarni na czarnych, biali na białych. Tak to wygląda.

– Może to kwestia odpowiedniego kandydata?

– Nie wierzę, żeby taki się pojawił w nieodległym czasie.

Po lunchu poszliśmy wolno Main Street w lepkim upale, mijając opuszczone sklepy, ale i odnawiane budynki oraz działające placówki handlowe. Odprowadziłem go do domu.

– Przyjedź znów niezadługo – powiedział. Uściskaliśmy się, przystanął w cieniu na werandzie, pomachał mi na pożegnanie, a potem wszedł do domu, gdzie czekały na niego samotność i tysiące książek.

Brookhaven: raj dla szukających domu

Postanowiłem nazajutrz ruszyć znów w głąb Delty. Wstałem rano, przemknąłem przez granicę stanu do Meridian w Missisipi, potem pojechałem na południe do Laurel, skąd ruszyłem na zachód bocznymi drogami przez lasy sosnowe. Na noc zatrzymałem się w Collins, gdzie następnego ranka, czekając na zreperowanie opony, poznałem mechaników samochodowych i budowlańców, Dużego Williama, Małego Williama i Raya. Powiedzieli mi, że byli na Północy, aż w Pensylwanii.

– Budowaliśmy Walmart – rzekli.

Dalej pojechałem na zachód drogą numer 84, przez Prentiss i Monticello do Brookhaven, jeszcze jednego miasta, gdzie czas się zatrzymał. Na podniszczonej bramie nad jedną z głównych ulic oznajmiano: BROOKHAVEN – RAJ DLA SZUKAJĄCYCH DOMU.

Kto wie, może kiedyś Brookhaven rzeczywiście było rajem dla szukających domu, skoro we wspomnieniach zatytułowanych *Southern Fried Child* [Dziecię amerykańskiego Południa] urodzona w tym mieście Jimmie Meese Moomaw pisała: „Nigdy się nie dowiem, kim ani czym byłabym, urodziwszy się w Connecticut lub w Detroit, natomiast wiem, że to, kim jestem, w wielkiej mierze wynika z faktu, że urodziłam się w »Raju dla szukających domu« i miałam prawdziwie południowe dzieciństwo, w którym nie brakło koni, uzdrowicieli, barbarzyńców, kurw i niewydarzonych rodziców, którzy kochali mnie zarazem za bardzo i niedostatecznie".

Odniosłem wrażenie, iż dzisiaj niewielu szukających domu przybywa do Brookhaven. Nawet Jimmie Meese Moomaw wyjechała i osiadła w Georgii. Poczynając od lat siedemdziesiątych XIX wieku, Brookhaven było ważnym węzłem kolejowym na głównej trasie kolei Illinois Central wiodącej z Chicago do Nowego Orleanu. City of New Orleans, kursujący po historycznej trasie przez Kankakee, Centralię, Memphis i Jackson ekspres Amtraka, nadal przetacza się dwa razy na dzień przez Brookhaven, w kierunku południowym w południe, w kierunku północnym o czwartej po południu. Urokliwy stary dworzec stoi w samym centrum miasta, pozbawiony wyrazu nowy dworzec wybudowano zaś raptem kilka przecznic na północ od starego.

Kiedyś, i to nawet całkiem niedawno, na pewno kupiłbym bilet i ruszył tym pociągiem w którymkolwiek kierunku, porzuciłbym samochód i ochoczo wskoczył na pokład południowego ekspresu, który zawiózłby mnie do McComb i Wielkiego Luzu, jak nazywają Nowy Orlean, albo poczekałbym na popołudniowy pociąg, żeby jechać do Yazoo City i do Greenwood. Czy w tę, czy w tamtą stronę – czysta rozkosz z mojego punktu widzenia. Ale zbyt wiele bym stracił, no i wtedy zanadto już przywykłem do spontaniczności samochodu, do wielości dróg i łatwości wślizgiwania się w życie tej krainy dzięki temu, że mogłem jechać, gdzie tylko chciałem, dowolnie często przystając po drodze.

To, co robiłem, różniło się zasadniczo od podróżowania pociągiem jako obcy obserwator, podróżnik, jakim byłem w tak wielu krajach. Fakt faktem jednak, że te kraje (jak choćby Chiny, Indie,

Rosja, Wietnam, Egipt, Argentyna lub Wielka Brytania) mają rozwiniętą sieć kolejową i stosunkowo kiepskie drogi. Natomiast na amerykańskim Południu drogi są doskonałe, kolej zaś występuje sporadycznie. Kiedyś linie kolejowe o wiele lepiej pokrywały tę krainę. Dawniej koleje południowe stanowiły tani środek transportu i zarazem otwierały czarnym drogę ucieczki z Południa. Właśnie kolej umożliwiła wielką migrację czarnych w latach dwudziestych XX wieku i to jej stacje końcowe sprawiły, że ta fala uciekinierów docierała głównie do Chicago i do Nowego Jorku. Siłą rzeczy konkretne pociągi i miejscowości leżące na ich trasie zostały uwiecznione w tekstach tak wielu bluesów i innych piosenek, że można by z nich ułożyć śpiewnik dla podróżujących koleją z Południa.

Rzuciłem więc okiem na dworzec w Brookhaven, a potem ruszyłem na spacer do miasta. Obejrzałem gmach sądu, przed którym w sierpniu 1955 roku zastrzelono sześćdziesięciotrzyletniego Lamara Smitha, obywatela Brookhaven, weterana II wojny światowej i „działacza na rzecz praw wyborczych". Stało się to na oczach wielu mieszkańców miasta i samego szeryfa, ale nikt nie zareagował, ponieważ Smith pogwałcił miejscowe zwyczaje i zbulwersował białych tym, że miał czelność oddać głos w wyborach lokalnych.

Zjadłem lunch w jadłodajni, a potem kontynuowałem spacer. Zaszedłem do sklepu Liz-Beth Pageants, który sprzedaje i wypożycza suknie wieczorowe, jest jedną z najbardziej ruchliwych placówek handlowych w Brookhaven i prawdziwą południową instytucją.

– Dwieście dolarów za wypożyczenie, pięćset dolarów kupno – powiedziała Kim, jedna z ekspedientek, odpowiadając na moje pytanie.

Naprawdę świetnie – rzekła, gdy zapytałem, jak idzie interes

– Kto wypożycza te suknie?

– Wszyscy. Na bal szkolny, na przyjęcie. Na zjazd absolwentów i wybory królowej szkoły. Na konkursy piękności.

Pierwszy raz słyszałem o „królowej szkoły", ale tak to jest na Południu, w krainie przesyconej hierarchiami i pretensjami. Przy okazji zjazdu absolwentów wybiera się „królową" i „króla". Jeżeli chodzi o konkursy piękności, to tylko w tamtym miesiącu w Missisipi odbywało się dziesięć, w tym Miss Dogwood County, Miss Rankin

County, Miss Ebony Sweetheart, Miss Southwest Sweetheart, Miss Dixie Sweetheart, Miss Meridian, Miss Tri-County i Miss Deep South. Naprawdę zdumiały mnie kategorie wiekowe „do jedenastu lat" i „od lat dwunastu".

Cena wypożyczenia sukni obejmowała tanią krzykliwą biżuterię i odpowiednie pantofle. Wielkim wzięciem cieszyły się suknie na konkursy piękności dla „dziewczynek". Bogata galeria fotografii ukazywała zwyciężczynie konkursów ubrane w suknie ze sklepu Liz-Beth, sześcio- i ośmioletnie stare malutkie, umalowane, nad wiek rozwinięte dziesięciolatki, dwunastoletnie kokietki o długaśnych sztucznych rzęsach, ubrane w cekiny i przybierające zalotne pozy. Wszystkie te dziewczątka rzucały wyzywające spojrzenia kokoty, a niektóre w ogóle nie wyglądały jak dzieci, lecz jak karłowate królowe piękności, wulgarne kręcące kuperkami karliczki. Zdumiewająca cecha konkursów piękności dla dziewczynek polega na tym, że na tego rodzaju imprezach wcale nie uwydatnia się młodości uczestniczek, lecz się je erotyzuje, ubiera i maluje jak dorosłe kobiety, tak że zamiast emanować prostotą i świeżością, które wiążą się z ich wiekiem, rzucają powłóczyste spojrzenia spod ciężkich powiek i wyglądają jak zaprawione w bojach ulicznice.

„Państwa córeczka w naszym szytym na miarę kostiumie kąpielowym skupi na sobie całą uwagę jurorów" – głosiła tabliczka pod wystawą fotografii umalowanych nimfetek pozujących (z rękoma na biodrach) w różowych kostiumach kąpielowych, dziewcząteк wymyślnie ufryzowanych, z diademami we włosach, w niektórych wypadkach tak zaczesanych i ułożonych, że piętrzyły się na wysokość dwudziestu pięciu centymetrów. Na wiejskim Południu konkursy piękności dla dziewczynek są na porządku dziennym, a telewizyjny reality show *Toddlers and Tiaras* [Dziewczynka i diadem] cieszył się wielką popularnością. Jestem wielkim przeciwnikiem takich imprez, czemu dałem wyraz, opisując to kulturowe dziwactwo, ale mniejsza o moje zastrzeżenia moralne. Otóż jestem pewny, że gdyby starszy mężczyzna zapisał te reklamowe fotografie na swoim komputerze, a potem zostałyby one odkryte przez wścibskiego technika w punkcie naprawy sprzętu elektronicznego, to właścicielowi komputera groziłby areszt, surowe przesłuchanie, a jego dom zapewne przeszukano by w celu znalezienia lubieżnych wizerunków nieletnich dziewcząt.

Kawałek dalej wstąpiłem do salonu bilardowego Brookhaven Billiards i pogadałem z kilkoma z facetów sterczących przy stołach. Żaden z nich jednak nie grał, a Billy Temple, właściciel, zamierzał usunąć niektóre stoły.

– Wydawało mi się, że salon bilardowy w takim niedużym mieście to strzał w dziesiątkę, bo ludzie będą mieli gdzie zajść, żeby pogadać i pograć – opowiadał. – Ale nic z tego. Zwijam interes i wyjeżdżam. Czasem myślę, że już niedługo w tym kraju wszyscy zostaną bez pracy. Ten salon otwarłem dwa lata temu. To był bajzel. Posprzątałem, kupiłem kilka nowych stołów i wyposażenie. Można zagrać, można wypić napój, zjeść batonik. Nie ma alkoholu. Powinno chwycić.

– Też tak myślę, dobre miejsce spotkań w mieście takim jak to – powiedziałem.

– Na początku szło świetnie. Stara gwardia przychodziła o piątej i czekała na partnerów do gry. Zawsze ktoś grał, głównie biali. Od czasu do czasu wpadało z sześćdziesięciu czarnych chłopaków. Najpierw myślałem sobie: no tak, niezły klops, ale nigdy nie stało się nic złego. Ci czarni byli w porządku, po prostu przychodzili tłumnie.

– Może w licznej grupie czują się pewniej?

– Może, ale nie zachodzili często. Ruch słabł. Teraz już nikt nie gra. Sam pan widzi, pusto przy stołach.

Billy miał około czterdziestki, muskularny, w dżinsach i czarnej koszulce. Podczas gdy rozmawialiśmy, starał się, manewrując wózkiem, dźwignąć na niego jeden ze stołów. Nikt mu nie pomagał, sam dźwigał stół bilardowy. Stałem z boku i wypytywałem.

– I co pan pocznie?

– Poddaję się – odparł, stękając pod ciężarem stołu. – Może otworzę salon w innym mieście. Nie żeby konkurować, ale by zarobić na życie.

– Czy to pana główne zajęcie?

– Nie. Jestem strażakiem, ale to ciężki kawałek chleba w tym mieście. Nie płacą wiele. No i to robota dla młodych. Człowiek smacznie śpi w remizie, rozlega się alarm i w pięć minut trzeba przejść od zera do bohatera.

– Pożarnictwo jest też niebezpieczne. Człowiek ryzykuje życiem, prawda?

Nadal wciągał stół na wózek, stękając, ale odpowiedział, odwróciwszy głowę ponad ramieniem.

– Wyobraź pan sobie, że niesiesz na ramionach gościa, co waży sto dwadzieścia pięć kilo. No, już dwadzieścia pięć to nie w kij dmuchał, wcale nie łatwo dźwiga się taki worek. Ale przemnóż to pan przez pięć, a będziesz miał właściwe pojęcie. Do tego dym, żar i wyziewy. Masz pan na sobie trzydzieści pięć kilo sprzętu. Gość po czterdziestce, taki jak ja, ma już z tym problem, a jestem w dobrej formie!

– Brookhaven wydaje się całkiem miłym miastem – powiedziałem.

– Jest miłe, ale umiera. Politycy nas sprzedali, wszystko się zamyka. Produkuje się w Chinach i w Indiach. Tam wędrują nasze miejsca pracy. A Hindusi przyjeżdżają tutaj. Kupują stacje benzynowe i motele. I co z tego wynika?

– Nieodzowny pan Patel – rzekłem.

– Ano, bez przerwy słyszę to nazwisko. To jakaś cholernie wielka stara rodzina czy coś, i są już u nas wszędzie.

Poszedłem za nim przed salon i pomogłem wepchnąć stół po zaimprowizowanej pochylni na pakę półciężarówki.

– Bóg zapłać za pomoc z tym dziadostwem – powiedział. – Dokąd pan jedzie?

– W Deltę. Ale chciałbym jechać malowniczą trasą.

– Parę przecznic stąd skręć pan w lewo i trzymaj się pięćdziesiątej piątej. Jest naprawdę ładna.

„Życie to droga"

Tak, to ładna trasa, jedna z wielu malowniczych bocznych dróg na Głębokim Południu, wąska, wiodła mnie przez sosnowe lasy, mokradła i ścielące się na stokach wzgórz łąki wysokich traw, które wtedy już nieco pożółkły od skwaru lata. Porządne gospodarstwa rolne, nieliczne, stały z dala od drogi, a większość ludzkich sadyb stanowiły chaty i parterowe domki otoczone płotem, za którym ospale snuł się albo drzemał pies. Tam i sam przyczepy mieszkalne przycupnięte pod eukaliptusami, a prócz nich, jakżeby inaczej, sypiące się rudery, jakie widywałem tylko przy takich podrzędnych drogach. Co kilka kilometrów kościół, nie większy od jednoizbowej szkoły i wyglądający podobnie jak taka szkoła, z krzyżem na szczycie dachu, czasem z lichą wieżyczką, zawsze z tablicą informacyjną na trawniku, na której wypisano czytanie z Pisma do najbliższego kazania.

ŻYCIE TO DROGA

IZ 35, 8

PAN JEZUS MA MAPĘ NASZEJ PODRÓŻY

ŁK 24, 13–24

Przede mną wyłoniła się duża szkoła, kompleks ceglanych budynków o płaskich dachach. Przed szkołą wysoki maszt, na którym wietrzyk unosił nieco flagę Konfederacji, a w każdym razie tak mi się wydawało w pierwszej chwili, gdy przejeżdżałem z prędkością może siedemdziesięciu kilometrów na godzinę. Oczywiście była to flaga stanu, która tak samo jak sztandar armii Konfederacji zawiera motyw krzyża świętego Andrzeja i jest jedyną flagą stanów południowych, na której zachowano ten symbol. Na swój sposób pasowało to do wiejskiej drogi w głębi południowego Missisipi, która zdawała się prowadzić wstecz czasu, do lat dziewięćdziesiątych XIX wieku, kiedy przyjęto tę flagę (projekt nowej flagi, na której krzyż świętego Andrzeja ze sztandaru Konfederacji zastąpiono gwiazdami, przepadł z kretesem w referendum w 2001 roku).

Falującą drogą jechałem w pełnym słońcu tak szczęśliwy jak zawsze na drogach Południa. Jazda w słońcu po wiejskiej drodze niesie uczucie oczyszczenia, jak gdyby człowiek się obmywał w blasku migoczącym w gałęziach nad głową, w cętkowanym świetle na rozgrzanym asfalcie, w przebłyskach nieba pośród zagajników, ścian sosnowych lasów w niektórych kotlinach, ogromnych dębów białych i kolumn jałowców w innych, i w przesycającej powietrze woni rozgrzanych słońcem zbutwiałych starych liści, które pachną niczym grzanka z masłem. Na przestrzeni wielu kilometrów droga biegła w szpalerze sosen i dębów, zrobiła się węższa i tym bardziej przypominała zaczarowaną ścieżkę z baśni dzieciństwa, która kusi podróżnego subtelniejszym światłem i obietnicą większej radości. Rozkoszowałem się tą jazdą.

I właśnie wtedy zaczęły się pojawiać złowieszcze znaki, przybite gwoździami do pni przydrożnych drzew. Na grubych pniach drzew mocowano duże i groźne tablice, na których na białym tle wielkimi czarnymi lub czerwonymi literami wypisywano przejmujące grozą przestrogi.

PRZYGOTUJ SIĘ, BY STAWIĆ SIĘ PRZED BOGIEM TWYM – AM 4, 12

NA KAŻDYM MIEJSCU SĄ OCZY PAŃSKIE: DOBRYCH I ZŁYCH WYPATRUJĄ – PRZ 15, 3

MARTWA JEST WIARA BEZ UCZYNKÓW – JK 2, 26

USIŁUJCIE WEJŚĆ PRZEZ CIASNE DRZWI – ŁK 13, 24

KTO WYTRWA DO KOŃCA, TEN BĘDZIE ZBAWIONY – MK 13, 13

CZYŃCIE POKUTĘ* – MK 6, 12

Wypowiedziane wyrozumiale przez pastora w kościele pełnym wiernych, słowa te mogą nieść otuchę, ale wymalowane wielkimi czarnymi lub czerwonymi literami na tablicach przybitych gwoździami do pni drzew na głębokiej prowincji wśród podłych chat przejmowały grozą.

* W oryginale *repent*. W angielskim Nowym Testamencie odpowiedni wers brzmi: *They went out and preached that people should repent*. W Biblii Tysiąclecia czytamy: „Oni więc wyszli i wzywali do nawrócenia".

Lato w Delcie

Wyruszając z Północy o tej porze roku, mówiłem sobie, że jadę w ślad za latem, żeby dalej czerpać otuchę ze słonecznego blasku i podtrzymywać dobry nastrój, jakim darzy miła pogoda. W Georgii i w Alabamie panowała w istocie przyjemna aura, z sadów na ogół już zebrano plon, okryte białymi kłaczkami krzewy bawełny czekały na żniwiarzy, na łąkach rolnicy kosili siano i zwijali je w wielkie rolki i pękate bele. Natomiast w Missisipi wkroczyłem w dławiący upał, powietrze smakowało kurzem i niosło nieprzyjemną ludzką woń, na zrudziałych od słońca pastwiskach głodne i udręczone krowy chłostały ogonami chmary bzyczących much.

Delta zdawała się bezsilna i smutna. Przestrzegano mnie, że może być niebezpieczna, ale próżno by oczekiwać dramatyzmu, jaki obiecuje to ostrzeżenie. W Delcie nigdy nie poczułem się zagrożony. Ot, znękana i biedna kraina. W jej głębi spotkałem faceta, którego kuzyn mieszka w Natchez i co miesiąc jeździ do Memphis. Dorobił się, ma prosperującą firmę, ale nie zapomniał biednego dzieciństwa, które przeżył w czarnych okolicach Jackson.

– To, co widzi, napełnia go takim smutkiem, że w Memphis idzie do spożywczego i kupuje całe skrzynki żywności. Wracając do domu drogą numer 61, jak tylko widzi biedę, przystaje i wystawia skrzynkę z jedzeniem.

O tego rodzaju spontanicznej dobroczynności słyszało się raczej w Afryce lub w Indiach.

Nie wszystkie płaskie martwe pola po obu stronach prostej drogi biegnącej przez Deltę obsadzono bawełną. Te nieobsadzone wydawały się absolutnie wyjałowione, a wrażenie to narzucały zwłaszcza widoczne na nich tam i sam mętne i zarośnięte rozlewiska tudzież rowy stojącej wody, nad którymi niczym złotawe muśliny wirowały podświetlone chmary komarów.

„Jak Afryka", zapisałem w notatniku, kiedy przystanąłem, żeby się wysikać pod drzewem. Turyści wyobrażają sobie, że Afryka jest cudowną krainą światła, dzikiej zwierzyny i lesistych wzgórz, ale na sawannach, gdzie zwierzęta gromadzą się w pobliżu wodopojów, w powietrzu roi się od kąsających much i unosi się taki sam smród błota, jakim tchną mokradła w Delcie. Zagubione w bezkresie równin ludzkie siedziby – skupiska chat – są zaś liche, kruche i właściwie prowizoryczne.

Odchodzące na zachód gruntowe drogi wiodły na tereny nadrzeczne, ku widocznym w dali wysokim drzewom i niższym zaroślom. Wiedziałem, że jest tam woda, bo słoneczny blask igrający na jej powierzchni łyskał oślepiająco spomiędzy plam ciemności u nasady pni drzew.

Tak, dopędziłem lato, ale nie to wymarzone, bo wcale nie pragnąłem duchoty buchającej znad bulgoczącego rozkładu rozlewisk ani słońca na nędznych chatach i opuszczonych domach siedlisk włóczęgów na skraju drogi pomiędzy klepiącymi biedę miastami. Nie znaczy to, że książki namąciły mi w głowie. Nie, bynajmniej nie szukałem Delty Faulknera ani Yazoo City Williego Morrisa, ani nawet Delty wielkich bluesmanów. Czerpię inspirację z książek i muzyki, ale nie jestem tak głupi, żeby sądzić, iż znajdę właśnie to, o czym one opowiadają. Swoje ostatnie słowo na temat Delty Faulkner włożył bodaj w usta starego Ike'a McCaslina, który sądzi, że stara Delta kurczy się, znika, ustępując przed nowoczesnością i ludźmi żądnymi pieniądza.

Tak, Delta nadal się kurczyła, gniła i traciła rodzimych mieszkańców, ale jako żywo nie dostrzegałem śladu nowoczesności, a i nikt z tych, co ich spotkałem, nie śmierdział groszem. Ta kraina wydawała się porzucona, wyglądała jeszcze gorzej w obezwładniającej duchocie rojącego się od robactwa lata niż w czas szarej zimy pustych dróg i zimnych, zaoranych pól. Jakiś drętwy smętek klęski wisiał nad całym pasem uprawnych ziem, a w dali, za mokradłami i rozlewiskami, unosiła się zielonkawa mgiełka, wstająca pewnie znad niewidocznej rzeki.

A jednak, mimo wszystko, sama pustka tej krainy wabiła mnie i obdarzała uczuciem wyzwolenia. Płaska martwa ziemia pod kopułą nieba, prosta droga i jednostajna kojąca jazda, a i nabyta w trakcie wcześniejszych podróży wiedza, że mieszkańcy Delty są nie tylko uprzejmi, lecz prawdziwie życzliwi obcym i chętni do rozmowy, zwłaszcza o przeszłości, bo przyszłość jawi im się jako nadzwyczaj niepewna. W tej otwartej przestrzeni czułem się wolny. Dopiero wtedy gdy oczom ukazywało się miasto, osada, skupisko przyczep na skraju drogi albo rzędy domów przy drodze, nastrój ten pryskał.

Powiedziałem: rzędy domów, ale to niewłaściwe słowo. Takie budowle już widziałem, ale miałem nadzieję, że są złudzeniem, a w każdym razie zjawiskiem lokalnym, efemerydą, że w tej krainie jest coś więcej, inne zjawiska, zdrowe i krzepiące, mogące świecić przykładem. Między innymi po to wróciłem. Przejechałem przez Redwood, Rolling Fork, Anguillę i wyglądały one tak samo jak w innych porach roku, melancholijne i znękane biedą, a domy były raczej namiastką domów. Mijałem powgniatane przyczepy mieszkalne o obitych i skorodowanych rantach, mijałem rozdzierająco żałosne chaty, chociaż gdzieniegdzie dostrzegałem ślad ambicji: stary wieniec na drzwiach, jakieś obtłuczone poidełko dla ptaków albo plastikową studnię życzeń ustawioną na kamiennym podwórku.

Goniąc za latem, zostawiłem za sobą beznamiętny słoneczny blask schyłku lata w pejzażu wyssanym przez żar, pożółkłym i wyblakłym, przesyconym drażniącymi woniami roślin, które wydały owoc, opróżniały torebki nasienne, zrzucały dojrzałe i już stwardniałe jagody, zostawiłem pnącza melonów spłonione przykurzonym rumieńcem. Tam, skąd wyruszyłem, wszystko już wysychało. Ale to samo zastałem tam, dokąd przybyłem. Lato w Delcie zawsze jest późne.

Blues w Hollandale

Kiedy sunąc przez Hollandale, które było tak samo nędzne i zabite deskami jak wszystkie inne miejscowości przy tej drodze i w jej okolicy, zaczynałem już tracić nadzieję, usłyszałem muzykę, która narastała, im głębiej wjeżdżałem w miasteczko. Późne gorące popołudnie, kurz wirujący w ukośnym świetle słońca chylącego się nad Arkansas, dziurawa ulica pełna rozpychających się ludzi i dobiegająca skądś muzyka, przeciągający nuty męski głos, brzdąkanie gitary, dudnienie perkusji i wibracje saksofonu.

Blues, w końcu dopiero co zboczyłem z drogi numer 61, zwanej Drogą Bluesa.

Kiedy z wahaniem zwolniłem, wielki policjant w mundurze polowym nakazał gestem, żebym zjechał na parking. Wysiadłem i poszedłem ku scenie, którą ustawiono pod zagajnikiem. Znajdowałem się na skraju miasta, a na scenie gardłowym głosem śpiewał rosły mężczyzna z towarzyszeniem dość licznej kapeli.

– To Bobby Rush – powiedział policjant, gdy go mijałem.

Zawieszony nad sceną transparent obwieszczał: HOLLANDALE BLUES FESTIVAL IN HONOR OF SAM CHATMON [FESTIWAL BLUESOWY IMIENIA SAMA CHATMONA W HOLLANDALE]. Na pobliskich straganach sprzedawano smażonego kurczaka i kukurydzę, lody i napoje, a także festiwalowe T-shirty. Bobby Rush śpiewał teraz przejmująco wysokim głosem, ale nadal w wolnym tempie, kończąc ostatni numer, jedną z najsłynniejszych swoich piosenek, a mianowicie *Chicken Heads* [Kurze łby]:

Love that gal,
Love them chicken heads too.

[Kocham tę dziewczynę,
I już lubię nawet kurze łby].

Jeszcze tylko zespół zagrał i zadudnił forte, po czym Bobby skłonił się w pas i pomachał na pożegnanie. Osobliwy widok w bocznej uliczce starego miasteczka i przy zachodzącym słońcu, które oślepiająco przeświecało zza wysokich drzew za plecami bluesmana. Kiedy Bobby Rush zszedł ze sceny, żegnany aplauzem stojącej w kurzu na gołej ziemi publiczności w sile jakichś dwustu osób, na podwyższeniu zainstalował się następny zespół i znów rozbrzmiał blues.

– Ma tu rodzinę – powiedział stojący obok mnie mężczyzna.

Ekipa czarnych motocyklistów w skórzanych spodniach i kurtkach trzymała się razem i klaskała do rytmu. Starsze kobiety siedziały na składanych krzesłach i nie tylko przyklaskiwały, lecz i podśpiewywały. W tłumie słuchaczy biegały dzieci. Młodzi, ubrani jak raperzy, w portkach z obniżonym krokiem i czapkach założonych tył na przód, również klaskali. Klaskała też niska, chuda szesnastoletnia Shuquita Drakes, mimo że trzymała zawiniętego w kocyk miesięcznego synka, któremu dała na imię D'Vohta Knight. Mierzyła nie więcej niż metr pięćdziesiąt, miała śliczną twarz. Jedną wygoloną skroń odsłoniła, na drugą zaczesała fioletowe warkoczyki. Robin McCrae, wiotka tancerka z Atlanty, która ma rodzinę w Hollandale, powiedziała:

– Po prostu cudownie.

Muzyka była jednak tak głośna, potężna, że aż wibrowało powietrze, drżała ziemia i nie dało się rozmawiać, więc cofnąłem się na tyły tłumu, a gdy szedłem, poczułem rękę na ramieniu.

Położył ją starszy mężczyzna w wypłowiałej od słońca koszulce i czapce baseballowej.

– Witam w Hollandale – powiedział. Podróżowałem wiele po szerokim świecie i doprawdy rzadko się zdarzało, ażeby obcy witali mnie w tak kojący sposób. Ale na Głębokim Południu to rzecz normalna.

– Dziękuję panu, sir – odrzekłem. – Jestem Paul, z Północy.

– A ja jestem burmistrzem tego miasteczka – powiedział. – Melvin L. Willis. Czy mogę panu w czymś pomóc?

Nagle dotarło do mnie, że chociaż wśród słuchaczy było kilka białych osób, z pewnością rzucałem się w oczy jako przybysz spoza Delty. Wyróżniało mnie i to, że trzymałem w ręku otwarty notatnik, w którym raz po raz coś prędko zapisywałem, a w tamtej chwili wpatrywałem się weń, próbując odczytać nabazgrane przez Shuquitę imię „D'Vohta". A może burmistrz po prostu starał się trzymać rękę na pulsie? Niezależnie od powodu jego miłej reakcji, pomyślałem, że chcę lepiej poznać Hollandale.

Melvin Willis urodził się w 1948 roku w Hollandale i uczęszczał do lokalnych szkół jeszcze w czasach segregacji. Uczył się pilnie, poszedł na studia, a po nich został nauczycielem w Yorku, miasteczku w hrabstwie Sumter w Czarnym Pasie blisko granicy Missisipi. Przejeżdżałem przez to miasteczko po drodze z Demopolis do Meridian. Awansował i w końcu został dyrektorem szkoły średniej w Yorku.

– Pracowałem tam przez czterdzieści lat, a po odejściu na emeryturę w 2005 roku wróciłem do rodzinnego Hollandale – opowiadał. – Czułem, że mogę zrobić coś, żeby dźwignąć to miasto. W 2009 roku kandydowałem na burmistrza i wygrałem. Właśnie zacząłem drugą kadencję. Ten festiwal wyraża ducha naszego miasteczka.

Zapytałem o związki Sama Chatmona z Hollandale.

– Chatmon urodził się gdzie indziej, ale spędził tu większą część życia, grając w swoim zespole i pracując na plantacji – odparł burmistrz Willis. – Każdy tu o nim słyszał. Jak pan widział, ściągnęliśmy Bobby'ego Rusha. Wspaniały dzień. Hollandale to wspaniałe miasteczko.

Sam Chatmon grywał z zespołem pod nazwą Mississippi Sheiks. Jedna z jego piosenek nosi tytuł *Hollandale Blues (My woman says, 'Come home, Sam'* [Żona powiada: „Chodź już do domu, Sam"]). Inne to: *God Don't Like Ugly* [Bóg nie lubi brzydkich], *Sitting on Top of the World* [W siódmym niebie], *You Shall Be Free (When the Good Lord Sets You Free)* [Będziesz wolny (Kiedy dobry Bóg cię wyzwoli)] lub *Nigger Be a Nigger* [Czarnuch będzie czarnuchem]. Ja najbardziej lubię nagraną w 1978 roku przez badacza folku Alana Lomaxa piosenkę *Make Me Down a Pallet on Your Floor* [Pościel mi u siebie na podłodze], o której Chatmon powiedział, że usłyszał ją, kiedy miał cztery latka, i zapamiętał na całe życie.

Stare fotografie ukazują Sama Chatmona jako drobnego mężczyznę z wielką brodą. Jego ojciec Henderson Chatmon, były niewolnik w Terry w stanie Missisipi, dożył stu pięciu lat. Sam Chatmon zmarł w 1983 roku w Hollandale w wieku osiemdziesięciu sześciu lat. Pochowano go na miejscowym cmentarzu.

Muzyka, tłum słuchaczy, liczne samochody zaparkowane pod drzewami, stragany z przekąskami ani świąteczna atmosfera nie mogły przesłonić tego, że Hollandale, tak samo jak inne miasta w Delcie, chociażby Rolling Fork, Anguilla czy Arcola, wyglądało biednie, zabite deskami i jakby zbankrutowane. Możliwie delikatnie nawiązałem do tego, mówiąc o trudnej sytuacji w całej Delcie.

– Jesteśmy biedni – rzekł burmistrz. – Nie przeczę. Mamy bardzo niskie wpływy z podatków.

– Jak niskie?

– Jakieś trzysta tysięcy.

– Na zarządzanie całym miastem?

– Tak, na całe miasto – powiedział. – Ciągniemy dzięki dotacjom. Właśnie dostaliśmy czterysta pięćdziesiąt tysięcy dotacji federalnej. Niby dużo, ale w rzeczywistości tyle co nic.

W porównaniu z milionami pomocy zarówno państwowej, jak i prywatnej ładowanymi w Afrykę, brzmi to śmiesznie. W moich stronach w Massachusetts mniej więcej tyle trzeba zapłacić za trochę lepszy dom.

– Z tych pieniędzy musimy opłacić nauczycieli, strażaków, policję, personel targowiska i wiele innych rzeczy. Utrzymanie infrastruktury też kosztuje. Oficjalnie mamy dwa tysiące siedmiuset mieszkańców, ale w rzeczywistości jest ich jakieś trzy i pół tysiąca. Nikt nie ma pieniędzy, nikt w tym mieście. Dochody z podatków są prawie żadne, ale jakoś sobie radzimy – westchnął, uniósł czapkę baseballową i podrapał się w głowę.

– Nie jest lekko – powiedziałem.

– Nie jest, Bóg mi świadkiem. Bawełna daje pracę niewielu ludziom. Mieliśmy hodowlę suma, ale padła. Magazyny zbożowe też padły. Szpital zamknięto dwadzieścia lat temu. Jest Delta Pine, która selekcjonuje nasiona bawełny. I tyle. Tu nie ma pracy.

Podszedł do nas biały mężczyzna, objął ramieniem burmistrza Willisa i serdecznie go uścisnął.

– Cześć. Jestem Ray Schilling. Widzicie tego faceta? Pracował u mojego ojca w naszym sklepie.

Mówił o sklepie spożywczym Sunflower w centrum Hollandale, jednej z nielicznych nadal działających placówek handlowych. Spożywczy pod tym szyldem widziałem przedtem w Rolling Fork. Ray, podobnie jak burmistrz Willis, wychwalał Hollandale. Nadal mieszkał blisko miasteczka.

– Tam za sceną – powiedział Ray – była kiedyś Simmons Street, którą nazywano Blue Front, bo mieściło się tam wiele klubów, w których grano wszelkiego rodzaju bluesa. Ale tam był ruch w sobotę wieczorem, mówię panu!

– Wspaniałe miejsce – westchnął burmistrz Willis.

– Nielegalny alkohol i walki – dodał Ray.

Pod koniec lat sześćdziesiątych Blue Front zaczął jednak zamierać, a na początku następnej dekady muzyka całkiem ucichła.

– Ludzie wyjeżdżali. Mechanizacja. Coraz mniej pracy. I tak do dzisiaj, ale my się trzymamy – powiedział Ray.

Dołączyli do nas następni. W promieniach zachodzącego słońca pod wysokimi drzewami wirowały drobinki kurzu wzbitego przez tłum słuchaczy, pomiędzy dorosłymi wciąż biegały rozbawione dzieci. Chłonąłem piękno scenerii i melancholijne dudnienie i łkanie bluesa.

– Mój ojciec miał tam aptekę, City Drug Store – powiedział pewien mężczyzna. Nazywał się Kim Grubbs, a jego siostra Delise Grubbs Menotti śpiewała wcześniej na festiwalu. Kim i Delise wychowali się w Hollandale.

Delise jest drobną blondynką, ale obdarzoną mocnym głosem. Wyróżniała się wśród śpiewających chropawymi głosami bluesmanów. Jedna z jej piosenek, którą sama napisała, nosi tytuł *The Mississippi Delta* i zaczyna się słowami: „*Oh, the Mississippi Delta, the flatland is my home*" [O, delto Missisipi, twoja równina jest moim domem].

– Mieliśmy kino – wspominał Kim. – Mieliśmy muzykę. W czasach mojego dzieciństwa panowała ścisła segregacja, to fakt, ale odnosiliśmy się do siebie przyjaźnie, czarni i biali. Wszyscy się znali.

Burmistrz Willis kiwał głową.

– To prawda.

– Było jak w raju – westchnął Kim. – Czy to jeszcze wróci? Jak to zrobić?

Omiótłszy gestem ręki scenę, stragany z przekąskami i tańczące dzieci, wszystko spowite w muśliny blasku zachodzącego słońca, powiedziałem:

– Myślę, że to dobry początek.

Burmistrz Willis położył mi rękę na ramieniu i rzekł żarliwie:

– Damy radę, będzie jak dawniej. Jak pan znowu do nas przyjedzie, sam pan zobaczy*.

* Bardzo chciałem wrócić do Hollandale, żeby spotkać się znów z tym jakże serdecznym i optymistycznym mężczyzną. Zaledwie miesiąc później

Doe's Eat Place

Kawałek dalej na północ, w Greenville, pytałem, gdzie można dobrze zjeść, i ktoś poradził mi Doe's Eat Place [Jadło u Doego]. Pamiętałem tę dziwną nazwę z satyrycznego artykułu Huntera Thompsona, ogłoszonego na łamach „Rolling Stone" podczas kampanii prezydenckiej w 1992 roku, kiedy Thompson przeprowadził wywiad z Billem Clintonem, który zaproponował spotkanie w „jadłodajni Doe's Eat Place".

„Potulnie skinąłem głową – relacjonował Thompson z właściwym sobie sarkazmem – i usiadłem na metalowym krzesełku już to u szczytu, już to na końcu stołu, sądząc, że Kandydat naturalnie zajmie miejsce po przeciwnej stronie, skąd mnie nie dosięgnie. Cholerny skubaniec natychmiast klapnął obok, nie dalej niż pół metra, i wlepił we mnie jakby senne spojrzenie, od którego dostałem gęsiej skórki. Oczy Kandydata zwęziły się w szparki i pomyślałem, że zaraz się zdrzemnie".

Przedtem, kiedy Thompson, usłyszawszy nazwę Doe's Eat Place, westchnął zrezygnowany, Clinton wyjaśnił, że to restauracja w centrum Little Rock, „replika jadłodajni podającej steki i owoce morza gdzieś w Delcie w Missisipi". Chociaż lokal w Little Rock jest częścią franczyzy, w niewielkim stopniu przypomina pierwowzór w Greenville.

Pierwotne Doe's Eat Place nie wygląda ani jak bar, ani jak jadłodajnia, ani jak restauracja. To po prostu wielka stara kuchnia o zatłuszczonych ścianach i jeszcze bardziej zatłuszczonym suficie. Na ścianach wiszą wysmarowane fotografie i pożółkłe wycinki z gazet z peanami na cześć tego lokalu. Ta kuchnia i kilka przyległych salek mieści się w zwykłym drewnianym domu przy bocznej uliczce na gęsto zabudowanym osiedlu złożonym ze starych i poczerniałych budynków. Dlatego musiałem się trochę natrudzić, żeby znaleźć ten lokal. W pobliżu nie ma charakterystycznych obiektów, nie

w trakcie rutynowych badań lekarskich u burmistrza Melvina Willisa wykryto jednak raka. Niedługo potem, w listopadzie 2013 roku, zmarł w wieku sześćdziesięciu pięciu lat [przyp. aut.].

ma sklepów ani innych restauracji czy barów. Wyruszyłem samochodem z centrum Greenville i jadąc zgodnie ze szczegółowymi wskazówkami od ulicy do ulicy, w końcu na kolejnym rogu spostrzegłem Doe's Eat Place.

Historia tej osobliwej jadłodajni jest naprawdę niezwykła, nawet jak na standardy Południa. Zaczęło się w 1903 roku od sklepu spożywczego, Papa's Store, otwartego przez rodzinę Signów (to najpewniej imigranci włoscy, skoro w Toskanii jest gmina Signa, dwa razy mniejsza od Greenville). Do założycieli rodzinnego biznesu należeli Dominick Signa („Duży Doe"), jego żona Mamie i brat Frank (zwany „Ciołkiem"). Interes handlowy upadł jednak z powodu wielkiej powodzi w 1927 roku. Ta powódź, jedna z największych katastrof naturalnych w historii Stanów Zjednoczonych, zniszczyła wały, zatopiła Greenville i wiele innych miast w Delcie, pozbawiła życia tysiące osób i na długie lata zrujnowała gospodarkę Delty.

Na stronie internetowej Doe's Eat Place czytamy, że po tej powodzi rodzina Signów zajęła się pędzeniem bimbru, co skądinąd należy do południowych tradycji. „»Duży Doe« Signa chwycił się bimbrownictwa, żeby rodzina znowu mogła stanąć na nogi. Po kilku latach za trzysta dolarów i forda T sprzedał swój alembik o pojemności czterdziestu baryłek".

Duży Doe doszedł do wniosku, że trzeba zmienić branżę, i w 1941 roku frontową część sklepu zamienił w knajpę („tylko dla czarnych"), podczas gdy Mamie nauczyła się przyrządzać doskonałe tamale, które podawano w tym lokalu. (Greenville chełpi się, że jest „stolicą tamali w USA"). Biali mieszkańcy miasteczka usłyszeli o tych pysznościach, a skoro nie mogli wejść od frontu (tylko dla czarnych), zaczęli przychodzić od tyłu i w końcu dawne zaplecze sklepu zamieniło się w „lokal gastronomiczny" (tylko dla białych), podczas gdy od frontu nadal działała knajpa czy „lokal muzyczny" (tylko dla czarnych). „Swego rodzaju segregacja na opak", podsumowano dowcipnie na stronie internetowej.

Duży Doe „zamknął w końcu knajpę i skupił się na gastronomii". W 1970 roku wycofał się z interesów, a jadłodajnię prowadzą dziś jego synowie Charles i Mały Doe, którym od czasu do czasu pomaga Florence, żona Ciołka. Do tego zespół energicznych kobiet i spoconych kucharzy pracujących przy rusztach i rondlach w dusznej kuchni i przyległych salkach, podający grube steki i talerze frytek w tej najbardziej chaotycznej, ale i najbardziej gościnnej ze wszystkich jadłodajni, jakie odwiedziłem na Południu.

Zjadłszy tuzin opiekanych krewetek, miseczkę chili, talerz frytek i wypiwszy trzy piwa, wytoczyłem się w ciemność na zewnątrz Doe's Eat Place i pomyślałem, że Greenville to naprawdę miłe miasto.

Niedzielny poranek w Monticello: kościół, smażony sum, futbol

Dowiedziawszy się, że tancbuda* Po' Monkey's w pobliskim Merigold jest przez kilka najbliższych dni zamknięta – chciałem tam wpaść, żeby posłuchać muzyki – pojechałem na zachód od Greenville, przez nowy most na Missisipi na płaskie pola Arkansas. Przez pewien czas podążałem brzegiem rzeki, a potem odbiłem w głąb Arkansas i przez sosnowe lasy dotarłem do Monticello. Spędziłem tam cały dzień, najpierw w Afrykańskim Episkopalnym Kościele Metodystycznym Shady Grove – gdzie wielebna Thelma Hampton ogłosiła *Pack the Pews Sunday*, czyli niedzielę zbierania darów dla potrzebujących – a potem pospacerowałem po mieście i idąc za radą jednego z członków kongregacji Shady Grove, zaszedłem do restauracji Ray's Catfish and Barbeque, która szczyci się tradycją sięgającą 1964 roku.

Monticello to małe szare miasto w zielonym południowowschodnim Arkansas, krainie lasów i terenów rolnych, daleko od wszelkich międzystanowych tras szybkiego ruchu. Kiedyś było ruchliwym ośrodkiem szkutnictwa i przemysłu włókienniczego,

* W oryg. *juke joint*. *Juke jonts* to nieformalne knajpki, w których muzykowano, pito i bawiono się. Zaczęły powstawać po zniesieniu niewolnictwa jako miejsca rozrywki czarnych robotników. Urządzano je w pobliżu plantacji, przy drogach lub na obrzeżach miast w opuszczonych budynkach albo w domach prywatnych. Odegrały pewną rolę w rozwoju bluesa. Jedną z najsłynniejszych *juke joints* jest Po' Monkey's.

ale to już w zasadzie wspomnienie. Tak samo jak w wielu innych tego rodzaju miastach na wiejskim Południu stare sklepy i instytucje w szacownym i dobrze rozplanowanym centrum – drogeria, spożywczy, tradycyjny bank, pasmanteria – zamieniły się w placówki oferujące rzeczy używane. Kilka doskonale zaopatrzonych lombardów prosperuje na obrzeżach.

Żelaznym punktem niedzielnego programu mieszkańców Monticello jest pójście do kościoła – Calvary Baptist, First United Methodist, Pauline Baptist, Faith Baptist, Zion Hill, Rose Hill Free Will, Shady Grove AME, przy czym niedaleko od głównego placu jest jeszcze sześć innych – a następnie zjedzenie lunchu na mieście, najlepiej suma, chociażby w Cowboy's, Mazzio's albo w najruchliwszej w niedziele Ray's Catfish and Barbeque.

Wszystkie stoliki były zajęte, a niektóre zsunięto, tak aby zmieściła się przy nich duża rodzina, poczynając od dziadków, przez dwa następne pokolenia, na wnukach kończąc, w sumie nawet kilkanaście osób.

Chociaż lokal ten polecił mi czarny mężczyzna, który rzekł, że sam również się tam wybiera, u Raya posilali się sami biali w sile około stu osób.

Uczyniwszy przerwę w jedzeniu z talerza z sumem, Dziadzio uniósł widelec i stanowczo oświadczył basem:

– Po mojemu żaden dorosły facet nie powinien się ruszać z domu bez gnata. Nie inaczej!

– Słyszałeś, tatuśku? – zapytała kobieta, zwracając się do mężczyzny, zapewne męża, w dżinsowej marynarce i w czapce z emblematem firmy John Deere.

– I może ubić, kogo chce – dodał Dziadzio.

Nikt mu się nie sprzeciwił, chociaż nie wszyscy słuchali, zajęci jedzeniem. Zadowolony z braku reakcji Dziadzio uniósł łokcie i wrócił do grzebania nożem i widelcem w dzwonku suma na talerzu.

– Jak ma powód – zakończył gardłowo.

W okienku pod tabliczką z napisem ZAMÓWIENIA siedziała kasjerka, ponieważ u Raya obowiązywała samoobsługa. Kasjerka miała na imię Hannah.

– Czasem przychodzi ktoś czarny, ale nieczęsto. Właściwie kupują tylko na wynos. Czarni mieszkają jakby po jednej stronie miasta, biali po drugiej.

Klienci Ray's mieli na sobie odświętne ubrania, jasne koszule, poliestrowe spodnie, a niektórzy wdziali białe pantofle lub buty z cholewami. Jedli łapczywie i się przekrzykiwali zabawnie zbolałymi głosami, jak to biali południowcy w miejscu publicznym. Dziadzia („Tylko patrzeć, jak zacznie brakować amunicji, mówię wam") słyszałem wyraźnie tylko dlatego, że siedział z rodziną blisko mojego stolika. Pomiędzy stołami ganiały się małe dzieci. Tu i ówdzie posilały się same matki z córkami. Po drugiej stronie sali dostrzegłem jedynego mieszanego chłopca, który siedział z liczną rodziną białych i od czasu do czasu włączał się do rozmowy.

Mężczyzna, z którym rozmawiałem w kościele Shady Grove, pojawił się przy bocznym wejściu – tak jak zapowiedział. Jedyny czarny w morzu białych. Podszedłem do niego, gdy mówił:

– Na wynos.

Nazywał się Marvin Hobson. Pochodził z miasteczka Wilmar, jakieś piętnaście kilometrów na zachód od Monticello. Wilmar to mieścina zamieszkiwana głównie przez czarną biedotę i jeszcze dzisiaj jedna trzecia ludności ma dochody niższe niż minimum socjalne.

– Kiedy dorastałem, było bardzo ciężko – opowiadał Marvin. – Prześladowania, walka o nasze prawa. Ludzie się tłukli, strasznie, lała się krew, byli zabici.

– Z czego żyła pana rodzina?

– Ojciec był rolnikiem, a to znaczy, że miał konia, pług i kawał nie swojej ziemi – powiedział i aż się roześmiał na wspomnienie o tym. – On to dopiero tyrał! Nasza rodzina zbierała bawełnę z osiemdziesięciu hektarów, dwa rzędy naraz. W żniwa od świtu do nocy ciągnęło się dwumetrowy wór.

Marvin miał sześćdziesiąt dwa lata i tak jak wielu innych starszych południowców doskonale pamiętał bawełniane żniwa. Znał różnicę między „zbieraniem" bawełny (czyli wyciąganiem samych kłaczków) a jej „obrywaniem" (czyli zrywaniem całych torebek nasiennych), opisywał długi, wąski muślinowy „worek zbieracki", wspominał polegiwanie na takim worku po lunchu, podziwianie „wysokiej bawełny", która potrafiła wyrosnąć na prawie dwa metry, liczenie worków o zmroku na koniec dniówki. Poznałem wiele mężczyzn i kobiet takich jak on, miałem poznać jeszcze wiele innych, i bardzo nieliczni z nich wspominali zbieranie bawełny jako harówkę lub pracę niewolniczą. Zazwyczaj, tak jak Marvin Hobson, z dumą i nostalgią opowiadali o tym, że potrafili zebrać kilkadziesiąt lub nawet ponad sto kilogramów dziennie.

– Ojciec uprawiał bawełnę, kukurydzę, orzeszki ziemne i arbuzy – mówił Marvin. – Długie lata miał tylko konia i pług. W końcu kupił mały traktor, forda 8N, pierwszy i ostatni, jaki miał.

Marvin poszedł tradycyjną na Południu drogą wyzwolenia od objętych segregacją szkół, podrzędnych szpitali i ogólnego wykluczenia, a mianowicie został zawodowym żołnierzem.

– W stan spoczynku odszedłem po dwudziestu sześciu latach, z osiemdziesiątej drugiej powietrznodesantowej w Fort Campbell w Kentucky – opowiadał. – Brałem jeszcze udział w pierwszej wojnie w Zatoce. Wróciłem do domu i dobrze mi z tym.

– Ale sytuacja gospodarcza nie wygląda najlepiej.

– Kiedyś to miasto żyło – rzekł. – Mieliśmy trzy fabryki dywanów. Dywany Burlington były wspaniałe. Mieliśmy fabrykę tłumików, zakład szkutniczy i parę innych firm. Wszystkie się wyniosły, chyba do Meksyku albo do Chin. Została tylko wytwórnia zrębków i wiórów przy Midway Route.

Burlington Industries, producent dywanów („tuftowane dywaniki łazienkowe i ozdobne"), w fabryce w Monticello wytwarzał rocznie sto tysięcy metrów kwadratowych dywanów, zatrudniając dwieście osób. Fabrykę zamknięto w 2005 roku. Swój zakład zlikwidował też producent układów wydechowych do samochodów, Arvin Industries. W 2011 roku po pięćdziesięciu dwóch latach działalność zakończyła firma szkutnicza SeaArk, zwalniając dwieście dwadzieścia osób, mimo że konkurencyjna War Eagle Boats, wytwarzająca aluminiowe łódki myśliwskie i wędkarskie, utrzymała się na rynku.

Marvin miał pewnie rację, przypuszczając, że Burlington wyniósł się do Chin. Arvin Industries rzeczywiście działa w Chinach, produkując układy wydechowe na potrzeby chińskiego przemysłu samochodowego.

W tym momencie naszej rozmowy, którą toczyliśmy przy okienku, gdzie wydawano dania na wynos, Marvin dostał styropianowy pojemnik z dzwonkami suma, więc zaczęliśmy się żegnać.

– O, tak, to niedzielna tradycja w Monticello – przytaknął. – Kościół. Sum. Mecz futbolu w telewizji.

– Wszyscy tak samo, czarni i biali?

– Niezupełnie. Biali jadają na mieście – odparł. – Większość czarnych gotuje w domu.

Również to należało do tradycji, bo kiedyś czarna kucharka miała w niedzielę wolne, szła do kościoła, a potem gotowała dla swojej rodziny, natomiast biali pracodawcy udawali się na obiad do restauracji.

Hot Springs: przyjemności i niedole

Popołudniowa jazda z Monticello do Hot Springs była długą peregrynacją przez zapuszczone wioski i smutne miasteczka, takie jak Warren, potem Edinburg, które jest małe, biedne i zdawało się wymarłe, dalej Fordyce, o którym wspomniano mi w Alabamie jako o rodzinnym mieście ukochanego trenera Bryanta zwanego Niedźwiedziem, gdzie wszystkie sklepy były nieczynne, zlikwidowane albo zamienione w placówki handlujące towarami używanymi na cele dobroczynne. W centrum Fordyce na skrzyżowaniu Main Street wyblakłe szyldy i puste lokale oznajmiały, że w epoce Walmartu nikt nie potrzebuje sklepu żelaznego Benton, narzędzi rolniczych, sklepu odzieżowego ani kafejki z napojami gazowanymi. Dalej malutkie Tulip i większe Malvern, gdzie widziałem już jakiś ruch, wynikający pewnie z bliskości Hot Springs.

Nagle w sercu głębokiej doliny o skalistych ścianach w górach Ouachita ujrzałem Hot Springs i jego dwie wysokie budowle o cokolwiek sowieckim wyrazie, szpital wojskowy i hotel Arlington. Prawdziwa niespodzianka, kurort odznaczający się niewątpliwą klasą architektoniczną, ale i roztaczający trącący padliną zapaszek starego cyrku. Sanatoria z gorącymi wodami na Bath Row to pięknie odnowione perły stylu *art déco*, długie budowle uszeregowane wzdłuż uliczek wspinających się na zbocza gór. Połowa miasta odmalowana, odpicowana, chociaż ze śladami dwuznacznej przeszłości, druga połowa złożona z nijakich budynków mieszkalnych. Hot Springs wydaje się wyrzeźbione ze skały na górskiej przełęczy. To niewątpliwie jedno z najbardziej malowniczo położonych miast na całym Południu.

Wiele szyldów na głównych ulicach nawiązuje z dumą do dwuznacznej atmosfery, podejrzanej przeszłości, znanych gangsterów, zbrodni, domów publicznych i sensacyjnych zabójstw. „Trudno wyobrazić sobie to miasto jako gniazdo przestępczości zorganizowanej, hazardu, prostytucji i handlu nielegalnym alkoholem – czytamy w broszurze reklamowej, której autorzy najwyraźniej uważają to za doskonały wabik. (Podtytuł tej broszurki brzmi: *Historia jest tam, gdzie frajda*). – A jednak od schyłku XIX do połowy XX wieku, a zwłaszcza w latach trzydziestych, tak to wyglądało. Hot Springs chętnie odwiedzali Al Capone, Frank Costello, Bugs Moran, Lucky Luciano i inni słynni gangsterzy. Bezpieczne, ustronne i malownicze położenie czyni z tego miasta idealną kryjówkę".

Jeden z wielu, ale najbardziej popularny dom publiczny prowadziła słynna miejscowa burdelmama Maxine Temple Jones, która zaspokajała apetyty najpotężniejszych przybyszy, gangsterów i polityków. Długie dziesiątki lat udawało jej się wodzić za nos mafiozów, na których donosiła w zamian za bezkarność. Utrzymała się w branży do połowy lat sześćdziesiątych, a później napisała książkę o sobie i swoich czasach.

„Nie ma jak staromodny, szanowany burdel z klasą, kochanie – mówiła w 1982 roku w wywiadzie dla »Arkansas Times«. – Moje dziewczęta zawsze zachowywały się nienagannie. Powtarzałam im to, co sama słyszałam od ojca. Chodź prosto i pamiętaj, że liczy się nie to co, ale jak robisz".

Epoka gangsterki skończyła się w latach sześćdziesiątych, ale została krzykliwie uwieczniona w Gangster Museum of America przy Central Avenue („dokąd każdy, kto szuka dobrej zabawy, może walić jak w dym!"). Ze względu na połączenie przyjemnego klimatu ze zgnilizną moralną miasto od lat osiemdziesiątych XIX wieku do lat czterdziestych XX wieku służyło jako wiosenny ośrodek treningowy koszykarskich drużyn z Północy, albowiem w tamtych szalonych czasach sportowcy nie stronili od pijaństwa i rozpusty.

Tak wygląda barwna przeszłość Hot Springs, i to stosunkowo świeża. Kiepskie miejsce do wychowywania dzieci, można by rzec, niebezpieczne, szalone, pełne złych wpływów, oportunistów, zawodowych przestępców, dziwek, oszustów, obłudników, intrygantów. A mimo to niedługo po ślubie właśnie tam z drugim mężem Rogerem i z siedmioletnim Billem sprowadziła się Virginia Clinton.

Bill Clinton urodził się w 1946 roku w południowo-wschodnim Arkansas w małym mieście o uroczej nazwie Hope [Nadzieja], co się nieraz podkreśla w mitologiach tworzonych wokół tego polityka. Ale banalna prawda jest taka, że dorastał, został ukształtowany, uczył się i stał mężczyzną w odległym o sto pięćdziesiąt kilometrów na północ od Hope, rozpustnym i rozwichrzonym Hot Springs. Jego ojciec William Blythe zginął w wypadku samochodowym jeszcze przed urodzeniem się Billa. Matka uczyła się pielęgniarstwa, żeby móc utrzymać siebie i dziecko. W 1950 roku poznała i poślubiła Rogera Clintona, a w trzy lata po ślubie przeprowadzili się z Hope do Hot Springs, rodzinnego miasta Rogera.

„Chociaż pisząc o końcu lat czterdziestych i dzieciństwie spędzonym w Hope, Bill Clinton odnotowuje fakt ścisłej segregacji rasowej w tym siedmioipółtysięcznym mieście, to snuje głównie wspomnienia urokliwe jak stare fotografie i nostalgiczne, jak choćby te związane ze sklepikiem dziadka – zauważa pochodzący z Arkansas Jay Jennings w *Carry the Rock* [Dźwigajcie głaz] (2010). – Przez pierwsze dwadzieścia lat XX wieku, kiedy królowała bawełna i nieformalnie obowiązywały prawa Jima Crowa, w Hope dochodziło do tylu morderstw na tle rasowym, że czasem nazywano je stolicą linczu".

W Hot Springs Roger Clinton zdobył sobie opinię nieroba i pijaka. W mieście degeneratów pijaństwo nie przynosiło wielkiej ujmy, ale Roger okazał się damskim bokserem i alkoholikiem cierpiącym na demencję, więc kiedy Bill dostatecznie zmężniał (powiada, że w wieku piętnastu lat), stawił czoło ojczymowi, broniąc matki. Małżeństwo się rozpadło. Virginia nadal pracowała jako pielęgniarka, ale – przedłożywszy nadzieję nad doświadczenie – w rok później ponownie poślubiła tego samego żałosnego faceta.

Tymczasem młody Bill chodził do szkoły, uczył się grać na saksofonie, wybijał się w liceum, chodził do baptystycznego kościoła Park Place, kupował paprykowe kanapki z serem w Polar Bar (dzisiaj Baily's Dairy Treat), żeberka w McClard's Bar-B-Q, szarlotkę w Club Café, lody w Cook's Dairy i oglądał filmy z Elvisem oraz sagi biblijne w kinach Paramount i Malco. Przejawiając wielki sentyment do Hot Springs i nadzwyczajną pamięć szczegółów, opowiada o tym wszystkim w autobiografii *Moje życie*.

Ani słowem nie wspomina jednak, że czarnych wpuszczano do tych kin bocznym wejściem, że mieli miejsce na galerii, że w motelach i restauracjach obowiązywała segregacja ani że czarne dzielnice miasta były posępnymi siedliskami nędzy. W odniesieniu do rządów nieprzejednanego rasisty gubernatora Orvala Faubusa i wymuszanej przez policję federalną integracji liceum w Little Rock ma do powiedzenia tylko tyle: „Większość moich przyjaciół albo sprzeciwiała się integracji, albo nic ich to nie obchodziło. Ja sam nie wypowiadałem się na ten temat, pewnie dlatego że moja rodzina nie interesowała się specjalnie polityką, ale nienawidziłem tego, co robi Faubus"*. Tak samo mdło pisze o segregacji w Hot Springs: „Bolało mnie, że szkoły w Hot Springs nadal nie są zintegrowane rasowo"†.

Pewnego popołudnia postanowiłem pojechać do Langston, dzielnicy na drugim końcu miasta w stosunku do tej, w której mieszkał Clinton. Ujrzałem dziurawe ulice, sypiące się domy, czarne osiedla wokół szkoły, południową biedę. Krótko mówiąc, znalazłem się „po złej stronie torów". Minęło pół wieku od czasów, kiedy w Hot Spring mieszkał były prezydent, a ta dzielnica nadal wyglądała żałośnie, biedna i zapomniana, bardzo podobna do czarnych osiedli w Afryce Południowej zdawała się czekać (tymczasem daremnie) na podźwignięcie przez organizacje wyższej użyteczności i jawiła

* B. Clinton, *Moje życie*, przeł. P. Amsterdamski, P. Braitner, B. Gadomska, Warszawa 2004, s. 40.

† Tamże, s. 57.

mi się jako właśnie tego rodzaju miejsce, którym powinna się zająć Clintonowska Globalna Inicjatywa, ale jakoś się nie zajęła.

W czasach szkolnych Clintona (a z jego opowieści wiemy, że szwendał się po całym Hot Springs) kwitł hazard, morderstwa były na porządku dziennym, gangsterzy stanowili część pejzażu, obok wielu innych prosperował burdel Maxine Jones, a w zarządzanym przez skorumpowanych polityków mieście roiło się od hulaków, dziwek i hazardzistów. Nie sposób się nie zastanawiać, jak ta ugruntowana kultura występku oddziaływała na podatnego na wpływy nastolatka.

Zważywszy na charakter Hot Springs, trudno sobie wyobrazić środowisko gorsze z punktu widzenia kształtowania przyszłego prezydenta, mogące jeszcze łatwiej wypaczać umysł czy zatruwać duszę. Z drugiej strony wręcz konieczne cechy prezydenta to głęboka znajomość natury ludzkiej oraz przebiegłość. W Hot Springs Clinton zetknął się z wszelkimi przejawami zepsucia, ale nie utonął. Doświadczenia zebrane w tym mieście niewątpliwie zmotywowały Clintona i dały mu siłę. W *Moim życiu* niczym rodowity mieszkaniec Hot Springs powtarza nieznośną przechwałkę, jakich to barwnych ludzi przyciągało to miasto – „banitów, gangsterów, bohaterów wojennych, aktorów i gwiazdy baseballu"* – ale opisuje też swoje wychowanie, brutala ojczyma, zapracowaną i kochającą matkę (która również popijała, uprawiała hazard, nałogowo paliła i była nieszkodliwą flirciarą – uwielbianą przez syna kobietą w typie ciotki Mame), zamiłowanie do gry na saksofonie, wizyty u krewnych, pracę po szkole w sklepiku spożywczym, lekcje matematyki, do której miał wielki talent, uwikłanie w szkolną politykę oraz konsekwentne pozerstwo, dzięki któremu ukrywał problemy domowe.

Cierpienia chłopaka biednego i zmuszonego do oszczędności w szpanerskim i luzackim mieście, a także wynikająca z tego potrzeba sukcesu, wybicia się, wyrwania z biedy i spełnienia nadziei pokładanych w nim przez uwielbianą matkę to niewątpliwie czynniki, które ukształtowały Billa Clintona. Klasyczna amerykańska

* Tamże, s. 29.

historia, lecz w warunkach Hot Springs szczególnie jarmarczna. Wychowanie odcisnęło na nim głębokie piętno, a mimo to tak samo jak wielu innych białych południowców późno nawrócił się na autentyczną wiarę w integrację. W *Moim życiu* wychwala różnorodność społeczności Hot Springs – obecność Żydów, Greków, Arabów, Włochów – ale nie wspomina o czarnej części miasta, o mieszkańcach okolic Langston. Czarni jak gdyby dla niego nie istnieli, najwyraźniej nie miał czarnych kolegów.

W autobiografii Clinton wielokrotnie podkreśla, że miał tajemnice, wiódł podwójne życie i nigdy nie wygadał się w szkole o problemach domowych. Domy, w których mieszkał (będące dziś w rękach prywatnych i niedostępne dla turystów), znajdowały się w skromnych, ale porządnych dzielnicach. Jednak wystarczy odwiedzić Hot Springs, żeby zrozumieć, że przez całe dzieciństwo i wczesną młodość Clinton wprawiał się w trudnej sztuce akrobacji, idąc z głową uniesioną, balansował na linie zawieszonej nad bagnem ludzkiej słabości i chciwości, oszustwa i rozwiązłości. (Nawiasem mówiąc, to podstawowa technika przetrwania wielu polityków).

Czytelnik wspomnień Clintona żywo odczuje ulgę, jaką Bill poczuł, kiedy w końcu wyrwał się z Hot Springs. Zdecydował się na Uniwersytet Georgetown, bo pragnął „wrócić do Waszyngtonu"*. Po zrobieniu licencjatu, po studiach w Oxfordzie, gdzie trafił dzięki stypendium Rhodesa, i po ukończeniu prawa w Yale zrobił coś, co wielu uznałoby za idiotyczne, a mianowicie wrócił do Arkansas. Było to jednak posunięcie przemyślane. Nie miał jeszcze trzydziestu lat, dobrze znał swój rodzinny stan i gdziekolwiek indziej miałby trudniejszy start. Być może działał według długofalowego planu, w książce tego nie zdradził, ale wyraźnie czujemy, jak był zmotywowany, że czuł ową desperacką potrzebę sukcesu za wszelką cenę, jaką odczuwa człowiek znikąd, który ma co ukrywać (traumy, marzenia, wykroczenia, tajemnice rodzinne). Przez rok wykładał prawo na Uniwersytecie Arkansas w Fayetteville, w 1974 roku wystartował w wyborach do Izby Reprezentantów, ale nie zdobył mandatu. W 1976 roku został prokuratorem

* Tamże, s. 68.

stanowym. W dwa lata później zdobył fotel gubernatora, a że miał wtedy zaledwie trzydzieści dwa lata, nazywano go „chłopięcym gubernatorem".

Zwolennicy uważali Clintona za niezwykle ujmującego mężczyznę, który poprawił opiekę medyczną i oświatę w Arkansas, osiągnął mistrzostwo w sztuce kompromisu, nie tracąc przy tym zdolności uwodzenia. Wrogowie uważali go za oszusta i kłamcę, który rezydencję gubernatora zamienił w dom schadzek. Urząd gubernatora sprawował przez kilka kadencji, w sumie dwanaście lat, a potem, mając lat zaledwie czterdzieści sześć, został prezydentem.

Ciągle w biegu, nie ustawał, do utraty tchu, najpierw po drugą kadencję, a potem – nigdy nie zniknął z oczu opinii publicznej, bo panicznie, może nawet patologicznie bał się samotności i zawsze starał się być w centrum uwagi – po rolę światowego męża stanu, globalnego humanisty i reformatora, chociaż też zakulisowego manipulatora, uczestnika spisków i obłudnika, zgodnie z modelem opisanym w sceptycznym eseju Thoreau: „Otóż jeżeli człowiekowi coś tak bardzo dolega, że nie może spełniać swych obowiązków [...] jeżeli popełnił ohydny grzech i jeszcze go nie odkupił, to co robi? Zabiera się do reformowania świata".

Hot Springs ma dwa oblicza, taki też był dom Clintonów i nie inaczej jest z samym Billem. To rozdarcie mogło pchnąć go na drogę przestępstwa, mogło odrzeć ze złudzeń i zamienić w cynika. Zamiast tego sprawiło, że stał się człowiekiem ambitnym, elastycznym, przymilnym, ujmującym, charyzmatycznym, współczującym i oddanym pracy. Ale uczyniło zeń również człowieka skrytego, mistrza gry i udawania, który zawsze, cokolwiek zaproponuje, ma w sobie coś z kanciarza i który pilnie strzeże swoich tajemnic i nie mówi całej prawdy. Clintona zżerała i zżera nienasycona żądza powodzenia, żądza przywództwa, kierowania, naprawiania świata, tłumaczenia, podobania się tłumom, znajomości z ludźmi wielkimi i dobrymi (jak Nelson Mandela i Dalajlama), żądza świadcząca o niedojrzałości uczuciowej i potrzebie miłości ze strony całego świata. „Nie sądzę, żebym spotkał kogoś bardziej głodnego", powiedział mi znajomy pisarz, który podróżował z Clintonem podczas kampanii w 1992 roku. W autobiografii

Clinton ustawicznie zawiesza opowieść o czasach młodości, żeby wybiec w przyszłość i pokazać, iż wyciągnął wnioski albo odpokutował to czy inne potknięcie. Ameryka zna go jako wielkiego pokutnika, naprawiacza, człowieka kompromisu. Największy pies na kobietki jest też nieuchronnie najbardziej zagorzałym moralistą na Śniadaniu Modlitewnym *.

Hot Springs próbuje przepoczwarzyć się w miasto gościnne dla zwykłych turystów i uczestników wszelkiego rodzaju zjazdów czy konferencji. Wygląda wyjątkowo solidnie, ma w sobie szyk, który kojarzy się z eleganckim przestępcą, i jak rzadko w przypadku miast Południa, zwarte i gęste, tchnie wielkomiejskim smętkiem – roztacza mroczną aurę miejsca, gdzie rozegrało się wiele dramatów, gdzie historia nie toczyła się gładko i gdzie mnóstwo pieniędzy wydano na to, żeby skusić przybysza do zatrzymania się na dłużej.

Przetrwały wyścigi konne i drobny hazard, raczej jako głupawe rozrywki niż prawdziwe nałogi, ale teraźniejszość jawiła się po prostu podle, studenci krążący od baru do baru i ostatni turyści schyłku lata włóczący się po ulicach, zaglądający do sklepów z pamiątkami i tanich restauracji, nędznie ubrani, pchający wózek z najmłodszą pociechą i wrzeszczący na starsze dzieci, szukający frajdy w miejscu, które tchnie smętkiem i chłodem. Tanie bistra i okazjonalne parady czy festiwale nie umywają się do strzelanin i orgii z dawnych czasów.

Dzisiaj Hot Springs już nie kłamie, jest sobą, miastem niszczejących ruder i pustych hoteli przy głównym trakcie, cuchnących zajazdów, tandetnych sklepów, zatęchłych wielkich moteli na obrzeżach – miastem południowego niedbalstwa połączonego z południową beztroską i wulgarnością, które ratują tylko gościnność i autoironia. Szczęście tego miasta po części polega na tym, że leży ono w kotlinie w pięknych górach, dzięki czemu wystarczy kilka minut, aby znaleźć się w głębokich lasach wśród uroczych wzgórz.

* National Prayer Breakfast – odbywające się corocznie w pierwszy czwartek lutego spotkanie ludzi polityki, religii i kultury, na którym przemówienie wygłasza prezydent Stanów Zjednoczonych.

Zawsze jest coś smutnego w miejscu, które reklamuje się jako krynica radości, nuta desperacji w krzykliwej reklamie. Przebrzmiała chwała, zgasła nadzieja, udawana wesołość, osobliwe sklepy ze starzyzną, aura desperacji, nieświeża woń niczym oddech alkoholika lub zapaszek podrzędnego cyrku, powierzchowność i oczywiste oszukaństwo, które jest aspektem wszelkiego siedliska hazardu na świecie. No i właściwa każdemu miastu boomu aura skazania na klęskę.

W swoim czasie Hot Springs rzeczywiście było wirem energii i żądz, a szczególna siła oddziaływania miejsc, w których panuje erotyczne rozpasanie, polega na tym, że oślepiają moralnie swych mieszkańców. To samo można przecież powiedzieć o Białym Domu. Hot Springs, gniazdo morderców, oszustów i prostytutek, wydało prezydenta, osobliwego, który wiele razy objawił ślepotę moralną – jak choćby w 1992 roku, gdy jeszcze jako gubernator wrócił pośpiesznie do Arkansas, żeby podpisać wyrok na śliniącego się, upośledzonego umysłowo Ricky'ego Raya Rectora, wysyłając go bezzwłocznie na śmierć przez wstrzyknięcie trucizny, aby przypodobać się wyborcom opowiadającym się za bezwzględną walką z przestępczością. Bill Clinton, skomplikowany, pełen sprzeczności człowiek publiczny, grzeszny i próbujący odpokutować za swoje grzechy, na pozór pokorny, ale pragnący chwały, zabiegający o względy wielkich tego świata, żeby uświetnić swoje nazwisko, jawi się jako ucieleśnienie cwaniaka z Południa, który nie wie, kiedy się zatrzymać, a Hot Springs, miasto skorumpowane, pyszniące się swoim rozpasaniem, można nazwać miastem clintonowskim.

Cukierek na drogę w Dixie Cafe

„Bieda to wielki nauczyciel. Człowiek, który nigdy jej nie zaznał, coś stracił", zauważa w *Thoughts in a Dry Season* [Rozmyślania w porze suchej] angielsko-irlandzki pisarz Gerald Brenan. Brenan spędził większą część życia na hiszpańskiej wsi, ale to mądre spostrzeżenie wydaje mi się doskonałym epitafium dla mieszkańców amerykańskiego Południa, którzy na ogół też wiodą chłopskie życie. Podróżowanie po stanach południowych nazwałbym ustawicznym potwierdzaniem tej obserwacji. Południowcy, zwłaszcza starsi, zarówno czarni, jak i biali, nieraz z dumą opowiadają o szczególnych przyjemnościach związanych z życiem pełnym wyrzeczeń.

Spostrzeżenie Brenana przypomniałem sobie podczas jazdy w piękne letnie popołudnie z Hot Springs na północ, zwyczajną drogą numer 7 przez pola i lasy, przez Jessieville, Ola, Dardanelle i most nad brunatną, wezbraną Arkansas do Russellville.

Tam w Dixie Cafe spotkałem Patricię Atkinson, która wychowała się w biednej rodzinie wraz z czternaściorgiem rodzeństwa, czterema siostrami i dziesięcioma braćmi. Urodziła się jako dwunaste dziecko, a gdy się poznaliśmy, miała blisko sześćdziesiąt lat. Jej najstarszy brat zmarł niedługo przedtem w wieku osiemdziesięciu dziewięciu lat. Pochodziła z okolic Hughes w Delcie, w północno-wschodnim Arkansas. Jej ojciec Jim Short dzierżawił gospodarstwo, w którym uprawiał głównie bawełnę. Ogromna, biedna biała rodzina gospodarząca opodal wiejskiego miasteczka, ale jakoś wiązali koniec z końcem i potrafili trwać razem. Później Pat skończyła studia, zatrudniła się jako sekretarka w organizacji zajmującej się rozwojem infrastruktury mieszkaniowej, poznała tę branżę, przetrwała wszelkie przekształcenia i doszła w końcu do stanowiska dyrektora wykonawczego.

– Budujemy domy na zasadzie pomocy wzajemnej – powiedziała.

Siedzieliśmy nad resztkami obiadu złożonego z suma, gotowanego kurczaka z kluseczkami, smażonych pomidorów, cebuli i kolb kukurydzy. Kolby najpierw obtacza się w jajku, następnie w mące, a potem smaży w głębokim tłuszczu.

– Ojciec smażył same ziarna – rzekła Pat, dźgając widelcem objedzony kaczan. – Bardzo dobre jedzenie. Ale jedliśmy wszystko. Niech pan tylko pomyśli, piętnaścioro dzieci. Tylko piątka nas ukończyła szkołę średnią. Jak się gospodaruje na roli, nie wszyscy mogą iść do szkoły. Jeden z moich braci nigdy nawet nie wszedł do szkoły. Ojciec mu nie pozwolił.

– Bo potrzebował go w gospodarstwie? – zapytałem.

– Nie. Obawiał się, że będą się nad nim znęcać. Ojciec starał się chronić Hoppera – odparła Pat. – To skrót od Clodhopper [Gamoń]. Zawsze biegał po polach.

– Piętnaścioro dzieci... Jak duży mieliście dom?

– Ujmijmy to tak, że w każdym pokoju stały dwa lub trzy łóżka. Prywatność nie istniała. Mieliśmy wspólne pokoje i wspólne łóżka.

„Wszyscy Lesterowie mieścili się zawsze w trzech łóżkach – pisał Erskine Caldwell w *Drodze tytoniowej* – nawet gdy było ich w domu ośmioro lub dziewięcioro"*.

– Na pewno musieliście współpracować.

– Było naprawdę ciężko – rzekła. – Zaczęłam zbierać bawełnę, jak miałam sześć albo siedem lat. Najpierw używałam poszewki na poduszkę, potem dali mi worek jutowy, wielkości sakwy na obrok. W końcu dostałam prawdziwy worek zbieracki, długi na niemal trzy metry. Chłopaki przydeptywali koniec, żebym nie mogła go ciągnąć. Pękali przy tym ze śmiechu.

– Ale cały czas chodziła pani do szkoły?

– O, tak. Bawełnę zbieraliśmy w soboty, które mieliśmy dla siebie, to znaczy, w które musieliśmy zarabiać na siebie.

– Ile zarabialiście?

– W latach sześćdziesiątych płacono półtora dolara za sto funtów †. Moi bracia bez trudu zbierali po trzysta funtów.

– Zarabiali więc po kilka dolarów, to niedużo – powiedziałem.

– Rzeczywiście, ale i tak musieliśmy pracować. Niech pan sobie wyobrazi, że ma nakarmić piętnaścioro dzieci. To był wieczny problem. Zawsze pracowaliśmy i pomagaliśmy sobie nawzajem. Hodowaliśmy własne zwierzęta na mięso, świnie i kury, polowaliśmy na jelenie i wiewiórki. Łapaliśmy szopy, norki, rysie i sprzedawaliśmy futerka. Jak człowiek złapał szopa, to mógł sprzedać futro, a resztę zjeść.

* E. Caldwell, *Droga tytoniowa* [w:] tegoż, *Druga Ameryka*, przeł. J. Łaszczowa, M. Żurowski, Warszawa 1949, s. 119.

† Funt to około czterdziestu pięciu dekagramów.

– Ja też łapałem szopy – rzekłem – kiedy się rozzuchwaliły, właziły do komina, wyrywały pazurami gonty. Cuchnęły, bo grzebały w śmietnikach.

– Pieczony szop jest naprawdę smaczny – powiedziała Pat. – W tych stronach mnóstwo ludzi je zjada. Piecze ze słodkimi ziemniakami. Ściąga się skórę, dzieli na części, soli i pieprzy, a potem podpieka. W końcu dokłada się pokrajane w talarki słodkie ziemniaki i znowu piecze.

– W srogą zimę szopy zapadają w sen, więc pewnie mają dużo tłuszczu.

– Tak, szop ma mnóstwo tłuszczu, który się wytapia i podnosi smak.

– Wspomniała pani o wiewiórkach?

– Wiewiórki są pyszne – powiedziała. – Niedługo zacznie się sezon na nie.

– Jak się je przyrządza?

– Smaży i dusi, jadłam je na śniadanie. Wiewiórkę się patroszy i bierze łopatki, żebra i tylne nogi. Można też wziąć głowę. Obtacza się wszystko w mące i wrzuca do rondla. Wiewiórka gotuje się bardzo szybko. Kiedy się przyrumieni, wlewa się trochę wody, dzięki czemu powstanie sos. Wtedy przykrywa się rondel i krótko dusi. To przepyszna rzecz na śniadanie.

– Podejrzewam, że zanim pani wyszła do szkoły, musiała pani wypełnić rozmaite obowiązki w domu.

– Przez wiele lat nie mieliśmy wody bieżącej, lecz tylko studnię, z ręczną pompą. W zimie w Hughes nieraz jest mroźno. W pamięć wrył mi się pewien zimowy ranek, kiedy miałam kilka lat. Śnieg sięgał mi do pasa – powiedziała, odsunęła się z krzesłem i zapatrzyła w dal, wspominając dzieciństwo. – Oczywiście najpierw trzeba było zalać pompę, więc zawsze zostawialiśmy trochę wody. Tamtego dnia musieliśmy odgarnąć mnóstwo śniegu wokół pompy, zanim naciągnęliśmy wody.

– Mnie Delta kojarzy się z upałem – rzekłem. – A jak pojechałem tam w zimie, wcale nie było tak zimno.

– W lecie rzeczywiście jest bardzo gorąco, ale dla nas lato to był czas zabawy. Napełnialiśmy dwustupięćdziesięciolitrową beczkę, a potem bawiliśmy się w nagrzanej przez słońce wodzie. Jak się nie ma pieniędzy, to samemu wymyśla się zabawy. Robiliśmy zabawki z kaczanów kukurydzy. Moczyliśmy kaczany, aż robiły się miękkie, a potem rzucaliśmy nimi w siebie nawzajem. Praktycznie cały czas chodziliśmy boso, nosiliśmy ubrania po sobie, jak wszyscy inni.

– Przez „wszystkich innych" rozumie pani czarnych?

– Mieszkaliśmy wśród czarnych. Pracowaliśmy z nimi na polach, ramię w ramię.

– Ale w latach pięćdziesiątych i sześćdziesiątych w Delcie panowała segregacja.

– Pracowaliśmy razem. Nie miałam żadnych uprzedzeń – powiedziała i pomyślała chwilkę. – Tata pochodził z Tupelo i był staromodny. Uważał, że czarni mają swoje miejsce – rzekła, pokręciła głową i dodała: – Miał smutne życie. Jego rodzice umarli w 1915 roku, kiedy miał dwanaście lat. Uznano, że jest „za stary", żeby iść do sierocińca razem z młodszymi dwoma braćmi i dwiema siostrami. Rozdzielono ich więc i trafił do kobiety, którą nazywał babcią, chociaż nią nie była. Jakaś daleka krewna, ciotka Jones.

– Czy połączył się potem z braćmi i siostrami?

– Chciał. Próbował ich odnaleźć, ale nigdy nie zdołał – powiedziała Pat. – Potem ja próbowałam, wszędzie, we wszystkich możliwych bazach danych, sprawdziłam wszystkie koneksje. Nic to nie dało. Tata zadręczał się tym do końca życia.

– Miała pani niezwykłe dzieciństwo – powiedziałem.

– Dorastanie w ten sposób sprawiło, że robię to, co robię.

Zajmowała się poprawą warunków mieszkaniowych osób potrzebujących w dziewięciu hrabstwach w środkowo-zachodnim Arkansas. Jej szczere i bezpretensjonalne opowieści o dorastaniu w Delcie w biednej rodzinie zawierały wiele cudownych szczegółów świadczących o tym, że mimo biedy prowadziła naprawdę bogate życie. Te opowieści były dla mnie jak cukierek na drogę, najsłodszy dar czterech pór roku, które spędziłem na Południu.

„Niektórzy nie ruszą palcem w bucie, a oczekują pomocy"

Przez kilka następnych dni, które spędziłem w Russellville, poznałem bliżej Pat Atkinson. Przedstawiła mnie swoim pracownikom – planistom, wykonawcom, urzędnikom – i niektórym klientom. Opowiedziała o tym, jak praca w organizacji zajmującej się poprawą warunków mieszkaniowych ludzi ubogich stała się jej życiem.

Po ukończeniu w 1981 roku uczelni biznesowej Pat zatrudniła się w organizacji wyższej użyteczności pod nazwą ARVAC, która zajmowała się budowaniem i remontowaniem domów na zasadzie pomocy wzajemnej. Zaczęła od stanowiska sekretarki, awansowała i przyjmowała coraz większą odpowiedzialność. Wielkie doświadczenie, jakie zebrała przez lata, wyniosło ją w końcu na piastowane obecnie stanowisko dyrektora wykonawczego Universal Housing Development Corporation, która zajmuje się odnawianiem, remontowaniem i budowaniem domów. Jak powiedziała w Dixie Cafe, dorastanie w wielkiej ubogiej rodzinie połowników w Delcie było doskonałym przygotowaniem do tej pracy.

Osoba uprawniona do otrzymania pomocy mieszkaniowej jest zobowiązana do pracy przy remoncie lub budowie domu – do wniesienia „wkładu potu". Budżet korporacji zarządzanej przez Pat wynosi dwa i pół miliona dolarów, pochodzi głównie z dotacji federalnych i w lwiej części jest wydawany na działalność programową, nie na płace. Russellville jest siedzibą władz hrabstwa Pope, jednego z dziewięciu, w których działa Universal Housing, zamieszkiwanego głównie przez białych, którzy stanowią dziewięćdziesiąt dwa procent ludności, i bardzo biednego, istnego matecznika tak zwanych niewidocznych dwudziestu procent. W Delcie i na obszarach miejskich – na przykład w Little Rock – mieszka więcej czarnych, ale odsetek ubogich jest taki sam lub nawet większy. W ciągu roku Universal Housing buduje około trzydziestu i remontuje około pięćdziesięciu domów. To największa organizacja poprawy warunków mieszkaniowych na zasadzie pomocy wzajemnej w Arkansas, a także najbardziej wydajna, chociaż nadal jest nieduża i ma skromny budżet.

– Naszymi klientami są pracujący ubodzy – tłumaczyła Pat. – W tej okolicy oznacza to około trzydziestu dwóch tysięcy dolarów na czteroosobową rodzinę.

– To mniej więcej cena samochodu – zauważyłem.

– Dobrego samochodu – skorygowała Pat. – Jeżeli zarabiają więcej, to nie są uprawnieni do otrzymania pomocy. Takie dochody starczają ledwie na przeżycie. Mamy wielu oczekujących, głównie białych. To kwestia demografii.

– A Latynosi? – zapytałem.

– Latynosi należą do białych – odparła. – Czasem przychodzą i proszą o pomoc. Mówimy, że musimy zobaczyć dokumenty, coś pozwalającego stwierdzić tożsamość, legitymację ubezpieczenia społecznego, rozliczenie podatków, cokolwiek. Niektórzy pytają: „To muszą być moje dokumenty czy mogą być kogoś innego?". Wyobraża pan sobie? Pytają serio!

– Jak długa jest lista oczekujących?

– W tej chwili jakieś czterysta osób. Zdarza się, że niektórzy nigdy nie otrzymują pomocy, bo zanim przyjdzie ich kolej, umierają. Bywało, że ludzie czekali dziesięć lat albo i dłużej.

W Arkansas towarzystwa ubezpieczeniowe regularnie sprawdzają domy ubezpieczonych. Często zdarza się, że dom popadł w tak opłakany stan, iż ubezpieczyciel odstępuje od umowy. Właściciel traci polisę, zostaje z przeciekającym dachem, wybitymi oknami, bez środków na naprawę.

– Przez te dachy widać niebo – opowiadała Pat. – Ludzie zwracają się do nas i czasem pomagamy im naprawić dach czy okna. Ale wymagamy od nich współpracy. Doradzamy, układamy plan, kupujemy materiały, lecz przy remoncie pracuje głównie zainteresowany. Wciąga rodzinę, znajomych, sąsiadów, wszystkich chętnych.

– I ludzie zakasują rękawy?

– Niektórzy nie ruszą palcem w bucie, a oczekują pomocy – odparła Pat. – Różnie bywa. Nie rozumiem takich, co oczekują pomocy i nawet nie pomyślą, że mogliby pomóc sobie sami. Są też tacy, co nie proszą o wiele. Nie chcą przyznać, że są biedni.

– Duma im nie pozwala, jak myślę.

– Pamiętam pewną staruszkę, Dolores Malton, gdzieś z końca Crow Mountain Road. Drobniutka starowinka, czterdzieści pięć kilo, jeżeli nie mniej, przyszła prosić, żebyśmy podciągnęli do niej wodę.

– Nie miała wody?

– Bieżącej. Mieszkała w starym składziku, zwykłej szopie, dwa i pół na trzy metry. Bez kanalizacji, używała nocnika. Powiedziała, że jest już za stara, żeby nosić wodę. Miała pewnie ponad osiemdziesiąt lat.

– Podciągnęliście jej wodę?

– Koniec końcem wybudowaliśmy jej dom – rzekła Pat. – Inne klientki, matka i córka z dwojgiem dzieci, które mieszkały w dwóch szopach, też bez kanalizacji. Straszne warunki. Im też zbudowaliśmy dom.

– Chciałbym pogadać z ludźmi, którym pomogliście.

– Zobaczymy, może uda się to zorganizować – powiedziała. – Muszą się zgodzić na spotkanie. Zadzwonię tu i tam.

– A co z Billem Gatesem, Clintonem i innymi fundacjami, czy dostajecie coś od nich?

– Nigdy nie mieliśmy z nimi kontaktu, nic nie dostajemy, wolą pomagać Afryce – rzekła Pat. – Jestem naprawdę zmartwiona, że Clinton tak niewiele tu robi. Szkoda, że nam nie pomaga. Działa w Afryce i w Indiach, pozostali też pomagają krajom Trzeciego Świata. Czy oni w ogóle wiedzą, że nasi ludzie są w potrzebie?

Chata przy Quickerstill Lane

Rozświetlone tego letniego dnia słońcem Dover, ładne miasteczko na skraju sielskich zielonych wzgórz krainy Ozark, jakieś dwadzieścia kilometrów na północ od Russellville, kilkadziesiąt lat temu zasłynęło z powodu strasznej zbrodni. W 1987 roku Ronald Gene Simmons wymordował całą rodzinę, w sumie czternaście osób – swoje dzieci, żonę syna, męża córki, ich dzieci – w tym najżałośniejszą z ofiar, a mianowicie siedmioletnią dziewczynkę, którą sam spłodził w kazirodczym związku z córką. Ogarnięty morderczym szałem pojechał następnie do Russellville, gdzie zamordował jeszcze dwie osoby. Później zarośnięty, brudny morderca potulnie się poddał.

– No, ale pochodził z Chicago – mówili mi ludzie w Dover.

To prawda. Simmons przez dwadzieścia dwa lata służył w lotnictwie, walczył w Wietnamie, a w stan spoczynku odszedł w Nowym Meksyku. Kiedy córka złożyła zawiadomienie o kazirodztwie, uciekł do Arkansas. Z dużą częścią rodziny zamieszkał na północ od Dover w dwóch połączonych przyczepach mieszkalnych bez wody bieżącej, ustawionych na przeszło hektarowej, ogrodzonej parceli. Zezowaty, łysy, noszący wielką niestrzyżoną brodę Simmons wydawał się pasować do tych spartańskich warunków.

Popijał i stronił od ludzi, nie miał przyjaciół ani znajomych. Próbował pracować w Russellville na posadach biurowych, ale zewsząd go wyrzucano, bo nie dość, że straszył wyglądem, to jeszcze natarczywie narzucał się kobietom. Jedna z kobiet, która odrzuciła jego awanse, padła potem ofiarą morderczego szału Simmonsa. Wymordowanie rodziny Simmons zaplanował na dni tuż przed Bożym Narodzeniem. Mordował z premedytacją, niektóre ofiary zastrzelił z kupionego w Walmarcie pistoletu kalibru 5,6 milimetra, inne udusił własnymi rękoma, a najmłodsze dzieci utopił w beczce z deszczówką. Cała ta makabra rozegrała się wśród już przygotowanych prezentów świątecznych wewnątrz i w pobliżu domu, czyli owych przyczep mieszkalnych.

Morderca prawdopodobnie powiedział do dzieci: „Chodźcie, mam dla was prezent", a potem kolejno je zabijał. Później Simmons zastrzelił członków rodziny, którzy przyjechali do niego na święta. Nazajutrz, spędziwszy noc w domu wśród trupów, udał się do Russellville, wypił piwo w barze, zastrzelił dwie osoby, które uważał za wrogo do niego nastawione, i ranił jeszcze pięć innych. Kiedy się poddał, powiedział do jednego ze świadków: „To już koniec. Dopadłem wszystkich, którzy chcieli mnie skrzywdzić", i poprosił o karę śmierci. Jego życzeniu stało się zadość, w niespełna trzy lata później został stracony.

Nie licząc tej masowej zbrodni, w Dover nie działo się nic dramatycznego. To malutkie, spokojne miasteczko, zamieszkane głównie przez białych i nawet jak na standardy Arkansas raczej biedne. Piętnaście kilometrów od Dover, niedaleko od miejsca tamtej zbrodni, na końcu gruntowej drogi zwanej Quickerstill Lane, w pofałdowanym lesistym pejzażu u stóp gór Ozark spotkałem się z Fannie DeAlbą, niską, mówiącą zrzędliwym głosem sześćdziesięciosześcieletnią kobietą, która przywitała mnie chłodno, mówiąc skwaszona:

– Nieczęsto mam gości.

– Ciekaw jestem dlaczego – powiedziałem ironicznie.

– Nie przyjmuję gości, bo jestem z natury złośliwa i pyskata.

– Sprawia pani bardzo miłe wrażenie – rzekłem.

– Gówno prawda – skwitowała i uśmiechnęła się, najwyraźniej poddając mnie próbie swojej złośliwości.

Była niska, gładkolica, przysadzista, usta wykrzywiał jej szelmowski uśmieszek, a później, kiedy powściągnęła opryskliwość, zachowywała się życzliwiej, wyciągnęła strzelbę i wyzwała mnie na pojedynek strzelecki polegający na dziurawieniu puszki po piwie, zauważyłem, że w szczególny sposób trzyma strzelbę na wystającym brzuchu, tak że jednocześnie opiera ją i ma w pogotowiu. Kiedy Fannie DeAlba postawiła strzelbę kolbą na ziemi, tylko nieznacznie ją przewyższała.

– Ano, bieda tutaj aż piszczy – powiedziała, myśląc pewnie: „Kogo to obchodzi?", skinąwszy siwą głową ku szutrowej drodze, kupie śmieci, stercie zużytych opon, stosom desek, paru grządkom kwiatów i gęstym lasom, które ciągną się na północ przez sto kilometrów, tworząc ciemnozielone i praktycznie dziewicze serce krainy Ozark.

Urodziła się jako Fannie Campbell w rodzinie dzierżawców w Dumas, a wymieniwszy tę nazwę, dodała:

– Założę się, że nie ma pan pojęcia, gdzie to jest.

– Koło Monticello – powiedziałem.

– No, proszę, jaki bystrzak – skomentowała zaczepnie. – Wychowywaliśmy się w starym stylu. Bawełna, soja. Bez wody bieżącej i bez kanalizacji. W domu nigdy nie jadłam steku. Jak się jest biednym rolnikiem, to się żyje na wieprzowinie i drobiu. Krewetki pierwszy raz jadłam w Kalifornii, gdzie miałam drugiego męża. Patrzę ci ja na krewetkę i myślę sobie: a cóż to, cholera, jest?

Właśnie drugi mąż nosił nazwisko DeAlba, a chociaż Fannie również z nim się rozwiodła, a potem wyszła za mąż trzeci raz, została przy tym nazwisku.

– Czysto hiszpańska rodzina. Oni odkrywali Kalifornię. Niektórzy mieli królewskie koneksje.

A jak trafiła do chatynki przy Quickerstill Lane („Nazwanej tak na cześć pana Quickera, a może jego alembiku do pędzenia bimbru, nie wiadomo")? Rzekła, że to długa historia i wcale nie ciekawa. Mimo to poprosiłem, żeby opowiedziała. Istotne było to, że przez wiele lat mieszkała w przyczepie w lesie przy Morgan Road, długiej, prostej jak strzała wiejskiej drodze na południe od Dover.

– Ta przyczepa to był złom. Paliła się cztery albo pięć razy. Należała do mojego byłego.

Trzeciego byłego. Jakieś dwanaście lat temu wyprowadziła się i kupiła przyczepę przy Quickerstill Lane. Później w tej też wybuchł pożar.

– Zajęła się od gazu i spłonęła. Nie dało się w niej mieszkać.

Właśnie wtedy zwróciła się do Universal Housing. Pat Atkinson przysłała doradcę, Shawna, który oszacował koszty naprawy. Ostatecznie wypaloną skorupę zamieniono w chatę, a materiały budowlane kosztowały cztery tysiące sześćset siedemdziesiąt cztery dolary. Fannie podpisała umowę i akt hipoteczny, dzięki czemu dostała kredyt, który miała spłacać po zakończeniu przebudowy. Wstawiono gipsowe ściany, położono posadzki, dobudowano łazienkę i werandę, a całość pokryto blachą.

– Budowałam sama ze znajomymi, taka umowa. Wielu mi pomagało. Shawn z agencji mówił nam, co i jak robić. No i wszystko spłaciłam, co do centa.

Przeganiając koty, których miała, jak rzekła, jedenaście, pokazała mi chatę: kuchnię, salonik i łazienkę za tylną ścianą, uparłszy się, że muszę ją zobaczyć.

– Wszystko sama zamontowałam. Widzi pan tego anioła?

Spojrzałem na skrzydlatą istotę o słodkim obliczu.

– Ja go namalowałam. Cały czas bawię się w malowanie i rysowanie.

Skromna chata kryta płaskim dachem, zagracona, ale bezpieczna i całkiem znośna, nie to co zdezelowana przyczepa przy Morgan Road albo wypalona skorupa, którą było to lokum, zanim Universal Housing pomogło Fannie.

– Po sezonie na jelenie dokończymy werandę – powiedziała. – Teraz nikt mi nie pomoże. Wszyscy polują. No i jak nie jest sezon polowań z łukiem, to jest sezon broni czarnoprochowej albo normalnej. Pierwszego dnia sezonu łowieckiego nie ma szkoły. I tak nikt by się nie pokazał.

– A pani poluje?

– Właściwie to nie – odparła. – Ale nie cierpię oposów i szopów. Mój pies zagania je na drzewo i je zabijam. Zjadają mi kury. Niedawno ubiłam przeszło dwumetrowego węża. Węże lubią jajka. Wyczuwają je. Tu wszędzie są węże. Włażą do koryta dla konia. Nie mogę do nich strzelać w korycie, bo narobiłabym dziur, więc biorę łopatę i ciacham je na kawałki.

Spojrzała na mnie, uśmiechnęła się łobuzersko i puściła oko.

– Nie przepadam za wężami.

– Przypuszczam, że dobrze pani strzela.

– Średnio. Ale chyba lepiej od pana.

Właśnie wtedy wyjęła z szafki strzelbę i pudełko nabojów i powiedziała, żebym poszedł za nią. Trzymając strzelbę na brzuchu, ustawiła puszkę po piwie na odległym o jakieś dziesięć metrów pieńku.

– Pan pierwszy – powiedziała.

– Niech pani strzela, skoro ma pani strzelbę.

Uniosła broń, strzeliła, a puszka pofrunęła w powietrze. Roześmiała się i pierwszy raz usłyszałem jej wiedźmowaty rechot. Moja kolej. Strzeliłem, chybiłem, strzeliłem drugi raz i trafiłem w pieniek.

– Za bardzo ją pan ściąga.

Po kolejnych kilku strzałach zdołałem w końcu strącić puszkę, ale nie tak efektownie jak Fannie.

– Trzeba umieć się bronić – stwierdziła. – Weźmy moją nową pasierbicę wnuczkę. Pochodzi z Wisconsin. Nie miała do czynienia z bronią. Kiedy tu przyjechała, cierpiała na napady lęku. Wyleczyłam ją z tego. Uważam, że nikt nie powinien się bać. Mnie nikt nie przestraszy. Uważam, że człowiek ma prawo robić i mówić, co chce.

– Powiedziała jej pani to?

– No. Ale i tak się bała.

– I jaka jest na to rada?

– Nauczyłam ją strzelać. Najpierw z trzydziestki ósemki, potem z dwudziestki dwójki. Zawieszałam cele i uczyłam ją. Wysoko nad nami szybował myszołów. Nie jestem w stanie trafić myszołowa, ale próbowałyśmy! Strzelałyśmy do starych beczek i do puszek. I wie pan co? – zapytała, usta znów wykrzywił szelmowski uśmieszek i pokiwała głową. – Nie ma już tych napadów lęku.

– Każdy ma broń.

– Każdy ma *dużo* broni – powiedziała Fannie. – I nie bez powodu. Pamiętam, jak kiedyś wiozłam dzieci, małe dzieci. Jakieś urwisy zaczęły mnie gonić, jakby w złych zamiarach. Wyciągnęłam pistolet. Odpuścili! Zastrzeliłabym ich. Przecież wiozłam dzieci!

– Mieli nauczkę.

Opowiadając o tym, Fannie aż się spociła z ekscytacji. Rozgniewana tym wspomnieniem, ciężko oddychała.

– Mam też kuszę – rzekła. – Jak jakiś durny skurczybyk wejdzie mi do domu, poczęstuję go strzałą – warknęła, po czym dysząc, wycharczała: – Przygwożdżę go do ściany!

Odłożyła strzelbę, przysiadła na ławeczce, pochyliła się i przez chwilę oddychała głęboko.

– Miałam czternaście wypadków drogowych – powiedziała. – Ludzie jakoś we mnie wjeżdżają.

Nadal siedziała pochylona, przedramiona oparła na kolanach i starała się oddychać miarowo. Było późne popołudnie, słońce już chowało się za drzewami i w kotlinę na końcu Quickerstill Lane spływał chłód.

– Płynie we mnie krew Czoktawów i Czirokezów. Mój tata był Indianinem. Prababka podawała się za Czarną Szwabkę. Nazywała się Śnieżny Kwiat.

Wyrażenie „Czarni Szwabi" ma długą historię i wiele sprzecznych definicji, zależnie od regionu, w którym jest używane.

W Arkansas oznacza Indian podających się za białych, żeby uniknąć przymusowego wysiedlenia do rezerwatu. Mówienie o tych sprawach zdawało się irytować Fannie, która nadal z trudem oddychała.

– Dobrze się pani czuje, Fannie?

– Brak mi tchu, mam nadciśnienie. Bo jestem zła i wszystko mnie wścieka.

– A co najbardziej panią wścieka?

– Tu był rezerwat Czirokezów. Potem się podzielili, a w końcu ich wysiedlono Szlakiem Łez. Dardanelle też leżało w rezerwacie – mówiła głosem, w którym czuło się gniew i urazę. – Indianin nie mógł głosować, nie mógł mieć ziemi.

– To okropne.

– Pan to powiedział. Czarni narzekają, ale tak naprawdę wkurza mnie właśnie to. I te narzekania czarnych. Niech się wezmą do roboty i nie marudzą.

– Stąd pani dom ładnie wygląda – rzekłem, żeby zmienić temat. Miałem nadzieję, że to ją uspokoi, bo nadal dyszała, a twarz miała czerwoną i mokrą od potu.

– Tak, jestem bardzo zadowolona z naszego dzieła – powiedziała, wyprostowała się, podniosła strzelbę i popatrzyła z dumą na chatę stojącą pod drzewami, rabatki kwiatów i koty, które snuły się leniwie pośród zużytych opon. Obtarła spoconą twarz. – Ale przetrwa jeszcze tylko dwadzieścia lat.

– Naprawdę? A to czemu?

– Bo nie chcę dłużej żyć.

Boczne drogi do krainy Boga

Trzymając się podrzędnych dróg, jadąc przez wiejskie pejzaże na północny zachód od Dover, w kierunku Lamar, dziwiłem się, jak wiele urzędowo ponumerowanych, a szutrowych lub gruntowych traktów w Arkansas wygląda niczym drogi w Trzecim Świecie, przy których od czasu do czasu pojawiają się chaty również takie jak w Trzecim Świecie.

– Czy oni w ogóle wiedzą, że nasi ludzie są w potrzebie? – zapytała retorycznie kilka dni wcześniej Pat Atkinson, mając na myśli miliarderów pomagających Afryce.

Właśnie Pat skierowała mnie na te tereny, biedne i urzekająco piękne zarazem, żebym poznał beneficjentów Universal Housing, w tym Chestera Skaggsa i jego żonę Rose, o której Pat zawsze mówiła w ów właściwy południowcom subtelnie formalny sposób, tytułując ją „panią Rose".

– To kraina Boga. Tak u nas pięknie – powiedział Chester Skaggs, prowadząc mnie w upale długim zrytym podjazdem do swojej małej przebudowanej chaty, podczas gdy jego pies szczypał moje buty. – Jest nas kilkanaście rodzin – ciągnął Chester, ale nie widziałem innych zabudowań prócz jego chaty, a za nią otwartą przestrzeń wzgórz Ozark. – Niektórzy nazywają to miejsce Holman. Albo Hickey. Głosujemy w Lutherville.

Popatrzyłem na północ, za pastwiska, ku górom, gdzie dostrzegłem obietnicę uroczej doliny niczym karb w krawędzi horyzontu.

– Należymy na ogół do klasy niższej – rzekł Chester, bez cienia skargi, rzeczowo, konstatując fakt. Gdyby mu to przyszło do głowy, mógłby powiedzieć, że są chłopami. Patrząc w tym samym kierunku co ja, gdzie majaczyło coś jak skorodowany dach dalekiej stodoły, dodał: – Wszyscy na granicy ubóstwa.

Chester Skaggs miał pięćdziesiąt pięć lat, ale wyglądał o wiele starzej, utrudzony latami ciężkiej pracy, zaczętej już w dzieciństwie w gospodarstwie i tartaku ojca, a zakończonej wskutek poważnego uszkodzenia kręgosłupa w trakcie pracy przy szybie naftowym. W sumie co najmniej czterdzieści pięć lat harówki. Nigdy nie chodził do szkoły, nawet nie widział nauczyciela. Rose była w tym samym mniej więcej wieku i też wyglądała starzej, posiwiała, gruba, słabowita. Chudy, ironiczny Chester dużo palił i miał świszczący oddech i hurkoczący kaszel nałogowego palacza. Nosił czapkę baseballową z wyhaftowanym na daszku napisem „Cherry".

Wycieczka do domu Skaggsów okazała się jeszcze jedną wyprawą w przeszłość, we wcześniejszą epokę życia Ameryki, życia prostszego, biednego, ale też zwodniczo malowniczego. Chester słusznie zwrócił uwagę na piękno tej krainy, łąk okolonych ogromnymi drzewami, falistego podnóża gór Ozark, a wszystko ciemnozielone w to letnie południe.

– Nie widzę innych gospodarstw. Po drodze też nie widziałem.

– Są. Rozmaite. Jest i czarna rodzina, Tyrone'a Williamsa. Żyjemy zgodnie – rzekł, roześmiał się i zapalił następnego papierosa. – Fakt faktem, że w hrabstwie Johnson robi się ciasno.

– Pan jest stąd?

– Urodziłem się niedaleko, na farmie. Było nas tylko jedenaścioro, pięciu chłopaków i sześć dziewczyn. Oprócz gospodarstwa ojciec miał tartak. Hodowaliśmy bydło i drób, no i mieliśmy mnóstwo drewna.

Zauważył, że pies skubie moje buty, więc delikatnie go odsunął. Kiedy zwierzę obróciło się na grzbiet, spostrzegłem parchatą plamę na brzuchu.

– To suka, nazywa się Speedy i choruje. Mokasyn ukąsił ją w sutek i skóra gniła.

– W Arkansas ciągle słyszę o wężach – powiedziałem, wspominając opowieść Fannie DeAlby o wężu, którego znalazła w poidle dla konia i porąbała łopatą.

– O, tak, mamy węże. Jadowite i nie – rzekł Chester. – Speedy natknęła się na tego mokasyna, zaczęła go obszczekiwać i ją dziabnął. Potem leżała z wywalonym ozorem. Byłem prawie pewny, że przyszła na nią kryska, sutek spuchł i gnił.

– Nie wygląda źle – zauważyłem. Pies skakał i poszczekiwał.

– Dałem jej lekarstwo i spryskałem środkiem, którym spryskuje się krowy, żeby odstraszać muchy. Ma się lepiej i już biega.

Nadal szliśmy podjazdem, a właściwie boczną dróżką, która znajdowała się w nie lepszym stanie niż nieutwardzona lokalna droga za zaroślami.

– Ja też jestem chory – powiedział Chester. – Pracowałem na farmie i w tartaku ojca, a potem, w młodości, w fabryce butów w Wynne. Później pracowałem na polach naftowych w Oklahomie. Budowałem rurociągi.

– Dużo pan podróżował?

– Dawno temu pracowaliśmy trochę w Teksasie. Tak popsułem sobie kręgosłup, że nie mogłem nic podnieść, a potem nawet stać.

Doszliśmy do domu, a właściwie chaty czy prymitywnego budynku gospodarczego pod ogromnym platanem.

– Ten dom nazywano gospodarstwem starego Metzgera – powiedział Chester. – Ma sto pięćdziesiąt lat.

– Widzę, że ładnie go odnowiliście.

– Bardzo nam pomogła Pat Atkinson z Universal Housing – rzekł. – Gont próchniał przez te drzewa. Ten orzech, ten platan i ten dąb. Universal kupiło dach.

Chatę pokryto porządną blachą o grubości 0,6 milimetra, położoną na łaty, na których przedtem były gonty.

– Teraz już nie cieknie – powiedział Chester.

– Kawał roboty – stwierdziłem.

– Wymieniliśmy też okna i drzwi. Przedtem to była ruina. Sami zrobiliśmy remont, z pomocą znajomych i ochotników. Dobrzy ludzie, i pracowici. Nie stać mnie, żeby nająć robotników.

Naszej rozmowie przysłuchiwała się Rose.

– Kiedy moja pasierbica Rachel miała dwanaście lat – wtrąciła – odwiedziły ją koleżanki z Lamar. Koleżanki ze szkoły. Potem… – rzekła i zaczęła się tak śmiać, że przez chwilę nie mogła mówić dalej. – Potem żartowały: „Rachel mieszka w stodole!" – dokończyła.

Chester też się śmiał.

– Fakt, kiepsko to wyglądało – powiedział, najwyraźniej wybaczając sarkazm koleżankom Rachel.

Teraz mieli nowy dach, nowe okna i drzwi, z zewnątrz położono nowy szalunek, listwy pomalowano na biało. Posadowiony w zagajniku starych drzew odnowiony nieduży dom Skaggsów z pewnej odległości wyglądał wręcz idyllicznie. Z bliska jawił się jako skromne lokum dwojga schorowanych ludzi, którzy utrzymywali się z… No, właśnie, z czego? Nie śmiałem pytać. Może z zasiłku dla inwalidów?

Kiedy pochwaliłem jakość roboty, Chesterowi dało to asumpt do oznajmienia, że wszystkiego w życiu nauczył się w praktyce, w pracy, a nie w szkole.

– Szkoła nie daje prawie nic – oświadczył. – To tylko wstęp do nauki. Niczego nie uczy naprawdę. W szkole nauczysz się zaimków, ale co z tego? Człowiek i tak sam się wszystkiego musi nauczyć. To jego obowiązek. Wszystkich umiejętności uczymy się poza szkołą.

– Ma pan rację – rzekłem i pomyślałem: „Tygrysy gniewu mądrzejsze niż tresowane konie"*.

– Pracowałam w fabryce butów w Clarksville – powiedziała Rose. – Dawno temu, w 1978. Mam nadzieję, że nadal szyją tam buty, chociaż trochę. Ale może się zamknęli i przenieśli za granicę, jak wszyscy inni.

Chester wprowadził mnie do domu, a za nami weszła Rose. Każdy dom ma swój zapach. W chacie Skaggsów pachniało zimną zupą, wilgotną pościelą i Speedy. Na stojaku przy ścianie w sypialni stały dwie strzelby, dubeltówka kaliber 7,62 i karabin kaliber 5,6 milimetra. Można do nich było sięgnąć z łóżka. Na stelażu na ścianie leżało więcej broni. Zwróciłem na to uwagę.

– Przeciwnicy broni wykupują amunicję, tak samo jak rząd – stwierdził Chester. – Wiem, gdzie ją składują. W arsenale w Pine Bluff.

– Naprawdę? – zdziwiłem się. – Słyszałem, że brakuje amunicji, ale nie wiedziałem, że kryje się za tym spisek.

– To fakt. Wiem od dobrego znajomego.

Spojrzałem na słoneczny pejzaż za oknem, Speedy nadal skubała mnie po obcasach, wiatr kołysał gałęziami platanu. Życie wydawało się tak proste. Kury w zagrodzie, koza na postronku, poszczekujący pies i Chester pykający z papierosa i opowiadający o tym, gdzie kiedyś pracował, i o tym, jak z przyjaciółmi i ochotnikami odnawiali ten dom, zamieniając zrujnowaną chatę w przyzwoite lokum.

W domu Chester stał się bardziej napięty, szeptał i zachowywał się jak człowiek oblężony, potrzebujący karabinów, przekonany, że mroczne siły ograniczają podaż amunicji. Pokoje tak samo zagracone jak w innych domach, które już odwiedziłem, na meblach wypchane zabawki, przeróżne pamiątki, kilka pękatych zegarów, na ścianach biblijne sentencje w ramkach, naprzeciwko kanapy

* W. Blake, *Zaślubiny nieba i piekła* [w:] tegoż, *Milton*, przeł. W. Juszczak, Kraków 2001, s. 133.

stał stary telewizor. Kanapę i fotele w małym salonie okrywały narzuty drukowane w tygrysie pasy, pasy zebry, lamparcie cętki i ozdobione frędzlami.

Krok w krok szła za nami Rose.

– Odnowiliśmy też sypialnię – powiedziała, skinąwszy na mnie, kiedy Chester wyszedł na dwór zapalić. Narzuta na łóżku również była drukowana w szerokie jaskrawe pasy, naśladujące zwierzęce futro.

– Marny los tego, kto się tu włamie – rzekłem, poklepując strzelby stojące przy stoliku nocnym. – Dobrze pani strzela?

– O, to cała historia – odparła Rose ściszonym głosem. – Wracam ci ja któregoś dnia z kościoła, a Chester z kolegami próbuje strzelać do orzechów na drzewie. Nie mogą trafić, cały czas pudłują. Ale nie przestają. Popatrzyłam chwilę i mówię: „Dajcie mi spróbować". Chester na to: „Założę się, że nie trafisz".

Skinęła głową, a potem rozejrzała się, sprawdzając, czy aby Chester nie usłyszy.

– Wzięłam strzelbę – rzekła – wycelowałam, a Bóg powiedział: „Nie myśl, tylko naciśnij spust". No i strzeliłam.

Znowu wybuchnęła śmiechem, jak przed domem, kiedy opowiadała o koleżankach Rachel, i znowu upłynęła dłuższa chwila, nim się wyśmiała.

– Z jakim skutkiem? – zapytałem.

– Ano orzechy ino fruwały! – powiedziała w końcu. – Chester nie odzywał się do mnie przez tydzień, bo z Bożą pomocą pokazałam, że strzelam lepiej od niego, i to na oczach jego kolegów!

W zaciszu domowym Rose tak samo jak Chester stała się bardziej skłonna do zwierzeń. Zauważyłem Biblię na stoliku nocnym, otwartą na Apokalipsie.

– Czyta pani Apokalipsę, jak widzę.

– Rozmyślam nad Wielkim Babilonem – rzekła Rose bez wahania i oblizawszy wargi, zaczęła czytać tonem solennej przestrogi. – „I ujrzałem Niewiastę siedzącą na Bestii szkarłatnej, pełnej imion bluźnierczych, mającej siedem głów i dziesięć rogów. A Niewiasta była odziana w purpurę i szkarłat, cała zdobna w złoto, drogi kamień i perły, miała w swej ręce złoty puchar pełen obrzydliwości i brudów swego nierządu. A na jej czole wypisane imię – tajemnica: »Wielki Babilon. Macierz nierządnic i obrzydliwości ziemi«. I ujrzałem niewiastę pijaną krwią świętych i krwią świadków Jezusa, a widząc ją, bardzo się zdumiałem"*.

Odłożyła otwartą księgę z powrotem na stolik nocny przy stojaku ze strzelbami.

– Przejmujący obraz – powiedziałem bez przekonania, bo brakowało mi słów. Pomyślałem, że wcześniejsze oświadczenie Chestera, że to „kraina Boga", nabrało nowego znaczenia.

– Chciałabym napisać o tym książkę – rzekła Rose. – Jesteśmy jak Sodoma i Gomora, które Bóg zniszczył. Homoseksualiści dochodzą do głosu. Są w rządzie. Żenią się ze sobą. A nie powinni. Jest o tym w Biblii. Przecież nie mogą mieć dzieci. To wszystko jest znakiem.

– Jak pani sądzi, czego znakiem? – spytałem, chociaż wiedziałem, co odpowie.

– Żyjemy w dniach ostatnich – oznajmiła Rose Skaggs. – Jestem przekonana, że to jeden z głównych znaków.

– Drugi List do Tymoteusza – powiedziałem.

– Zna pan Biblię.

– Kilka tygodni temu usłyszałem to w radiu – rzekłem. – „A wiedz o tym, że w dniach ostatnich nastaną chwile trudne"†...

Zapragnąłem wyjść z domu, opuścić te niskie wnętrza i uwolnić się od duszącego psiego zapachu i nawiedzonych biblijnych zwierzeń jego mieszkańców. A kiedy wyszedłem na dwór i znowu zanurzyłem się w słonecznym blasku, przysiadłem z Chesterem w cieniu orzecha i po prostu pogwarzyliśmy o zwykłych sprawach. Chester jedną ręką drapał Speedy po głowie, w drugiej trzymał papierosa.

Widok odnowionego domu uspokoił go, a z wtrącanych mimochodem uwag wynikało, że kocha to miejsce przy szutrowej drodze, tę krainę, gdzie się urodził i nadal mieszkał, że nie pragnie żadnej innej, że kocha Rose i troszczy się o nią, że kocha – a w istocie uwielbia – suczkę Speedy i że mając ten odnowiony dom

* Ap 17, 3–6. † 2 Tm 3, 1.

i znalazłszy oszczędny sposób życia, ani on, ani Rose, chociaż żyli bardzo skromnie – na granicy ubóstwa, jak sam powiedział – nie bali się starości.

Smażony czekoladowy rożek

Omijając Little Rock, które chciałem odwiedzić później, przemierzyłem kawał Arkansas, by zatrzymać się w Brinkley. Przyjechałem późno i odniosłem wrażenie, że to miasto zamykają na noc. Nazajutrz w blasku słońca przekonałem się jednak, że i w dzień jest właściwie nieczynne. Główna ulica pusta, sklepy na głucho pozamykane, domy nędzne, chociaż Brinkley nie leży na głębokiej prowincji, lecz przy drodze międzystanowej.

Szukając miejsca, gdzie mógłbym coś zjeść, znalazłem z dziesięć małych rodzinnych restauracyjek z *soul food*, Brinkley Country Kitchen, a w końcu w Market & Sporting Goods spostrzegłem wywieszkę z napisem LUNCH DNIA i wszedłem do środka. Przy długim stole nad południowym posiłkiem siedziało czternastu wielkich białych facetów w ogrodniczkach. Usłyszawszy dzwonek zawieszony nad drzwiami, podnieśli znad talerzy z kotletem z kurczaka i tłuczonymi ziemniakami zaciekawione oblicza, na których malował się wyraz dezaprobaty, i wlepili we mnie badawcze spojrzenia czternastu par oczu. Nikt mnie nie przywitał – rzecz doprawdy dziwna na Południu, gdzie przywykłem do tego, że wszyscy się pozdrawiali – faceci gapili się niechętnie, nawet podejrzliwie, z widelcem w jednym i nożem w drugim ręku.

Chciałem tylko napój – powiedziałem do kobiety w fartuchu, przecisnąłem się do lodówki w głębi sali, wyjąłem puszkę, zapłaciłem i wyszedłem, mając wrażenie, że mnie wyproszono, jak gdybym wtargnął na prywatne przyjęcie, co w pewnym sensie uczyniłem.

Znalazłem jeszcze jedną restauracyjkę, Mom's Diner [U Mamy], która mieści się w jednoizbowym domku przy drodze. Jej nazwa przypomniała mi złożoną z trzech punktów przestrogę, której w *A Walk on the Wild Side* [Bez hamulców] udziela Nelson Algren:

„Nigdy nie siadaj do kart z facetem zwanym Doc. Nigdy nie jedz w miejscu zwanym U Mamy. Nigdy nie chodź do łóżka z kobietą, która ma większe kłopoty niż ty".

W końcu wróciłem do Gene's Barbeque, gdzie zjadłem furę smażonego suma i fasolkę czarne oczko, po czym zaproponowano mi deser.

– Ma pan ochotę na rożek smażony w głębokim tłuszczu?

– Nigdy czegoś takiego nie jadłem.

– Posmakuje panu. Rożek czekoladowy. Jak tarta, tylko zwijana i smażona na chrupko. Czemu się pan uśmiecha, sir?

„Piekielnie trudna sprawa"

Brinkley przeżyło krótki okres najazdu gości, po tym jak w 2005 roku pojawiło się doniesienie o zaobserwowaniu w okolicznych podmokłych lasach dzięcioła wielkodziobego, który uchodzi za gatunek wymarły. Ptasiarze z całego kraju ciągnęli do Brinkley, żeby potwierdzić tę sensacyjną wiadomość, ale nikomu nie udało się ponownie zaobserwować dużego, żółtookiego dzięcioła o rozpiętości skrzydeł siedemdziesiąt pięć centymetrów i do nieszczęsnego miasta wróciła drętwota. Przez trzy lata od rzekomego odnotowania dzięcioła panował ruch budzący nadzieję, ale gdy ja się tam zjawiłem, Brinkley wyglądało jak wiele innych miasteczek na Południu – niszczejąca główna ulica, sklepy z rzeczami używanymi i pozamykane fabryki.

Pojechałem tam, żeby spotkać się z doktorem Calvinem Kingiem z liczącego dwustu dwudziestu jeden mieszkańców Aubrey w hrabstwie Lee w Delcie, który urodził się, wychował i wykształcił w Arkansas i który, jak sam mówił, walczył o odwrócenie tendencji polegającej na utracie ziemi przez czarnych w tym regionie. Lwia część czarnej ludności Delty zajmowała się rolnictwem. Z różnych powodów czarni tracili ziemię i tym samym źródło utrzymania. Doktor King działał na rzecz odzyskiwania ziemi przez czarnych rolników.

W trakcie podróży po stanach południowych poznałem wielu wspaniałych ludzi, którzy wychowali się w biedzie, a potem wykorzystywali umiejętność radzenia sobie z trudnościami do pomagania innym. Wychowany na wsi doktor King należy do tego grona. Podobnie jak Pat Atkinson dorastał w biednej, wielodzietnej rodzinie rolniczej.

– Jestem najmłodszy z jedenaściorga rodzeństwa – powiedział mi w swoim biurze w murowanym budynku przy drodze opodal Brinkley, w mieścinie o nazwie Fargo. Sześćdziesięcioletni, sprawiał wrażenie belfra, elegancko ubrany, w marynarce i pod krawatem, z wąsem, emanował pewnością siebie i spokojnym skupieniem. – Wychowanie takiej gromadki to piekielnie trudna sprawa. Czterech chłopaków, siedem dziewczyn. Dziewięcioro z nas poszło na studia. Wśród rodzeństwa mam nauczycieli, pielęgniarki i profesorów uczelni.

– Imponująco uczona rodzina – rzekłem ze szczerym uznaniem.

– Tata przywiązywał wielkie znaczenie do wykształcenia – powiedział doktor King. – Obcowanie ze starszym rodzeństwem było jak chodzenie do szkoły, uczyłem się od nich.

– Jakie szkoły mieliście w Aubrey?

– Niezbyt dobre – odparł. – Żeby znaleźć dobrą szkołę, trzeba się było ruszyć. Chodziłem do szkoły średniej w Mariannie, dwadzieścia kilometrów od Aubrey. Mieszkałem u krewnych, na przełomie lat pięćdziesiątych i sześćdziesiątych. Szkoły u nas zintegrowano dopiero w 1971. Tylko w Little Rock wcześniej.

– A więc w szkołach panowała segregacja.

– Tak, ścisła segregacja rasowa.

– Jak pan sobie radził w tej sytuacji?

– Ojciec powtarzał mi: „Nie bój się ludzi, bój się tylko Boga". Wierzył w siebie i to bardzo nam pomagało.

– Musiał wyżywić jedenaścioro dzieci – rzekłem.

– Jedzenie! – zawołał i roześmiał się. – Mieliśmy wszystko. Kiedy spotykam się z braćmi i siostrami, wspominamy, jakie mieliśmy szczęście. Nie wiedzieliśmy, że jesteśmy biedni. Nie zdawaliśmy sobie z tego sprawy.

– Jak duże gospodarstwo miał ojciec?

– Najpierw dzierżawił ziemię, a potem kupował. W końcu, w latach siedemdziesiątych i osiemdziesiątych miał jakieś czterdzieści hektarów. Ale najpierw zaopatrywał dom. Niczego nam nie brakowało.

Skoro doktor King urodził się w 1953 roku, a rodzeństwo jeszcze wcześniej, to ojciec Sterling King długie lata pracował na dzierżawionych gruntach, zanim zdołał się uwłaszczyć. Na gruntach dzierżawnych uprawiał zboża, bawełnę i soję na rynek, prócz tego hodował warzywa na własne potrzeby, ale oszczędzić mógł niewiele.

– Mieliśmy krowy, świnie, gęsi, perliczki i tak zwany warzywniak, który w istocie był polem. Uprawialiśmy tam wszystko: warzywa, fasolę, kukurydzę, groch, buraki, arbuzy.

– Przypuszczam, że zajmowała się tym głównie pana matka.

– Mama była wspaniałą gospodynią – powiedział z nutą dumy w głosie. – Cały czas robiła przetwory, brzoskwinie, gruszki, jabłka, co pan tylko chce. Ojciec miał wędzarnię. Robiliśmy swojskie wędliny. Polędwicę, szynkę. Nigdy nie brakowało nam mięsa.

– Jak udawało się godzić naukę z pracą w gospodarstwie?

– Każdy miał swoje zadania – odparł. – W Delcie niektórzy nadal tak żyją, chociaż już niewielu. Nigdy nie szukałem pracy w lecie. Zawsze było co robić w gospodarstwie. Warzyliśmy melasę. Obdzieraliśmy sorgo i wyciskaliśmy syrop. Nie tylko my tak postępowaliśmy, lecz prawie wszyscy.

– Czy sprzedawaliście plony i melasę?

– Nie, kwitł raczej handel wymienny. Matka mówiła do kogoś: „Przydałaby mi się kołdra", a po chwili dodawała: „Mam świnię". Kiedy zabijaliśmy świnię, przychodzili sąsiedzi i pomagali. Za tę pomoc dostawali trochę mięsa.

Wielebny Lyles z Greensboro w Alabamie opowiadał podobne historie, jak to płacił lekarzowi za wizytę kurczakiem albo jajkami. Rodzina Floyda Taylora robiła melasę. Tak się kiedyś żyło wszędzie na wiejskim Południu.

– A polowaliście? – zapytałem. – Wiele osób opowiadało mi o polowaniu dla mięsa.

– Ojciec polował na króliki i wiewiórki. Na kolację czasem jedliśmy duszoną wiewiórkę, w sosie z ziemniakami. Kolacja była koło siódmej. Czasem mieliśmy perliczkę.

– Jak ją przyrządzaliście?

– Nadziewaliśmy – odparł i przełknął ślinkę, jak to często się zdarza, gdy człowiek opowiada o ulubionym daniu. – Jak pamiętam, najpierw się ją gotuje, żeby mieć rosół. Potem robi się nadziewkę z mąki kukurydzianej. Nadziewa się perliczkę i piecze. Nadziewana perliczka jest przepyszna.

– A szopy, jedliście szopy?

– Czasem – odparł. – Ojciec najbardziej lubił wiewiórki. Ale one są małe. Trzeba trzy albo cztery na jeden posiłek. Jedliśmy wiewiórki z kluseczkami, przyrządzane tak samo jak kurczak.

– Wiele osób w Arkansas opowiadało mi o potrawach z szopa czy wiewiórki. Mnie to się wydaje menu z innej epoki.

– W tych okolicach ludzie nadal tak jedzą – rzekł doktor King. – Ale mieliśmy mnóstwo innego jedzenia. Hodowaliśmy krowy, więc zawsze mieliśmy masło. Jak się spotykam z siostrami, wspominamy powroty ze szkoły do domu i kurczaki albo szynkę na kolację.

– Niech mi pan opowie o swojej matce – poprosiłem.

– Nazywała się Jessie Hill, urodziła się w hrabstwie Phillips w Delcie. Miała domieszkę krwi Czirokezów.

Zapewne po matce doktor King miał ostro zarysowaną żuchwę i opadające powieki.

– Dorastała w Coffee Creek. Gotowała najlepsze obiady, wszyscy moi koledzy do dziś je wspominają. Miała rodzinę w Chicago. Wysyłaliśmy im jedzenie, przetwory owocowe i wędzoną szynkę.

Doktor King ciepło wspominał swoją liczną, miłą, ciężko pracującą, samowystarczalną rodzinę, smaczne jedzenie i prowianty wysyłane głodnym i stęsknionym za domem krewnym w Chicago.

Podobnie jak w przypadku innych poznanych przeze mnie osób wychowanie doktora Kinga określiło jego całą drogę życiową. Po ukończeniu Uniwersytetu Arkansas w Jonesboro i zrobieniu doktoratu w Philander Smith College w Little Rock postanowił poświęcić się pomaganiu rolnikom i w 1980 roku założył w Brinkley Arkansas Land and Farm Development Corporation. Dorastał w gospodarstwie rolnym i przyswoił wartości swoich rodziców, w domu zawsze jadał do syta, nauczył się szacunku dla samego siebie i etyki pracy. Pracę w swojej firmie traktował jak posłannictwo.

– Moja organizacja ma służyć odwróceniu tendencji polegającej na utracie ziemi i upadku rodziny wiejskiej – mówił. – Zajmujemy się też poprawą warunków mieszkaniowych. A także tworzeniem szans dla młodych.

– Kim są pana klienci?

– Pracująca biedota. Niektórzy tutaj ciągną na dwóch etatach, a i tak nie mają pieniędzy, stabilizacji ani własnego domu.

Wielu oczekiwało na mieszkania czynszowe, przeszło dwieście osób czekało na odnowienie lub przebudowę domu.

– Tworzymy tak zwane bezpieczne wspólnoty – opowiadał doktor King. – Trzeba spełniać określone warunki. Mamy swoje kryteria i wymagania. Sprawdzamy kandydatów, zanim ich zakwalifikujemy. Przypomina to standardowe ubieganie się o kredyt hipoteczny czy też kartę kredytową.

Doktor King stwierdził, że Brinkley umiera. Stopa bezrobocia jest dwa razy wyższa od średniej krajowej. Wszelkie „warunki rozwoju" nadal istnieją – drogi, wodociągi, linie kolejowe, stara infrastruktura budowlana – ale nie ma pracy ani perspektyw. Od 1977 roku Sanyo produkowało telewizory kineskopowe, ale w końcu zamknęło fabrykę. Zamiast unowocześnić zakład w pobliskim Forrest City, przestawiając go na produkcję telewizorów o płaskim ekranie, koncern przeniósł fabrykę do Meksyku, do Tijuany, która leży blisko granicy ze Stanami, gdzie firma nie płaci podatku, ma tanią siłę roboczą, nie musi układać się ze związkami zawodowymi i z łatwością eksportuje produkcję do Stanów.

– Ludzie z pana stron przyjeżdżają tutaj, żeby pouczać – rzekł doktor King. – Mówią: „Wprost nie do wiary, że tak się jeszcze żyje!".

– Tak, na Południu nieraz mam wrażenie, iż jestem w Trzecim Świecie – powiedziałem. – Ale spotykam dobrych ludzi, którzy działają tak jak pan. Zmieniają coś na lepsze, pomału, na małą skalę, ale to odmienia życie tych, którym pomagają.

– Żeby się rozwijać, trzeba wspólnej wizji, społecznego poczucia sensu – stwierdził doktor King. – Trzeba usiąść i porozmawiać. Fakt faktem, że niektórzy biali powiadają: „O co chodzi? Mamy dobrą szkołę, prywatną. Lee Academy w Mariannie. Marvell Academy w hrabstwie Phillips". Nie mają pojęcia, z czym zmaga się większość z nas. Nie wszyscy biali tak myślą. Tylko bogaci. Brak wspólnej wizji.

– Fundacja Clintonów ma miliardy, które wydaje na całym świecie – powiedziałem, tak samo jak przedtem w rozmowie z Pat Atkinson w Russellville. Uważałem, że zawsze trzeba poruszyć tę sprawę na Południu. Fundacja Clintonów jest niesłychanie bogata i jeżeli tylko zajrzy się na jej stronę internetową, człowiek dowiaduje się, że były prezydent obiecał pieniądze na rozmaite programy w Afryce czy w Indiach albo że „w trakcie dziesięciodniowej podróży humanitarnej po Afryce Chelsea Clinton znalazła czas na spotkanie z dziećmi, które skorzystały z jej programu walki z AIDS". – Dostaliście od nich jakieś pieniądze? – zapytałem.

– Nie – oświadczył doktor King z powagą. – Jeszcze nigdy nie dostaliśmy żadnej pomocy od Fundacji Clintonów ani od Inicjatywy Globalnej.

– A chcielibyście?

– Tak – zapewnił, kiwając głową. – Bylibyśmy więcej niż szczęśliwi, gdyby udzielono nam takiej pomocy. Mamy tu mnóstwo ciężko pracujących, a biednych ludzi. Gospodarstwa rodzinne. W całej Delcie.

– Chciałbym porozmawiać z tymi ludźmi – rzekłem.

– Miałem nadzieję, że pan to powie.

Pracująca biedota

Arkansas to kraina zachwycająco pięknej przyrody, falujących wzgórz, granitowych urwisk, nadrzecznych mokradeł porośniętych wierzbami, łąk i zaoranych pól okolonych murami z ciosanego kamienia. Ale to ubogi, głodny, źle zarządzany stan, gdzie wieś klepie straszną biedę. W niektórych hrabstwach prawie trzydzieści procent ludności żyje poniżej minimum socjalnego, a jedno na czworo dzieci w Arkansas jest „niedożywione".

Odsetek „zagrożonych niedożywieniem" jest w całym stanie niesłychanie wysoki. Na stronie Arkansasmatters.com przeczytałem, że w ogłoszonym w 2013 roku raporcie Departamentu Rolnictwa stwierdzano, iż „19,7 procent, czyli co piąty mieszkaniec Arkansas nie wie, kiedy zje następny posiłek". Tego rodzaju danych można by oczekiwać na Sri Lance. Jak sprawdziłem, poziom zagrożenia niedożywieniem w Arkansas jest w istocie taki sam jak na Sri Lance, a więc na wyspie, która mozolnie stara się przezwyciężyć skutki niedawnej przewlekłej wojny na tle etnicznym.

Trapiące Arkansas wysokie bezrobocie i niedożywienie w istotnej mierze wynikają z upadku przemysłu. Mając trochę czasu przed odwiedzinami u rolników, którym pomagał doktor King, szukałem kontaktu z ludźmi, którzy stracili pracę wskutek ucieczki przemysłu za granicę. W ten sposób poznałem między innymi pewną pogodną kobietę. Przedstawiła się jako Dee („Właściwie to nie jestem Dee – dodała. – Ale zmieniłam imię, bo Japończycy nie są w stanie wymówić imienia Odelia"). Miała sześćdziesiąt dziewięć lat i przez czterdzieści dwa lata pracowała w fabryce elektroniki w Forrest City, niedaleko od Brinkley. Jak większość pracujących biedaków, których poznałem w Arkansas, Dee nie narzekała, ale i nie miała złudzeń.

– Na początku to nie było Sanyo – wspominała. – Firma nazywała się Warwick Electronics i należała do Searsa. Lata temu. Produkowaliśmy głównie telewizory, ale firma schodziła na psy. Jakoś pod koniec lat siedemdziesiątych Sanyo kupiło fabrykę, włożyło kupę forsy i uruchomiło nową produkcję. Naprawdę wielki zakład.

Na początku lat osiemdziesiątych przejęcie przez Sanyo fabryki telewizorów w Forrest City, dzięki czemu pracę znalazło cztery tysiące osób, odbiło się szerokim echem na stronach gospodarczych gazet w całym kraju. *Japończycy zamieniają fabrykę w Arkansas w kwitnącą firmę*, pisano na łamach „New York Timesa" w 1983 roku. Inwestorzy dogadali się ze związkami zawodowymi i kosztem czternastu milionów czterystu tysięcy dolarów unowocześnili fabrykę, wprowadzając najnowsze modele telewizorów i kontrolę jakości. W czasach Searsa co dziesiąty odbiornik okazywał się wadliwy. Większość nowej załogi stanowili czarni, chociaż Dee jest biała.

„Dbają o nas – powiedział jeden z kolegów Dee reporterowi »New York Timesa« w 1983 roku. – Liczy się przede wszystkim jakość, jest lepsza kontrola. Kadra kierownicza interesuje się opinią robotników. Pytają nas o zdanie i na podstawie naszych obserwacji szukają sposobów podniesienia wydajności, jakości i ułatwiania nam pracy".

Sytuacja ekonomiczna Forrest City bardzo się poprawiła, a japońską kadrę kierowniczą przyjęto do miejscowego klubu golfowego, nadal elitarnego i zamkniętego dla czarnych. Przez dziesięć lat perspektywy malowały się w różowych barwach. Ale w 1994 roku, kiedy rozwój techniki telewizyjnej stworzył konieczność modernizacji fabryki, wszedł w życie wcześniej podpisany North American Free Trade Agreement [Północnoamerykański Układ o Wolnym Handlu, NAFTA]. „Mamy okazję stworzyć na nowo świat – stwierdził prezydent Clinton w grudniu 1993 roku przed podpisaniem ustawy o ratyfikacji NAFTA. – Za kilka chwil podpiszę ustawę wprowadzającą w życie Północnoamerykański Układ o Wolnym Handlu. NAFTA znosi bariery handlowe między naszymi trzema krajami. Stwarza największą na świecie strefę wolnego handlu i zaowocuje powstaniem w naszym kraju w samym tylko nadchodzącym roku dwustu tysięcy nowych miejsc pracy".

I to był początek końca Forrest City. Począwszy od tego dnia, Sanyo ograniczało produkcję w fabryce w rodzinnym stanie Clintona i przenosiło ją do Meksyku. Ostatecznie Forrest City zamieniło się w widmowe miasto wielkiego bezrobocia, zamkniętych sklepów, gdzie prócz Walmartu i barów szybkiej obsługi nie ma już nic.

– Mój kierownik z ciekawości pojechał do Tijuany – opowiadała Dee. – Tam jest teraz strefa wolna od podatków, nie ma związków zawodowych. Mówił, że mają naprawdę młodych robotników. Nie potrzebują wielu, a ci, co pracują, są zdolni i rzeczywiście głodni pracy. No i nie żądają wiele.

Dee pracowała teraz w niepełnym wymiarze godzin w motelu. Podobną pracę wykonywała Julie, którą poznałem w pewnym miasteczku położonym dalej na zachód. Chuda, sześćdziesięciokilkuletnia, bezzębna nałogowa palaczka, zanosząca się straszliwym szczekającym kaszlem, całkiem pogodna, tyle że złachana i zapuszczona, tak samo jak ów należący do kolejnego pana Patela motel, gdzie pracowała jako recepcjonistka. Mój pokój cuchnął tak bardzo – brudna pościel, pleśniejący dywan – że przygniatająca woń zgnilizny nie pozwalała spać. Nawet w holu, gdzie Julie kurzyła niedopałki przy tylnym wejściu, brzydko pachniało.

– Tu nie ma pracy, chyba że dla Meksykanów, co to mieszkają po sześciu w jednym pokoju i nie płacą podatków – narzekała Julie. Opowiedziała mi o sobie, uprzedziwszy, że to smutna historia. – Przez lata pracowałam w fabryce koszul. Szyliśmy koszule flanelowe, mundury dla policji stanowej, eleganckie ubrania. Wszystko przenieśli za granicę, do Chin, Dominikany i Bóg wie gdzie.

– Na czym polegała pani praca?

– Właśnie w tym rzecz. W końcu doszło do tego, że odpruwałam metki z napisem „Made in Honduras" i przyszywałam metki z napisem „Made in the USA". Tak się działo na przełomie lat osiemdziesiątych i dziewięćdziesiątych. Powiedziałam: „To nie w porządku", i odeszłam. Niedługo potem fabrykę zamknięto. Teraz nie ma tu nic. Cztery speluny i Walmart, jak prawie wszędzie indziej.

– I zatrudniła się pani w tym motelu?

– Nie – odparła i zaciągnęła się papierosem. – Znalazłam pracę w Burris, przy produkcji dębowych szuflad i drzwiczek do szafek – powiedziała, znowu zaciągnęła się głęboko, wydmuchała dym za drzwi i pomachała kościstą ręką, żeby go rozproszyć. – Zostali wykupieni. Sprowadzili nam najtańszy dąb błotny, który miał mnóstwo sęków i nic nie mogliśmy z niego zrobić. Zwolnili mnie w 2000 roku, miałam dostać emeryturę, ale mi jej nie dali. – Jeszcze raz zaciągnęła się papierosem. – Na mocy arbitrażu, powiedzieli. No i tak wylądowałam tutaj – rzekła i pstryknęła niedopałek, który poleciał aż na parking, pryskając żarem.

W ciszy, która zaległa, bo nie wiedziałem, co powiedzieć, Julie się zamyśliła.

– W gruncie rzeczy w piętkę gonię. Wracam do domu, wypuszczam psa, wkładam szlafrok i oglądam telewizję – powiedziała, wzruszyła ramionami i wystukała następnego papierosa z wymiętej paczki. – Kilka lat temu się rozwiodłam. Dzieci odeszły, mój były odszedł. Pracuję tutaj, jeżeli można to nazwać pracą. I tyle.

Zwłoki na drodze

W Arkansas najnędzniejsze miasta i najbiedniejszych ludzi znajdzie się w najpiękniejszych zakątkach i najbardziej malowniczych dolinach rzecznych. Ciasne, liche, brzydkie domy i zdezelowane przyczepy w oprawie cudownego pejzażu, łagodnych, falistych, zielonych, gęsto porośniętych lasami wzgórz i cienistych, leniwych rzek. Omijając Little Rock, jechałem wolno na zachód w pewnej odległości od szosy międzystanowej, przez Altus, Ozark i Mulberry, mieściny tak samo atrakcyjne jak ich nazwy, położone w Arkansas Wine Country [Regionie Winiarskim Arkansas], gdzie mieszkają potomkowie Niemców i Szwajcarów, którzy sto trzydzieści lat temu zakładali tam winnice. Piwnice i restauracje zbierają mieszane, żeby nie powiedzieć krytyczne oceny, ale droga wije się tak malowniczo wśród lasów i łąk, na których pasą się konie i krowy, że z wielką przyjemnością zwolniłem i rozkoszowałem się pejzażem, kontemplując chmury komarów wibrujące w złotych ukosach blasku zachodzącego słońca.

– Słyszałeś pan o burzach? – zapytał mnie motocyklista na stacji benzynowej opodal Altus. Przyjechał z Memphis, a podróżował przez cały kraj. – Idą tornada. Jadę do Fort Smith i tam się przyczaję, aż przejdą.

Być może z powodu mnogości ostrych zakrętów i bliskości siedlisk, nor i gniazd stworzeń prowadzących nocny tryb życia na sześćdziesięciu kilometrach tej wiejskiej drogi widziałem więcej zwierząt zabitych przez samochody niż na przestrzeni setek kilometrów na autostradzie.

W nadrzecznym i jakby udręczonym Ozark zwróciłem uwagę na spokojny placyk, przy którym stoją gościnnie wyglądające więzienie i złowrogo wyglądający sąd, a także na restaurację Rivertowne BBQ na skraju miasta, którą spowijały wyziewy wydzielające ostrą woń przypalonego mięsa. Podobnie jak w większości miast w tej części stanu w Ozark zdecydowanie przeważa ludność biała. Spostrzegłem reklamę indyków firmy Butterball, która ma ubojnię w pobliżu miasta. Właśnie ta przetwórnia drobiu jest głównym źródłem dochodów Ozark. W okolicy działa dziewięćdziesiąt indyczych ferm, które dostarczają ptaki do ubojni. Kilka lat wcześniej o tym zakładzie trąbiono w mediach, kiedy People for the Ethical Treatment of Animals [Inicjatywa na rzecz Etycznego Traktowania Zwierząt] ogłosiła raport z potajemnego śledztwa zatytułowany *Butterball's House of Horrors* [Gabinet okropności Butterball]. W raporcie drobiazgowo opisano okrucieństwo procesu przetwarzania indyków w ubojni, okrucieństwo po części intencjonalne, wynikające z sycenia najgorszych instynktów przez ludzi, po części zaś związane z samą naturą przemysłowego zabijania i paczkowania indyków – pięćdziesięciu tysięcy dziennie, znacznie większej liczby w okresie przed Świętem Dziękczynienia, milionów w ciągu sezonu. Departament Rolnictwa wszczął dochodzenie, nieprawidłowości wyeliminowano, a Ozark wprawdzie nie kwitnie, ale jakoś prosperuje, przy wtórze gulgotania zdesperowanych, przeznaczonych na rzeź indyków Butterball.

– Słyszałem, że idzie burza – powiedziałem do motocyklisty spotkanego przed Rivertowne BBQ.

– Tornado – potwierdził. – Po prostu trzeba siąść na tyłku. Przejdzie.

Polecił żeberka, smażone panierowane ogórki konserwowe i smażone zielone pomidory. W menu mieli też oposa z kluseczkami z sosem z sadła szopa, oposa w śmietanie oraz słynne obtaczane w ziołach mięsa z rusztu. Zjadłem sałatkę z kurczakiem i smażoną okrę, po czym ruszyłem dalej na zachód malowniczą drogą.

W posępnym, brudnym, zabiedzonym rustykalnym Mulberry mężczyźni i chłopcy, i czarni, i biali, nurkowali w skorodowanych kontenerach na śmieci, wyciągając wszystko, co jeszcze mogło się przydać, a kawałek dalej na drodze, jak gdyby małpując ludzi, podskakujące stadko kruków rozdziobywało czerwony galimatias zewłoku zwierzęcia zabitego przez samochód.

Mielenie ozorem: „Mała, stara, nędzna wytwórnia kryształu"

Nazajutrz, w niedzielę, przybywszy w okolice miasteczka Alma, zamierzałem spędzić ten świąteczny dzień zgodnie z tradycją Południa, a więc pójść do kościoła, a potem na szeroko reklamowany jarmark broni – gdzie zawsze spotka się uprzejmych ludzi, usłyszy stanowcze opinie, no i można coś zjeść – ale zarówno nabożeństwo, jak i jarmark odwołano. Z powodu zastraszającej prognozy pogody.

– Idą tornada znad Oklahomy – powiedziała mi na parkingu przed sklepem całodobowym kobieta, która znała najnowsze komunikaty. Śpieszyła się. – Pędzę do domu.

Dzień był szary jak o zmroku, ale jeszcze nic nie zapowiadało burzy. Zjechałem z trasy numer 71 w szutrową drogę, która między chatami i przyczepami, a potem przez las wspinała się na strome zbocze. Na szczycie, gdzie droga zamieniła się w błotnisty szlak, ujrzałem bardzo zniszczony dom, ledwo stojącą ruinę na skraju pola zaśmieconego starymi butami, podartymi ubraniami, zużytymi oponami, wrośniętymi w ziemię deklami, zniszczonymi zabawkami, butelkami i słoikami, potłuczonym szkłem, walającymi się i wiszącymi na krzakach foliowymi torebkami. Krótko mówiąc, rudera na skraju śmietniska.

Brzydki, wilgotny dzień, nad górami Głębokiego Południa zwieszały się ciemne chmury, a młody mężczyzna na podwórku miał na gołych stopach gumowe japonki i powłócząc nogami, łaził wśród potłuczonego szkła. Towarzysząca mu kobieta ubrana była w podarte szorty, bluzę z kapturem i kowbojskie buty – roboczy strój w krainie Ozark. Ze skupieniem nurków śmietnikowych przeczesywali trawy i zarośla, od czasu do czasu schylając się, żeby podnieść butelkę lub puszkę po piwie, które zbierali do plastikowej beczki. Pod nogami pałętały się im bose dziecko i pies, przeszkadzając w pracy.

Nie zwrócili na mnie uwagi, gdy zjechałem z traktu, żeby obejrzeć ruderę, jej dziurawy blaszany dach, krzywy ganek, ziejące pustką okna. Myszkując w śmieciach na podwórku, wyglądali jak obcy, którzy natknęli się na opuszczony dom i brali go w posiadanie, zaczynając od przebrania śmieci, a kiedy zbiorą wszystko, co może się jeszcze przydać, spenetrują sam budynek.

Ale oni tam mieszkali, to liche siedlisko na szczycie góry było ich domem, gdzie wychowywali bose dziecko, i do nich należał też śliniący się pies. Mieli po trzydzieści kilka lat. Roześmieli się, kiedy powiedziałem, że zabłądziłem i chcę zapytać o drogę, co naprędce zmyśliłem, żeby ich rozbroić.

Już po chwili wspomnieli, że nadciąga tornado, jakby mało było innych kłopotów, w tym zwłaszcza kryzysu gospodarczego i bezrobocia, które stały się tematem naszej rozmowy.

– Chociaż ostatnio mam zajęcie przy montażu drzwi garażowych – powiedział mężczyzna. – W tym tygodniu przepracowałem pięćdziesiąt dwie godziny – dodał z zadowoleniem – i liczę na więcej.

Warsztat produkujący drzwi garażowe znajdował się na obrzeżach Mountainburga, kawałek stamtąd przy drodze numer 71.

– To miasto to dziura. Zawsze było dziurą – rzekł mężczyzna. – Nigdy nie mieli pracy. Wszyscy tutaj ledwo wiążemy koniec z końcem.

Jego żona nadal uparcie zbierała puszki po piwie i plastikowe butelki i wrzucała je do beczki tak gwałtownie, że miałem wrażenie, iż w ten sposób gani męża, jak gdyby mówiła: „Ja tu pracuję, a ty sterczysz w tych japonkach i gadasz po próżnicy". Ja jednak myślałem o tym, że ta rodzina – mieszkająca w istnej ruinie i wychowująca w niej bose dziecko, podczas gdy mężczyzna harował długie godziny, dźwigając drzwi garażowe – jest ucieleśnieniem pracującej biedoty.

Miałem szczęście, że zboczywszy na to prawie bezdroże, obcy w tych stronach, trafiłem na pogodnego młodego mężczyznę, który chętnie odpowiadał na moje wścibskie pytania. Właśnie życzliwość ludzi jest obok wspaniałości przyrody wielką atrakcją Arkansas.

– Są w tej okolicy jacyś czarni? – zapytałem.

Roześmiał się, tak jak uczyniłby każdy biały w Bar Harbor w Maine albo na wyspie Nantucket, usłyszawszy to pytanie, które uznałby za idiotyczne.

– Nie, tutaj w ogóle nie ma czarnych – odparł. – W Mountainburgu nigdy nie było czarnych i wątpię, czy kiedykolwiek się pojawią.

– Ale Arkansas jest w połowie czarne – rzekłem.

– Nic podobnego – zaprzeczył. – Nawet nie w dwudziestu procentach.

Miał rację, czarni stanowią piętnaście procent ludności stanu.

– Czarnych znajdziesz pan dopiero kawał drogi stąd, w okolicy Conway – wyjaśnił. – Arkansas aż do Conway jest białe, a za Conway czarne. Tak to wygląda.

– Jeszcze nie poznałem Conway.

– Ja regularnie tam jeździłem – powiedział, roześmiał się głośno i zakołysał w mokrej trawie na obutych w japonki stopach. – Odwiedzałem ojca w więzieniu. Teraz siedzi w Harrison, w więzieniu hrabstwa Boone. Nie najgorsze pudło, ale chłopie, przekiblował szmat czasu w regularnym starym kiciu.

– Szmat czasu? – zapytałem.

– Wlepili mu dwadzieścia, a odsiedzi jedenaście. Mnie to się wydaje szmat czasu – rzekł młody mężczyzna i pokiwał głową. – Wychodzi za miesiąc – dodał.

– I przez wszystkie te lata pan go odwiedzał?

– Prawie co tydzień – odparł. – Jak go zamknęli, miałem dwadzieścia jeden lat. Teraz mam trzydzieści dwa. Nadal regularnie go odwiedzam.

– Nie obrazi się pan, jeżeli zapytam, za co siedzi?

– Za prochy. Robił tam kryształ* – rzekł i wskazał szopę, jeszcze bardziej zaniedbaną niż pobliski dom. – No, nie był żadnym handlarzem. Robił go dla siebie, na własny użytek.

– Hm, wytwórnia to nie byle co – powiedziałem.

– Mała, stara, nędzna wytwórnia kryształu, parę słoików w szopie! Szkoda gadać. Ale ktoś go podkablował, pewnie taki, co się na niego wkurzył, jak mu nie dał towaru – pokręcił głową i znowu się uśmiechnął. Najwyraźniej nie potrafił się martwić. – Pierwszy raz go przyskrzynili! Tak od razu jedenaście lat, i za co?!

* Kryształ – metamfetamina.

Spostrzegłszy, że żona wlepia weń groźne spojrzenie, zebrał kilka puszek i wrzucił je do beczki, gdzie zagrzechotały, ale ani na chwilę nie przestał mówić.

– Jak go sadzali, był chudym facetem z długimi włosami. Od tego siedzenia zrobił się gruby i stary. No i krótko go ostrzygli.

– Co będzie, jak wyjdzie?

– Nic szczególnego. Pomoże mi łatać dom, i tyle. Raczej nie znajdzie pracy. Z wyrokiem na koncie człowiek nie ma perspektyw.

– Surowo go ukarano za robienie narkotyku na własny użytek.

– O, tak. Tyle lat, zmarnowany kawał życia. Myślę, że to niesprawiedliwe. – Obejrzawszy się przezornie na żonę, zaczął rozgarniać stopą trawę i zebrał kilka puszek. – Ale musiał odpokutować.

Chciałem jeszcze porozmawiać, chciałem dowiedzieć się więcej, ale i tak cieszyłem się, że spotkałem tego szczerego, pogodnego i wyrozumiałego mężczyznę. Byłem obcy, wyłoniłem się z niskich deszczowych chmur, zaparkowałem samochód na skraju jego parceli, a on w ciągu kwadransa bez zahamowań i jakże szeroko opowiedział mi o swoim życiu.

– Żona myśli, że tylko na próżno mielę ozorem – powiedział. – Muszę już wracać do pracy. Trzymaj się pan.

Wróciłem na drogę, o której w *The Arkansas Testament* [Dziedzictwo Arkansas], sugestywnym poemacie o historii i perypetiach rasowych Południa, wspomina Derek Walcott.

> Zmierzch
> Się wypełniał w błyskach metalu
> Od wolno kapitulującego słońca
> Na tablicach, znakach i w witrynach
> Przy drodze numer siedemdziesiąt jeden…

Biblijna pogoda: „Grad wielkości piłek baseballowych"

Kiedy o szóstej rano obudziłem się w ponurym motelu na obrzeżach Almy na zachodniej rubieży Arkansas i Głębokiego Południa, blisko granicy z Oklahomą, zamiast burzy, o której wszyscy gadali od kilku dni, usłyszałem następne „poważne ostrzeżenie przed nawałnicami". Burze są częste w tym regionie, zwłaszcza tornada, które niepowstrzymane przez góry, przelatują przez pas równin zwany Tornado Alley [Aleja Huraganów], nabierając prędkości, przygniatając trawy do ziemi, chłoszcząc kukurydzę, obracając w perzynę drewniane domy na swojej drodze, miażdżąc przyczepy mieszkalne, obalając drzewa. Zapowiadano kilka nawałnic, z potężnym wiatrem, ulewnym deszczem i – co przykuło moją uwagę – „gradem wielkości piłek baseballowych".

„Cóż, wydaje mi się, że Ameryka po prostu ma przewrotny klimat – pisał mój przyjaciel Jonathan Raban, kiedy napomknąłem o niewiarygodnych opisach pogody w książkach o podróżach po Ameryce i związanych z tym rzekomych niebezpieczeństwach. – Nigdzie indziej nie widziałem tak biblijnych burz z piorunami jak w Montanie. Wydawały się wyjęte ze Starego Testamentu. Aleja Huraganów. Wielkie susze. Powodzie w Missisipi w 1993. Albo trzęsienie ziemi w New Madrid w latach dwudziestych XIX wieku, kiedy Missisipi przez tydzień podobno płynęła w drugą stronę".

Być może właśnie biblijne nawałnice rozbudzają uczucia religijne na Południu i skłaniają kaznodziejów do wieszczenia końca świata, ponieważ takie gwałtowne zjawiska wydają się dopustem Bożym, znakiem, że koniec jest bliski.

Ogłoszono „zagrożenie tornadem". „Grad wielkości piłek baseballowych" budził straszne skojarzenia. Wyobraziłem sobie deszcz białych kamieni lecących z rozgniewanego nieba i rozwalających dachy, wybijających szyby, rozbijających głowy, łamiących kości. Jeszcze jedna starotestamentowa nawałnica, widoma kara wymierzona przez rozgniewanego Boga, ciskającego z nieba kawały lodu na nasze głowy.

Na Południu rzeczywiście trafiałem na kapryśną aurę, zaskakujące lub nawet zdumiewające skoki temperatury, gwałtowne burze, ale mimo to owe ostrzeżenia uważałem za przesadne. Wtedy, w Almie, mój sceptycyzm też zastąpiło zdziwienie, kiedy w kilka godzin po porannych komunikatach przyszedł deszcz, a właściwie hucząca, oślepiająca ulewa, która zamieniała ulice w rwące potoki. Kiedy zaczęło padać, jechałem samochodem i wyglądało to tak, jak gdybym wjechał na stanowisko w myjni samochodowej. Nagle nie widziałem przed sobą nic prócz strug wody, zerwał się gwałtowny wiatr, który tarmosił drzewa, a młode podrosty uginał tak, że wydawało mi się, że zaraz trzasną, ale prostowały się, sprężynując, po czym znów wściekle kłoniły się ku zalanej wodą ziemi.

Nie widząc drogi, zjechałem na bok i przez godzinę siedziałem w aucie wśród kaskad wody spływających po szybach, fleszów błyskawic, które nadawały pobliskim chatom upiorny wygląd, podczas gdy dudniący grom wprawiał w drżenie stare deski. Nawałnica odcięła mnie od świata, zamknęła w wodnym żywiole ulewy dudniącej o dach samochodu i potoku, który nagle popłynął tam, gdzie kilka chwil wcześniej był rynsztok z czerwonej ziemi i ścieżka. Zaraz po błyskawicy, która rozżagwiła się zielono i złoto, gruchnął grom, przetaczając się potężniejącymi sylabami niczym długie, dudniące i bełkotliwe słowo wykrzyczane przez olbrzyma. Dobra nasza, po tylu miesiącach włóczenia się po tej krainie wreszcie jakaś próba!

Ale nic z tego. Ulewa przeszła, zostawiając kałuże, nasiąkniętą darń, ociekające drzewa. W powietrzu wisiała mgiełka niczym skroplony oddech burzy, a przydrożną osadę, przy której się zatrzymałem, spowiła cisza, niemal błogi spokój. Pomyślałem, że już po wszystkim, że nawałnica minęła.

Powietrze nadal było ciężkie, niebo ciemne, przytłaczające niczym wieko zatrzaśnięte nad światem lepkiego bezruchu. Wysiadłem z samochodu i stojąc w mokrej trawie, zastanawiałem się, dokąd jechać i czy w ogóle dokądkolwiek się ruszać.

– Jak leci? – zawołał do mnie sadzący wielkie kroki mężczyzna w foliowym poncho. Ciągnął za sobą psa. – Wariuje biedaczek. Utknąłem na drodze. Wracam do domu.

– Okropna burza – powiedziałem.

– E, to nie była burza – rzekł mężczyzna. – Tylko deszcz. Burza dopiero idzie.

– Myśli pan o zagrożeniu tornadem?

– O ostrzeżeniu przed tornadem.

– A na czym polega różnica?

– Ostrzeżenie znaczy, że już je zaobserwowano. Podobno kilka. Idą na nas. Mają uderzyć w nocy.

A więc ulewa była tylko przygrywką. Pojechałem jeszcze kawałek drogą numer 71, potem wróciłem do szosy międzystanowej. Znowu pojawił się deszcz, łagodniejszy. Przejechałem przez Conway, ale z powodu ostrzeżeń przed nawałnicą większość biznesów zamknięto, a na ulicach nie widziało się ludzi. Kupiłem kanapkę i zjadłem ją w samochodzie. Za Little Rock deszcz się nasilił, wiatr wzmógł, więc pomyślałem, że lepiej gdzieś się przyczaić, i zajechałem przed pierwszy lepszy motel.

– Muszę pana uprzedzić, że mamy zagrożenie tornadem – powiedziała recepcjonistka. Minę i głos miała bardzo poważne i tylko nerwowy paluszek motał niesforny loczek ciemnych włosów, gdy mówiła. Z identyfikatora odczytałem, że ma na imię Jamie. – Proszę to wziąć – rzekła, wręczając mi zadrukowaną kartkę, którą podniosła ze stosiku leżącego na biurku. Była to instrukcja zatytułowana „Zasady postępowania podczas tornada", w której w punktach objaśniano podstawowe pojęcia („»Zagrożenie tornadem« znaczy, że warunki atmosferyczne sprzyjają powstawaniu trąb powietrznych") i opisywano procedury zabezpieczania się oraz ewakuacji.

– Jeżeli zrobi się niebezpiecznie, zadzwonię do pana do pokoju – powiedziała Jamie. – Wtedy proszę ukryć się pod schodami wraz z innymi gośćmi albo schronić się u siebie w wannie.

Tego rodzaju instrukcje („proszę schronić się u siebie w wannie") obiecują podróżnikowi, że jeszcze tej nocy wydarzy się coś niezwykłego i godnego zanotowania. Złe wiadomości z punktu widzenia zwykłego człowieka nieraz są dobrą nowiną z punktu widzenia pisarza i podróżnika, który szuka tematu. Szalona pogoda wnosi nutę dramatyzmu, pogoda najgorsza odmienia krajobraz, uwydatnia go, nadaje mu oblicze i nastrój.

Jazda w deszczu zmęczyła mnie. Położyłem się i spałem głęboko. Telefon nie zadzwonił. Kiedy nazajutrz o siódmej rano zszedłem na dół, zastałem tam troje podekscytowanych młodych ludzi, mężczyznę i dwie kobiety, którzy ładowali na tył samochodu górę jakiegoś sprzętu, bo nie były to zwykłe walizki ani torby, lecz czarne skrzynki, w jakich zazwyczaj wozi się aparaturę.

– Coś się dzieje? – zapytałem.

– Nie słuchał pan wiadomości?

– Spałem.

– Myśmy w ogóle nie spali. Niesamowita zawierucha – powiedział mężczyzna, wkładając do samochodu mikrofon na długim wysięgniku. – Osiem trąb powietrznych.

Całą noc szalały tornada, niszcząc dwa przedmieścia Little Rock, przez które przejeżdżałem, bezskutecznie szukając noclegu. Trąby powietrzne uderzyły też w Vilonię i Mayflower.

– Zbliżyliśmy się na trzy kilometry do trąb, które przeszły przez Mayflower, gdzie są największe zniszczenia – z przejęciem opowiadał mężczyzna.

Wydawał się zachwycony, nawet upojony. Zdziwiony zapytałem, co go tak raduje.

– Jesteśmy łowcami burz! – zawołał.

Nazywał się Stephen Jones, studiował na wydziale meteorologii Uniwersytetu Oklahomy w Norman. Podążając za nawałnicami, dotarł do Arkansas, przemierzał strefy silnych wiatrów i ulew, fotografował stożki trąb powietrznych i wirującego pyłu, nagrywał wycie wiatru. Specjalizował się między innymi w fotografowaniu błyskawic, a skoro burze z piorunami sprzyjają powstawaniu trąb powietrznych, zrobił mnóstwo zdjęć nieba rozdartego gorejącymi wyładowaniami.

– Jesteśmy chyba szurnięci – oświadczył, ale nie wątpiłem, że w ten sposób chce mi powiedzieć, że są pasjonatami, a nie wariatami. Nadal pośpiesznie ładował bagaż. – Pędzimy do Missisipi, bo może uda się zebrać jeszcze więcej materiału. Dzisiaj tam mają uderzyć tornada.

– Co powinienem robić, gdy jadąc samochodem, natrafię na tornado?

– Pod żadnym pozorem nie wolno wjeżdżać pod wiadukt albo niski most. Wiatr się tam wciśnie ze straszliwą siłą i nie ma pan szans. A gdzie jest najbezpieczniej? Niech pan wierzy albo nie, ale w myjni samochodowej.

Wskoczyli do auta i odjechali. Łowcy burz. Pognali ku Missisipi i trąbom powietrznym.

Tego dnia na pierwszej stronie wychodzącej w Little Rock „Arkansas Democrat-Gazette" ukazał się artykuł zatytułowany *Trąba powietrzna zabiła co najmniej 15 osób*, w którym opisywano ciągnący się przez trzy hrabstwa w środkowym Arkansas, na północ od Little Rock, „ponadsześćdziesięciokilometrowy szlak, którym przemieszczał się niszczycielski żywioł, nim zniknął tak nagle, jak się pojawił". Znowu uzmysłowiłem sobie, że krążyłem w tamtych stronach, ale kapryśny, chodzący swoimi ścieżkami kataklizm mnie ominął. Ostrzeżenia okazały się trafne, tornado było co najmniej tak groźne, jak zapowiadano. Krętym szlakiem pognało na północny wschód, a przelatując przez szosę międzystanową, „kotłowało samochody turystyczne i zdmuchiwało czterdziestotonowe ciężarówki".

Trąby powietrzne ominęły Conway, a zbliżywszy się do Little Rock, zrównały z ziemią Vilonię i Mayflower, zostawiając po sobie stosy szczątków, obalone drzewa, całkowicie zrujnowane domy. W miastach tych wprowadzono godzinę policyjną od siódmej wieczorem. W gazecie przytaczano liczne opowieści o ludziach uwięzionych w piwnicach, wystrzelonych przez żywioł przez okna, umierających pod przewróconymi ścianami. Setki osób szukało pomocy w schroniskach i przytułkach, gdzie zostały, bo nie miały dokąd wrócić.

Trąba powietrzna niszczy trzy tysiące domów – głosił tytuł na pierwszej stronie gazety w dwa dni po nawałnicy. Poszkodowane tereny uznano za „obszar klęski żywiołowej". Było to jedno z najsilniejszych tornad w dziejach Arkansas, w niektórych rejonach w centrum stanu przez trzy godziny spadło sto dwadzieścia milimetrów deszczu. Wielkie połacie znalazły się pod wodą, drogi zamieniły się w rzeki, żywioł zatapiał domy, tonęli ludzie. Świadkowie opowiadali, że podczas gdy siedzieli w piwnicach lub schronach, słyszeli

„hałas podobny do dudnienia pociągu towarowego". Nawałnica, którą przespałem w odległości kilku kilometrów od jej szlaku, zabiła w sumie trzydzieści pięć osób, wliczając ofiary w Alabamie i Missisipi, gdzie największe zniszczenia spowodowała w Tupelo. Wydarła z ziemi całe łany drzew na swojej drodze, a te na jej skraju obdarła z kory.

Bardziej rzeczowe dane i podsumowania ogłoszono w stanowej gazecie trzeciego dnia po tornadzie. Na ulepszonej skali Fujity, która służy do mierzenia siły tornad, moc tego kataklizmu oceniono na EF4, co znaczy, że prędkość wiatru przekraczała trzysta dwadzieścia dwa kilometry na godzinę. Taki wicher wykoleja pociągi, zrównuje z ziemią solidne domy, wyrywa drzewa z korzeniami i zamienia je w latające tarany. Było to najpotężniejsze tornado w Arkansas od 1929 roku, kiedy przez stan przeszła nawałnica o sile EF5, zabijając dwadzieścia trzy osoby i ścierając z powierzchni ziemi miasteczko Sneed, którego nigdy nie odbudowano.

Przez kilka dni po tej osobliwie selektywnej nawałnicy lokalne szpitale nie były w stanie pomóc wszystkim poszkodowanym i umierającym, ponieważ nieustanie napływali ludzie z poważnymi obrażeniami, złamaniami, ranami kłutymi, odmą pourazową. Tylko w jednym szpitalu przyjęto stu pięćdziesięciu rannych. Osobny rozdział tej szczegółowo omawianej w lokalnych mediach tragedii stanowiły opowieści o „porwanych przez wichurę ulubieńcach", na przykład o labradorze, który ciśnięty przez wicher na drzewo przeżył i został uratowany.

A ja to wszystko przespałem. Dziwnie się czułem, myśląc o tym, że podczas gdy szalał morderczy kataklizm, który przetoczył się przez trzy stany, smacznie spałem. Prócz tego, że zamoczyłem nogi, nawałnica w żaden sposób mnie nie dotknęła ani nie utrudniła mi podróży. Ot, dzień czy dwa przestróg, opowieści, pogłosek. Straszliwy wicher przyszedł i poszedł, rozegrał się lokalny dramat, o którym wprawdzie w całym kraju mówiono w jednym wydaniu programów informacyjnych, ale nigdzie poza Arkansas nie stał się wiadomością dnia.

– To kraina meteorologów – powiedział mi pewien facet w Little Rock. – Ludzie mają hopla na punkcie pogody, bez przerwy o niej gadają. Pewnie dlatego, że jesteśmy stanem rolniczym i zależymy od pogody. A klimat mamy szalony.

W jednym z kościołów tornado dało asumpt do rozważań metafizycznych. Na tablicy przed kościołem wypisano dramatyczne pytanie:

> CZYŻ TE GWAŁTOWNE ZJAWISKA NIE MÓWIĄ NAM, ŻE DRUGIE PRZYJŚCIE JEZUSA JEST BLISKIE?

Pod tym pytaniem cytowano Ewangelię według Świętego Łukasza, Łk 21, 25–27: „Będą znaki na słońcu, księżycu i gwiazdach, a na ziemi trwoga narodów bezradnych wobec szumu morza i jego nawałnicy. Ludzie mdleć będą ze strachu, w oczekiwaniu wydarzeń zagrażających ziemi. Albowiem moce niebios zostaną wstrząśnięte. Wtedy ujrzą Syna Człowieczego, nadchodzącego w obłoku z wielką mocą i chwałą".

Z punktu widzenia człowieka, który nie znajdował się na szlaku tornada, ów dzień był jednak tylko deszczowym dniem w krainie Ozark, tyleż pamiętnym, że zaznaczonym echem dalekiego gromu. Natomiast dla ludzi, którzy odczuli niszczycielską potęgę żywiołu, był to dzień straszliwy, początek długiego okresu pogrzebów, mozolnego sprzątania, zgryzoty i snucia smutnych opowieści o nagłej bezdomności.

Ale działo się to na głuchej prowincji. Ot, jeszcze jedno nieszczęście na nieszczęsnym Południu i na pozostałym obszarze Stanów Zjednoczonych ta klęska żywiołowa – chociaż przyniosła straszne zniszczenia i zabiła wiele osób – odbiła się tak wątłym echem, jak gdyby dotknęła innego kraju.

Festiwal literacki w Arkansas

W te burzowe dni, kiedy krążyłem w deszczu po środkowym Arkansas, natrafiłem na festiwal literacki w Little Rock, czterodniowy cykl odczytów, dyskusji i innych wydarzeń związanych z książkami. W Little Rock mieszka urodzony w Arkansas prozaik Charles

Portis, więc – jako jego czytelnik – miałem nadzieję, że uczestniczy w tym festiwalu. Okazało się jednak, że jego nazwiska nie ma na liście osiemdziesięciu autorów, którzy zapowiedzieli udział w tej imprezie.

Festiwal literacki, czyli okazja do autoreklamy dla obrośniętych pismaków w dziwnych kapeluszach, domena gorliwych speców od promocji i zamieszanie związane z podpisywaniem książek oraz rozdawaniem darmowych koszulek, na ogół sprowadza się do gorączkowej arlekinady. W broszurze reklamowej festiwalu w Little Rock pisano jednak, że ta impreza służyć ma „rozwojowi czytelnictwa" w Arkansas. Zaiste szczytna misja w kranie, gdzie odsetek analfabetów wynosi czternaście procent, w niektórych regionach wiejskich sięga dwudziestu pięciu procent i gdzie prawie dwadzieścia procent ludności nie ukończyło szkoły średniej. Każdy kto z niepokojem przywoła te dane, usłyszy, że „w Missisipi jest jeszcze gorzej", i to niestety smutna prawda. Niemniej intelektualna jałowość Arkansas to fakt, tym bardziej oczywisty, im gorliwiej próbują mu zaprzeczać.

Jako jedną z gwiazd festiwalu zapowiadano mieszkającą w Arkansas Ellen Gilchrist. Czytałem kilka zbiorów jej opowiadań i chętnie bym posłuchał, co ma do powiedzenia. Tematem jej opowieści, z których wiele układa się w cykle, jako że dotyczą tych samych bohaterów, są perypetie i problemy wykształconych, białych mieszkanek Południa z klasy średniej. Nie jestem entuzjastą pisarstwa Gilchrist, ale to nieistotne, ponieważ jej swoiście południowa i rozgadana proza ma niewątpliwą wartość poznawczą, a komuś obcemu, przybyszowi takiemu jak ja, te podobne do paplaniny kobiet opowieści dają więcej informacji niż utwory mistrzowskie pod względem techniki literackiej. Gilchrist nigdy nie omieszka opisać barwnych i różnorodnych strojów bohaterek, w tym zwłaszcza butów, a ponadto fryzur i makijażu. Tego rodzaju detali pisarze płci męskiej zazwyczaj nie dostrzegają albo je lekceważą. Z czysto literackiego punktu widzenia proza Gilchrist nie ma żadnej wartości – przynajmniej moim zdaniem – ale opowiadania, które czytałem, doskonale odzwierciedlają miłość, pracę, zachowania seksualne i życie małżeńskie południowych kobiet, które autorka portretuje bardzo przekonująco.

Zagadnienie rasy rzadko pojawia się w pisarstwie Gilchrist, chociaż narratorką jednego z cykli opowiadań jest Traceleen, czarna pokojówka zatrudniona w domu jednej z bohaterek innych opowieści, a mianowicie beztroskiej, wiele razy zamężnej, popijającej południowej piękności nazwiskiem Crystal Manning Mallison Weiss. Traceleen to osoba trzeźwa, odpowiedzialna i ciężko pracująca. W jednym z epizodów, próbując pomóc, przejmuje kierownicę kosztownego mercedesa i oczywiście rozbija go, co mężczyźnie będącemu właścicielem samochodu daje asumpt do wygłoszenia następującej pretensji: „Jezu Chryste, Crystal, pozwoliłaś tej czarnusze prowadzić mój samochód?!".

Nie mogłem się doczekać okazji do wypytania Ellen Gilchrist o to opowiadanie, należące do nagrodzonego zbioru *Victory over Japan* [Zwycięstwo nad Japonią]. Dlaczego czarna narratorka snuje opowieść tak spokojnie i beznamiętnie? Czemu służy komiczna sytuacja, która powstaje wskutek kraksy? Dlaczego Traceleen najwyraźniej akceptuje obraźliwe słowo, a w każdym razie w żaden sposób nie reaguje na ten język, i to w sytuacji, która wydaje się zapalna? I czy ktokolwiek zrugał albo potępił autorkę za użycie tego zakazanego słowa?

Cóż, kiedy zjawiłem się w Main Library przy Second Street, niedaleko od dziwacznego i rażącego budynku William Jefferson Clinton Presidential Center na południowym brzegu mulistej Arkansas, w którym mieści się biblioteka i muzeum, a który wygląda jak odłączona naczepa gigantycznej ciężarówki, dowiedziałem się, że nawałnice zatrzymały Ellen Gilchrist w Fayetteville i jej prelekcję odwołano.

W bardziej konwencjonalnym budynku Main Library za szerokim biurkiem na szczycie eleganckich schodów niczym kapitan na mostku wielkiego okrętu siedziała kobieta, która informowała o wszelkich imprezach związanych z festiwalem.

– Zaiste imponujące – powiedziałem, kartkując program, który mi wręczyła, bo rzeczywiście liczba wydarzeń i zaproszonych pisarzy robiła wrażenie. – Byłbym zachwycony, gdybym mógł porozmawiać z organizatorem.

– Czyli z Bradem. Niestety jest bardzo zajęty z pisarzami.

– Czy mógłbym zostawić mu wiadomość?

Na karteczce z bloczka z nadrukiem biblioteki w Little Rock zapisałem swoje nazwisko i numer telefonu.

– A to odnośnie do czego, panie, hmm, Thorax [Tułów]?

– Pisarstwa w Arkansas – rzekłem, a gdy niewiasta chwyciła w paluszki kosmyk płowych włosów i wlepiła we mnie wyczekujące spojrzenie niebieskich ocząt, dodałem: – Ja też jestem pisarzem.

– Pisze pan pod swoim nazwiskiem?

– Zazwyczaj.

– Jakiego rodzaju rzeczy pan pisze, panie Thorax?

Wprawdzie spróbowałem to wyjaśnić, ale równie dobrze mógłbym tłumaczyć ślepemu, jak wygląda kolor zielony.

– Spodoba się panu na festiwalu – orzekła niewiasta. Właśnie wtedy, usłyszawszy, że chętnie wziąłbym udział w spotkaniu z Ellen Gilchrist, powiedziała mi, że prelekcję Gilchrist odwołano z powodu złej pogody.

W programie przeczytałem, że za godzinę o swojej nowej książce będzie opowiadał kongresman John Lewis i że spotkanie to odbędzie się w Mosaic Templars Cultural Center przy Ninth Street, po drugiej stronie miasta. Wsiadłem do samochodu i pojechałem tam, żeby posłuchać Lewisa.

John Lewis, który od wielu lat reprezentuje Georgię w Kongresie, był jednym z filarów ruchu na rzecz równości praw obywatelskich. Zainspirowany przemówieniami Martina Luthera Kinga, mając osiemnaście lat, poznał go osobiście i wkrótce sam stał się znakomitym mówcą. Właśnie wtedy, w latach sześćdziesiątych, na strajkach, demonstracjach i w trakcie kampanii na rzecz rejestrowania czarnych wyborców zaczął karierę działacza. Podczas pokojowych, a nawet ofiarnych akcji nieraz dotkliwie go pobito, a w Krwawą Niedzielę w 1965 roku w trakcie marszu z Selmy policjant tak go stłukł pałką, że spowodował pęknięcie czaszki.

Urodzony w rodzinie połownika opodal Troy w Alabamie, jakieś sześćdziesiąt pięć kilometrów od Montgomery, Lewis uczęszczał do objętych segregacją szkół w hrabstwie Pike, a następnie na Uniwersytet Fiska, gdzie najpierw zrobił dyplom z religii i filozofii, a potem z teologii. Akademickie rozważania nad Biblią wpłynęły na jego retorykę, rozwinął raczej refleksyjny niż agresywny styl, a jego przemówienia przypominały kazania. Mówił z mocnym akcentem hrabstwa Pike i również dzięki temu trafiał do serc słuchaczy.

Wybrany do Kongresu w 1986 roku z piątego okręgu w Georgii (obejmującego większą część Atlanty), w dwadzieścia osiem lat później Lewis nadal pewną ręką dzierżył ten mandat. Na jego oficjalnej stronie na portalu Izby wymieniono jego liczne odznaczenia, nagrody, pięćdziesiąt doktoratów honorowych i zamieszczono następującą charakterystykę: „Uważany powszechnie za »jednego z najodważniejszych działaczy Ruchu na rzecz Praw Obywatelskich« John Lewis poświęcił życie obronie praw człowieka, swobód obywatelskich i budowaniu w Ameryce społeczeństwa, które nazywa »Umiłowaną Wspólnotą« *".

Wypisywanie za pieniądze podatników tego rodzaju panegiryków graniczących z żarliwą hagiografią da się chyba wybaczyć w odniesieniu do człowieka, który ryzykował życiem. Lewis wiele wycierpiał w okresie walki o prawa obywatelskie, był w tym ruchu głosem rozsądku, a potem stał się mądrym prawodawcą, żywym świadkiem historii, a i sumieniem rządzących. Niezłomnie walczy bowiem o etykę w Kongresie, co jest trudnym zadaniem, zważywszy na liczbę macherów, szuj, pieczeniarzy, oportunistów, kłamców, oszustów podatkowych, cudzołożników, erotomanów, pornografów rozsyłających zdjęcia swoich organów ludziom całkiem obcym, a także bezwstydnych łajdaków, którzy zasiadają w tym szacownym zgromadzeniu.

Kongresman Lewis jest tylko rok starszy ode mnie. Chętnie porozmawiałbym z nim o naszych równoległych żywotach – jego życiu działacza i polityka na Głębokim Południu, mówcy i bojownika, i moim życiu wypełnionym literaturą, pisaniem o podróżach, o znikaniu bez słowa i pokutowaniu w fantomowym wcieleniu jako „pan Thorax". Lewis był działaczem i prawodawcą, ja – gapiem i podsłuchiwaczem. Kiedy uczyłem w zagubionych w głuszy szkołach w Afryce i w Azji Południowo-Wschodniej, on na Głębokim

* *Beloved Community* to ideał społeczny Josiaha Royce'a, a potem ideał polityczny Martina Luthera Kinga.

Południu walczył z segregacją. Jego los to droga człowieka publicznego, której ja unikałem.

Teraz Lewis stał na świeczniku, opromieniony zaszczytami, mężczyzna o steranej i cokolwiek obwisłej twarzy, powszechnie uważany za męża stanu, wzór. Doświadczony, dzielny starszy facet w garniturze w prążki. I oto znaleźliśmy się twarzą w twarz, on i ja, ja – czyli kto? Wędrowiec w wymiętym ubraniu wędrowca, siedzący wśród publiczności, głównie czarnej, jak mi się wydawało, skupionej i wręcz nabożnej. Ale obydwaj jesteśmy pisarzami. Właśnie wtedy ukazała się książka Lewisa, *March. Book One* [Marsz. Księga pierwsza], którą promował na festiwalu w Little Rock.

Książka Lewisa nie jest dziełem tradycyjnym, lecz komiksem. Jak sprawdziłem, nawet nie on ją napisał. Jest oparta na jego wspomnieniach i opowieściach, ale tekst wyszedł spod pióra jego asystenta, Andrew Aydina, a rysunki zrobił wybitny rysownik Nate Powell (autor komiksów takich jak *Swallow Me Whole* [Pochłoń mnie] czy *Tiny Giants* [Maleńkie olbrzymy]). Szumnie mówiąc, powstała rysunkowa powieść. W dzieciństwie przepadałem za komiksami, zapewne ze względu na ich prostotę. Niemniej na widok tłumu gości festiwalowych wypełniającego duże audytorium Mosaic Templars, gdzie John Lewis miał opowiadać o swoim komiksie, cokolwiek się zdziwiłem.

Rzecz jednak polega na tym, że dzieło Lewisa to coś więcej niż komiks, a ponadto ma precedens.

W wystąpieniu Lewis wspomniał o komiksie, który czytał jako nastolatek – o szesnastostronicowej książeczce za dziesięć centów zatytułowanej *Martin Luther King and the Montgomery Story* [Martin Luther King i sprawa Montgomery]. W tamtym komiksie ukazano wydarzenia, które doprowadziły do bojkotu komunikacji miejskiej w Montgomery w 1955 roku. To opowieść o zwycięstwie Rosy Parks, doktora Kinga i pięćdziesięciu tysięcy innych osób, którzy bez używania przemocy położyli kres segregacji rasowej w autobusach miejskich.

– Ta książeczka stała się czymś w rodzaju naszej Biblii – rzekł Lewis do publiczności, która wiedziała co nieco o bibliach.

Tamten komiks powstał na podstawie wspomnień Martina Luthera Kinga. Na pomysł stworzenia go wpadł w 1956 roku pacyfistyczny dziennikarz Alfred Hassler, na którym skuteczność pokojowych protestów w Montgomery zrobiła wielkie wrażenie. Postanowił jak najprościej opowiedzieć o tych wydarzeniach i dostarczyć tym samym aktywistom w całych Stanach wzór do naśladowania. Doktor King podzielił się wspomnieniami z Hasslerem, a gdy pokazano mu gotowy komiks, był bardzo zadowolony. Pisał: „W doskonały sposób ukazaliście głęboką prawdę i filozofię, które motywują nasze działania. Jestem pewny, że ten komiks znajdzie w Ameryce bardzo wielu czytelników".

W 1957 roku Fellowship of Reconciliation [Bractwo Pojednania], organizacja oddana rozwiązywaniu problemów świata, wydrukowała i rozprowadziła niemal ćwierć miliona egzemplarzy *Martin Luther King and the Montgomery Story*. Na okładce zamieszczono portret poważnego, zamyślonego, dwudziestoośmioletniego doktora Kinga, a pod nim słowa: *Jak 50 000 Murzynów odkryło nowy sposób skończenia z dyskryminacją rasową*. O komiksie szeptano, pożyczano go sobie, chwalono. Cały nakład się sprzedał, dziełko odniosło wielki sukces. W niektórych regionach Południa komiks objaśniający ideę protestu pokojowego uznano za literaturę wywrotową i trzeba go było rozprowadzać potajemnie.

Egzemplarz tego komiksu w Troy w Alabamie trafił w ręce siedemnastoletniego Johna Lewisa i wzbudził w nim poczucie posłannictwa. Wiele lat później kongresman wspominał, że ta prosto opowiedziana historia ukierunkowała jego życie. Usłyszawszy to, jego asystent Andrew Aydin zbadał historię tamtej publikacji i napisał o niej pracę magisterską na Uniwersytecie Georgetown. Później Aydin postanowił zrobić rzecz podobną, a mianowicie stworzyć rysunkową powieść o życiu Johna Lewisa, o jego dorastaniu, o kulturze segregacji rasowej i o marszu z Selmy. Wciągnął do współpracy rysownika Nate'a Powella i w rezultacie powstało dzieło trzech autorów – komiks *March. Book One*, pierwsza część trzytomowej rysunkowej biografii Johna Lewisa.

Aydin i Powell towarzyszyli na festiwalowej scenie Lewisowi, który opowiadał o tym, jak wielki wpływ wywarł na niego komiks o bojkocie w Montgomery. Pochwalił prostotę i realizm rysunków Nate'a Powella.

W swoim wystąpieniu Lewis nie wspomniał o Alfredzie Hasslerze, dzięki któremu powstał i ukazał się komiks o Martinie Lutherze Kingu. Później dowiedziałem się, że Hassler (1910–1991) był dzielnym człowiekiem i prawdziwym cichym bohaterem. Z powodu konfliktu sumienia odmówił służby wojskowej podczas II wojny światowej, odsiedział za to dziewięć miesięcy w 1944 roku, po czym ogłosił książkę *Diary of a Self-Made Convict* [Dziennik więźnia na własne życzenie]. Przyłączywszy się do Fellowship of Reconciliation, redagował periodyk tej organizacji, organizował wiele akcji, a kiedy w połowie lat pięćdziesiątych Mao wywołał katastrofalny głód w Chinach, Hassler domagał się wysyłania żywności do tego kraju. Został działaczem antywojennym, w 1966 roku wchodził w skład delegacji pokojowej, która odwiedziła Wietnam, gdzie skłaniając się coraz silniej ku buddyzmowi, zaprzyjaźnił się z mnichem Thích Nhất Hạnhem, którego ściągnął do USA, po czym duchowny spędził na emigracji trzydzieści dziewięć lat, nauczając i zakładając klasztory. Właśnie Hassler nakłonił doktora Kinga do potępienia wojny wietnamskiej, czym pastor naraził się na oskarżenia o zdradę i prześladowania ze strony FBI.

(Czytając o życiu Thích Nhất Hạnha, który nosił zaszczytny tytuł *thay*, czyli mistrza, natknąłem się na pyszną anegdotę. Pewna bogata Amerykanka z lepszego towarzystwa zaprosiła mistrza do swego wielkiego domu i obiecała ogromną darowiznę na rzecz jego działalności, o ile przekona ją o prawdziwości reinkarnacji, a więc że nie musi bać się śmierci, bo po zgonie się odrodzi. „Skoro nie ma »ja«, to kto miałby się odrodzić?" – zapytał mistrz i odszedł z pustymi rękoma).

W zatłoczonym audytorium Mosaic Templars Lewis wygłosił żarliwą prelekcję, przypominając, że właśnie przypada pięćdziesiąta rocznica powstania ruchu na rzecz praw obywatelskich i zbliża się sześćdziesiąta rocznica bojkotu w Montgomery. Siedząc pomiędzy dwoma współpracownikami, opowiadał o rysunkowej powieści.

– Obrazy wyrażają o wiele więcej i o wiele lepiej niż słowa – stwierdził, odnosząc się do sposobu oddziaływania dzieła piktograficznego. – Panuje opinia, że muzyka jest językiem uniwersalnym, ale dopiero gdy oko coś spostrzeże, a zwłaszcza postać albo czyn, staje się to rzeczywiste i niezaprzeczalne. Kiedy widzimy albo słyszymy słowa, interpretujemy je tak bądź inaczej, ale gdy stajemy w obliczu obrazu, mówi on o wiele więcej niż cokolwiek innego.

Publiczność składała się niemal wyłącznie z czarnych, głównie starszych osób, w większości kobiet, na ogół dobrze, niekiedy nawet ekstrawagancko ubranych, w szerokich kapeluszach ozdobionych kwiatami, atłasowych bluzkach z falbankami u rękawów, purpurowych sukniach, sukniach z krepy i czepcach, z biżuterią na szyjach i dekoltach. Odświętne ubrania, w których chodzi się do kościoła, jak najbardziej stosowne na tę okazję, jako że Lewis przemawiał niczym kaznodzieja, a myślą przewodnią jego prelekcji była idea wybaczenia. Zdawał sobie sprawę, że jest postacią historyczną, żywym świadkiem dramatycznej przeszłości, osobą, którą często nazywano „ikoną". Taki status z pewnością wzbudza rozkoszne poczucie spełnienia. Zarazem jednak Lewis jest człowiekiem otyłym, schorowanym i poranionym w bojach.

W atmosferze gęstej od wdzięczności i uznania Lewis świadom był uczuć, jakie wzbudzał, ale nie pławił się w nich, tylko przyjmował łaskawie, niczym władca fetowany przez poddanych, odpowiadający powściągliwym skinieniem głowy, gestem ręki. Głowę ma iście królewską, nieco za dużą w stosunku do reszty ciała, przykuwającą uwagę, naznaczoną bliznami po ranach odniesionych na wojnie, w trakcie której wiele razy go odznaczono. Twarz zmięta, z opadniętą żuchwą, poza tym pozbawiona wyrazu, asymetryczna, jak u grubego pobitego dziecka. Mało ekspresyjne nawet w najlepszych czasach oblicze kongresmana nic zdradzało uczuć również tamtego dnia, kiedy czekał, aż ucichnie aplauz, najwyraźniej świadom swojej wartości symbolicznej i faktu, że jest żywą legendą, ucieleśnieniem nieugiętego bojownika, i tylko z rzadka nawiązywał bliższy kontakt z publicznością, a to uściskał starszą kobietę, a to niczym uzdrowiciel przyłożył ręce do czyjejś głowy, ale mnie nie dostrzegał.

Po wystąpieniu kongresmana zaczęło się podpisywanie książki przez trzech współautorów siedzących obok siebie przy długim stole na podwyższeniu. Ustawiła się kolejka stu osób, albowiem tyle egzemplarzy liczyła partia *March. Book One*, którą wyprzedano w recepcji na parterze. Najpierw podpis składał Powell, potem Aydin, wreszcie Lewis, który cienkopisem podpisywał się na okładce komiksu, po czym nabywca stawał przy nim za stołem i fotografował się z kongresmanem. Sto egzemplarzy książki, sto zdjęć. Chudy siedemdziesięciolatek Willie Jones odbył z żoną Mildred trzystutrzydziestopięciokilometrową podróż z Wynne, żeby zdobyć egzemplarz *March* i pamiątkową fotografię. Mildred założyła purpurowy cylinder i lawendową bluzkę z żabotem.

– Moja królowa – powiedział Willie, patrząc na żonę pozującą do zdjęcia z Johnem Lewisem. Bohater wydawał się wyczerpany, ale dalej robił swoje, nie przestał, póki ostatniego komiksu nie oszpeciły autografy.

Obserwowałem to wszystko sprzed podwyższenia, gdzie zebrała się grupka osób, świta kongresmana, znajomi i sympatycy, którzy patrzyli w niego jak w obraz i wymieniali promienne spojrzenia. Modnie ubrani, w doskonale skrojonych garniturach, szykownych sukienkach. Nie dla nich czepce, suknie z krepy, falbanki. Jeden z mężczyzn miał utrwaloną lakierem fryzurę sprawiającą wrażenie fortyfikacji. Czarna elita.

– Dzień dobry – powiedziałem.

Zaskoczyło ich to przywitanie, drgnęli niczym stado ciemnych rekinów zaalarmowane pojawieniem się białego nurka i odpowiedzieli półgębkiem. Ale nie rezygnowałem. Przedstawiłem się jako przybysz z Północy i sympatyk Lewisa. Uśmiechnęli się krzywo i spojrzeli na mnie z politowaniem. Niektórzy z nich byli niesłychanie grzeczni, ale w wymijający sposób, na tej zasadzie, na jakiej wyrafinowane maniery mogą nie różnić się od obcesowości, inni niczego nie pozorowali i taksowali mnie wzrokiem. Zachowywali się tak chłodno, jak gdyby z jakiegoś powodu się mnie obawiali.

– Widzę, że mają państwo dodatkowe egzemplarze książki pana Lewisa – powiedziałem. Dwanaście egzemplarzy leżało na krześle, przy którym stała kobieta w eleganckiej sukience.

– W recepcji wszystkie sprzedali – ciągnąłem. – Mogę kupić egzemplarz u państwa?

– Nie może pan – rzekła kobieta i odwróciła się. – Te są już zarezerwowane.

Tak, owo nieprzychylne towarzystwo reprezentowało miejskich czarnych, jakich na Głębokim Południu właściwie nie spotykałem. Co gorsza, tych ludzi najwyraźniej trawiła jakaś instynktowna nieufność i pewnie dlatego zachowywali się podejrzliwie, chłodno i wyniośle, jak gdyby dopiero uczyli się obcować z białymi. No i kimże ja byłem, w zwyczajnym ubraniu wymiętym w podróży, w butach jeszcze mokrych po burzy?

Mniejsza z tym, o czym mówił ze sceny John Lewis, kiedy wspominał rodziców ciemiężonych segregacją, swoje starcia z policją i Klanem, swoje rany, pękniętą czaszkę, marsz, który zakończył się krwawą bitwą. On uważał to już za starą historię, o której mówił bez goryczy, a nawet wyrozumiale. Natomiast dla jego świty była to nieodległa przeszłość, jeżeli nie teraźniejszość.

„Ktoś ty taki?", zdawali się pytać, przyglądając mi się spod zmrużonych powiek i uśmiechając krzywo, niemal szyderczo. Być może zachowywałem się cokolwiek bezczelnie. Emanowali wyniosłością, niechętnie zbywali wszelkie moje próby nawiązania bliższego kontaktu. Najwyraźniej reprezentowali kręgi władzy Little Rock. Trzymali się w swoim gronie, tworząc zamkniętą grupkę u stóp sceny, jak gdyby wygrzewali się w blasku roztaczanym przez dobrotliwego kongresmana Johna Lewisa. Przystojni, elegancko ubrani, przybierający zgrabne pozy, gwarzący między sobą, różnili się bardzo od czarnych w wyciągniętych z szaf skromnych albo krzykliwych niedzielnych strojach, podstarzałych kmiotków w dziurawych butach, biedoty i chłopów, którzy powłócząc nogami w długiej kolejce, wchodzili na scenę, żeby dostać autograf i zrobić sobie zdjęcie z bohaterem.

Wydawało mi się, że mogę liczyć na życzliwość tych elegancko ubranych ludzi władzy. Wydawało mi się, że wystarczy powiedzieć, że przybyłem z daleka, podróżuję po Głębokim Południu, jestem pisarzem. Dzień dobry, jak się państwu podoba *March. Book One*?

Ale nie odpowiadali, wydawali się jednocześnie sceptyczni, zakłopotani i zaniepokojeni, i odnosiłem wrażenie, iż mnie zbywają, jak gdyby rozmowa ze mną mogła się źle skończyć, bo jestem biały i nie mają pojęcia, czego się spodziewać. Niewykluczone, że mieli powody do nieufności, bo przecież działo się to w Little Rock, a oni byli czarni. Myślę, że nieraz doświadczyli odrzucenia i wykluczenia, zwłaszcza gdy stykali się z pewnymi siebie i nonszalanckimi białymi.

A może mój niedbały strój sprawiał, że byłem niepożądany. Obcy, inny w tłumie, wydawałem się intruzem. Kto wie, czy nie jestem zabójcą? W Little Rock prezencja ma znaczenie i przyszło mi do głowy, że w czapce baseballowej, wyblakłej od słońca bawełnianej marynarce, dżinsach, przemokniętych butach wyglądałem jak biały łachudra. No i mam już swoje lata. Ktoś, kto w tym wieku prezentuje się tak nędznie, musi być ostatnim łazęgą.

„Ależ właśnie tak wyglądają pisarze! – chciałem zawołać. – Nie nosimy garniturów w prążki jak politycy! Nie mamy świty! Żaden z nas nie jest ikoną! Wydajemy się niebezpieczni i niezrównoważeni! Tak, niektórzy z nas rzeczywiście wyglądają jak łachudry, ale jesteśmy nieszkodliwi".

Te kilka minut, które spędziłem blisko niechętnych czarnych luminarzy, ofiarowało mi wgląd – jak gdyby przez dziurę po sęku w nieheblowanej desce – w życie i los starszego białego ubogiego mężczyzny w Arkansas. Oto chodzące utrapienie, odrażający pan Thorax.

Być może uległem swego rodzaju paranoi, uroiłem sobie ich arogancję. Może byli po prostu obojętni, może zajęci albo zmęczeni, skoro działo się to pod koniec dnia. Może jako mieszkańcy dużego miasta – bo jaki prowincjusz nosi tak modne ubrania – po prostu odnosili się do obcych z rezerwą, nieskorzy do obłaskawiania uśmiechem, bratania się, w odróżnieniu od wieśniaków nie nawykli do witania się z każdym.

Tak czy owak ludzie ci wkrótce odwrócili się ode mnie i rozpromienieni wyciągnęli ręce. Na miękkich nogach, z bezwładnie zwisającymi rękoma, zmordowany kongresman John Lewis schodził po schodach ze sceny. Jego świta otoczyła go szczelnym kordonem i krocząc dostojnie, wyprowadziła z audytorium, jak gdyby chroniąc przede mną, który tylko się przyglądałem.

Buddy: „Uważaj”

Nieoczekiwanie, za sprawą uśmiechu losu, szczęśliwego przypadku lub zbiegu okoliczności, jakie gotowe są zdarzać się, jeżeli człowiek się ociąga, guzdrze na modłę południowców, nie zaś ślepo gna naprzód, spotkałem w Little Rock Charlesa Portisa. Liczyłem na to spotkanie. Portis to jeden z garstki żyjących pisarzy, których twórczość podziwiam, uważam za literaturę najwyższej próby, a myślę tu nie tylko o *Prawdziwym męstwie*, które za sprawą dwóch popularnych adaptacji filmowych zna każdy, lecz również o czterech pozostałych powieściach. Szczególnie głęboko przemówiły do mnie *Norwood* i *The Dog of the South*, bo są poszukiwaniem ujętym w formę podróży. *Escape Velocity* [Prędkość ucieczki], czyli wybór powstających na przestrzeni sześćdziesięciu lat różnorodnych tekstów okolicznościowych Portisa, ukazuje go jako niezmordowanego obserwatora ludzkich dziwactw. Włączony do tego tomu esej o życiu w tanich motelach to prawdziwa perełka. Nie czytałem nic lepszego na ten temat. Z opowieści Portisa o podróżach wyniosłem wrażenie, że łączy nas pewna duchowa wspólnota, a mianowicie nie tylko skłonność, lecz nawet upodobanie do pomieszkiwania w obskurnych hotelikach.

Jako podróżnik i portrecista amerykańskich odmieńców i obsesji Portis imponuje błyskotliwością, a pisze nie tylko lekko i zabawnie, lecz okazuje się prawdziwym mistrzem tragifarsy. Portis to dziwne stworzenie, ale geniusz zawsze jest dziwny, można rzec, powtarzając opinię wyrażoną przez Nabokova w odniesieniu do Gogola*. „Wielka literatura dotyka krawędzi tego, co irracjonalne” †, dodaje Nabokov. Portis bardzo przypomina Gogola pod względem zdolności do „irracjonalnego wglądu”, a „przesłanie” jego książek (wcale niebędące przesłaniem) jest podobne do „przesłania”, które Nabokov przypisał *Szynelowi* Gogola: „Świat jest fatalnie urządzony, a wszyscy ludzie są po trosze obłąkańcami zaangażowanymi w wyścig, który wydaje im się bardzo ważny i w którym jakieś

* V. Nabokov, *Nikołaj Gogol*, przeł. L. Engelking, Warszawa 2012, s. 144.

† Tamże, s. 145.

absurdalnie logiczne siły każą im się trzymać swoich bezsensownych, jałowych zajęć"*.

Portis ma opinię odludka, niemniej każdy jego znajomy i wielu restauratorów w Little Rock zaświadczy, że jest towarzyski i dowcipny. Pisał reportaże o walce o prawa obywatelskie w Stanach, o wojnie na Cyprze, mieszkał w Londynie, włóczył się po całym Meksyku i – zacytuję *Urn Burial* [Grzebanie urny] Thomasa Browne'a – z mojego punktu widzenia to wprost idealny kompan do kieliszka.

Mimo to ilekroć wypowiada się o pisarstwie, dowodzi, że należy do najmniej próżnych ludzi. Kiedy w barze Faded Rose w Little Rock pewien wielbiciel jego dzieł nazwał go wielkim mistrzem pióra, Portis odparł: „Wątpię nawet, czy jestem najlepszym pisarzem w tej knajpie".

Przyjaciele i bliscy, którzy nazywają go Buddy lub Charlie, z upodobaniem opowiadają anegdoty świadczące o niezależności Portisa. W swoim czasie ubiegał się o posadę w pewnym nowojorskim czasopiśmie, a kiedy przyszedł na rozmowę kwalifikacyjną, usadowiony za biurkiem starszy redaktor zapytał: „Dlaczego chce pan tej pracy?". Paląc papierosa, Portis przez dłuższą chwilę zastanawiał się nad tym pytaniem i nad tym, co z niego wynika, po czym rzekł: „W gruncie rzeczy wcale nie chcę tej pracy", i wyszedł. Woli słuchać, niż mówić, nie ma w sobie nic z gawędziarza, w rozmowie jest lakoniczny, a elokwentny staje się, gdy pisze.

Tego ranka w Little Rock, gdy nasze drogi się przecięły, siedział w fotelu bujanym. Spojrzawszy na mnie, wydawał się zadowolony, ale i odrobinę nieufny. Należy do starców, których oblicze przypomina twarz skrytego i przebiegłego dziecka, odznacza się ową gładkością i nieprzeniknionością, jaka wynika z nieustannej przezorności i strzeżenia swoich tajemnic.

Przywitałem się.

Okazując przychylność, bujnął fotel w przód i wstał, smukły i prosty, na pozór tak sprawny jak w czasach służby w piechocie

* V. Nabokov, *Wykłady o literaturze rosyjskiej*, przeł. Z. Batko, Warszawa 2002, s. 89.

morskiej, chociaż o ziemistej cerze byłego palacza. Palenie rzucił dziesięć lat wcześniej, już po siedemdziesiątce. Zaprowadził mnie na taras wychodzący na ogród. W ten śliczny poranek w Arkansas niebo było błękitne, kwitły słodko pachnące kwiaty. Rześko niczym zdrowa sałata pachniała świeżo skoszona trawa, a rozgrzany żwir przesycał powietrze wonią ziemi i pyłku kwiatowego.

Wiedząc, że Portis nie cierpi wywiadów, powiedziałem tylko, jak bardzo podziwiam jego dzieła – lekkość pióra, mądrość dygresji, niezwykłe wyczucie kadencji angielszczyzny amerykańskiego Południa, wyczulenie na przypadek, który czyha na człowieka w drodze, a nawet upodobanie do tego rodzaju zrządzeń losu.

Obdarzył mnie przebiegłym uśmieszkiem sprytnego chłopca i podziękował za wyrazy uznania, ale nawet w wieku osiemdziesięciu lat nie znosił pochwał i wydziwiania nad nim. Podczas mojej przemowy odchylił mankiet koszuli i spojrzał na zegarek. Po chwili gestem przegnał wścibskiego fotografa, który chciał mu zrobić zdjęcie, zrobił wystraszoną minę i znowu spojrzał na zegarek. Zapewne miał coś do zrobienia – znam to uczucie – i nie mógł się doczekać, kiedy będzie mógł wyjść.

Wiedziałem, że mu w czymś przeszkodziłem. Podziękowałem, że poświęcił mi chociaż chwilę, i podzieliłem się z nim planami.

– Jadę dalej, w lasy Ozark, nad Buffalo River, potem może na południe, do El Dorado i Smackover, a zahaczę jeszcze o Brinkley.

Skinął głową, zatknął kciuki za pas, odchylił się, żeby zmierzyć mnie wzrokiem, i w końcu tonem błogosławieństwa rzekł:

– Uważaj.

„Nasi starzy"

W gorące, deszczowe popołudnie w restauracji Gene's Barbeque w Brinkley dwie grube białe kobiety pod siedemdziesiątkę, a może nawet starsze, oparłszy pulchne ramiona na stole, zajęte czytaniem gazet i jedzeniem mięsa z rusztu, schyliły głowy i coś wymamrotały, kiedy do ich boksu podszedł starszy mężczyzna.

– Jak się miewają szanowne panie?

– Doskonale – odparła jedna z kobiet, prostując się, podczas gdy druga odwróciła wzrok.

– Pada – rzekł starszy mężczyzna. Tęgi, w ogrodniczkach i w czapce baseballowej.

– Przejaśni się – stwierdziła ta sama kobieta. Druga nic nie mówiła, ale wyglądała pogodnie. – Mnie deszcz nie przeszkadza. Jak się ma Shelby?

– Nadal choruje – odparł mężczyzna i odwróciwszy się, powiedział do siebie łakomie i upewniająco – Zjem se kawałek placka.

Szurając podeszwami starych butów, podszedł do kontuaru z wypiekami, skąd nie mógł już słyszeć kobiet. Ta, która dotąd się nie odzywała, rzekła:

– Kiedy byłam w drugiej klasie, a on w trzeciej, nazywał mnie Grubaską.

Wróciły do czytania gazet i pojadania z talerzy potraw z rusztu.

Zdumiony tą pamiętliwością, wspomnieniem afrontu zapewne sprzed sześćdziesięciu lat, jeszcze to zapisywałem, gdy zaczęła się rozgrywać następna typowo południowa scenka.

Do Gene's wszedł wysoki, elegancko ubrany, bardzo stary, na oko osiemdziesięciopięcioletni mężczyzna. Pod krawatem, w marynarce ze złotą odznaką na kieszonce. Jedną ręką opierał się na lasce, drugą trzymał na ramieniu niemal równie starego, siwowłosego, czarnego mężczyzny w ogrodniczkach, który poruszał się prawie tak samo nieporadnie. Czarny staruszek podtrzymywał białego, maleńkimi kroczkami podeszli do stolika, przy którym usiedli naprzeciwko siebie.

– Nadal pada – powiedział biały.

– No.

Zamówili suma u kelnera, młodego mężczyzny, który przyjmując zamówienie, przetarł ściereczką stolik. Czekając, aż przyniosą suma, starcy rozmawiali o swoich dziadkach.

– Mój dziadek... – zaczął biały i przywołał miłe wspomnienie.

– Moja stara babcia... – zrewanżował się czarny swoim wspomnieniem.

Przerzucali się opowieściami o dziadkach, śmiejąc się z rozmaitych zamierzchłych szczegółów.

– Nasi starzy – powiedział któryś z nich, nie byłem pewny, który.

– Mieli pieniądze – rzekł biały staruszek. – Mieli ziemię. Mieli dwie stodoły. Jeździli konno.

– To jest coś. O tak.

– Zawsze wdziewał garnitur, kiedy jechał do miasta.

Kelner przyniósł dania, zaczęli jeść, ale nie przestali wspominać starych czasów. Mówili cicho i spokojnie, ciesząc się swoim towarzystwem.

Farmerzy w deszczowy dzień

W dżdżysty dzień w Fargo, kawałek na północ od Brinkley, pod szarym niebem, wzdłuż błotnistych pól, a to upstrzonych srebrnymi kałużami, a to całkiem podtopionych, minąwszy skręt do zrujnowanego miasteczka Cotton Plant, jechałem zobaczyć się znów z doktorem Calvinem Kingiem. Zgodnie z obietnicą doktor King zaprosił na spotkanie ze mną grupę czarnych farmerów. Ranne z nich ptaszki, więc przybyli przede mną, chociaż niektórzy musieli pokonać wiele kilometrów. Zasiedliśmy przy stole w sali siedziby zarządzanej przez doktora Kinga Arkansas Land and Farm Development Corporation, niskiego budynku z cegły przy nieutwardzonej uliczce w Fargo. Kawałek dalej uliczka się urywała przed ogrodzonym polem, na którym pasły się czarne krowy rasy angus, trzoda eksperymentalnego rancza przeżuwająca wilgotne, pociemniałe siano z bel.

Farmerzy mieli na sobie ogrodniczki i czapki baseballowe z emblematami firm sprzedających pasze, najstarszy pod osiemdziesiątkę, najmłodszy dwudziestotrzyletni. Przy stoliku z boku siedziała kobieta, przygotowana do robienia notatek. Zaproszono dwie inne kobiety, ale w ostatniej chwili przeszkodziły im jakieś sprawy. Milczący, czujni, cierpliwi mężczyźni, nieco zakłopotani wśród pustych stołów i wielu wolnych krzeseł sali konferencyjnej. Rolnik nie prowadzi siedzącego trybu życia, więc nic dziwnego, że ci faceci czuli się nieswojo.

– Jestem obcy w tych stronach – powiedziałem, przedstawiając się. – Wiele podróżowałem po świecie, pisałem o dalekich krajach, ale uświadomiłem sobie, że prawie nie znam stanów południowych, które borykają się z wieloma takimi samymi problemami jak kraje tak zwanego Trzeciego Świata.

Rozwinąłem ten wątek i wyjaśniłem, że podróżuję po Głębokim Południu, starając się zrozumieć tę krainę. Podziękowałem doktorowi Kingowi za zorganizowanie tego spotkania i wyraziłem wdzięczność tym zapracowanym ludziom za to, że w tak znaczącej liczbie znaleźli dla mnie czas w powszedni ranek.

– To przez pogodę – rzekł jeden z nich. – Za mokro, żeby cokolwiek robić. Gdyby świeciło słońce, nie zobaczyłbyś pan tutaj żadnego z nas. A tak, pola zalane.

– No i dawno już uwinęliśmy się z poranną robotą – dorzucił inny i wszyscy się roześmieli.

Godzili się z twardymi realiami matki przyrody i natury ludzkiej, ale w żadnym razie nie popadali w fatalizm czy bierność. Wkrótce się przekonałem, że tak się przykładali do pracy, iż pomimo wielkich trudności potrafili zachować samodzielność i tym samym godność.

Ciągle chichocząc, przedstawili się. Ten, który przemówił pierwszy, nazywał się Andre Peer. Czterdziestodwulatek, gospodarzył od dwunastu lat. Obrabiał tysiąc sześćset hektarów w okolicy, gdzie mieszkał, jakieś sześćdziesiąt kilometrów od Fargo, opodal Lexy w hrabstwie Phillips. Krzepki facet średniego wzrostu, bezpośredni w obejściu, patrzył prosto w oczy i mówił, co myśli. Najlepiej wykształcony z nich wszystkich, w 1995 roku zrobił dyplom na wydziale rolnictwa Uniwersytetu Arkansas w Pine Bluff. Uprawiał pszenicę, kukurydzę, sorgo ziarnowe i soję. Później dowiedziałem się, że gospodarzy tak dobrze, iż w 2013 roku zwyciężył w konkursie na młodą rodzinę roku hrabstwa Phillips i napisano o nim w „The Helena Arkansas Daily World".

– To ciągła walka – stwierdził Andre i wziąwszy głowę w silne farmerskie ręce, ścisnął mocno. – Powiem panu, że najgorsze są banki.

– O, to prawdziwa zmora – wtrącił Ernest Cox. Szczupły, nieśmiały, żylasty mężczyzna pod siedemdziesiątkę, pomarszczony od pracy w polu, którą zaczął już jako szkrab na farmie ojca.

Miał rozbrajający zwyczaj uśmiechania się i kiwania głową, nawet gdy mówił o sprawach nieprzyjemnych, takich jak zadłużenie, brak kapitału i przeszkody piętrzone w bankach przy zaciąganiu kredytów. Wspólnie z braćmi, Herschelem i Earmerem, gospodarował na farmie od trzech pokoleń należącej do jego rodziny. Obecnie mieli dwa tysiące hektarów. Ta farma rodzinna, gdzie uprawiają soję, pszenicę i sorgo ziarnowe zwane *milo*, znajduje się koło miasteczka Marvell, również w hrabstwie Phillips.

Wszyscy ci mężczyźni prowadzili gospodarstwa rodzinne na obszarze Delty w Arkansas, w siedliskach położonych nie dalej niż kilkanaście kilometrów od rzeki Missisipi, stosunkowo blisko nadrzecznego miasta Helena, skąd ich zbiory spławiano barkami w dół rzeki. Rozmawiając z nim, przypomniałem sobie opowieść wielebnego Lylesa z Alabamy o jego ojcu, któremu pewien biały poradził, żeby nie sprzedawał ani piędzi ziemi białym. „Sprzedaj czarnym" – rzekł ten człowiek, bo tylko dzięki ziemi czarny może stanąć na wsi na własnych nogach.

– O, wiem ci ja swoje o bankach – rzekł Samuel Ross, blisko osiemdziesięcioletni, najstarszy z nich wszystkich. – Ale jestem już na emeryturze. Niech mówią inni – oświadczył i przez następną godzinę już nic więcej nie powiedział, ale słuchał uważnie.

– No, ja dopiero zacząłem, niedawno – odezwał się Roger Smith, dwudziestotrzylatek, gospodarzący czwarty rok. Zajął się rolnictwem jako dziewiętnastolatek w małym gospodarstwie, potem co roku brał w dzierżawę kolejne kilkadziesiąt hektarów i obecnie na areale dwustu osiemdziesięciu hektarów uprawiał *milo* i ryż. Nieśmiały, mówił cicho, z silnym południowym akcentem, a co gorsza, mówiąc, odruchowo odwracał głowę na bok, wobec czego ustawicznie prosiłem go, żeby powtórzył, a i tak musiałem zgadywać, co powiedział.

– A to Rickey Bone – powiedział doktor King, przedstawiając starszego mężczyznę. – Jako jedyny w tym towarzystwie nie uprawia zbóż.

– Wspólnie z żoną hodujemy warzywa – potwierdził Bone. – Właściwie to ona powinna tu być. Mary to gejzer energii.

– Głównym problemem tych ludzi jest dostęp do kapitału – stwierdził doktor King. Jak wspomniał wcześniej, sam też prowadził farmę. Chociaż sprawiał wrażenie belfra, od podszewki znał problemy rolników. Kierował korporacją Arkansas Land and Farm, więc konferencje, warsztaty i narady były jego chlebem powszednim. – Polega to na nierównowadze, która prowadzi do galopującego ubożenia – ciągnął. – Wie pan, jedna moja znajoma powiedziała, że się wybiera do Afryki Południowej. Zapytałem po co. Odparła, że jedzie pomagać potrzebującym. Powiedziałem, że jak chce pomagać potrzebującym, to wcale nie musi jechać do Afryki Południowej. Mieszkała w Little Rock. Zapytałem, czemu nie zajmie się *naszymi* biedakami. Odparła, że to nie to samo, że w Afryce Południowej mają problem ze zdrową wodą. Burknąłem, że mógłbym godzinami jej opowiadać o problemach z jakością wody u nas.

– Zacząłem podróżować po stanach południowych właśnie dlatego, że spotkałem w życiu tylu Amerykanów zaangażowanych w rozwiązywanie problemów Afryki – wyjaśniłem. – A tutaj mamy takie same problemy. Podłe warunki mieszkaniowe, kiepski dostęp do opieki medycznej i oświaty, analfabetyzm.

– I system bankowy – wtrącił Andre Peer i zabębnił palcami w stół. Nie przestawał, a w jego oczach zapłonęła irytacja.

– W Arkansas banki są w rękach białych, to ich monopol – powiedział doktor King. – Banki tradycyjnie udzielają kredytów pod zabezpieczenie w wysokości stu dwudziestu procent. Proszę sobie wyobrazić. No i Departament Rolnictwa boryka się z wielką nierównowagą.

– Potrzebujemy kredytów obrotowych – rzekł Ernest Cox. – Co roku musimy się zwracać do banku. Ja i bracia gospodarzymy dobrze, ale jesteśmy na łasce pośredników.

– Jest coś, co powinien pan wiedzieć – powiedział Andre, po czym przez chwilę szukał odpowiednich słów. – Bankierzy dają więcej innym farmerom.

– Jakim innym? – zapytałem.

Andre otwarł szeroko oczy, wydął policzki, ale milczał.

– Z panem Paulem możesz walić prosto z mostu – uspokoił go doktor King.

– Innym, czyli białym – rzekł Andre. Opowiedział o jednej ze swoich pożyczek.

Wtedy zrozumiałem, w jak trudnej sytuacji są ci rolnicy, bo na maszyny, ziarno na zasiew, utrzymanie infrastruktury potrzebują poważnych kredytów, idących w setki tysięcy dolarów.

– Przyznali mi czterysta czterdzieści dwa tysiące – opowiadał Andre. – To był zły, katastrofalny rok, od połowy 2006, susze i wielkie upały. Plony miałem kiepskie. Chcieli, żebym skierował do Departamentu Rolnictwa wniosek o stratach, ale się nie zgodziłem. Nie chciałem trafić na listę zalegających z płatnością. Byłem pewny, że dam radę. Potrafię ciężko pracować. Chciałem spłacić dług, tylko potrzebowałem trochę czasu. No i spłaciłem, co do centa – zakończył i znów pomyślał przez chwilę. – Biali mówią, że jesteśmy leni. Ale to nieprawda. Dajcie nam tylko szansę. Chcemy pracować.

– Oni walczą i radzą sobie, chociaż niejeden by się załamał – stwierdził doktor King.

– Kiedy jest naprawdę źle, kiedy człowiek naprawdę nie wyrabia z płatnościami, wtedy biali chcą nas wykupić – rzekł Andre. – Tylko czekają, aż ci się noga powinie. Oni z jednej strony, banki z drugiej. Moi bankierzy są w porządku, ale i tak muszę długo im wszystko tłumaczyć, nim zrozumieją moją sytuację. W bankach w ogóle nie ma czarnych inspektorów kredytowych. Nikt o tym nie mówi, nikt nie pisze. Ale to fakt.

– Inspektorzy kredytowi! – zawołał Ernest Cox znacząco, uśmiechnął się, pokiwał głową, poprawił czapkę.

– Kiedyś spotkałem pewnego inspektora – rzekł Andre. – Zaczęliśmy rozmawiać, tak zwyczajnie. Wskazałem mu jednego faceta i pytam, czy dałby mu kredyt produkcyjny. Odparł, że nie. No to mówię, że przecież go nie zna. „A za co kupił maszyny? Pewnie handluje narkotykami". Nie wierzył, że ten facet zarobił legalnie, bo uważał, że czarni tego nie potrafią. Tacy sami jak on zasiadają w zarządach banków.

– W Arkansas jest inaczej niż gdzie indziej – powiedział Roger Smith, połykając sylaby i odwracając głowę na bok, jak gdyby zdziwiony, że się odezwał. Nieśmiały, mówił niewyraźnie, ale wcale nie był lękliwy.

– Klan już nie nosi habitów – rzekł Andre i omiótł spojrzeniem pozostałych farmerów. – Klan zasiada teraz za biurkami w bankach. Ot co!

„Południe zdradza objawy lęku przed Murzynem. Nie mam na myśli lęku przed siłą – pisał dziewięćdziesiąt lat wcześniej Frank Tannenbaum w *Darker Phases of the South*. – Nie jest to kwestia tchórzostwa lub odwagi, lecz czegoś głębszego i bardziej podstawowego. To lęk przed utratą poczucia rozumienia świata, podświadoma obawa przed utratą pozycji".

– Harrison – powiedział Roger. – Harrison to gniazdo Klanu.

Nie przez przypadek wspomnieli o tym w naszej rozmowie. Aluzje do Klanu, posępnej przeszłości, niepewności odczuwanej przez czarnych zwłaszcza na wsi wtrącano powszechnie, ponieważ Klan jest koszmarem pamięci, niezmordowanym i bezlitosnym katem, mającym powiązania w najwyższych kręgach. Harrison to miasto w Ozark, siedziba władz hrabstwa Boone w środkowej części północnej rubieży Arkansas, niedaleko od granicy z Missouri. Przyzwoici mieszkańcy miasta, których jest z pewnością wielu, nie trafiają na pierwsze strony gazet, natomiast tamtejsi fanatycy cieszą się złowrogą sławą.

– W Harrison ustawili wielką tablicę reklamującą Klan – rzekł Roger.

– O, Boże, Harrison – wzdychali farmerzy.

Przez chwilę opowiadali o okropieństwach Harrison, po czym Ernest zauważył:

– Wcale nie trzeba jechać aż do Harrison, żeby ci nabili guza. W Moro nie ma ani jednej czarnej rodziny.

Moro to osada na rozstaju dróg w pobliskim hrabstwie Lee, licząca niespełna trzystu mieszkańców.

– Parę lat temu sprowadziła się czarna rodzina – powiedział Andre. – Ale ich wykupili.

– Tyle u nas niesprawiedliwości – odezwała się kobieta robiąca notatki, Ramona Anderson, którą wziąłem za osobę po prostu zapisującą naszą dyskusję. Należała jednak do personelu Arkansas Land and Farm Development Corporation. Do tamtej chwili milczała, siedząc nad notatnikiem.

Ramona streściła perfidną historię Cotton Plant, miasteczka leżącego kawałek na północ od Brinkley.

– W latach sześćdziesiątych jakiś facet zaobserwował tam pewnego ptaka, wprawdzie nie dzięcioła wielkodziobego, o którym wszyscy mówią, ale też rzadkiego. Tylko on go widział. Władze miasta postanowiły wydzielić wielki obszar jako rezerwat tego ptaka. Powołując się na dobro publiczne, wywłaszczono wielu czarnych farmerów z okolic miasteczka.

– Obłuda i nikczemność – stwierdził doktor King. – Niesprawiedliwość rasowa to u nas temat tabu. W Brinkley czarni stanowią większość, ale nigdy nie mieliśmy czarnego burmistrza. Ale cicho sza, o tym się nie mówi.

– Cotton Plant kiedyś coś znaczyło – rzekła Ramona. – Dzisiaj jest małe i biedne.

– Wielcy posiadacze ziemscy nie chcą szkół ani szpitali – mówił doktor King. – W 1980 roku zamknięto szpital w Mariannie. Nie ma go do dzisiaj. DeWitt to miasteczko tej samej wielkości, a ma szpital. Ale DeWitt jest w większości białe. Nie chcą wykształconych czarnych, chcą, żeby czarni tylko zapychali na traktorach.

Przypomniało mi to znów białego farmera, którego słowa w 1937 roku cytował James Agee w *Cotton Tenants*: „Nie sprzeciwiam się edukacji czarnuchów, powiedzmy do czwartej, może nawet piątej klasy, ale nie dalej". A tu proszę, odsetek analfabetów na wiejskich terenach hrabstwa Lee, gdzie mieszka i gospodarzy doktor King, należy do najwyższych w Arkansas (a i w całym kraju).

– Oświata publiczna dalej schodzi na psy – podsumował doktor King.

– Rozwój gospodarczy nie ma barwy – stwierdziła Ramona Anderson. – Lecz oni manipulują mniejszościami. Zamiast stworzyć kompleksowy program dla całej Delty, trzymają władzę w regionach, dzieląc mniejszości. Prawdziwy rozwój społeczny dźwigałby biednych, ale oni właśnie tego nie chcą.

– Kim są „oni"? – zapytałem.

– Ci u władzy – odparła. – Zamiast dużego szpitala otwierają przychodnię. Uważa pan, że to w porządku? Gdyby naprawdę zależało im na rozwoju społecznym, zbudowaliby wielki szpital, a nie przychodnię tu, przychodnię tam.

– Naród zapomniał o rolnikach – stwierdził Andre. – A przecież żywimy wszystkich. Mało tego, tworzymy eksport. Na przykład ryż. Nasz ryż kupuje zagranica. Już jest po siedem dolarów za buszel* i cena rośnie. Zwiększamy produkcję.

Wszystko to prawda. Według danych National Farmers Union produkcja ryżu w USA szybko rośnie, podobnie jak eksport tego zboża do Chin, Afryki i na Bliski Wschód.

– Ale to nadal jest walka – ciągnął Andre. – Walka z dobrą starą gwardią – rzekł i znowu ścisnął rękoma głowę. – Pamiętajmy o Pigfordzie i pozwach zbiorowych.

Słowo „Pigford" słyszałem już przedtem od czarnych farmerów. To nazwisko, które stało się symbolem procesu sądowego w sprawie związanej z dyskryminacją rasową w branży rolniczej. Otóż w 1997 roku Timothy Pigford, czarny farmer z Karoliny Północnej, i czterystu innych rolników pozwali Departament Rolnictwa (którym kierował Dan Glickman) o odszkodowanie za niesłuszne odmowy udzielania kredytów czarnym farmerom, co według skarżących wynikało z dyskryminacji rasowej i prowadziło do lawinowego upadku gospodarstw prowadzonych przez czarnych.

W 1999 roku proces zakończył się ugodą, na mocy której administracja Busha, a potem Obamy wypłaciła w sumie ponad miliard dolarów odszkodowań. Pojawiły się poważne podejrzenia, że niekiedy roszczenia były nieuzasadnione i że na całej operacji skorzystali nieuczciwi prawnicy, politycy, kanciarze i macherzy „grający kartą rasową". Kiedy przyjrzymy się mechanizmom wypłacania odszkodowań, rzeczywiście zauważymy, że te ogromne pieniądze trafiają do wielu uczciwych rolników (farmer uznany za poszkodowanego dostaje pięćdziesiąt tysięcy dolarów), ale niekiedy do oszustów i oportunistów. Mimo to zapewne właśnie dzięki tym odszkodowaniom zahamowano proces tracenia ziemi przez czarnych i po wielu latach spad-

* Buszel to anglosaska jednostka objętości równa 35,24 litra [przyp. red.].

ku na Południu i w innych częściach kraju odnotowano wzrost liczby czarnych farmerów.

– Ale nadal walczymy z bankami – mówił Andre. – Nadal walczymy z dobrą starą gwardią. Po tylu latach nadal musimy dowodzić swojej wartości.

– Bill Clinton spędza dużo czasu w Afryce i w Indiach. Czy mógłby tu pomóc? – zapytałem.

– Gdyby Clinton do nas przyjechał – odparł Andre – dobra stara gwardia zawołałaby: „Po coś tu przyszedł? Wcale nie chcemy zmian".

Rozejrzał się po sali, oczekując aprobaty, a inni pokiwali głowami.

– Właśnie dlatego nie przyjeżdża.

Przez cały czas naszej rozmowy czułem, że farmerzy są niespokojni. Pochłonięci co dzień pracą w gospodarstwie, kopaniem, przywożeniem, odwożeniem, ładowaniem ciężarówek, naprawianiem maszyn, obrabianiem i doglądaniem pól, nie nawykli do siedzenia tak długo pod dachem. Przez grzeczność nie skarżyli się, ale widziałem, że czują się nieswojo, pochylają, zaplatają ręce, wiercą na plastikowych siedziskach krzeseł.

Wypytywałem jeszcze o samą pracę w gospodarstwach, aż w końcu jeden z nich, pewnie Andre, który odzywał się najchętniej, wstał i powiedział:

– Niewiele się pan dowie z samego gadania. Możemy panu pokazać co i jak, jeżeli ma pan czas.

– Mam mnóstwo czasu – odparłem. – I byłbym szczęśliwy, gdybym mógł obejrzeć wasze gospodarstwa.

– Miałem nadzieję, że pan to powie – rzekł doktor King, tak samo jak poprzednim razem. Zabrał mnie na stronę i zapytał: – Czy podróżując po Delcie, widzi pan firmy należące do czarnych, prowadzone przez czarnych?

Uśmiechnął się, bo odpowiedź była oczywista: bardzo rzadko.

– Proszę spojrzeć pod tym kątem na tych rolników, ludzi, którzy są częścią branży wartej wiele miliardów dolarów.

„Żywnościowe pustynie"

Rickey Bone, najmłodszy stażem i gospodarzący na najmniejszym areale spośród farmerów, których wtedy poznałem, wspólnie z żoną Mary – na którą wołali Mary A – hodował w Fargo warzywa na gruntach przyległych do parceli, gdzie stoi budynek Arkansas Land and Farm Development Corporation. Bone'owie uprawiali około czterech hektarów, hodując bezpośrednio na rynek warzywa takie jak okra, kabaczek, arbuz, fioletowa fasola czarne oczko, dynia – produkty, które ludzie kupują świeże.

– W zeszłym roku okra wyrosła na prawie dwa metry – pochwalił się Rickey Bone, gdyśmy szli dróżką prowadzącą do jego pola.

Rickey miał sześćdziesiąt lat, urodził się i wychował w Little Rock, ukończył Central High School, gdzie w 1957 roku doszło do próby sił między zwolennikami i przeciwnikami integracji szkół. Gubernator Arkansas Orval Faubus odrzucał integrację i uniemożliwiał przyjęcie dziewięciorga czarnych uczniów, których wprowadzono do szkoły dopiero pod eskortą żołnierzy sił federalnych, strzegących ich przed rozwścieczonym tłumem białych. Tak zwana „dziewiątka z Little Rock" wślizgnęła się bocznym wejściem, pieczętując integrację i przechodząc do historii.

– Na pewno słyszał pan o tym – powiedział Rickey Bone. – Miałem wtedy kilka lat.

– Chodziłem do szkoły średniej w Massachusetts. To była głośna sprawa – odparłem. W pamięci utkwił mi szokujący obraz piętnastoletniej czarnej Elizabeth Eckford, na którą wrzeszczą wściekli biali. Takie przykłady prześladowania – ale równocześnie dzielności – rozpalały moją wyobraźnię, ponieważ ci znieważani uczniowie byli moimi rówieśnikami. Dzisiaj, pół wieku później, Central High nie jest już polem walki, lecz pomnikiem.

– Ale wie pan, w Little Rock wcale nie było aż tak strasznie jak wtedy w Central High School – rzekł Rickey Bone. – Chociaż pamiętam, że nie było łatwo – zastrzegł. Po chwili uśmiechnął się, jak gdyby sygnalizując absurd. – Czarne szkoły dziedziczyły podręczniki po białych szkołach.

Dobrze pamiętał swoją pierwszą zintegrowaną szkołę, siódmą klasę w Little Rock.

– Uprzedzano mnie, jak okropni są biali – opowiadał. – Matka, Kreolka z Karoliny Północnej, powtarzała, że jestem tak samo dobry jak każdy. Pierwszego dnia zobaczyłem, że wcale nie są do mnie podobni. Pomyślałem, że wszystko to były bzdury. Widziałem, że wcale nie są źli, tylko całkiem inni, w ogóle do nas niepodobni. Ale graliśmy razem w piłkę. Dzieci nie miały tej nienawiści co rodzice.

Szliśmy skrajem jednego z jego pól, wąską i grząską ścieżynką pomiędzy połaciami rzadkiego błocka.

– No, ale nauczyciele – westchnął i zachichotał, wspominając. – Umieścili mnie w klasie wyrównawczej, razem z głupkami.

– Jak pan to znosił?

– Uważałem, że to bez sensu. Rozmawiałem z nauczycielem angielskiego. Wysłuchał. W końcu mnie usunęli – rzekł. Przez chwilę rozmyślał, krocząc grząską ścieżką. – Nie wystarczy myśleć inaczej, żeby stać się innym – powiedział, wspominając chyba mądrą radę matki. – Dajcie mi szansę, a góry przeniosę.

Nadal szliśmy ścieżką. Nagle Rickey uśmiechnął się i rzekł:

– Wie pan? Miałem wszystko, czego chciałem.

Po ukończeniu szkoły średniej zatrudnił się jako rzeźnik w dziale mięsnym jednego z supermarketów w Little Rock. Potem dwa lata wojska, w Fort Dix w New Jersey, gdzie skosztował Północy. Wyszedłszy do cywila, wrócił do Arkansas i przez trzydzieści lat pracował w straży pożarnej w Little Rock. Gdyśmy się poznali, był już na emeryturze, ale niekonwencjonalnej, bo na farmie warzywnej – którą wymyśliła jego żona Mary A miał w istocie więcej pracy niż w straży.

Mary A. Valentine Bone urodziła się w Lakeview w Ozark, które leży w odległości około pięćdziesięciu kilometrów od Harrison, gniazda rasistowskich fanatyków i bluźnierców – chociaż większość mieszkańców to rzecz jasna porządni ludzie. Położone nad południowym krańcem jeziora Bull Shoals miasteczko Lakeview jest wprawdzie tak samo białe jak Harrison, ale przyzwoitsze. W Little Rock Mary A pracowała jako nauczycielka, ale na emeryturze pragnęła wrócić do farmerskiego życia, jakiego zaznała w dzieciństwie w małym gospodarstwie rodziców. Zawsze marzyła o farmie, ale nie o szefowaniu robotnikom, lecz o własnoręcznym obrabianiu pól, sianiu, sadzeniu, pieleniu, zbieraniu plonów – produkowaniu żywności.

– Mary A pragnęła mieć traktor – powiedział Rickey. – To była jej pasja.

Rickey opowiadał, że gospodarstwo to przedsięwzięcie wymyślone i prowadzone przez jego żonę. Jemu przypadła rola pomocnika. Pomyślałem, że to bardzo ambitne zamierzenie jak na dwoje emerytów mających dorosłe dzieci, cztery córki, nawet jeżeli pomagał im brat Rickey'ego Donald.

– Gdzie sprzedajecie warzywa?

– Większość na straganach w Little Rock, na „żywnościowych pustyniach", może pan o tym słyszał.

Doktor King wcześniej wyjaśnił mi znaczenie tego wyrażenia. „Biedne dzielnice bez sklepów, czy to spożywczych, czy innych, gdzie nie kupi pan nic świeżego, bo wszystko się zamknęło z powodu przemocy i gangów".

To się chyba zdarza. Śródmieście Little Rock i niektóre bliskie przedmieścia wyraźnie ubożały. Widziałem zamknięte na głucho sklepy, walące się domy w posępnych kwartałach numerowanych ulic, zwłaszcza na południe od drogi numer 630, zwanej autostradą Wilbura D. Millsa, która dzieli miasto na pół i – mówiąc słowami miejscowego pisarza Jaya Jenningsa – „jest granicą [...] tak samo istotnym elementem topografii jak rzeka lub wąwóz". Nawet nabrzeżna dzielnica przy drodze numer 30, okolice Clinton Presidential Library, prezentuje się licho, z wyjątkiem odnowionej River Market. Ale w żadnym razie nie wyczerpuje to charakteru miasta i wystarczy półgodzinna przejażdżka samochodem, żeby ze zdziwieniem zobaczyć różnicę.

Spod Clinton Library pojedźmy ulicą East Markham, za restauracją Gus's Fried Chicken skręćmy w prawo, w La Harpe Boulevard, którym prowadzi droga numer 10, i trzymajmy się tego bulwaru, aż się poszerzy i przejdzie w prowadzącą na zachód Cantrell Road. Za dzielnicami Heights i Hillcrest przez piętnaście kilometrów – nadal w granicach miasta – ciągną się okazałe domy, stojące wśród kwitnących drzew i królujących na szczycie wzgórza wieżowców Rivercliff. Rezydencje przy Edgehill są imponujące, wiele z nich wybudowano niedawno, pysznią się na rozległych trawnikach, sklepy i galerie handlowe otwarte, dostatnie, człowiek nie pomyśli nawet o gangach czy „żywnościowych pustyniach". Rozmawiając z rodzimym mieszkańcem Little Rock, z uznaniem wspomniałem o nowoczesności, pięknie i oczywistym bogactwie tej części miasta, a on wytłumaczył to zjawisko w dwóch słowach: ucieczka białych.

Rickey i Mary A nadal mieszkali w biedniejszej części Little Rock. Ale w odległym o godzinę jazdy na wschód Fargo, gdzie prowadzili gospodarstwo warzywne, mieli nowy osiemdziesięciopięciokonny traktor John Deere, sadzarkę, furgon chłodniczy, kryty folią tunel do upraw zimowych i wiele innego sprzętu. Wszystko to kupili za oszczędności z emerytur oraz kredyty zaciągnięte w banku i w Departamencie Rolnictwa. Musieli pokonać liczne przeszkody, jakie piętrzą się przed drobnymi rolnikami i o których tyle słyszałem na Południu. Trzeba wielkiej determinacji, żeby nie zrezygnować.

– Kobieta w urzędzie Departamentu Rolnictwa w Hazen powiedziała, że potrzebujemy zabezpieczenia w wysokości stu pięćdziesięciu procent – opowiadał Rickey. – To naprawdę mnie zdziwiło i zmartwiło. Czemu nie po prostu sto? Musieliśmy założyć hipotekę na część ziemi, żeby dostać sto trzydzieści siedem tysięcy kredytu. Spłacamy go raz w roku, po zbiorach.

– A fundacje? Organizacje charytatywne, korporacje rozwojowe? – zapytałem. – Pomogły wam jakoś? Ludzie Clintona?

– Pamiętam, że już wczoraj pan o nim wspomniał – rzekł Rickey.

– Był przecież gubernatorem. Był prezydentem. Na niwie filantropii obraca miliardami. Jakoś nie widzę, żeby cokolwiek z tego trafiało do Arkansas.

Rickey Bone znów popatrzył na mnie z uśmiechem. Odchyliwszy zasłonę, weszliśmy do tunelu, żeby obejrzeć hodowane tam truskawki.

– Clinton to skomplikowany gość – powiedziałem.

– Jak każdy – odparł Rickey, uśmiechnął się i poczęstował mnie truskawką. Te dwa wypowiedziane cichym głosem słowa dały mi tak do myślenia, że już do końca podróży nie wspomniałem o Clintonie.

„Miasto zachodzącego słońca"

Pogłoski na temat Klanu w Harrison sprawiły, że nagle zdecydowałem się na nieplanowaną przedtem wycieczkę. W końcu Arkansas nie jest wielkie i z Delty na jednym krańcu do serca krainy Ozark na drugim dojedzie się w ciągu zaledwie pół dnia. Harrison reklamuje się jako wspaniałe miasto dla emerytów, figurujące na liście „najlepszych małych miast w Ameryce". To miasto białe, które w epoce segregacji rasowej należało do tak zwanych miast zachodzącego słońca („Pamiętaj, czarnuchu, żeby cię tu nie było po zachodzie słońca"). Ale nie gnałem tam, lecz dotarłem okrężną trasą, która wiodła przez północno-zachodnie rubieże stanu i którą pokonywałem dwa dni. Obejrzałem miejską szpetotę Bentonville, gdzie mieści się centrala Walmartu, i Springdale, będące siedzibą Tyson Foods. Obejrzałem zacny uniwersytet w Fayetteville, osaczony jednak przez ohydę galerii handlowych. Potem zagłębiłem się w głuchą prowincję, przejechałem przez stare mosty na War Eagle Creek i Onion Creek, przez mieścinę Dry Fork i maleńką osadę Old Alabam, gdzie z lasów i pastwisk zaczynają wyrastać góry Ozark.

Ozark to góry w sensie przypisywanym temu słowu na Głębokim Południu, a więc wcale nie wyniosłe szczyty ani stoki, które mogłyby służyć narciarzom, ani nie skaliste granie, lecz nieregularne wzniesienia, ciąg niskich ciemnozielonych pasm, morze długich, przysadzistych wzgórz ciągnących się w przejmująco pięknym pejzażu aż po horyzont. Cecha charakterystyczna gór Ozark polega właśnie na tym, że nawet w sercu tej krainy widzi się horyzont, za którym o zachodzie chowa się słońce, że są to góry pozwalające na wspaniały, jarmarczny, ognisty pogrzeb słońca. Topografia Ozark nie ma w sobie nic wyjątkowego, ale ich całość – rozległe falujące panoramy wydłużonych wzgórz – sprawia wrażenie zaoblonych i gęsto porośniętych lasem gór stołowych. Pejzaż ten jest szczególnie poruszający ze względu na to, że wydaje się bezludny, ponieważ odosobnione osady kryją się w zagłębieniach i za stokami, na których nieraz rosną stare drzewa, wyniosłe i piękne.

Z mojego punktu widzenia dodatkowa atrakcja Ozark polega na tym, że mało kto tam przyjeżdża. Kiedy w sklepie ze starzyzną w zubożałym miasteczku Leslie, które niegdyś słynęło z wyrobu beczek dębowych, podzieliłem się tym spostrzeżeniem z pewnym starszym autochtonem, rzucił:

– Mam nadzieję, że tak już zostanie.

Ten mężczyzna, ubrany w ogrodniczki, buty z cholewami i spłowiały kapelusz, miał orli profil, jaki często występuje na szkicach, które w latach dwudziestych robił w górach Ozark Thomas Hart Benton, i jakim potem obdarzył wybrane postaci na muralach *Głębokie Południe* i *Środkowy Zachód* z cyklu *America Today* [Ameryka dzisiaj]. Codziennie rano w małomiasteczkowych jadłodajniach w Ozark – chociażby w Harrison, Marshall, Saint Joe, Bellefonte czy Yellville – spotkamy starszych mężczyzn w typie bentonowskim. W krainie odwiecznych lasów ludzie nadal oddają się zajęciom i słabostkom, jakie ukazał Benton, a więc pracują na farmach rodzinnych, hodują świnie i indyki, obrabiają motyką poletko kapusty, strzykają sokiem tytoniowym.

– Witamy w Hillbillyville [Kmiotkowo] – powiedział do mnie mężczyzna w bocznej uliczce w Alpenie, dając przykład typowej dla mieszkańców Arkansas autoironii. Później podzielił się ze mną następującą refleksją: – Ludzie klepią tutaj biedę. Ale to dla nich dobrze. Sytuacja gospodarcza nie ma na nich wpływu. Czy jest dobra, czy zła, żyją tak samo.

Ten mężczyzna wspomniał również o tym, że kiedy sprowadził się z niedalekiej wsi do miasteczka, złożył mu wizytę Wielki Mag Ku Klux Klanu, który przyjechał z Harrison, żeby zachęcić go do wstąpienia do organizacji.

Zapytałem, co odpowiedział na to osobliwe zaproszenie.

– Powiedziałem, że nie mamy ze sobą wystarczająco wiele wspólnego, żeby to było możliwe – odparł i strzyknął na ulicę sokiem przeżutego tytoniu, jak gdyby puentował tę oschłą odpowiedź. – Przyjął to całkiem dobrze i odjechał.

Jeżdżąc po mniej więcej dwudziestotysięcznym Harrison, które sprawiało na mnie wrażenie dostatniego miasta rolniczego – w tamten weekend było ruchliwe z powodu dorocznego lokalnego jarmarku – nie dostrzegłem tablicy reklamującej Klan, o której opowiadali mi farmerzy w Delcie. Natknąłem się jednak na inną tablicę, która wywołała burzę w mediach, jako że zdawała się niweczyć starania Arkansas o przezwyciężenie rasistowskiej historii. Otóż wielkimi literami na żółtym tle napisano: ANTYRASISTA TO KRYPTONIM WROGA BIAŁYCH.

Wielu miejscowych protestowało i domagało się usunięcia obraźliwej tablicy. Później pewien mężczyzna mieszkający w okolicy Harrison powiedział mi:

– Czytałem ten napis ze dwadzieścia razy i nadal nie mam pojęcia, co znaczy.

To prawda, że w Harrison ciągle istnieje Klan, ale to, jak jest liczny, wiedzą tylko członkowie tej na wpół tajnej organizacji. Jak zauważył Andre Peer, ludzie ci nie noszą już habitów. W maleńkiej, liczącej sto trzy dusze osadzie Zinc mieszka Thomas Robb, który wcześniej nosił tytuł Wielkiego Maga, a ostatnio podaje się za Dyrektora Krajowego odłamu Klanu znanego jako Rycerze Ku Klux Klanu. Na wiecach Klanu urodzony w Michigan, a wychowany w Arizonie Robb nieodmiennie oskarża o wszelkie zło czarnych i Żydów.

Nienawiść do Żydów jest również artykułem wiary i fundamentem praktyki duchowej innej organizacji działającej w Harrison, a mianowicie Kingdom Identity Ministries [Słudzy Tożsamości Królestwa]. Przywódca tej dziwacznej sekty chrześcijańskiej, przybyły z Kalifornii Mike Hallimore, deklaruje, że jego misja jest „niepoprawną politycznie służbą polegającą na umacnianiu tożsamości chrześcijańskiej narodu wybranego przez Boga, czyli prawdziwego Izraela, białych pochodzenia europejskiego". Jeden z artykułów wiary tego Kościoła głosi, że bałwochwalcy, homoseksualiści, bluźniercy i zwolennicy aborcji zasługują na śmierć.

Kingdom Identity Ministries propaguje rasizm i antysemityzm, ponieważ jak uprzejmie wyjaśnia w wyznaniu wiary, „mieszanie ras jest obrzydliwością przed obliczem Wszechmocnego, szatańską próbą zniszczenia szczepu wybranego". Żydzi są owocem spółkowania Ewy z „Diabłem czy Szatanem zwanym Wężem", a powstały z tego związku „szczep" „powszechnie nazywa się dziś Żydami". Wszystkie prawdy wiary Kingdom Identity Ministries mają rzekomo oparcie w Piśmie Świętym, do którego autorzy wyznania wiary odsyłają po każdym stwierdzeniu, co moim zdaniem jest kolejnym dowodem na to, że Biblia to skarbnica bez dna, w której każdy wariat znajdzie coś dla siebie.

Weźmy na przykład werset szósty rozdziału jedenastego z Pierwszego Listu Świętego Pawła do Koryntian: „Jeżeli więc jakaś kobieta nie nakrywa głowy, niechże ostrzyże swe włosy! Jeśli natomiast hańbi kobietę to, że jest ostrzyżona lub ogolona, niechże nakrywa głowę!".

Człowiek rozsądny może zakwestionować ten srogi biblijny wybór między chustą a ogoloną głową, ale w jednym z namiotów na jarmarku, który odbywał się na terenach targowych na skraju Harrison, dwie młode kobiety, które rozdawały gorącą prażoną kukurydzę, przyciągając ewentualnych klientów firm swoich mężów – dekarskiej i remontowej – miały na sobie skromne staromodne suknie bawełniane z długim rękawem, a na głowie nosiły chustki, coś w rodzaju obciętego hidżabu. Powiedziały, że są menonitkami.

– Nazywamy to zasłoną – wyjaśniła jedna z nich. – Nigdy ich nie zdejmujemy, ani na dworze, ani w domu.

Zrezygnowałem z nawiązania do Biblii i po prostu zapytałem, czy to nakrycie głowy ma szczególne znaczenie.

Wyższa z kobiet, nagarniając popcorn, powiedziała:

– Znaczy ono, że jesteśmy posłuszne wierze i mężom.

– Czyli zasadniczo robicie to, co mąż wam każe? – zapytałem.

– W zasadzie tak.

Oto jeszcze jeden dowód, że podróżowanie po głębokiej prowincji Stanów Zjednoczonych przypomina czasem podróże po szerszym świecie i oznacza spotkania z nabożnym i naiwnym ludem, który wypowiada opinie tak uproszczone, że aż nierozumne.

Kobiety cały czas napełniały papierowe torebki popcornem i rozdawały je przechodniom, więc sytuacja nie sprzyjała drążeniu kwestii polityki rasowej w Harrison.

Kiedy uczyniłem aluzję do tej sprawy, niższa i młodsza z kobiet rzekła:

– Kiedyś wyglądało to o wiele gorzej. Teraz sytuacja się poprawia.

– Starzy ludzie nadal wierzą w rasizm – stwierdziła wyższa kobieta i przygładziła chustkę.

Na jarmarku nie dostrzegłem ani jednej czarnej twarzy, chociaż na tereny targowe wyległo bodaj całe miasto, żeby zabawić się w wesołym miasteczku, popatrzeć na rodeo. Ten jarmark jest jednak wydarzeniem o wiele poważniejszym niż zwykły festyn rodzinny, bo prócz tego ma charakter wystawy rolniczej, na której hodowcy rywalizują o laury. Na przykład hodowcy bydła rywalizowali w trzech kategoriach, a mianowicie: ras amerykańskich, ras angielskich i ras egzotycznych. Niektóre krowy ważyły pół tony, wszystkie miały piękne oczy o powiekach z długimi rzęsami, czasem tęsknie muczały, uwiązane do metalowych stanowisk, na których czekały na komisję sędziowską. Również hodowcy kur, kaczek, kóz, świń i owiec ambitnie rywalizowali o błękitne wstążki dla swoich zwierząt. Odbywały się konkursy dla producentów przetworów owocowych, dżemów, galaretek, a także konkursy dla pszczelarzy, wytwórców kołder i narzut, dla rzeźbiarzy, dla tkaczy. Uwzględniono wszystkie gałęzie produkcji rolnej, wszystkie tradycyjne pasje i rzemiosła chłopstwa, wszelkie zajęcia ludzi, których święty Mateusz nazwał solą ziemi (Mt 5, 13).

Tamtego dnia wieczorem w motelu opodal Harrison pewna kobieta powiedziała mi jednak:

– Gdyby sprowadził się tu czarny, nie daliby mu żyć. Spaliliby jego dom.

W Silver Hill spotkałem mężczyznę, który przystanął tam z żoną po drodze z Harrison, żeby nasycić się pięknem pobliskiej Buffalo River.

– Nikt nie powie dobrego słowa o Harrison – zagaiłem. – Czy to sprawiedliwe?

– Wspaniałe miejsce, ale ciągle mamy – tu zawiesił głos i skrzywił się – tych ludzi.

– Klan – niemal bezgłośnie powiedziała jego żona, poruszając ustami tak, że aż zrobiła wielkie oczy.

– Jestem lekarzem – rzekł mężczyzna. – Leczyłem jednego z nich, który mieszka niedaleko stąd, w Marshall – mimowolnie wskazał na drogę. – Dużo ich tam.

Przystanąłem na lunch w Marshall, a kelnerka – miła kobieta w średnim wieku – powiedziała:

– Tu nie ma czarnych. Starsi mieszkańcy ich nie akceptują.

Marshall to stare konające miasteczko z głównym placem i nadal działającym, imponująco otchłannym sklepem żelaznym i drogerią. W drogerii można nie tylko zrealizować receptę, kupić aspirynę, mydło czy szampon, lecz również zaopatrzyć się w pistolet albo karabin i amunicję wszelkiego kalibru.

Przy ulicy za drogerią stoi trzykondygnacyjny solidny budynek o ścianach z ciosanego piaskowca i oknach z grubymi kratami, w którym dawniej mieścił się areszt hrabstwa. Obecnie jest nieużywany, ale w bocznej uliczce tchnie posępnym majestatem. Postawiono go w 1902 roku, jest przykładem stylu zwanego neoromańskim i wydaje się niedorzecznie pompatyczny jak na tak nieduże miasto. Spostrzegłszy, że uważnie oglądam tę budowlę, przywitał się ze mną idący ulicą mężczyzna.

– Jak się pan miewa? – zapytałem.

– Lepiej niż kartofle albo tabaka – odparł i puścił oko. – Nie taki miałki. No!

Wyjaśnił, że to takie miejscowe powiedzonko. Inni przechodnie spojrzeli na nas wesoło.

– W dzieciństwie często przechodziłem koło tego więzienia – powiedział mężczyzna. – Więźniowie spuszczali sznurki z okien na piętrze i rzucali pięciocentówkę. Szedłem z kolegami do drogerii za rogiem, gdzie kupowaliśmy batoniki, które potem przywiązywaliśmy do sznurków. Więźniowie wciągali je na górę. To było w latach pięćdziesiątych.

Chociaż i w mieście, i w okolicy tyle się słyszało o rasizmie, to jedyny hotel i najlepsza restauracja z domową kuchnią, czyli Marshall

Motel and Restaurant, należały do Chińczyków, a mianowicie do państwa An Chaya i Gay Phungów, którzy mieszkali w Marshall od dwudziestu ośmiu lat, dobrze się tam czuli i cieszyli sympatią mieszkańców. Pani Gay Lee Phung uchodziła za mistrzynię potraw z suma.

– Biali w Ozark właściwie nie mają zdania o czarnych – powiedział mi ubrany w ogrodniczki zrzędliwy staruszek w sklepie ze starzyzną w maleńkiej mieścinie na zachód od Marshall. – Powiedzieć panu czemu?

– Tak, proszę.

– Nie stykamy się tutaj z czarnymi w dzieciństwie – rzekł. – Nigdy ich nie poznajemy. No i nigdzie nie jeździmy. Jak człowiek urodzi się w Saint Joe, zostaje w Saint Joe, a wszędzie indziej jest tak samo. Wiemy tylko tyle, ile zobaczymy w telewizorze.

– To chyba wystarczy? – zapytałem.

– Ani trochę – odparł. – W telewizorze pokazują tylko czarnych bystrzaków i białych matołków.

Sortował stare butelki po napojach gazowanych, pokryte zaskorupiałym brudem, jak gdyby zostały wykopane, znalezione pod ziemią niczym starożytne amfory.

– Wszystko idzie w diabły, cały świat, i jest coraz gorzej – oznajmił staruszek. – Ale nieważne, co się stanie. Mam siedemdziesiąt siedem lat. Pewnie zostało mi z dziesięć. Niech inni to rozgryzą – ciągnął, nadal przekładając brzękające butelki. – Cholera, nie brak tu białych łajz.

– Czym się zajmuje biała łajza?

– Czeka na zasiłek – odparł, trzymając butelkę pod światło, żeby odczytać napisy. – Reszta kraju myśli, że my tu wszyscy jesteśmy głupkami. Mnie to nie przeszkadza. Byle trzymali się z dala.

Sprawdzał oznaczenia na denku następnej butelki.

– Jak to jest – westchnął – że człowiek nigdy nie trafia na nic, cokolwiek, na czym byłoby napisane „Made in Africa"? To się w ogóle nie zdarza, nic z tych rzeczy, prawda?

– Zależy – rzekłem ostrożnie, zastanawiając się, dokąd to zmierza.

– Tylko niech pan już nie wyjeżdża z cholernymi czarnuchami – warknął.

Odchrząknąłem i rzekłem:

– Niektórzy uważają, że nie wolno używać tego słowa.

– Ale nie u nas – powiedział wesoło i zachichotał. Odstawił brudną butelkę i pochylił się ku mnie. – Wie pan, jestem prawdziwym konserwatystą.

– Należę do starej gwardii – oznajmił mi w Heber Springs pewien mężczyzna w średnim wieku. – To znaczy, że bez żenady nazywam ich czarnuchami. Wcale im to nie przeszkadza. Nazywają mnie wsiokiem z Południa.

– Nie protestują?

Spojrzał na mnie, jak gdybym dopiero uczył się angielskiego.

– Czarnuch to nie obelga, może pan sprawdzić. Jak pan mówi o kimś „czarnuch", to znaczy, że panu go żal. Są białe czarnuchy, są i żółte czarnuchy, wszyscy żałośni. Niektóre białe śmiecie są gorsi niż ostatnie czarnuchy. Jadą na prochach, na amfie i czym pan tam chce. Przerażają mnie.

Buffalo River

Żeby odetchnąć od tyleż gorliwego, ile jałowego szwendania się tam i z powrotem, któregoś ranka wypożyczyłem łódkę i cały dzień pływałem po Buffalo River. Buffalo, wspaniała, nieujarzmiona przez tamy, płynie z zachodu na wschód w środkowym Arkansas i spieniona tworzy przełom w samym sercu gór Ozark. Tak, o pływaniu po dzikich rzekach Arkansas, o biwakowaniu na ich brzegach można by napisać grubą książkę podróżniczą w starym stylu, opowiadającą o przygodach, zamoczonych nogach, dzikich zwierzętach, przeczuciach niebezpieczeństwa, spostrzeżeniach takich jak: „diaboliczna gadanina pobliskiego bystrza brzmiała jak zapowiedź niechybnej katastrofy".

Cóż, w ten upalny poranek na początku września nie mogłem mieć jednak tak ambitnych planów. Niedaleko Silver Hill wypożyczyłem łódkę i przez cały dzień wiosłowałem od Baker Ford do Gilbert, co pewien czas przystając, żeby pooddychać wonnym powietrzem, pogapić się na słoneczne refleksy igrające w bystrzach, na owady ślizgające się po powierzchni płycizn. W spokojniejszych zatoczkach woda była złotozielona, gdy przede mną, po nawietrznej przez rzekę przechodziły dwa jelenie, łania z młodym, i od czasu do czasu przystawały, żeby się napić lub coś skubnąć. Widziałem czaple i kormorana, a bębnienie dzięcioła odbijało się echem od urwisk i gołych skał, które miejscami wyglądały jak ściany prawdziwego kanionu. W samotności i ciszy zauważalne nachylenie koryta wzbudzało krzepiące wrażenie, że – a to po wąskich jęzorach bystrzy, a to po szerokich tarach otoczaków – sunę w dół.

Śliczny i błogi dzień w krainie Ozark, w dziczy, gdzie nic nie odsyła do kwestii rasowych, napięć, biedy, gdzie nie ma śladu gorszego świata, innych ludzi, a jest tylko gulgotanie i chlupotanie spienionej rzeki, nieokiełznanej. Urządziłem sobie samotny piknik na wielkim rozgrzanym głazie i posilając się, obserwowałem żółwie żółtobrzuche, które podobnie jak ja wypełzły na inne głazy i z rozdziawionymi pyskami wygrzewały się w słońcu.

Potem oddałem łódkę i pojechałem na południowy wschód, z powrotem w Deltę, przystanąwszy na jarmarku broni w Jacksonville, jakieś piętnaście kilometrów od Little Rock. Jarmark w Jacksonville wyglądał podobnie jak inne tego rodzaju imprezy, które widziałem wcześniej. Obejrzałem stoiska z nową bronią, z bronią używaną, z nożami, z paralizatorami, z gazami do samoobrony, z wrednymi nalepkami na zderzak, z pamiątkami nazistowskimi, z zabytkami z okresu wojny secesyjnej i z amunicją. Ale że działo się to w Arkansas, wśród gości zauważyłem pięcioosobową rodzinę, która chodziła boso („Dopiero co przenieśliśmy się z Letony" – powiedział ojciec rodziny), a na straganach z przekąskami proponowano czekoladowe rożki smażone w głębokim oleju.

„Wszedłem w to za głęboko, żeby się wycofać"

Garrett Grove, dokąd skierował mnie młody farmer Roger Smith, nie jest miastem ani wsią. To raptem trzy domy i kawałek dalej skromny cmentarz Świętego Pawła, na którym leżą sami czarni. Jakieś czterdzieści małych nagrobków, a na nich daty urodzenia z XIX wieku i imiona takie jak Parthenia i Pankie. Cztery nagrobki bezimienne, pozbawione napisów – może to groby osób nieznanych albo zapomnianych.

Owe trzy domy, wychodzące na zaorane pola małe, parterowe drewniane budynki o białych ścianach, stoją pod wysokimi pekanami przy gruntowej drodze, która wzdłuż pełnego kijanek rowu zwanego strumieniem Little Piney prowadzi do wąskiej szosy stanowej. Jeden z tych domów należał do Ociego Trice'a, skorego do droczenia się siedemdziesięcioczteroletniego mężczyzny, który w młodości odszedł z Garrett Grove tą gruntową drogą, po czym przez pięćdziesiąt jeden lat mieszkał w Chicago. Wrócił w 2000 roku, kiedy wspólnie z bratem odziedziczył sto hektarów włości rodzinnych. Część tego areału bracia dzierżawili Rogerowi Smithowi. Starszy brat Ociego nosi imiona Eoies Oree. Ocie ze śmiechem przyznał, że nie wie, dlaczego mają takie dziwne imiona. Przypuszczał, że być może zaczerpnięto je z Biblii, ale nawet w najgrubszych konkordancjach biblijnych ich nie znalazłem. Ocie droczył się z Rogerem – tymczasem bezżennym – sugerując, że taki fajtłapa jak on na pewno wpadnie w sidła jakiejś zołzy.

– Na początku będzie do rany przyłóż, ale później pokaże charakterek – stwierdził Ocie.

Przysiadł pod drzewem za domem i odpoczywał po majstrowaniu w zardzewiałym silniku swojego wozu. Jako właściciel niedużego domu i odziedziczonych hektarów, ale bez szczególnie wysokiej pozycji społecznej, wydał mi się tego rodzaju bogatym chłopem, jakiego w Rosji określano mianem kułaka, które pierwotnie oznacza pięść.

– Nie mam czasu na żeniaczkę – rzekł Roger. – Nie mam nawet dziewczyny.

– Nie bój nic, jakaś zołza sama cię znajdzie – powiedział Ocie i znowu się roześmiał.

Roger zawiózł mnie swoją półciężarówką na pole, gdzie uprawiał *milo*. Gospodarzyć zaczął w wieku dziewiętnastu lat, ucząc się i pracując w ramach organizacji Future Farmers of America. Uczęszczał również do dwuletniej szkoły w pobliskim Forrest City. Uprawiał w sumie dwieście osiemdziesiąt hektarów dzierżawionych gruntów. Pomagał mu wuj Larry Terry, starszy mężczyzna o zmierzwionej brodzie, pozbawiony wielu zębów, ale zadziwiający rozeznaniem w kwestiach rolniczych i filozoficznym podejściem do innych spraw. Larry pojechał z nami półciężarówką.

Roger i Larry orali, siali, sadzili, opryskiwali uprawy środkami chwastobójczymi, rozsypywali nawóz na polach sorgo i *milo*. *Milo* ma właściwości podobne do kukurydzy i służy jako pasza dla krów, kur i świń.

– Można je mleć na mąkę – tłumaczył Roger.

Roger był dumny z parku maszynowego, który udało mu się skompletować i który obejmował traktor, kombajn i maszynę do formowania grobli na polach ryżowych – kanciaste, wysokie pojazdy na wielkich kołach, imponujące i bardzo drogie, kupione za pożyczone pieniądze.

– W tym roku wziąłem dwieście tysięcy kredytu. Przydałoby się więcej. Tak naprawdę potrzebowałem dwieście czterdzieści tysięcy.

– Dostał pan ten kredyt w banku?

– Nie, wyżebrałem w Farm Service Agency [Agencja Obsługi Gospodarstw Rolnych].

– Ile wynosi zysk?

– Zależy od pogody, ale nie pamiętam dobrego roku – odparł. – Pierwszy rok mojego gospodarowania był okropnie upalny. W zeszłym roku po żniwach i spłaceniu rat zostało mi dwadzieścia osiem tysięcy. Ale cały zysk inwestuję znowu w gospodarstwo. Muszę zapłacić ludziom. Muszę wynająć tira, żeby zawiózł plony do Heleny.

– Czemu do Heleny?

– Bo tam jest rzeka. Plony trzeba dowieźć nad rzekę i załadować na barkę.

Chciałem zobaczyć pola ryżowe Rogera. Nieraz podziwiałem uprawy ryżu, bujnie pleniące się na niezwykłych tarasach i w sadzawkach w Ugandzie, Malezji, Indiach, Chinach i na Filipinach. Osobliwe kontury pól ryżowych sprawiają przyjemność estetyczną, a sadzący ryż hodowca, który w szerokim plecionym kapeluszu na głowie brodzi po golenie w wodzie i wtyka siewki w błoto, żeby się ukorzeniły, stał się symbolem rolniczego trudu. Na wpół dojrzały ryż jest chyba najpiękniejszą ze wszystkich upraw, łanami świetlistych, soczystych traw na wodnych połaciach. W porze żniw brązowieje, a źdźbła chylą się wdzięcznie pod ciężarem kłosków pełnych ziaren.

Pojechaliśmy typową dla Delty, prostą jak strzelił drogą pomiędzy polami. Po kilku kilometrach Roger skręcił na pobocze i podjechał na wyboisty wał na skraju pola ryżowego. Ujrzałem piękny rysunek wysokich na trzydzieści centymetrów grobli, z których żadna nie biegła po linii prostej, a które okalały osobliwie ukształtowane poletka usłane podrośniętymi siewkami ryżu.

– To ryż Roy J – powiedział Roger. Nowa wysokoplenna odmiana, wyhodowana kilka lat wcześniej na Uniwersytecie Arkansas. Silna roślina, tłumaczył Roger, „sprężystość źdźbła" ma znaczenie, gdy przychodzi mocny wiatr.

– Tyle grobli – zauważyłem. – Pewnie ich zrobienie wymaga mnóstwa pracy.

– Och, mam odpowiednią maszynę – rzekł Roger. – Kiedy uformujemy groble i spadnie trochę deszczu, za pomocą siewnika rzędowego załatwiamy na raz pas o szerokości sześciu metrów.

No tak, siewnik zamiast palców rolnika brodzącego w błocie.

– Ryż też wozicie nad rzekę?

– Tak, spławiają go do portów. Na eksport.

– Opłaca się?

– Jeżeli wszystko pójdzie dobrze. Jeżeli zbierzemy trzysta siedemdziesiąt pięć buszli z hektara. To od tysiąca ośmiuset do dwóch tysięcy dwustu dolarów. Nieźle.

Dwadzieścia jeden hektarów, na których uprawiał ryż, nie przynosiło więc kroci, a od tej sumy trzeba odliczyć koszty materiału siewnego, nawozów, pracy i transportu plonów, a także koszty spłaty kredytów. Roger wspomniał, że w ubiegłym roku całe gospodarstwo przyniosło mu zysk w wysokości dwudziestu ośmiu tysięcy. Pracował dzień w dzień. Musiał zajmować się nie tylko samym gospodarstwem – bardzo małym jak na standardy obowiązujące w Delcie, gdzie normą są wielkie gospodarstwa korporacyjne, i nadal wymagającym inwestycji – lecz również stroną biznesową, a więc sprzedażą plonów i negocjacjami z Ociem Trice'em. Musiał konserwować i naprawiać maszyny, a wszystkie je kupił z drugiej ręki. Do tego czynnik pogody, w Arkansas kapryśnej i nieraz niszczycielskiej.

Gdyśmy wracali półciężarówką do Garrett Grove, siedząc obok siebie, Larry Terry w środku, rzekłem:

– Wielu uznałoby, że nie warto tyle harować, żeby zarobić dwadzieścia osiem tysięcy.

– Warto – odparł Roger, stanowczo, z przekonaniem. – Jak spłacę kredyty, wyjdę na swoje. Za cztery, może pięć lat. Wszedłem w to za głęboko, żeby się wycofać.

W milczeniu jechaliśmy przez Moro, które jak już wspomniałem, jest znane z tego, że zamieszkują w nim wyłącznie biali. Mijaliśmy skrzyżowania, kościół, szkołę, składy i wiaty, maszyny rolnicze ustawione w równych rzędach, małe porządne parterowe domy.

– Moro – odezwałem się, odczytując znak przy drodze.

– Na niektóre rzeczy nic nie poradzisz – powiedział Larry, nie spojrzawszy ani w lewo, ani w prawo.

„Trzeba mieć grubą skórę"

Siedziałem u Andrego Peera, w odnowionym parterowym domu w stylu ranczerskim, niedużym, ale zadbanym, godnym lokalnego adwokata lub agenta ubezpieczeniowego, stojącym na końcu wiejskiej dróżki w miasteczku Lexa w Delcie, liczącym niespełna trzystu mieszkańców, w tym około stu czarnych. Andre wskazał pole za oknem i powiedział:

– To cała historia.

– Chętnie ją poznam.

Andre miał sąsiada, białego, który nie okazywał mu cienia życzliwości i który założył ogród warzywny na polu przylegającym do włości Andrego. Owo pole nie należało do sąsiada, a co więcej – jego ogród warzywny zachodził na grunty Andrego. Andrego złościło to, że sąsiad gospodarował na cudzej ziemi, że nie tylko bez pytania o pozwolenie, lecz w ogóle bez słowa wkroczył na jego teren i że nawet nie zaproponował części warzyw jako rekompensaty. W tej sytuacji Andre pojechał do właściciela pola, które prawem kaduka zajął sąsiad, i złożył ofertę kupna. Właściciel, który mieszkał w innym stanie, zgodził się sprzedać pole za proponowaną cenę. W stosownym czasie Andre zadzwonił do sąsiada i oznajmił, że kupił pole oddzielające ich grunty i że sąsiad musi zaprzestać uprawy tej ziemi.

Sąsiad stał się nagle bardzo uprzejmy i obiecał Andremu worek warzyw ze swojego ogrodu.

– Nie chcę pana warzyw – rzekł Andre. – Chcę, żeby przestał pan uprawiać je na mojej ziemi.

Opowieść Andrego wydała mi się pouczającą anegdotką na temat władzy i ziemi, stosunków sąsiedzkich na wsi, historią w istocie czechowowską.

Andre miał dopiero czterdzieści dwa lata, ale ze względu na doświadczenie, dojrzałość i zdolność do oceny ryzyka sprawiał wrażenie osoby o wiele starszej. Gospodarzył na areale tysiąca hektarów, którego większość dzierżawił, ale ambitnie poszerzał zasób swojej ziemi. Podziwiałem jego etykę pracy, szczerość, odwagę i wytrwałość, dzięki której nic nie było w stanie zniechęcić go do rolnictwa – ani banki, ani bezduszna i samowolna administracja Departamentu Rolnictwa, ani biali farmerzy, z których wielu, jak dawał do zrozumienia, nie życzyło mu dobrze.

Wyszliśmy z domu i pojechaliśmy wzdłuż należącego do Andrego pola, na którym w idealnie równych, symetrycznych rzędach rosła kukurydza, a dalej wzdłuż pola pszenicy. Andre pękał z dumy ze swojej pracy i to też robiło na mnie wielkie wrażenie.

– Ludzie się zniechęcają – opowiadał. – Mnóstwo czarnych farmerów ucieka na Północ, byle dalej od tych pól. Nie chcą mieć nic wspólnego z rolnictwem. Ale praca na roli to dobre życie. Chociaż wielu tylko czeka, aż człowiekowi się noga powinie. Mówią, że człowiek wszystko robi źle i tak dalej – zamilkł na chwilę. Westchnął i dodał: – Trzeba mieć grubą skórę.

– Wydaje mi się, że pan ma grubą skórę, Andre – powiedziałem. – Myślę, że ja bym się zniechęcił. Ma pan przeciwko sobie wielkie gospodarstwa korporacyjne, które chcą przejąć pana grunty.

– Nigdy im się to nie uda – rzekł twardo. – Ale przypomniało mi się coś zabawnego. Jak żona była w Jonesboro, jakaś kobieta zapytała ją, czym się zajmuje mąż. Kiedy April odpowiedziała, że prowadzę farmę, tamta zapytała, czy jestem biały. April zaprzeczyła, na co tamta kobieta rzekła zdumiona, że jeszcze nigdy nie słyszała, żeby czarny utrzymywał się z pracy na roli – zakończył Andre i posłał mi ironiczne spojrzenie. – Tak było!

Tak, Jonesboro, duże, zasadniczo białe miasto uniwersyteckie na północnym wschodzie stanu, różni się bardzo od małych rolniczych społeczności na Południu, w Delcie. Tamta kobieta, biała, spędziła całe życie w Jonesboro. Z jej punktu widzenia czarny farmer wydawał się postacią nieprawdopodobną.

– Bardzo wielu takich ludzi myśli, że nie mamy pojęcia, jak to się robi – powiedział Andre. – Ale wie pan – zawiesił głos, spojrzał na mnie wymownie, skinął głową i dokończył – umiem czytać!

„Jak człowiek myśli, że czarna farma to nie to, co biała, to już leży"

Ernest Cox, mężczyzna sześćdziesięciodziewięcioletni, przysiadł na osi traktora pod wiatą w gospodarstwie rodzinnym w Marvell i nieśpiesznie opowiadał. Przywiózł mnie tam Andre, ponieważ farma Ernesta leży z dala od miasta i trudno do niej trafić. Siedliśmy wszyscy w chłodnym cieniu pod wysokim dachem wiaty. Niespełna dwa kilometry stamtąd, na rozstaju dróg w Turkey Scratch, wychował się perkusista, piosenkarz i ikona muzyki country Levon Helm, który być może właśnie dlatego z takim uczuciem śpiewał: „O, stary biedny rolniku, który straciłeś cały plon".

– Wywodzimy się z Parkin – opowiadał Ernest.

Dorastał opodal tego miasteczka w hrabstwie Cross, leżącego o godzinę z hakiem jazdy na północ od Marvell, bliżej Memphis niż Little Rock i już poza obszarem Delty. W 1950 roku jego ojciec Earmer senior nagle zarządził przeprowadzkę do Marvell w Delcie.

– Przenieśliśmy się dlatego, że w Parkin mieszkaliśmy na plantacji – wspomniał Ernest. Parkin to małe miasteczko nad Saint Francis River, parę uliczek na krzyż, w tamtych czasach prawie wyłącznie białe, otoczone przez pola uprawne. – Właściciel nazywał się Hauser. No i zdarzyło się coś, co przesądziło sprawę. Mój brat Herschel i jeden sąsiad pilnowali krów, a one weszły w szkodę. Hauser obił chłopaków. Właściwie to nie bardzo stłukł Herschela, ale ojciec wszystko widział i powiedział: „Pora się zbierać". Przenieśliśmy się tutaj, do Marvell. Ojciec wydzierżawił kawał ziemi, kupił kilka mułów i obrabiał trzydzieści pięć hektarów.

Trzydzieści pięć hektarów, małe gospodarstwo rodzinne, w którym orano mułami i używano wozu ciągnionego przez muły. Działo się to w latach pięćdziesiątych, ale gospodarzono tak samo jak sto czy dwieście lat wcześniej. Również pod względem społecznym trwała epoka archaiczna. Jakikolwiek zatarg rasowy, zwłaszcza w białym miasteczku, mógł mieć fatalne konsekwencje. Dumny i przewidujący Earmer senior miał w Parkin złe przeczucia i posłuchał głosu intuicji.

– Uprawiało się wtedy bawełnę – wspominał Ernest. – Dzieci gracowały pola – powiedział i wyjaśnił, że polegało to na pieleniu zagonów za pomocą motyki. – A potem ręcznie zbierało się bawełnę. Ciężka to była praca. Pierwszy raz gracowałem bawełnę, jak miałem dziewięć lat. Przez cały dzień pieliłem pole sąsiada. On też był czarny. Jak skończyłem, powiedział: „Dobrze się spisałeś. Przyjdź jutro, to ci zapłacę". Cwaniak!

Ernest rósł, gospodarstwo się rozwijało, bracia kolejno stawiali domy na rodzinnych włościach i wspólnie gospodarzyli. Później dołączyli ich synowie i powstała klasyczna wielopokoleniowa farma rodzinna. Mieszkali blisko siebie w parterowych domach z cegły, budowali wysokie wiaty, pod którymi stały warte milion dolarów maszyny, zielonożółte traktory i wielkie kombajny. Dwadzieścia lat temu zaprzestali uprawy bawełny i podobnie jak inni skupili się na sorgo, *milo* i ryżu.

– Myślę, że rolnicy nie powinni już namawiać synów do wyjazdu – powiedział Ernest. – Nic dziwnego, że nasi rodzice mówili nam, żebyśmy uciekali. Wtedy było strasznie ciężko.

Spostrzegłszy nas, starszy brat Ernesta Earmer junior zaszedł pod wiatę, gdy Ernest to mówił. Przywitał się i przysiadł. Nosił wyświechtany kapelusz o szerokim rondzie i wypłowiałe drelichy. Miał siedemdziesiąt kilka lat, ale wydawał się wyniszczony harówką. Ręce miał sękate i pokrzywione artretyzmem. Usiadł na stołku, westchnął i rzekł:

– Oj, tak – potwierdzając opinię młodszego brata.

– Dzisiaj nie ma już zwykłej przemocy – ciągnął Ernest. – Ale jest nacisk psychiczny i finansowy.

Earmer junior skinął głową i spojrzał na swoje buty, znoszone i zakurzone, jakby cierpiące tak samo jak jego ręce, gdy się pochylił, żeby poprawić sznurowadło.

– Są i korzyści – mówił Ernest. – Da się zarobić na dostatnie życie. To ważne i warte zachodu. Chociaż ciągle musimy dowodzić swojej wartości. Dawniej było jeszcze trudniej o kredyt. W latach siedemdziesiątych inspektorzy kredytowi w Farm Service Agency mówili: „Nie dam ci kredytu. Żaden z was nie przetrwa roku".

– I co odpowiadaliście? – zapytałem.

– Nie poddawaliśmy się – odparł Ernest.

– Jeden facet powiedział mi: „Czarni nie nadają się do poważnego rolnictwa" – odezwał się grobowym głosem Earmer junior.

– W latach siedemdziesiątych?

– Nie, w zeszłym roku.

– Durny jak worek kamieni – prychnął Andre, odymając policzki z irytacji. – Czarny rolnik musi pokonać większy opór niż inni. O tym się nie pisze, ale tak jest. Czujemy ten opór.

Słońce wisiało już nisko, lekki wiatr mierzwił korony dębów ocieniających domy. Obeszliśmy stodoły i wiaty, pod którymi stały maszyny, a potem pojechałem z Ernestem półciężarówką obejrzeć jego pola.

– Wielu białych nam pomogło – powiedział Ernest. – Ale jak człowiek myśli, że czarna farma to nie to, co biała, to już leży.

Podżegacz w Cypress Corner

Któregoś z tych dni w Delcie jechałem znów z Rogerem Smithem i Larrym Terrym i przystanęliśmy na lunch w Cypress Corner Bar-B-Q przy drodze numer 1 opodal Marianny. To jadłodajnia popularna wśród farmerów, działająca w budynku dawnego sklepu stojącym na rozstaju dróg pośród zaoranych pól, bez innych zabudowań w zasięgu wzroku. Obok tabliczki ze srogim zakazem używania telefonów komórkowych przy okienku składania zamówień wisiało menu, w którym proponowano wieprzowinę i wołowinę z rusztu, suma, hamburgery i nieodzowne dodatki w postaci frytek, fasoli, sałaty oraz ciastek kukurydzianych.

Uchylne drzwi z siatką przeciwko owadom głośno chlasnęły, zamykając się za mną pociągnięte mocną sprężyną i gdy znalazłem się w sali pełnej białych farmerów, odniosłem wrażenie, jak gdybym wtargnął do męskiego klubu, gdzie liczne grono muskularnych i tak samo myślących facetów, którzy spędzają wiele czasu na świeżym powietrzu, odbywa właśnie jakąś naradę. Przycichli, gdy Roger, Larry i ja – całkiem farmerscy z wyglądu w naszych starych ubraniach – zajęliśmy jedyny wolny stolik na środku sali. Nikt nas nie przywitał, nie pozdrowił, ale też nie okazał wrogości. Pojawiło się coś innego: bezgłośna wibracja, odwrócone twarze, dziwne spojrzenia, z których jedno posłał facet w czapce z logo firmy sprzedającej paszę i z żuchwą jak szuflada. Rzucający się w oczy przy środkowym stole, byliśmy ostentacyjnie ignorowani w sali, w której poza tym panowała aura kumplostwa.

Los obcego, pomyślałem. W Little Rock na spotkaniu autorskim Johna Lewisa w pełnym zasłuchanych czarnych audytorium Mosaic Templars Cultural Center próbowałem pogadać z modnie ubraną świtą Lewisa i z miejscowymi luminarzami, ale zostałem odtrącony, co mi się przedtem nie przytrafiło na Głębokim Południu. W tej jadłodajni przyszło mi na myśl, że ci ludzie najwyraźniej uważają mnie za białą niedojdę.

Tam w Cypress Corner znowu byłem obcy, chociaż w innym kontekście, może i nie całkiem zdeklasowany, niemniej pojadający prażone mięso w towarzystwie dwóch czarnych farmerów w sali, gdzie wokół posilało się ze trzydziestu białych. I dotarło do mnie, że ta bezgłośna wibracja znaczy, iż uważają, że jestem obcym najgorszego rodzaju, bodaj Jankesem, może wywrotowcem, a na pewno podżegaczem.

Żniwa

Stojąc na skraju pola łanów dojrzałego średnioziarnistego ryżu, Andre Peer wyraził zadowolenie z urodzaju.

– To ryż Jupiter, eksportujemy go do krajów, gdzie lubią średnie ziarno, do Chin czy Japonii.

Zerwał źdźbło uwieńczone ciężkimi kłoskami i uczynił nim w powietrzu gest, jak gdyby błogosławił ziemi. Spodziewał się zebrać trzydzieści tysięcy buszli, po jakieś sześć i pół dolara za buszel, żniwa potrwają kilka dni, a użyje tego samego kombajnu, którym zbiera soję.

– Cena wzrosła z powodu powodzi, które w tym roku nawiedziły Kalifornię – powiedział. – Nie mogli posiać ryżu. Ale ma to niewielkie znaczenie dla małych producentów, takich jak ja. Mój sąsiad ma przeszło tysiąc czterysta hektarów ryżu. – Zerwał jeszcze jedno źdźbło i podał mnie. – Ja nie odziedziczyłem ziemi tak jak on. To jego czterdzieste trzecie żniwa.

Doktor Calvin King i inni mówili mi, że bardzo wielu Afroamerykanów ma ziemię, ale jej nie uprawia, że nawet wielcy posiadacze ziemscy zaopatrują się w bankach żywności i że wielu sprzedało ojcowiznę. Wspomniałem o tym Andremu.

– To prawda, że mnóstwo Afroamerykanów nie chce uprawiać swojej ziemi – przyznał. – Inaczej mówiąc, są leniami.

– Mogę pana zacytować?

Wzniósł ręce i zawołał:

– Śmiało! Tak, nie chcą więcej babrać się w ziemi. Ale kto lubi wstawać o czwartej i tyrać do nocy?

Wyzwania związane z pracą na roli jawiły mi się jako zastraszające. Andre spłacał w sumie pół miliona kredytów. Koszty sprzętu i pracy były ogromne. Na używany kombajn wydał dwieście siedemdziesiąt tysięcy. Musiał kupować materiał siewny, uiszczać czynsz dzierżawny, spłacał dwa wielkie silosy, które kosztowały go dwieście dwanaście tysięcy, o czym wspomniawszy, uczynił jeszcze jeden przytyk pod adresem banków.

– Nie chcą, żeby czarni mieli takie rzeczy – powiedział – bo to daje niezależność.

W każdym z silosów mieściło się trzydzieści dwa tysiące buszli, a jeden był niemal wypełniony złotą kukurydzą o wartości stu dwudziestu ośmiu tysięcy. Wszystkie te detale przyprawiały mnie o zawrót głowy i sprawiały, że doskonale rozumiałem ludzi niesklonnych do mierzenia się z trudnościami komercyjnego rolnictwa.

– To jak pieniądze na koncie – powiedział Andre, gdy stojąc na schodkach u szczytu silosu, patrzyliśmy na wypełniające go niemal po brzeg złote ziarenka. – Kiedy potrzebuję gotówki, mogę sprzedać część tego zapasu.

Andre podkreślał jednak, że jest małym producentem. Liczył, że za rok pracy dzień w dzień, walki o kredyty, zamartwiania się złą pogodą, siania, opryskiwania, nawożenia, znajdowania robotników i utrzymywania maszyn w dobrym stanie osiągnie zysk w wysokości stu tysięcy dolarów.

– Może więcej, zależnie od cen.

Roger Smith również zebrał obfite plony, tak samo bracia Cox. Natomiast Rickey Bone miał złe wiadomości. Chociaż gospodarował zaledwie pięćdziesiąt kilometrów dalej na północ, ulewne deszcze podtopiły pola i – z wyjątkiem dyń – nie udało się nic.

Lunch pod pekanem

Samuel Ross, którego poprzednio widziałem przy stole w Fargo, właśnie schodził z kombajnu Andrego, kiedy się zbliżyłem, przemierzywszy w ten bardzo upalny dzień w Delcie ściernisko po świeżo skoszonej soi, usłane mierzwą podobną do zwykłej słomy. Znajdowaliśmy się na płaskich suchych terenach w okolicy Marianny.

– To moje pole, dzierżawię je Andremu – powiedział Samuel Ross ze śmiechem. – Jak mu skoszę tę soję i załaduję ją na ciężarówkę, będę pewny, że mi zapłaci czynsz!

Żartował, uczestniczył w żniwach nie dlatego, że martwił się o czynsz, lecz dlatego, że chciał pomóc Andremu w gorączkowym czasie zbiorów. Ciężarówka, z naczepą podobną do cysterny, została prawie napełniona tysiącem buszli soi, jakie zebrali od rana. Wart dziesięć tysięcy plon pojedzie później do Heleny, gdzie zostanie zważony i załadowany na barkę.

Jeszcze dwóch mężczyzn, Vaughn i Roy, maszerowało przez pole ku opuszczonej chacie w cieniu pekanu i przylegającemu do niej ogrodowi. Brązowawe orzechy wielkości kciuka leżały na ziemi. Ogród wypełniały podwieszone na kołkach krzewy pomidorów i fasolki szparagowej, a na jednym jego skraju kłębiła się plątanina żółknących pnączy arbuza, którego dojrzałe owoce leżały w wysokiej trawie. Młody mężczyzna, którego imienia nie dosłyszałem, przyciskał do piersi wielki arbuz. Położył go na klapie paki półciężarówki Andrego i pociął wielkim nożem, częstując wszystkich nas.

Żeby okazać wdzięczność tej życzliwej kompanii, właśnie przywiozłem z Marianny lunch, dwa kubełki smażonego kurczaka, tłuczone ziemniaki i sos. W środku dnia temperatura wynosiła jakieś trzydzieści pięć stopni i zebraliśmy się w cieniu pekanu. Żniwiarze wstali jeszcze przed świtem i to był ich pierwszy posiłek tamtego dnia. Koszule mieli mokre od potu, buty uwalane ziemią. Samuel Ross, którego inni przez szacunek dla starszych nazywali panem Rossem, miał na głowie słomkowy kapelusz, na którym też dostrzegłem plamy potu.

Przez chwilę jedliśmy w milczeniu, po czym zapytałem Vaughna, skąd pochodzi.

– Stąd, z tej okolicy, nic ciekawego – odparł, trzymając kawałek kurczaka w ręku. – Niech pan spyta pana Rossa, on ma co opowiadać.

– Panie Ross?

– Urodziłem się w Indianoli w Missisipi – odparł pan Ross. – W 1946. Ojciec był połownikiem u białego, uprawiał bawełnę, jakieś pięć hektarów. Małe gospodarstwo.

– Jak wam się żyło?

– Połownicy zawsze mają długi – rzekł. – Siejesz pan, pracujesz i cały czas bierzesz na zeszyt w sklepie. W końcu pan zbierasz i okazuje się, że nie zebrałeś dosyć, żeby opłacić zeszyt i czynsz właścicielowi ziemi. Więc przenoszą panu dług na następny sezon i jesteś pan winien coraz więcej. Zawsze jesteś pan winien. I tak to idzie, nigdy nie jesteś pan w stanie spłacić długów.

Pan Ross opisał sytuację, którą nazywamy peonażem, niewolą za długi, sytuację połownika uwiązanego do właściciela ziemi z powodu niespłaconego i niemożliwego do spłacenia długu.

– Było nas piątka dzieci, matka i ojciec – opowiadał. – Wszyscy pracowaliśmy. Zbieraliśmy ręcznie, gracowaliśmy. Już jako szkrab robiłem w polu.

Nadal się posilał, nieśpiesznie, ocierając pot z czoła w koronkowym cieniu pekanu.

– I co się stało?

– Przenieśliśmy się do Marianny, a właściwe do Aubrey, które jest blisko, gdzie moja matka miała ciotunię – rzekł, przeżuwając wolno.

– Rozumiem – powiedziałem, chociaż nagła przeprowadzka do maleńkiej mieściny po drugiej stronie rzeki wydawała się cokolwiek dziwna.

– To cała historia – rzekł pan Ross. – Było niebezpiecznie.

– Dlaczego?

Wrzucił ogryzioną kostkę kurczaka do worka na śmieci i chusteczką obtarł usta. Wziął napój gazowany i podjął:

– Bo wyjeżdżaliśmy w nocy. Bo winni byliśmy pieniądze. Siedmioro nas w samochodzie. Musieliśmy bardzo uważać. Byliśmy połownikami bez żadnych praw. Jakby nas złapali, nie wiem, co by się stało.

– Musieliście uciekać?

– Właśnie. W nocy. Siedmioro nas w samochodzie. Może o drugiej w nocy tata nas obudził. Nie wiedzieliśmy, że planował ucieczkę. Musieliśmy wyjść tak szybko, że wszystko zostało: dzbanki i rondle, krzesła, ubrania, wszystko. Wzięliśmy tylko to, co mieliśmy na sobie.

– To dramatyczne i przerażające.

– Bardzo przerażające – rzekł pan Ross. – W ciemności wsiedliśmy do samochodu, chevroleta. Działo się to w 1953 roku. Ojciec bał się, że go złapią i zawloką z powrotem. Pojechaliśmy nad Missisipi i czekaliśmy na prom do Heleny.

Spojrzawszy później na mapę, żeby wyobrazić sobie trasę tej ryzykownej i desperackiej ucieczki, przekonałem się, że przejechali kawał drogi, przemykając zapewne bocznymi dróżkami, najpierw do Drew lub Cleveland, potem do Clarksdale, czyli ze sto kilometrów po ciemku starym gratem, a potem jeszcze około pięćdziesięciu do przystani promu, w sumie sto pięćdziesiąt kilometrów w strachu, że dopadnie ich i ukarze rozwścieczony właściciel plantacji. Rodzinne hrabstwo, z którego uciekali, sąsiaduje z hrabstwem Leflore, gdzie w rok później zlinczowano Emmetta Tilla za bezczelne – „butne" – zachowanie wobec białej kobiety.

– Wtedy nie było mostów, tylko prom – opowiadał pan Ross. – Miałem sześć czy siedem lat, ale wszystko pamiętam. Przeprawę do Heleny, jazdę do Aubrey, gdzie przyjęła nas ciotunia. I wszystko się zmieniło. Nadal uprawialiśmy bawełnę na gruntach dzierżawnych, ale zarabialiśmy, bo ziemia należała do czarnego. Nazywał się Robert McCoy. Miał stuprocentowo inne podejście niż ten biały w Missisipi. Hodowaliśmy sorgo, bawełnę i swoje świnie. Jak miałem trzynaście lat, jeździłem traktorem. W pięćdziesiątym ósmym, dziewiątym. Dostawałem pięć dolarów dziennie.

– Skończyły się długi – powiedziałem.

– Odtąd już nigdy nie mieliśmy długów.

Za oszczędności ojciec pana Rossa kupił trochę ziemi, a później pan Ross powiększał areał. Miał wystarczająco dużo ziemi, żeby dzierżawić część Andremu i w porze żniw pomagać przy zbiorach.

Nadal na stojąco posilaliśmy się w cieniu pekanu. Wkrótce Vaughn i Roy wrócili do załadunku soi, tak że pod drzewem zostałem w towarzystwie Andrego i pana Rossa.

– Pan Ross ma wiele historii do opowiedzenia – rzekł Andre.

– Ta, którą opowiedział, była bardzo dobra – odparłem. – Mam pewne pytanie, osobiste.

– Niech pan pyta, śmiało – rzekł Andre.

– Chciałbym wiedzieć, czy ktokolwiek użył wobec pana słowa na „n" (*nigger* – czarnuch).

– Nikt nigdy tak do mnie nie powiedział – odparł Andre. – Nigdy nie zetknąłem się z tym słowem.

– Jestem nieco zaskoczony.

– Wie pan, to słowo nie oznacza czarnego – powiedział Andre. – Jest obelgą. Niech pan sprawdzi w słowniku.

– Sprawdzałem – rzekłem. – Ono oznacza czarnego.

– Ale jest też obelgą – powiedział, sprzątając kości kurczaka, puszki po napojach i skórki arbuza, a wszystko to wrzucał do worka na śmieci. – Przypomniało mi się coś zabawnego. Byliśmy w Mariannie w warsztacie, gdzie z tyłu garażu dwóch białych naprawiało silnik. Nie widzieli nas, ale my ich słyszeliśmy. Nagle jeden krzyknął: „Ale ty mnie wnerwiasz, cholerny czarnuchu!". Biały wydarł się tak na białego!

– I co powiedzieliście?

– Nic. Po prostu staliśmy po drugiej stronie garażu, tamci nas nie widzieli. Później facet, który ochrzanił drugiego, wyszedł zza rogu i nas zobaczył. „Przepraszam za tamto słowo – powiedział. – Nie widziałem, że tu jesteście".

– Nie czuliście się obrażeni?

Andre westchnął i wybałuszył na mnie oczy, jak to nieraz robił, kiedy dziwił się mojej tępocie.

– Przecież powiedział to do białego!

– Nikt nigdy nie użył wobec mnie tego słowa – powiedział pan Ross. – Może mówili tak o mnie gdzie indziej, za moimi plecami, ale nie słyszałem.

Przeciągnął się i ziewnął, zbierając się, żeby znowu wsiąść na kombajn i dokończyć koszenie soi. Zauważył, że piszę w kieszonkowym notatniku, utrwalając szczegóły anegdoty Andrego o rozmowie przy warsztacie.

– Niech pan spyta starszych – poradził pan Ross. – Pewnie powiedzą co innego.

Krążąc po Delcie w Arkansas, stale byłem w ruchu i rzadko spędzałem dwie noce z rzędu w jednym motelu. Pewnego popołudnia na parkingu przed motelem opodal Forrest City mężczyzna wyciągający walizkę z samochodu, ujrzawszy mnie, powiedział:

– Spodoba się tu panu.

Nie wiedząc, co odrzec, tylko się uśmiechnąłem.

– Czysto, nie to co gdzie indziej – powiedział mężczyzna, po czym nachyliwszy się ku mnie, dodał: – Żadnych Hindusów.

Nie wymieniwszy tego nazwiska, nawiązywał oczywiście do nieodzownego pana Patela.

Motel w istocie ładny, czysty, wysprzątany, ze zwyczajowym wliczonym w cenę śniadaniem złożonym z pomarańczowej oranżady w proszku marki Kool-Aid, cętkowanych brązowo bananów i styropianowej miseczki owocowych płatków marki Froot Loops. W recepcji pracowały starsze białe kobiety, sprzątały Latynoski.

Gdy przechodziłem przez hall, przywitał mnie uśmiechnięty Hindus, który przedstawił się jako właściciel i dyrektor.

– Może mi pan mówić Bee – powiedział. – Taką mam ksywkę.

– Od czego to Bee?

– Bert – odparł. – Bert Patel.

Usłyszawszy to, aż się uśmiechnąłem.

– Myślę, że pana prawdziwe imię jest bardziej egzotyczne.

Teraz on się uśmiechnął.

– Bhakti – powiedział.

Bee i Bert to najzupełniej zwyczajne imiona, natomiast *bhakti* w hindi oznacza pobożność.

Typowa historia. Urodzony w Ahmadabadzie w Gudźaracie dziesiątki lat temu, przyjechał na studia do Ameryki, zrobił dyplom inżyniera i został. Ożenił się z kobietą, którą wybrano mu jeszcze w Indiach, a potem tak jak tysiące innych Patelów, byłych studentów, świeżych imigrantów, został właścicielem motelu na Południu.

– Istotnym czynnikiem jest gorący klimat – powiedział, tłumacząc wybór regionu. W kontekście wyboru branży rzekł: – Hindusi nie mogą prowadzić restauracji, bo jesteśmy hinduistami i dania mięsne byłyby problemem.

– Problemem, czemu? – zapytałem, żeby się z nim podroczyć.

– Jak można prowadzić restaurację bez próbowania dań?

– Nie dla pana mięso.

– Nie dla mnie.

– Jak się żyje w Arkansas?

– Dobrze.

Następne pytanie sformułowałem delikatnie:

– A *hubshi*?

Hubshi (transkrybowane czasem jako *habshi*) w hindi oznacza czarnego. Słowo to ma ciekawą etymologię, bo pochodzi od arabskiego *Habashi*, które oznacza Etiopczyka czy Abisyńczyka. To forma stosunkowo grzeczna. Gudźaratczycy, których spotykałem w Afryce Wschodniej – Patelowie, Desaiowie i Shahowie – nazywali czasem Afrykanów *karia*, a ja byłem *dorio*. Bhakti Patel zrozumiał, kogo nazwałem *hubshi*.

– Znam *hubshi*. Mamy *hubshi* w Ahmadabadzie. Są muzułmanami.

– Ma pan na myśli Siddi?

Siddi to Afrohindusi, potomkowie przywiezionych do Indii niewolników afrykańskich. Nigdy się nie zasymilowali, ciągle wyglądają jak Afrykanie, zepchnięci na margines mieszkają w różnych regionach subkontynentu.

– Siddi i *hubshi* to jedno i to samo. Nie mam najmniejszych trudności z *hubshi* w Arkansas. Żyj i pozwalaj żyć – oznajmił pan Patel i się rozochocił. – Tym *hubshi* i innym, i panu, mój przyjacielu, mówię *vasudhaiva kutumbakam*!

Powtórzył te słowa, głośno, niczym okrzyk bojowy, czym wystraszył kilka innych osób w hallu, a starsze kobiety w recepcji skrzywiły się z niesmakiem. Słowa te to sanskrycka sentencja ze starożytnej upaniszady wisznuickiej *Maha*.

– Cały świat to jedna rodzina! – zawołał i chwyciwszy moją rękę, mocno ją potrząsnął.

– A więc żadnych problemów? Jest pan szczęśliwy?

Uśmiechnął się i wskazał widoczny przez frontowe drzwi, stojący po drugiej stronie szosy nowy motel, nieco większy niż jego.

– Tylko to – rzekł, a jego uśmiech zrobił się smutny.
– Do kogo należy?
– Do Patelów – odparł. – Tych z Little Rock, moich największych konkurentów.

Brygada skazańców

W 1936 roku Erskine Caldwell i Margaret Bourke-White, przejeżdżając swoim starym fordem przez Hood's Chapel w Georgii, natknęli się na brygadę kajdaniarzy – piętnastu czy dwudziestu czarnych mężczyzn w czarno-białych pasiakach więziennych, którzy skuci łańcuchami łączącymi kajdany na ich nogach, kopali rów, nadzorowani przez grubego białego strażnika w ogrodniczkach i ze strzelbą zarzuconą na ramię.

„Brygada wychodzi rano, brygada wraca w nocy – głosi podpis pod zdjęciem pracujących więźniów w *You Have Seen Their Faces*. – Między wymarszem a powrotem wyleje wiele potu".

Podpis pod zdjęciem ukazującym tych samych więźniów podczas odpoczynku pod drzewem głosi: „Nieważne, skąd jesteś ani dokąd zmierzasz, bo jak trafiłeś do brygady, zostaniesz z nią na długo".

Te słowa i przejmujące zdjęcia zapadły mi w pamięć, więc kiedy przejeżdżałem przez Mariannę w Delcie w Arkansas i zobaczyłem pięciu oczywistych więźniów w pomarańczowych uniformach, którzy zamiatali South Liberty Street i wyrywali chwasty przy krawężnikach, zaparkowałem na głównym placu – Court Square – po czym podszedłem do nich.

Pięciu czarnych skazańców pilnowała czarna policjantka o zastraszającej posturze i wadze, kobieta nazwiskiem Williams, jak przeczytałem na identyfikatorze. Chociaż miała pistolet, pałkę i pojemnik z gazem obezwładniającym w kaburze u pasa, wydawała się rozluźniona i niemal obojętnie patrzyła na pracujących mężczyzn. Brwi ufarbowała na złoto. W obcisłym mundurze, niebieskiej koszuli i czarnych spodniach, na rozstawionych nogach, ręce oparłszy na biodrach, wyglądała jak niebieska beczka kołysząca się na dwóch czarnych słupach.

– Jak się pani miewa?

– Dobrze – odparła. – A pan?

Mężczyźni pilnie pracowali, nie patrzyli na mnie, zamiatali i skrobali, a jeden wrzucał śmieci szuflą na taczkę.

– Jestem tutaj przejazdem – powiedziałem. – To więźniowie?

– Tak, więźniowie, ale też dobrzy pracownicy – odparła policjantka Williams. Pewnie po to, żebym nie wziął ich za strasznych kryminalistów, dodała: – Coś tam przeskrobali, ale nic wielkiego.

Pijaństwo, burdy, jakieś wykroczenia, może wandalizm, może wyciągnęli coś komuś z kieszeni. Ot, cokolwiek zdesperowani albo po prostu pechowi faceci.

– Trzyma ich pani w karbach?

– To kwestia szacunku – odparła i popatrzyła z góry na znacznie drobniejszych od niej więźniów.

W upalnej, tonącej w słonecznym blasku Mariannie brygada metodycznie szła naprzód, z Liberty Street na Court Street. Policjantka Williams i tak zwani drobni przestępcy w jaskrawopomarańczowych uniformach, suwający miotłami, nadal zdesperowani i pechowi, ale w porównaniu z udręczonymi kajdaniarzami w pasiakach, których opisał Caldwell, a na zdjęciach uwieczniła Bourke-White, sprawiali wrażenie niemal dandysów.

Mężna niewiasta z Palestine

Jedna z kobiet, które nie mogły spotkać się ze mną kilka tygodni wcześniej, hodowała zwierzęta na farmie położonej kilka kilometrów na północ od miasteczka Palestine w Delcie. Czterdziestodwuletnia Dolores Walker Robinson, samotna matka trzech synów, Maca, Malcolma i Franklina, w wieku dwudziestu dwóch, osiemnastu i dwunastu lat. Przez ponad dwadzieścia lat podróżowała z mężem, zawodowym żołnierzem, pracowała, wychowywała dzieci, a potem po nagłym rozwodzie wróciła tam, gdzie się urodziła i wychowała, żeby urządzić sobie i synom nowe życie. W myślach nazywałem ją mężną niewiastą.

– Nie chciałam, żeby chłopcy wychowywali się w mieście, gdzie życie jest straszne – opowiadała, gdyśmy spacerowali po pastwisku krów. Z mężem mieszkała bądź w miastach, bądź w koszarach na obrzeżu wielkich miast. – Czułam, że miasto mi ich zabierze, że zejdą na złe drogi przez problemy, przed którymi w mieście się nie ucieknie.

Mówiła cicho, zachowywała się powściągliwie, miała gładką twarz i coś azjatyckiego w wykroju oczu pod opadającymi powiekami, ale gdy się poruszała – niosąc wiadro, karmiąc zwierzęta albo otwierając bramę – emanowała siłą i zdecydowaniem. Wydawała się okazem zdrowia, a chociaż ubrała się do pracy w gospodarstwie, to starannie i z pewnym szykiem. Żółte buty, skórzane rękawiczki, na głowie czerwona chustka zawiązana w turban. Główną jej cechą zdawała się matczyność, wyrażająca się nie tylko w tym, co pani Robinson opowiadała mi o powodach powrotu do Palestine, lecz w całym jej podejściu do pracy w gospodarstwie i do zwierząt, które nazwałbym instynktownie karmicielskim.

Jej mały dom i połowa gruntów znajdowały się na wzgórzach, co przywiodło mi na myśl cytat z *Ulissesa*: „Ruchy, które powodują rewolucje w świecie, rodzą się ze snów i wizji skrytych w sercu wieśniaczym na zboczach wzgórz. Dla nich ziemia nie jest polem uprawnym, lecz żywą matką”*.

Za oszczędności, które zgromadziła przez lata pracy jako wykwalifikowana salowa, Dolores kupiła dziesięć hektarów zaniedbanej ziemi w okolicy Palestine. Dziurawa i waląca się tamtejsza chata nie nadawała się do zamieszkania. Z pomocą ochotników wraz z synami ogrodziła swoje grunty, postawiła mały dom i zaczęła hodować kozy. Minęło cztery lata. Dolores dowiedziała się o mającej siedzibę w Little Rock fundacji Heifer International, która stara się zwalczyć głód i ulżyć ubogim za pomocą prostego i bardzo skutecznego programu pod hasłem „Podaj dar dalej”. „Chodzi o to, żeby rodzina, która już ma inwentarz – czytamy w tekście wyjaśniającym sposób funkcjonowania tego programu – podzieliła się

* J. Joyce, *Ulisses*, przeł. M. Słomczyński, Kraków 1998, s. 150.

nabytymi umiejętnościami z inną rodziną, przekazując jej pierwsze pokolenie samic swojego inwentarza. W ten sposób rozszerza się pole oddziaływania pierwszego daru".

Dolores przystąpiła do tego programu i po odbyciu odpowiednich szkoleń dostała do odchowania dwie jałówki. Kiedy się spotkaliśmy, miała już dziesięć krów, przy czym trzymając się zasad przyjętych przez Heifer International, oddała kilka jałówek innym farmerom w potrzebie.

– Pragnęłam mieć coś swojego i trwałego – rzekła. Wychowała się na farmie w tamtej okolicy. – Pragnęłam nauczyć synów życia, jakie znam.

Prócz krów i kóz hodowała owce, gęsi, kaczki i kury. Zbierała jaja dla siebie i na handel, ale nie przeszkadzała ptakom wysiadywać młodych, które czasem też sprzedawała. Uprawiała kukurydzę dla krów. Ponieważ farma tymczasem nie przynosiła dochodu, Dolores przez sześć dni w tygodniu pracowała jako opiekunka i pielęgniarka w regionalnej agencji pomocy dla osób starszych (East Arkansas Area Agency on Aging). Dwaj młodsi synowie chodzili do szkoły średniej, najstarszy studiował na uczelni. Pieniędzy zawsze brakowało.

Wczesnym rankiem i po pracy w agencji wypełniała obowiązki gospodarskie, karmiła i poiła zwierzęta, naprawiała ogrodzenia, zbierała jaja. Niekiedy uczestniczyła w szkoleniach dla hodowców. Niedługo przed naszym spotkaniem była w Greenville w Missisipi.

– Nawiązałam masę kontaktów – powiedziała. – Wszyscy próbujemy stanąć na własnych nogach.

Spokojna, nieskarżąca się, a przy tym nieustępliwa Dolores Walker Robinson miała wszelkie przymioty, jakich wymaga sukces w rolnictwie, a więc: pracowitość, silną wolę, umiłowanie ziemi, podejście do zwierząt, brak obaw przed bankierami, wizję przyszłości, dar myślenia perspektywicznego i pragnienie samowystarczalności.

– Myślę o tym, co będzie za dziesięć lat – powiedziała, gdyśmy schodzili pochyłą ścieżką. – Zamierzam powiększyć stado i utrzymywać się z hodowli.

Nieważne, że tymczasem miała właściwie skrawek ziemi i raptem parę sztuk bydła. W jej towarzystwie sam czułem się podniesiony na duchu, pełen wiary, szczęśliwy. Podziwiałem jej męstwo.

Wielu południowców, których spotkałem, twierdziło – mówiąc to z posępną dumą, z żalem albo cytując Faulknera – że Południe się nie zmienia. Ale to nieprawda. Pod wieloma względami, zwłaszcza w miastach, Południe zmieniło się nie do poznania. Na wsi zmiany zachodzą wolno, ale są już oczywiste i nieodwracalne. Dolores Robinson to kobieta, która odrzuciła obcy sobie styl życia, wróciła z synami w rodzinne strony, żeby żyć w sposób, który uważa za sensowny. Na farmie jest silna i nieustraszona, potrafi zadbać o siebie i dzieci.

Nie ma potrzeby mówić, że głównym źródłem witalności Południa jest samoświadomość jego rdzennych mieszkańców. Jeżeli przybysz taki jak ja, a więc zainteresowany raczej rozmową niż pejzażem, czerpał z peregrynacji po głębokim Południu zarówno nadzieję, jak i naukę, to dzięki treści i duchowi rodzinnych opowieści – dzięki ludzkiemu bogactwu tej krainy.

Stary

Zataczając samotnie w me ostatnie dni w Delcie niewspółśrodkowe koła, podróżując od farmy do farmy, obserwując życie mieszkańców wsi, siłą rzeczy podążałem wzdłuż wielkiej rzeki. Ale nawet na wcześniejszych etapach mej podróży, kiedy krążyłem z dala od jej wód, wspominałem ją często jako symbol Południa i pocieszenie.

W niektóre dni w Delcie rzeka wydawała się jedynym ożywionym elementem martwego poza tym pejzażu, w którym nie drgnął nawet liść, nie poruszył się człowiek, krowy stały jak wycięte z papieru, a jastrzębie wisiały na niebie niczym czarne znaki interpunkcyjne na wielkiej stronicy. W upalne południe chłonąłem monumentalny bezruch wiejskiego Południa, pejzaż jak zrudziałe i wyblakłe od słońca arcydzieło malarstwa, stary portret samego siebie.

Rzeka jednak płynęła przez te pejzaże, sunąc nieustannie pomiędzy wałami, porośniętymi lasem niskimi brzegami, wzdłuż gardzieli starorzeczy i rozlewisk. Niezawodny ruch, jedyna stała w krainie ślamazarnych i niejasnych zmian, na niedocenianym Południu, pogodzonym z lekceważeniem i rozczarowaniem. Nic dziwnego, że tyle romantycznych wizji i nadziei mieszkańcy tych stron wiążą z mocarnym nurtem rzeki – nadal jest ona ważnym szlakiem handlowym. W żniwa farmerzy mówili mi, że wiozą plony nad rzekę, bo ona zabiera je w świat.

Missisipi – czyli Stary, jak ją nazywają w podaniach ludowych – jest głównym motywem i osią intrygi noweli Faulknera pod tym właśnie tytułem. Jeśli wierzyć Faulknerowi, nowelę tę pisał na zasadzie kontrapunktu równocześnie z *Dzikimi palmami*, które dały tytuł tomowi złożonemu z tych dwóch opowieści. Tak czy inaczej *Stary* to jedno z najlepszych dzieł Faulknera, dramatyczna opowieść o bezimiennym skazańcu, który dostaje zadanie ratowania ofiar wielkiej powodzi w 1927 roku. Kiedy przybywa do obozowiska nad rzeką, słyszy osobliwy, niecichnący dźwięk. Nigdy przedtem nie widział Missisipi i zachodził w głowę, cóż to za dziwny „głęboki szept".

> – Co to? – zapytał więzień. Murzyn siedzący w kucki przy najbliższym ognisku odpowiedział mu:
> – To on. Stary.
> – Stary? – powiedział więzień *.

Później, płynąc małą łodzią po rzece, więzień ratuje ciężarną kobietę, która schroniła się na drzewie. W dalszym ciągu opowieści obydwoje kolebią się w łódce po Missisipi, a więzień z nienawiścią obserwuje pejzaż, zżyma się w duchu na dziwną kobietę, tęskni do powrotu do więzienia, zapewne farmy więziennej Parchman. Jeden z aspektów prawdziwości Faulknerowskiego twierdzenia, że na Południu przeszłość nigdy nie umiera, a nawet nie jest przeszłością, polega na tym, że owo Parchman fikcyjnego

* W. Faulkner, *Dzikie palmy*, przeł. K. Wojciechowska, Warszawa 1987, s. 68.

więźnia nadal istnieje. Byłem wtedy w Helenie w Arkansas, całkiem niedaleko od więzienia znajdującego się na drugim brzegu, kawałek na południe od Clarksdale. Oficjalnie nazywa się Mississippi State Penitentiary, ale potocznie nadal mówią o nim Parchman – od plantacji, na której miejscu je utworzono. O Parchman opowiada wiele bluesowych piosenek, z których najbardziej znany jest bodaj utwór urodzonego w pobliskim Tippo Mose'a Allisona, kończący się słowami:

Well I'am gonna be here for the rest of my life,
And all I did was shoot my wife.

[O, już nie wyjdę, a nic nie zrobiłem,
Przecież tylko żonę zabiłem].

W trakcie poprzedniej podróży rozmyślałem w Natchez o Missisipi jako wspaniałej i niezmiennej metaforze zachowawczego Południa, o rzece, której wiry migoczą w słońcu, rzece w zasadzie niedragowanej, kapryśnej, to rozlewnej i leniwej, to wzbierającej i przerywającej wały, aby się wylać na okoliczne niziny i nawieźć je żyznym mułem. W miarę jak słabł ruch handlowy na rzece, upadały nadrzeczne biznesy, a wraz z nimi miasta i miasteczka. Ostatnim desperackim tchnieniem przedsiębiorczości w Natchez, Vicksburgu i gdzie indziej są pływające kasyna na statkach ozdobionych atrapami kominów i kół łopatkowych. Te niby-parowce mają taką samą dzielność morską jak nocnik, tkwią w mule, rozbrzmiewają jazgotem automatów do gry i są ucieleśnieniem Delty upadłej, której historię cwaniacy reanimują jako przebrzydły kicz równie efemeryczny jak grzywa brudnej piany na rzece.

Helena nadal jednak coś znaczy. W moje ostatnie dni w Delcie ustawicznie przekraczałem rzekę, jeżdżąc z Lexy, Marvell i znad Lick Creek przez most do Luli i nad Moon Lake, do miast i miasteczek wciśniętych w zakola i pomiędzy rozlewiska. Włóczyłem się przy starym dworcu w pustawej Helenie. W *Życiu na Missisipi* Mark Twain pisał: „Helena jest jedną z najpiękniej położonych miejscowości nad Missisipi, leży na ostatnim zgrupowaniu wzgórz, najbardziej wysuniętym ku południowi"*. Konająca główna ulica, Cherry Street, to architektoniczne cmentarzysko, warte ocalenia, podobnie jak wiele innych głównych ulic w miastach Południa. Widziałem wymyślnie zdobione witryny sklepów, starych pasmanterii, banków, markizy nad wejściem do dawnego kina, żeliwne kolumny strupieszałego hotelu Cleburne, wszystko z końca XIX i początków XX wieku, złotej ery Heleny. „Dawniej to było wspaniałe miasto" – to lament, który niczym refren wraca na Południu. Ale największe wrażenie robi rzeka, mętna od błota, mieszająca muł w wirach, pusta, wijąca się niczym gigantyczny brunatny wąż, który pełznie na południe od miasta przez dzikie rozlewiska, mokradła i łany trzcin.

Pejzaże, jakie na ogół oglądałem na wiejskim Południu, to płaskie równiny, wylesione i zniwelowane ziemie uprawne, pierzaste, jak gdyby zaśnieżone połacie bawełnianych pól, z rzadka niskie wzgórza i wyprażone rzadkie lasy, gdzie suche liście trzeszczą pod szponiastymi łapami paradujących dzikich indyków, łąki zasłonięte rzędami orzeszników i berberysowców rosnących na skraju kamienistych dróg, które nieraz zdawały się prowadzić prosto w XIX wiek. Wyczerpane wiejskie tereny, pomierzone, zawłaszczone, pogrodzone.

W tym bezkresie upalnego smutku ziemi, która wydaje się umęczona, poćwiartowana, zryta i zadeptana, rzeka objawia się jako ostoja piękna, ostatni szaniec dostojeństwa. Nic dziwnego, że południowi pisarze, pieśniarze i poeci ją opiewali. To główna arteria Południa, do której spływa większość mniejszych rzek i strumieni, przydając jej ciała i życia. Uśmiechnąłem się, wspomniawszy jej ludowe przezwisko.

Nieraz gdy rozmawiałem z kimś na Południu – a to z młodym rolnikiem, a to z piętnastoletnią matką, a to ze spoconym brzuchatym policjantem, a to z oburzonym miłośnikiem broni, a to z uśmiechniętym kaznodzieją, a to z próżnującym studentem, a to z nobliwą urzędniczką banku, a to z udręczoną społecznicą, a to z obrażonym obywatelem – odnosiłem wrażenie, iż mówię w obcym języku, albowiem rozmówca rozdziawiał

* M. Twain, *Życie na Missisipi*, przeł. Z. Siwicka, Warszawa 1967, s. 184.

gębę z niezrozumienia i patrzył na mnie zdziwiony. Początkowo sądziłem, że wynika to z mojego jankeskiego sposobu bycia, postawy grymaśnego wędrowca, dziwadła, które zadaje za dużo pytań, indywiduum, które trzeba ugłaskać czy obłaskawić.

Jednak nie o to chodziło. Z miesiąca na miesiąc coraz wyraźniej czułem, że z ich punktu widzenia jestem starym człowiekiem, który w gruncie rzeczy już nic nie znaczy, ale któremu trzeba ustępować i mimo wszystko okazywać szacunek. Stykając się z taką reakcją, mamrotałem po nosem i kręciłem głową, ponieważ wcale nie czułem się stary. Czułem się – i nadal się czuję – człowiekiem w kwiecie wieku. Ale nie wypada mówić tego głośno i strofować rozmówcy. Zresztą strofowanie to odruchowa reakcja zgryźliwych starych pryków. Człowiekowi cieszącemu się dobrym zdrowiem najtrudniej jest pogodzić się z upływem lat. Nie ma jednak powodu czuć się staro, jeżeli człowiek nie robi się niedołężny. Miałem dość sił, żeby prowadzić całe dnie, pokonywać setki kilometrów, podołać tej podróży, błądzić i odnajdywać drogę, czasem znosić upokorzenia, trudności i przeszkody fizyczne, a i dozę rezerwy lub nawet wrogości spotykanych ludzi. Niektórzy z nich zapewne zasłaniali usta młodymi rękoma i za moimi plecami szeptali: „Stary!".

Zaczęło mi to świtać, gdy słuchając radia w samochodzie, usłyszałem w wiadomościach informację o wypadku. Spiker oznajmił: „Wczoraj późnym popołudniem w Tutwiler samochód potrącił mężczyznę w podeszłym wieku i dziewczynkę, którzy przechodzili przez Mabry Road w pobliżu drogi numer 49". Na kanwie tej wiadomości w mojej wyobraźni pojawił się rozedrgany powidok nieszczęsnego mężczyzny, który o zmroku przechodzi przez jezdnię, trzymając dziecko za rękę. Pomimo upału poruszają się pieszo, bo ten mężczyzna jest biedny i stary. Spiker przeszedł do szczegółów: „Warren G. Beaver, lat siedemdziesiąt dwa, i jego wnuczka...".

Mimowolnie wybuchnąłem śmiechem i wyłączyłem radio. Mężczyzna w podeszłym wieku!

Stary wił się i ślizgał, pradawny, ale wiecznie młody i niepowstrzymany. Zaufaj mu, a wystrychnie cię na dudka, postaw mu tamę, a zatopi cię, dosiądź go, a będziesz musiał strzec się jego kapryśnych harców, badaj go mądrze i nie wyobrażaj sobie, że powierzchnia – czy to spokojna, czy wzburzona – objawia prawdę o głębinie. Po przekroczeniu pewnego wieku stary jest już tylko starym, nieważne jak. Starość jest jednak również ciężarem psychicznym, balastem doświadczenia, i właśnie dlatego z punktu widzenia starego mało co jest nowe, a już szokujące w ogóle nic prócz wiecznego powrotu ludzkiej głupoty. Cała elektronika to tylko zabawki. Ale nie tylko młodzi spiskują, żeby stary czuł się staro, nie tylko oni chwalą się tymi zabawkami i popisują sprawnością w posługiwaniu nimi, lecz współdziałają z nimi niektórzy starzy, jak gdyby chcieli w ten sposób uwolnić się od lęku albo wypełnić wewnętrzną pustkę.

Ilekroć mnie dotyka to wewnętrzne ssanie, obawa i wrażenie, że tonę, ordynuję sobie podróż, najlepsze lekarstwo już choćby dlatego, że podróżowanie jest formą ucieczki, wyjazd pierwotnym pożegnaniem, a podróż – rozwijająca się wizja nowego życia – nieustannie odradza w duszy nadzieję. Żyć naprawdę, a więc samotnie, głęboko i po to, aby rozumieć, zacząłem jako dwudziestodwuletni podróżnik w Afryce, a potem podróżowałem po innych stronach świata, wszędzie, i to ukształtowało mnie jako pisarza, człowieka wrażliwego na każdy dźwięk, zapach, każde drgnienie powietrza. W końcu na starość wróciłem.

Czasem zastanawiam się, co widziałem na Południu, a co straciłem. Albowiem znaczna część tego, co widzimy, jest niepoznawalna. Nie tylko młodzi są wyczuleni na zmysłowość. Na wiejskim Południu o dziwo ani razu nie zetknąłem się z zewem zmysłowości, chociaż tu i tam oczywiście muskały mnie macki sprzedajnej rozwiązłości. Kraina ta wyzuta jest z pokus, odroczonych marzeń, bo przytłacza ją rzeczywistość, obecność upadku i śmierci. Świat, w którym człowiek walczy o przeżycie, nie wyzwala zmysłowości, a choćby nawet się pojawiła, okazałaby się jeszcze jedną ślepą uliczką. Osobliwie się czułem w świecie bez pokus, bez flirtowania, bez romansu, bez obietnicy innego życia. Uroczy uśmiech Dolores Robinson, którą nazwałem mężną niewiastą, wyrażał wolność, ale nie namiętność, a jej życie tak samo jak żywoty wielu innych osób, które poznałem na Południu, było życiem zranionym, trapionym pytaniami, na które nie znam odpowiedzi.

Może to tylko reakcja starego człowieka na długą podróż. Ale cóż z tego? Ta podróż nie dotyczyła mnie, nie była podróżą tam i z powrotem, pokonywaniem przeszkód na drodze, autobiograficznym przedsięwzięciem zogniskowanym wokół moich nastrojów i drobnych osiągnięć. Nikt nawet nie poznał mnie dobrze, mało kto o cokolwiek pytał. „Jakiego rodzaju rzeczy pan pisze, panie Thorax?". Korzystałem z anonimowości. Tylko dwie osoby spośród setek, jakie poznałem na Głębokim Południu, czytały jakieś moje książki. Dobra nasza. Lepiej być obcym bez przeszłości, niż rzucać się w oczy. To nudne i uciążliwe. Sława jest utrapieniem, anonimowość zaś rozkoszą. („*Bene qui latuit bene vixit*", powiada Owidiusz. Ten dobrze żyje, kto dobrze się kryje). W gruncie rzeczy nie przeszkadzało mi, że czarni widzieli we mnie bodaj białego niedojdę, a biali – podżegacza, a w każdym razie osobnika o niebezpiecznych poglądach, ponieważ te fałszywe wyobrażenia pomagały mi zrozumieć mentalność południowców, z którymi się stykałem, i pozwalały, choćby na krótko, włączyć się w ich życie.

Relacja z tej podróży to siłą rzeczy opowieść o walce o przetrwanie, ale nie ja jestem bohaterem tej walki. Byłem tylko postronnym widzem i podsłuchiwaczem, który rejestruje cierpienia albo przyjemności innych. Właściwie nic mi nie dolegało, nigdy nie czułem się w opałach. Żadnych prób, żadnych dramatycznych przygód. Prawie zawsze miałem wrażenie, że jestem wśród przyjaciół.

Bez przeszkód sunąłem od stanu do stanu, od hrabstwa do hrabstwa, i swoboda tego ruchu uzmysławiała, jakie mam szczęście, bo tak odstawała od skrępowania, które odczuwają południowcy, od bolesnej świadomości, że zarówno w literaturze, jak i w życiu są ucieleśnieniem prowincjusza i kmiotka. Trudno się temu dziwić, zważywszy na niejasność literatury Południa, jej wykręty, żarty, pretensjonalne metafory. W końcu jednym z kluczy do zrozumienia danego miejsca jest tworzona w nim literatura. A cóż innego mówi rozbuchana stylizacja gotycka i nadmiar dziwolągów niż to, że rzeczywistość jest zbyt okrutna, aby opisywać ją wprost, bo to nieznośne.

Krytycy i badacze uniwersyteccy rozpływają się w zachwytach nad bogactwem literatury Południa, gdzie z pietyzmem kultywuje się tradycje gawędziarskie. Te zachwyty uważam za wyrachowaną mistyfikację. Należałoby raczej rzec, że na Południu piszą za mało, a to, co napisano, jest – z nielicznymi wyjątkami – niedostateczne. Brakuje zwyczajnych trzeźwych opowieści, które przybliżałyby obcym Południe, jakie ujrzałem. Większość literatury południowej daje do zrozumienia, że to kraina pęknięta, lecz to żadna nowość. Każdy, kto spędzi na Południu trochę czasu lub porozmawia z miejscowymi, uzmysłowi sobie to pęknięcie biegnące przez tę krainę od krańca do krańca, pęknięcie, które pojawiło się jako rysa dawno temu, a w toku historii poszerzało się i zamieniło w otchłań, której już nie da się zasypać. Południowcy nadal próbują się z tym godzić, ale pęknięta kultura zamienia niektórych w nieprzejednanych radykałów, a wielu osłabia, i dlatego potrzebuje więcej kronikarzy.

„Czytaj książki – powiadają ludzie. – Czytaj południowy gotyk i ekspresyjną poezję".

Ja natomiast mówię: „Zostaw książki i jedź tam". Współczesne Głębokie Południe nie istnieje w jego książkach, lecz w jego ludziach, a oni są gościnni, rozmowni i gdy tylko przekonają się do przybysza, opowiedzą mu o sobie. Na Głębokim Południu czułem się jak odkrywca w zapoznanej krainie.

Katastrofalnie bierne, jak gdyby śmiertelnie zranione wojną secesyjną Południe nie jest w stanie się rozwijać, nie ma siły, żeby wywierać wpływ na resztę kraju, więc trwa zamknięte w sobie, zwłaszcza na wsi, odgrodzone od reszty świata. Póki nie spędziłem tam dłuższego czasu, nie zdawałem sobie sprawy, jaką krzywdę wyrządziły tej krainie nasze firmy, które uciekły za granicę, zabierając miejsca pracy, nie zdawałem sobie sprawy, że nasi filantropi, którzy z takim oddaniem walczą z biedą i zacofaniem po drugiej stronie globu, którzy – może dla aplauzu, może z powodu egzotyki, może dla ulg podatkowych, może dla ciekawych zdjęć, a może w imię ucieczki od rzeczywistości – ślą nauczycieli do Afryki, żywność do Indii, lekarstwa do tylu innych krajów, godzą się z takim oto stanem rzeczy, że na Południu stale rośnie klasa chłopska, biedacy umierają z braku opieki medycznej, mnóstwo ludzi ledwie liznęło szkoły albo w ogóle nie umie czytać, wielu mieszka w podłych warunkach, a niektórzy głodują. Pod względem potęgi i wspaniałości

Ameryka nie ma sobie równych w świecie, ale pod względem zaniedbań niczym się od reszty świata nie różni.

Stary grzyb gadający w obcym języku – byłem kwintesencją obcego, niemniej mile widziany. Zdobyłem wielu przyjaciół. Z rzadkimi i komicznymi wyjątkami przygodnie spotkani ludzie odnosili się do mnie życzliwie. „Czy mogę w czymkolwiek pomóc?" – oto południowa reguła. Cieszyłem się tą serdecznością. Coraz rzadziej mnie to spotyka, bo przemierzam już ziemię niczym ów wodny Stary, aby wkrótce złączyć się z morzem, obrócić w bezpostaciowy proch.

Ociągałem się, jeździłem wolno, często przystawałem, zwlekałem, bo chyba nie chciałem, żeby ta podróż się skończyła. Ta kraina przystawała do tylu scen w mojej wyobraźni, że nagle w pełni zrozumiałem, co miała na myśli Rebecca West, gdy w latach trzydziestych pisała o Macedonii jako o pięknej wizji wyłonionej z głębi mętnego koszmaru. Właśnie tym było dla mnie Głębokie Południe, snem ze wszystkimi przeinaczeniami i rozkoszami snu, „krainą, która zawsze ukazywała mi się pomiędzy snem a przebudzeniem".

W trakcie długiego podróżniczego życia zawsze korzystałem z transportu publicznego: stukających pociągów, nieśpiesznych okrętów, tuk-tuków lub riksz motocyklowych, zatłoczonych autobusów, w których gdakają kury, wschodnioafrykańskich szalonych busów zwanych *matatu*, liniowych promów, trolejbusów, tramwajów. Pierwszy raz odbywałem całą podróż swoim samochodem. Przyjemność polegała na tym, że w samochodzie unikałem nieodwracalności podróży lotniczej, poganiania i pouczania na lotnisku, podnoszącego żołądek do gardła momentu startu. Czysta przyjemność, szum opon, śmigające za oknem słupy telegraficzne i drzewa, nieustannie otwierająca się droga, która zdaje się płynąć jak rzeka, niczym sam Stary.

Kiedy przystanąłem na parkingu przy nabrzeżu Walden Landing pod mostem w Helenie, po rzece nie pływało nic prócz perkoczącej płaskodennej motorówki, która miotała się w nurcie jak mydelniczka w mętnej wodzie spuszczonej z wanny. Stojąca blisko brzegu ciężarówka wysypywała ziarna soi na taśmociąg, który z kolei zsypywał je do ładowni przycumowanej do nabrzeża barki.

Owoc pracy Andrego Peera i innych farmerów, a ta barka zabierze ładunek wart może nawet sześćset tysięcy dolarów. Za nic mając geometryczny rygor zaoranych pól na swoich brzegach, Missisipi ospale pełzła na południe krzywoliniowo, tak brunatna jak płynna ziemia. Rzeka, „niszczyciel, co przypomina wszystko, co ludzie skłonniby jak najszybciej puścić w niepamięć" *, powiada poeta z Saint Louis o Starym, wodnym żywiole tarmoszącym brzegi miejscami tak miękkie i kruche jak placek, niweczącym żywych, nękającym obrzeża ziemi wirami jak znaki zapytania, wijącym się przez rozlewiska, podchodzącym pod domy, szepczącym na skraju bawełnianych pól i sunącym dalej. Ja byłem tą rzeką.

Chyba jeszcze nigdy tak się nie czułem, niechętny wrócić za biurko, niechętny kończyć podróż, chociaż od serdecznego „Z Bogiem" Lucille na początku do zdawkowego „Uważaj" Charlesa Portisa upłynął rok z okładem. Wciąż byłem w drodze, wciąż zwlekałem i ciągle coś mnie wzywało, żeby jechać dalej. Tak, nasz poeta z Saint Louis i o tym wiedział, skoro pisał, że my, „starcy, winniśmy być odkrywcami" †. Mógłbym jechać dalej, z łatwością mógłbym ciągnąć tę podróż, która była lekarstwem na tęsknotę za domem. Paradoks polegał bowiem na tym, że chociaż pokonałem taki szmat drogi – więcej niż kiedykolwiek przemierzyłem w Afryce czy w Chinach – w istocie nie opuściłem domu.

* T. S. Eliot, *The Dry Salvages* [w:] tegoż, *W moim początku jest mój kres*, przeł. A. Pomorski, Warszawa 2007, s. 293.

† T. S. Eliot, *East Cocker* [w:] tegoż, *W moim początku jest mój kres*, dz. cyt., s. 292.

Podziękowania

Wszystkim osobom wymienionym z nazwiska w tej książce dziękuję za otwartość i życzliwość, dzięki którym moje peregrynacje miały sens. Za rady, sugestie, wsparcie i wiarę dziękuję Henry'emu Adamsowi, Jin Auh, Michaelowi Caruso, Larry'emu Cooperowi, Davidowi Danglerowi, Nicholasowi Delbanco, Panchowi Huddle'owi, Jayowi Jenningsowi, Dougowi Kelly'emu, Steve'owi McCurry'emu, Bobowi Poole'owi, Johnathanowi Portisowi, Jonathanowi Rabanowi, Andrei Schulz, Marcelowi Theroux, Louisowi Theroux, Alexandrowi Theroux, Andrew Wyliemu, a także, z miłością, żonie Sheili.

Spis treści

Polecamy także inne książki Paula Theroux,
które ukazały się w Wydawnictwie Czarne:

Wielki bazar kolejowy. Pociągiem przez Azję (przekład Magdalena Budzińska)

Pociąg widmo do Gwiazdy Wschodu. Szlakiem „Wielkiego bazaru kolejowego" (przekład Paweł Łopatka)

Stary Ekspres Patagoński. Pociągiem przez Ameryki (przekład Paweł Lipszyc)

Safari mrocznej gwiazdy. Lądem z Kairu do Kapsztadu (przekład Paweł Lipszyc)

Jechałem Żelaznym Kogutem. Pociągiem przez Chiny (przekład Michał Szczubiałka)

Ostatni pociąg do zona verde. *Lądem z Kapsztadu do Angoli* (przekład Michał Szczubiałka)

Szczęśliwe wyspy Oceanii. Wiosłując przez Pacyfik (przekład Michał Szczubiałka)

WYDAWNICTWO CZARNE sp. z o.o.
czarne.com.pl

Sekretariat: ul. Kołłątaja 14, III p., 38-300 Gorlice
tel. +48 18 353 58 93, fax +48 18 352 04 75
mateusz@czarne.com.pl, tomasz@czarne.com.pl,
dominik@czarne.com.pl, ewa@czarne.com.pl, edyta@czarne.com.pl

Redakcja: Wołowiec 11, 38-307 Sękowa
redakcja@czarne.com.pl

Sekretarz redakcji: malgorzata@czarne.com.pl

Dział promocji: ul. Marszałkowska 43/1, 00-648 Warszawa
tel./fax +48 22 621 10 48
agnieszka@czarne.com.pl, dorota@czarne.com.pl,
zofia@czarne.com.pl, marcjanna@czarne.com.pl,
magda.jobko@czarne.com.pl

Dział marketingu: honorata@czarne.com.pl

Dział sprzedaży: piotr.baginski@czarne.com.pl,
agnieszka.wilczak@czarne.com.pl, urszula@czarne.com.pl

Audiobooki i e-booki: anna@czarne.com.pl

Skład: d2d.pl
ul. Sienkiewicza 9/14, 30-033 Kraków
tel. +48 12 432 08 52, info@d2d.pl

Druk i oprawa: Drukarnia Opolgraf SA
ul. M. Niedziałkowskiego 8-12, 45-085 Opole
tel. +48 77 454 52 44

Wołowiec 2017
Wydanie I
Ark. wyd. 25,6; ark. druk. 34